Symbole, Sex und die Sterne

im volkstümlichen Glauben

Einen Überblick über die Ursprünge von Mond- und Sonnenanbetung, Astrologie, Sex Symbolismus, Mystische Bedeutung der Zahlen, der Kabbala, und viele beliebte Bräuche, Sagen, Aberglaube und religiöser Glaube

VON

ERNEST BUSENBARK

88 Tafeln, mit über 300 Illustrationen und Diagrammen

THE BOOK TREE

San Diego, California

USA

Erstmalig erschienen

1949

The Book Tree

San Diego, California

© 2016 auf die deutsche Übersetzung

Eduard Hesch

Inhalt

ABBILDUNGSVERZEICHNIS 5

VORWORT 8

Von Jordan Maxwell 8
   Der Zustand der Welt 8

EINFÜHRUNG 11

Von Jack Benjamin 11

Von Ernest Busenbark 14

I. BEGINN DER SONNEN- UND MONDVEREHRUNG 16

II. DER MOND ALS REGULATOR VON ZEIT UND SCHICKSAL 24

III. MONDMYTHEN UND -KULTE 35

IV. MOND- UND SONNENMYTHEN 50

V. SONNEN- UND MONDVEREHRUNG BEI DEN JUDEN 68

VI: SONNENGÖTTER UND ANDERE 80

VII: TOD UND WIEDERGEBURT DES SONNENGOTTES 95

VIII: SEX-SYMBOLISMUS 106

IX: SEX SYMBOLISMUS (WEITER) 115

X. SEX SYMBOLISMUS (FORTSETZUNG) 131

XI. SEX SYMBOLISMUS (FORTSETZUNG) 145

XII. SEX SYMBOLISMUS (FORTSETZUNG) 159

XIII. SEX SYMBOLISMUS (FORTSETZUNG) 167

XIV. SEX SYMBOLISMUS (FORTSETZUNG) 172

XV: SEX SYMBOLISMUS 184
RELIGIÖSE PROSTITUTION 184

XVI: DIE SYMBOLISCHE BEDEUTUNG VON ZAHLEN 189

XVII: DIE SYMBOLISCHE BEDEUTUNG VON ZAHLEN 194
Kabbala 194

XVIII. ASTROLOGIE 209

XIX. ZEITALTER DER GÖTTER 224

XX. DIE HEILIGEN DREI 237

XXI. DIE HEILIGEN DREI (FORTSETZUNG) 249

XXII. DIE HEILIGEN DREI (FORTSETZUNG) 258

XXIII. DIE DREIFALTIGKEIT IM JUDENTUM 262

ANHANG 272
I. KABBALA 272
II. ESSENER UND THERAPEUTEN 278
III. MITHRAISMUS 281
IV. TALMUD 283
V. ZOROASTRISMUS 286

INDEX 289

Abbildungsverzeichnis

Abbildung 1: Pfad früher Zivilisationen 20
Abbildung 2: Karte von Sumer und Babylon 21
Abbildung 3: König Hammurabi erhält die Gesetzesrolle vom Sonnengott Shamash 22
Abbildung 4: Diagramm des Mondzyklus 25
Abbildung 5: Fischgott Ea-Oannes 36
Abbildung 6: Jungfräuliche Mutter von Assyrien und Babylon 38
Abbildung 7: Göttin Allat in der Unterwelt 41
Abbildung 8: Göttin Ishtar 43
Abbildung 9: Jungfräuliche Muttergöttin aus Indien und Assyrien 44
Abbildung 10: Jungfräuliche Mutter aus Yukatan und Ägypten 45
Abbildung 11: Multimammia von Ephesus 47
Abbildung 12: Vishnu als Fisch Avatar 55
Abbildung 13: Marduk im Kampf mit einem Drachen. Von einem Rollensiegel. 58
Abbildung 14: Enkidu in der Schlacht mit dem Bullen des Himmels, Ishtar beobachtet den Kampf. 60
Abbildung 15: Gilgamesch und Enkidu 63
Abbildung 16: Skorpionmenschen 65
Abbildung 17: Die Versuchung von Adam. Von einer Babylonischen Tafel. 66
Abbildung 18: Teilung von Himmel und Erde 83
Abbildung 19: Nut, die himmlische Kuh 84
Abbildung 20: Hinduversion der Schöpfung 84
Abbildung 21: Chnum an seinem Töpferrad, formt den ersten Menschen aus Lehm. 86
Abbildung 22: Sonnengott Ra in seinem heiligen Boot 87
Abbildung 23: Shiva als männlich und weiblich 89
Abbildung 24: Nut als ägyptische Sterngöttin der Nacht 90
Abbildung 25: Brahma und Merkur 90
Abbildung 26: Gnostische Schmuckstücke 91
Abbildung 27: Der Gott Yaw 93
Abbildung 28: Weg der Erde um die Sonne 96
Abbildung 29: Geburtssequenz Horus 97
Abbildung 30: Die Sonne in der oberen und unteren Welt 98
Abbildung 31: Okkultes Konzept des Makrokosmischen Mannes 102
Abbildung 32: Konstellation der Tierkreiszeichen 103
Abbildung 33: Handsymbole 114
Abbildung 34: Grundlegende männliche und weibliche Symbole 117
Abbildung 35: Entwicklung des Anch-Kreuzes 118
Abbildung 36: Das Anch Kreuz auf religiösen Kostümen 119
Abbildung 37: Entwicklung des Chi-Rho-Symbols 121
Abbildung 38: Verschiedene Kreuzformen 122
Abbildung 39: Die Swastika 124
Abbildung 40: Fylfot und Vajra 125
Abbildung 41: Statuette mit einer Swastika, aus Blei gefertigt. Aus den Ruinen Trojas. 125
Abbildung 42: Makrokosmischer Mensch 127

ABBILDUNG 43: VERSCHIEDENE SYMBOLE	129
ABBILDUNG 44: ANTIKE FORMEN EINES PFLUGES	132
ABBILDUNG 45: GEBRAUCH VON MÄNNLICHEN UND WEIBLICHEN SYMBOLEN IN ANTIKEN GEMMEN	132
ABBILDUNG 46: MÄNNLICHE UND WEIBLICHE SYMBOLE	134
ABBILDUNG 47. HEILIGE BOOTE DER SONNE UND DES MONDES	135
ABBILDUNG 48: DER JÜDISCHE OPFERALTAR, SCHAUBROTE UND CHERUBIM	136
ABBILDUNG 49: DAS SCHLAUFEN- ODER YONI-SYMBOL	138
ABBILDUNG 50: VESICA PISCIS	139
ABBILDUNG 51: VESICA PISCIS IN CHRISTLICHER KUNST	141
ABBILDUNG 52: CHRISTUS IN VESICA PISCIS	142
ABBILDUNG 53: FISCHGÖTTER UND SYMBOLE	143
ABBILDUNG 54: YIN, YANG UND YIH SYMBOLE	144
ABBILDUNG 55: CHINESISCHES ZAUBERQUADRAT	144
ABBILDUNG 56: SCHLANGENSYMBOLE	147
ABBILDUNG 57: SCHLANGENVEREHRUNG	148
ABBILDUNG 58: SYMBOLISCHE SCHLANGE, BAUM, PFEILER AUF ALTEN MÜNZEN	149
ABBILDUNG 59: PHALLISCHE SYMBOLE	151
ABBILDUNG 60: TAUBE SYMBOLISIERT DEN HEILIGEN GEIST	152
ABBILDUNG 61: DER TOTE OSIRIS SCHWÄNGERT ISIS	154
ABBILDUNG 62: DAS MESKHENET SYMBOL	156
ABBILDUNG 63: JAPANISCHE MUTTERGÖTTIN MIT SYMBOLEN	158
ABBILDUNG 64: PHALLISCHE SÄULEN	161
ABBILDUNG 65: OSIRIS UND SEIN KA, ODER GEIST	162
ABBILDUNG 66: CROMLECHS, MEGALITH-FORMATIONEN	164
ABBILDUNG 67: STONEHENGE	165
ABBILDUNG 68: ASCHERA ODER ASCHARA, DIE TÜR DES LEBENS	170
ABBILDUNG 69: PHALLISCHE SYMBOLE	174
ABBILDUNG 70: BAUM DES LEBENS, BUDDHISTISCHES KONZEPT	177
ABBILDUNG 71: ARTEN DES LINGAMS	182
ABBILDUNG 72: ÄGYPTISCHE GOTTHEIT QADESCH	186
ABBILDUNG 73: ANAGRAMM VON ALHIM UND GEOMETRISCHE SYMBOLE	198
ABBILDUNG 74: GEOMETRISCHE SYMBOLE FÜR GEIST UND MATERIE	199
ABBILDUNG 75: GEOMETRISCHER PLAN DES UNIVERSUMS	200
ABBILDUNG 76: KREIS UND QUADRAT VON GLEICHEM FLÄCHENINHALT	201
ABBILDUNG 77: KREIS UND QUADRAT VON GLEICHEM UMFANG	202
ABBILDUNG 78: GEOMETRISCHE BASIS DER GROßEN PYRAMIDE	203
ABBILDUNG 79: SYMBOLE FÜR JAHWE	205
ABBILDUNG 80: GEOMETRISCHE FIGUREN	207
ABBILDUNG 81: ASTROLOGISCHE HIMMELSKARTE	216
ABBILDUNG 82: ANTIKES HOROSKOP	220
ABBILDUNG 83: ASTROLOGISCHE SYMBOLE VON HIMMEL UND ERDE	221
ABBILDUNG 84: DIE PLANETENLEITER	225
ABBILDUNG 85: GOTT ALS DREI-IN-EINEM	240
ABBILDUNG 86: DER TEUFEL ALS DREI-IN-EINEM	242
ABBILDUNG 87: ANTIKER DREIKÖPFIGER GOTT, GEFUNDEN BEI CONDAT, FRANKREICH	243
ABBILDUNG 88: JÜDISCHES KOPF- UND ARM-PHYLAKTERIUM (GEBETSRIEMEN)	263
ABBILDUNG 89: KABBALISTISCHE FIGUR (SEPHIROTH)	275

Vorwort

Von Jordan Maxwell

Der Zustand der Welt

In der heutigen Welt sind wir von Unsicherheiten umringt. Die größte Sorge bereitet das Potenzial der plötzlichen Gewalt aufgrund religiöser Überzeugungen und Fanatismus. Diese Welt verbringt einen Großteil ihrer Zeit damit, über Gott zu streiten und das seit Jahrhunderten. Während wir über Gott streiten, suchen wir auch nach ihm.

Selbst nach Jahrhunderten der Suche scheinen wir Gott nicht näher gekommen zu sein als zu der Zeit, als wir in der Antike unsere ersten Schritte unternahmen. In der Tat, die Komplexität, geschaffen durch zahlreiche Religionen und ihre Fraktionen, scheinen uns heute von Gott weiter entfernt zu haben, als zur Zeit der Antike, in der wir noch eng mit der Natur verbunden waren. Sobald die Menschheit ein Konzept von Gott geschaffen hatte, folgten bestimmte Regeln, die einzuhalten waren. Und als verschiedene Gruppen und Vorstellungen auftauchten, kollidierten die Regeln, die man einhalten sollte. Kriege begannen. Natürlich kämpfen wir um Land genauso wie um Theologie, aber die Religion scheint irgendwie die zäheren und fanatischeren Kämpfer hervorzubringen.

Es wurde geglaubt, dass Gott diejenigen besonders schützt, die ihre heiligen Regeln am strengsten beachteten. So wurden die Regeln anspruchsvoller, bis zu dem Punkt des gegenseitigen Mordens im Namen Gottes. Aber es ist meine Überzeugung, dass ein all-liebender Gott uns nie gegeneinander ausspielen würde, damit wir uns an die Gurgel gehen. Wenn wir verstehen könnten, wo Religion wirklich herkommt, dann hätten wir vielleicht die Chance etwas zu ändern, oder wir könnten anfangen unsere Vorstellungen und Regeln zu ändern. Vielleicht wird es uns dann gelingen herauszufinden, wer und was der wahre Gott ist.

Der Philosoph George Santaya hat einmal gesagt: "Diejenigen, die sich nicht an die Vergangenheit erinnern sind dazu verdammt sie zu wiederholen." Das war schon immer so. Aber warum fällt es uns so schwer, aus unserer Vergangenheit zu lernen? Warum müssen wir immer und immer wieder die gleichen Fehler machen? Die Antwort ist einfach - menschliche Unwissenheit basierend auf Faulheit und Stolz, gepaart mit einer allgegenwärtigen ABLEHNUNG. Ignoranz und Ablehnung wird uns, traurig zu sagen, in die gleiche Richtung führen, wie sie es immer in der Vergangenheit getan hat. Wenn genügend Leute ein Buch wie dieses hier lesen und dessen Information wirklich verstehen, dann hätten wir zumindest eine Chance auf Überwindung dieser Ignoranz.

Lügen, Lügen, Lügen

Der Grund, warum wir in der gegenwärtig üblen Situation sind liegt darin, dass wir von unseren Ersatzeltern, den Führern der Welt, LÜGEN vorgesetzt bekommen. Sie sind es, auf die wir schauen, wenn etwas schief geht ("Jemand, sollte etwas gegen [...] tun "). Sie sagen uns, was wir hören sollen. Das, was sie uns erzählen, sind LÜGEN.

Heute, so wie jeden Tag, werden wir auf der ganzen Welt mit Lügen, Halbwahrheiten und Korruption in allen Bereichen konfrontiert. Die Menschheit hat so ziemlich die Orientierung verloren. Die drei großen Mächte der menschlichen Korruption sind heute die gleichen wie immer schon und zwar, POLITIK - GELD - RELIGION, der dreieinige Gott! In der Welt der Politik und der Banken, können wir mit ein wenig Nachforschung akzeptieren, dass unsere so genannten Führer in der Tat IRRE-FÜHRER sind. Dafür gibt es zahlreiche Beweise.

Die Kirche

Wenn wir uns dem dritten Teil der Dreieinigkeit zuwenden, der Kirche, dann gibt es sogar eine noch größere Geschichte die erzählt werden muss. Nirgendwo ist eine Lügengeschichte, bestehend aus Halbwahrheiten, Missverständnissen und Vertuschungen, krasser und gefährlicher irreführend. Millionen von Leben wurden wegen einem grundlegenden Unverständnis der alten Theologien und modernen Religionen verschwendet und vergeudet. Schändlicherweise wurden Menschen, und einige für ein ganzes Leben, dahin gelenkt, Zeit, Geld, Energie zu investieren, um ein religiöses Ideal zu verfolgen, das in der Tat nichts anderes als ein falsches Verständnis ist (eine MYTHOLOGIE).

Bis heute "führen die Blinden immer noch die Blinden." Wie viele Menschen wissen heute beispielsweise, dass das englische Wort "Kirche" direkt aus dem schottischen Wort "KIRK" kommt. "Kirk" stammt von "Circe" ab, der antiken griechischen Göttin. Circe war eine Zauberin, die Männer, wenn sie zu ihr kamen, betrogen und getäuscht und sie in Schweine verwandelt hat!

Weibliche Göttin (CIRCE) = Mutter (KIRCHE)

Der Mechanismus der Lügen

Symbole haben ihre exoterische, oder offene Bedeutung für die Massen, aber sie haben auch ihre esoterische oder verhüllte Bedeutung für die "Auserwählten", die "Cognoscenti", oder die "Illuminati".

Die Symbole der Kirche haben auch ihre esoterische Bedeutung. Die Symbole der Kirche sind "offene Geheimnisse." Die Bedeutung der Symbole ist nicht versteckt, jedoch nur zu verstehen, wenn man die Schlüssel hat. Die Schlüssel sind geheim. Einer der Schlüssel ist die Symbolik der Sterne. Ein weiterer Schlüssel ist die sexuelle Symbolik. Beide Schlüssel zu den Symbolen sind in diesem wichtigen Buch dargestellt.

Von früher Kindheit an, vom Beginn meines Studiums im Jahr 1959 bis zum heutigen Tag, bin ich immer wieder erstaunt, in welchem Maße die Menschen die Symbole und Geschichten der alten Religionen nicht verstehen. Nur wenige wissen wie lebenswichtig das ist. Es macht mich traurig zu sehen, wie die Unwissenheit uns als Menschheit geschadet hat.

Daher empfehle ich diese Neuauflage von Ernest Busenbark mit großer Freude. Sein vollständiger Titel erklärt es: *"Symbole, Sex und die Sterne im volkstümlichen Glauben: Ein Überblick über die Ursprünge von Mond- und Sonnenanbetung, Astrologie, Sex-Symbolismus, Mystische Bedeutung von Zahlen, der Kabbala, und viele beliebte Bräuche, Sagen, Aberglaube und religiöser Glaube."* Während subtile Punkte im Gegensatz zum aktuellen Wissen mit Autor Busenbark diskutiert werden können, sind dies Differenzen in der Meinung, nicht in den Fakten. Wo er Beweise gibt, sind diese überzeugend.

Ich war so beeindruckt von diesem Buch, dass ich, seit der früheren Herausgabe im Jahr 1997, drei verschiedene Videos auf der Grundlage seiner Studien gemacht habe. In all meinen Jahren des Studiums habe ich kein besseres Buch gefunden, um die wahre religiöse Vergangenheit des Menschen zu enträtseln.

Dieses Buch ist nicht für jedermann. Aber es ist ein Muss für diejenigen, die es leid sind zum Narren gehalten zu werden und Lügen zu glauben. Diese Arbeit ist nur für diejenigen wertvoll, die der Geist zur Freiheit ruft. Sie ist für diejenigen, die keine Angst davor haben sich den harten Fakten des Lebens zu stellen und die Wahrheit über Religion und ihre Ursprünge kennenzulernen.

Jordan Maxwell

Einführung

Von Jack Benjamin

Mitglied der History of Science Society

Um den Eingeweihten Wissen zu vermitteln und es vor Laien zu verbergen, ist die Verwendung von Symbolen so alt wie die Zivilisation. Ein klares Verständnis der symbolischen Denkweise ist notwendig, wenn wir die "esoterische" (versteckte oder geheime) Bedeutung der Symbole der alten und modernen Glaubensrichtungen enthüllen und begreifen wollen.

Jedes Objekt ist durch fortschreitende Veränderung mit seinem Ursprung verbunden. Das Komplexe wurde aus dem Einfachen entwickelt. Im Bereich des Volksglaubens jedoch, speziell wenn er theologischer Art ist, gibt es die Tendenz, die Quellen und die Natur der archaischen Symbole und Praktiken vor dem einfachen Volk zu verbergen.

Solange Menschen ihre Gedanken durch die Verwendung von Symbolen ausdrücken, ist die Erklärung des Ursprungs und die Art ihres Gebrauchs, die besten Bemühungen der Gelehrten würdig. Echte Kultur kann nicht auf der unentschlüsselten Paläographie der Urzeit basieren.

Die alten Glaubensrichtungen hatten ihre "Geheimnisse", Formen der Initiation, geheime Erkennungszeichen und den Umfang der symbolischen Überlieferung, in der Regel der Öffentlichkeit vorenthalten. Übernatürlicher Glaube entwickelte sich durch viele Stufen. Das Hauptinteresse der Gelehrten und ernsthafter Studenten gilt ihrer Anfangsphase. In den frühen Formen eines solchen Glaubens finden wir den Kern, aus dem sich gegenwärtige Ideen und Praktiken weiterentwickelt haben. Weil der Glaube eine Zusammensetzung aus früheren Ideen und Erfahrungen ist, wird die primitive Mentalität, die in der frühen Symbolik gezeigt wird, auch in den modernen symbolischen Darstellungen sichtbar.

In seinem "Ancient Pagan and Modern Christian Symbolism (Alter heidnischer und moderner christlicher Symbolismus)", stellt Inman treffend fest:

> "Wenn es zwei verschiedene Erklärungen oder Aussagen über die Bedeutung eines Emblems gibt, die eine 'esoterisch', wahr und nur wenigen bekannt, die andere falsch und vielen bekannt, wird klar, dass eine Zeit kommen kann, in der das erste verloren geht und allein das letztere erhalten bleibt". (S. xii)

Inman illustriert diesen Gedanken, indem er zeigt, dass die korrekte Aussprache von "Jehova" ursprünglich nur wenigen Auserwählten bekannt sein sollte und später verloren ging, während die zugegebenermaßen falsche Aussprache überlebte.

Jeder Zustand der Gesellschaft fährt in der Entwicklung an der Stelle fort, wo der Vorgänger aufgehört hat. Jede Aussage des Glaubens nimmt im Laufe der Zeit verschiedene Werte oder Interpretationen an. Der Gott der alten Hebräer und Christen ist sicherlich nicht der Gott der modernen Gläubigen, und die heutige Gottesverehrung verkörpert viele Abweichungen von dem, was die Alten als ultimativen Standard akzeptiert haben. Um die Natur dieses Kulturwandels zu verstehen, erfordert es eine Studie über die Entwicklung und Migration von Symbolen und deren Nutzung, um übernatürliche Konzepte auszudrücken. Das soziale Umfeld lässt eine solche Studie in der Regel nicht ratsam erscheinen.

Da die gesamte Kultur miteinander verwoben ist, hat die Ansammlung von Symbolen im Laufe der Jahrhunderte zu einer Art Kurzversion geführt, die den Gläubigen der verschiedenen Glaubensrichtungen angeboten wird. Das Geheimnis der Herkunft der Symbole, wurde jedoch eifrig vor der Öffentlichkeit bewacht. Zweifellos wird befürchtet, dass das Vertrauen in theologische Dogmen, durch eine Kenntnis darüber, geschwächt werden könnte. Sei es wie es ist, die Tatsache bleibt, dass wir im Mittelpunkt des religiösen Glaubens, das allgegenwärtige Symbol finden. Nur wenige Personen gehen über die exoterische Bedeutung hinaus, um die esoterische Bedeutung zu erforschen. Während viele Menschen an der Rückverfolgung ihres "Stammbaums" interessiert sind, entwickeln nur wenige genügend Neugier um die Herkunft ihres religiösen Glaubens zu ergründen. Das Studium der vergleichenden Religionswissenschaft hat die gemeinsame Herkunft oder den Ursprung aller übernatürlichen und verwandten Überzeugungen erwiesen. Das verborgene Wissen, das in fernen Zeiten durch Symbole vermittelt wurde, ist den meisten Gläubigen fast unbekannt. Es wird nur von einer Handvoll Wissenschaftlern bewahrt, und die Köpfe der verschiedenen Glaubensrichtungen ermutigen ein derartiges Studium nicht.

Von den wenigen, mutigen und unermüdlichen Gelehrten, die über das Thema geschrieben haben, ragen besonders Forlong, Inman, Massey, Higgins, Dupuis, O'Neill, Faber, Oman, Ferguson, Hannay, und eine Handvoll anderer heraus. Ihre Bücher sind jetzt rar und teuer. Diese Männer haben die Vorarbeit geleistet. Sie haben gezeigt, dass das Symbol nicht allein durch Sex dominant wurde, sondern dass es durch Sterne, Mond, Tiere, Pflanzen und andere Verehrungen Bedeutung bekam. Symbolismus wurde damit die Sprache von übernatürlichem Glauben und Praxis. John Newton, in seinem kompetenten Anhang zu Inman's "Ancient Pagan and Modern Christian Symbolism (Altertümlicher heidnischer und neuzeitlicher christlicher Symbolismus)", kommentiert:

> "Als die Zivilisation voranschritt, wurden die gröbsten Symbole der Zeugungskraft beiseitegelegt und der priesterliche Einfallsreichtum wurde bis zum Äußersten strapaziert, um weniger offensichtliche Embleme zu erfinden und so die alten Ideen auf eine schicklichere Weise zu vertreten".

Das Leben basiert auf den reproduktiven Kräften und trotz aller Prüderie oder Kultur der Gefühle können wir ihren Einfluss nicht ignorieren. Viele Forscher des Themas haben die Beziehung zwischen Sex und Religion festgestellt. Der angesehene Sexualwissenschaftler Iwan Bloch schrieb:

> "Anthropologische Wissenschaften waren bisher mehr mit der Tatsache, als mit einer Erklärung des bemerkenswerten Verhältnisses von Religion und Sexualität beschäftigt. Es kann jedoch kein Zweifel darüber bestehen, dass sich diese Beziehungen aus der Natur des Menschen ergeben. Die verschiedenen Anthropologen und Ärzte, die sich mit diesen Problemen beschäftigt haben, sind sich über diesen Punkt einig, dass die Verbindung zwischen Religion und Sexualleben nur auf anthropomorph-animistischem Gebiet erklärt werden kann - das heißt, durch die gleiche Art von Ideen, die Tylor als die Grundlage des primitiven Seelenlebens bewiesen hat". *(Sexual Life of Our Time, p.98. - Das Sexualleben unserer Zeit, S.98.)*

Um entweder eine Gattung oder einen Glauben zu verstehen, ist die Frage nach dem Ursprung von zentraler Bedeutung. Welche Änderungen auch immer die Interpretation von

Symbolen erfahren hat, sie war eher quantitativ statt qualitativ. Warum muss ein Priester in Gottesdiensten bestimmte Gewänder tragen? Warum gibt es ein Kreuz auf einer Kirche? Warum hat eine Synagoge eine Mogen Duvid (Davidstern)? Alle Religionen führen ihre Dienste in Übereinstimmung mit einem strengen Ritual durch. Es braucht aber etwas Beobachtungsgabe um festzustellen, dass die Verehrung des Übernatürlichen voller Symbole ist, deren Art und Herkunft dem Laien nicht preisgegeben wird.

Viele Menschen von heute folgen phallischen Riten und Ritualen der Antike, ohne zu wissen, dass sie es tun. Für den Studenten dieses Forschungsgebietes ist dies eine bezeichnende Tatsache, wie vergleichsweise die Beständigkeit des Symbols über viele Jahrtausende.

Das Studium von Symbolik, Sex-Riten und der Verehrung verschiedener Tiere, Objekte und astraler Körper ist auf wenige beschränkt. Die Forschungsergebnisse dieser Männer sind nur denjenigen bekannt, die sich in die weniger bekannten Bücherquellen vertiefen. Da es bisher kein zahlreiches, zahlendes Publikum für solche Arbeiten gab und da das Schreiben dieser Publikationen den größten Teil eines Lebens fordert, ist es nicht schwer zu verstehen, warum die Öffentlichkeit keine Kenntnis vom Ursprung der Glaubensrichtungen und Praktiken hat.

Die Wissenschaftler, die dieses Thema in der Vergangenheit behandelt haben, wählten einen bestimmten Ausschnitt für die Untersuchung. Für jemanden, der eine Arbeit verfasst, reicht es nicht die Schlussfolgerungen früherer Studenten zusammenzufassen, sondern die Ergebnisse der modernen Forschung müssen diesem weiten Feld hinzugefügt werden. Es ist offensichtlich, dass wir bei denen in der Schuld stehen, die die bahnbrechenden Studien verfasst haben. Die meisten unserer aktuellen Schriftsteller scheuen diesen Bereich, sei es wegen des sozialen Drucks oder aus anderen Gründen. In "Symbole, Sex, und die Sterne", fasst Herr Ernest Busenbark die Resultate eines vieljährigen Studiums zusammen.

Diese Abhandlung kann wahrhaft enzyklopädisch genannt werden. Der Autor hat nicht nur sorgfältig den Grund abgedeckt, den andere Forscher in der Vergangenheit untersucht haben; er hat ihre Erkenntnisse zusammengetragen und die gesamte Studie mit viel neuem Material bereichert. Diese Arbeit geht in einer tiefgreifenden Weise auf die "Ursprünge" des modernen Denkens zurück.

Es ist zu bedauern, dass frühere Studien in diesem umfassenden Bereich, nicht leichter für die Öffentlichkeit zugänglich waren. Wie wir gesehen haben, sind die meisten von ihnen längst vergriffen; andere teuer, weil selten, gehen weit über den Geldbeutel der meisten Interessenten, die sich für den Hintergrund des religiösen Glaubens interessieren, hinaus. Jetzt können die Studenten von dieser Arbeit, als Frucht vieler Jahre harter Forschung und eines dominierenden Interesses an historischer Genauigkeit, profitieren.

Der Trend der Zeit ist es, Erklärungen und Mittel zum Verständnis von Phänomenen zu suchen. Herr Busenbarks Arbeit in dieser Richtung, war sicherlich eine Herkulesaufgabe. Sein Buch ist eine Übersicht über die wichtigsten religiösen Überzeugungen und Bräuche. Durch seine unermüdlichen Bemühungen, die Wahrheit zu entdecken und bekannt zu machen, haben wir jetzt, in einem Band, einen "Schlüssel" zu dem, von der Menschheit geschätzten, Volksglauben und den okkulten Schriften. Diese Arbeit kann von Studenten der Religionsgeschichte herangezogen werden, um die Stufen zu verfolgen, durch die sich die Religion entwickelt hat. Ihre vielen Abbildungen präsentieren dem Auge etwas von der Fülle der Symbole, die im Volksglauben, im Laufe der Jahrhunderte verwendet wurden, und die Interpretationen ihres geheimen Sinns, heben den Umfang und den Wert dieser Ausgabe noch weiter an.

"Symbole, Sex, und die Sterne" ist ein Kompass auf dem weiten Meer symbolischer Mythologie.

Von Ernest Busenbark

Die Welt wird endlich volljährig. Es gibt eine große und schnell wachsende Zahl von Personen, die, wie der Autor, nicht in der Lage sind, einen Glauben oder eine Reihe von Überzeugungen zu akzeptieren, nur weil sie sehr alt und allgemein anerkannt sind. Anstatt eine fertige Lebensphilosophie anzunehmen die auf einem Glauben basiert, der sich aus der Steinzeit entwickelt hat, ziehen sie es vor, die Beweise abzuwägen, selbst zu denken und eigene Schlüsse zu ziehen. Dies gilt besonders für Glaubensaspekte wie Wunder oder Übernatürliches, was nicht durch tägliche Erfahrungen bewiesen werden kann.

Der Autor kann wirklich bezeugen, dass Probleme, die sich dem entgegenstellen, der auf das eigene Denken beharrt, in der Tat schwierig sind. Der unabhängige Forscher lernt schnell, dass die Verfolgung von volkstümlichem Glauben und Aberglauben zu ihrer Herkunft, zu einer schier unendlichen Menge an Forschungen führt. Er erfährt zum Beispiel, dass Geschichten über die Schöpfung des Universums, die Schöpfung und der "Fall" des ersten Mannes und der ersten Frau, die Sintflut, Himmel, Hölle, das Kommen eines Erlösers und das Ende der Welt, sich nicht auf die Bibel beschränkt, sondern in der Literatur der alten Völker, in fast jedem Teil der Welt gefunden werden kann. Viele dieser Geschichten entwickelten sich aus der Verehrung von Mond und Sonne, oder aus Bräuchen, Mythen, Astrologie, Astronomie, Symbolik und zahlreichen anderen Überzeugungen und Praktiken, von denen einige lange vor der Bibel existiert haben und lange bevor die Juden ein eigener Zweig der semitischen Völker wurden.

Gelehrte, die über diese Themen geschrieben haben, waren mehr oder weniger Spezialisten. Einige von ihnen haben den Einfluss der Astrologie und Astronomie auf die alte Kultur betont: andere sind geneigt, den Einfluss der Mythologie, Symbolik oder andere Themen zu betonen. Es zieht das Lesen von buchstäblich Hunderten Werken nach sich, um auch nur einigermaßen moderates Wissen der verschiedenen Ansichten zu erlangen, die die alte Kultur geformt haben.

Viele dieser Werke sind sehr selten und in den Vereinigten Staaten nur in wenigen, großen Bibliotheken zu finden. Darüber hinaus wurden sie von Wissenschaftlern für Wissenschaftler geschrieben und sind so technisch und trocken, dass, auch wenn der allgemeine Leser Zugang zu ihnen hätte, er wahrscheinlich nicht die Geduld aufbringen würde, sich durch sie hindurch zu kämpfen.

Der Autor glaubt daher, dass es dringend einer Arbeit bedarf, nicht für den Gelehrten geschrieben, sondern für den normalen Leser, eine kondensierte, nicht-technische Arbeit, die ihm ein breites Panorama-Bild der alten Bräuche und Überzeugungen gibt, aus denen sich unsere grundlegenden Überzeugungen, religiöse und anderweitige, entwickelt haben. Das habe ich versucht zu erreichen. Der Inhalt dieses Buches wurde aus Notizen, einer Vielzahl von Quellen zusammengestellt, die über viele Jahre gesammelt wurden.

In Fällen, in denen Aussagen, die umstritten sein könnten gemacht wurden, habe ich Fußnoten hinzugefügt, um die Quellen, aus denen die Aussagen abgeleitet wurden, zur Verfügung zu stellen.

Abschließend möchte ich meine tiefe Wertschätzung für die hilfreiche Kritik und Ratschläge zum Ausdruck bringen, die mir von meinen Freunden Charles Smith, Woolsey Teller, Marshall Gauvin und Arvin Schmid gegeben wurden, und vor allem für die Unterstützung und Ermutigung, meines Freundes Jack Benjamin. E. B.

I. Beginn der Sonnen- und Mondverehrung

>Alles, was wir nicht wissen, ist ein Wunder.
>
>—TACITUS.

In den frühen Bemühungen des Menschen, die Funktionsweise der Welt um ihn herum zu verstehen, hat wohl kein Phänomen sein Interesse und seine Phantasie so stark angeregt wie das prächtige und geheimnisvolle Schauspiel des Himmels.

Ein Bild drängt sich auf, wo ein Hirte fragend den Himmel erkundet und versucht Theorien darüber zu formen, die ihm die Szenerie, die sich am Himmel über ihm ausbreitet, erklären. Bei der Suche nach dem Grund für die Dinge, die über ihr Verständnis gehen, waren sie geneigt, Analogien zu finden, um Vergleiche anzustellen und nach Beziehungen zwischen den Ereignissen zu suchen, die sie im Himmel beobachteten und solchen, die sie um sich herum auf der Erde sehen, denn es war charakteristisch für die Naturvölker, dass Erde und Himmel im Charakter ähnlich konzipiert sind. Eins schien im Bilde des anderen gemacht zu sein. Für sie ist der Teil immer ähnlich zu dem Ganzen.

Immer wenn das Wissen nicht ausgereicht hat, um dem Menschen eine wahre Erklärung der Mechanik des Universums zu bieten, hat seine Phantasie eine erfunden. Bei den Auswirkungen der Sonne und des Mondes auf pflanzliches und tierisches Leben, in der unterschiedlichen Länge der Tage, Wechsel der Jahreszeiten und der Einfluss dieser Veränderungen auf die Pflanzen- und Tierwelt, sah man unausweichlich auf die Himmelskörper als Mächte, die das Schicksal bestimmen.

Auf der Suche nach Erklärungen, wie diese Gottheiten oder Dämonen die Aufgaben, die über seiner eigenen Fähigkeit angesiedelt war erfüllen könnten, entwickelte der urzeitliche Mensch den Glauben an das Übernatürliche. In allen Teilen der Welt und in fast jedem Stamm oder jeder Nation gab es lokale Götter von denen angenommen wurde, dass sie die Fähigkeit hätten sich unsichtbar zu machen, den Gesetzen der Schwerkraft zu trotzen, durch die Luft zu fliegen, auf dem Wasser zu gehen, in Form von Vögeln und Tieren herunter auf die Erde zu kommen, um durch das "Überschatten" von Jungfrauen oder durch das Schwängern mit einem leichten Windstoß oder einem Geist, die Eltern menschlicher Nachkommen zu werden. Aufgrund ihrer übernatürlichen Kräfte wurde von den, durch die menschliche Vorstellungskraft geschaffenen Gottheiten geglaubt, dass sie in der Lage wären, den Ausgang von Schlachten und das Ergebnis von Kriegen zu bestimmen, gute Ernten, schönes Wetter, gute Gesundheit und Wohlstand zu schaffen, Feuer zu erzeugen, oder Hungersnöte, Überschwemmungen, Blitzschlag, Sturm, Krankheit und Verzweiflung, je nach Belieben. Kurz gesagt, wurden die Kräfte der Götter nur durch die Fähigkeit des Menschen begrenzt, sich immer neue oder größere Leistungen auszudenken.

Jedes Ereignis im Leben der Menschen, von der Geburt bis zum Tod, wurde von einer Gottheit oder einem Geist regiert; all die geheimnisvollen Aktivitäten der Natur wurden dem Wohlwollen einer freundlichen Macht oder der Bosheit einer unfreundlichen zugeschrieben. Ereignisse geschahen nicht durch einen ordnungsgemäßen Ablauf der Naturgesetze, sondern durch bloße Laune oder Willkür der Götter. Jede große Religion, Vergangenheit oder Gegenwart, hat diesen Glauben an eine oberste Gottheit oder Gottheiten als Grundlage, die nicht den Naturgesetzen unterworfen waren.

Durch Gebete, Zeremonien, Geschenke und Opfer versuchten die Menschen im Altertum, sich den guten Willen der freundlichen Mächte zu sichern, und die unfreundlichen Mächte wurden damit gebeten, die schädlichen Aktivitäten einstellen oder zurückhalten. Die großen Taten der übernatürlichen Gottheiten wurden zum Gegenstand von Mythen, Legenden und Fabeln, die die Literatur aller alten Völker ausmacht. Der höchste und am weitesten verbreitete Ausdruck dieses alten Glaubens ist in der Anbetung der Sonne und des Mondes verkörpert.

Die Chinesen waren Sonnenanbeter und die feierlichste Zeit des chinesischen Jahres war der 21. Dezember, wenn Zeremonien in den Tempeln der Sonne, auf dem Heiligen Berg in Peking stattfanden, um dem Sonnendurchlauf durch den Punkt der Wintersonnenwende zu gedenken. Früher wurden diese Zeremonien vom Kaiser und seinen höchsten Beamten durchgeführt.

Obwohl die Japaner ursprünglich Mondanbeter waren, wurden sie später Sonnenanbeter und ein Schrein der Sonnengöttin stand in Mikados Palast. Ein Kupferspiegel dient ihr als Emblem. Er wird, bis in die Gegenwart hinein, als einer der heiligen Schätze der Japaner betrachtet. Ein Symbol der Sonne, in Form einer goldenen Scheibe, erscheint auf dem japanischen Hoheitszeichen und soll die Abstammung des Kaisers von der Sonne andeuten.

In der Folklore Nordeuropas und Großbritanniens, gab es Traditionen aus sehr frühen Zeiten, in denen Sonne und Mond in menschlicher Gestalt verkörpert wurden, sei es als Helden einfacher Fabeln oder als mächtige Gottheiten, die in der Lage waren Gut oder Böse über die Bewohner der Erde zu bringen. Wenn auch die ersten Druiden in England nicht wirklich Sonnenanbeter waren, so beweisen die riesigen Steinruinen in Stonehenge und anderswo, dass sie zumindest in wichtigen Zeremonien die kritischen Perioden der Sonne im jährlichen Zyklus beobachteten.

Im alten Mexiko wurden die Sonne, der Mond und der Planet Venus als Götter verehrt. Die Mexikaner teilten ihr Essen und Trinken mit ihnen und glaubten selbst, ihre Nachkommen zu sein. Viele mexikanische Bauern üben noch den alten Brauch aus und werfen einen Kuss Richtung Sonne wenn sie eine Kirche betreten.

Die Inkas von Peru betrachten den Mond als weiblich und auch als Schwester und Gemahlin der männlichen Sonne. Die Inkas nannten sich "Kinder der Sonne" und diese solare Kugel wurde von ihnen mit Menschenopfern, in dem am aufwendigsten verzierten Tempel der Welt, geehrt.

Frühe Bewohner der malaiischen Halbinsel sahen sowohl die Sonne als auch den Mond als weiblich an. Die Eskimos glaubten der Mond sei der jüngere Bruder der weiblichen Sonne. In Nordamerika waren viele Indianerstämme Verehrer der Sonne und des Mondes. Nachweis dafür findet man bis heute in ihren Stammesriten.

Sonnenkulte gab es zu verschiedenen Zeiten in Rom und das jährliche Fest, gefeiert am 25. Dezember zu Ehren des "Geburtstages der unbezwingbaren Sonne", wurde dort erst nach dem Tod von Kaiser Julian, im 4. Jahrhundert n. Chr., abgeschafft. Im 5. Jahrhundert, etwa einhundert Jahre nach der Christianisierung von Rom, war es noch Brauch der Römer, sich vor dem Eintritt in eine Kirche vor der Sonne zu verbeugen und der aufgehenden Sonne vom Gipfel eines Hügels aus zu salutieren.

Die Anbetung der Sonnen- und Mondgötter schufen die Grundlage für die Religionen von Ägypten, Persien und Indien. Von Babylon aus, wo er vielleicht seinen höchsten oder zumindest weit verbreitetsten Entwicklungsstand erreichte, dehnte sich der Sonnen- und Mond-Kult in ganz Südwestasien aus, bis nach Griechenland, Rom und Gallien. Die Wissenschaft der Astronomie hatte ihren Ursprung in den Bemühungen der babylonischen Astrologenpriester, die Stimmungen und Handlungen der Sonnen- und Mondgötter, durch das Studium ihrer Bewegungen, vom Gipfel ihres siebenstöckigen Zikkurats, vorauszusagen. Der biblische Turm von Babel, war solch ein Beobachtungsturm.

Die vielen Referenzen der Bibel, zu den heidnischen Kulten, geben reichlich Beweise, dass beides, Sonnen- und Mondverehrung, weitgehend von den Hebräern im antiken Palästina praktiziert wurden. Vor der Verkündung der Mosaischen Gesetze, verwendeten die Juden die Mondzeit. Sie bleibt immer noch die Grundlage ihrer religiösen Kalender.

Die Veränderungen im Aussehen des Mondes wurden zum Gegenstand von Fabeln der Menschen der Antike, lange bevor sie wussten, dass das Licht des Mondes nur von der Sonne reflektiert wurde, oder bevor sie erkannten, dass der Mond, der schwand und starb, der gleiche war, der jeden Monat wieder auftauchte.

Viele Figuren der griechischen Mythologie haben rein solaren oder lunaren Charakter. Einige Wissenschaftler glauben, dass alle großen Themen der mythischen Überlieferungen, aus astraler Verehrung entstanden.

Wenn die Zeremonien und Opfer, die Teil der Sonnenanbetung waren, uns viel besser bekannt sind als diejenigen, die Mondanbetung begleiten, kann es auf die Tatsache zurückzuführen sein, dass Mondanbetung bereits von der sich verbreitenden Anbetung der Sonne, am Anfang der geschriebenen Geschichte, überschattet wurde. Die frühesten Aufzeichnungen die uns von den alten Nationen bekannt sind, datieren auf 3000 bis 4000 vor Chr., was zu einer Zeit war, als die Sonnenkulte schon Oberhand gewonnen hatten. Folglich ist ein solches Wissen über Mondkulte, von Mythen und Legenden abgeleitet, die in der Literatur und dem Brauchtum, viele Jahrhunderte überdauert haben, nachdem die Art der Verehrung sich schon längst immer im Nebel der Zeit aufgelöst hatte. (Wir wissen so gut wie nichts von den Trojanischen Kriegen, außer den gesammelten Teilen in Homers Ilias.)

Die Mythen, Legenden und Fabeln, die um die Leistungen der mythischen Götter durch die Zeit gewebt wurden, hatten ihren Ursprung in der einfachen Tatsache, dass es in der Natur des Menschen liegt, zu jeder Zeit, Gerüchte, Klatsch und Fabeln über die Großen und fast Großen zu erschaffen. Wir erfinden Geschichten über Washington und Lincoln, und die Menschen des Altertums taten dasselbe mit ihren Göttern.

Oberflächlich gelesen, können dem heutigen Leser viele Legenden, abgeleitet aus altem Glauben, als lächerlich, kindisch oder absurd erscheinen. Es ist aber noch nicht lange her, dass fast jeder an Hexen, Teufel, Wunder und Feen glaubte, und viele Menschen glauben immer noch an ihre Existenz.

Die alten Mythen waren jedoch nicht das Produkt der Phantasie allein. In jedem Fall beruhen sie auf wahrnehmbaren Naturphänomenen, wobei es eine grundlegende Beziehung zwischen der Darstellung und dem Darstellenden gibt. Die hohe Verehrung, die die Ägypter für den heiligen Skarabäus gehabt haben, ist ein Beispiel, welchen dies gut veranschaulicht.

Der Skarabäus oder Käfer hat sich angeblich selbst zu einer Kugel gerollt und tauchte dann, wie der Mond, nach 28 Tagen mit neuem Leben wieder auf. Wir wissen jetzt, dass die Ägypter hier falsch lagen, sowohl in Bezug auf Tatsachen als auch Schlussfolgerungen. Auch wenn der Käfer einen Ball aus Mist macht, enthält der Ball seine Eier, anstatt den Käfer selbst. Wenn wir bedenken, dass sie an die Reinkarnation glaubten, ist es nicht schwer zu verstehen, warum die Ägypter diesen kleinen Käfer als ein Symbol der Wiedergeburt und Unsterblichkeit verehrt haben.

In heutiger Zeit, in der die Bedeutung der Sonne für das Leben auf der Erde, so viel größer als die des Mondes angesehen wird, scheint es auf den ersten Blick seltsam, dass die weitverbreitete Mondanbetung, lange vor der Entwicklung des Sonnenkultes praktiziert wurde. Dennoch, die Erkenntnisse der modernen Wissenschaft lassen keinen Raum diese Tatsache zu bezweifeln. In Babylon wurden die Hauptgottheiten beispielsweise, ihrem Rang entsprechend, von Zahlen identifiziert. Die erste Triade von Göttern ist aus Anu 60, Bel 50, Ea 40, zusammengesetzt. Die zweite Triade ist der Mond 30, Sonne 20, und Mylitta oder Beltis (Venus) 15. Die dritte Triade ist Luft 10, Nergal oder Mars 12, und Nur oder Saturn 10. Dort, wo von Sonne und Mond die Rede ist, wird die Sonne als "der Sohn des Mondes" und nicht, wie man vielleicht erwarten könnte, "der Vater", gesprochen. Einer der alten Götter von Ur in Sumer wurde Schamasch (Sonne), Nachkomme von Nannar, einer der Namen des Mondgottes, genannt. Nabonides, der letzte einheimische König von Babylon, wies Schamasch den gleichen Vater zu, so dass von Anfang bis Ende, der Sonnengott unter dem Mondgott angesiedelt war.

Viele Theorien wurden aufgestellt, um dieser Anomalie Rechnung zu tragen. Eine davon ist: Dadurch dass die großen, frühen Hochkulturen ihren Ursprung in Regionen haben, in der das Klima von warm bis heiß variiert, wurde die Sonne wohl eher als Feind denn als Freund des Menschen angesehen, denn ihre intensive Hitze versengt die Vegetation und zerstörte Ernten und Weiden.

Eine wahrscheinlichere Lösung scheint durch die Tatsache erklärt zu werden, dass in warmen Ländern, in denen frühe Zivilisationen zunächst einen hohen Entwicklungsstand erreichten, Hitze und Sonnenstand zwar variieren, aber von Jahreszeit zu Jahreszeit nur recht wenig. Dort geht die Sonne rasch auf und unter. Die Zeitspanne von Morgen- und Abenddämmerung ist sehr kurz. Die Zeit von Tag und Nacht ist genau definiert. Auch in Regionen nahe dem Äquator variiert die Länge des Tages über das ganze Jahr hinweg nur sehr wenig. Dort leuchten Mond und Sterne mit besonderer Brillanz und in einigen tropischen Ländern sind die Planeten Venus und Jupiter oft hell genug, um Schatten zu werfen. Darüber hinaus ist die Sonne, um einfache Beobachtung zu erlauben, zu weit entfernt, zu strahlend, zu langsam in ihrer scheinbaren Bewegung, während der Mond sich von Nacht zu Nacht in kurzer Zeit ändert, von einer ganz dunklen zu einer ganz hellen Phase. Das kann der Mensch nicht vergessen.

Zeit wurde in so und so vielen "Schläfen" oder "Nächten" gerechnet [1]. Als dann bekannt wurde, dass sich der Wechsel von Vollmond zu Vollmond in einem Zyklus von 28 Tagen (eigentlich 29,53) wiederholt, wurde Zeit in Monden oder Monaten gerechnet. Die Mondfinsternis kennzeichnete die Jahre. Der Mond wurde daher als "Vermesser" oder "Rechenmeister" bekannt.

---

[1] Die Zeitrechnung in Nächten ist bei allen Nomaden, insbesondere bei denjenigen, die wegen der Tageshitze in der Nacht reisen, üblich. Bei den Hebräern begann der Tag mit Sonnenuntergang; bei den Ägyptern und Babyloniern begann er mit Sonnenaufgang, und bei den Römern begann der Tag um Mitternacht.

Auch heute noch rechnen Mohammedaner ihre Zeit nach dem Mond und unser Ostern wird durch Mond- anstatt Sonnenzeit gerechnet. Araber begrüßen den neuen Mond mit Jubel, und das jüdische Ritual schreibt einen besonderen Dienst für diese Gelegenheit vor, der das Rezitieren von "Psalmen der Freude" enthält.

Es ist also nicht verwunderlich, dass Sonnenanbetung der Mondanbetung nur in Ländern vorausging, die weit vom Äquator entfernt waren, dort, wo die Länge des Tages sich im Laufe des Jahres beträchtlich änderte. Während des Winters, geben die niedrigen, schrägen Strahlen der Sonne, der Erde in diesen Breiten wenig Wärme; die Vegetation stirbt und die langen, warmen Sommertage werden durch gleichlange Nächte und der beißenden Kälte des Winters gefolgt. Hier, wo das erfreuliche Licht und die Wärme der Sonne sehr willkommen waren, war die Priorität der Sonnenanbetung vor der Mondanbetung nur natürlich.

Die gemäßigten oder kalten Regionen waren jedoch entweder dünn bevölkert oder vom Hauptstrom der Entwicklung des Menschen isoliert. Die regionalen Glaubenskonzepte hinterließen, so wie es die Verehrungsformen der großen, frühen Kulturen von Indien, Babylon und Ägypten taten, keinen Eindruck auf die Zivilisation.

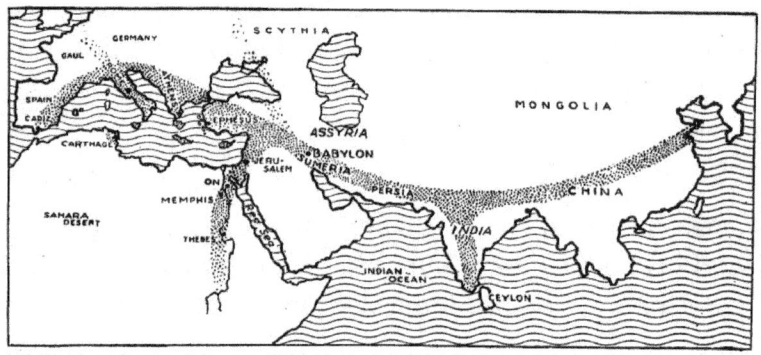

Abbildung 1: Pfad früher Zivilisationen

Diese Karte zeigt den Gürtel, in dem die Zivilisation zuerst einen hohen Entwicklungsstand erreichte.

Babylon (oder das antike Sumer) wurde, im Kontakt mit Ägypten im Westen und Indien im Osten, zu einem der größten Zentren der frühen Zivilisation, sowohl zu Land als auch zu Wasser. Hier, in einer Region, außerordentlich fruchtbar gemacht durch Erdablagerungen der jährlichen Überschwemmung des Euphrat, wo sich der Fluss, vor dem Eintritt in den Persischen Golf ausbreitet, gab es zahlreiche große Städte, die sehr große, hoch entwickelte Kulturen hervorbrachten, Jahrhunderte bevor Abraham angeblich die Hebräer nach Kanaan geführt hat.

Durch diese Region liefen die Karawanenwege zwischen Ägypten, Asien und Europa, so dass Südwestasien ein natürlicher Schmelztiegel war, wo Ost auf West traf, wo gehandelt, gekämpft, Ideen und Bräuche ausgetauscht wurden.

In diesem großen Brutplatz der orientalischen Religionen und Mythen von übernatürlichen Helden, hatten die meisten der großen Weltreligionen ihre Geburt. Von hier aus wurden sie von Land zu Land getragen, so dass sie, bis in die Gegenwart, ihre Spuren in den Sitten, Gewohnheiten und Überzeugungen der Nationen hinterlassen haben.

Vielleicht kam der erste Schritt zur Beseitigung des geheimnisvollen Vorhangs, der die Mystik des Ostens einhüllte, mit der Eröffnung Indiens zur westlichen Zivilisation, wodurch

Übersetzungen der alten, indischen Aufzeichnungen, in moderne Sprachen möglich wurden. Heute zu wissen, was diese alten Völker glaubten, wie sie lebten und beteten, ist im Wesentlichen auf die Triumphe der Archäologen zurückzuführen, die innerhalb der letzten 150 Jahre in die Hügel lang verschwundener Städte, in Ägypten und im Nahen Osten, gegraben haben. Bis zu diesem Zeitpunkt war unser Wissen über die babylonische Zivilisation auf wenige Bibelstellen und einige astrologische Werke beschränkt, die auf Befehl von Alexander dem Großen, von dem babylonischen Priester Berossus zusammengestellt wurden, sowie auf einige Werke griechischer und römischer Autoren.

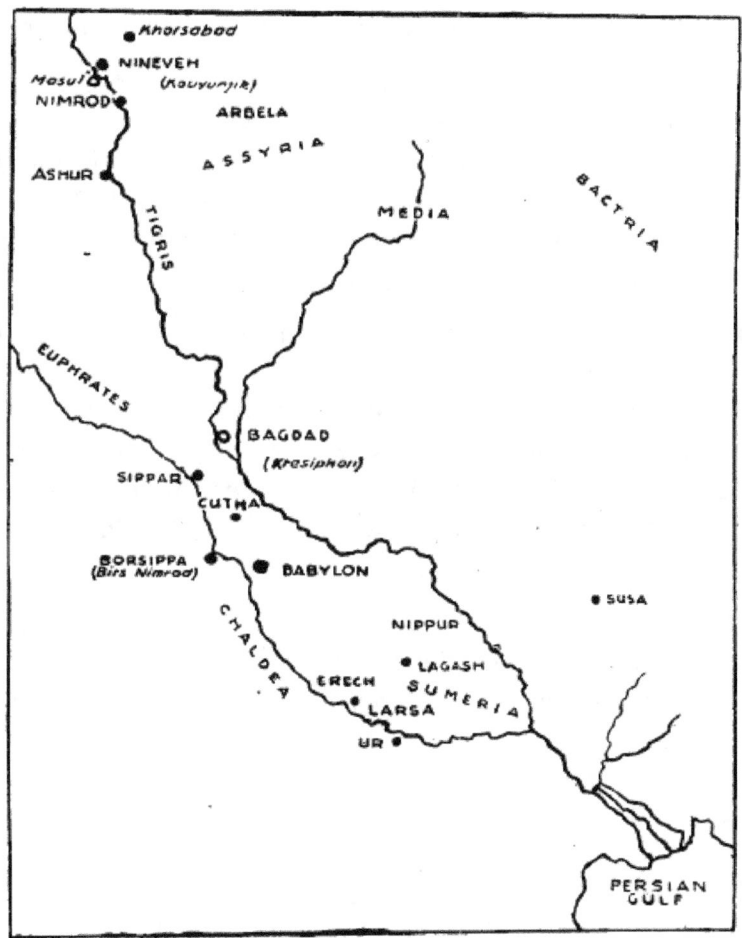

Abbildung 2: Karte von Sumer und Babylon

Region des Euphrats und Tigris, zeigt den Standort von Sumer, Chaldäa und Babylon.

Mit dem Fund des Steins von Rosetta durch Napoleons Ingenieure, 1799, begannen moderne Entdeckungen. Dies war der Schlüssel, der es uns ermöglichte, die Geheimnisse, die in den alten ägyptischen Inschriften verborgen waren, zu entschlüsseln. (Der Stein von Rosetta enthält dreisprachige Inschriften aus Hieroglyphen, demotischen Zeichen und Griechisch, wodurch es möglich war, die Inschriften in moderne Sprachen zu übersetzen.)

Eine der spannendsten Errungenschaften der modernen Archäologie kam im Jahre 1853, mit der Entdeckung der großen Bibliothek des Königs Assurbanipal (von den Griechen Sardanapalus genannt), bei Kouyunjik, der Standort von Ninive im alten Assyrien. 648 vor Chr. setzte Assurbanipal seinen Bruder als König von Babylon ein und machte damit das Land zu einer Provinz von Assyrien. Assurbanipal war ein ungewöhnlich weitsichtiger Herrscher, der nicht nur eine Bibliothek erschuf, die eine komplette Aufzeichnung seiner eigenen Periode enthält, sondern er versuchte auch, so gut er konnte, eine Aufzeichnung aller vorherigen Zeiten zusammenzustellen.

Ein Großteil unserer heutigen Kenntnis über die babylonische Kultur wurde von offiziellen Archiven abgeleitet, Keramik, Töpferei, Omen, Gebete, Psalmen sowie historische, astrologische, und wissenschaftliche Arbeiten, die, in Tonziegel graviert, in dieser Bibliothek gefunden wurden. George Smith, ein britischer Archäologe, entdeckte im Britischen Museum 1872 Teile einer babylonischen Version der Sintflut auf Ziegeln. Im darauf folgenden Jahr entdeckte er mehr Fragmente dieser Geschichte in der Bibliothek von Kouyunjik. Fast 20.000 Ziegel oder Fragmente aus dieser Bibliothek befinden sich jetzt im Britischen Museum.

Die Wissenschaft war im Dezember 1901 von einer weiteren Entdeckung, von J. De Morgan, Französischer Wissenschaftler, in Susa, Assyrien, begeistert. Er fand eine schwarze Diorit Säule etwa acht Meter hoch, die ein Gesetzbuch von König Hammurabi, etwa 2050 vor Christus, beinhaltet. Später wurde die Säule in den Louvre nach Paris gebracht. Eingraviert auf der Spitze des Steins ist ein markantes Bild, das Hammurabi zeigt, wie er von dem Sonnengott Schamasch die Gesetze in Empfang nimmt.

Obwohl fünf Spalten der Inschriften ausgelöscht sind, blieben noch, in Keilschrift eingraviert, vierundvierzig Spalten mit 3600 Zeilen der Gesetze. Von den Gesetzen nimmt man an, dass sie von mehreren älteren Codes abstammen, von denen einige auf 3000-4000 vor Chr. datiert werden. Die Hammurabischen Gesetze sind den alttestamentlichen, Mosaischen Gesetzen so ähnlich, dass fachkundige Autoritäten einräumen, dass viele der Gesetze, die der Herr Moses auf dem Berg Sinai gegeben haben soll, tatsächlich Jahrhunderte vor der mosaischen Zeit, in Babylon in Kraft waren.

Selbst die Geschichte von Moses Leben hat eine deutliche Ähnlichkeit mit dem Leben des Königs Sargon von Babylon, und der biblische Bericht von Moses scheint teilweise aus Legenden eines großen babylonischen Königs, aus dem Jahr 3000 vor Christus oder früher, angepasst worden zu sein.

Abbildung 3: König Hammurabi erhält die Gesetzesrolle vom Sonnengott Shamash

Babylonischer Sonnengott Schamasch gibt König Hammurabi die Gesetzesrolle. Von einer Gravierung auf der Tafel von Hammurabi.

Wie Moses, war Sargon ein beliebter Führer und Gesetzgeber, der die Freiheit seines Volkes gesichert hat. Wie bei Moses, wurde auch von Sargon gesagt, dass er von einer Göttin geboren wurde und dass der Vater unbekannt sei. Sie versteckte ihn in einem Korb aus Binsen, mit Bitumen bestrichen. Sie legte ihn aufs Geratewohl in den Euphrat, wo er von Akki "dem Bewässerer", gefunden wurde, der ihn als sein eigenes Kind aufzog. Obwohl in armseliger Umgebung aufgewachsen, wurde Sargon der viel geliebte "Gesetzgeber". Ihm wurde die Zusammenstellung der chaldäischen Abhandlung über Astrologie und Weissagung zugeschrieben [2].

Zusätzlich zu diesen Entdeckungen wurden im Jahr 1906 eine große Anzahl von Hethiter-Tafeln bei Baghoz-Keui, Anatolien, gefunden, und in jüngerer Zeit ist eine hethitische Version eines ägyptisch-hethitischen Vertrages von 1272 vor Christus ans Licht gekommen. In Tell-el-Amarna, etwa 273 km südlich von Kairo, Ägypten, fand eine Bäuerin eine große Menge an Tafeln. Sie enthielten Briefe, geschrieben an die ägyptischen Könige Amenhotep III und IV, von Königen verschiedener asiatischer Länder und von ägyptischen Vasallen in Phönizien, Syrien und Palästina. Diese Tafeln waren die größte Quelle an Informationen über Ereignisse in Kanaan im 14. und 15. Jahrhundert vor Christus. Eine der bemerkenswertesten Tatsachen die durch diese Entdeckung enthüllt wurde ist, dass die Ureinwohner dieser Region, den babylonischen Keilschreibstil ebenfalls nutzten, wenn es um diplomatische Korrespondenz an die Könige von Ägypten ging.

Persönliche Archive wurden auch von den Königen Sargon, Sanherib, Nebukadnezar, und anderen assyrischen Herrschern gefunden. Diese Archive enthalten Aufzeichnungen über ihre Beziehungen zu den israelitischen Königen.

Tausende von Tafeln, Stelen und Tonziegeln wurden gerettet, auf denen die Gesetze, Verträge, Gebete, Psalmen, Beschwörungen, Gedichte, Mythen und historische, astronomische, astrologische, und religiöse Texte, aus lang verschwundenen Städten aufgezeichnet sind. Diese Flut neuen Lichts auf die alte Zivilisation Südwestasiens und Ägyptens, hat es notwendig gemacht, viele Theorien zu revidieren, die seit Jahrhunderten, bezogen auf die historische, kulturelle und religiöse Herkunft der Menschen in diesen Regionen, unverändert waren.

Der Inhalt vieler dieser Tafeln war nur den Priestern und anderen, die in die heiligen "Mysterien" eingeweiht waren, bekannt. Wir sind daher heute in der Lage viel über diese alte Kultur zu lernen, die den einfachen Leuten in diesen Ländern nicht bekannt war. Die folgenden Seiten sind einer Untersuchung der vielen, in den alten Aufzeichnungen beschrieben Überzeugungen und Praktiken gewidmet, unter dem Blickwinkel, Gewohnheiten, Überzeugungen und Aberglauben zurückzuverfolgen, der selbst heute noch von einem großen Teil der zivilisierten Welt aufrechterhalten wird.

---

[2] *Origin and Growth of Religion (Ursprung und Wachstum der Religionen)*, A. B. Sayce, S.26.

II. Der Mond als Regulator von Zeit und Schicksal

Da die Mythen, Sitten und religiösen Riten, die über die Mondgottheiten und -göttinnen gewebt wurden, ihren Ursprung in den verschiedenen Aspekten des Himmelskörpers hatten, wird ihre Herkunft und Bedeutung klarer, wenn wir uns zuerst den Mond in seinen unterschiedlichen Phasen, Bewegungen und Veränderungen ansehen.

Der Neumond erscheint zuerst als schmale Sichel in den frühen Abendstunden. Mit seinen Hörnern zeigt er nach Osten. Dann kann er, kurz vor oder nach dem ersten des Monats, im westlichen Himmel gesehen werden. Er vergrößert sich und seine Leuchtkraft jeden Tag, und während sich die Wachstumsphase erhöht, verschwinden die Hörner, und am frühen Abend des 14., 15. oder 16. Tages scheint er, als glorreicher Vollmond, hell am östlichen Himmel.

Für etwa drei Tage, einschließlich des Tages vor und nach der vollen Phase, scheint er sich zu verändern, aber nur ganz wenig. Dann, nach und nach beginnt er, sich in Größe und Glanz zu verringern. Während er im Laufe der Tage abnimmt, werden seine Hörner wieder sichtbar, diesmal jedoch nach Westen gerichtet (wie die Leute des Altertums es ausdrückten, "Nun schaut der Mond über seine Schulter"), und etwa am 28. Tag ist das Ende des Zyklus erreicht.

Der Mondaufgang tritt jeden Tag etwa 50 Minuten später ein, so dass in der letzten (dunklen) Phase, der Mond bis zum frühen Morgen nicht über dem Horizont erscheint. In dieser Phase zieht er seine Bahn zwischen Erde und Sonne, und diese Passage tritt zur Tageszeit auf. Durch das Licht der Sonne ist er, während des größten Teils der Dunkelphase, unsichtbar. Nach einer kurzen Zeit des dunklen Mondes, erscheint wieder eine schmale Sichel am westlichen Himmel, die den Beginn eines neuen Zyklus markiert.

Als "Regler" oder "Vermesser" der Zeit

Die Tatsache, dass der Mondzyklus in vier Phasen mit gleicher Länge unterteilt wird, machte diesen Zeitraum zu einem bequemen Mittel, die Zeit in Abschnitten von Wochen und Monaten zu berechnen. Zu diesem Zweck können die Bewegungen des Mondes am Himmel auf verschiedene Weise berechnet werden: ein sideraler Monat von 27 Tagen, 7 Stunden, 43 Minuten, 11:5 Sek. (27,32 Tage); ein synodischer oder gewöhnlicher Monat von 29 Tagen, 12 Stunden, 3 Min. (29,53 Tage) von Neumond zu Neumond; und einen Drachenmonat von 27 Tagen, 5 Stunden, 5 Min. Ein tropischer Monat ist die Zeit, die der Mond benötigt, um 360 Längengrade zu durchlaufen, von einer Frühlings-Tag-Nachtgleiche zur nächsten. Ein solarer Monat beträgt 30 Tage, 10 Std., 29 min., 3 Sek.

Der Mond dreht sich tatsächlich in 27,32 Tagen um die Erde, aber der Abstand zwischen zwei Neu- oder Vollmonden ist 29,53 Tage. Der Grund für diese Diskrepanz liegt darin, dass, während der Mond sich in 27,32 Tagen um die Erde dreht, diese auch in ihrem Weg um die Sonne voranschreitet. Der Mond muss daher mehr als eine volle Umdrehung machen, bevor er zum Ausrichtungspunkt mit der Sonne zurückkehrt. Mit anderen Worten, der Mond braucht zwei Tage, um den Fortlauf der Erde aufzuholen. Dies wird in der Illustration dargestellt, die den Abstand aufzeigt, die der Mond, nach Abschluss einer Umdrehung reisen muss, um relativ zu Erde und Sonne, zur gleichen Position zurückzukommen.

Es ist offensichtlich, dass ein Mondmonat näherungsweise als 27, 28 oder 29,5 Tage berechnet werden kann. Alle diese Zeiten waren den Menschen vertraut bevor der 30-Tage-Monat in Mode kam. In China, Indien, Persien, Arabien und Ceylon gab es Mondtierkreise, mit 27 Häusern, die später auf 28 erhöht wurden. Einer der babylonischen Mondkalender verwendete ein Jahr mit 324 Tagen, dessen Monat aus 27 Tagen bestand. Der Monat wurde in jeweils 3 Wochen mit 9 Tagen unterteilt, oder 60 Uddu, wobei die Uddu als 216 Minuten gerechnet wurden [3].

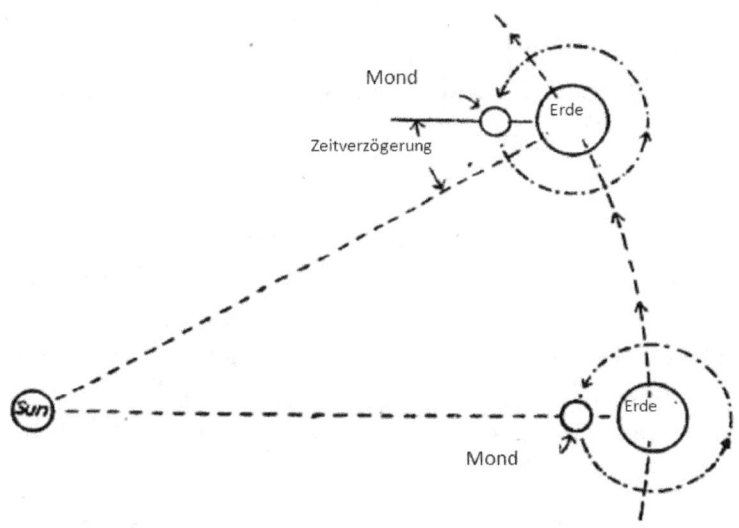

Abbildung 4: Diagramm des Mondzyklus

Das Diagramm zeigt, warum der Mond mehr als eine vollständige Umdrehung vor der Rückkehr in die gleiche Position, relativ zur Sonne und der Erde machen muss.

In Genesis 07:11 und 08:14 soll die Flut vom 17. des zweiten Monats eines Jahres bis zum 27. Tag des zweiten Monats des folgenden Jahres, oder 1 Jahr und 11 Tage gedauert haben. Da ein Mondjahr von 354 Tagen plus 11 gleich 1 Sonnenjahr von 365 Tagen ist, scheint der Historiker ein Sonnenjahr, in sein Äquivalent von Mond-Zeit übersetzt zu haben. Die Zeit scheint eher symbolisch anstatt historisch zu sein.

Ein Drachenmonat wird aus der Zeit berechnet, in der der Mond die Sonnenumlaufbahn durchquert und einen Knotenpunkt erreicht, bis er die Sonnenumlaufbahn erneut kreuzt (die mittlerweile 2 Std., 38 min nach Westen zurückgegangen ist). Aufgrund dieser Retrogression der Knoten werden Finsternisse in der gleichen Reihenfolge, in 18 Jahren, 10 oder 11 Tagen, wiederholt.

Dieser Zeitraum von 18 Jahren, ein so genannter Saros, wurde in alter Zeit als $6585\text{-}^{1/2}$ Tage gerechnet und ist gleich 19 ekliptische Jahre je 346,6 Tage. Die korrekte Länge ist 6585,23 Tage, daher belief sich der Fehler auf nicht mehr als 1 Tag in 1800 Jahren. Diese Zeitspanne war den frühen Chinesen, Hindus und Babyloniern, die es auch als gleichwertig mit 223 synodischen Monaten oder 242 Drachen-Monate ansahen, bekannt. Ein weiterer

---

[3] In Babylon und Athen wurde ein Mondjahr mit 12-3/8 (12,375), Mittelwert der Monate, gerechnet. Die heutige Astronomie gibt 12.368746 als mittleren Mondmonat auf ein siderisches Jahr an. Der griechische Astronom Meton erreichte 432 vor Christus fast die identische Zahl.

Im 2. Jahrhundert vor Christus, übernahmen Hipparchus und seine babylonischen Zeitgenossen 29 Tage, 12 Std., 44 min., 3,3 s. als die wahre Länge des mittleren Mondmonats, ein Wert so genau wie sie die moderne Astronomie geben kann. Kallippos, 330 v.Chr., schlug, 29 Tage, 12 Std., 44 m. 25,52 s. vor. Die tatsächliche Länge des mittleren Mondmonats ist 29 Tage, 12 Std., 44 m., 2,81 s. für die Gegenwart, oder 29 Tage., 12 Std., 44., 3,30 s. für die Zeit des Hipparchus.

ekliptischer Zeitraum, der im Westen, etwa 300 vor Christus in Gebrauch kam, bestand aus 235 synodischen Monaten oder etwa 19 Sonnenjahren. In der chinesischen Aufzeichnung, genannt Ssu Ki von Ssu Ma Chien, wird der 19-jährige Mondzeitraum erwähnt, der von Hwang Ti, der Gelbe Kaiser, 2698 vor Chr. eingeführt wurde, oder mehr als 2000 Jahren bevor Meton ihn den Griechen vorstellte.

Es passiert nur ein einziges Mal in 8 Jahren, oder genauer gesagt in 99 Monaten, dass der Vollmond mit dem längsten bzw. kürzesten Tag des Jahres übereinstimmt. Dieser achtjährige Zeitraum ist der kürzeste Zyklus, an dessen Ende Sonne und Mond wirklich die Zeit zusammen markieren, nachdem sie sich während der gesamten 8 Jahre überschnitten. Sie liefert die Grundlage für einen Kalender, der Mond- und Sonnenzeit in eine angemessene, wenn auch nicht exakte, Harmonie bringt.

Als Regler des Schicksals

Nur sehr wenige Bücher sind verfügbar, aus denen der Leser ein einigermaßen klares Bild von den Glaubenssystemen, die auf Bewegungen und den Mondphasen basieren, bekommen kann; dennoch, Mondanbetung war die Grundlage einer der ältesten und am weitverbreitetsten Kulten in der Welt. Bevor sie von den sogenannten "Ethik" Religionen abgelöst wurde, hatte die Mondanbetung einen bleibenden Eindruck auf die Gebräuche, Legenden, Religionen, Literatur, und die Regierungen der Menschen in allen Teilen der Welt hinterlassen.

Zweifellos ist der Hauptgrund für den Mangel an Informationen über diese alte Religion darin zu finden, dass zu der Zeit, in der der Mensch gelernt hat zu schreiben und schriftliche Aufzeichnungen zu hinterlassen, die Sonne bereits den Mond als Objekt der Verehrung ersetzt hatte.

Eine der ältesten existierenden Tontafeln berichtet von einer Reformation des Kalenders durch König Sargon von Babylon, etwa 3000 vor Christus, das Jahr mit dem Eintritt der Sonne in das Tierkreiszeichen Stier, zur Frühjahrs-Tag-Nachtgleiche beginnen zu lassen. Es zeigt sich also, dass sich schon damals der Sonnenkult gegen die Vorherrschaft des älteren Mondkultes durchgesetzt hat.

Obwohl die Mondkulte, mit dem Aufkommen der neueren Glaubensrichtungen an Bedeutung verloren, errichteten die Mondanbeter weiterhin Tempel zur Verehrung des Mondes. Lange nachdem die Sonne vielerorts als Zentralfigur des religiösen Systems übernommen war, fuhren andere weiterhin damit fort den Mond anzubeten, während in einigen Städten, Anhänger beider Kulte ihre Verehrung harmonisch, Seite an Seite, vollzogen. In der Tat schien Sonnenanbetung nicht als eigenständiges und völlig getrenntes System existiert zu haben, sondern es wurde einfach auf den älteren Kult gepfropft; und nachdem die beiden verschmolzen, wurde schließlich die Sonne die dominierende Figur. Aus diesem Grund werden in der Regel auch beide, Sonnen- und Mondmotive, in den frühesten Mythen gefunden.

Es ist nicht klar, ob die Sonnenverehrung und ihre vielen Mythen sich vor dem Beginn von Astronomie und Astrologie zu entwickeln begann, oder gleichzeitig, aber es ist offensichtlich, dass der neue Kult Wurzeln schlug, neue Götter geschaffen wurden, und sich im Rahmen der Religion stark vergrößerte, so dass er immer komplexer wurde und er eine neue Ausrichtung bekam.

Der tief religiöse Charakter dieser frühen Periode war ein dominanter, sozialer Faktor und jede Lebensphase hatte einen religiösen Hintergrund oder eine religiöse Herkunft. Literatur, Architektur, Kunsthandwerk, Kleidung, Sitten, Mythen, Legenden, Feste, und die Wissenschaften, oder Pseudowissenschaften, der Astronomie, Astrologie, Symbolik, Philologie, Numerologie, und der jüngere Auswuchs der orientalischen Mystik, ausgedrückt in der Kabbala, wurden von dem astralen Charakter der ursprünglichen, religiösen Systeme beeinflusst oder stammen von ihnen ab.

Beweise scheinen darauf hinzudeuten, dass Mythen und Aberglaube einer Nation widerstandsfähiger gegen gesellschaftliche Umbrüche sind und langsamer sterben, als alle anderen Elemente, die den nationalen Charakter bestimmen. Obwohl eine Nation zerstört sein kann, können Mythen und Aberglaube überleben, auch Jahrhunderte nachdem ihre Herkunft und Bedeutung vergessen sind.

In der Folklore der aufgeklärtesten Nationen, können in Mythen, Fabeln, Legenden, Traditionen und Aberglauben, noch zahlreiche Reste dieser alten Glaubenssysteme gefunden werden, die fest geglaubt werden, ohne dass man ihre Herkunft oder ihr extremes Alter anzweifelt. Durch das Sammeln dieser Abfälle früherer Zivilisationen, hier und dort, und das wieder Zusammensetzen, können wir eine Verbindung zwischen Vergangenheit und Gegenwart herstellen, die aufschlussreicher ist, als die trockenen Seiten der Geschichte es wiedergeben.

Vom Mond glaubte man, dass er, seit den frühesten Zeiten der Aufzeichnungen, einen starken Einfluss, wenn nicht die tatsächliche Kontrolle, über alles organische Leben, sowohl tierisch als auch pflanzlich, hat. In Aspekten, die wir als günstig betrachten, hatte er vermutlich einen Einfluss auf den Wuchs von Pflanzen und Tieren; auf Fruchtbarkeit und Kindesgeburt, Wetter, Handel, etc. In seinen ungünstigen Aspekten, wurde er als Ursache von Sterilität, Wahnsinn, (im Engl. "Lunacy", von Luna, der Mond), Fieber, Erkrankungen (insbesondere bei Frauen) angesehen, und in vielerlei Hinsicht beeinflusst er die Gesundheit und menschliches Wohlbefinden nachteilig.

Nachdem man eine Verbindung zwischen den Mondphasen und Lebenserscheinungen auf der Erde gesehen oder sich eingebildet hat, nahm der urzeitliche Mensch natürlich an, dass der Mond diese geregelt oder verursacht hat. Ferner waren die Menschen im Altertum dazu geneigt, wenn ihnen eine richtige oder wissenschaftliche Erklärung irgendeines Ereignisses fehlte, es einer übernatürlichen Macht zuzuschreiben, die sie dann verkörperten und eine Gottheit nannten. Schon der Name des Himmelskörpers gibt die tiefe Überzeugung wieder, dass der Mond der große Regulator oder Vermesser ist, nicht nur der Zeit, sondern der Schicksale der Menschen. Die lateinische Ableitung ist das Wort Mensis, aus dem unser Wort Menstruation abgeleitet wird. In Indien ist es Meen oder Manu, Sanskrit Mas, Persisch Mah [4], Deutsch Mond, Niederländisch Maan, Mexikanisch Metzle, Griechisch Minos, Ägyptisch Min [5].

Zu einem äußerst frühen Zeitpunkt wurde zweifellos ein Zusammenhang zwischen dem 28-tägigen Zyklus des Mondes und dem Menstruationszyklus von Frauen, sowie zwischen den Veränderungen des Mondes und der Gezeiten beobachtet. Für den Menschen des Ostens waren Ehe und Geburt immer höchste Pflicht und Ziel der Frauen, und der Mond, von

---

[4] In persischen Bücher der Awesta ist das Wort für Mond Maongh, Pahlavi Mah und im Persischen Mah. Das Awesta Wort für Reichtum ist auch Maya, Persisch Mayeh. Das gleiche Pahlavi Wort Mah bedeutet Mond sowie Geschlechtsverkehr. Das persische Wort, das Reichtum bezeichnet, bedeutet auch *semen virile*, sowie weiblich oder Frau. *Der alte iranische Glaube und Folklore des Mondes*, von Jivanji Jamashedji Modi, Anthropologische Gesellschaft von Bombay, Journal, 1917, v. 11, pp. 14-39.

[5] In Englisch, Französisch, Latein und Griechisch wird vom Mond als weiblich gesprochen, aber im Sanskrit und allen teutonischen Sprachen gilt er als männlich.

dem sie glaubten, er würde die Fruchtbarkeit und die Entstehung des Lebens steuern oder regeln, wurde als der große Regulator bekannt.

Einige Bedeutung kann auch in der Tatsache gesehen werden, dass der menschliche Fötus in 7 Monaten vollständig entwickelt ist, oder dass menschliche Schwangerschaft und die von Kühen in 280 Tagen oder zehn 28 Tage-Monaten erfolgt. Diese Zeitperiode steht auch für 40 Wochen, was vielleicht erklärt, warum unter den Menschen des Altertums, die Zahl 40 gewöhnlich mit Zeiten von Versuchung, Versuch, Not und Schmerzen, für 40 Tage, Wochen, Monate oder Jahre, verbunden ist. Zum Beispiel haben wir die 40 Tage und Nächte der Sintflut, 40 Jahre Wüstenwanderung der Israeliten, 40 Tage und Nächte des Fastens von Moses auf dem Berg Sinai [6], 40 Tage und Nächte von Christus in der Wüste [7], 40 Tage zwischen der Auferstehung Christi und seines letztlichen Verschwindens von der Erde [8], 40 Tage Trauer um den Tod von Jacob, 40 Tage Fasten von Elia auf dem Berg Horeb, 40 Tage in denen Ezechiel die Missetat des Hauses Juda trug, 40 Tage des Opfers in der alten persischen *Begrüßung des Mithras*, 40 Nächte der Trauer in den "Mysterien von Persephone", 40 Tage der Trauer der Babylonier vor der Feier des Festes *Abstieg von Ishtar*, die der christlichen Fastenzeit von 40 Tagen zwischen Aschermittwoch und Ostern entspricht. Vierzig ist die Zahl für die Bestrafung der Sünder, sagt das Deuteronomium (25:3).

Die Zahl 40 wird übrigens austauschbar mit 42 im alten Zahlensystem verwendet, wodurch sogar ein Vielfaches der Wochen entsteht.

Herr Grattan Guinness stellt in seinem Buch *Das nahende Ende des Zeitalters (The Approaching End of the Age)* (S. 258) fest, dass "Geburt, Wachstum, Reife der Vitalfunktionen, Gesundheit, Umlauf jeder Krankheit, Verfall und Tod von Insekten, Reptilien, Vögeln, Säugetieren und sogar des Menschen, mehr oder weniger durch ein Gesetz der Berechnung (Abschluss in Wochen oder einem Vielfachen von 7 Tagen) kontrolliert wird."

Charles Darwin bemerkte in *Die Abstammung des Menschen (The Descent of Man)*, dass Tiere, die im mittleren Hochwasser oder im mittleren Niedrigwasser leben, den kompletten Veränderungszyklus in etwa zwei Wochen durchlaufen. Menschen, die am Meer leben, haben immer erklärt, dass sie eine enge Verbindung zwischen dem Aufstieg und Untergang menschlicher Schicksale und der Ebbe und Flut der Gezeiten sehen. Es wird allgemein angenommen, dass alle Geburten bei Flut und alle Todesfälle während Ebbe auftreten. Der Anbau von Kleesamen, dem Melken von Kühen, das Buttern von Milch und viele andere Aktivitäten, müssen, wenn sie erfolgreich sein sollen, richtig mit den Gezeiten gesteuert werden. Sir James Frazer [9] nennt viele solcher merkwürdigen Überzeugungen.

Dr. Laycock schlussfolgerte in der *Periodizität lebenswichtiger Erscheinungen*, dass Veränderungen bei Tieren alle 3 1/2, 7, 14 oder 28 Tage, oder in einer bestimmten Anzahl von Wochen, stattfinden. Für Schweine beträgt die Zeit der Trächtigkeit 17 Wochen, für Kaninchen 6 Wochen, Tauben schlüpfen in 2 Wochen, Hühner in 3, Ente und Truthahn in 4, Gänse in 5 und Strauße in 7. Dr. Laycock beobachtete auch, dass die kritische Zeit bei Fieber in 7, 14 oder 21 Tage auftritt. Pythagoras sagte, dass Kleinkinder in 7 Monaten Zähne bekommen, und sie nach 7 Jahren verlieren.

---

[6] Gen. 7:4,12.
[7] Lukas 4:2.
[8] Matt. 4:2.
[9] *The Golden Bough*, abdg. ed., Sir James Frazer, 1922, p. 35.

Dr. Francis Balfour [10], ein Arzt, beschäftigt bei der Ost Indischen Gesellschaft in Kalkutta hatte beobachtet, dass Fieber immer "an einem der drei Tage, die unmittelbar vor oder nach dem Vollmond, oder an einem der drei Tage, die unmittelbar vor und hinter einer Veränderung des Mondes liegen", auftritt. Und weiter: "Im Hinblick auf Kopfschmerzen, Zahnschmerzen, Augenentzündungen, Asthma, Schmerzen und Schwellungen der Leber und Milz, Ansteckungen, Krämpfe, Verstopfung, Beschwerden der Harnwege, Ausschlag verschiedener Art und noch viel mehr, die in regelmäßigen Abständen mit dem Mond zurückkommen, ob von Fieber begleitet oder nicht, hängt die Heilung ganz von einer beständigen Aufmerksamkeit auf diesen Umlauf (des Mondes) ab." Es ist sehr zweifelhaft, ob heutige Mediziner mit diesen Beobachtungen übereinstimmen, aber sie sind dennoch bezeichnend für die Einflüsse, die dem Mond, selbst in modernen Zeiten, zugeschrieben werden.

Seit Beginn der Geschichte, glaubte man von Veränderungen des Mondes, dass sie einen entscheidenden Einfluss auf alle Existenz haben, und die Zahl Sieben wurde als die mächtigste der magischen Zahlen erachtet. Der Tag des Vollmondes, im alten Sumer "Shabbatu" genannt, wurde als "Tag des Herzens" beschrieben, "der Tag, an dem das Herz des Gottes beschwichtigt ist". Die Arbeit wurde zur Seite gelegt, und Alt und Jung versammelten sich auf der Straße, um zu feiern. Später markierte Shabbatu die vier Quartale des Mondes; und der siebte, vierzehnte, einundzwanzigste und achtundzwanzigste Tag des Monats wurde mit Gottesdiensten und der Arbeitsniederlegung gefeiert. Obwohl die Bibel in diesem Punkt nicht klar ist, scheint die Annahme der Siebentagewoche bei den Hebräern [11], der Wechsel von Mond- auf Sonnenzeit gewesen zu sein.

Der Eintritt der Sonne in den Tierkreis des Widders (Aries), am Frühlingspunkt, wurde in Indien und Ägypten [12], durch das Opfer eines Lammes gefeiert. Moses Maimonides, der berühmte jüdische Theologe, hat anvertraut, dass das Osterlamm, was Moses den Israeliten am Passahfest [13] zu opfern gebot, einen ähnlichen Zweck erfüllte.

Es wären sehr viele Seiten nötig um die Vielzahl der Fälle zu katalogisieren, in denen die Zahl 7, eine mystische oder astrale Bedeutung zu haben scheint. Die Babylonier, Hebräer [14] und Ägypter waren dieser Zahl gegenüber extrem voreingenommen und im Koran, wird die Zahl 7 und 7 mal 7 wiederholt angesprochen.

Viele moderne Mythologen schreiben die breite Verwendung dieser Zahl ihrer astrologischen Bedeutung zu, weil sie die Anzahl der Planeten am Himmel repräsentiert; aber es gibt viele Beweise die aufzeigen, dass dies, lange vor der Entwicklung der Astrologie, schon besonders verehrt wurde.

Philon berichtet von einer anderen Theorie, in der Pythagoras die Nummer 7, die ewige-Jungfrau-Zahl nannte, "weil sie weder eine der Zahlen in der Dekade hervorbringt, das heißt von 1 bis 10, noch durch sie hervorgebracht wird ".

---

[10] Dr. Francis Balfour, M.D., *A Treatise on the Influence of the Moon in Fevers*, Calcutta, 1784.
[11] Exod. 31:16; Exod. 12:6,18.
[12] Seit der Zeit Moses, fixierten die Ägypter den Anfang des Jahres auf den Frühlingspunkt.
[13] Der hebräische Name war *Psh, Pesach*, das heißt "Durchfahrt". Das Lamm selbst wird oft *pesech* oder Passahfest genannt. *Anacalypsis* Godfrey Higgins, v. 1, p. 261.
[14] "Die heilige Zahl 7 dominiert den Zyklus von religiösen Bräuchen. Jeder siebte Tag war ein Sabbat und jeder 7. Monate war ein heiliger Monat. Und jedes siebte Jahr war ein Sabbatjahr. Nach 7 mal 7 war es das Jahr des Jubiläums. Das Passahfest, mit dem Fest des ungesäuerten Brotes, begann 14 Tage (2 x 7) nach dem Beginn des Monats und dauerte 7 Tage. Das Pfingstfest war 7 mal 7 Tage nach dem Passahfest. Das Laubhüttenfest begann 14 Tage (2 x 7) nach dem Beginn des Monats und dauerte 7 Tage. Der 7. Monat wurde vom (1) Fest der Trompeten am 1. Tag markiert; (2) Fest der Versöhnung am 10., (3) Laubhüttenfest vom 15. bis 21., die Tage der Heiligen Versammlung waren sieben an der Zahl; 2 am Passah; 1 am Tag der Buße; 1 am Fest der Posaunen; 1 am Tag der Buße; 1 am Laubhüttenfest und 1 am Tag nach dem 8. Tag." *Worship of the Old Testament (Verehrung des Alten Testaments)*, Willis, pp. 19-191.

Alte Ideen in Bezug auf die generativen Kräfte des Mondes werden in einer Vielzahl von von alten Sprichworten, Glauben und Aberglauben reflektiert, die noch in Teilen der ganzen Welt gefunden werden. Astrologen des Altertums glaubten, dass die Empfängnis durch den Mond geregelt wurde, was ein immer noch weit verbreiter Glaube ist. Bei den Griechen, Briten und anderen, wurde der Vollmond als die günstigste Zeit für die Trauung betrachtet. Dieser Glaube besteht in Litauen weiterhin. Orkney Insulaner weigern sich, außer bei zunehmendem Mond, zu heiraten, während einige sogar fließende Gezeiten wollen. [15]

Ein männliches Kind soll abgestillt werden, wenn das Horn des Mondes zunimmt und ein Mädchen wenn es schwindet, kein Zweifel, um die Jungs robust zu machen, und die Mädchen schlank und zart.

Im österreichischen Tirol, wird geglaubt, dass der Mond die Natur beeinflusst, daher wird nichts im Feld, Stall, Haus oder Holz gemacht, ohne die vorherige Konsultation des Mondes [16]." Das Haar wird nur beim Wechsel des Mondes geschnitten, damit es nicht wieder zu schnell wächst [17]. Einige Frauen in Fife (Schottland), kämmen ihre Haare in bestimmten Phasen des Mondes nicht [18].

Hühneraugen sollen während des abnehmenden Mondes geschnitten werden, wenn Sie schnell verschwinden sollen. Unkraut, in der Dunkelheit des Mondes geschnitten, soll nicht wiederkommen. Es wird geglaubt, dass Arzneimittel gegen Würmer, bei Vollmond gegeben werden sollten. Die Würmer werden dann vermutlich leicht herauskommen [19].

In seinem Buch *Mondkunde*, hat Pfarrer Timothy Harley aus vielen Quellen eine Unzahl von Aberglauben zusammengetragen, der sich auf verschiedene Aspekte des Mondes bezieht. Einiges ist hier zitiert. Zahlreiche Beispiele werden auch von Edward B. Tylor [20] und Sir James Frazer [21] gegeben.

Nach Pfarrer Harley wurde die Zeit des Vollmondes in Mexiko und Peru gewählt, um Feste für Wassergottheiten zu feiern, Patroninnen der Landwirtschaft, und in der Regel wurden die mit den Früchten verbunden Zeremonien von den Mondphasen geregelt [22].

Am Tag des neuen Mondes, machen Parsen-Damen in Bombay, in ihren bunten Saris, einen Spaziergang entlang der Küste, oder setzen sich auf die kleine Brüstung, im Westen der Queens Road, und wenn der Sonnenuntergang naht, schenken sie dem Meer Blumen und Zucker und manchmal Kokosnüsse, zu Ehren von Ardvicura Anahita, eine weibliche Form von Yazata oder Engel, der über das Wasser herrscht. Yazata ist auch Herrscher über die göttlichen Kräfte, die Jungfrauen, die für wohlhabende Ehemänner beten, segnen und diese zu Müttern von kräftigen Kindern machen können.

Mit dem Erscheinen des Mondes über dem Horizont, machen sie ihren Knicks, manchmal mit einfacher aber respektvoller Verbeugung, mit den Händen an der Stirn, und manchmal, ihren üblichen Knicks, auch als *overna* bekannt, wobei sie ihre Hände zum Mond heben, sie in zwei Richtungen drehen und die Rückseite der Hände auf ihre Schläfe legen. Eine übliche Huldigung des Neumonds wird sogar von Parsen-Männern mit einem Verneigen des Kopfes und einem Salaam (Friede), mit der Hand auf der Stirn, gegeben. Huldigungen an den

---

[15] *Moon Lore*, by Rev. Timothy Harley, London, p. 195.
[16] *Symbolism of the East and West*, by Mrs. M. J. M. Murray Aynsley, p. 15.
[17] *Symbolism of the East and West*, Mrs. M. J. M. Murray-Aynsley, p. 15.
[18] *Lore of Fife*, J. E. Sempkins, p. 18.
[19] *Ibid* p. 409.
[20] *Primitive Culture*, by Edw. B. Taylor, 2 vols., London, 1891.
[21] *The Golden Bough*, Abgd. Ed., by Sir James Frazer, London, 1922.
[22] *Moon Lore*, p. 138.

Neumond, in dieser oder einer anderen Form, werden in Bombay auch bei anderen Menschen beobachtet, nicht nur bei Parsen [23].

In East Lancashire und in anderen Teilen Englands betrachten abergläubische Menschen es als respektlos oder sündig, auf den Mond zu zeigen [24]. In Berkshire gibt es eine Tradition, dass ein Mädchen tot geschlagen wurde, nachdem sie dies tat. Dieser Glaube ist in vielen Teilen der Welt verbreitet. Viele ältere Männer ziehen ihre Hüte vor dem Mond, und fromme Mädchen knicksen dem Neumond zu. "In Schottland, insbesondere bei den Highländern, ist es allgemein bei Frauen der Brauch, dem neuen Mond entgegen zu knicksen [25]." "Englische Frauen haben ebenfalls einen Hauch von diesem (Brauch), einige von ihnen sitzen am ersten Abend, an dem der neue Mond erscheint, rittlings auf einem Tor oder Zauntritt und sagen: 'Ein feiner Mond, Gott segne ihn' [26]." "Die Juden hatten eine ähnliche Sitte (siehe Jer. 8:1, 2). Die Perser glaubten, dass es sich bei Lepra, um ein Leiden derer handelt, die einen Verstoß gegen den Mond begangen hatten.

Ein englischer Schriftsteller des 17. Jahrhunderts sagt, in Lancashire und Teilen von Nord-England, "beten einige Bäuerinnen den Mond auf blanken Knien an, kniend auf einem Stein, und die Menschen auf den Inseln von Athol, verehren den Neumond". Camden, schrieb von den Iren "ob sie den Mond verehren weiß ich nicht, aber wenn sie ihn zum ersten Mal nach einem Wechsel sehen, beugen sie häufig das Knie und sagen das Gebet des Herrn. Beim Abnehmen richten sie sich mit niedriger Stimme folgendermaßen an ihn: 'Lass es uns gut gehen, so wie du uns gefunden hast' [27]." In Lancashire gibt es noch den Brauch, ihm zu Ehren einen Kuchen zu backen [28].

Dem *Beichthandbuch des Theodore*, Erzbischof von York im 7. Jahrhundert und den *Beichten von Egbert*, Erzbischof von York, in der ersten Hälfte des 8. Jahrhunderts, können wir entnehmen, dass zu der Zeit, Mond und Sonne gehuldigt wurde [29].

Die heiligen Feste der Japaner finden zu bestimmten Zeiten des Jahres und bei Mondwechsel statt. Nach Plutarch, lehnten Zimmerleute im ersten Jahrhundert, Holz, das bei Vollmond gefallen war, als weich und empfindlich ab, wobei es auch, aufgrund übermäßiger Feuchtigkeit, anfällig für Würmer und schnelle Fäulnis, sein soll. Landwirte sollten sich beeilen, beim Abnehmen des Mondes und gegen Ende des Monats, ihren Weizen und ihr Getreide vom Dreschboden einzusammeln [30].

Prof. Lindley sagte "Columella, Cato, Vitruvius, und Plinius, alle hatten ihre Vorstellungen von den Vorteilen, Holz in einer bestimmten Mondphase zu schneiden. Es war eine Phase des Vermummens, die noch bei den Waldarbeitern in den königlichen Ordonnanzen in Frankreich erhalten ist. Eichen dürfen nur 'bei abnehmendem Mond' gefällt werden und 'wenn der Wind im Norden steht' [31]."

Bei Rind und Schwein wird gesagt, dass es beim Kochen sehr schrumpft, wenn es bei abnehmendem Mond getötet wird [32]. Menschen in Cornwall und vielen anderen Teilen der

---

[23] Jivanji Jamshedji Modi, *The Ancient Iranian Belief and Folklore of the Moon*, The Anthropological Society of Bombay, 1917, v. 11, pp. 14-39.
[24] *Moon Lore*, p. 131.
[25] *Moon Lore*, p. 214.
[26] *Symbolism of the East and West*, p. 35.
[27] *Moon Lore*, p. 121.
[28] *Ibid*, p. 104.
[29] *Ibid*, p. 120.
[30] *Moor Lore*, p. 178.
[31] *Ibid*, p. 180.
[32] *Ibid*, p. 216.

Welt sammeln nach wie vor ihre Heilkräuter, wenn der Mond in einer bestimmten Phase ist, ein Brauch, der wahrscheinlich auf die Druiden zurückgeht. Gurken, Radieschen, Lauch, Lilien, Meerrettich, Safran, und andere Pflanzen, sollen bei Vollmond voller werden, aber bei Zwiebeln ist das Gegenteil der Fall. Sie sind während des abnehmenden Mondes viel größer und besser [33].

In Island wird gesagt, "wenn eine schwangere Frau mit dem Gesicht zum Mond sitzt, wird ihr Kind ein Irrer sein." In der Französischen Bretagne hocken sich Bauernmädchen nie mit Blick auf den Vollmond ins Feld, weil sie glauben, dadurch schwanger zu werden. Sie drehen sich immer mit dem Rücken zum Mond [34]. In Grönland vermeiden es Mädchen auch lange auf den Mond zu schauen, aus Angst davor, schwanger zu werden [35].

Brasilianische Mütter schützen ihre Kinder sorgfältig vor den Mondstrahlen, weil sie glauben, dass es sie krank macht, wenn sie ihnen ausgesetzt sind. Jägerstämme in Mexiko schlafen nicht im Mondschein, noch lassen Sie ihre Beute seinem Einfluss ausgesetzt.

Emile Nourry, ein französischer Autor, sagt, dass wenn der Mond, während einer Geburt winkelig und unberührt ist, es als ein Vorzeichen des großen Erfolgs und des anhaltenden Glücks erachtet wird [36]. Seine begleitenden Krankheiten sind Rheuma, Verschleiß, Lähmung, Koliken, Schlaganfall, Schwindel, Wahnsinn, Skrofulose, Pocken, Wassersucht, die meisten Krankheiten, die bei kleinen Kindern typisch sind, etc. Atemnot, Grippe, Wassersucht, und Drüsentumore, verschlechtern sich, wenn der Mond abnimmt. Hautkrankheit, Augenleiden, Blindheit, Darmerkrankungen und andere Formen von Krankheit steigen bei Vollmond an [37].

In Schottland wurde früher angenommen, dass, wenn ein Kind bei abnehmendem Mond von der Brust genommen, es während des abnehmenden Monds verdorben wird [38]. Galen lehrte im 2. Jahrhundert, dass diejenigen, die unter dem sichelförmigen Mond geboren wurden, schwach und kurzlebig wären, während diejenigen, die bei Vollmond geboren wurden, kräftig und langlebig sein würden [39].

"Der Neumond wird als hervorragend günstig für Anfänge aller Arten von Aufbau und Neubeginn betrachtet. Häuser sollen errichtet und bezogen werden; Ehen geschlossen, Geld gezählt, Haare und Nägel geschnitten, Heilkräuter und reiner Tau gesammelt werden, alles bei Neumond. Der Vollmond ist die Zeit abzuschalten und den Dingen der Natur auf den Grund zu gehen. Es ist die Zeit um Holz zu schneiden, Gras zu mähen und Heu zu machen, nicht während die Sonne scheint, sondern während des abnehmenden Mondes. Es ist auch die Zeit, um Federbetten zu stopfen, um die kürzlich abgerissenen Federn völlig zu töten und sie dadurch zum Ausruhen zu bringen [40]."

Bettwäsche sollte im abnehmenden Mond gewaschen werden, damit der Schmutz mit dem schwächer werdenden Licht verschwinden kann. Einer alten Vorstellung zufolge, versprach es Unglück ein neues Kleid anzuziehen, wenn der Mond abnimmt.

"In einem alten Volksbuch wird die Bedeutung verschiedenster Arten von Träumen wiedergegeben und eine Möglichkeit sie wahr werden zu lassen ist es, das folgende Gebet zu wiederholen:

---

[33] *Ibid*, p. 178.
[34] Siehe *L'Astrologie populaire et influences de la Luna*, by Emile Nourry, 1937.
[35] *Ibid*, p. 173.
[36] *L'Astrologie populaire*, p. 192.
[37] *Ibid*, p. 173
[38] *Moon Lore*, p. 195
[39] *Ibid*, p. 198
[40] *Moon Lore*, p. 216

'Luna, Freund jeder Frau,
Zu mir steige deine Freude ab:
Lassen mich diese Nachtvision sehen,
die Embleme meines Schicksals' [41]."

Es ist ein schlechtes Omen den Neumond zum ersten Mal, durch Bäume, durch einen Schleier oder durch ein Fenster zu sehen [42]. Den neuen Mond, das erste Mal nach seinem Wechsel, auf der rechten Seite oder direkt vor einem zu sehen, verkündet Glück für den Monat, aber ihn zum ersten Mal über die linke Schulter zu sehen ist ein Unglückszeichen.

In Schottland, Irland, Frankreich, Italien, Deutschland glaubten die Menschen, wenn sie Glück haben wollen, sei es notwendig eine Silbermünze in der Tasche zu haben, wenn das letzte Mondviertel beginnt [43]. In Indien "wenn die Augen den Neumond zum ersten Mal sehen, soll man sich nicht von ihm abwenden, sondern man nimmt schnell eine Rupie oder Silbermünze aus seinem Geldbeutel. Dies wird als glücklicher Vorbote für viel Reichtum und Glück angesehen. Vom Neumond des Diwali (Lichterfest) wird unter den Hindus angenommen, dass er sehr glücksbringend ist. Die Frauen bereiten zu diesem Anlass Ruß auf, bekannt als der "Neumond Ruß", der ihnen als Talisman gegen den bösen Blick dient [44]."

Emile Nourry informiert uns, dass in Indien, am dritten Tag des dritten Mondquartals, im Jahr nach der Geburt eines Kindes, der Vater das Kind in seine Arme nimmt und es zur Verehrung des Mondes verpflichtet. Wenn Brautpaare einen männlichen Nachkommen wollen, wiederholen sie einen magischen Satz und legen, zu Beginn des dritten Mondes im Jahr, einen Pfeil in eine Schüssel voller Reis [45].

Im 16. und 17. Jahrhundert haben viele Ärzte Almanache und Ephemeriden herausgegeben, um die günstigen Zeiten aufzuzeigen, Bäder zu nehmen, sich zu rasieren, zu säubern und zu bluten. Gesundheitsbäder sollten im gegensätzlichen (Tierkreis-)Zeichen zur Krankheit genommen werden, das heißt, wenn die Krankheit feucht war, wurden Bäder zu der Zeit genommen, in der der Mond in seiner Trockenperiode ist; und umgekehrt. Die feuchten oder Wasserzeichen sind Krebs, Skorpion, und Fische.

Jean Fernel, 1508-1588, Arzt und Astrologe von Henry II und Katharina von Medici schrieb, dass es zu seiner Zeit Brauch war, in italienischen, französischen, englischen und anderen Gerichten, ausschließlich auf die Planeten zu schwören [46].

In seinem *Geheimnisse des Mondes*, beschrieb Antoine Mizauld, 1510-1578, Schüler von Agrippa und Paracelsus, den geheimnisvollen Einfluss des Mondes und bezeichnet ihn als "den großen Magier". Er komponierte ein Lied, um die Hochzeit von Sonne und Mond zu verherrlichen [47].

In allen Teilen der Welt, wird der Mond seit Ewigkeiten als weibliche Erzeugerin und Beschützerin der Menschheit angesehen, herrschend über die Brüste von Frauen, Gebärmutter und andere Geschlechtsorgane. Der Mond beherrscht alle Flüssigkeiten; daher herrscht er über Menstruation. Vom Vollmond wird angenommen, günstig für die Geburt zu sein. Wenn

---

[41] *Ibid*, p. 213
[42] *Ibid*, p. 216
[43] Moon Lore, p 218
[44] *L'Astrologie populaire*, p. 127
[45] Ancient Iranian Belief, p. 33
[46] *L'Astrologie populaire*, p. 155 et seq.
[47] *Ibid*, p. 155 et. seq.

es keinen Mond am Himmel gibt, verläuft die Geburt sehr schwierig. Menschen des Altertums nannten den Mond "die Große Hebamme".

Vom Mond wird geglaubt, dass er einen Einfluss auf Schalentiere hat [48], und Horace kommentiert die Überlegenheit der Schalentiere während der zunehmenden Mondphase. Plinius hatte ähnliche Überzeugungen. Der Dichter Lucilius sagte, dass Muscheln, Austern und andere Schalentiere während der zunehmenden Mondphase dicker sind als beim abnehmenden.

Schafe sollten im ersten Quartal geschert werden. Kastration von Tieren sollte im dritten Quartal erfolgen. Heilpflanzen sollten im ersten Quartal geschnitten werden [49].

Abergläubische Landwirte konsultieren immer noch Jahrbücher vor dem Anbau von Pflanzen. Wurzelgemüse wird in der Regel in der Dunkelheit des Mondes und Blütenpflanzen und Gemüse werden im Licht des Mondes gepflanzt. Es gibt eine Tradition, basierend auf der der Auferstehung, dass Kartoffeln, die am Karfreitag gepflanzt werden, sicher aufgehen.

Ein neuerer Bauernkalender, der die Tierkreis-Aspekte der 12 Monate wiedergibt, enthält Elemente wie: "Zeichen des Stiers; Wurzelgemüse, von schnellem Wachstum wird gut, wenn es in diesem Zeichen gepflanzt wird. Diese Früchte sollen im Licht des Mondes oder in seinem abnehmenden Licht gepflanzt werden, um die beste Ausbeute zu erzielen." Und weiter, "Steinbock; Dies ist ein feuchtes Zeichen, produziert schnelles Wachstum von Obst oder Wurzeln, aber nicht viel Grün", und so weiter.

Wenn das Murmeltier am 2. Februar seinen Schatten sieht, werden weitere sechs Wochen des Winterwetters folgen: wenn es an St. Swithins Tag regnet, wird es für 40 Tage regnen; Das Tragen der St. Christophorus-Medaille ist der Schutz vor Katastrophen auf See; es bringt Unglück, neue Unternehmen am Freitag zu gründen; es bringt Unglück, drei Zigaretten mit einem Streichholz anzuzünden. Dies und eine Vielzahl von Aberglauben, wird fest von Menschen akzeptiert, die von sich behaupten Realisten zu sein und die über Bräuche und Tabus jüngerer Zeit, wie der viktorianischen Periode, lachen.

In dieser Arbeit wird gezeigt, dass viele der Bräuche und Aberglauben der Gegenwart, ihren Ursprung in Überzeugungen haben, die mehrere tausend Jahre zurückgehen. Wenn auch die Themen auf den ersten Blick ohne Zusammenhang erscheinen können, werden sie nach Überprüfung, als Produkte der gleichen Denkweise gefunden. In der Tat stammen fast alle Bräuche, Mythen, Aberglauben und Religionen der Antike, ursprünglich von ein paar einfachen Ideen ab. Aus Gründen, die klarer werden wenn wir fortschreiten, betrachten wir zunächst einige Glaubensrichtungen der alten Babylonier.

---

[48] *Moon Lore*, p. 173.
[49] *Ibid*, p. 173.

III. Mondmythen und -Kulte

Als moderne Archäologen, um ein breiteres Wissen über vergangene Zivilisation zu erhalten, anfingen in den Ruinen lange verschwundener Städte zu graben, hatte es einen guten Grund, dass sie die Ebenen des südlichen Mesopotamiens, als einen der wichtigsten Standorte für ihre Arbeit wählten. Keine Region ist stärker von Geschichte, Romantik und Geheimnissen durchdrungen als die, im Tal der Flüsse von Euphrat und Tigris, im alten Babylon.

Die Menge der Funde aus der alten Welt, von Wissenschaftlern mit Hacke und Schaufel ausgegraben, ist so immens, dass es unbesonnen wäre, von einer bestimmten Stadt oder einem Ort, als der "Wiege der Zivilisation" zu sprechen. Das neue Licht, das diese Entdeckungen auf die frühen babylonischen Kodizes der bürgerlichen und religiösen Gesetze geworfen hat, der Literatur, Mythologie, Astrologie und Astronomie, hat den enormen Einfluss deutlich gemacht, den die babylonische Kultur auf die Zivilisationen von Kleinasien, Ägypten, Griechenland, Rom und die gesamte westliche Welt, ausgeübt hat.

Die Babylonier entwickelten ein sehr praktisches und ausgeklügeltes System von Gewichtsmaßen, Umfang und Entfernung. Sie entwickelten die Wissenschaft der Metallurgie. Prozesse zum Schmelzen von Eisen waren im Einsatz, sowie für die Herstellung von Bronze aus Zinn und Kupfer. Sie verstanden es bereits 1500 vor Christus Glas herzustellen und Kobalt wurde als Ersatz für den teuren Lapislazuli bei der Herstellung von blauem Glas verwendet. Weben war auch eine hoch entwickelte Kunst und Babylon war berühmt für seine prächtigen Teppiche.

Die Stätte des antiken Babylon ("Tor der Götter") liegt etwa 80 km südlich von der sagenumwobenen Stadt Bagdad, in einem der fruchtbarsten Flecken der Erde. Das Land, von den Babyloniern Edin oder Edinu genannt, "die Ebene", ist das gleiche wie das in dem Buch Genesis erwähnte Eden, Kapitel 2.

Die Tiefe des Landes machte den Bau eines ausgeklügelten Systems von Entwässerungskanälen, Dämmen, Schleusen, Zisternen notwendig. Die Babylonier teilen sich mit den Ägyptern die Ehre, die ersten Hydraulik-Ingenieure gewesen zu sein [50]. Mangel an Holz und Steinen machten die Verwendung von, sowohl gebackenen, als auch Sonne-getrockneten Ziegeln für den Bau ihrer Gebäude notwendig. Diese wurden in der Regel, wegen der niedrigen, sumpfigen Natur des Bodens, auf Schlamm-Plattformen, mehrere Meter hoch, errichtet. Als Schreibmaterial dienten auch Tontafeln, wobei die Wörter in den nassen Lehm geschrieben wurden, der dann in der Sonne gebacken wurde.

Die älteste Tontafel, in der Babylon erwähnt ist, wird auf etwa 3.000 vor Chr. datiert. Im Süden, zwischen Babylon und dem Persischen Golf, in der Region, die als Sumer bekannt ist, lagen die weit älteren Städte Ur, Eridu, Erech, Lagash und Larsa. Im Norden lag Akkad, Sippar, Kish und Nippur. Die Region wird grob als Akkad definiert. Etwa 2700 v.Chr. wurden die Semiten aus Nord-Sumer, Herren der Region und gründeten ein großes Reich in Akkad, nahe

---

[50] Abflussrohre wurden ausgegraben, von denen angenommen wird, dass sie auf etwa 4500 vor Chr. zurückgehen.

Sippar. Die babylonische Kultur entwickelte sich aus der sozialen Struktur dieser antiken Städte, und in ihren Ruinen machten Archäologen viele ihrer wichtigsten Entdeckungen.

4000 v.Chr. hatten die Sumerer ein hohes Maß an Kultur erreicht [51]. Ihre Entwicklung der Piktographie und der Keilschrift hat uns die ältesten schriftlichen Aufzeichnungen die existieren zur Verfügung gestellt [52]. Gravierungen jener Zeit waren von besonders hoher Qualität und die Skulpturen waren in mancher Hinsicht, gleich oder besser, als die der folgenden Jahrhunderte.

Die Architekten von Nippur hatten gelernt, wie man Bögen aus gebrannten Ziegeln baut. Poesie und Musik wurden sorgfältig gepflegt und eine 12-saitige Harfe war schon 2900 vor Chr. im Einsatz. Mit dem Aufstieg von Babylon, als eine große politische Macht, zwischen 3000 und 2000 vor Christus, kamen die alten sumerischen Stadtstaaten unter die Führung ihrer nördlichen Nachbarn, und verloren bald an Bedeutung.

Die bisher entdeckten Gedichte und Tontafeln zeigen, dass die Sumerer seit ihrer frühesten Zivilisation, der großen Triade von Göttern huldigten. Anu war der oberste Gott des Himmels und Herrscher des Universums im Allgemeinen; Enlil, der die Erde regiert, und Ea oder Enki, der Gott des Wassers und der Wohltäter, der die Früchte in die Zivilisation der Menschen gebracht hat. Ihre Rollen sind jedoch weitgehend ehrenamtlich und passiv, da die grundlegenden Aktivitäten, die sich auf die Erde konzentrieren, durch eine sekundäre Triade von Göttern regiert wurden, die Mond, Sonne und Erde repräsentierten.

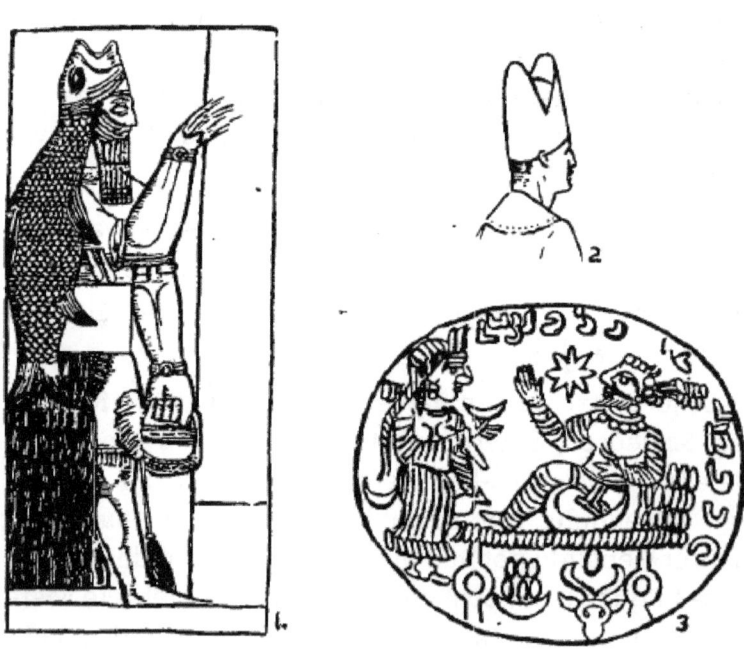

Abbildung 5: Fischgott Ea-Oannes

Figur 1 ist der assyrische Fischgott Ea-Oannes, von einem Flachrelief aus Nimrud. Figur 2 zeigt die Ähnlichkeit zwischen der Fischkopf-Maske und einer heutigen Bischofs-Mitra. Figur 3 ist ein persisches Design, was die Sonne und den Mond als Mann und Frau darstellt. (Von Layards, SUR LE CULTE DE VENUS.)

---

[51] Moderate Schätzungen datieren die kulturellen Beweise von 5000 bis 6000 vor Christus. Höchste Schätzungen gehen von 8000 bis 10.000 vor Christus aus.
[52] Das Schreiben hatte das Piktogramm-Stadium 4000 vor Chr. überschritten

Die alte Stadt von Eridu befand sich an der Mündung des Euphrat, an der Küste des Persischen Golfes. Dies lässt keinen Zweifel an ihrer Verbindung mit Ea, dem Wassergott und seiner Gemahlin Davinka oder Damkina aufkommen.

Ur lag ursprünglich auf oder nahe dem Persischen Golf. Die Ablagerung von Schlick an der Mündung des Euphrat hat die Uferlinie etwa 200 km zurückgeschoben. Ur verehrte traditionell Ea, war aber seit frühester Zeit, ein Zentrum der Mondanbetung. Von hier aus begann Abraham, der Vater der Juden, später seine Reise in das Land Kanaan.

In Nippur gab es Tempel zu Ehren von Enlil, dem Erdgott und seiner Gemahlin Ninlil oder Nin, eine Herrscherin par excellence, eine Göttin der Fortpflanzung und Fruchtbarkeit, deren Name eine weibliche Form von Enlil ist. Später, unter semitischem Einfluss, wurde sein Name in Bel geändert.

Bei Larsa, im Süden Babylons, lag der vielleicht früheste Tempel von Schamasch, dem Sonnengott.

In frühen sumerischen Aufzeichnungen ist der Name des Mondgottes Nannar genannt, der mit der Göttin Ningal oder Nana herrschte. Als die sumerischen Städte von der semitischen Kultur Babylons dominiert wurden, nahm der Einfluss von Sin, Mondgott von Ur, zu und verbreitete sich und das nicht nur in Babylon, sondern auch in anderen Teilen der antiken Welt. Es beschränkte sich jedoch auf Babylon, wo der semitische Einfluss stark war, dass Sin besonders als der Vater der Götter verehrt wurde.

Sin wurde als alter Mann mit langem Bart, unter einem sichelförmigen Mond sitzend, dargestellt. Er war mit der Heilkunst und als Herr der Orakel und Träume identifiziert. Auf der anderen Seite hatte er den finsteren Aspekt, Sterblichen Krankheit und Unglück zu bringen und er konnte Übeltäter mit Lepra bestrafen. Texte rühmen ihn als Herrn des Lichts und der Weisheit. Sein Titel bestimmt ihn als den "Wanderer", "den lebenden Vater", "Onkel" oder "der Alte".

Die Bedeutung der Göttin der Fruchtbarkeit und Fortpflanzung in dem alten Schema, wird vielleicht durch ihre Identifizierung mit mehr als vierzig verschiedenen Titeln angezeigt, die ihre zahlreichen Attribute an verschiedenen Orten und zu verschiedenen Zeiten beschreiben.

Wie Nintud, ist sie die jungfräuliche Göttin der Fortpflanzung und Fruchtbarkeit, die manchmal Makh, "die oberste Göttin" genannt wird und den Babyloniern und Assyrern als Belit-Itani, "Königin der Götter" bekannt war. Als Makh oder Mah, Gemahlin von Merodach oder Marduk, der örtliche Gott von Babylon, wird von ihr als "Mutter der Geburt", die "Mutter, die Lenden öffnet", "der Rahmen des Fötus" oder als "Göttin des Fötus", gesprochen.

Wie Ninkhursag ist sie "Königin der Erde" und in Skulpturen ist sie mit dem gleichen gehörnten Kopfschmuck dargestellt, wie die ägyptische Kuh-Göttin Hathor. Manchmal wird sie als Anu's junge Kuh bezeichnet und ihr Symbol auf Grenzsteinen ist eine Kuh. Wie Aruru, erscheint sie als Göttin der Geburt; als Ma und Mama, ist sie die Göttin, die den ersten Menschen aus Ton geformt hat. Sie wird manchmal als die Gemahlin des Erdgottes Enlil dargestellt, aber sie wird immer noch Jungfrau genannt. Als Innini ist die jungfräuliche Göttin ein spezieller Aspekt der Erdmutter, vor allem als Schwester von Tammuz, Gott der Frühlings-Tag-Nachtgleiche, der die Vegetation auf die Erde bringt.

Sie ist Herrin der Magie und der Verwaltung von Recht und Ordnung, die "die Urteile und Entscheidungen erhebt". Im Laufe der Geschichte wird sie als eine barmherzige, mitfühlende Freundin des Menschen, als die "Weinende Mutter", angesehen, die bei den zornigen Göttern Fürbitte leistet. Paradoxerweise ist sie auch die Bringerin von Hass, Kampf und Sturm, die Göttin, die den Himmel erzittern lässt und die Erde schüttelt.

Der Einzug der Semiten in Babylon fand in einer so frühen Periode statt, dass es unmöglich ist, definitiv festzustellen woher sie kamen, welche Gottheiten sie mitbrachten, oder den genauen Charakter der sumerischen Religion zu dieser Zeit. Aber es scheint, dass die südarabische Athtar, Göttin des Planeten Venus, mit der sumerischen, jungfräulichen Göttin Venus, Ninsianni oder Innini identifiziert wurde und anschließend in Babylon und Assyrien, eine weibliche Gottheit unter dem Namen Ishtar wurde. In späteren Texten erscheint Ishtar manchmal als Zarpanit oder Sarpanit.

Abbildung 6: Jungfräuliche Mutter von Assyrien und Babylon

Abbildung links zeigt eine primitive Muttergöttin, frühe assyrische Skulptur.
Die Abbildung rechts ist eine frühe babylonische Ishtar-Skulptur.

In sehr frühen Mythen wird Ishtar als Tochter von Enlil oder Bel, dem Erdgott, dargestellt. Sie wird manchmal als Davinka porträtiert, die Frau von Ea und damit die Mutter, Schwester und Gemahlin des Tammuz, der in einer alten akkadischen Hymne als "Schäfer und Herr, der Ehemann von Ishtar, Königin des Himmels", angesprochen wird. Sie wird oft als Tochter von Anu repräsentiert. Ein Mythos spricht von Erech als "der Wohnstätte von Anu und Ishtar, der Stadt der Huren oder Freudenmädchen, Hierodouloi genannt". In anderen Ländern wird der Mondgott Sin, als Vater der beiden, Ishtar und Sonnengott Schamasch, präsentiert. In der Astrologie wurde der Charakter von Ishtar, als Herrscherin über die Kräfte der Zeugung, dem Planeten Venus zugeordnet, aber dies scheint keinen Einzug in die populäre Volksreligion gefunden zu haben.

In einer Hymne wird sie "die Göttin der Lust mit den fröhlichen Augen" genannt. Manchmal nennt sie sich "eine liebende Kurtisane" oder eine "Tempelhure". Demgemäß wird sie in der Kunst als eine nackte Frau, mit vorstehender Scham oder mit dem Heben ihrer Robe, ihre Reize enthüllend, dargestellt. In einem anderen Lied, sagt sie "Ich drehe die Männer zu den Frauen: Ich drehe die Frauen zu den Männern". Sie ist die Hure, die sich aus dem Fenster lehnt, um mit Männern zu flirten und sie zu verführen, eine Verführerin, die 'Jungfrauen ihre Sofas verlassen lässt'. Einer ihrer Titel ist, 'die sich heraus lehnt' (aus dem Fenster) oder 'Königin der Fenster' [53]." In einem Gebet bittet eine Frau Ishtar, ihren Ehemann oder Liebhaber sicher zu ihr zurückkehren zu lassen, dass er sie weiterhin lieben darf und sie Kinder bekommen dürfe. Als Regulatorin der Geburt, ist sie die Göttin des Schicksals.

Sehr früh in der babylonischen Geschichte erscheint sie als die große, zentrale Figur, die die ganze Szene dominiert, so wie die Sonne in den folgenden Jahrhunderten die zentrale Figur ist. Die Seiten der Mythologie enthalten keinen Namen eines Gottes oder einer Göttin, deren Popularität, im Laufe der Jahrhunderte, so lange erhalten blieb wie ihrer. Es gab keine andere, der die Veränderungen, durch politische Umwälzungen und den natürlichen Evolutionsprozess, eine so große Verwirrung und Widersprüche in ihrem Charakter und ihren Attributen gebracht hätte.

Unter vielen Formen und Titeln, ist sie die Göttin der Erde, die Große Muttergöttin, die alles hervorbringt. Die Erde wurde als der Schoß geschätzt, dem alles Leben entspringt und der Mond, als Generator der lebenspendenden Kräfte, wodurch Geburt, Wachstum, Verfall und Tod der Pflanzen- und Tierwelt reguliert wurde. Einer der Gründe, warum der Mond mit Wachstum verbunden wurde, liegt zweifellos im Temperaturabfall der Nacht, wo die Feuchtigkeit der Luft kondensiert, die sich dann in Form von Tau absetzt, was wiederum die Vegetation nährt und Wachstum schafft. Sowohl in Mythologie als auch Astrologie ist der Mond mit Feuchtigkeit, Nässe, Wasser und Weiblichkeit assoziiert, während die Sonne als trocken, heiß und männlich betrachtet wird.

Ishtar ist, obwohl sie Merkmale von Erde und Mond hat, nicht unbedingt eine Erdgöttin, noch ist sie eine spezifische Mondgöttin. Sie ist im weitesten und einschließenden Sinn das Große Mutter-Prinzip.

Im großen Gilgamesch-Epos scheint ein Versuch unternommen worden zu sein, den Erde-Mond-Charakter der Göttin zu berücksichtigen, weil sie in diesem babylonischen Epos, durch den höchsten Gott Anu, von der Erde in den Himmel verlegt und zur Gemahlin des Mondgottes Sin gemacht wurde. Aber ob sie nun als Erd-, Vegetations- oder Mondgöttin angesprochen wird, ihre wahre Rolle war zu allen Zeiten, die der Herrscherin über die generativen Kräfte der Natur.

Nach der Eroberung Babylons durch Assyrien, erwarb Ishtar einen unheimlichen Aspekt, als Göttin des Krieges und der Zerstörung, sowie als Göttin der Schöpfung. Sie bekam maskuline Attribute, manchmal mit einem Bart dargestellt und als zweigeschlechtlich oder androgyn bezeichnet. Zu dieser Zeit hatte sie die Attribute so vieler anderer Göttinnen aufgenommen und führte eine solche Vielzahl von Funktionen aus, dass sie kurz davor war, zur höchsten Gottheit zu werden. Aber schlussendlich schickten die Mägde, in der Planung ihrer Ehe und die Frau, die sich der Mutterschaft nähert, weiterhin Gebete und Geschenke zu Ishtar, nicht als Erdgöttin, nicht als Sonnengott, nicht als Mondgott Sin, sondern als Mondgöttin Ishtar, der Königin des Himmels. Sie war eine Verkörperung des Geheimnisses der Empfängnis, die Göttin der Liebe und der elementaren Wünsche, Schirmherrin der Fruchtbarkeit und der Geburt, wohltätige Gottheit der Mutterschaft in allen Altersgruppen.

Kinderlose Frauen beteten, dass sie sich für sie einsetzen möge. Schwangere beteten, dass sie ihnen eine leichte Geburt beschere. Sie wurde gebeten, eine reiche Ernte hervorzubringen und so weiter. Dass viele Menschen immer noch den gleichen Aberglauben über den

---

[53] *Mythology of All Races*, Stephen H. Langdon, v. 5, p. 33.

Mond haben, wie die Babylonier vor 5000 oder mehr Jahren, zeigt die große Menge an Mond-Folklore, die auf der ganzen Welt gefunden wird.

Die Mondeigenschaften Ishtars werden ständig in der babylonischen Mythologie und in Skulpturen enthüllt, wo sie oft sitzend oder stehend dargestellt wird, mit entblößtem Busen, mit einem Säugling an der Brust. Zu ihren Füßen, oder über ihrem Kopf, ist ein Halbmond mit sieben hellen Sternen dargestellt, um die Sonne, den Mond und die fünf Planeten Venus, Jupiter, Merkur, Mars und Saturn zu repräsentieren. Die indische Devaki, die ägyptische Isis und die Jungfrau Maria wurden in ähnlicher Weise dargestellt. Wie Isis, Aphrodite, Semiramis und Jungfrau Maria, wurde Ishtar auch oft von einer Taube begleitet. Manchmal erscheint sie von Mädchen umgeben, die jeweils eine Phase des weiblichen Prinzips repräsentieren und einen Hof der Liebe bilden.

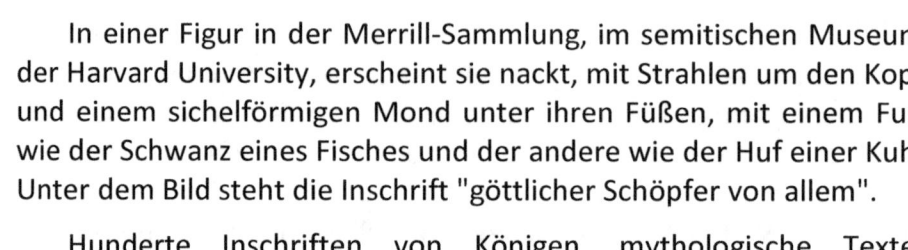

In einer Figur in der Merrill-Sammlung, im semitischen Museum der Harvard University, erscheint sie nackt, mit Strahlen um den Kopf und einem sichelförmigen Mond unter ihren Füßen, mit einem Fuß wie der Schwanz eines Fisches und der andere wie der Huf einer Kuh. Unter dem Bild steht die Inschrift "göttlicher Schöpfer von allem".

Hunderte Inschriften von Königen, mythologische Texte, Grenzsteine und künstlerische Darstellungen von Statuen, Reliefs und Dichtungen, sowie Beschwörungen, Gebete und Psalmen zu Ishtar angesprochen, wurden von Archäologen in babylonischen Ruinen gefunden. Ihr Name ist den Mythologien jedoch am besten aus zwei Gedichten bekannt, dem Gilgamesch-Epos und dem Abstieg von Ishtar. Letzteres besteht aus 137 Zeilen und stammt vermutlich aus der Zeit 4000 vor Chr., oder früher. Es erzählt ihren Abstieg ins das Land ohne Rückkehr.

Der Grund für ihren Abstieg in die Hölle ist nicht angegeben, aber Mythologen interpretieren das Gedicht im Allgemeinen als eine astronomische Allegorie, in der Ishtar als Erdgöttin dargestellt wird, die auf die Rückkehr des Tammuz, des jungen Sonnengottes, wartet. Als sie durch die Tore der Unterwelt geht, verliert sie ihre Kleidung. Hierbei wurde angenommen, dass dies in der Vegetation der Erde, den Verlust von Pflanzen, am Ende des Sommers repräsentiert, wenn die Sonne sich nach Süden zu bewegen scheint. Aber die Geschichte enthält sowohl Sonnen- als auch Mondmotive. Es könnte beabsichtigt gewesen sein, die Zeitspanne der Dunkelphase zu beschreiben, wenn der Mond nicht mehr zu sehen ist und sie deshalb allegorisch so dargestellt wird, auf der Suche nach ihrem Geliebten, dem Sonnengott, in die Unterwelt gegangen zu sein.

Ishtar ist in dem Gedicht sowohl als die Geliebte, als auch die Schwester des Tammuz dargestellt. Die Götter und Könige der alten Völker wurden nicht mit normalen Maßstäben gemessen. Legenden vieler Länder lassen alle Menschen von der inzestuösen Ehe des ersten Mannes und der Frau abstammen, die als Bruder und Schwester oder Vater und Tochter vertreten sind.

In Ägypten war es für den König üblich, seine Schwester zu heiraten. Eine ähnliche Sitte herrschte unter den Inkas von Peru.

Nach der Beschreibung der Unterwelt [54] als Region der Finsternis, "die Region aus der der Wanderer nie zurückkehrt", erzählt das Gedicht von Ishtars Ankunft am Eingang der Unterwelt, wo sie Einlass verlangt und die Tür aufzubrechen droht. Ereshkigal, die Schwester von Ishtar und Herrin der Unterwelt, empfängt die Nachricht von ihrer Ankunft mit Wut, gebietet aber dem Pförtner sie einzulassen.

Die verblassende Schönheit des Mondes, in seinem letzten Quartal, kann man sich dann in den folgenden Zeilen vorstellen, die Ishtars Passage durch sieben Tore beschreiben, an denen sie jeweils einen Teil ihrer Kleidung oder ihres Schmuckes verliert, bis sie schließlich nackt vor Ereshkigal steht, die sie mit Hohn grüßt und einem schwarzen Dämonen gebietet sie mit Krankheit zu schlagen.

Abbildung 7: Göttin Allat in der Unterwelt

Göttin Allat passiert die Unterwelt in ihrer heiligen Barke, Bronzetafel.

---

[54] Allatu, die Unterwelt, wird als die Region der Finsternis, des Wohnsitzes des Eresh-kigal beschrieben. Die Bewohner des Hauses sehen kein Licht; die Region, in der Staub ihr Brot ist und Schlamm ihre Nahrung; die Region aus der der Wanderer nie zurückkehrt; deren Bewohner wie Vögel gekleidet sind, in einem Kleidungsstück aus Federn. An der Tür ist ein Bolzen, mit Staub bedeckt.

Während Ishtars Aufenthalt in der Unterwelt berichtet ein Bote, Schamasch, dem Sonnengott, dass alles Leben auf der Erde stillsteht; Tiere sich nicht mehr paaren und die Vegetation verdorrt und stirbt. Die Zeilen sind:

> Ishtar fuhr in die Erde herab
> und ist nicht heraufgekommen.
> Ishtar ging in das Land
> Keiner-Rückkehr
> Der Stier kümmert sich nicht um die Kuh; der Esel nicht um die Eselin;
> Der Mann kümmert sich nicht um das Dienstmädchen im Markt
> Der Mann schläft auf seinem Platz
> Die Frau schläft allein [55].

Schamasch weint aber gesteht, dass er in dieser Situation nichts tun kann. Er erzählt Sin und Ea, dem Gott des unterirdischen Wassers darüber und Ea, der ein väterliches Interesse am Wohlergehen der Menschen hat, schickt einen Boten zu Allatu und verlangt Ishtars Freilassung. Ereshkigal empfängt den Boten mit Flüchen und Misshandlungen, ist aber nicht in der Lage, der Macht von Ea zu widerstehen. Ishtar wird freigelassen. Nachdem sie mit den Wassern des Lebens besprenkelt wurde, wird sie wieder durch die sieben Tore geführt und sie bekommt ihre Kleidung und ihren Schmuck wieder zurück. Schließlich taucht sie in der oberen Welt auf und alles Leben auf der Erde nimmt wieder seinen normalen Lauf. Am Ende gibt es ein paar Zeilen, in denen die Rede von "jammernden Männern und Klageweibern" ist, die um Ishtars Verschwinden trauern.

Der Tod des Tammuz wurde in sumerischen Städten im vierten Monat eines jeden Jahres beklagt; und in Prozessionen trug man Bildnisse des toten Gottes, gesalbt mit Öl und in einem roten Gewand gekleidet. Männer und Frauen singen traurige Klagelieder zur Musik von jammernden Flöten. Dieser Monat, das entspricht unserem Juni, wurde Tammuz genannt, zu Ehren des jungen Gottes, ein Name, der es im hebräischen Kalender, bis in die Gegenwart bringt.

Der Monat Ab (Juli) war die Zeit der Grabbeigaben, während Elul (August) der Monat von Ishtars Abstieg in die Hölle war, auf der Suche nach ihrem Geliebten. Die drei Monate bilden den Zyklus des sterbenden Gottes [56]. In späteren Zeiten aber, wurde die Popularität von Tammuz so vollständig von dem der jungfräulichen Göttin überschattet, dass das Fest, ursprünglich zu seinen Ehren benannt, als das Fest des Abstiegs von Ishtar bekannt wurde.

Laut Langdon [57] wurde die Verehrung des Tammuz, durch die arabische Sekte der Sabäer, in Harran in Syrien, bis ins 10. Jahrhundert nach Chr., beibehalten. Hier wurde der Name Tammuz oder Ta-uz ausgesprochen. Das Fest des Tammuz wurde auch als das Fest der weinenden Frauen bekannt und fand am ersten des Monats Ta-uz statt. Die Harranische Sekte soll in Babylon bis ins 10. Jahrhundert hinein existiert haben [58].

Die Entdeckung von Tafeln, die sich auf diese und andere mythische Abenteuer der babylonischen Götter und Göttinnen beziehen, ist wegen des Lichtes, das diese Mythen auf

---

[55] *Aspects of Religious Beliefs & Practices in Babylonia & Assyria*, Morris Jastrow, 1911, p. 3707.
[56] *Menologies & Almanacs of the Sumerian Calendar*, Stephen H. Langdon, p. 19.
[57] *The Mythology of All Races*, Stephen H. Langdon, v. 5, p. 336.
[58] Am 17. Sivan, der Monat der Mondgöttin, wurde das Akitu Fest in Harran, der alten Mond-Stadt Mesopotamiens abgehalten. In Arbela jedoch fiel er auf den 17. Elul, der Monat der Göttin Ishtar, die stark in dieser Stadt verehrt wurde. Ein Festival der "Mysterien von Babylon" fand am 25. Siwan statt. *Enc. of Rel. & Eth.* v. 3, p. 77.

In der jüdischen Tradition ist der 17. Tag des Tammus mit der Eroberung Jerusalems verbunden, wurde aber vermutlich von einem viel älteren Fest abgeleitet.

den möglichen Ursprung zahlreicher Figuren der klassischen Mythologie geworfen hat, von besonderem Interesse für die Mythologen.

Zwar gibt es eine offensichtliche Ähnlichkeit zwischen den Mythen Babylons und denen der Völker westlich davon, wobei es aber nicht möglich war, die Migration von Ishtar, Schritt für Schritt zu verfolgen. Es ist auch nicht möglich, definitiv zu bestimmen, ob sie der Prototyp der jungfräulichen Göttinnen der Mittelmeerländer war, oder ob sich alle aus einer anderen semitischen Quelle entwickelt haben. Alle verfügbaren Daten zeigen jedoch, dass die westlichen Mythen viel später entstanden sind.

Abbildung 8: Göttin Ishtar

Links: Terrakotta-Relief von Ishtar aus dem Tempel von Hursagkalami, in Kish.
Rechts: Ishtar in einem Streitwagen. Aus Kish.

Zwischen 1700 und 1100 v.Chr. wurde der Isis-Kult in Ägypten prominent, und Ishtars Suche nach Tammuz ging mit der Wanderschaft von Isis, auf der Suche nach ihrem toten Geliebten Osiris, einher. Wie Ishtar, war Isis die glorreiche, allzeit jungfräuliche Mutter und in ihrem Tempel zu Sais gab es die berühmte Inschrift: "Ich bin alles was ist und was sein wird. Kein Sterblicher hat je meinen Schleier gelüftet, und die Frucht, die ich hervorbrachte war die Sonne". In der Skulptur ist sie sitzend, mit einem Kleinkind in ihrem linken Arm und einer Kornähre ihrer rechten Hand, porträtiert.

Im 7. Jahrhundert vor Christus, oder früher, war Ishtar in Phönizien als Astarte (Ashtoreth) bekannt, wo sie in einem Mythos mit dem Gott Adonis identifiziert wurde, der deutlich den babylonischen Mythos von Ishtar und Tammuz wiederspiegelt. In Griechenland wurde sie als Aphrodite bekannt und in Rom war ihr Name Venus.

Das Wort Adonis (mein Herr) ist ein semitischer Titel, den die Phönizier der Sonne verliehen. Adonis wurde von einer inzestuösen Vereinigung zwischen einem syrischen König und seiner Tochter Smyrna (Myrrha) geboren, eine Beziehung, die an die von Ishtar und Tammuz erinnert.

Aphrodite verliebte sich tief in den schönen, jungen Gott und gab ihn Proserpina, der Königin der Unterwelt zur Pflege, die so begeistert von ihm war, dass sie sich weigerte, ihn aufzugeben. Aphrodite stieg selbst in die Unterwelt hinab, um ihren Geliebten zurückzuholen, jedoch ohne Erfolg. Dann wandte sie sich an Zeus. Er verfügte, dass Adonis sechs Monate eines jeden Jahres mit Aphrodite in der Oberwelt verbringen sollte und eine gleich lange Periode mit Proserpina in der Unterwelt. Er wurde jedoch später, durch die Böswilligkeit der Artemis, wiederum ein Spiegelbild von Ishtar, von einem Eber getötet.

Abbildung 9: Jungfräuliche Muttergöttin aus Indien und Assyrien

Links: Krishna von Devaki gestillt, eine Hindu-Version der jungfräulichen Mutter. Rechts: Ishtar mit Kind; eine assyrische Darstellung der jungfräulichen Mutter.

Im Einklang mit den Veränderungen in den meisten Fruchtbarkeits-Mythen, die sich im Westen entwickelten, wird der Charakter der Aphrodite als Erd- oder Vegetations-Göttin hervorgehoben und ihre Mond-Attribute rücken in den Hintergrund. Außerdem wird der Charakter des Adonis als Sonnengott deutlicher gezeigte, als es bei dem früheren Tammuz der Fall war. Die Erde als ein Mutterleib visualisiert, in dem, durch die warmen Strahlen der Sonne, der Samen allen Lebens keimt. Die Sonne wird so zum großen Vater, so wie die Erde zur großen Mutter wird. In Indien ist diese alte Vorstellung von Sonne und Erde immer noch in den brahmanischen Eheversprechen reflektiert, wo der Mann zur Frau sagt: "Ich bin die Sonne, du bist die Erde, lass uns heiraten".

Die sechs Monate, die Adonis mit Aphrodite verbringt, stellen die sechs Frühlingsmonate dar. Jährlich wurden Feste zu Ehren der lustvollen, jungen Frühlingssonne zelebriert, deren Rückkehr eine Belebung und Erneuerung des Lebens und der Energie auf die Erde brachte.

Die Zeit, die Adonis mit Proserpine verbringt, repräsentiert die unfruchtbaren Wintermonate, wenn die Sonne stirbt, bzw. in die unteren oder ungünstigen Zeichen des Tierkreises fällt, die die Unterwelt prägen. Die Ermordung des Sonnengottes durch einen Eber, ist eine Anspielung auf die Tatsache, dass der syrische Monat Haziran [59], in dem das Ereignis auftrat, aus dem chaldäischen Wort Hazir oder Hazira abgeleitet ist, was Sus, Procus, Schwein bedeutet. Dies war der Monat, in dem die Sonne ihren jährlichen Zyklus abschloss, und so zur Geschichte des jungen und schönen Adonis beitrug, der von einem Eber getötet wurde.

---

[59] *History of the Hindustan*, Thos. Maurice, 1795, v. 1, p. 563.

In einem anderen Sinn wird Adonis manchmal als Getreide-Geist dargestellt, dessen Reise in die Unterwelt den Zeitraum repräsentiert, in dem der Samen in der Erde schlummert, bevor er zu neuem Leben und Wachstum erwacht.

Auf den Festen, die in Griechenland und Kleinasien, zu Ehren des Todes und der Auferstehung des Gottes gefeiert wurden, trug man sein Bild in Prozessionen, gefolgt von Klageweibern. Am Ende des Festes wurde sein Bildnis im Allgemeinen ins Meer oder in einen Brunnen geworfen. Seine Auferstehung wurde am folgenden Tag gefeiert. Aber die Details der Zeremonien, sowie ihre Bedeutung, variierten von Ort zu Ort.

Bei Sir James Frazer heißt es: "In Alexandria wurden Bilder von Aphrodite und Adonis auf zwei Sofas gezeigt; daneben platzierte man reife Früchte aller Art, Kuchen, Pflanzen in Blumentöpfe gestellt und in grünen Bögen zusammengesteckt, verschnürt mit Anis. Die Hochzeit der Liebenden wurde einen Tag lang gefeiert. Am folgenden Tag kleideten sich Frauen als Trauernde, mit flatternden Haaren und entblößten Brüsten und trugen das Bild des toten Adonis zur Küste und übergaben es den Wellen. Doch sie trauerten nicht ohne Hoffnung, denn sie sangen, dass der Verlorene wieder zurückkommen würde. In Sardinien, Sizilien, Catania, und in anderen Teilen des südlichen Italiens, wird der Johannistag noch in der ziemlich gleichen Weise gefeiert [60]."

Abbildung 10: Jungfräuliche Mutter aus Yukatan und Ägypten

Links: Eine aztekische Konzeption der jungfräulichen Mutter. Aus einem Tempel in Yukatan. Rechts: Die ägyptische Vorstellung der jungfräulichen Mutter: Isis stillt das Kind Horus.

"In Sizilien werden die Gärten des Adonis noch im Frühjahr und im Sommer besät, woraus wir vielleicht schließen können, dass Sizilien, sowie Syrien, das alte Frühlingsfest des gestorbenen und auferstandenen Gottes feiert. Wenn sich Ostern nähert, säen sizilianische Frauen weiße Linsen und Kanariensaat in Töpfe, die sie im Dunklen halten und alle zwei Tage wässern. Die Pflanzen sprießen bald; die Stängel werden mit roten Bändern zusammengebunden und die Töpfe, die sie halten, werden ins Grab gelegt. Sie werden, wie in katholischen und griechischen Kirchen am Karfreitag, genau wie in den Gärten des Adonis, mit Bildnissen des toten Christus verziert. Diese Praxis ist nicht auf Sizilien beschränkt, denn sie wird auch in Cosenza, Kalabrien beobachtet und vielleicht noch an anderen Orten."

---

[60] *The Golden, Bough*, Abgd. Ed., Sir James Frazer, p. 344.

Die Geschichte von Ishtar und Tammuz dient auch als Motiv für den griechischen Mythos, in dem Persephone (Proserpina), die Tochter der Vegetationsgöttin Ceres, von Pluto, Gott der Unterwelt, entführt wird. Die erzürnte Mutter wird der Vegetation nicht erlauben zu wachsen, bis ihre Tochter wieder bei ihr ist. Ceres sucht ihr Kind mit Weinen und Wehklagen, so wie Ishtar Tammuz gesucht hat. Mit Hilfe eines Granatapfels wird Persephone schließlich gestattet, einen Teil des Jahres auf der Erde zu leben (während der Vegetationsperiode) und die verbleibenden Monate, als Gemahlin ihres dunklen Entführers Pluto, in der Unterwelt zu verbringen.

Eng verbunden mit dem Adonis-Aphrodite-Mythos war der von Attis oder Atys und Kybele in Phrygien. In einigen Berichten ist Attis als Sohn von Cybele repräsentiert, einer asiatischen Göttin der Fruchtbarkeit; in anderen ist er der Sohn von Nana, eine Jungfrau, die ihn empfängt, indem Sie eine Mandel oder einen Granatapfel in ihren Schoß legt. Tod und Wiedergeburt des Attis jedes Jahr und seine Verbindung mit dem Wachstum der Vegetation, stempelt ihn, ähnlich wie Adonis, zu einem Sonnengott.

Einer Erzählung nach wurde er, wie Adonis, von einem Eber getötet; und nach einer anderen Version entmannt er sich unter einer Kiefer und verblutete, ein Umstand, von dem geglaubt wird, dass es sich um den Brauch der Priester von Attis handelt, sich bei Eintritt in die Dienste des Kultes, zu verstümmeln.

Gegen Ende des Krieges mit Hannibal, 204 vor Chr., wurde Cybele in Rom adoptiert und die Orgien ihrer Armee von Priestern schockierte die Bürger der kultivierten Metropole.

Cybele ist mit Da-mater, der großen Mutter und Selene, der Mondgöttin gleichgesetzt. Sie wurde auch (von den Griechen) Ideanische Mutter oder Mutter Ida genannt. Dies ist auch der Titel der Mutter von Meru, in Indien Idavratta oder der Kreis genannt, eine offensichtlichen Anspielung auf den Weg der Sonne auf ihrer jährlichen Reise.

In Ephesus, wo der Naturkult in einer sehr übertriebenen Form existierte, wurde die Göttin Diana bzw. Artemis, als Multimammia geehrt, "die vielbrüstige Mutter von allen." In der Skulptur ist sie oft mit vielen Brüsten dargestellt, die Vorderseite ihres Körpers bedeckend, mit Tieren und Pflanzen, die ihr aus Kopf, Gliedmaßen und Brust sprießen und wachsen. Manchmal trägt sie, als Symbol ihrer Mutterschaft des Lebens, einen Gürtel aus Löwen, Elefanten und anderen Tieren um die Taille. Priester, Prostituierte und Scharen von Galli, oder entmannte Männer und Jungs, bemalt und gekleidet wie Frauen, dienen der Göttin. Bei Komona in Kappadokien, wurde sie als Göttin Ma, von 6000 Eunuchenpriester und den Galli aus Phrygien bedient, die sich, ähnlich wie bei Ba-al und Astarte, in religiöser Raserei ihre Arme mit Messern aufschlitzten.

Der offensichtliche Missbrauch des Begriffs "Jungfrau", der bei Ishtar, Venus, Aphrodite und alle anderen großen Muttergottheiten der Antike verwendet wird, liegt in der Tatsache begründet, dass das Wort ursprünglich nur eine unverheiratete Frau oder Jungfrau bezeichnet. Sie hätte sogar eine Prostituierte sein können, ein Begriff, den Ishtar sich selbst gab. Als Göttin der Generation, wurde sie, wenn auch nicht der Ehe, dem Verlust der Keuschheit und der Geburt gewidmet. Unverheiratete Frauen des Ostens, ob Jungfrauen oder Prostituierte, trugen Schleier, um ihren unverheirateten Status anzuzeigen, und wenn Isis sagt, dass kein Mensch je ihren Schleier lüftete meint sie, dass sie noch nie Teil einer Trauung gewesen ist.

Die Hierodouloi oder heiligen Prostituierten, die in den Tempeln der Muttergöttinnen dienten, wurden ebenfalls als "heilige Jungfrauen" bezeichnet. In Griechenland wurden Kinder, die von unverheirateten Müttern geboren wurden als Parthenoi oder "Jungfrau-

Geborene" bezeichnet. Einige moderne Autoren glauben, dass die traditionelle jungfräuliche Geburt Jesu auf einer falschen Übersetzung des griechischen Wortes "almah" (Jungfrau) basiert, was Mädchen oder unverheiratete Frau bedeutet [61].

Abbildung 11: Multimammia von Ephesus

Diana von Ephesus, die vielbrüstige Mutter aus Südwestasien.

Der Brauch, den Begriff "Jungfrau" auf die Muttergöttinnen anzuwenden, geht auf die Zeit zurück, als sie ganz besonders mit dem Mond identifiziert wurden, was erklären mag, warum sie als Jungfrauen dargestellt wurden. Ehe bedeutet eine dauerhafte Vereinigung; und weil Sonne und Mond ewig durch den Himmel zu wandern scheinen, weit durch Raum und Zeit getrennt, können sie nicht fest vereint sein. Das einzige Mal, von dem man sagen könnte dass sie sich treffen, ist während der kurzen Periode, in der sie in Konjunktion stehen. Diese Verbindung kann aber poetisch eher als temporäre Heirat interpretiert werden, oder, wie es für immer sein wird, als kurzes Stelldichein zwischen Liebenden. So wird die Mondgöttin, als die Große Muttergöttin, die alles Leben auf der Erde kreiert und regiert, aber noch nie eine Braut war, durch den Lauf der Jahrhunderte gereicht.

In Ägypten wurde sie als Isis, "die Krankenschwester" oder " die Mutter" bekannt; in Indien war sie Devaki; in Phrygien, Artemis, die "Kind Trägerin"; in Karthago war sie Tanit; in China, Ching Mon. In Syrien trat sie als halb Mensch und halb Fisch unter dem Namen Attar oder Athar auf und im Libanon war ihr Name Atergatis. Sie hatte gemeinsame Züge mit Demeter, mit Hekate, als Göttin des Mondes (Ernte) und mit Rhea, Göttin der Erde. Ihr Name variiert in verschiedenen Zeiten und Orten, aber ihr Charakter blieb im Wesentlichen gleich.

In seiner Metamorphose, geschrieben im 2. Jahrhundert nach Christus, zeigt Lucius Apuleius, Eingeweihter der ägyptischen Mysterien, dass zu seiner Zeit der Charakter der Mondgöttin der gleiche war, wie Jahrhunderte zuvor. Indem er die Erscheinung der Göttin in seiner Vision beschreibt, zitiert er sie mit den Worten:

---

[61] Die korrekte lateinische Übersetzung für Jungfrau ist nicht "Virgo", sondern "Virgo intacta." Im Hebräischen, wäre es sinnvoller gewesen, das Wort "Bethula" für Jungfrau zu verwenden.

"Siehe Lucius, ich bin gekommen. Dein Weinen und dein Gebet haben mich bewegt, dir beizustehen. Ich bin es, die leibliche Mutter aller Dinge, Herrin und Gouvernante aller Elemente, die ursprüngliche Stammmutter der Welten, Oberste der Befugnisse göttlicher Macht; Königin von allen, die in der Hölle sind; die Prinzipalin derer, die im Himmel wohnen, allein unter einer Form aller Götter und Göttinnen manifestiert. Zu meinem Willen werden die Planeten im Himmel, die gesunden Winde der Meere und das beklagende Schweigen der Hölle geneigt; mein Name, meine Göttlichkeit wird auf der ganzen Welt, auf vielerlei Weise verehrt und in unterschiedlichen Sitten und unter vielen Namen. Die Phryger, das sind die ersten aller Menschen, nennen mich in Pessinus die Mutter der Götter, die Athener, die aus ihrem eigenen Boden entsprangen, Cecropia Minerva; die Zyprioten die vom Meer umfangen sind, Paphianische Venus; die Kreter, die Pfeile tragen, Diktianische Diana; die Sizilianer, die drei Sprachen sprechen, infernale Proserpine; die Eleusianer, ihre antike Göttin Ceres; einige Juni andere Bellona, andere Hekate, andere Rhamnusia und prinzipiell beide Arten der Äthiopier, die im Orient wohnen und die von den Morgenstrahlen der Sonne erleuchtet sind und die Ägypter, die exzellent sind in allen Arten der antiken Lehren und mich durch ihre passenden Zeremonien anbeten, rufen mich mit meinem wahren Namen an, Königin Isis [62]."

Proclus, der im 5. Jahrhundert zum Timaeus von Plato schreibt, sagt, der "Mond ist bei Sterblichen die Ursache der Natur und das selbstgefällige Bild der Quelle der Natur."

Ein besonderes Merkmal der Muttergottheiten, ist ihre häufige Identifikation mit Namen die der Wurzel Ma, das bedeutet im Griechischen Mutter oder Schwester, abstammen. Ma ist ein Titel der Göttin Bhavani, der Venus von Indien; Ma oder Mah war der Name einer der frühesten sumerischen Göttinnen und auch der Titel der großen Multimammia von Südwestasien. Mah oder Mas ist das Persische für Mond und, in Form von Maia ein Name, den die Griechen Demeter gaben. In Indien ist der Feuergott Agni der Nachkomme von Maya, welche Mutterschaft und Schöpfung darstellt, ähnlich zu Maria (Maera), die laut Pausanias, die Frau des Sonnengottes Hephaistos war. Bei den Persern ist sie die Mutter des Gottes Mithras.

Den Hindus gemäß, hat ihre Göttin Maya Durga die Bedeutung von "unzugänglich", "nicht-realisierbar" oder Illusion. Alle Existenz löst sich letztlich in Brahma und Maya auf, Sein und Schein, Realität und Illusion.

Als Mutter von Adonis, wird der Name Ma zu Myrrha. Im Arabischen wird er zu Mizram oder Mizraim und ist das gleiche wie Miriam, die Schwester von Moses. Die Namen Miriam, Maera, Maria und Maria, die Mutter Christi, sind alle gleich.

Es soll ferner daran erinnert werden, dass den Mythen der alten Sumerer zufolge, alles Leben auf der Erde von Ishtar, Tochter des Gottes Ea, die jeden Tag aus dem Meer stieg, abstammt. Wie Ea, stieg Ishtar, die Mondgöttin, ebenfalls aus dem Meer. Ihr Name deutet wahrscheinlich den Stern an, der aus dem Meer aufzusteigen scheint.

Von Aphrodite wurde gesagt, dass sie aus dem Meer gestiegen sei und sie wird oft, aufsteigend aus den Wellen oder auf einer Muschel segelnd, dargestellt. Venus wurde häufig Stella Maris genannt, "Stern des Meeres", und einer der alten Bedeutungen des Namens Maria war "Stern des Meeres", weshalb die Jungfrau Maria auch oft liebevoll Stella Maris genannt wurde.

---

[62] *Der goldene Esel (The Golden Ass),* Als Metamorphose des Lucius Apuleius, übersetzt von W. Adlington, 1566. Überarbeitete von S. Gaselee, 1928.

Das Augustfest zu Ehren von Ishtars Abstieg fiel in Griechenland und Rom parallel zu den Festen der Passage der Jungfrau am 13. August, wenn die Hilfe von Artemis und Diana angerufen wurde, Stürme zu verhindern, um das Reifen der Ernten nicht zu gefährden. Das Fest wurde im 6. Jahrhundert nach Christus durch die römische Kirche in das Fest Himmelfahrt der Jungfrau Maria am 15. August geändert. Wie im Fall aller Feste zu Ehren der heidnischen Götter, war das Datum von astronomischer Bedeutung. Im römischen Kalender von Columella, markiert der 15. August das Verschwinden des Tierkreiszeichens Jungfrau. Bei den Griechen wurde dieser Tag als Himmelfahrt der Jungfrau Astrea, bzw. ihre Vereinigung mit der Sonne festgelegt.

In dieser Zeit ging die Sonne durch das Sternbild Jungfrau, und ihre hellen Strahlen machten die Sterne des Sternbildes für die Augen unsichtbar. Im Buch der Zahlen wird erzählt, dass Miriam aus dem israelitischen Lager ausgeschlossen wurde und dass sie ihr weißes, aussätziges Gesicht für sieben Tage nicht zeigen durfte, und einige Autoren interpretieren den Bericht über diesen Vorfall als Allegorie, vergleichbar mit dem Zeitraum, in dem die himmlische Jungfrau nicht gesehen werden kann. Es dauert drei Wochen bis die Sonne ausreichend Fortschritte durch das Zeichen der Jungfrau macht, damit diese Konstellation wieder mit bloßem Auge gesehen werden kann, diesmal auf der anderen Seite. In Kirchenkalendern wird dieser Tag, 8. September, der Geburt der seligen Jungfrau Maria gewidmet.

Zum Zeitpunkt der Tag-Nachtgleiche im März wurde die Jungfrau mit einem Fest, das ursprünglich Tammuz gehörte, als die Frühlingssonne geehrt. Zu diesem Zeitpunkt wurden halbmondförmige Kuchen oder Brötchen zu Ehren der Göttin gegessen, so wie die Christen heute Heißwecken am Karfreitag essen. In Phrygien wurde das Fest zur gleichen Zeit zu Ehren Attis abgehalten; in Griechenland und Rom war der Tag Kybele gewidmet und wurde Hilarie genannt, wegen der Freude über die Rückkehr der warmen Strahlen der Sonne an der Frühlings-Tag-Nachtgleiche. Später ändert die Römische Kirche das Fest in den Tag der Heiligen Jungfrau.

Einer der ältesten Bräuche, die zu dieser Jahreszeit bekannt sind, ist das Backen und Verspeisen von Kuchen, in Form einer Mondsichel, die oft ein Kreuz oder eine Darstellung der jungfräulichen Göttin beinhaltet.

IV. Mond- und Sonnenmythen

Der Mond war, zusätzlich zu den Mythen, von denen die Leute im Altertum glaubten, dass er [63] Erzeuger allen Lebens sei, Göttin der Mutterschaft und Regulator des Schicksals, noch Gegenstand eines anderen Typ Mythos. Hier dachte man, dass seine monatlichen Veränderungen, das Resultat eines Konfliktes zwischen Gottheiten sein müsste. Es war ein Wettstreit zwischen dem Gott des Lichtes, oder der Oberwelt und dem Gott der Dunkelheit, oder der Unterwelt, bei denen die Kontrahenten wechselseitig über einander triumphierten. Mit der Zunahme der Sonnenverehrung, nahmen diesbezügliche Mythen einen solaren Charakter an.

Die Motive, die den Licht- und Dunkelheitsmythen zugrunde lagen, waren Leben und Tod, Tag und Nacht, Sommer und Winter. Sie schienen ein System von Paaren oder Gegensätzlichkeiten zu bilden, bei dem alles Leben und alle Aktion im Universum, durch den Gegensatz natürlicher Kräfte in Balance gehalten wurden.

Der Kult der Muttergöttinnen verfiel nach und nach in eine Sex-Verehrung und verließ die Weltbühne bald. Er hinterließ nur eine Ansammlung von Mythen und Aberglauben, aber die Licht-Dunkelheit-Mythen hinterließen den Keim, aus dem sich die großen "ethischen" Religionen entwickelten, die nun seit mehr als 2500 Jahren eine große Rolle in der Gestaltung der Zivilisation spielen.

Das grundlegende Merkmal, was die Licht-Dunkelheits-Geschichten von religiösen Parabeln unterschied war, dass sie keine Moral enthielten, oder sich mit gut und böse im modernen Sinn auseinandersetzten. Es gab weder Himmel noch Hölle und keine zukünftige Belohnung für ein gutes Leben, oder Bestrafung für ein schlechtes. Die Mythen waren einfach eine Allegorie für die verschiedenen Aspekte von Sonne und Mond.

Obwohl die frühesten Aufzeichnungen der Ägypter zeigen, dass sie an die Wiedergeburt glaubten, wurde ein künftiges Leben nicht als Belohnung für ein gut geführtes Leben gegeben. Die einzige Voraussetzung war, dass das Individuum die Götter mit üblichen Geschenken, Gebeten und Opfern besänftigten sollte. Ein Missfallen der Götter zog, nicht in der Zukunft, sondern hier auf Erden, entsprechende Bestrafungen in Form von Krankheit, Leid, Hunger, Elend und Armut nach sich.

Die babylonische Unterwelt war kein Platz für die Bestrafung von Sündern, sondern eine kalte, graue Höhle, in der sowohl die Guten als auch die Schlechten, schweigend bis zum Ende der Zeit, herumsaßen. Es war das Ergebnis einer Philosophie, vergleichbar mit der in Jesaja 22:13, die besagt, "Lasst uns essen und fröhlich sein, denn morgen müssen wir sterben", oder die zynische Philosophie von Ecclesiastes (Kohelet): " Und wenn er auch zweimal tausend Jahre gelebt, aber nichts Gutes gesehen hätte, *geht nicht alles an einen Ort?*" (Kohlet 6:6) [64] "Niemals", sagt Euripides, "gibt es eine Trennung zwischen gut und böse; es muss eine Mischung von beiden geben".

---

[63] Anmerkung: der Mond ist im Englischen weiblich
[64] Siehe auch: Kohlet 9:2; 9:5; 2:24; 3:12,13; 5:18; 8:15; 9:7,9.

Licht war in sich keine vollständige Einheit: Es bedurfte der Dunkelheit, um sie zur Einheit zu machen, genauso wie das Männliche das Weibliche braucht. In früheren Zeiten wurde der Gott des Lichtes, ohne die Macht der Dunkelheit, um ihr Kontrast und Gegensatz zu geben, als unvollständig betrachtet, so wie ein positiver, elektrischer Strom wirkungslos ist, bis er von einem negativen begleitet wird.

Der Gegensatz, oder der anscheinende Konflikt zwischen den aufgehenden und absteigenden Phasen des Mondes, war das zugrundeliegende Motiv für die Geschichte der beiden Brüder, die "Getrennten" genannt, die in verschiedenen Formen in Mythologien überall auf der Welt gefunden werden kann. Im Zodiakus (Tierkreis) dachte man, dass sie durch das Sternzeichen Zwilling repräsentiert werden. In China tauchen sie als Oph und Shichim auf; in Indien als Krishna und Balarama, in Ägypten Sut und Horus. Einige Studenten vergleichender Religionen sehen ähnliche Motive in dem Konflikt zwischen Kain und Abel und Jakob und Esau.

Die abnehmende Hälfte des Mondes, wurde oft als der Dunkle, der Betrüger dargestellt. In anderen Arten von Mythen wird der abnehmende Mond zum Offenbarer, Vorboten, oder zum opfernden Typus. Die zunehmende Hälfte ist als Lichtbringer, Retter oder Erlöser portraitiert. Der Vollmond ist natürlich die jungfräuliche Mutter, die Königin des Himmels.

In der ägyptischen Mythologie wird die zunehmende Phase des Mondes, als Reflektor des Sonnenlichtes, durch Horus repräsentiert, der als das Auge der Sonne dargestellt wird. Die dunkle Phase wird von Sut verursacht, dem Dämon der Dunkelheit, der das Auge von Horus stiehlt oder verwundet. Auf antiken Dokumenten wird er mit dem Kopf eines Schakals gezeigt, was ihn zum nächtlichen Herumtreiber und zum Dieb des Lichtes macht.

Plutarch sagt, "das Fest zu Ehren der Sonne wurde am 30. Tag des Epiphi, genannt 'Geburtstag der Augen von Horus' abgehalten, wenn Sonne und Mond sich in derselben geraden Linie mit der Erde befinden".

Für die Hindus war die Sonne das Auge von Varuna und Agni; für die Perser, das Auge von Ahura Mazda; für die Griechen das Auge von Zeus; und Makrobius sagte es sei das Auge von Jove. Die frühen Teutonen betrachteten es als das Auge Wotans oder Woden, und in Java und Sumatra wird die Sonne Mataari genannt, "das Auge des Tages" [65].

Der Vollmond ist der Spiegel des Lichts; daher wird er manchmal als Mutter oder Vervielfältiger des Sonnenlichts abgebildet. Während der Nacht, wenn die Sonne unsichtbar, oder in der Unterwelt ist, wird er zu ihrem Gemahl. Der Mond, der somit das Sonnenlicht reproduziert, wird so zur Mutter seines Kindes. Der ägyptische Mondgott Taht oder Khensu wird manchmal mit dem Auge des Horus, oder mit dem neuen Mond in seiner Hand dargestellt. Die Göttin Meri trägt das Auge an ihrem Kopf, als typische Erzeugerin des Kindes, dem "Bringer des Lichts".

Die Überlieferungen vieler Naturvölker enthalten zahllose Mythen, die ohne Sinn bleiben bis man sie vom Standpunkt der Sonnen- und Mond-Mythologie aus betrachtet. Beispielsweise fand man in alten Traditionen, dass sowohl der ägyptische Sut-Horus, der Hindu-Buddha als auch der christliche Jesus, aus der Seite der Mutter heraus geboren wurde. Im Fall Indra und Jesus, wurde von dem heranwachsenden Embryo gesagt, das er im Mutterleib sichtbar war. Es wurde transparent dargestellt. Das Kind Jesus wurde so in christlichen Bildern der schwangeren Jungfrau Maria gezeigt.

---

[65] *Primitive Culture*, Taylor, v. 1, p. 350.

All diese Legenden basieren auf einer physiologischen Absurdität. Ihr Ursprung ist unerklärlich bis man sie mit Phänomenen des Mondes vergleicht. Dann wird ersichtlich, dass die Legenden ihren Ursprung im Weg des Mondes, durch die volle, in die dunkle Phase haben, wenn die runde Scheibe in ihrer Stärke abnimmt, bis sie die dünne, sichelartige Form annimmt. Wenn die Lichtintensität des Mondes abnimmt, hat es den Anschein als würde die dunkle Gegend zunehmen oder in der Größe wachsen; ebenso durch die Reflektion des Lichts von der Erdoberfläche, ist das dunkle Gebiet nur verschwommen für das Auge sichtbar. Dies ist der kleine Dunkle, der im Bauch der Mutter heranreift. Die Geburt findet durch die Seite statt.

In Hindulegenden wird Krishna so dargestellt, als würde er aus seiner Mutter an einem einzelnen schwarzen Haar herausgezogen; und auch Balarama wurde einfach an einem einzelnen weißen Haar aus seiner Mutter gezogen. Diese Legende wird durch die Tatsache erklärt, dass wenn der Mond abzunehmen beginnt, ein schmaler Schattenrand auf der rechten Seite sichtbar wird. Dies kann mit einem schwarzen Haar verglichen werden, während im Übergang von der dunklen in die helle Phase der erste dünne Rand oder Kreisbogen, mit einem einzelnen weißen Haar verglichen werden kann.

Einer der Titel die man Ishtar verliehen hat ist Göttin Fünfzehn, weil in einem Monat mit 30 Tagen gesagt wurde, dass er aus 15 Aufwärts- und 15 Abwärtsschritten besteht. Die Autoren des zweifelhaften Evangeliums von Matthäus [66] machten dieses Phänomen zur Basis einer Fabel über die Jungfrau Maria und wiesen so nach, dass die babylonischen Mythen in Judäa, zu Beginn der christlichen Ära bekannt waren und dass einige Verfasser der Evangelien sich nicht davor scheuten, sie für sich selbst zu nutzen.

Es wird gesagt, als die Jungfrau drei Jahre alt war, gerade abgestillt, dass sie von ihren Eltern "zum Tempel gebracht wurde, nach dem Psalm der Grade, fünfzehn Stufen hinauf". Dort hat die kindliche Jungfrau, dem Evangelium [67] nach, wie ein Erwachsener, bereitwillig die Stufen erklommen.

Eine andere Version wird im Protevangelium [68] wiederholt. Dort wird gesagt, dass als die Jungfrau neun Monate alt war, sie ihre Mutter auf den Boden stellte und "als sie neun Schritte gelaufen war, sie zurück in den Schoss der Mutter kam". Eine ähnliche Legende besagt über den kindlichen Buddha, dass er kurz nach seiner Geburt, einen Schritt in jede Himmelsrichtung gegangen sei.

An anderer Stelle wird gesagt, dass ihr Vater sie zum Tempel brachte. Dort wurde sie von den Hohepriestern empfangen und gesegnet. "Er setzte sie auf die dritte Stufe des Altars und der Herr gab ihr Gnade und sie tanzte mit ihren Füßen und das Haus Israel liebte sie" [69].

Dass die frühen Schreiber die Angewohnheit hatten einen alten Mythos, oder Teile davon, zu nehmen und ihn anzupassen, wird durch einen griechischen Mythos illustriert, der besagt, dass Hephaistos auf einem Esel oder Schwein aus der Unterwelt aufstieg, das er betrunken gemacht hat, bevor es ihn in den Himmel trug. In dem zweifelhaften Jakobusbrief repräsentiert der Autor die Jungfrau Maria auf einem Esel reitend, als Joseph sie auf der einen Gesichtshälfte lachen und auf der anderen weinen sah, möglicherweise um sie mit den

---

[66] In den frühen Tagen des Christentums gab es eine große Anzahl von Evangelien. Einige wurden im gleichen Ansehen gehalten wie die gegenwärtigen Evangelien. Viele von ihnen wurden für zweifelhaft oder als Falschzuschreibungen beim Konzil von Nicäa erklärt, und andere wurden während der protestantischen Reformation eliminiert.
[67] *Pseudo-Matthäus*, c. 4, v. 20.
[68] *Protevangelion*, c. 6, v. 1.
[69] *Ibid*, c. 7, v. 5.

hellen und dunklen Phasen des Mondes zu identifizieren. Sie wird vom Esel gehoben und gebärt, in einer Höhle, das Kind des Lichtes.

Eine Art von Mythos, häufig in babylonischer und ägyptischer Literatur gefunden, führt eine Figur ein, die das Böse in jedem Teil der Welt symbolisiert. Hier wird das graduelle Verschwinden des Mondes in der letzten Hälfte dadurch repräsentiert, dass er von einer Schlange verschlungen wird. In der Sonnenverehrung wird die Schlange zu einem Wasserdrachen oder Krokodil. Es verschlingt die Sonne in dem Moment, in dem sie ins Meer sinkt. Während der Verfinsterung zerreißen die Chinesen die Luft mit Zimbeln, Trompeten und Klapperinstrumenten, um den Drachen zu verjagen, von dem sie glaubten, dass er den Mond verschlingt [70]. Es entstammt diesem Aberglauben, dass der zunehmende Mond "Kopf des Drachen" und der abnehmende "Schwanz des Drachen" genannt wurde. In Indien gibt es einen Mythos der erzählt, wie Vritra oder Ahi, die Schlange der Nacht, von Indra, der Sonnengöttin überwunden wurde. Dies mag auf das glänzende Licht der Sonne, in der Konstellation des Drachen im nördlichen Sternenhimmel, anspielen.

In Australien und in einigen Teilen Nordamerikas wurde die Rolle der Schlange von einem großen Frosch eingenommen. In Ägypten war es der große Apep (Apophis), der mit Ra und Horus, beides Sonnenhelden, kämpfte. Im babylonischen Schöpfungsepos erschlägt der Sonnenheld Bel-Merodach (Marduk) das Monster Tiamat (Chaos und Dunkelheit) in einer Schlacht, in der Bel einen Windsturm gegen den Drachen, mit seinem aufgerissenen Maul, schleuderte, der seinen Bauch füllte und "sein Bauch war durchtrennt".

Viele tausend Jahre später wurde dieselbe Geschichte in die jüdischen Schriften, als historische Begebenheit im Leben Daniels, eingeführt. Dieser Geschichte nach, hatte der König von Babylon einen Drachen, den Daniel erlegte, indem er einen Feuerball aus Pech, die Kehle des Monsters hinabwarf, worauf das Tier platzte und starb. In der aramäischen Sprache, die Daniel sprach, liest sich das Wort Windsturm fast genauso wie das babylonische Wort Pech und so wurde in der Version der Bibel eine Interpretation des Wortes durch eine andere ersetzt.

Im ägyptischen Totenbuch wird die Macht der Dunkelheit häufig als schwarzer Schakal, Fuchs oder anderes Raubtier portraitiert. Das Verschwinden des Mondes wird dadurch erklärt, dass er graduell von diesem bösen Tier verschlungen wird. Bei Verfinsterungen wurde geglaubt, dass sie dadurch zustande kommen, dass der Mond von einem Drachen oder Schakal verschlungen wird. Naturvölker in vielen Ländern warfen Steine Richtung Mond, um so den Fresser abzuschrecken. Diese Praxis wurde von Reisenden bei Naturvölkern in der gegenwärtigen Zeit beobachtet. In Rom riefen die Leute "vince luna", um ihn anzufeuern, denn man glaubte, dass der Mond verschluckt würde. In vielen Teilen der Welt, speziell in skandinavischen Ländern, wird der Mondfresser oft als Wolf dargestellt.

In der griechischen Mythologie ist die Geschichte von Kronos, der Uranus in 14 Stücke zerreißt, nur eine weitere Geschichte für die graduelle Zerstückelung des Mondes während seiner vierzehntägigen Abnehmphase. Das gleiche Motiv wird auch in ägyptischen Mythen gefunden. Hier findet Typhon (Dunkelheit), der Böse, während er nachts jagt, die Leiche des Sonnengottes Osiris (Licht) und bereitet seinen Leichnam für das Begräbnis auf. Er hat Angst davor, dass Osiris in einem zukünftigen Leben zurückkommt, um ihn zu vernichten. Er reißt seinen Körper in 14 Stücke und verteilt ihn in alle Himmelsrichtungen. Isis, die Gattin von Osiris, reist von Land zu Land, um ihren getöteten Mann zu finden. Auf ihrer Reise wird sie

---

[70] Das chinesische Wort für Eclipse (Verdunkelung) bedeutet "essen".

von Skorpionen verfolgt, eine Darstellung, die den Tierkreis-Charakter der Geschichte betrügt, denn der Stern Sothis ist der Stern von Isis und im Tierkreis wird er von der Konstellation des Skorpion verfolgt. Isis findet die Teile des Körpers von Osiris und setzt sie wieder zusammen. Sie kann aber das Leben nicht in den Körper zurückbringen, weil sie das Teil zur Zeugung nicht finden kann.

Die Geschichte von Isis, auf ihrer Reise ihren Geliebten zu finden, gleicht der von Ishtar auf ihrer Suche nach Tammuz. Wie bei vielen anderen Göttern ist die Figur Osiris ein Hybrid. In vielen Aspekten scheint er der Sonnengott zu sein. Er ist aber auch die Gottheit der Landwirtschaft, und in vielerlei Hinsicht ist er ein Geist des Getreides, wobei seine achtundzwanzig-jährige Herrschaft und die Art seines Todes anzeigen, dass er möglicherweise mal ein Mondgott war.

Während der jährlichen Trauerfeierlichkeiten zum Tod von Osiris, schütteten die Priester jeden Tag 360 Vasen Milchtrankopfer aus, um die Anzahl der Tage anzuzeigen, an denen die Sonne ihren Kurs verfolgt. In Acanthe, nahe Memphis, auf der lybischen Seite des Nils, wurde ein jährliches Gedenkfest abgehalten, bei dem 360 Priester, Wasser aus dem Nil geschöpft haben und dies, in ein großes, am Boden perforiertes Reservoir geschüttet haben, um somit die Tage des Jahres und die unaufhörliche Zeitpanne unwiederbringlicher Zeit zu symbolisieren [71].

Osiris starb am siebzehnten Tag des Monats Athyr (sprich, zum abnehmenden Mond), als die Sonne in den unteren Teil des Tierkreises, die Unterwelt symbolisierend, eintrat. Am neunzehnten Tag des Monats haben die Priester bekanntgegeben, dass Osiris gefunden wurde. Gemäß der mythischen Art dieses Phänomen darzustellen, kam die Abwesenheit des Mondlichtes, für ungefähr drei Tage, zwischen altem und neuen Mond daher, dass der Herr des Lichts von einem Drachen oder Fisch verschlungen wurde und für drei Tage in seinem Bauch verweilte. In den babylonischen Ruhmesgeschichten herrschte der Wassergott Ea über das schleimige Wasser der großen "Tiefe", aus der die Welt geformt war. Im Zeichen dieser Tradition wurde in allen babylonischen Tempeln ein großes Wasserbecken gehalten. Antike Mythen präsentieren Ea als eine freundliche Gottheit, die jeden Morgen aus dem Meer aufsteigt, um den Menschen Landwirtschaft, Regierungsgeschäfte, Handwerk und andere Künste der Zivilisation beizubringen. In frühen Skulpturen wird er als halb Fisch und halb Mensch dargestellt und war möglicherweise der ursprüngliche Aquarius, der Wassermann im Tierkreis und auch der Vorläufer von Neptun.

In späteren Versionen taucht Ea als Ioannes auf und wird als Fischgott Dagon von den Philistern verehrt. Einigen Interpretationen zufolge repräsentiert Ea oder Ioannes einen urzeitlichen Sonnengott, der seine Wohltat über die Erde verbreitet und der, am Ende des Tages, im Meer verschwindet, um die Nacht wie ein Fisch unter den Wellen zu verbringen.

Im Hindu-Brahmanismus erschien der Gott Vishnu der Menschheit, angeblich in seiner ersten Inkarnation, in Form eines Fisches, halb Mensch, halb Fisch. Genau so wurde Ioannes oder Dagon unter den Chaldäern und anderen Völkern dargestellt. In der indischen Version wurde Manu, der Noah der Hindus, von Vishnu gerettet, der das Boot Manus in Form eines Fisches auf eine Felsklippe zog. Davinka, die Gemahlin von Vishnu scheint die gleiche zu sein wie Davki oder Damakina, die Gemahlin von Ea.

Der griechische Mythos von Herkules und Hesione beschreibt den Sieg des Sonnengottes über die Dunkelheit. Es wird berichtet, dass nachdem König Laomedon von Troja seine Toch-

---

[71] *Indian Antiquities*, by Thos. Maurice, v. 6, p. 143.

ter Hesione, als Opfer für Poseidons Vernichtung des Monsters (Dunkelheit) an einem Felsen am Meer festgebunden hat, Herkules (die Sonne) erscheint und die Jungfer rettete, indem er sich, voll bewaffnet, die Gurgel des Fisches hinunterwirft und sich seinen Weg durch den Bauch des Monsters schneidet. Die Rettung von Andromeda durch Perseus ist eine weitere Version dieser Geschichte.

Die Geschichte von Jonas, der von einem Wal verschlungen und dann, nachdem er drei Tage in seinem Bauch war, an das Ufer bei Joppa geworfen wurde, beinhaltet verschiedene Elemente, die sich mit der Geschichte von Herkules und Hesione verbinden. Sie kann auch mit Oannes verglichen werden, der zur Wintersonnenwende von Tiamat, dem Drachen der Dunkelheit, verschlungen wurde.

In frühen christlichen Jahrhunderten wurde eine griechische Skulptur von Andromeda's Monster als Modell für den Wal von Jonas benutzt. Zu Plini's Zeit wurden die Überbleibsel von Andromeda's Ketten auf den Felsen entlang der Küste bei Joppa ausgestellt, und die Knochen eines Wals wurden als Reliquien des Monsters nach Rom gebracht [72].

Abbildung 12: Vishnu als Fisch Avatar

Vishnu als Matsay oder Fisch-Avatar. In Indien wird er als Fisch und als von einem Fisch verschluckt dargestellt.

Verschiedene andere Darstellungen von der Flucht Jonas, aus dem Bauch des Wals, weisen auf den mythischen Ursprung der Geschichte hin. Nach seiner Flucht ging Jonas nach Ninive und erzählte dort die Geschichte. Eins der Embleme von Ninive, der Hauptstadt von Assyrien, war ein Fisch in einem Wasserbassin. Salamannu, der "Gott des Friedens", wurde als Fischgott in der Stadt Temen-Sallim, "das Fundament des Friedens", dargestellt. Sayce zufolge, wurde der königliche Schriftgelehrte von Sadikan, jetzt Arbor am Chabur (Nebenfluss des Euphrat), Sallimannu-nunu-ilani, "Salamannu der Fischgott ist der König der Götter" genannt.

---

[72] *Primitive Culture*, Taylor, v. 1, p. 333.

Der Name von König Salomon, "der Friedfertige", ist im Klang so ähnlich zu dem des Fischgottes Salamannu, dass einige Schreiber vermuteten, die Geschichte Salomons stammte aus einer viel älteren Quelle. Die Messingschale, befestigt über zwölf Bullen, die in Salomons Tempel gefunden wurde, hatte die gleiche Bedeutung wie das Fischbassin in Ninive. Jeder griechische Tempel hatte am Eingang ein Bassin für das heilige Wasser der Fische und in jedem Eingang der Katholischen Kirche gibt es ein Wasserbecken, Piscina genannt.

In den Veden, dem heiligen Buch der Hindus, wird die Erde als ein riesiger Fisch dargestellt, der die rote Sonne am Ende des Tages verschlingt und sie bei Tagesbeginn wieder ausspuckt, genau wie der Wal, der Jonas ausspuckt. In der polynesischen Mythologie, wird die Erde gelegentlich als großer Fisch abgebildet (siehe Tylor, *Early History of Mankind (Frühe Geschichte der Menschheit)*, S. 345).

Die Geschichte von Jason und seinen Begleitern, die mit dem Schiff wegsegeln um nach dem Goldenen Vlies zu suchen, ist ein weiterer Typ solarer Allegorie. Jasons 50 Begleiter (manche Schreiber sagen 52) wurden auf ihrer Reise von den 50 oder 52 Wochen des Jahres angetrieben, in denen die Sonne ihren himmlischen Kurs verfolgt. Das Goldene Vlies das Jason suchte, mag eine Anspielung auf die goldenen Wolken, beim abendlichen Sonnenuntergang sein.

Wolken werden auch sinnbildlich als himmlische Kühe dargestellt und ein Mythos besagt, dass Hermes die "Himmelskühe" des Apollo am Tag seiner Geburt stahl. Im Rig Veda werden die Wolken auch "die Kühe von Indra" genannt.

Die Nummerierung der Begleiter von Jason, nach den Wochen des Jahres, ist dem Mythos des Sonnengottes Helios sehr ähnlich, wo gesagt wird, dass er 350 Stück Vieh hatte (7 Herden von jeweils 50). Ebenso wird in den Veden der Sonnengott mit 720 Zwillingskindern gesegnet, sprich 360 Tage und 360 Nächte, und sein Streitwagen wurde von 7 Pferden gezogen, die 7 Tage der Woche.

Von dem biblischen Bericht, in dem Nimrod 365 Könige dienen, wird angenommen dass sie ihn auch zu einem solaren Charakter stempeln wollten. Von Enoch wird erzählt, dass er wie die Sonnengötter, 365 Jahre lebte und dass er ein Baumeister von Städten war. Es wird nicht berichtet, dass Enoch jemals gestorben ist, aber "Enoch ging mit Gott und war nicht mehr" (zu sehen). Auffahrten zum Himmel werden allgemein als charakteristisches Merkmal der Sonnenmythen bestätigt.

Es wird gesagt, (Gen 14:14), dass Abraham seine 318 trainierten Diener angeworben hat, um gegen die Elamiter zu kämpfen. Bei dem 354-tägigen Mondkalender nahm man an, dass der Mond an 318 Tagen sichtbar ist, und diese Tatsache hat einige Schriftsteller zu der Annahme geführt, dass die 318 Soldaten, die Abraham halfen seine Feinde zu vernichten, die 318 Mondnächte des Jahres waren. Aufmerksamkeit wurde auch auf den Zufall gelenkt, dass beim ersten Konzil der Römischen Kirche in Nicäa, abgehalten 325 A.D., 318 Bischöfe anwesend waren.

In einigen der Licht-Finsternis-Mythen wird die Nacht als lustvolle Frau portraitiert, die sich auf die Sonne stürzt, sie überwindet oder vergewaltigt und am Ende eines Tages ihre Energie schwächt. In anderen wird die Göttin der Morgenröte durch die schnell fortschreitenden Strahlen der Morgensonne verfolgt und überwältigt. In der Rig-Veda, sagt eine Hymne von Ushas, Göttin der Morgenröte, dass "sie ihren Busen entblößt", um den Sonnengott dazu zu verleiten sie zu verfolgen. An anderer Stelle heißt es, von der Überwindung der

Dämmerung durch die Sonne, dass "Prajapati seine eigene Tochter liebt und sie dazu zwingt."

Aus Mythen, in denen die untergehende Sonne von einem Reptil verschlungen wird, entwickelte sich eine andere Art, in der die Helden gegen große Stiere, Drachen oder andere Monster in den Kampf geschickt wurden, die die dunklen Kräfte der Natur repräsentieren. Die Mythen von Zeus, Apollo, Helios, Orion, Kronos, Siegfried, St. Georg, Herkules, enthalten alle dieses Motiv.

Bereits im fünften Jahrhundert vor Christus, beobachtete Pausanias, dass die zwölf Aufgaben des Herkules, den Jahresgang der Sonne durch die zwölf Zeichen des Tierkreises darstellte. Seine Meinung wurde vom Scholiasten von Hesiod unterstützt, der sagt, dass "der Tierkreis, in dem die Sonne ihren Jahresverlauf durchläuft, die *eigentliche Karriere* des Herkules ist".

Die häufige Identifikation von Sonnengöttern mit Göttinnen, die Fruchtbarkeit und Produktivität symbolisieren, wird bei der Assoziation von Herkules mit Omphalos, einer Göttin der Fortpflanzung, veranschaulicht und mit Iole, der Tochter von Eurytos, "die weitschweifig Fließende", eine Göttin der Fortpflanzung, die durch die Wärme der Sonne befruchtet wird.

In einem anderen Mythos, heiratet Herkules Hebe, eine Göttin, die ihre Jugend jedes Jahr erneuert. Diese Geschichte wurde wahrscheinlich von einer alten Legende inspiriert, in der die Sonne (Herkules), ihre Stärke am Ende jeder jährlichen Reise erneuert.

Semler erklärte 1773, dass der biblische Samson so wie Herkules, ein Held des Sonnentyps ist. Diese Tatsache wird heute von fast allen biblischen Autoritäten anerkannt. Er ist vom Stamme Dan, was "Richter" bedeutet, ein Titel, der oft dem Sonnengott Schamasch gegeben wird. Der Name Shimsohn (Samson) bedeutet "kleine Sonne". Obwohl der Name ihn als Solartypus identifiziert, hat die Geschichte seiner Heldentaten viele Mondmerkmale, eine Besonderheit, die immer wieder in Abenteuern legendärer Sonnenhelden zu finden ist.

Ein weiteres Merkmal der Sonnenmythen ist die wundersame Geburt des Sonnengottes durch eine jungfräuliche Göttin, und die Geschichte von Samson ist zumindest teilweise im Einklang mit dieser Tradition. Im Buch der Richter wird berichtet (13:3), dass ein Engel vor Samsons unfruchtbarer Mutter erschien und ihr mitteilt, dass sie ein männliches Kind empfangen würde, der als Nasiräer oder heiliger Mann geweiht würde. Manoah[73], der Name von Samsons Vater, ist kabbalistisch mit Jahwe verbunden und er wird mehrmals erwähnt, aber der Name der Mutter scheint absichtlich zurückgehalten zu werden. In der ältesten, ursprünglichen Form der Geschichte, wurde die Mutter vermutlich als jungfräuliche Göttin repräsentiert. Wenn dem so war, wurde ihr Name Jahrhunderte später, als die Geschichte in den Schriften platziert wurde, eliminiert.

Der Charakter der Samson-Geschichte wird weiter durch die Tatsache unterstützt, dass all die zentralen Figuren in den hebräischen, heiligen Schriften, von Abraham bis Moses, auf wundersame Weise geboren wurden. Sarah, Rebekka und Rachel werden als unfruchtbar dargestellt, und vor der Geburt von Isaak, Jakob und Joseph, erschien ein Engel vor den Frauen und informiert jede einzelne, in fast identischer Sprache, dass sie schwanger werden und ein Kind gebären würden. Die gleiche Geschichte ist im Fall von Samuels Geburt wiederholt.

---

[73] Der Name Manoach hat einen numerischen Wert von 104, was 4 mal 26 ist, die Zahl Jehovas. Siehe Kapitel über die Kabbala.

Die enge Verbindung zwischen einigen Leistungen von Samson und denen von Herkules zeigen wiederholt die Art und Weise, in der die Abenteuer mythischer Helden ihren Weg von Land zu Land, unter verschiedenen Namen und Erscheinungsformen, finden. Die erste Aufgabe von Herkules war das Töten eines Löwen, der den Durchgang der Sonne durch das Tierkreiszeichen Löwe repräsentiert. Die erste Leistung von Samson war auch das Töten eines Löwen. Herkules trug die Tore von Cádiz weg und Samson hat das gleiche mit den Toren von Gaza gemacht.

Der Tod von Herkules in Cádiz war eine astronomische Allegorie, die das Ende des Jahres repräsentierte, wenn die Sonne den westlichsten Punkt ihrer jährlichen Reise, zur Zeit der Wintersonnenwende, im Zeichen des Steinbocks, erreicht. (Siehe: VII: Tod und Wiedergeburt des Sonnengottes). Das Tor der Sonne wurde von den Astronomen des Altertums, zwischen Steinbock und Krebs gesehen, nach denen die Tropen benannt wurden. Das Tor wurde von Säulen markiert, was der Sage nach an der Straße von Gibraltar stand [74].

Samson begann seinen Weg nach Gaza um Mitternacht und hat bis zum nächsten Morgen nicht geschlafen, was eine Mondeigenschaft ist [75]. Sein Tod ereilte ihn unter den Säulen, die einen Bankett-Saal in Gaza stützten, in dem ein Fest zu Ehren des Fischgotts Dagon gefeiert wurde. Nach Sir William Drummond, deutet Gaza eine Ziege an, das Sternzeichen des Steinbocks [76].

Abbildung 13: Marduk im Kampf mit einem Drachen. Von einem Rollensiegel.

Wie die Samson-Geschichte im Buch der Richter widergegeben ist, wird er auf seinen Abenteuern von 30 Gefährten begleitet; er tötet 30 Menschen in Askalon und nimmt ihnen 30 Kleider ab. Die wiederholte Verwendung von 30 stimmt mit den 30 Tagen des Sonnenmonats überein.

Als Delilah Samson nach der Quelle seiner Kraft fragt, sagt er ihr, dass seine Kraft schwinden würde, wenn er mit 7 neuen Bogensehnen festgebunden ist. Als sie ihn jedoch dementsprechend anbindet, zerreißt er die Saiten mit Leichtigkeit. Dann bindet Delilah ihn mit 7 neuen Seilen, die ihn auch nicht zu halten vermögen. Als nächstes gesteht Samson ihr, dass seine ganze Kraft sicherlich verschwinden wird, wenn seine 7 Locken abgeschnitten

---

[74] Die Phönizier errichteten eine Kolonie an der Straße von Gibraltar bei Gadis oder Gades, an der Westküste Andalusiens. Es ist die heutige spanischen Stadt Cádiz. Der Überlieferung nach gab es in Cádiz, in den alten Zeiten, eine Statue des Herkules mit einem Tor auf der Schulter.
[75] *Jud.* 11:37,38,39.
[76] *Oedipus Judaicus*, Sir Wm. Drummond, p. 360.

werden. Die Geschichte sagt nichts von einer unbestimmten Anzahl von Locken; es sind 7, nicht mehr und nicht weniger. In vielen Ländern werden ähnliche Geschichten gefunden, die von der Sonne erzählen, von Seilen gebunden oder in ihrem Verlauf behindert.

Wenn die Geschichte von Samson lediglich als einfache Erzählung gelesen wird, erscheint sie absurd, weil nicht vorstellbar ist, dass Samson sich in die Hände eines faszinierenden, weiblichen Feindes geben würde, nur um ihr zu sagen, wie er wehrlos gemacht werden kann. Sie erhält nur Sinn und Bedeutung, wenn sie als Mond-Sonnen-Mythos betrachtet wird. Die 7 Bogensehnen stellen dann die ersten 7 Tage des Neumonds dar, wenn er an Energie und Macht zunimmt. Als nächstes werden die 7 Seile zerrissen, so dass alle 14 Bindungen versagen ihn zu halten. Die Zahl 14 gibt die Anzahl der Tage wieder, die sowohl den Mond als auch Samson auf den Höhepunkt ihrer Macht bringen. Wenn der Mond voll ist, haben die Kräfte des Lichts die Mächte der Finsternis, die "Philister" überwunden.

Aber sobald der Mond die volle Phase passiert, erneuern die dunklen Kräfte den Angriff und sind diesmal erfolgreich, weil der Mond abzunehmen beginnt und in den 7 Tagen nach dem dritten Quartal an Stärke verliert, symbolisiert durch Samsons Verlust der 7 Haarlocken.

In der letzten Periode, im vierten Quartal sind die Kräfte der Dunkelheit in Kontrolle und der Mond wird seines Lichts beraubt. In gleicher Weise wird Samson seiner Kraft beraubt, ergriffen von seinen Feinden, die ihn binden, ihm die Augen ausstechen und ihn ins Gefängnis werfen. Aber wissend, dass der Mond erneut in den Wettbewerb steigen wird, informieren uns die Autoren der Legende, um eine gleichbleibende Parallele zu halten, dass Samsons Haar sofort wieder zu wachsen begann. Sie deuten somit an, dass er bald wieder bereit ist, den Kampf zu erneuern.

Üppiges Haar und enorme Stärke sind ein Symbol für die Produktivität des Sonnengottes im Sommer. Der Verlust der Haare des Sonnengottes symbolisiert oft die Wintersaison, wenn die Bäume ihre Blätter verlieren. Die Sonne, die ihre befruchtende Wärme auf die Erde gießt, ist die lustvolle Frau, die seine Lebenskraft schwächt, so dass, wenn die Vegetationsperiode vorbei ist, die Sonne zu einem schwachen, alten Mann wird, gefesselt und blind. Im griechischen Mythos von Ödipus, die der Geschichte von Samson ähnlich ist, reißt der unglückliche Held sich vor dem Ende seiner Karriere die Augen aus. Der Verlust seines Sehvermögens repräsentiert die rückläufige Periode der Sonne, wenn die Wolken der Finsternis sich um sie herum schließen.

Noch einmal, wie bei Herkules, ist Samson mit drei Frauen identifiziert, wobei nur der Name Delilah genannt wird. Ihre Rolle als Zerstörer der Manneskraft, scheint durch ihren Namen, "Sehnsucht, schmachtend" wiedergeben zu werden, was als ein Gefühl der Schwächung oder als herabhängend aufgefasst werden kann. In dieser Hinsicht ist ihr Charakter vergleichbar mit dem von Ishtar im Gilgamesch-Epos. In einem Vorfall, bei dem Ishtar den Sonnengott bittet ihr Liebhaber zu sein, beschuldigt er sie eine Zauberin zu sein, Giftmischerin und Zerstörer der männlichen Potenz, so wie die Folklore den Mond in der heutigen Zeit weiterhin darstellt.

Gilgamesch beschuldigt Ishtar der Hexerei, kritisiert sie für ihre Mordlust und gnadenlose Grausamkeit und lehnt es ab, ihr Gemahl zu werden. Sie wird erzürnt und will Gilgamesch vernichten, ist aber nicht erfolgreich.

Die Mythen von Ishtar, die sich gegen Gilgamesch verschwört und Delilah's Verrat an Samson, sind eine der beliebtesten und weitverbreitetsten Themen in der Literatur; die Rachsucht der Frau, die vom Mann, dem sie ihre Reize angeboten hat, verschmäht wird.

Dieses Thema taucht in der Geschichte von Joseph und Potiphar's Frau auf. Weil er sich weigerte, ihre Einladungen anzunehmen, sagt sie, dass er ihr gegenüber unsittliche Annäherungen gemacht hätte. Das ägyptische Totenbuch und andere frühe Aufzeichnungen, enthalten viele Versionen dieser Geschichte, was darauf hinweist, dass sie in alten Zeiten in der Literatur genauso populär war wie heute.

Das babylonische Epos der Schöpfung (Die sieben Tafeln der Schöpfung)

Dieses Gedicht namens *Enuma elis la nuba samamu*, hat seinen Namen von den ersten Worten "als in der Höhe der Himmel (noch) nicht benannt war." Die ersten Fragmente des Gedichtes wurden im Jahre 1873, von George Smith, in Assurbanipal's Bibliothek gefunden, und man denkt, dass sie etwas früher als 2000 v.Chr., aus mythologischen Vorstellungen einer weit älteren Zeitperiode angepasst wurden.

Von dem Epos wird angenommen, dass es den Triumph der Frühlingssonne über die Stürme des Winters, oder das Licht der Welt über die Dunkelheit der Nacht, symbolisiert. Es wurde vermutlich zur Verherrlichung des Babylonischen Gottes geschrieben, indem man ihn, als Babylon zum politischen Zentrum der ersten Hammurabischen Dynastie wurde, über die älteren sumerischen Götter hob. Es zeigt, wie die Priester und Politiker von Babylon planten, den antiken Tempel der Götter, für politische Zwecke zu verändern. Aber die Besonderheit, die das Gedicht für Leser der heutigen Zeit bereithält, liegt darin, dass die Schöpfung des Universums der biblischen Schöpfungsgeschichte auffallend ähnelt.

Das Epos beginnt vor der Schöpfung, als das Universum aus einer riesigen Ansammlung von schleimigem Wasser bestand. Himmel und Erde waren noch nicht vorhanden, noch war das Wasser des bodenlosen Abgrunds, in Seen, Meere und Flüsse aufgeteilt. Zuerst gibt es die Kreation der urzeitlichen Götter Apsu, Tiamat und Mummu. Dann wurden die Götter Lahmu und Lahamu, was Seeschlange bedeutet, geformt. Nach vielen Zeitaltern, wurde der männliche Gott Anshar (Himmlische Heerscharen) und die weibliche Kishar (Halter der Erde) geschaffen. Von ihnen stammen Anu, Bel und Ea ab.

Abbildung 14: Enkidu in der Schlacht mit dem Bullen des Himmels, Ishtar beobachtet den Kampf.

Apsu, Tiamat und Mummu sind verärgert über die späteren Götter und verschwören sich, um sie zu vernichten; aber nach einem großen Krieg werden alle Verschwörer getötet, außer Tiamat, die 11 monströse Tiere zu ihrem Schutz schafft.

Anu, Bel und Ea fordern dann den Sonnengott Marduk auf, sich der Aufgabe zu widmen Tiamat (die Tiefe) zu zerstören, von der man jetzt glaubt, dass sie die Gegend um den Persischen Golf, als Symbol für Dunkelheit und Chaos, repräsentiert hat. Marduk stimmt erst nach dem genauen Versprechen zu, dass er bei Erfolg, zum uneingeschränkten Herrscher des Universums gemacht wird.

Die vierte Tafel beschreibt, wie der Sonnengott in seinem Wagen mit Tiamat kämpft. Nach einem gewaltigen Kampf fängt er sie mit seinem Netz, tötet sie mit einem Pfeil und teilt ihren Kadaver in zwei Teile, "wie ein Schalentier" und macht daraus Himmel und Erde. Er bindet sie mit Schnüren und entreißt ihr die Tafeln des Lebens. Er zieht ihr die Haut ab und befiehlt den Wächtern aufzupassen, dass sie ihr Wasser nicht verliert. Dann wird die Haut gedehnt und als Vordach in den Himmel gespannt, zur Trennung der Gewässer von Himmel und Erde, und Sterne werden als Wohnstätten der Götter Anu, Bel und Ea, in den Himmel gesetzt.

Von der fünften Tafel wurden nur 25 Zeilen gerettet. Sie beschreiben, wie Marduk das Licht in den Himmel setzt und dessen regulären Kurs bestimmt. Er setzte die 11 Monster als Sternbilder des Tierkreises, als Stationen für die Götter, in den Himmel, teilte das Jahr in Jahreszeiten und setzte drei Sterne an den Himmel, um jeden Monat zu markieren. Als Hauptlicht des Firmaments platzierte er seinen eigenen Stern Sirius am Himmel; dann bringt er den Mond, als Herrscher über die Nacht, zum Leuchten, gewährt sich in der Mitte des Monats (das heißt, bei Vollmond) einen Tag der Ruhe und machte die Sonne zum Herrscher des Tages.

Es wird beschrieben, wie der Wind das Blut von Tiamat wegblies, an geheime Orte, vermutlich darauf hinweisend, dass es das Rote Meer gebildet hat. Es gibt hier einen Bruch in der Tafel, aber es scheint, dass Marduk sein Netz als Sternbild im Himmel platziert, zusammen mit seinem Bogen, als Bogenstern oder Großer Hund, der Bogen des Jägers Orion. Die Winde sind gezähmt, gebunden und in den vier Himmelsrichtungen angeordnet. Die Tafel endet mit einer Lobeshymne auf Marduk. Er wird für die Schaffung der Pflanzenwelt gelobt und dafür, dass er das Meer vom Land getrennt hat.

In der sechsten Tafel, bestaunen die Götter das Werk von Marduk, beschweren sich aber dass es niemanden gibt, der ihnen Ehre zollt. Dann erschlägt Marduk Kingu und aus seinem Blut wird ein Mann geformt. Die Götter des Himmels, der Erde und der unteren Regionen, werden mit verschiedenen Funktionen belegt. Er setzt 300 von ihnen in den Himmel, 300 um den Lauf der Erde zu verwalten, und bestimmt 50 für die unteren Regionen. Dann beginnt der Bau des Marduk-Tempels in Esagila. Nachdem der Tempel fertig war, gaben die Götter ein großes Bankett. Als nächstes entwerfen sie die Gesetze und die Schicksale der Menschen für das kommende Jahr, entschieden von "den 7 Götter des Schicksals". Das Gedicht schließt mit den Göttern im Tempel, wie sie die 50 Namen des Marduk rezitieren.

Ausgrabungen in Ashur, in Assyrien, haben erhebliche Beiträge zur Fertigstellung des Textes beigesteuert, aber die fünfte Tafel ist immer noch ein Fragment. Das meiste der sechsten Tafel zeigt an, dass es als eine Liturgie, in Verbindung mit dem jährlichen Neujahrfest in Babylon, an den ersten 11 Tagen des Nisan, Frühlings-Tag-Nachtgleiche, gefeiert wurde, als es üblich war, dass alle Götter Babylons zu ihren heiligen Booten gebracht wurden, um sich im Ubshukkim, der Halle des Schicksals in Marduk's Tempel, zu versammeln. Zu dieser Zeit fanden eine Reihe von Festen statt, darunter Mysterienspiele, basierend auf Ereignissen in dem Gedicht. Nur wenige Details der Rituale sind erhalten geblieben.

Die Schöpfung von Himmel und Erde, die Teilung der Gewässer unter dem Firmament, vom Wasser über dem Firmament, die Platzierung von Sternen und Planeten als Lichter im Himmel, die Aufteilung der Tage und Jahreszeiten, die Schaffung der Pflanzenwelt, die Erschaffung des Menschen am sechsten Tag und Abschluss der Arbeit am sechsten Tag, sind so vollkommen parallel zur biblischen Version der Schöpfung, dass kein Zweifel daran bestehen kann, dass die Autoren des Buches Genesis, mit der babylonischen Geschichte vertraut waren und sie für ihre eigenen Zwecke angepasst haben.

Der Begriff, wie er in jüdischen Schriften für Firmament verwendet wird, bedeutet "was ausgebreitet ist". Diese Beschreibung entspricht der Art, wie Marduk die Haut von Tiamat über den Himmel ausbreitete.

Tiamat, hier verwendet als Symbol des Chaos und der Dunkelheit, das vor der Schöpfung herrschte, ist vergleichbar mit dem biblischen Ausdruck *T'hom* (Gen 1:2) und bedeutet "die Tiefe". Apsu die Gemahlin von Tiamat scheint ursprünglich die Mutter von Ea, den Gott des urzeitlichen Wassers, vertreten zu haben. Der Sohn und Bote von Apsu und Tiamat ist Mummu, was "Intelligenz" bedeutet. Die Bibel sagt: "Am Anfang erschuf Gott die Erde", aber das Jerusalem Targum sagt: "Durch Seine Weisheit", was das Attribut von Mummu ist.

Die großen Wasserbecken in babylonischen Tempeln wurden "Apsu" bezeichnet. Diese, symbolisieren vermutlich die Verschwendung von Wasser, was nach babylonischen Traditionen die ursprüngliche Quelle allen irdischen Lebens war, und in diesem Sinne verkörperte Apsu, die Mutter von Ea, das universelle weibliche Prinzip.

In Salomons Tempel gab es auch eine Schüssel mit "geschmolzenem Messing" [77], dessen Sinn oder Zweck nirgends in der Bibel erwähnt wird, die aber die gleiche Bedeutung wie das babylonische Apsu gehabt zu haben scheint.

Gilgamesch-Epos

Mehrere alte babylonische Versionen der Sintflut wurden im letzten Jahrhundert entdeckt. Das bestbekannte ist das Gilgamesch-Epos. Es enthält zwei getrennte Geschichten, wobei die erste in allegorischer Form einen Sonnenmythos wiedergibt, der den jährlichen Lauf der Sonne portraitiert, die täglich, mittags, zu ihrer vollen Stärke aufsteigt, und jährlich, zu Beginn des Sommers, allmählich zum westlichen Horizont versinkt, um zu gegebener Zeit, zum Aufenthaltsort der Menschen zurückzukehren. Es ist auf 12 Tafeln, als Symbol für die 12 Monate des Jahres, niedergelegt. Die Geschichte der Sintflut, im zweiten Teil enthalten, ist im Gedicht aber von untergeordneter Bedeutung. Es wird auf etwa 2000 vor Christus datiert.

Gilgamesch, der Held der Geschichte, wird als König von Erech, einer Stadt von Sumer dargestellt. Es wird mittlerweile angenommen, dass er eine historische Figur war, der als vierter König der ersten Dynastie von Erech, etwa 4500 vor Christus regiert haben soll.

In der ersten Tafel schafft die Göttin Aruru eine Art "wilden Mann des Waldes" genannt Enkidu, um als Rivale für Gilgamesch zu agieren, dessen Macht und Tyrannei eine Belastung für die Menschen wurde. Um Enkidu von seiner Wüstenwohnung und seinen Bestien fortzulocken, wird ihm ein "Shamkhat" (Freuden-Mädchen) aus Ishtars Tempel gebracht. Als sie sich Enkidu nähert, öffnet diese Frau weit ihre Kleider, präsentiert ihre Reize und ergibt sich seinen Umarmungen für 6 Tage und 7 Nächte und befriedigt sein Verlangen, bis er sich von seinem wilden Leben verabschiedet. Schließlich trifft er Gilgamesch und die nächsten drei Tafeln beziehen sich auf ihre Freundschaft, Streit, und Abenteuer, von denen das erste ein Kampf mit einem mythischen Monster Khumbaba ist. Nachdem Gilgamesch das Monster

---
[77] Siehe *I Könige* 7:23, *II Könige* 25:13, 16,17, und *Jer.* 52:17.

tötet, kehren sie nach Erech zurück, wo Gilgamesch sich mit königlichen Roben schmückt und den Beifall der Menschen erntet.

Die sechste Tafel ist wegen ihrer Bezugnahme auf den Ishtar-Tammuz-Mythos interessant, der untrennbar von dem der Großen Muttergöttin ist. Göttin Ishtar ist von Gilgamesch begeistert und lädt ihn ein ihr Liebhaber zu sein. Sie versprach ihm großen Reichtum und Ehre. Aber er, wissend von der unbeständigen Art, mit der sie andere Liebhaber behandelt, verstößt sie verächtlich.

Aufgebracht von derartiger Demütigung, fleht Ishtar Anu an, einen mächtigen Stier zu schicken, um Gilgamesch zu töten. Ea erzeugt Gudanna, "den Himmelsstier", was das Sternbild Stier zu sein scheint. Die Tafel, die eine Beschreibung der Schlacht enthält, ist zerstört worden. Es scheint aber, dass Gilgamesch schließlich den Himmelsstier mit einem Schwert tötete, während Ishtar in Wut zusah. Gilgamesch widmete die Hörner des Stieres dem Sonnengott. Nachdem er und Enkidu ihre Hände im Wasser des Euphrat gewaschen hatten, kehrten sie nach Erech zurück, wo sie wieder mit Ehren empfangen wurden. Dann starb Enkidu durch Umstände, die nicht deutlich gemacht werden, wenn auch eine Version zeigt, dass er von Ishtar, die von ihm beleidigt worden war, vergiftet wurde.

Abbildung 15: Gilgamesch und Enkidu

Gilgamesch und Enkidu links in einer Ringer-Stellung gezeigt, mit einer Frau zwischen ihnen, wahrscheinlich Ishtar. Zwei gehörnte Göttinnen stehen rechts, eine von ihnen hält einen Dreizack. Aus einem Rollensiegel der Hammurabischen Periode.

Tief traurig über den Tod von Enkidu, entscheidet sich Gilgamesch, Unsterblichkeit bei seinem Vorfahren Ut-napishtim und seiner Frau zu suchen, die einzigen Sterblichen überhaupt, die jemals das ewige Leben erreichten. Er reist auf einen hohen Berg am westlichen Horizont, zwischen Erde und Unterwelt, deren Tore von riesigen Skorpionen bewacht werden, deren Rücken in den Himmel, und deren Vorderfüße in die Unterwelt reichen. Sie erkennen Gilgamesch an seiner königlichen Haltung und raten ihm umzukehren. Vor ihm, sagen sie, liegt die Region der Finsternis, wo er 24 Stunden reisen muss, bevor er wieder ans Tageslicht kommt. Aber das kann Gilgamesch nicht abbringen. Nach einer Tagesreise kommt er zu dem wunderschönen Garten von Eden am Meer, wo majestätische Bäume Lapislazuli und Edelsteine als Obst tragen. Hier lenkt ihn die Meeresgöttin Siduru, eine Version von Ishtar, zu Adad-Ea, dem Fährmann, der Gilgamesch über die schrecklichen Wasser des Todes zu dem Elysium bringt, wo Ut-napishtim wohnt.

Als Gilgamesch schließlich Ut-napishtim trifft ist er zu krank, um sein Boot zu verlassen, erzählt aber seinen Verwandten vom Zweck seiner Reise. Ut-napishtim sagt ihm traurig, dass der Tod das Schicksal der ganzen Menschheit ist. Gilgamesch ist immer noch nicht überzeugt. Dann bezieht sich Ut-napishtim darauf, wie der babylonische Noah, Xisuthrus genannt, vor der Sintflut gewarnt wurde.

Ut-napishtim mischt eine magische Verbindung mit sieben Zutaten für Gilgamesch, die ihn sieben Tage lang tief schlafen lässt. Als er erwacht, fordert er immer noch das Geheimnis des ewigen Lebens und wird schließlich zu der Stelle mitgenommen, wo die Pflanze des Lebens wächst, am Grund des bitteren Meers, offenbar der Persische Golf. Auf dem Weg zurück nach Erech, entschied Gilgamesch zu baden und während er außerhalb des Bootes war, roch eine Schlange die Pflanze und trug sie fort. Als die Schlange fortkroch, hinterließ sie ihre Haut, und so war es die Schlange, die die Macht erhielt ihre Jugend zu erneuern und nicht der Mensch.

Die Sintflut

In einer Vision erreichte Xisuthrus eine Warnung von Ea. Er warnte ihn vor der kommenden Flut und forderte ihn auf, ein Schiff oder eine Arche zu bauen, geformt wie ein Würfel, mit den Maßen von hundertzwanzig Ellen auf jeder Seite. Darin errichtete er sechs Etagen, die jeweils in sieben Fächern von je neun Zimmern aufgeteilt war. Durch die Arbeit vieler Menschen wurde die Arche in vier Tagen gebaut, am fünften niedergelassen, am sechsten beladen und am siebten Tag des Monats Tischri-tu fertiggestellt, was dann im Herbst gewesen wäre. Die Arche wurde durch Abdichten der Außenseite mit Bitumen und das Innere mit Pech, wasserdicht gemacht.

Xisuthrus machte ein herrliches Mahl und nahm lebende Samen jeder Art mit in das Schiff; seine ganze Familie, seinen Haushalt, sein Gold, Silber und andere Besitztümer, das Vieh und Tiere des Feldes, Handwerker; all das war seins.

Dann tobte ein Sturm für sechs Tage und Nächte und am siebten Tag war die Flut abgeklungen. Eine Schwalbe wurde dann ausgesandt, um Land zu finden, dann eine Taube, dann ein Rabe. Als der Rabe im flachen Wasser watend gesehen wurde, warf man den Anker aus und die Arche landete auf dem Berg Nissi in Armenien. Xisuthrus hat dann alle Tiere in alle vier Winde freigelassen, baute einen Altar auf den Berggipfel und brachte den Göttern ein Opfer dar, die von dem süßen Geruch von verbrannten Zedern, Myrten und den Opfergaben, wie Fliegen zu dem Fest gezogen wurden. Nach dem Fest verschwand Xisuthrus und wurde nicht mehr gesehen.

Die Geschichte endet mit dem Gott Enlil der sein Bedauern darüber ausdrückte, dass er die Flut verursacht hatte und schwor, dass er nie wieder ein Lebewesen peinigen würde.

Bei den Abenteuern von Gilgamesch wird von einigen Autoritäten vermutet, dass sie eine frühere Allegorie der Jahreszeiten sind, die Begegnungen mit dem Stier, dem Löwen und den verschiedenen mythischen Tieren, welche die Zeichen des Tierkreises ausmachen. Nach dieser Theorie ist das Monster Khumbaba, Leo, der Löwe; Ishtar ist die Jungfrau; Stier; der von Gilgamesch getötete Bulle; die Skorpion-Männer repräsentieren Skorpion; die Meeresgöttin Siduru ist Steinbock, die fischschwänzige Ziege. Das elfte Kapitel entspricht der Regenzeit im Zeichen des Wassermanns, als nach babylonischen Legenden die Sintflut erfolgte. Die Rückkehr von Gilgamesch nach Erech, im zwölften Kapitel, kann die Erneuerung des Lebens und der Vegetation, mit der Rückkehr der Sonne nach Abschluss des Jahresdurchlaufs, symbolisieren.

Andere Tafeln wurden gefunden, die alte Versionen der Schöpfung enthalten, den Sündenfall und die Sintflut. Eine davon beschreibt, wie Mami, die große Urmutter-Göttin ihre Beschwörungen auf vierzehn Tonstücke warf "sieben hat sie auf die rechte Seite gelegt und sieben auf die linke", und sie schuf sie "in ihrem eigenen Bild ".

Abbildung 16: Skorpionmenschen

Skorpionmenschen auf dem Berg von Mashu. Assyrisches Rollensiegel.

Eine der interessantesten Entdeckungen war die eines dreieckigen Fragments im Britischen Museum, das zuerst von Professor Sayce entdeckt und dann von Stephen H. Langdon im Jahre 1912 kopiert wurde [78]. Später wurden die fehlenden Teile gefunden und die sechs Spalten der Tafel waren praktisch wiederhergestellt. Die Tafel enthält eine Beschreibung des Paradieses, den Sündenfall und die Sintflut, die über 1000 Jahre älter ist als die biblische Version.

Die Tafel beginnt mit dem Erdgott Enlil, der die Menschheit durch eine Flut zerstört, unterstützt von der Erdgöttin Nintud unter dem Namen Ninharsag. Das Hochwasser dauert neun Monate, in denen sich der Mensch wie Talg und Fett auflöste. Aber Nintud rettete den König und einige fromme Personen mit der Warnung, dass sie in einem Boot entkommen könnten.

Nach der Sintflut wird Nintud im Gespräch mit dem Helden dargestellt, der ein König namens Tagtug zu sein scheint. Der Gott Enki enthüllt Tagtug die Geheimnisse des Universums und stellt ihn als Gärtner in Dilmun ein, was dem Paradies entspricht. Enki weist Tagtug über die Pflanzen und Bäume ein, deren Früchte ihm die Götter zu essen erlauben, aber Tagtug isst vom Kassienbaum, was von Nintud verboten war, worauf er das Privileg der Unsterblichkeit verliert, das er vor der Sintflut genossen hat. Von nun an ist er nur ein sterblicher Mensch, verdammt zu harter Arbeit, Krankheit, Gebrechen, Alter und Tod.

Das Land des Dilmun ist ein historisches Land, in mehreren, sehr frühen Aufzeichnungen erwähnt. Es wird beschrieben, als weit südlich von Babylon liegend, an der Ostküste des Persischen Golfes. Alte babylonische Karten zeigen die Welt als eine flache, kreisförmige Fläche, um die der Persische Golf, der so genannte "bittere Strom", herum fließt. Dies ent-

---

[78] Siehe Universität von Pennsylvania, Publications of the Babylonian Section, 1915, Vol. 10, No. 1.

spricht genau dem Fluss, der in der biblischen Version, von Eden ausgeht und sich dann in vier Arme aufteilt. Nach Angaben der Tafeln, würden diese Arme als Indus, Nil, Euphrat und Hiddekel, der vor Assur fließt, identifiziert werden.

Viele urzeitliche Völker hatten Mythen von Göttern, die auf die Kreaturen die sie geschaffen hatten neidisch wurden und die sie, weil sie aus der Gnade gefallen waren, anfällig für Krankheiten und Tod machten. Das ist die Substanz der Geschichte vom Sündenfall Adam und Evas, die vor ihrem Vergehen im Garten, unsterblich waren.

Wenn diese babylonischen Geschichten so alt sind wie sie erscheinen - und kein Gelehrter stellt ihr Alter infrage - ist es offensichtlich, dass sie in Babylon, 600-2000 Jahre vor dem Zeitpunkt bekannt waren, der Moses zugeordnet ist. Möglicherweise war Abraham mit ihnen vertraut bevor er von Ur nach Kanaan wanderte.

Abbildung 17: Die Versuchung von Adam. Von einer Babylonischen Tafel.

Es ist berichtet worden dass, als die Entdeckung dieser Sintflut-Geschichte zum ersten Mal angekündigt wurde, eine große religiöse Organisation sofort zu der Schlussfolgerung kam, dass sie die heutigen Kritiker, die die Geschichtlichkeit der Sintflut anzweifeln, für alle Zeiten verstummen lassen sollte. Studierte Priester wurden in aller Eile herbeigeschafft, um Kopien der Keilschrifttafeln zu machen, so dass die Bestätigung der biblischen Erzählung in aller Welt verkündet werden könne. Doch das Projekt wurde leise aufgegeben, als herausgefunden wurde, dass die Tafeln den mythischen Ursprung der biblischen Geschichte bestätigen.

Die Wiederherstellung dieser alten Aufzeichnungen und die Entdeckung, dass viele der "mosaischen Gesetze" aus dem Codex Hammurabi stammen, einige der Gesetze 2.000 Jahre vor der Zeit von Moses in Gebrauch, sind von den vielen anderen Erkenntnissen der modernen Forschung ergänzt worden. Diese Entdeckungen haben höhere Geistliche dazu gebracht, Theorien über den Ursprung und die Natur der Bibel zu verwerfen, die über die Jahrhunderte vehement verteidigt worden waren.

Die weitreichenden Auswirkungen dieses veränderten Blickwinkels werden deutlich, wenn man bedenkt, dass die Juden über 2500 Jahre lang glaubten, dass die ersten fünf Bücher der Bibel, Moses auf dem Berg Sinai gegeben wurden und dass zumindest ein Teil der Aufzeichnung mit Gottes eigener Hand geschrieben sei (Deut. 9:10). Laut Bibel-Chronologie geschah dies im Jahre 1510 vor Christus.

Da die Aufzeichnung direkt von Gott selbst kam, muss sie in jedem Wort, Buchstaben und Komma als perfekt akzeptiert werden. Die geringste Unvollkommenheit würde sie als ein Werk verurteilen, das nicht von Gott, sondern vom Mensch kam, und die Israeliten wurden vor den schrecklichen Folgen für diejenigen gewarnt, die den göttlichen Ursprung der Aufzeichnung in Frage stellen sollten. Als die christliche Kirche gegründet wurde, erkannten die frühen Kirchenväter den heiligen Charakter der jüdischen Aufzeichnungen an und deren Unfehlbarkeit wurde zu einem grundlegenden Gegenstand der Kirchenlehre [79].

---

[79] "Nichts kann zur der Autorität der Schrift als sicher angenommen werden, weil die Autorität größer ist als alle Macht des menschlichen Geistes." - Augustinus, *Kommentar zum Buch Genesis*.

"Es ist so wichtig, das Werk der Schöpfung zu verstehen. Wir sehen dass das Credo der Kirche dies als Ausgangspunkt nimmt. Wäre diese Schrift weggenommen, gäbe es keine Erbsünde, würde die Verheißung Christi erlöschen und alle lebenswichtige Kraft unserer Religion zerstört werden." - Peter Märtyrer.

"Das ganze Altertum informiert uns darüber, dass das Hebräisch, in dem das Alte Testament geschrieben wurde, der Anfang aller menschlichen Sprache war." - St. Jerome.

"Von allen Sprachen ist Hebräisch die erste und älteste; von allen ist sie allein rein und nicht gemischt; alles andere ist sehr vermischt denn es gibt keine, die nicht über ein Wort aus der hebräischen Sprache verfügt." - Conrad Griner, Schweizer Kleriker aus dem 16. Jahrhundert.

"Dieses Werk (Schöpfung) fand statt, und der Mensch wurde von der Dreifaltigkeit am 23. Oktober 4004 vor Christus um neun Uhr morgens erschaffen." Dr. John Lightfoot, 17. Jahrhundert, Vizekanzler der Universität von Cambridge.

"Wir müssen die Gesamtheit der inspirierten Originalschriften akzeptieren oder das ganze ablehnen", sagte Rev. E. Garbett in einer Predigt vor der Universität Oxford. "Die Grundlagen unseres Glaubens, die Grundlage unserer Hoffnung, alle die liebsten Tröstungen werden uns genommen, wenn eine Zeile dieses heiligen Buches, auf das wir alles basieren, unwahr ist, oder als nicht vertrauenswürdig erklärt wird." - Bischof Manchester, England, im Manchester Examiner und Times.

V. Sonnen- und Mondverehrung bei den Juden

Die Bemühungen der frühen Führer Israels, die Sonnen- und Mondkulte zu vernichten, gehören zu den längsten und bizarrsten Kämpfen in der Geschichte. Einzelheiten des Kampfes sind von besonderem Interesse für die Menschen der christlichen Länder, da die Religion der Juden, Grundstein der christlichen Religion wurde. Hätten die heidnischen Kulte triumphiert, wäre der ganze Verlauf der westlichen Zivilisation anders verlaufen.

Aber anzunehmen, dass alle Söhne Israels fest an Jahwe [80] glaubten und deshalb in ihrem Hass auf heidnische Kulte zusammengestanden hätten, ist von der Wahrheit weit entfernt. Die Bibel verdeutlicht die Tatsache, dass von der Mosaischen Periode an, eine beträchtliche Anzahl von Israeliten, die warmen, sinnlichen Riten des Baal und der Muttergöttin attraktiver fanden, als die kalte, strenge Verehrung Jahwes. Es gab Abtrünnige unter den Israeliten, während sie immer noch in der Wildnis umherwanderten [81].

Spätere Führer fanden es notwendig, ihre Anhänger immer wieder zu ermahnen, die Anbetung des Kamos (Schamasch), Baal, Moloch, Dagon, Venus, Milkom und Astarte, der Himmelskönigin, "die Hure Babylons", und ihre Götzen, Bilder, heiligen Haine und "Verehrungstätten" zu vermeiden. Das Buch der Richter, Chroniken und vor allem das Buch der Könige, sind voll von Berichten über den fortwährenden, bitteren und blutigen Kampf, die Ketzer auszurotten.

Moses hatte seinen Leuten versichert, dass sie von Jahwe "über alle Völker der Erde" [82] geschätzt wurden, wenn sie keinen anderen Gott als ihn verehrten. Er würde ihnen helfen, die Feinde zu überwinden und sie in ein Land von Milch und Honig führen. Aber viele waren nicht überzeugt. Sie räumten ein, dass sie ihre Feinde nicht vernichten könnten, weil diese stärker waren [83], oder eiserne Wagen hatten [84] und klagten über Jahwes Versagen ihnen zu helfen, die Bewohner verschiedener Teile Kanaans zu unterwerfen.

Viele der Israeliten scheinen Jahwe als einen bloßen Stammesgott betrachtet zu haben, mit höchster Macht über sie, jedoch machtlos gegen ihre Feinde. Ihre syrischen Nachbarn glaubten, dass Jahwe ein Berggott sei, der in den Hügeln regierte, jedoch in den Tälern wirkungslos war [85]. Der Glaube an eine höchste Gottheit, Herr aller Völker der Erde, war bis jetzt weit entfernt vom volkstümlichen Verständnis.

Mit Ausnahme der 40 Jahre unter der Herrschaft von König David, in der die Bemühungen von Samuel, die Menschen zu vereinen Erfolg hatte, gab es ständige "Rückfälle" der Männer und Frauen Israels, die Jahwe verließen, um die heidnischen Götter der Kanaaniter zu verehren [86].

---

[80] Der Name Jehovah ist eine Falschübersetzung des hebräischen Namens Jahweh oder Yahweh.
[81] *Exodus 32:4, Richter. 2:12, I Könige 11:33, Jer. 7:17,31, 44:15,17,23,25.*
[82] *Exod. 3:17, Deut. 14:2.*
[83] *Num. 13:31,33.*
[84] *I Richter. 1:19,27,29 to 34.*
[85] *I Könige 20:23,28.*
[86] "Und die Kinder Israels taten wieder Böses in den Augen des Herrn und dienten dem Baal und Astarte, und den Göttern Syriens und den Göttern Zidons und den Göttern Amons und den Göttern der Philister und versuchten den Herrn und dienten ihm nicht. "*Richter.* 10:6.

Es ist auch offensichtlich, dass trotz des erklärten Hasses der israelitischen Führer gegen alle Riten und Bräuche, die mit den heidnischen Kulten identifiziert wurden und insbesondere alles was babylonischen Ursprungs war, es bestimmte Ausnahmen gab. Obwohl uns der Exodus informiert, dass in den Gesetzen und Geboten die Moses seinem Volk gab, die Todesstrafe für Zauberer, Wahrsager, Beobachter der Zeit (Astrologen), Hexer, Geisterbeschwörer usw. vorgeschrieben wurde, die Durchsetzung dieser Gesetze alles andere als einheitlich war. Die Seiten des Alten Testaments enthalten viele Berichte über Geheimnisse, Wunder und Magie; aber anstatt die Exponenten der Prophetie und Magie mit Nachdruck auszurotten, wurden sie sehr oft hoch geehrt.

Alle Führer Israels befragten entweder Wahrsager oder Zauberer, wie die Prophetinnen Miriam [87], Deborah [88], Hulda [89], und die Hexe von Endor [90], oder sie praktizierten selbst Vorhersagen und Magie. Moses war der berühmteste Zauberer und Wahrsager von allen. Und Joseph hatte schon als Junge einen Ruf als "Offenbarer der Geheimnisse". Schon im Alter von 17 Jahren, erstaunte er den Pharao von Ägypten mit seinen Heldentaten der Prophezeiungen und Magie, weshalb er seine Tochter Potipheras, Priesterin von On, oberste Astrologin des Königs, zur Ehefrau bekam.

Schon früh wurden die Priester Israels mit Namen belegt, die sie als Astrologen oder "Teiler des Himmels" auswiesen. Es gab eine lose getroffene Unterscheidung zwischen wahren und falschen Propheten und zwischen priesterlichen Propheten und Laien-Propheten, aber die Differenzierung wurde nicht konsequent eingehalten, wie man in der Tatsache sehen kann, dass einige der anerkannten Propheten Frauen waren. In der Regel wurden diejenigen, die Prophezeiungen orthodox-religiösen Charakters machten, anerkannt, während diejenigen, die astrologische Horoskope und Wahrsagungen zu Profitzwecken machten, verurteilt wurden.

Ermutigt von Salomon und den vielen anderen sonnenverehrenden Königen, die König David folgten und dem anschließenden Zerfall der Monarchie, nahm die Verehrung der heidnischen Götter in einem alarmierenden Tempo zu. Der Bibelbericht für diesen Zeitraum sagt, "... für eine lange Zeit war Israel ohne den wahren Gott und ohne lehrende Priester und ohne Gesetz [91]." Die Menschen konsultierten Astrologen, Zauberer, Nekromanten, etc.; machten gegossene Bilder, verehrten "Sonne, Mond und Sterne und das ganze Heer des Himmels" und beteten Baal und Astarte an, "auf allen hohen Hügeln und unter jedem grünen Baum [92]."

Die Ausbreitung der heidnischen Kulte in allen Teilen Israels, wurde von alten Bräuchen über die Errichtung von Altären und dem Darbringen von Tieropfern erleichtert. Seit den Tagen Abrahams waren diese Handlungen religiöser Ehrerbietung, ausgeübte Rechte, nicht der Priester allein, sondern von allen Kindern Israels. Da die Gebräuche auf Präzedenzfällen basieren, festgelegt von Noah, Abraham, Isaak und Jakob und durch den ausdrücklichen Befehl von Moses, trugen sie die Vollmacht des heiligen Gesetzes [93]. Samuel hat zugegeben, dass er sowohl ein Prophet (Seher), als auch ein Anbeter an "Verehrungstätten" oder lokalen Schreinen war [94]. Die Bräuche herrschten zu Lebzeiten der großen Propheten Amos, Hosea,

---

[87] *Exod.* 15:20.
[88] *Richter.* 4:4.
[89] *II Chr.* 34:22.
[90] *I Sam.* 28:4,7.
[91] *II Chron.* 15:3.
[92] *II Könige* 17:9.
[93] *Exod.* 12:3, 21, 24; 20:24.
[94] *I Sam.* 99: 12,19,25 ; *I Könige* 18 : 30,35

Micha und Jesaja vor, jedoch wagte es keiner von ihnen, die Rechtmäßigkeit der lokalen Schreine in Frage zu stellen [95].

Aber das Recht eines jeden Sohnes Israels, Altäre einzurichten und Opfer zu bringen, wo immer er es wünschte, machte es auch für Abtrünnige einfach, ihre heidnischen Riten, ungesehen von den strengen, missbilligenden Augen der Priester auszuüben.

Durch die Tatsache, dass Palästina auf der Hauptkarawanenstraße zwischen Ägypten und Babylon lag, wurde der Kampf gegen die heidnischen Kulte noch schwieriger. Beide Länder genossen, wegen ihrer alten und reifen Kulturen hohes Ansehen. Außerdem besaßen sie großen Reichtum und militärische Macht, die Israel guten Grund hatte zu fürchten. Im Jahr 722 vor Chr., wurde Samaria, vom König von Babylon überfallen, der die "zehn verlorenen Stämme" in Gefangenschaft nahm. 685 v.Chr. griff Assyrien die Nordstaaten an und machte sie zu ihren Vasallen. Die Beziehungen zu Ägypten waren angespannt und es gab ständige Angst vor Krieg. Von Norden her fegten die Skythen nach Assyrien und nach einer atemberaubenden Niederlage gegen die Assyrer, marschierten sie nach Ägypten. Obwohl ihr Weg die Küste entlangführte und Palästina nicht belästigt wurde, rief die Gefahr einer Invasion der Skythen, in Israel Bestürzung hervor.

Die Führer der Juden waren mit der Möglichkeit konfrontiert, dass ihr Volk Mischehen mit den Kanaaniter eingingen und ihrer Führung allmählich entglitten: sie sahen auch die Gefahr vorher, dass die Menschen, kulturell und militärisch, durch ihre stärkeren Nachbarn im Norden, Süden und Osten absorbiert werden. Israel war somit zwischen den Backen eines riesigen Nussknackers, der die Vormachtstellung, wenn nicht die Existenz des Jahwenismus bedrohte. Wenn diese Gefahren überwunden werden sollten, müssten die Juden schnell zu einer Nation zusammengeschweißt werden; gründlich vereint durch Religion und Regierung und ganz von allen anderen Nationen abgesetzt, so dass ihre Identität als Volk, nie verloren gehen würde. In diesem kritischen Zeitraum wurde der junge König Josiah, offensichtlich von den Priestern getäuscht, in einen gewagten Akt der Betrügerei gezogen, der Teil eines Plans war, Israel von seinem Götzendienst zu säubern.

An einem Tag, 621 v.Chr., wurde dem König berichtet, dass Hilkija, der Hohepriester, im Tempel "das Buch der Gesetze" gefunden hatte, das seltsamerweise, seit der angeblichen Verbreitung von Moses, etwa 800 oder 900 Jahre zuvor, fehlte. Die Geschichte ist am besten in den Kapiteln 22. und 23. des zweiten Buches der Könige erzählt. Aber bevor mit den Ergebnissen dieser Entdeckung fortgefahren wird, ist eine Abschweifung notwendig, um von einer anderen wichtigen Entdeckung zu sprechen.

Während der Vorbereitung einer Diplomarbeit für die Universität Jena, im Jahre 1805, entschied William M. L. De Wette, dass "das Buch der Gesetze", von Hilkija gefunden, kein anderes war als das Buch Deuteronomium. Wenn Moses das Gesetzbuch in das Buch Exodus (2. Buch Moses) gestellt hatte, begründete De Wette, warum sollte er ein weiteres Buch des gleichen Themas schreiben, in dem er Gesetze wiedergibt, die in direktem Widerspruch zu denen im ersten Buch stehen. Doch im Exodus ist jedem Sohn Israels befohlen worden, Altäre einzurichten und Opfer darzubringen, während im Deuteronomium, die Einhaltung dieser Riten für alle, außer für die Priester, verboten war [96].

---

[95] Aber das Volk opferte in Verehrungsstätten, denn bis zu der Zeit gab es kein Haus das in dem Namen des Herrn gebaut wurde. *I Könige* 3:2.
Und der König ging nach Gibeon, um dort zu opfern; denn es war die bedeutendste Höhe: tausend Brandopfer opferte Salomon auf dem Altar. *I Kings* 3:4.
[96] *Deut.* 12:8,15.

Nach sorgfältiger Prüfung des Geistes und der Sprache des neuen Buchs, hat De Wette festgestellt, dass es besonders gut geeignet schien, mit der Situation, mit der Josiah konfrontiert war, umzugehen und in der Tat schien es nicht von Moses, sondern von einem viel späteren Autor geschrieben worden zu sein [97]. Weiterführende Untersuchungen durch heutige Experten haben die scharfen Folgerungen von De Wette vollkommen bestätigt. Heute ist es allgemein anerkannt, dass das Deuteronomium (wahrscheinlich in Babylon) während der Herrschaft von König Manasse oder König Josiah geschrieben wurde.

De Wette's Entdeckung warf nicht nur ein neues Licht auf das Deuteronomium, er machte es auch notwendig, die gesamte Geschichte des Lebens von Moses zu überdenken. Wissenschaftler wussten schon lange, dass viele Details aus dem Leben des großen Gesetzgebers, den Ereignissen in den Mythen des griechischen Gottes Bacchus, ähnlich waren. Wie Moses, wurde Bacchus in Ägypten geboren, in einem Korb schwimmend gefunden und hatte sowohl leibliche, als auch Pflegemütter. Wie Moses ließ er, durch Schläge mit seinem Stab, Wasser aus einem Stein strömen; wie Moses, trug er zwei Hörner auf dem Kopf: er wurde ein Gesetzgeber und schrieb seine Gesetze auf zwei Steintafeln. Moses vollbrachte Wunder mit Schlangen und Bacchus wurde immer mit Schlangen dargestellt. Moses schwenkte seinen Stab und ließ das Wasser des Roten Meeres zurückweichen und Bacchus tat das Gleiche mit dem Wasser des Flusses Orontes in Syrien und Hydaspes tat das Gleiche in Indien.

Es war immer schon eigenartig, dass die sogenannten Bücher Moses praktisch keine Informationen über die Kultur der Ägypter während der 400 Jahre geben, in denen die Kinder Israels in Ägypten gelebt haben sollen. Weder wird die ägyptische Leistung in Astronomie, Mathematik und Architektur erwähnt, noch sind die Pyramiden, die großen Monumente und Tempel in Theben und Karnak, in den Schriften erwähnt.

Ebenso ist es seltsam, dass das Buch Exodus die einzige Aufzeichnung ist, die wir von den Plagen des Moses und dem Abschlachten der Erstgeborenen der Ägypter haben. Krankheit, Leid und Tod durch diese Racheakte, hätten unter den Ägyptern jedoch eine so große Panik ausgelöst, dass es unvorstellbar ist, dass ägyptische Historiker sie nicht erwähnt hätten.

Obwohl die Tell-el-Amarna Tafeln viel Informationen über Kanaan, etwa zur Zeit des Exodus geben, machen sie keine Anspielungen auf die Juden in Ägypten oder auf die große Katastrophe, die von den Ereignissen vor ihrer Flucht verursacht wurden.

Bei ihrem Auszug aus Ägypten, sollen sich die Israeliten, vor den Augen der Ägypter, in der Nacht zum Roten Meer aufgemacht haben, wo auf Befehl Moses, das Wasser zurückwich und schwebend in der Luft blieb, bis die ganze Karawane durch das trockene Bett des Meeres gegangen war und in die Sicherheit des Ufers von Sinai entkommen konnte.

Die Ungeheuerlichkeit dieses Wunders kann besser gewürdigt werden, wenn man sich erinnert, dass der Nachwuchs der zweiundsiebzig Nachkommen Israels, die ursprünglich nach Ägypten ausgewandert sind, sich mit einer solch kaninchenartigen Schnelligkeit vermehrt hat, ihre Zahl sich etwa alle 30 Jahre verdoppelt hat, so dass, als der Exodus 400 Jahre später begann, die Nachkommen der ursprünglichen Gruppe, etwa 600.000 Menschen zählte; die Frauen, Kinder und Knechte, nicht mitgerechnet. Diese große Armee mit ihrem Vieh

---

[97] In 1679 beobachtet Spinoza, dass im Pentateuch bestimmten Städte und Orte Namen trugen, die ihnen, bis einige Jahrhunderte nach Moses, nicht gegeben wurden. Wiederholtes Auftreten von Ausdrücken wie "Der Herr sprach zu Moses" und "Moses sagte," usw., weisen auch darauf hin, dass das Pentateuch, nicht von Moses, sondern von einem anderen Autor, der über ihn berichtet, geschrieben wurde. Die Tatsache, dass das Buch Deuteronomium Tod und Begräbnis von Moses beschrieb, wurde als endgültiger Beweis der Theorie gesehen.

Für weitere Bezugnahme zur Urheberschaft der Bücher des Alten Testaments siehe *(Entwirren des Buches der Bücher) Unravelling the Book of Books*, Ernest Trattner 1931.

und ihren persönlichen Gegenständen, in orientalischer Art reisend, bildeten wahrscheinlich eine Karawane, die mehr als 300 km lang gewesen sein muss. Um die Flucht aus Ägypten, mit dieser Menge an Menschen zu ersinnen, dann das Wasser des Roten Meeres zurückzuhalten, bis alle von ihnen hindurch sind, wäre das Wunder der Wunder gewesen.

Die Schlussfolgerungen neuzeitlicher Autoritäten zum mythischen Charakter der bemerkenswerten Ereignisse im Leben des Moses und die Entdeckungen in Bezug auf die Urheberschaft des Deuteronomiums, wurden in der letzten Zeit, durch die Feststellung wichtiger Beweise für die Urheberschaft der sogenannten priesterlichen Gesetze, enthalten in anderen Bücher des Pentateuch, ergänzt. Die Ideen, die sie enthalten und die verwendete Sprache, ähnelt sehr den Schriften des Propheten Ezechiel, der 597 vor Chr., nach Babylon ins Exil geschickt wurde. Er wird jetzt allgemein als der geistige Vater aller priesterlichen Gesetze angesehen, obwohl sie wahrscheinlich von einer Gruppe von Exil-Priestern in Babylon, ungefähr 500 vor Chr., kompiliert wurden. Ezra brachte sie 444 v.Chr. nach Jerusalem. Ezra und Nehemia verkündeten sie dann den Menschen, in fast der gleichen Methode, die 200 Jahre früher verwendet worden war, das Deuteronomium auszurufen. Aber, lassen Sie uns nun zum Deuteronomium zurückkommen.

Als das Buch Deuteronomium Josiah gezeigt wurde, war er von der Erkenntnis erschüttert, dass seit Jahrhunderten sein Volk nicht von den "wahren" Gesetzen des Moses regiert wurde. Nach Rücksprache mit der Prophetin Hulda, versammelte er das ganze Volk im Tempel, las ihnen das lange verschollene Buch vor und erklärte, dass es von nun an, alle anderen Gesetzesbücher ersetzen würde.

Das neu gefundene Buch befahl allen Juden, die heidnischen Götter, Bräuche und Riten zu verlassen und nur noch Jahwe Ehrerbietung zu zollen. Die Todesstrafe wurde für Traumdeuter, Wahrsager, Beobachter der Zeit, Magier, Zauberer, Hexen, Geistesbeschwörern, usw. ausgesprochen. Priester der heidnischen Kulte sollten zu Tode gesteinigt werden; alle Bilder, Idole, Säulen, Haine, Verehrungsstätten und Altäre sollten zerstört werden. Dann wird ein Gesetzescode zur Verfügung gestellt, der das tägliche Leben der Menschen regelt, wobei bestimmte Teile der Satzung die Absicht hatten, von Ehe und gesellschaftlichem Verkehr zwischen den Juden und den Menschen unter denen sie lebten, für immer abzuschrecken.

Das neue Buch hat das Recht der Menschen, Opfer zu bringen und ihre eigenen Altäre aufzubauen, deutlich eingeschränkt. Diese alten Bräuche waren entstanden, als die Juden Nomadenstämme waren, und die neuen Gesetze berücksichtigten nun ihren geänderten Status als landwirtschaftliche Menschen. Danach war der Tempel in Jerusalem das einzige legitime Heiligtum Jahwes und es durfte nur durch den Zadok oder erblichen Priestern betreut werden. So wurde die Autorität der Priester, durch ein plötzliches, kluges Manövrieren, erheblich gestärkt. Lokale Schreine wurden für illegal erklärt, heidnische Kulte und Praktiken wurden verboten, eine Reihe sozialer Abgrenzungen zwischen den Juden und ihren heidnischen Nachbarn wurden gezogen. Somit wurde der Boden für eine durchgreifende Reform vorbereitet. Die Prophezeiung wurde diskreditiert und für illegal erklärt, und der Tag der großen Propheten, die zuvor eine wichtige Rolle in der Geschichte gespielt haben, war zu Ende.

Nach Verkündung der neuen Gesetze, ging Josiah über das Land, riss die Verehrungsstätten nieder und schnitt die heiligen Haine ab. Er zerstörte die Rösser und Wagen des Sonnengottes, die von den Königen von Judäa in den Vororten gehalten wurden [98]; er "riss die Häuser der Sodomiten ab, die am Haus des Herrn lagen, wo die Weiber für die Haine Wandbehänge wirkten[99]." "Und alle Priester der Höhen, die dort waren, schlachtete er auf den Altären und verbrannte Menschenknochen darauf. Dann kehrte er nach Jerusalem zurück. [100]." "Er tötete die Priester, die Weihrauch für die Sonne, den Mond und die Planeten und für alle Heerscharen (Sterne) im Himmel verbrannten [101]." Dann tötete er die Zauberer und die Arbeiter mit ähnlichem Geist, Astrologen, Wahrsager, Hexer, usw.

Auch Salomons Tempel wurde von Götzen und Bilder, denen lange erlaubt war, ihn zu verunreinigen, gesäubert. Während der Regierungszeit von König Manasse und anderen heidnischen Königen, die Josiah vorausgingen, wurden Baal und Astarte öffentlich im Tempel verehrt und die Verehrung von Jahwe war sekundär. Die Altäre, die König Manasse in den beiden Vorhöfen des Tempels gebaut hatte und die Gefäße, die zur Verehrung Baals genutzt wurden, die Haine und das Heer des Himmels durften, bis zu dem Augenblick im Heiligtum bleiben, als das Deuteronomium "entdeckt" wurde. Die Kampagne, die Josiah gegen die heidnische Kultstätte unmittelbar danach begonnen hatte, diente dem speziellen Zweck, die Befehle auszuführen, die angeblich von Moses, in dem neu gefundenen Buch, niedergelegt waren.

Bei der Betrachtung der Ursachen, die Josiah in eine solch plötzliche und gewalttätige Aktivität stürzte, ist es sehr wichtig, dass man sich vor Augen führt, dass andere Bücher des Pentateuch im Wesentlichen die gleichen Gesetze gegen heidnische Kultstätten und Praktiken enthalten, wie die, die im Deuteronomium zu finden sind. Die Bücher des Exodus und Leviticus geben wiederholt Warnungen vor schrecklichen Strafen wieder, die für die Verehrung der heidnischen Götter, Bilder und Götzen, für den Gottesdienst an Verehrungsstätten, dem Ausüben von Magie und Zauberei, für Beratungs-Hexer, Hexen usw., vorgeschrieben sind [102].

Wenn die Gesetze in diesen Büchern, Moses auf dem Berg Sinai gegeben wurden, hätten sie jedem Sohn Israels bekannt gewesen sein müssen, aber Josiah wusste nichts von ihnen, bis er das Buch Deuteronomium las. Die Priester, Richter und Könige, die Götzenbilder hatten, in Verehrungsstätten beteten und Hexen, Zauberer, usw. konsultierten, schienen nicht zu wissen, dass sie die Gesetze Moses verletzten.

Mehrere andere Abweichungen in den Aufzeichnungen benötigen ebenfalls Beachtung. Die Bücher der Richter, Samuel und Könige sollen fast 1000 Jahre jüdischer Geschichte abdecken, aber sie geben keinen Hinweis auf Jahwes Gespräche mit Moses; sie sagen nichts über die Wunder, die Moses in Ägypten vollbrachte, seine Passage durch das Rote Meer oder seinen Wanderungen in der Wildnis. Auch haben sie keine Anspielungen auf die Geschichten der Genesis, der Schöpfung, Adam und Eva und der Sintflut gemacht. Obwohl die Namen von Abraham, Isaak, Jakob und Moses ein paar Mal erwähnt sind, ist nichts über ihr Leben bekannt und sie werden behandelt, als ob sie nur dunkle, legendäre Figuren wären.

Auf fast jeder Seite der Bücher Amos, Hosea, Micha und Jesaja klagen die großen Propheten darüber, dass ihre Leute Jahwe verlassen haben um Baal, Astarte und das Heer des Himmels anzubeten. Sie warnen wiederholt vor schrecklichen Strafen, die diejenigen erwar-

---

[98] *II Könige* 23:11.
[99] *Ibid*, 23:7.
[100] *Ibid*, 23:20.
[101] *Ibid*, 23:5.
[102] *Exod.* 20:3,4; 34:12 to 17; 23:24 to 33. *Lev.* 17:7; 19:4,31; 20:2 to 6; 20:27; 26:1: 26:15 to 46.

tet, die heidnische Götter verehren, aber zu keinem Zeitpunkt beziehen sie sich auf Moses, als ihre Autorität für diese Warnungen.

Es wird jetzt allgemein von Bibelexperten eingeräumt, dass die Legenden und historischen Aufzeichnungen im Pentateuch, im siebten Jahrhundert, möglicherweise nicht mehr als 100 Jahre vor dem Deuteronomium, in schriftliche Form gebracht wurden. Danach wurden, bis zum 4. oder 3. Jahrhundert, Änderungen und Ergänzungen in den Büchern gemacht. Offenbar war das jüdische Volk durch die Befehle in Genesis, Exodus, Levitikus und Numeri nicht hinreichend beeindruckt und es wurde für die Priester notwendig, ein neues Buch (Deuteronomium) vorzubereiten, in klarer und viel deutlicher Sprache geschrieben, das heißt, die neue Arbeit setzt mehr "Biss" in die Gesetze. Dann wurde den Menschen das neue Buch mit sehr dramatischen Fanfaren vorgestellt. Dies wurde sofort von einem wilden Aderlass gefolgt, der darauf ausgelegt war, so viel Angst in den Köpfen der Menschen zu installieren, dass sie es nicht wagen würden, die Verehrung der heidnischen Götter weiter zu verfolgen.

De Wette behauptet, dass der Grund, warum bestimmte Gesetze im Deuteronomium, anderen Gesetzen in anderen Bücher des Pentateuch widerspricht ist, weil das Deuteronomium zu einem späteren Zeitpunkt geschrieben wurde, um Zuständen gerecht zu werden, die noch nicht bestanden, als die anderen Bücher geschrieben wurden. Aber in seinem Bemühen, die Mosaische Urheberschaft des Deuteronomium zu widerlegen, versagte er darin festzustellen, dass es genauso viel Grund gibt, die Echtheit aller anderen so genannter Bücher Moses anzuzweifeln.

Trotz des erfolgreichen Beginns der rücksichtslosen Kampagne des jungen Königs, die Verehrung der heidnischen Götter durch Gewalt zu beseitigen, verpuffte der größte Teil seiner Wirkung durch eine Reihe von tragischen Ereignissen, die einige der dunkelsten Seiten in der Geschichte Israels hervorbrachten. Im Jahr 608 v.Chr. begleitete Josiah die Assyrer in einem Krieg gegen den Pharao von Ägypten und wurde in Syrien getötet. Zehn Jahre später attackierte der assyrische König Nebukadnezar Jerusalem, plünderte die Schätze des Tempels und nahm König Jojachin, seine Frauen, seinen Hof und zehntausend Soldaten und Handwerker als Gefangene mit nach Babylon.

Dieser schwere Schlag ließ die Israeliten benommen und vom Terror heimgesucht zurück. Ihre Trauer bezog sich jedoch, vielleicht eher auf ihre moralische Niederlage, als ihr militärisches Debakel. Das Versprechen, dass sie zu den Höchsten, gegenüber allen anderen, gemacht werden sollten, war der Schlüsselstein in ihrem ewigen Bund mit Jahwe, feierlich durch den Ritus der Beschneidung bestätigt. Jetzt, in einer Zeit der schweren Gefahr, war seine Hilfe nicht gegeben.

Aber in Wahrheit wurden die gravierenden Schwächen in ihrer religiösen Struktur, über einen langen Zeitraum, immer offensichtlicher. Das Versagen ihre Nachbarn in Palästina, nach mehreren Jahrhunderten ständiger Kriegsführung zu unterwerfen und ihre Unfähigkeit, die katastrophalen Invasionen der Babylonier und Ägypter zu verhindern, hatte bereits einen Schatten des Zweifels auf ihren Glauben geworfen, dass sie unter dem besonderen Schutz von Jahwe stünden.

Bereits im achten Jahrhundert, scheinen einige der Propheten die Sinnlosigkeit erkannt zu haben, den engen, traditionellen Glauben zu pflegen, dass Jahwe sich für niemand anderen als die Juden interessiert. Zuerst verkündet Amos Jahwe als Vergötterung der Liebe und der Gerechtigkeit, der oberste Herrscher, nicht der Juden allein, sondern aller Menschen auf der Erde. Jesaja, Hosea und Micha sprachen in ähnlichem Geist und das Buch Jesaja (26:19,21) selbst, kündigt das Kommen eines Messias, der Schaffung eines neuen Himmels und der Erde, nach der Verurteilung und der Zerstörung des Bösen, an [103].

Dem ursprünglichen Glauben der früheren Tage nach, war Jahwe eine doppelte Persönlichkeit, die Kombination der guten und bösen Natur. Wiederholt spricht die Bibel von ihm als eifersüchtig, zornig, schrecklich, und rachsüchtig [104]; er praktiziert Täuschung und Tricks im Auftrag der Juden und sendet zerstörende Engel oder seinen bösen Geist gegen diejenigen, die er vernichten will [105].

Das neue Konzept der Propheten gab Jahwe einen hohen, universellen Charakter, der in dem ehemaligen, nationalistischen Konzept vollständig fehlte, aber aus der Schrift ist nicht ersichtlich, dass die Menschen schnell auf sie reagierten, oder es sogar verständlich fanden. In erster Linie war die Version der Propheten, eines universellen Gottes der Liebe und Gerechtigkeit, in direktem Widerspruch zu jeder Prämisse auf denen ihre Religion gegründet wurde. Wenn das, was die Propheten gesagt haben wahr wäre, könnte es nur bedeuten, dass Jahwe seinen Bund mit ihnen zurückgewiesen hatte, oder dass es einen solchen Pakt nie gegeben hat und dass alle Ansprüche und Versprechungen der Patriarchen, Propheten und Führer, von Abraham bis Jesaja, ein grausamer Betrug des Volkes waren.

Nachdem ihnen und ihren Vorfahren seit Jahrhunderten eingetrichtert wurde, dass Jahwe schrecklich und rachsüchtig war, wurden sie nun aufgefordert zu glauben, dass er die Liebe und Rechtschaffenheit vertrete. Nachdem man sie aufgefordert hatte zu glauben, dass er sich nur um die Juden kümmert, waren sie nun aufgefordert zu glauben, dass er ihre Feinde so sehr liebt, wie er sie geliebt hat, selbst die Nationen, die andere Götter angebetet haben und nichts von Jahwe wussten.

Aber einige Propheten glauben weiterhin, dass Jahwe sich nur für die Juden interessiert, und erst im siebten und sechsten Jahrhundert, freuen sich einige von ihnen auf einen Tag des Gerichts, wonach Jerusalem das Zentrum von Jahwes Reich auf Erden sein würde. Einige Propheten machten geltend, das kommende Gericht wäre für die Juden allein, während andere voraussagten, dass Nicht-Juden entweder vernichtet werden, oder gezwungen wären sich vor Israel zu verbeugen und ihm zu dienen [106].

Aus Beweisen, dargelegt in den Büchern der Könige, ist es offensichtlich, dass die große Wende von Jahwe, die in dieser Zeit, hin zu den heidnischen Göttern stattgefunden hat und welche Josiah's Reform zu überwinden versuchte, zum großen Teil der Verwirrung, Fassungslosigkeit und dem Mangel an Vertrauen in Jahwe zuzuschreiben war, die die revolutionären Lehren der Propheten in den Köpfen der Menschen hervorgebracht hatten.

---

[103] Die Urheberschaft und das Datum der Vorhersage eines kommenden Gerichts kann nicht mit Sicherheit gegeben werden. Cheyne' Enzyklopädie Biblica legt sie auf etwa 334 vor Chr. Ältere Theorien schreiben das ganze Buch Jesaja dem achten Jahrhundert zu, aber Teile davon beziehen sich auf Ereignisse, die erst im 2. Jahrhundert eintraten, und moderne Autoritäten räumen ein, dass das meiste der Arbeit der Autoren, von einem viel späteren Zeitpunkt stammt, mit nur einem kleinen Teil des Buches von Jesaja. "Kapitel 40-66 haben keinen Titel und erheben keinen Anspruch von Jesaja abzustammen. Kapitel 40 bis 48 beschreiben die Herrschaft von Jerusalem und das Exil als bereits stattgefunden..." - *Enc. Rel. & Eth.*, Artikel, Jesaja.

[104] Er (Gott) ist ein Kaufmann; die Balance der Täuschung ist in seiner Hand; er liebt es zu unterdrücken. *Hos.* 12:7.

[105] Der böse Geist des Herrn kam über Saul. *I Saml.* 18:10. Der Herr sandte einen Lügengeist. *I Könige* 22:22.
Ich mache Frieden und schaffe Unheil: Ich, der Herr, tue all solches. *Isa.* 42: 7.
Sandte Gott einen bösen Geist zwischen Abimelech und die Bürger von Sichem. *Jud.* 9.23.
Siehe, ein böser Geist von Gott ängstigt dich. *I Saml.* 16.14.

[106] *Hos.* 3:5, *Mic.* 5:3, *Is.* 9:1,6, 8:23, 9:5, 11:1,8, *Mic.* 5:24, *Is.* 60:10, 12, 14, *Zech.* 8:15, *Joel* 3:4, 1:6.

Ihre Haltung gegenüber Jahwe, nach Nebukadnezar's Invasion, wird durch Jeremias enthüllt, der sie davor gewarnt hatte, dass die Demütigung (wegen der Invasion) darin begründet lag, dass sie Jahwe den Rücken gekehrt hätten und er erinnerte sie daran, dass sie immer noch ihre heidnischen Riten praktizieren und "Kinder Holz schlugen und Väter Feuer entfachen und Frauen den Teig für andere Götter kneten [107]."

Als Jeremias sie warnte, dass sie nicht erwarten dürften, dass Jahwe ihnen hilft über die Babylonier zu siegen, nur weil sie Juden waren und dass sie seine Hilfe durch ihre Gerechtigkeit verdienen müssen, wurde er als Parteigänger von Babylon angeprangert, in einen Kerker geworfen und entkam nur knapp dem Tod.

Als er sich an diejenigen wandte, die Assyrien durch die Flucht nach Ägypten entkamen und sie aufforderte, zu Jahwe zurückzukehren, begrüßten sie seine Bitten mit Verachtung und sagten ihm, dass wenn sie Kuchen backen, Weihrauch verbrennen und Trankopfer an die Königin des Himmels vergossen, sie glücklich und wohlhabend waren, aber als sie mit dieser Verehrung aufhörten, "haben wir alles gewollt und sind durch das Schwert und durch den Hunger aufgerieben worden [108]."

In seinem Exil in Babylon beklagte Ezechiel auch seine früheren Tage in Jerusalem und sagte, "dann brachte er (Gott) mich zum Eingang des Hauses des Herrn, das in Richtung Norden war und siehe, da saßen Frauen, Tammuz beweinend" und an der Tür des Tempels, zwischen der Halle und dem Altar, da "waren ungefähr fünfundzwanzig Männer mit dem Rücken zum Tempel des Herrn, ihre Gesichter nach Osten gerichtet und sie verehrten die Sonne [109]."

586 vor Chr. griff Nebukadnezar Jerusalem wieder an, riss die Mauern ein, brandschatzte die heilige Stadt und hinterließ sie als einen trostlosen Trümmerhaufen. König Zedekia wurde gefangen genommen, seine Augen wurden ihm geraubt, und die würdigsten Einwohner der Stadt wurden nach Babylon geschleppt. Diesmal sorgte Nebukadnezar dafür, dass die Zerstörung der Stadt so gründlich war, dass sie keine Gefahr mehr darstellte je wieder aufzusteigen.

Seit Jahrhunderten hatten die Propheten gegen die Abscheu der stolzen und mächtigen Stadt am Euphrat gewettert. Jetzt, nach einer ironischen Wendung des Schicksals, wurden die Bewohner von Jerusalem gezwungen, als Gefangene, durch mehr als 1200 Kilometer Wüste, in dieses Zentrum der Ungerechtigkeit zu marschieren.

Als die Gefangenen Babylon erreichten, wurde die alte Stadt vielen Veränderungen unterzogen. Obwohl immer noch das intellektuelle und politische Zentrum Süd-West Asiens, war die Hauptstadt auf dem Weg des Verfalls. Die Nationale Einheit war angespannt und durch schnelle politische und religiöse Veränderungen, nach einer Reihe von zerstörerischen Kriegen geschwächt, die die Assyrer an die Macht gebracht hatte. Fünfzig Jahre später würde Babylon für immer aufhören, als unabhängige Nation zu existieren.

Die große Zunahme des Wissens in der Astronomie, in den vorangegangenen Jahrhunderten, hatte auch nach und nach den starken Einfluss der Astrologen-Priester untergraben, und das Volk verlor den Glauben an Götter, denen seit den Anfängen der Geschichte gehuldigt wurde. Innerhalb weniger Jahre wurde die Situation, durch die Eroberung der Stadt durch die Perser, die ihnen die indisch-persische Religion des Zoroaster (Zarathustra) brach-

---

[107] *Jer.* 7:18.
[108] *Jer.* 44:15,18. *Ezek.* 9:14, 9:16. Also see *Amos* 5:26. *Acts* 7:24. *Jer.* 8:2; 7:13,21;44:17,18,19,23,25.
[109] *Ezek.* 8:14,16.

te, noch weiter verwirrt. Die Vorherrschaft der alten Götter wurde damit noch weiter herausgefordert. (siehe: V. ZOROASTRISMUS, S. 286.)

In der vergleichsweise liberalen, weltoffenen Atmosphäre von Babylon, mit seinen Mischungen aus orientalischer Philosophie und Mystik, absorbierten die Juden viele neue Theorien, die die Lücken in ihren theologischen Spekulationen verstärkten und füllten. Die Zoroastrier hatten nicht nur, wie die Juden selbst, eine oberste Gottheit die sie verehrten, sie hatten auch ein höher entwickeltes, religiöses System, das in seinen Lehren, den Glauben an die Existenz einer Seele, einen freien Willen, einen Vermittler, einen Jungfrau-geborenen Retter, Himmel und Hölle, Fegefeuer, Engel, Teufel, ein Tag der endgültigen Auferstehung und des Gerichts, sowie Taufe und Katechismen, enthält.

Ein weiterer, wesentlicher Unterschied zwischen der Religion der Juden und der Perser war, dass diese Religion besorgter um den Einzelnen war, während das Judentum, vor allem in seiner älteren Form, sich lediglich auf eine Zeit freute, in der alle ihre nationalen Feinde vernichtet sind, wenn Israel als Herrscher der ganzen Welt anerkannt wird und ein ewiges Reich des Friedens und des Wohlstands eintritt. Nur um das Wohl der Nation als Ganzes besorgt, verschwendete seine Geschichte, seine Psalmen und die sogenannten Gesetze Moses, keinen Gedanken an individuelle Unsterblichkeit und Auferstehung. Die einzige Strafe für den Einzelnen gab es während seines Lebens auf der Erde, in Form von Armut, Krankheit oder Hunger und für den Ungehorsam Jahwe gegenüber.

Trotz der Enttäuschung Jahwes über die Kinder, die er geschaffen hatte, steht es nirgendwo im Pentateuch, dass er entweder Adam, Noah, Abraham oder Moses jemals vor dem Ende der gegenwärtigen Welt oder einem Tag der Auferstehung und vor der Strafe für die Bösen gewarnt hätte. Beim Fall von Adam und Eva wurde nicht der Teufel, sondern eine Schlange angeklagt. Die Geschichten über diese Charaktere sind wahrscheinlich vor dem Glauben an die Existenz von Himmel, Hölle und Teufel in ihrer Religionsphilosophie, Teil der heiligen, jüdischen Literatur geworden.

Die Zoroastrier jedoch stellen sich vor, dass alle weltlichen Aktivitäten das Ergebnis des ewigen Kampfes, zwischen den Kräften der Dunkelheit und denen des Lichtes sind. Ahura Mazda wurde alles zugeschrieben, was gut war und für den Menschen von Vorteil und seinem Bruder Ahriman, Fürst der Finsternis, wurde alles zugeschrieben, was böse oder schädlich war. In der letzten Zeit, vor dem Ende der Welt, würde Ahura über Ahriman triumphieren; dann würde die Auferstehung und das Reich des Friedens und des Glücks auf der Erde kommen.

Die Verzweiflung, in die sie durch die Gefangenschaft gestürzt wurden, hatte die Juden besonders anfällig für Dogmen gemacht, die in einer Weise interpretiert wurden, dass sie ihnen helfen würde, den alten Traum von einem Tag am Leben zu halten, an dem ihre Nation über alle herrschen würde. Als die Exilanten in Babylon daher mit der zoroastrischen Philosophie vertraut wurden, waren sie tief beeindruckt. Ihnen konnte auch nicht entgehen, dass sie, durch das Ausborgen bestimmter Vorstellungen der neuen Religion, in der Lage wären, einige Schwachstellen in ihren eigenen auszubügeln.

Wenn Jahwe alle Menschen liebte, warum wurde das Leben auf der Erde mit unzähligen, schrecklichen Ungleichheiten und Ungerechtigkeiten behaftet? Warum machte er, dass einige Männer taub, stumm, blind, fehlerhaft oder geistig behindert, geboren werden? Wenn er perfekt war, wie konnte er einen unvollkommene Menschen oder eine unvollkommene Welt schaffen? Warum hat er Insekten und Ungeziefer gemacht, um seine Kinder, die er liebte, damit zu plagen? Warum trifft Armut, Überschwemmungen, Hungersnöte und Krankheiten, willkürlich die Gerechten und Ungerechten gleichermaßen [110]?

Zoroastrismus vermied peinliche Fragen dieser Art, durch die Ernennung getrennter Gottheiten für Gut und Böse, durch die Aussicht auf einen künftigen Tag des Gerichts und die Auferstehung, wenn alle Ungerechtigkeiten und Missgeschicke des irdischen Lebens, durch ein Leben im Himmel für die Guten, und durch Strafe in der Hölle für die Schlechten, ausgeglichen würde. Ahura Mazda, der Gott der Gerechtigkeit, war weiter von jeglicher Verantwortung für das Böse, durch die Doktrin des freien Willens, die jedes Individuum für seine eigenen schlechten Taten zur Verantwortung zog, befreit.

Diese Ideen begannen schnell die Gunst der jüdischen Führer zu finden und weitreichende Änderungen entwickelten sich langsam in ihrer Theologie. Abtrünnige und Zweifler wurden weiterhin gewarnt, dass Jahwe ein schrecklicher Gott der Eifersucht und Rache ist, aber zunehmend mehr Nachdruck wurde auf seine Rolle als freundlicher Vater gelegt, an den sich die Müden, die Kranken und die Unterdrückten wenden können, um Hilfe und Trost zu bekommen. Diejenigen, die keine Linderung ihrer Schmerzen und Schwierigkeiten in dieser Welt finden, konnten immer noch auf Ruhe und Glückseligkeit in der kommenden Welt hoffen.

Schließlich wurden Deva und Shaitan [111], die persischen Namen für die Ursache des Bösen, von den Juden in Teufel und Shatan (Satan) umbenannt und Truppen von Engeln und Teufeln nahmen ihre Aufgaben auf. Die Annahme des Teufels als Ursache des Bösen überwand einige der Widersprüche in ihrer älteren Theologie, aber die Methode, mit der die Juden den Fürsten der Finsternis auf ihre Religion adaptierten, fügte ein paar neue und tödliche Unschlüssigkeiten hinzu. Satan wird in der Schrift, in einer ungezwungenen Art und Weise vorgestellt, ohne dass je der Versuch unternommen worden wäre, den Glauben an seine Existenz zu rationalisieren oder ihn in das religiöse System zu integrieren. Es wird keine Erklärung zu der Zeit oder der Art seiner Herkunft oder seiner Beziehung zu Jahwe gegeben, und lässt so das Buch Genesis, als die einzige Informationsquelle zu diesem Thema, zurück. Und, da es in der Genesis heißt, dass Jahwe allein vor der Schöpfung existierte, muss davon ausgegangen werden, dass er den Teufel, bei der Schöpfung des Universums, oder später kreiert hat [112]. Auf dieser Basis jedoch, liegt die eigentliche Verantwortung, für die Schaffung des Bösen, bei Jahwe. Auf der anderen Seite, wenn der Teufel nicht von Jahwe geschaffen wurde, das heißt, wenn er unabhängig entstanden wäre, oder wenn Jahwe ihn nicht an die Kandare nehmen oder ihn vernichten könnte, dann kann Jahwe nicht allmächtig sein, und die universelle Vorstellung von ihm kann nicht aufrechterhalten werden.

Als König Cyrus den Juden erlaubte, nach Jerusalem zurückzukehren, hielt die Verehrung der Fruchtbarkeits-Götter noch weiter an und 444 vor Chr., verkündet Nehemiah neue Gesetze, um diese auszumerzen. Noch in der makkabäischen Periode (165 bis 135 vor Christus)

---

[110] Dinge kommen gleichermaßen zu allen: zu den Gerechten wie den Gottlosen, den Guten und Reinen wie den Unreinen, dem der opfert, wie zu dem der nicht opfert; wie es dem Guten geht, so geht's auch dem Sünder; wie es dem, der schwört, geht, so geht's auch dem, der den Eid fürchtet. *Pred.* 9:2.

[111] *II Könige* 19:22, *Zech.* 3:1 und *Job* 1:1, 8:6,12 und 2:1,4.

[112] Rabbinische Literatur erwähnt auch Lilith (Plural, Lilin) als Quelle allen Übels. Sie wird entweder als Sirene mit langen Haaren oder als Nacht-Monster dargestellt, die Menschen mit bösen Nachtträumen verführt und diese Verbindung bringt Teufel, Geister und böse Kreaturen hervor. Das Wort wurde vermutlich aus dem babylonischen Dämon lilatu, die die Juden in Babylon als Göttin der Nacht oder als Göttin des Stroms verehrten, abgeleitet. *Isa.* 14: 2,3, 34:14 und *Zec.* 5:9 beziehen sich wahrscheinlich auf Lilith. Laut Überlieferung, im Mittelalter verbreitet, gebar Eva, schon 130 Jahre vor ihrer Vereinigung mit Adam, Dämonen für männliche Geister. Eine andere Version macht Lilith zur ersten Frau Adams.

hatten viele Juden heidnische Götzen und trugen Amulette mit heidnischen Götterbildern. Es wird erzählt, als Judas Makkabäus und seine Truppe hinausgingen, um ein paar tote Soldaten zu begraben, bei jedem von ihnen, unter den Mänteln versteckt, kleine Bilder heidnischer Götter gefunden wurden. Dies waren kleinere Manifestationen und die Verehrung von Baal und der Königin des Himmels waren fast vorbei. Zu dieser Zeit, entwickelten sich neue Ideen und Probleme, die die Gemüter der Menschen spalteten.

Um 135 v.Chr. wurden die Juden in Kriegsparteien geteilt und bevor der Frieden wiederhergestellt war, sind mehr als fünftausend Menschen getötet worden. Auf der einen Seite gab es die erbliche Priesterschaft oder die Sadduzäer, die das ältere Judentum repräsentierten. Sie akzeptierten nur die Bücher Moses und ärgerten sich über das Eindringen neuer Ideen in die nationale Religion. Auf der anderen Seite gab es die Laienpriester und Pharisäer. Sie verteidigten die neue Doktrin eines zukünftigen Lebens, Himmel und Hölle, eine Auferstehung nach dem Tod, und einen Tag des endgültigen Urteils. Zoroastrischer Einfluss wurde auch in einer Welle pharisäischer Spekulationen über das Kommen eines Messias reflektiert.

Bis zum Ende des Jahrhunderts, wurde das Ende und die Erneuerung der Welt, ein akzeptierter Glaube bei den Pharisäern und wurde zum Beginn der christlichen Zeitrechnung, von praktisch allen Juden akzeptiert. Dann, um für die neuen Überzeugungen eine Rechtfertigung in der Heiligen Schrift zu finden, entwickelten die Rabbiner, durch Dehnen und Verdrehen der Bedeutung von Wörtern, neue Interpretationen für obskure Stellen. Später wurden in der rabbinischen Literatur sogar die Sadduzäer immer wieder dafür getadelt, dass sie bestritten, dass Unsterblichkeit und Auferstehung in den Büchern Mose erwähnt wurden.

Als Folge der Adaption des Glaubens an den Teufel, als die Ursache des Bösen, gab es eine große Zunahme von Magie und Dämonismus, und diese Themen setzten sich als Auffälligkeiten in der jüdischen Literatur, für mehrere Jahrhunderte fort. Halluzinationen, Hexerei, Zauberei, Epilepsie, Blindheit, Fieber, tatsächlich jedes menschliche Leiden und Unglück wurde dem Teufel zugeordnet. Es wurde gedacht, dass dessen böser Geist, von der betroffenen Person Besitz ergriffen hat. Diese Entwicklung brachte Wunderheiler hervor, und wundertätige Heilige entstanden, die angeblich in der Lage waren, den Teufel auszutreiben, Blindheit zu heilen, die Kranken zu heilen, Tote aufzuwecken, und vielerlei Wunder zu vollbringen. (In diese Atmosphäre wurde das Christentum hineingeboren, praktisch durch Magie und Dämonie, bis weit ins Mittelalter, dominiert. Auch heute noch scheinen sie weiterhin, eine wichtige Phase des christlichen Glaubens zu sein).

Im Jahre 70 zerstörten die Römer Jerusalem und zerstreuten die Bevölkerung. Die Angst, dass die Zerstreuung der Juden über die ganze Erde, zum Verlust ihrer alten Aufzeichnungen führen könnte, führte zur Gründung eines Rates der Rabbiner, der sich in Jamnia, zu Beginn des 2. Jahrhunderts, traf. Zweck war die Kodifizierung der heiligen Aufzeichnungen, um ihnen so eine dauerhafte Form zu geben. Der Rat hat entschieden, dass "göttliche Inspiration" in der Zeit von Esra und Nehemia aufgehört hat; daher wurden alle späteren Schriften ausgeschlossen und die Akten wurden für alle Zeiten geschlossen. Seitdem ist sie im Wesentlichen in der Form geblieben, in der wir sie heute kennen. Somit erreichte die jüdische Anbetung Jahwes, zu einer Zeit, die ungefähr mit der Geburt des Christentums einherging, seine endgültige Form. Der lange Kampf, die alte babylonische Verehrung der Götter, Sonne, Mond und Sterne zu zerstören, hat mit der Annahme einer neuen Theologie und Eschatologie geendet, die schließlich zum allgemeinen Gedankengut der gesamten westlichen Welt wurde.

VI: Sonnengötter und andere

Als die ursprünglichen Stämme sich schrittweise der Landwirtschaft zuwandten, gaben sie ihr Nomadendasein als wandernde Jäger und Hirten auf und siedelten sich in Gruppen einfacher Hütten an, die im Laufe der Zeit zu Städten anwuchsen. Mit der wachsenden Bedeutung der Landwirtschaft, als Quelle ihrer Versorgung mit Lebensmitteln, wurden sie sich bewusst, dass es die befruchtende Macht, nicht des Mondes, sondern der Sonne war, die die Kräfte, die auf ihr Leben einwirkten, kontrollierte. Dies führte zum Beginn der Sonnenverehrung.

Die Kraft der Sonne zeigte sich nicht nur im Wechsel der Jahreszeiten und den jährlichen Phasen des Pflanzenwachstums, sondern ihr freundlicher oder unfreundlicher Einfluss wurde auch in Zeiten von Dürre und Regen, sowie in den regelmäßigen Überschwemmungen der Flüsse gesehen. Die meisten der frühesten Hochkulturen, entwickelten sich in den reichen, angeschwemmten Tälern großer Flüsse; eine genaue Kenntnis der jährlichen Überschwemmungen, die Feuchtigkeit und Ablagerungen von Erde in die Niederungen bringen, war von besonderer Bedeutung. In Ägypten, wo der Anbau von Getreide vollkommen abhängig vom Hochwasser war, wurde das neue Jahr von der Sommersonnenwende an gerechnet, die den jährlichen Anstieg des Nils markiert.

Während die Berechnung der Mondperioden lediglich erforderte, dass man in der Lage ist, die Nächte des Mondes an seinen zehn Fingern abzuzählen, machten die Bedürfnisse der Landwirtschaft es notwendig, Zeit in viel längeren Zeiträumen zu rechnen. Sowohl die Entwicklung der Landwirtschaft, als auch die Nutzung der Sonnenzeit, hingen daher von der Fähigkeit der Menschen ab und fiel vielleicht gleichzeitig damit zusammen, zu lernen, die Tage eines ganzen Jahres zu zählen.

Das Wissen über das 365 Tage umfassende Sonnenjahr erscheint in den ältesten ägyptischen Aufzeichnungen. Es scheint die Grundlage für den von den Ägyptern schon 4000 oder 5000 vor Chr. verwendeten Kalender zu sein. Zum Ende eines 360-Tage-Tierkreisjahres fügten sie 5 Schalttage hinzu, die als Geburtstage der Götter Osiris, Isis, Horus, Typhon und Nephthys gefeiert wurden. Im siebten Jahrhundert vor Christus nahm Thales das Wissen über das 365-Tage-Jahr mit nach Griechenland.

Obwohl die Babylonier scheinbar das 365-Tage-Jahr nicht so früh wie die Ägypter genutzt haben, wurde der Wechsel von Mond- zu Sonnenzeit, in der Regierungszeit von König Sargon, auf einer Tontafel aus der Zeit um 2850 vor Christus festgehalten (einige Autoritäten sagen, 3700 vor Chr.), während man denkt, dass die älteste Erwähnung des Sonnengottes Schamasch, auf etwa 4200 vor Chr. datiert wird.

Die Babylonier, fügten ihrem 360-Tage-Jahr einmal alle 5 bis 6 Jahre einen Schaltmonat hinzu. Sie beobachteten die Sonnenwenden und Tag-Nachtgleichen, die das Jahr in Jahreszeiten unterteilt, unterschieden die Planeten von den Fixsternen und kartierten die Bewegungen und Zyklen von Merkur, Venus, Jupiter, Mars und Saturn mit erstaunlicher Genauigkeit. Ihre Theorien über die Natur und Bewegungen der Planeten bildeten einen wichtigen Teil ihres Systems der Astrologie, von denen noch die Rede sein wird.

Die Chinesen kannten die genaue oder nahezu genaue Anzahl der Tage im Jahr und hatte einen Weg Sonnenwenden und Tag-Nachtgleichen schon in der Zeit des Kaisers Yaou, 2356 vor Chr. zu bestimmen. Sie hatten auch ein Schalttag-System und einige Instrumente zur Beobachtung des Himmels. Darüber hinaus hatten sie Kenntnis von den fünf Planeten, den 12 Tierkreiszeichen und wahrscheinlich von den 28 stellaren Aufteilungen.

Im babylonischen Zeit-System wurde der Tag in 12 Doppelstunden geteilt und die Doppelstunde wurde in 60 Minuten unterteilt. Die Zeiteinheit entsprach ungefähr 2 Minuten unserer Zeit und der Zeit, die die Sonne brauchte, um einen Raum am Himmel zu durchqueren, der gleich ihrem scheinbaren Durchmesser ist. Vier Minuten unserer Zeit (1/360. Teil eines Tages) war die geschätzte Zeit, die ein durchschnittlicher Wanderer brauchte, um 360 Doppel-Ellen abzudecken, und ein großer Kasbu (21.600 Ellen) dauerte 4 Stunden oder die Länge einer Nachtwache [113].

Dies war die Grundlage des babylonischen Verfahrens mit 60 zu rechnen (1/6 von 360), was die Geburtsstunde des Sexagesimalsystem war, die Teilung des Kreises in 360 Grad und die Beobachtung dass 1/6 des Kreisumfangs, in etwa seinem Radius gleich ist. Vom 27-Tage-Monat und dem 360-Tage-Jahr, leiteten sie den relativen Wert von Gold und Silber, als 27 Teile Gold zu 360 Teilen Silber oder dem Verhältnis von 1 zu $13^{1/2}$ ab.

Hipparchus (150 vor Chr.) veröffentlicht eine Liste von 1180 Fixsternen und schätzte ziemlich genau die Entfernung der Sonne und des Mondes von der Erde. Aristarchus schätzte den Durchmesser der Sonne auf das 6 bis 7-fache des Erddurchmessers, also das etwa 300-fache seines Umfanges. Er schätzte den Durchmesser des Mondes auf ein Drittel des Erddurchmessers und sein Volumen auf etwa ein Zwölftel der der Erde.

Archimedes hat die erste Maschine angefertigt, in der die Drehung der Himmelskugel und die wechselnden Positionen der Sterne, durch die Bewegung eines Rades simuliert wurden.

Zu der Zeit, als Alexandria ein Teil des römischen Reiches wurde, sind Radius und Umfang von Sonne und Mond und ihre Entfernung von der Erde, bestimmt worden.

Rund 100 vor Christus, stellte Heron von Alexandria ein Buch zusammen, in dem er die Prinzipien von etwa 100 mechanischen Geräten beschrieb, die ein Rollenzählwerk, einen Theodolit, und eine Doppeldruckpumpe enthalten [114].

Als Julius Caesar, 46 vor Chr., den alexandrinischen Astronomen Sosigenes zur Ausarbeitung eines neuen Kalenders beauftragte, wurde die Länge des Jahres auf 365 Tage 6 Stunden fixiert, die gleiche Länge wie das Jahr im babylonischen Kalender. Das Schaltjahr wurde während der Herrschaft des Pharaos Euergetes I in Ägypten eingeführt, 238 vor Chr., um die jährliche Differenz von 6 Stunden zwischen Sonnenzeit und Kalenderzeit zu absorbieren.

---

[113] Eine Doppel-Elle betrug 10 Handbreit, 60 Finger breit bzw. etwa 39,24 Zoll, ziemlich genau die gleiche Länge wie der französische Meter. Die kleine Elle war die Hälfte der größeren Einheit.

Ein Spaziergänger, der 360 Doppel-Ellen in 4 Minuten abgedeckt, würde mit einer Geschwindigkeit von 4,85 Kilometer pro Stunde laufen.

Philosophen des Orients schätzten, dass ein gesunder Mann 360 Atemzüge in einer Ghair (Ghari) Zeit oder etwa 24 Minuten macht. Dies ist eine Rate von 15 Atemzügen pro Min. oder 21.600 pro Tag.

Die Erde macht alle 24 Stunden eine komplette Umdrehung von 360 Grad um die eigene Achse, damit dreht sie sich um 1 Grad alle 4 Min. oder 60 Atemzüge. Gemäß eines weiteren Orientalen Systems wurde geschätzt, dass 15 Zwinker eines Auges 1 Minute gleicht. Die Unterteilung der Stunde in Minuten und Sekunden unserer Zeit, ist wohl auf die Arbeit von Gelehrten aus der ptolemäischen Zeit zurückzuführen, das heißt, 2. Jahrhundert vor Christus.

[114] *Mathematics for the Million*, Lancelot Hogben, pp. 265-266.

Die allgemeine Entwicklung der Kultur hielt mit dem Fortschritt in der Wissenschaft Schritt. Jahrhunderte vor dem Ende der vorchristlichen Zeit entstanden viele der größten Meisterwerke in Kunst, Literatur und Architektur, die die Welt je gesehen hat.

Im Hinblick auf die grobe Ausrüstung, die derzeit verfügbar war, erforderten diese Leistungen bemerkenswerte Intelligenz, Einfallsreichtum und Schärfe der Beobachtung. Trotz des Fortschritts der Gesellschaft und die erstaunliche Menge an Wissen, was in Bezug auf die Himmelskörper angehäuft wurde, hinkte der Volksglaube weit hinterher und nur sehr wenig von diesem Wissen schlug sich in den Verehrungssystemen nieder. Als griechische Gelehrte erklärten, dass die Sonne kein Gott, sondern ein riesiger Feuerball ist, wurden sie als Atheisten beschimpft. Mythen und religiöse Überzeugungen, die zu Beginn der christlichen Zeitrechnung über die Natur des Universums herrschten, waren in Herkunft, Alter und Struktur fast so lächerlich, wie die naiven Theorien, die sich mehrere tausend Jahre zuvor durchgesetzt hatten.

Irgendwo in grauer Vorzeit entwickelte sich ein Glaube, dass Objekte und Aktivitäten im Himmel existierten, die in jeder Hinsicht ähnlich mit denen waren, die man täglich auf der Erde sah. Die Erde war nur ein Mikrokosmos, der Himmel war der Makrokosmos. Zuerst wurden Sonne, Mond und Sterne, Wind, Regen, Sturm, Blitz usw. personifiziert und im Bilde des Menschen vergöttert. Dann, um Erklärungen für Himmelserscheinungen zu schaffen, die über ihrem Verständnis lagen, statteten die Leute des Altertums, ihre Götter mit übernatürlichen Kräften aus.

Der Glaube an die Fähigkeit der Götter und Dämonen, sich in Vögel und andere Tiere zu verwandeln, um den Gesetzen der Schwerkraft zu trotzen, ihre Statur von kleinen zu gigantischen Ausmaßen zu ändern, sich unsichtbar zu machen, oder irgendeine andere Leistung durchzuführen, die man begreifen kann, ist das älteste und primitivste Produkt des menschlichen Bemühens, sich die Welt auszumalen, in der er lebt. Diese vermuteten Fähigkeiten der Götter stellten eine Zauberformel dar, die es den mystischen Priestern ermöglichte, schnell eine Lösung für jedes erdenkliche Problem bereitzustellen, wie ein Zauberer ein Kaninchen aus dem Hut holt. Sobald der Glaube an diese übernatürliche Macht, seinen Weg in die Sitten der frühen Völker gefunden hatte, wurde ihre Fähigkeit, zwischen Fakten und Phantasie, Möglichkeit und Unmöglichkeit zu unterscheiden, beeinträchtigt und sie wurden anfällig für den Glauben an alle Arten von Aberglauben, Mythen, Magie und Wunder.

Mit einer übernatürlichen Erklärung für alle irdischen oder himmlischen Phänomene versehen, blieb wenig Anreiz zur Suche nach der wahren oder wissenschaftlichen Erklärung. Die Zivilisation war somit unendlich zurückgeblieben. Es gab kein Limit, für das was die Götter tun konnten, keine Geschichte oder Theorie über ihre Tätigkeiten konnte widerlegt werden, unabhängig von ihrer scheinbaren Absurdität, denn, wer könnte dem Grenzenlosen schon Grenzen setzen?

Indem sie ihre Vorstellung über den Himmel aus dem Leben bezogen, das sie um sich herum sahen, stellten sich die Arkadier, im alten Babylon, die Sonne als Pflüger vor, die Ochsen vor ihren glitzernden Wagen spannt und ihren täglichen Weg durch den Himmel pflügte. Sie wurde sogar zu einem Ochsen selbst. Daher wurde die Ekliptik das "Joch des Himmels" genannt und der Gott Marduk wurde manchmal als "der Stier des Lichts" bezeichnet. Der Mond wurde als "Enlils starkes Kalb" bezeichnet. Die Mondgöttin Nana (Ishtar) wurde "Anu's junge Kuh" und war mit Hörnern dargestellt.

Die Mythen anderer, sehr früher Völker, waren ebenso einfallsreich. In Ägypten, wurde der Sonnengott Osiris als Apis der Stier verehrt, und jedes Jahr wurde 7 Tage lang, ein heiliger Bulle um die Mauern der Stadt oder des Tempel geführt. Das war wahrscheinlich der Ursprung der Geschichte von Joshua, der befahl, die Arche, jeden Tag, 6 Tage lang und 7-mal am 7. Tag mit 7 Männern, Hörner blasend, um die Mauern von Jericho zu tragen. (Jos. 6:3,4).

Eine Kuh, mit einem gehörnten Mond auf dem Kopf, war ein Symbol der Isis, die in gewissem Sinne der Mond war. Dies war der Ursprung des griechischen Mythos von Io, "die reine Jungfrau", im Prometheus von Aischylos erwähnt und es erklärt, warum sie mit einem Horn auf der Stirn dargestellt wird. Io bedeutet auf ägyptisch Kuh und Epaphos, der Sohn von Io, ist von Apis, dem heiligen Stier abgeleitet. Im Persischen heiligen Buch der Awesta soll der Mond zu Gao-Chithra werden, das heißt, besessen von dem Samen oder Lebensprinzip der Kuh, die symbolisch für alles tierische Leben steht.

Abbildung 18: Teilung von Himmel und Erde

Shu trennt Nut, oder Neith (Himmel) und Seb (Erde) am Anfang der Schöpfung.

In einem anderen Bericht war der Himmel eine große Kuh, mit dem Kopf nach Westen, die Erde zwischen den vorderen und hinteren Füßen, und die unteren Teile mit Sternen übersät. Nach einer anderen Version, war der Himmel eine Frau, mit Händen und Füßen auf den Enden der Erde ruhend. Sie war die Schwester des Erdgottes Seb. Am Anfang war die Himmelsgöttin Nut oder Neith, in ehelicher Umarmung mit Seb, bis Shu der Luftgott, sie auseinanderstieß, woraufhin sie, mit den Schiffen der Sonne und der Sterne, die über ihren Körper segeln, im Himmel fixiert blieb. Diese Legende ist ähnlich zu der Geschichte im babylonischen Schöpfungsepos, in der Marduk den Körper der weiblichen Tiamat teilt, wobei er die eine Hälfte ihres Körpers dazu benutzt, den Himmel zu bilden und mit der anderen Hälfte die Erde.

Eine der Aufgaben von Marduk im Schöpfungsepos war die Teilung des Urwassers. Aus einem Teil schuf er die Gewässer, von denen geglaubt wurde, dass sie rund um und unter der Erde fließen, und aus dem anderen Teil bildete er den großen Körper des Wassers, von dem man annahm, dass es das "Firmament des Himmels" bildet.

Über dieses himmlische Meer segelten die Götter in Booten. Beim Untergehen der Sonne in Richtung westlichem Horizont, bei Sonnenuntergang, wurde gesagt, die Sonne verbringt die Nacht damit ihr himmlisches Schiff zurück in den Osten zu paddeln, damit sie ihre

Reise am nächsten Tag wiederholen kann. Modelle solcher heiligen Boote wurden in babylonischen Tempeln gefunden. In Ägypten wurden sie in religiösen Prozessionen getragen.

Die biblischen Ansichten der Schöpfung, scheint ein Echo auf die babylonische Geschichte der Teilung des Firmament-Wassers zu sein, und in den ersten Jahrhunderten des Christentums wurde die Natur des Firmaments zu einem lebhaften Thema für Spekulationen. Einige Kirchenväter glaubten, das Firmament würde, an den vier Ecken der Welt, von Säulen gehalten. Hieronymus zitiert Ezechiel, um zu beweisen, dass Gott das Wasser des Himmels zur Zeit der Schöpfung einfror, um es an Ort und Stelle zu halten. Mehrere Jahrhunderte lang war es die allgemein akzeptierte Ansicht der Kirche, dass es hoch über dem Universum, feste Bögen gab, die die himmlischen Wasser stützten, und dass Engel am Himmel Fenster öffneten, wenn der Allmächtige Regen auf die Erde senden wollte.

In einer indischen Schöpfungsgeschichte wurde die Erde, auf dem Rücken eines Elefanten stehend betrachtet, der wiederum auf dem Rücken einer Schildkröte stand.

In einer anderen Hindu-Version der Schöpfung wird ein Lotus präsentiert, der aus dem Nabel Vishnus aufsteigt. In der Lotusblüte sitzt Brahma, grübelnd über das Urwasser und die Ergebnisse der Schöpfung.

Abbildung 19: Nut, die himmlische Kuh

Der Himmel wird als Nut repräsentiert, die Himmlische Kuh, im Himmel unterstützt von Shu (Luft) und niederrangigen Göttern.

Abbildung 20: Hinduversion der Schöpfung

Vishnu mit seiner Shakti auf Sesha, der 7-köpfigen Schlange, er betrachtet die Schöpfung. Ein Lotus steigt von Vishnus Nabel auf und der vierköpfige Brahma sitzt während der Durchführung der Schöpfung in der Blüte.

In frühen ägyptischen Skulpturen wird die Sonne in menschlicher Form, mit dem Kopf eines Falken, als Sinnbild für seinen hohen und schnellen Flug dargestellt. In der Folgeperiode wird sie, in ägyptischen, babylonischen, hethitischen und assyrischen Skulpturen von einer Scheibe, mit Linien oder Strahlen, manchmal auch geflügelt, als Symbol für die Sonnenstrahlen, repräsentiert.

Sowohl in Ägypten als auch in Indien wurde die Sonne manchmal unterschiedlich für die verschiedenen Abschnitte des Jahres dargestellt. In Ägypten war die Sonne im Frühjahr als Kind und im Herbst als alter Mann dargestellt. Osiris und Atum (Ammon) waren die Sonne, wenn sie untergegangen und dem Blick verborgen war. Ra war die Mittagssonne.

In zahlreichen Mythen wurde sich der Sonnengott in einem Wagen vorgestellt, der von vier Schimmeln gezogen, über den Himmel flog. (Die Hindu-Version gibt dem Sonnengott Surya sieben grüne Pferde.) Wegen ihres schnellen Laufs durch den Himmel, wurde die Sonne im Veda manchmal, "das schnelle Rennpferd", "der Läufer" oder auch nur "das Pferd", genannt und einer, der auf den griechischen Apollo angewandten Beinamen ist Hippo, was, Pferd bedeutet.

Auf assyrischen Denkmälern ist der Sonnengott manchmal als ein Mann, der auf dem Rücken eines Pferdes steht, dargestellt. In einigen Ländern wurde das Pferd, stellvertretend für die Sonne, als heilig angesehen und ihr zu Ehren als Opfergabe verbrannt. Einen Stall heiliger Pferde und ein goldener Triumphwagen wurde oft in den Tempeln des Sonnengottes gefunden. Als Josiah sich verpflichtet sah, den Sonnenkult unter den Juden zu vernichten, war eine seiner Handlungen die Zerstörung der Wagen und Pferde, die König Salomon in einem Vorort von Jerusalem, zu Ehren der Sonne, gehalten hat.

Herodot zufolge verlangte der Perserkönig Cyrus, während des Feldzuges gegen die Stadt Babylon, eine merkwürdige Rache für den Verlust eines der "geweihten Pferde der Sonne", das in einem Versuch, den Fluss Gyndes zu überqueren, ertrunken war. Cyrus machte den Fluss für seine Armee seicht, indem er ihn in 360 Kanäle teilte, die dem Durchlauf der Sonne durch die 360 Grade des Tierkreises entsprachen.

Die Legende des Sonnengottes, der in einem Wagen, gezogen von einem brennenden weißen Pferd, durch den Himmel fliegt, ist für die griechischen Mythen verantwortlich, in dem Phaeton während der Fahrt durch den Himmel vom Wagen seines Vaters fiel und in der Bellerophon vom Ross Pegasus ähnlich zu Tode stürzte. Als jüdische Historiker schrieben, dass Elia in einem Wirbelwind, in einem feurigen Wagen und Pferden aus Feuer, in den Himmel gezogen wurde, erzählten sie nur die gleiche Geschichte in der populären, literarischen Form. (II Könige 2,11).

In einer Schöpfungsgeschichte, gefunden in Indien, Ägypten, Phönizien, Griechenland und bei den neuzeitigen Polynesiern und Finnen, kam das ganze Universum aus einem kosmischen Ei. In der Version, die in Memphis, Ägypten, bekannt ist, hat Ptah (der Öffner) das Ei aufgebrochen, aus dem Sonne und Mond herauskamen. Auf Elephantine wurde die Erschaffung der Welt, Chnum zugeschrieben, der den ersten Menschen aus dem Schlamm des Nils geformt hat, wie ein Töpfer mit seinem Rad. Ähnlich wurde im griechischen Mythos, die Schöpfung Prometheus zugeschrieben, der den ersten Menschen und die Tiere aus Ton geformt hat. Das Ausströmen des göttlichen Feuers hat ihnen dann ihre Seele gegeben.

In Sais, in Ägypten, wurde die Schöpfung Neith zugeschrieben, der das Universum als ein Weber, wie ein Stück Stoff, webt. Einem Bericht zufolge wurde der Sonnengott Ra als "das Ei des Gackerers" genannt, denn er war der Sohn von Seb, ein Wort, das mit "Gans" gleichgesetzt wird. In einem anderen Mythos, wurde Ra wie ein Kalb der himmlischen Kuh oder Kind der Himmelsgöttin geboren.

Nach einer japanischen Mythologie, wurde das Universums-Ei bei durch die Hörner eines Stiers aufgebrochen. Fast jedes Land scheint Mythen zu haben, in denen sie einen Stier mit der Schöpfung und mit der Sonne assoziieren. Es ist derselbe himmlische Stier, der in hinduistischen und babylonischen Legenden so prominent ist, der Stier der von Mithras getötet wird und der in der Astrologie als Stier, wahrscheinlich das erste Zeichen des Tierkreises, identifiziert wird.

Abbildung 21: Chnum an seinem Töpferrad, formt den ersten Menschen aus Lehm.

Der ewige Wunsch des Menschen, das Geheimnis seines eigenen Ursprungs und dem des Universums zu lüften, führte, um die Ursache und den Ursprung aller Phänomene zu erklären, zur Erfindung der ebenso fantasievollen Berichte über außergewöhnliche Handlungen der Geister, Dämonen oder Götter, die auf der Erde oder im Himmel zu sehen sind. "Jede Rasse hatte ihre legendären Darstellungen über den Ursprung der Dinge, und während Schöpfungsmythen den Ideen und Gefühlen eines Volkes nie weit vorausgehen, können sie sogar weit hinterherhinken. Religiöser Konservatismus macht erwachsene Nationen langsam darin, sich der kindischen Dinge zu entledigen, die der Glaube einmal geweiht hat. Wenn eine Schöpfungslegende einmal ihren *vater sacre* gefunden hat und in das Ritual des Altars eingeschlossen wurde, ist kaum etwas weniger als ein Wunder stark genug, um es aus der populären Meinung wegzuzaubern [115]."

Für ungezählte Jahrhunderte wurden fabelhafte Berichte über Schöpfung und Geburten und Taten der Götter, von Magiern und Priestern, in Tausenden von Tempeln wiederholt und von den Anhängern als ewige Wahrheiten akzeptiert. Tausende von Sklaven verschlissen ihre Körper beim Bau von Tempeln und kolossalen Bauwerken, zu Ehren der großen Götter, und andere Tausende von Gläubigen verehrten sie mit prächtigen Prozessionen, Zeremonien, Gebeten, Geschenken und dem Blut der Menschenopfer. Der Mensch wurde degradiert und dazu gebracht sich minderwertig zu fühlen, indem man ihm beibrachte, dass alle seine Laster, seine eigene Schuld waren, aber dass alle seine Tugenden, alle seine Leistungen im Kampf gegen die Widrigkeiten, auf das Wohlwollen einer freundlichen und weisen, allmächtigen Gottheit zurückzuführen war.

Abbildung 22: Sonnengott Ra in seinem heiligen Boot

Ra, als die Sonne, in seinem heiligen Boot, bereit seine tägliche Reise durch den Himmel anzutreten. Ra sitzt in der Sonnenscheibe. Horus ist auf der rechten Seite mit einem Finger an die Lippen. Von einem Architrav im Eingang nach Edfu.

Als die älteren, gröberen Überzeugungen durch die Entwicklung der Gesellschaft obsolet wurden, wurden sie durch neuere Formen ersetzt, die besser an den Wandel der Zeit angepasst waren, aber auf der gleichen Grundlage der alten Konzepte beruhten. Die Magier, die den Willen und die Absichten der Götter in den Sternen, oder in der Leber von Opfertieren lasen, wurden von heiligen Männern eines anderen Typs ersetzt. Es ist bemerkenswert, dass nur wenige von ihnen einen normalen Verstand hatten oder nach den Bildungsstandards ihrer Zeit ausgebildet waren. Sie waren die Propheten, Seher, Asketen, neurotische Reformer, mystische Eiferer, Fanatiker und Einsiedler in der Wüste, die "Stimmen hörten", seltsame Visionen hatten und angeblich in der Lage waren, die Aussätzigen zu heilen, Fieber zu verbannen, den Teufel auszutreiben, die Kranken zu heilen und Tote aufzuerwecken.

Obwohl ihre Lehren sehr unterschiedlich waren, fungierten die heiligen Männer als ein spezielles Sprachrohr ihrer Gottheit, seine Gedanken und sein Aussehen zu beschreiben und den Menschen seine Befehle zu übermitteln. Insofern, dass sie als Stimme der Gottheit selbst geschätzt wurden, nahm man die Äußerungen der heiligen Männer mit großer Ehr-

---

[115] *Introduction to History of Religion*, J. B. Jevons, 1896, p. 9.

furcht und Verehrung entgegen, die Merkwürdigkeit ihrer Worte oft als Beweis ihrer göttlichen Inspiration akzeptiert.

Trotz der Behauptungen der heiligen Männer, im Namen des Höchsten zu sprechen, ist es unmöglich auf einen einzigen Fall hinzuweisen, in dem die "göttlichen Offenbarungen" in Bezug auf Schöpfung und Funktionsweise des Universums, durch die Ergebnisse der Wissenschaft, bestätigt wurden.

Kein Teil unseres Wissens über den Himmel, Alter, Größe, Form oder Zusammensetzung der Erde oder den Ursprung, Art und Verteilung von Tier- und Pflanzenwelt auf ihrer Oberfläche, wurde von den intuitiven Methoden der Mystiker abgeleitet: alles, was wir über das Universum wissen, haben wir durch die materialistischen Methoden der Wissenschaft gelernt.

Wahrscheinlich fühlte kein Volk der Antike den vernichtenden Einfluss der heiligen Männer mehr als die Juden. Sie wurden von der Ursachenforschung der Naturerscheinungen entmutigt, denn alles Wissen, von dem Gott wollte, dass sie es wissen sollten, in ihren heiligen Schriften offenbart werde. Die Genauigkeit ihrer heiligen Aufzeichnungen in Frage zu stellen oder zu versuchen, hinter den Schleier der Geheimnisse Gottes zu blicken, war blasphemisch und wurde mit dem Tode bestraft [116].

Als Ergebnis ihrer Entmutigung unabhängigen Denkens, machte Judäa keine Entdeckungen in der Mathematik oder Astronomie; ihre Handwerker produzierten keine großen Skulpturen, Denkmäler, Tempel, öffentlichen Gebäuden oder Ingenieurleistungen, vergleichbar mit denen von Ägypten, Griechenland oder Babylon. Die Entwicklung von Handwerk und die Fähigkeit, mit Metall und Stein zu arbeiten, blieb in Judäa hinter der ihrer Nachbarn zurück, und die Beiträge, die dieses kleine, unkultivierte Land zur westlichen Zivilisation geleistet hat, waren vollständig auf den Bereich der Religion beschränkt.

Als König Salomon sich entschied seinen Tempel zu bauen, konnte man keine fähigen Handwerker für die Holz-, Stein- oder Metallverarbeitung in Judäa finden. Man musste an Hiam von Typus appellieren, Architekten und Arbeiter zur Verfügung zu stellen. Die Überlieferung besagt, dass dieses Gebäude von schlichtem Design war, mit den Maßen von etwa 10 Mal 30 Metern, es acht Milliarden Dollar gekostet hätte und der Nabel der Welt gewesen wäre, beneidet von allen Nationen. Als aber Herodot von Ägypten nach Babylon reiste, hielt er es nicht für notwendig über Jerusalem zu gehen, um dieses wunderbare Gebäude zu besuchen. Als Alexander der Große von Norden Richtung Ägypten marschierte und auf seinem Weg jede Stadt plünderte, marschierte er an der Küste entlang, nah an Jerusalem vorbei, ohne die Stadt auch nur für eine Plünderung in Erwägung zu ziehen.

Eine der hartnäckigsten und weit verbreitetesten Anschauungen der Antike war es, dass die ersten Götter zweigeschlechtlich waren. So wie das Leben unter den Göttern als ähnlich zu dem auf der Erde betrachtet wurde und das Leben auf der Erde ein Resultat der Vereinigung von Mann und Frau war, wurde die Fähigkeit des ersten Gottes, andere Götter (und Menschen) zu kreieren, in vielen Mythen als eine Kombination von männlichem und weiblichem Geschlecht, in einem Körper, dargestellt. Alte Mystiker und Metaphysiker waren nicht durch Erwägungen der irdischen Physiologie oder Logik behindert, und daher sahen sie nichts Außergewöhnliches oder Lächerliches in einer solchen Theorie. Ihre große Popularität wird in der Erwähnung von Zwittergottheiten, in den ältesten Aufzeichnungen von Babylon,

---

[116] Was verborgen ist, gehört dem Herrn, unserem Gott, aber die Dinge, die offenbart sind gehören uns und unseren Kindern für immer, dass wir alle Worte dieses Gesetzes erfüllen. *Deut.* 29:29.

China, Indien, Ägypten und Griechenland deutlich. Mit der Zeit wurden auch kleinere Götter oft als Kombination beider Geschlechter vertreten.

Apollo wurde von den Griechen, in der Regel, als Mann und Frau dargestellt und Bacchus war manchmal ähnlich vertreten. In seinem Kommentar über den Timaeus von Plato zitiert Proclus einige Orphische Verse, dass "Jupiter (Zeus) ein Mann ist und Jupiter ein unsterbliches Mädchen". Im gleichen Kommentar heißt es, dass alle Dinge "im Schoß Jupiters enthalten sind" [117].

Diana oder Artemis hatte Eigenschaften beider Geschlechter. In Zypern wurde die Venus als Aphrodite dargestellt, manchmal mit Bart und anderen männliche Eigenschaften. Von Diana glaubte man, dass sie schon vor Zeus und den meisten anderen Göttern existiert hat. Der Dichter Calvus sprach von ihr als maskulin und andere Schriftsteller nannten Jupiter, die Mutter der Götter. Agditis war ursprünglich von beiden Geschlechtern und schien später in die Mythen der Kybele und Attis transformiert worden zu sein. Damascius zitiert Orpheus, der lehrte dass, wenn die Gottheit die generativen Kräfte, wodurch alles geschaffen wurde, besaß, diese notwendigerweise, männlich und weiblich gewesen sein müssen.

Abbildung 23: Shiva als männlich und weiblich

Shiva und sein Shakti, Parvati, verbunden als der Hindu Ardka-Nari, seine rechte Seite ist männlich und seine linke Seite weiblich.

Polyhistor stellte fest, dass es eine babylonische Tradition gab, in der die ersten Menschen zwei Flügel hatten und einige hatten vier Flügel und zwei Gesichter. Jeder hatte einen Körper und zwei Köpfe, einer männlich, der andere weiblich. Der Körper hatte sowohl die männlichen als auch die weiblichen Organe.

Der babylonische Gott Tammuz war als Qedesha oder Hure (I Könige 19:24) geweiht und Ishtar trug manchmal einen Bart.

---

[117] Jupiter ist der König, Jupiter selbst ist die ursprüngliche Quelle aller Dinge: es gibt eine Macht, einen Gott und einen großer Herrscher, großer Herrscher über alles" Proclus, *Timaeus* von Plato, S. 95.

Porphyr bestätigte, dass Vista, Rhea, Ceres, Proserpina, Themis, Priapus, Bacchus, Attis, Adonis, Selenus und die Satyrn alle ein und dasselbe waren. Nach dem Codex Vaticanus, wurde in der westlichen Hemisphäre, die mexikanische, bisexuelle Gottheit Ometecutli als Schöpfer des Universums verehrt.

Ägyptische Götter wurden oft als männlich von vorne und als weiblich von hinten dargestellt, oder vorne in menschlicher und hinten in tierischer Form. Als Hindu Ardhanarishvara oder Halb-Frau, sind Shiva und seine Gemahlin Devi oder Kali in einem Körper vereint. Die rechte Seite ist männlich und die linke Seite weiblich. In der Kunst werden die rechte Seite in der Regel rot und die linke Seite schwarz gemalt.

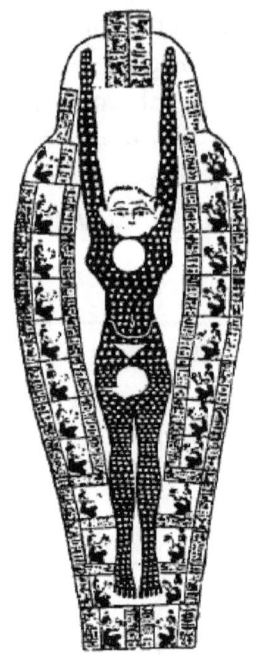

Abbildung 24: Nut als ägyptische Sternengöttin der Nacht

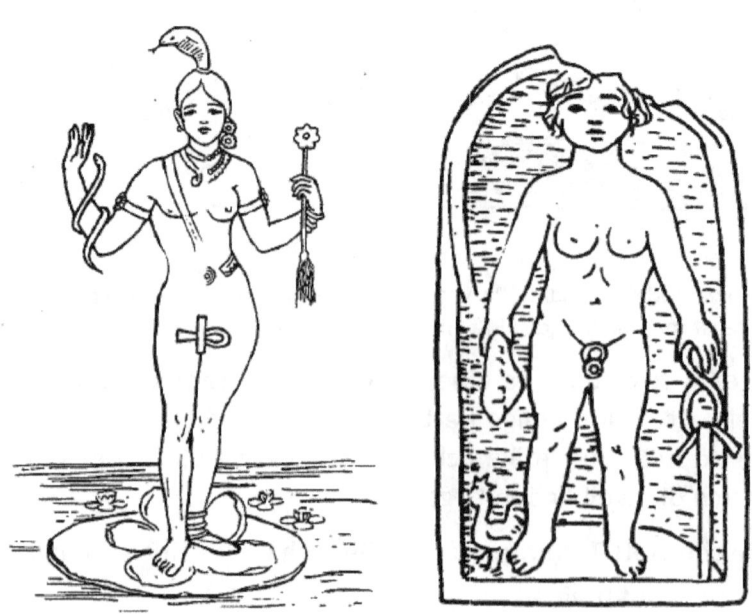

Abbildung 25: Brahma und Merkur

Die Abbildung auf der linken Seite ist aus einer Zeichnung von einem Hindu-Gelehrten angefertigt, die Brahma, der sich im Akt der Schöpfung, männlich und weiblich machte. Im Original sind die männlichen und weiblichen Organe vereint gezeigt, aber weil sie für die Reproduktion hier zu grob sind, wurden sie durch das Anch Kreuz ersetzt. Die Abbildung rechts stellt den jungen Merkur als weder männlich noch weiblich dar. Von einer alten gallischen Skulptur.

Die Bücher von Job [118] und Jesaja [119] stellen Jahwe mit männlich-weiblichen Eigenschaften dar, und andere Daten zeigen, dass diese Tradition bei den Hebräern aus sehr frühen Zeiten fortdauert. Die erste Silbe von Jahwe (Jah) ist männlich und die zweite Silbe (havvah) ist weiblich, was auf die ursprüngliche Konzeption hindeutet. Laut Prof. Langdon [120], wird der Name aus Yāw oder Yāh, ein prähistorischer Titel des männlich-weiblichen Mondgottes, unter semitischen Stämmen von Südarabien, abgeleitet. Die Juden, fügten die weibliche Wurzel hinzu, so dass das Wort Jahwe oder Jahvah entstand. Durch einen Fehler in der Übersetzung, wird der Name in der christlichen Bibel Jehova geschrieben.

Die Verwendung des Titels, wurde jedoch nicht auf die Araber und Juden beschränkt, wie es in den Aufzeichnungen der verschiedenen Zweige der Semiten erscheint. Alte assyrische Texte beziehen sich auf die gleiche Gottheit als Ja-u oder Ja-hu und auf neubabylonischen Tafeln erscheint der Name als Ja-a-ma, was Jawa ausgesprochen wird.

Abbildung 26: Gnostische Schmuckstücke

Zu Beginn der christlichen Zeitrechnung, machten gnostische Magier und Wunderheiler ein blühendes Geschäft mit Edelsteinen, die magische Sätze und Monogramme, wie in den obigen Beispielen, enthielten. Sie wurden als Schmuckstücke oder Amulette vor allem von Frauen getragen, um die Fruchtbarkeit sicherzustellen und zum Schutz vor bösen Einflüssen. Der Name Iaw oder Iawhe (Yahwe) erschien häufig mit einer Figur von Priapus oder Horus, und dem my-

---

[118] *Job* 21:24; also *Deut.* 32:18.
[119] *Isa.* 46:3f.
[120] Mythology of All Races, v. 5, p. 5, et seq.

stisch-gnostischen Wort Abraxas. Die Figuren waren in der Regel teils Mann und teils Hund, Schlange, Hahn oder Löwe.

In den Tempeln von Ägypten, wurde Jahwe unter den Titeln Y-Ha-Ho verehrt; Jao, Iao und Iaw von gnostischen Christen, deren Riten und Titel so ähnlich waren wie die, in der Anbetung des Serapis, sodass man sie kaum voneinander unterscheiden kann. In der Tat, äußerte Kaiser Hadrian in einem Brief an seinen Konsul Servianus die Meinung, dass die Christen in Ägypten Anbeter des Serapis waren.

Die hebräischen Buchstaben (י ת) El (rückwärts gelesen wie Yah) sind identisch mit den griechischen Buchstaben IE, die auf der Vorderseite des Tempels des zweigeschlechtlichen Apollo in Delphi, wo Priesterinnen die Phrase IEIE IEIE zu seinem Lob sangen, eingraviert waren. Praktisch die gleichen Laute und die gleiche Bedeutung wurde auch durch den Begriff Yeye Yeye vermittelt, die Gläubige zu Ehren Krischnas in Indien sangen, und mit Euoe Euoe, die von Bacchantinnen in Griechenland zu Ehren Bacchus gesungen wurden.

Das Wort Aleim oder Elohim, das 2570 Mal in der Bibel als Titel Gottes eingesetzt wird, setzt sich auch aus der männlichen und weiblichen Wurzel zusammen und ist daher mit gleicher Herkunft und Bedeutung wie Jahwe zu berücksichtigen. Al, El, Il oder Ilah, was Herr bedeutet, war ein sehr alter Titel der Sonne bei den Arabern, woher der mohammedanische Titel Al-lah abgeleitet wurde. Das Äquivalent in Hebräisch ist Eloah, was durch Zugabe der Pluralendung *im* zu Elohim wird. Wenn rückwärts gelesen, wird *im* ausgesprochen *mee*, was *wer* bedeutet, im Sinne eines Unbekannten oder Unwissbaren. Alte jüdische Traditionen sagen, dass die Aussprache des Wortes so ist, als ob man EL HEM sagen würde, was "Sie sind Gott" bedeutet.

Aus der Tradition, dass die ersten Götter eine Einheit von Mann und Frau waren, entstammte der Glaube, dass Mann und Frau zuerst auch androgyn waren. Bereits 3000 und 4000 v.Chr., beschrieben orientalische Schöpfungsgeschichten die Teilung der männlich-weiblichen Hälften des ersten Androgynen, zum Zeitpunkt der Schöpfung, wie zuvor in der Geschichte der babylonischen, weiblichen Tiamat und der ägyptischen Geschichte von Shu und Tefnut wiedergegeben. Das erste zoroastrische Paar war ein Androgyne mit zwei Gesichtern, das von Ahura-Mazda zerteilt wurde.

In den Jahrhunderten unmittelbar vor und nach Beginn der christlichen Ära, wurden Spekulationen über solche Angelegenheiten, in den östlichen Mittelmeerländern, stark intensiviert. Diese Periode ist sowohl für die große Anzahl von mystisch, religiösen Sekten, die emporschossen, sowie für die außergewöhnlichen Dogmen, die sie hervorbrachten, bemerkenswert. Um der, durch die Degeneration der alten Naturkulte erzeugten Verwirrung noch etwas hinzuzufügen, brachten die Juden aus der babylonischen Gefangenschaft und die Griechen nach Rückkehr von ihrer östlichen Invasion, Unmengen von orientalischen Ideen mit, die die größte Plage von Theorien, mystische Sekten, Evangelisten, Metaphysiker, Heiler und Magier hervorbrachte, die die Welt bis dahin gesehen hatte.

Abbildung 27: Der Gott Yaw

Links: Eine Münze aus Gaza, zeigt die Figur des Gottes Yaw, 4. Jahrhundert vor Christus. Rechts: Münze aus Gaza mit Abbild des androgynen Gott Ashtart-Yaw.

Ein Schriftsteller im Talmud sagt von der Erschaffung Adams: "Als der Heilige den ersten Mann schuf, schuf er ihn als Zwitter, wie es geschrieben steht: 'als Mann und Frau erschuf er sie'[121]." Ein anderer Bericht sagt, dass "als der Heilige den ersten Mann schuf, er ihn mit einem doppelten Gesicht erschuf und dann ihn in zwei Hälften schnitt und ihm zwei Rücken gab, einen hier, einen da."

Viele der seltsamsten Anthropomorphismen (das Zusprechen menschlicher Eigenschaften auf Tiere, Götter, Naturgewalten und Ähnliches) des Berichtszeitraums, wurden von Gnostikern, Basilidianern und Valentinianern erstellt und reflektieren den starken Einfluss des babylonischen Spiritismus, der dem Zeitraum den Beigeschmack von Angelologie, Dämonologie, Hexerei, Teufel-jagen und alle anderen Formen der Magie gegeben hat. Dichtungen und Medaillons dieser Sekten enthaltene Amulette und Talismane, mit eingravierten Darstellungen, die Iaw (Jahwe) mit Eigenschaften der ägyptischen Götter Osiris, Isis, Horus, oder Serapis identifizieren, oder sie porträtieren ihn als halb Mensch, halb Hahn, Skarabäus, Hund (Anubis), Löwe, Schlange oder ein anderes Tier, in der Konzeption phantasievoll und kindisch, wie alles, was die antiken Sumerer in 3000 oder 4000 vor Christus erträumt hatten.

Zu Beginn des zweiten Jahrhunderts vor Christus veröffentlichte Elkesai, der Führer einer jüdisch, gnostischen Sekte, eine Abhandlung, in der er erklärte, wie ihm der Ur-Mann als monströser Zweigeschlechter "enthüllt" wurde, 154 km hoch und 150 km breit, und dass die Mann-Frau-Hälften auseinander klafften, um den Messias und den Heiligen Geist zu formen.

Einige Jahrhunderte später wurden orthodoxe Juden von einem anderen Werk beleidigt, Schi'ur Kornah (Schätzung der Höhe) genannt, von einem alexandrinischen Juden geschrieben, der minutiös versucht den physischen Körper Gottes zu beschreiben; den Hals, Bart, rechtes und linkes Auge, Ober- und Unterlippe, Knöchel, etc. Aber einige der gelehrtesten Männer des orthodoxen Glaubens, brachten Theorien hervor, die ebenso absurd waren. In einem Fall beschreibt ein Kabbalist, die Abmessungen von Adam[122], die sich von einem Ende der Welt zum anderen erstrecken, und ein anderer Schriftsteller beschreibt einen mystischen Engel namens Sandalphon dessen "Höhe ein Spaziergang von 500 Jahren ist und der Kronen für die Gottheit fertigt[123]."

Philon Judaeus vertrat häufig die Meinung, dass der ideale Mann als Mann-Frau geboren würde und Platon glaubte, dass der Mensch ursprünglich androgyn war und zwei Gesichter

---

[121] *Bereshith Rabbah* (Midrash Abschnitt 5:5). Siehe auch *Jewish Encyclopedia,* v. 8, p. 558. Oder *Zohar*, V. 1, S. 11.
[122] *Zohar*, V. 1, S. 38, übersetzt von Harry Sperling und Maurice Simon. "Und dies ist das Mysterium von der Schöpfung des ersten Mannes, der mit zwei Gesichtern geschaffen wurde (männlich und weiblich)." *Zohar*, p. 11.
[123] *Haggada*, 13.

hatte. Eusebius, der christliche Bischof von Caesarea, schloss sich dieser Stellungnahme an und erklärte sie, im Einklang mit den hebräischen Schriften zu sein.

"Andere Theologen bestätigten und akzeptierten dies, zum Beispiel St. Augustine, de Gubbio (Theologe bei Papst Paul III auf dem Konzil von Trient und Präfekt der Vatikanischen Bibliothek) und ein Mönch, Francesco Giorgio (1522) [124]."

Der gelehrte jüdische Philosoph Maimonides (12. Jh.) dachte, dass Adam zweigeschlechtlich kreiert wurde, mit zwei Gesichtern in entgegengesetzte Richtungen gedreht, die Havah, oder weibliche Hälfte, wurde während seines tiefen Schlafs, von Adam getrennt.

So fantastisch wie diese Theorien sind, so ist die grenzenlose Leichtgläubigkeit noch bemerkenswerter, die die gelehrtesten Menschen dazu brachte sie zu glauben. Aber die Zeit findet einen Weg das Übernatürliche zu beschönigen, um Seriosität, Prestige und Glaubwürdigkeit und die wildesten Produkte der menschlichen Vorstellungskraft zu vermitteln.

Wäre es, entweder Plato oder Maimonides bekannt geworden, dass ähnliche Dinge in ihrer eigenen Zeit und in ihren eigenen Gemeinschaften vorgekommen sind, wären die Geschichten zweifellos als absurd verlacht worden, aber keiner von ihnen hat irgendetwas Lächerliches darin gesehen, dass solche Dinge in einer früheren Periode wirklich vorgekommen sind. Es sieht nicht so aus, als ob die Erfinder dieser großen Geschichten überhaupt realisierten, dass, wenn Gott die Macht hatte, Mann und Frau zu schaffen, er es fachgerecht getan haben könnte, ohne eine fabelhafte Monstrosität produzieren zu müssen. Jedoch, um diesen Aberglauben zu beschönigen, muss man zugeben, dass es nicht viel absurder ist zu glauben, dass Adam aus Lehm und Eva aus seiner Rippe gemacht wurde, als dass zum Zeitpunkt der Schöpfung, Mann und Frau auseinandergeschnitten wurden. Die erstaunlichsten Dinge sind immer so dargestellt worden, dass sie vorgekommen sind, nicht direkt zuhause, unter den Augen der Verfasser, aber in der fernen Vergangenheit, oder in einer fernen Stadt oder einem fernen Land, und die Ehrfurcht, mit der Leute die Ideen oder Dinge, die bloß sehr alt oder exotisch sind, betrachten, lässt nicht darauf schließen, dass man aus ihnen herauswächst.

---

[124] *The Night of the Gods (Die Nacht der Götter)*, John O'Neill, 1893, V. 1, S. 240.

VII: Tod und Wiedergeburt des Sonnengottes

In den Fruchtbarkeitsmythen wurde die Sonne durch einen gutaussehenden, jungen Gott repräsentiert, der die Erde mit seiner lebensgebenden Wärme befruchtet. Für die Vegetation ist er somit die Quelle des Wachstums. Er ist Auslöser für die Fortpflanzungsaktivitäten, die Tiere dazu bringt sich zu paaren und Junge hervorzubringen. Überall wo der Sonnenkult blühte, wurde die Sonne als Höchste Gottheit verehrt, als Vater aller Schöpfung.

In den Licht-/Dunkelheitsmythen wurde die Sonne als ein mächtiger, blonder Held dargestellt, der Schlangen, Drachen oder andere Tiere bezwang, die für die Mächte der Dunkelheit stehen, die Dunkelheit der Nacht, oder die kalten Tage des Winters.

Merkmale aus beiden, sowohl aus den Fruchtbarkeits- als auch aus den Licht-Dunkelheitsmythen, wurden in einem dritten Typus dargestellt, der die vorherrschenden Theorien bezüglich Astronomie und Astrologie reflektiert. Wo die alten Fruchtbarkeitsmythen die Sonne als Liebhaber eines jungfräulichen Mondes oder der Erdgöttin versinnbildlichten, stelle ihn der jetzige Aspekt, als Sohn einer Jungfrau dar. Seine Geburt und sein Tod finden beide zum Zeitpunkt der Wintersonnenwende, im Sternzeichen Jungfrau statt.

Weil man der Annahme war, dass die Sonne die Wachstums- und Ernteperiode reguliert, die Jahreszeiten steuert, das Klima beeinflusst, die Erde beherrscht usw., wurde die Sonne als Gesetzeshüter und -geber, als ein erobernder Held betrachtet. Weil man von den wärmenden Strahlen der Sonne annahm, dass sie Heiterkeit und Gesundheit verbreiten, wurde sie der Bringer des Lichtes und der Erleuchtung, Weisheit, Frieden, Gesundheit und Wohlstand, der gute Doktor und Retter der Menschheit, die Sonne der Rechtschaffenheit genannt, welche Unordnung, Chaos, Streit, Krankheit und Leid überkommt.

Wahrscheinlich gab es nie einen anderen Mythos, der solch einen universellen Anspruch hatte. Es war die Synthese aller Sonnenmythen. Die prächtigen Tempel, die zu Ehren der Sonne gebaut wurden, die farbenreichen Feste, Gebete und großzügigen Geschenke, mit denen Menschen sie in vielen Ländern verehrten, bezeugten den unbedingten Glauben und die glühende Verehrung von Millionen von Gläubigen, der jugendlichen Sonne gegenüber, die starb und wiedergeboren wurde um die Menschheit zu retten.

Sie wurde generell so dargestellt, dass sie in einem Stall oder in einer Höhle geboren wird, die Geburt findet oft 10 Monate nach einer Empfängnis, durch eine reine, jungfräuliche Mutter aus einer noblen Familie statt, die Geburt angekündigt durch einen flammenden Stern und durch Zeichen am Himmel. Von dem Säugling sagte man, dass seine Eltern ihn in ferne Länder brachten, um einem eifersüchtigen Tyrannen, der ihn töten wollte, zu entkommen. Er verblüffte seine Eltern durch seine frühe Reife, er wuchs in Dunkelheit auf, heilte die Kranken und wurde in der Blüte des Lebens gekreuzigt. Sein Tod wurde durch Erdbeben, Blitz und Verdunkelung des Himmels markiert. Er stand nach drei Tagen wieder auf und brachte Licht und Frieden in die Welt.

Obwohl alle diese Begebenheiten nicht in jedem Sonnenmythos gefunden werden, können zumindest Teile davon in den Karrieren der Sonnenhelden, aus jeder Zeit und in jedem Land gefunden werden. Lange vor der christlichen Ära wurden sie in den Geschichten von Tammuz in Babylon, Attis von Phrygien, Adonis in Phönizien, Osiris (Horus) in Ägypten, Bacchus /Dionysos in Griechenland/Rom, Quetzalcoatl in Mexiko, Apollo in Griechenland/Rom, Mithras in Persien, Yu in China und Krishna in Indien, verwendet. Einige der Motive, vor allem das der jungfräulichen Geburt, kann in den Karrieren von Herkules, Prometheus, Äskulap, Zeus, und in zahlreichen obskuren, lokalen Sonnengöttern, in vielen Gegenden gefunden werden [125].

Die Sonnengottlegende gab dem Glauben Auftrieb, dass es ähnliche wunderbegleitende Geburten, bei fast allen großen Charakteren, historisch und mythologisch, gegeben hat, bis dann letztlich viele Männer der Öffentlichkeit, als Beweis ihrer Größe, die Geschichte ihrer eigenen, jungfräulichen Empfängnis verbreitet haben. Von jedem Mann, der für sein tugendhaftes Leben oder für seine intellektuelle Überlegenheit bekannt war, wurde angenommen, dass er einen Teil des göttlichen Geistes oder ihrer Essenz in sich vereinigte, oder diese in ihm inkarniert war.

Legenden entwickelten sich, dass wundersame Umstände die Geburten von Platon, Pythagoras, Alexander, Augustus, Zoroaster, König Sargon, Amenophis II, Buddha, Sokrates, Tamerlan, Papst Gregor, Königin Hatschepsut, Scipio Afrikanus, Caesar, Apollonius, und viele andere, begleitet haben. Auch Nero scheint sich einige Mühe gegeben zu haben, damit ihm die Jungfrauengeburt, als Zeichen seiner Größe, gutgeschrieben wird, und Kaiser Konstantin tat dasselbe. Ein König von Griechenland fand es notwendig ein Dekret zu erlassen, das die Todesstrafe für junge, unverheiratete Frauen bestimmte, die die Vaterschaft ihrer Kinder den Göttern zuschrieben.

Allegorie der Jahreszeiten

Wenn die Sonne sich im Herbst scheinbar zurückzieht, werden die Tage in der nördlichen Hemisphäre kürzer und kühler, die Vegetation verdorrt, die Fruchtbarkeit der Erde versiegt, die Sonne steht tiefer am Himmel, ihre Wärme und Helligkeit verringert sich. Allegorisch gesprochen, gewinnen die Stunden und Mächte der Finsternis allmählich über die Mächte des Lichts.

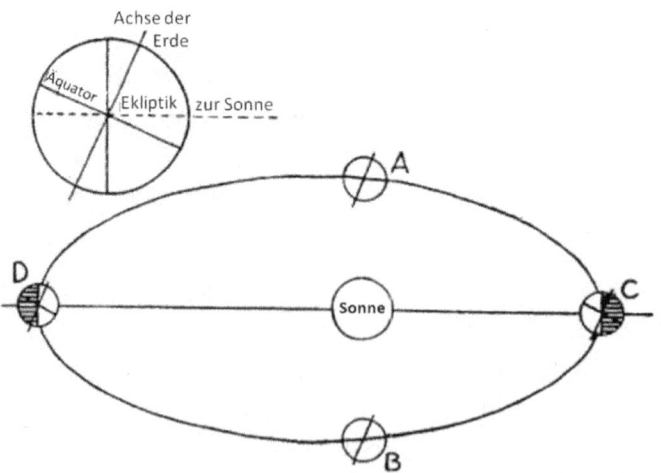

Abbildung 28: Weg der Erde um die Sonne

A und B zeigen die Position der Erde am 21. März und 22. September, wenn Tag und Nacht gleich lang sind. C und D zeigen die Position der Erde am 21. Dezember und am 21. Juni, der kürzeste und längste Tag des Jahres. Das kleine Bild zeigt Neigung der Erdachse zur Sonne am 21. Juni.

---

[125] Die jungfräuliche Empfängnis wurde auch Hermes, Antiope, Auge, Daene, Melanippe, Romulus, Remus uns Saoshyant zugeschrieben.

Am 22. Dezember gibt es in den in nördlichen, gemäßigten Breitengraden, doppelt so viele Stunden der Dunkelheit, wie es Tageslicht gibt. Seit Wochen wurde die Sonne immer schwächer. Jetzt ist der Tiefpunkt erreicht, der kürzeste Tag des Jahres. An diesem Tag erreicht die Sonne den entferntesten Punkt südwärts. In der babylonischen Mythologie vertrat dieser Punkt die Tore der Unterwelt, unter dem Vorsitz von Nergal, dem Fürsten der Finsternis. Im Herkules-Mythos, repräsentiert dies die Ankunft der Sonne bei den Säulen des Herkules, die das Ende seiner Reise markiert. Wenn die Sonne hinter dem Horizont versinkt, erreichen an diesem Tag die Kräfte der Finsternis ihren Sieg [126].

Aber die Vorherrschaft der Dunkelheit wird schnell herausgefordert, weil die jungfräuliche Göttin (Sternzeichen Jungfrau) eine neue Sonne gebiert, die den toten Gott am folgenden Tag ersetzt, und ein neuer Zyklus beginnt [127]. Für etwa drei Tage, scheint die Länge des Tages unverändert zu bleiben, um sich dann wieder schrittweise zu verlängern.

Die Geburt der Sonne wurde in Ägypten von Horus, dem Gott des Lichts und der Retter der Welt verkörpert. An den Innenwänden des Allerheiligsten im Tempel von Luxor, ist die Geburt des Horus, in einer Serie von vier Szenen wiedergegeben, die auffallend der christlichen Darstellung, der Verkündigung und unbefleckten Empfängnis Marias und der Geburt und Anbetung von Jesus, gleicht. Der Tempel wurde von König Amenhotep III, der siebzehnten Dynastie, über sechzehn Jahrhunderte vor Christus, erbaut.

Abbildung 29: Geburtssequenz Horus

In der ersten Szene kündigt Taht, Schreiber der Götter, der Jungfrau an, dass sie einen Sohn zur Welt bringen wird. In der zweiten Szene halten Kneph und die Göttin Hathor Anch-Kreuze oder den Schlüssel des Lebens, auf Kopf und Nase der werdenden Mutter, deren Schwangerschaft von ihrer anschwellenden Form angedeutet wird.

In der dritten Szene sitzt die Mutter auf dem Hebammen-Hocker, und das neugeborene Baby wird von Begleitern gehalten. In der vierten Szene erhält das thronende Kind Huldigungen von Menschen und Göttern. Die drei Figuren hinter Kneph, auf der rechten Seite, sind wohl die drei Weisen oder Könige der Legende. Jeder hält in der rechten Hand Geschenke und in der linken ein Anch-Kreuz.

---

[126] "Wenn gesagt wurde, dass ein Planet in ein Tierkreiszeichen eintritt wurde die Verbindung als eine Ehe, Ehebruch oder Inzest betrachtet: weiter wird gesagt, dass sie begraben wurde, weil sie hinter dem Horizont versank, zurückkam ans Licht, ihre Höhe zurückgewann, sie wurde als tot betrachtet, ist wieder auferstanden, in den Himmel gefahren, usw. *Ruins of Empires*", von C. F. Volney, S. 104.

[127] Dem alexandrinischen Astronomen Sosigenes zufolge, der den Kalender für Julius Cäsar 46 vor Christus überarbeitet hat, fand die Wintersonnenwende am Mittwochabend, 25. Dezember, um 01.30 Uhr statt. Dies wurde als die Geburt der Sonne gerechnet, weil die Tage dann anfangen sich zu verlängern.

Während des Widder Zeitalters, wurde in Indien der Übergang der Sonne in das Zeichen des Steinbocks, während der zwölf Tage, unmittelbar nach der Wintersonnenwende, zu Ehren der vedischen Götter Indra und Agni gefeiert, mit dem späteren Hinzufügen des Gottes Ganesha. Geschenke wurden ausgetauscht, Rinder wurden mit Girlanden um den Hals herumgeführt; jeder der konnte, nahm Reinigungsbäder in den heiligen Flüssen und es herrschte allgemeiner Jubel [128]. In der heutigen Zeit tritt die Sonne zum 15. Januar in das Zeichen des Steinbocks, was in Indien der Zeitpunkt eines Festes ist, das diese Zeit der Verlängerung der Tage, markiert.

Da das Geburtsdatum Christi nicht bekannt war, wurde es bis etwa zum Jahr 354 mit einem Tauf-Fest kombiniert, das in Rom am 6. Januar, dem Zeitpunkt eines alten heidnischen Festes, gefeiert wurde. Nach dieser Zeit wurde seine Geburt allgemein am 25. Dezember beobachtet und dieser Brauch verbreitete sich bald bis hin zu den östlichen Kirchen. Es gab durch die römische Kirche keinen offiziellen Termin für die Feier der Geburt Christi, bis etwa zum Jahr 530 n. Chr., als auf Bitte des Papstes, der skythischen Mönch Dionysius Erigos, ein Dichter und Astronom, das Datum auf den 25. Dezember fixierte.

In der Zeit kurz vor und nach der Geburt Christi, wurde der sterbende Gott Dusares, "der einzig geborene des Herrn", geboren durch die jungfräuliche Göttin Allat, bei den Nabatäer in den syrischen Städten Petra, Bostra und Adraa verehrt. Er war ein Gott der Fruchtbarkeit und wurde als Gottheit des Weinstocks, ähnlich dem griechischen Gott Bacchus, porträtiert. Seine Geburt wurde im Dezember mit Spielen und Festen gefeiert. Allat wurde mit einem Füllhorn abgebildet, die sie als die Göttin des Schicksals oder Vermögens identifiziert. Wie Athena, trug sie auf ihrem Kopf eine goldene Mauerkrone mit Türmchen-Wänden, die sie als Beschützerin der Städte darstellt.

Ein ähnliches Fest fand in Alexandria am 25. Dezember zu Ehren einer wenig bekannten Göttin namens Kilkellia statt. Bei diesem Fest wurde das Bild eines Kindes aus dem Heiligtum des Tempels genommen und mit lautem Beifall und Rufen der Gläubigen "Die Jungfrau hat geboren", begrüßt.

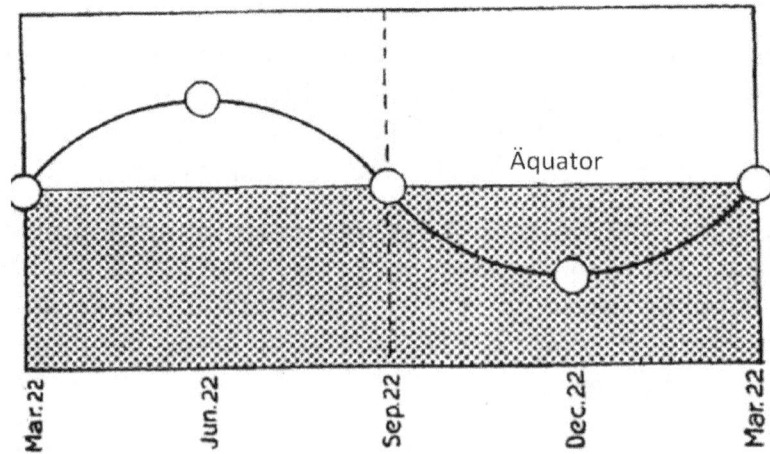

Abbildung 30: Die Sonne in der oberen und unteren Welt

Das Bild zeigt die sechs Monate während der die Sonne im Norden des Äquators aufgeht und die sechs Monate in denen sie im Süden des Äquators aufgeht, die Zeit, in der sie in der Unterwelt ist.

---

[128] *Ozean der Geschichte*, herausgegeben von Norman Penzer, V. 8, S. 19.

In Alexandria wurde von Gnostikern, in den Nächten des 5. und 6. Januars, die "Geburt von Äon" gefeiert. Zu dieser Zeit trafen sich Priester des Kultes im Tempel der Göttin Koré, die wahrscheinlich mit der griechischen Göttin der Unterwelt verbunden war. Eine Figur der Göttin wurde aus einem Untergrundschrein gehoben. Sie ruht sitzend und nackt auf einer Bahre, markiert mit Kreuzen auf Stirn, Händen und Knien. Nach einem Tanz, dem Singen von Liedern und nachdem das Bild sieben Mal um den Tempel getragen wurde, brachte man sie in ihren unteren Aufenthaltsraum zurück. Epiphanius, der die Zeremonie beschrieb, fügte hinzu: "und die Anhänger sagen, dass heute, in dieser Stunde, die Jungfrau Koré, Äon geboren hat".

Frühling

Wochenlang kämpft die neugeborene Sonne, nach der Wintersonnenwende, gegen die Mächte der Dunkelheit. Die Mythen präsentieren den Jugendlichen, aufwachsend in Dunkelheit und Verborgenheit. Aber, als die Wochen vergehen, gewinnt die junge Sonne Kraft, steigt am Himmel höher und höher, ihre Strahlung intensiviert sich rapide, bis sie am 21. März siegreich aus dem Kampf hervorgeht.

Dies ist der Tag der Frühlings-Tag-Nachtgleiche, wenn die Sonne den Äquator überquert. Es ist der Wendepunkt, der Tag seines Übergangs oder seiner Überkreuzung. Tag und Nacht sind an diesem Tag auf der ganzen Welt gleich lang, die Sonne geht um 6:00 Uhr auf, Untergang um 18:00 Uhr. Nun beginnt eine Periode, in der die Stunden des Lichts, die Stunden der Dunkelheit überwinden, symbolisiert als die Auferstehung der Sonne aus der Unterwelt (die unteren Zeichen des Tierkreises). Mit ihr geht die Regeneration, das Leben und die Vegetation weiter. Die junge Sonne erlöst die Welt von der Dunkelheit.

Während des Widderzeitalters (Lamm) feierten die Ägypter diese Jahreszeit durch das Opfern eins Lamms. Drei Tage später feierten sie die Auferstehung des jungen Sonnengottes. Von dem jüdischen Brauch, ein Osterlamm zu schlachten und das Feiern des Passah wird gesagt, dass sie der Überfahrt des Herrn über den Häusern in Ägypten gedenken, als er all die erstgeborenen Kinder und Tiere der Ägypter abgeschlachtet hat [129].

Es gibt wenig Grund, daran zu zweifeln, dass die Feier ursprünglich ein altes Sonnenfest war. Mit dem Aufstieg des Christentums, wurde der Tag und die Stunde, an dem den Juden befohlen wurde das Lamm zu opfern, als Tag und Stunde festgelegt, an dem Christus am Kreuz gestorben ist. Seine Auferstehung wird am folgenden dritten Tag gefeiert [130].

Seit den Anfängen der Geschichte war dies die fröhlichste Zeit des Jahres. Es wurde als die Jahreszeit der Paarung und der Pflanzsaison erachtet und in den meisten Kalendern markiert es den Beginn des neuen Jahres. Als die junge Sonne Tammuz am ersten Tag der Woche aufging, schlossen die Babylonier ihre Geschäfte und gingen in den Tempel des Bel Tammuz, um dem Sonnengott feierlich Dank zu sagen. In Phrygien, Gallien, und offenbar in Rom, wurde der Tod des Attis bei der Frühjahrs-Tag-Nachtgleiche gefeiert und seine Wiedergeburt am 25. März.

Bei dem Heiligen Fest das zu dieser Jahreszeit in Indien stattfindet, bewerfen Hindus sich gegenseitig mit rotem Pulver, in Nachahmung der Pollen, die Blumen und Pflanzen befruchten. Von diesem Fest wird angenommen, dass es ursprünglich mit der Anbetung der Sonne

---

[129] Das Lamm wurde um 03.00 Uhr am Nachmittag auf der 14. Tag des Ahib (später Nisan) des ersten Monats geopfert. Es war eine Vollmondfeier und wurde von Fasten gefolgt bis zur Tag-Nachtgleiche, sieben Tage später.

[130] Die Zeit die jetzt für den Auferstehungs-Tag oder Osterfest fixiert wurde, ist der erste Sonntag nach dem Vollmond, der der Frühjahrs-Tag-Nachtgleiche folgt.

verbunden war. In der römischen Kirche wird der 25. März als der Verkündigung der Jungfrau Maria gefeiert, genau neun Monate vor der Geburt Christi am 25. Dezember.

Sommer

Am 21. Juni, dem längsten Tag des Jahres, erreicht die jugendliche Sonne den entferntesten Punkt nördlich in der Ekliptik. An diesem Tag geht die Sonne früher auf und geht später unter, als an jedem anderen Tag des Jahres. Am 21. Juni ist der Nordpol der Erde $23^{1/2}$ Grad zur Sonne geneigt, und am 21. Dezember ist diese Position umgekehrt, der Nordpol ist dann $23^{1/2}$ Grad von der Sonne weggeneigt.

Für die Babylonier repräsentierte der Punkt der Sommersonnenwende, das Tor von Nibbu, das Reich des Gottes Anu, "die Grenze, die kein Mann passieren kann". Es markiert den höchsten Punkt der Männlichkeit von Gottes Sonne, wenn sie mit maximaler Brillanz und Wärme strahlt. Der Höhepunkt ist der Vollmond. Er markiert den Tag, an dem die Sonne sich mit Ishtar, der Großen Mutter-Göttin vereint.

Es markiert auch den Beginn des Niedergangs der Sonne. Weil sie selbst ihre Energie gegeben hat, um die Fruchtbarkeit auf der Erde wiederherzustellen, beginnen ihre Kräfte nun zu schwinden. Die Tage werden bald kürzer. In Babylon wurden sowohl die Vereinigung als auch der Niedergang von Tammuz [131] gefeiert, nur ein paar Tage auseinander. Dies war die Bedeutung von Gilgamesch's Erklärung, in der er Ishtar beschuldigte eine Zauberin zu sein, eine Giftmischerin und Räuberin der Männlichkeit. Zu seinem Tod fasteten und trauerten die Menschen in Babylon und anderen chaldäischen Städte gewöhnlich 40 Tage lang, bis zum großen Fest von Ishtar.

In allen Teilen der Welt können Bräuche und Legenden über den scheinbaren Aufstieg und Niedergang der Männlichkeit der Sonne gefunden werden. Einige Legenden erzählen, dass die Sonne zurückgehalten wird, weil sie mit Seilen gefesselt ist. Der Tag, an dem die Sonne sich in ihrem Kurs dreht und anfängt sich nach Süden zurückzuziehen, wurde auch von Feiern markiert, bei denen die Teilnehmer Freudenfeuer anzündeten und in allen Altersstufen darüber sprangen. Feuer und Feuerverehrung wurden eng mit der Sonne assoziiert. In Frankreich wurden diese Feuer *Feux de Joie* genannt, in England, bon fires, in Deutschland *Johannisfeuer,* in Irland wurden sie *Baal tinne* (Zeit des Baals Feuers) genannt.

Dieser Brauch wurde von Island bis Spanien und Griechenland im Süden beobachtet. Der Brauch ist unter den Mohammedanern in Nordafrika weit verbreitet, insbesondere in Marokko und Algerien. Trotz der Tatsache, dass solche Bräuche streng von der mohammedanischen Religion verboten sind und trotz der Tatsache, dass der Mond und nicht die Sonne die zentrale Figur in dieser Religion ist, ist es sowohl bei den Berbern, als auch bei vielen Arabern und arabisch-sprechenden Stämmen gebräuchlich [132].

Es entstammt dem druidischen Brauch einen "Whuil" oder Klotz zu verbrennen (aus dem sächsischen Wort Rad oder Kreis), aus dem wir den Brauch des Verbrennens eines Julklotzes (Christklotz, großer Holzklotz), ableiten. Es wird angenommen, dass der Altarstein im großen Steinkreis der antiken Ruinen von Stonehenge, England, so platziert ist, dass er direkt der aufgehenden Sonne am Tag der Sommersonnenwende zugewandt ist.

Der Wendepunkt der Sonne wurde in Ägypten, Indien, China, Griechenland, Mexiko und Zentralamerika beobachtet, begleitet von aufwendigen Zeremonien. Im achten Jahrhundert

---

[131] Der 10. Tag von Tammuz (25. Juni) war bei den Babyloniern ein Tag der Trauer.
[132] *The golden Bough*, Sir James Frazer, Abgd. Ed., S. 631-2.

beschwerten sich christliche Missionare in Nordeuropa darüber, dass die Einheimischen die Sommersonnenwende durch Versammlungen auf Hügeln, am Vorabend des 21. Juni feierten und bei Sonnenaufgang große, strohgedeckte Räder in Brand setzen und sie die Hügel herunterrollen ließen, um den abfallenden Kurs der Sonne, in dieser Phase des jährlichen Zyklus, zu symbolisieren. Grimm gibt an, diesen Brauch in Deutschland und Nordfrankreich im Jahr 1823 beobachtet zu haben. Heute wird diese Saison am 23. Juni als Johannistag gefeiert und der Brauch ein Johannisfeuer zu entfachen wurde von der römischen Kirche, in einigen Ländern, bis in die heutige Zeit weitergeführt [133]. Die Feier des Geburtstags von Johannes dem Täufer, genau zu dem Zeitpunkt an dem die Tage beginnen kürzer zu werden, verleiht Relevanz für seine prophetische Bemerkung: "Er (Christus) muss zunehmen, ich aber muss abnehmen."

Der 21. Juni wurde von den Griechen für die Feier ihrer olympischen Feste angesetzt, deren Beginn Herkules zugesprochen wurde, dessen erste Handlung es war, einen Löwen zu töten, das Tierkreiszeichen Löwe.

Herbst

Am 23. September sind die Kräfte des Lichts und der Finsternis wieder gleich (Tag und Nacht sind gleich lang) und die Sonne beginnt jetzt den Einstieg in die Unterwelt. In der babylonischen Astrologie markiert diese Periode, den Eintritt der Sonne in die unteren sechs Zeichen des Tierkreises und die sechs unglücklichen oder unfruchtbaren Monate. Es wurde auch, bei wichtigen religiösen Zeremonien, als die Zeit des Gerichts wahrgenommen. Es war der Zeitraum, in dem die Taten des Menschen auf der Erde in die Waagschale geworfen und im Tierkreis, aufgewogen wurden. Die Waage war das Symbol. Zu dieser Zeit begingen die Babylonier, mit Prozessionen fackeltragender Bürger, feierlich das Fest des Lichtes, um symbolisch den Durchgang der Toten, durch die Unterwelt zu erhellen.

Die Juden feiern den siebten Monat als ein Gedenkfest und den zehnten Tag des Monats als Tag der Buße. (*Lev.* 23:24,27). Am 25. des Kislev (Dezember) feiern sie das Fest der Hanukkah, das Josephus als ein Fest der Lichter erwähnt. Das Fest wurde von Judas Makkabäus, seinen Brüdern und der Ältestengemeinde von Israel im Jahre 165 v. Chr. begonnen, um die Wiedereinweihung des Altars im Tempel für Jahwe, nach seiner Entweihung durch Antiochus Epiphanes, zu feiern. Es war üblich, entweder acht Lampen am ersten Abend des Festes zu zeigen und die Zahl jede folgende Nacht um eins zu reduzieren, oder die erste Nacht mit einer Lampe zu beginnen und die Zahl täglich bis zur achten Nacht zu erhöhen. Durch Tradition war der 25. Kislev, in der Zeit von Moses, das Datum der Einweihung des Altars. Es ging wahrscheinlich aus der ursprünglichen Sonnenfeier hervor, als der Kalender von Mond- zur Sonnenzeit umgewandelt wurde.

Die römische Kirche feiert am 14. September Sankt Michael, der Eroberer des Hades. Später in der Jahreszeit kommt Allerheiligen.

In einer Mithras-Skulptur wird das Schwinden der Sonnenvitalität im Winter durch eine Figur symbolisiert, welche die Fortpflanzungsorgane eines Stiers (Taurus) durch einen Skorpion (Sternzeichen Skorpion) zerstört.

In Ägypten gab es nach der Herbst-Tag-Nachtgleiche eine jährliche Zeremonie, "Geburt des Gehstocks der Sonne", genannt. Es wurde von dem Aberglauben abgeleitet, dass die

---

[133] In Sardinien, Sizilien, Catania, usw. wird der Johannistag, 23. Juni, heute auf die ziemlich gleiche Weise gefeiert wie Adonis (und Tammuz) in den vergangenen Jahrhunderten betrauert wurden. *The Golden Bough*, Abgd. Ed., Sir James Frazer, p. 344.

Sonne, nachdem sie jetzt schwach und machtlos geworden ist, Krücken bräuchte, um sich darauf zu stützen.

Nach der Herbst-Tag-Nachtgleiche [134], erhöhen die dunklen Mächte stetig ihre Herrschaft über die Sonne, bis zur letzten Episode am 22. Dezember, wenn der Zyklus mit dem Tod der Sonne und der Geburt eines neuen Sonnenretters endet. (Der Tod des alten Sonnengottes zur Wintersonnenwende wird in einer höchst ungewöhnlichen Art und Weise in einer Zeichnung aus dem sechzehnten Jahrhundert (Abbildung 31) typisiert. Hier bilden die Achse und der Äquator der Erde ein Kreuz, auf dem der Makrokosmische Mann platziert wurde, im Herz durchbohrt von einem Speer, der ihn in einem Winkel von $23^{1/2}$ Grad trifft, dem genauen Winkel der Neigung der Ekliptik am 22. Dezember und 21. Juni).

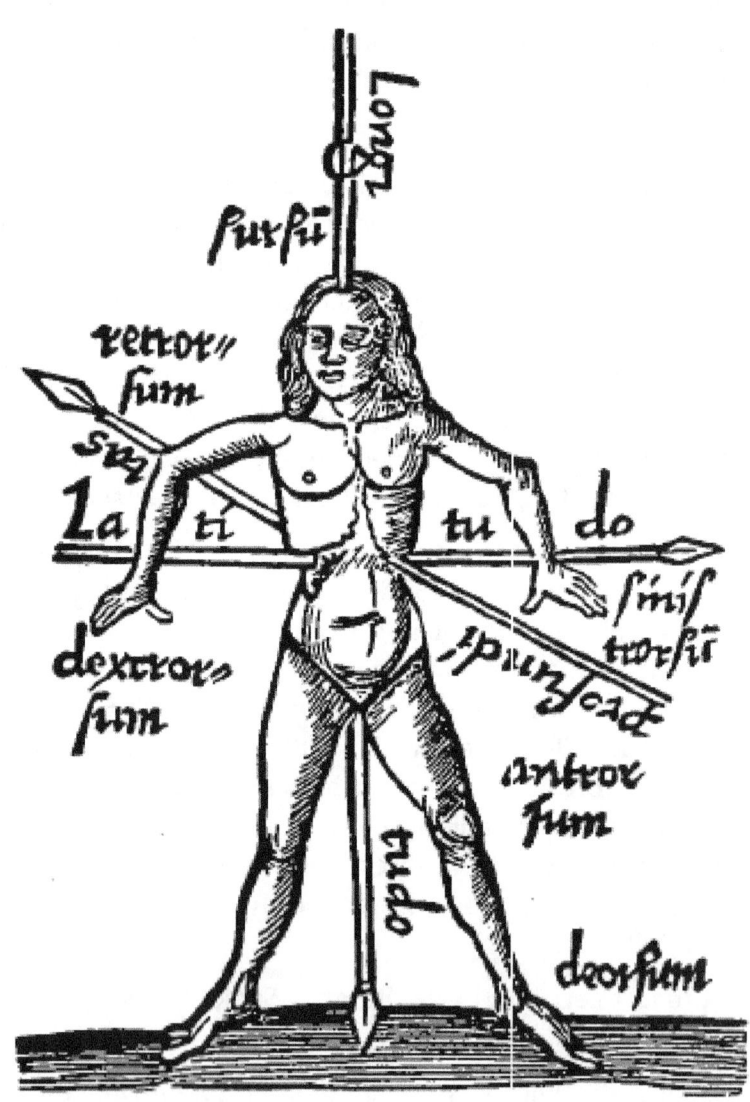

Abbildung 31: Okkultes Konzept des Makrokosmischen Mannes

Eine okkulte Auffassung des Mittelalters zeigt den von Speeren durchbohrten, "Makrokosmischen Mann", was dem Äquator und der Ekliptik entspricht. Reproduziert aus der MARGARITA PHILOSOPHICA, TOTIUS PHILOSOPHIOE RATIONALIS ET

---

[134] In Ägypten wurde am 17. Tag des Monats Athor, zum Zeitpunkt der Herbst-Tag-Nachtgleiche, der Tod des Sonnengottes Osiris beobachtet, als die Sonne in die sechs unteren Zeichen des Tierkreises eintrat. Eine Arche wurde in Form einer Mondsichel gemacht und am neunzehnten desselben Monats, verkündete die Priester, dass Osiris gefunden wurde. Seine Auferstehung ist am dritten Tag des Mondes.

MORALIS PRINCIPIA DUODECIM LIBBA DIALOGICE COMPLECTENS *von Joannes Schotus*, **Prior des Kartäuser-Kloster**, Freiburg, 1503.

Aus den vorangegangenen Ausführungen ist zu sehen, dass das Datum, an denen die Sonne die vier kritischen Punkte in ihrer jährlichen Reise erreicht, die wichtigste Datumsfolgen in den alten astronomischen und astrologischen Systemen ist. Es sind die Tage, an denen die wichtigsten Ereignisse in den Mythen des Sonnengottes stattfanden. Alle wichtigen Ereignisse des Alten Testaments, wie das Legen von Fundamenten, Einweihungen von Tempeln und Altären, fanden an den gleichen, grundlegenden Tagen statt. Die bemerkenswertesten Ereignisse des Neuen Testaments traten auch zum gleichen Datum auf, zum Beispiel, die Verkündigung und Himmelfahrt der Jungfrau Maria, die Geburt und Auferstehung Christi und die Geburt von Johannes dem Täufer.

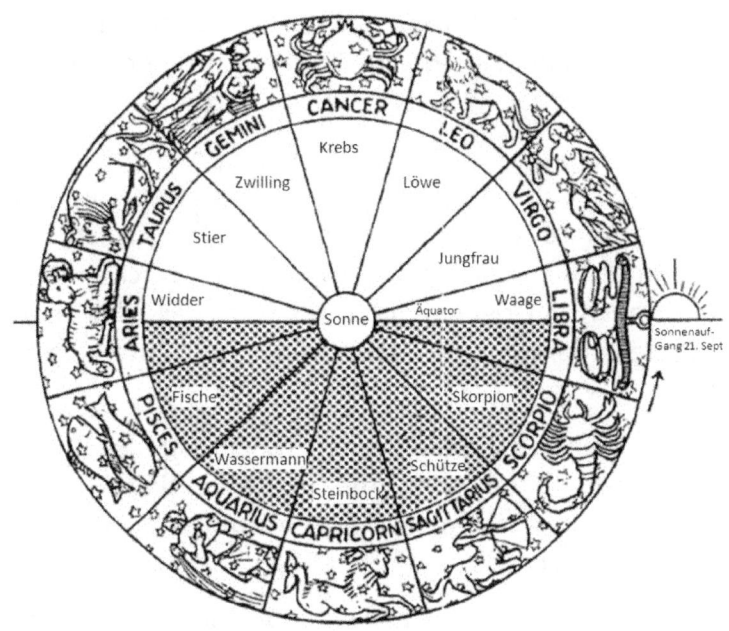

Abbildung 32: Konstellation der Tierkreiszeichen

Position der Tierkreiszeichen bei Sonnenaufgang am 22. September, in der Mitte des Widderzeitalters. Die Konstellationen der sechs fruchtbaren Monate über dem Horizont und die der sechs unfruchtbaren Monate unterhalb. Libra, die Waage, trennt die beiden Zeiträume.

Die Konstellation Widder, die mit der Sonne am 21. März aufgegangen ist, versinkt nun im Westen. Die Jungfrau wird in der Nacht vom 21. Dezember im Osten aufsteigen und am Morgen, wenn die Sonne im Steinbock aufgeht, im Zenit sein.

Was die Sterne verraten

In den meisten alten Kalendern begann das Jahr zum Zeitpunkt des Frühlingsanfangs, am 22. März. Nach den Berechnungen einiger Astronomen, ging die Sonne in der Zeitspanne von etwa 2512 bis 360 v. Chr., zu dieser Jahreszeit im Sternbild Widder auf [135]. Es war in dieser Zeitspanne, in der Astrologie, Tierkreiszeichen, und die Sonnengott-Mythen vollständig entwickelt waren, obwohl die ersten Tierkreiszeichen am Himmel viel früher aufgezeichnet wurden.

---

[135] Dem Beginn und das Ende eines Tierkreis-Zeitalters kann man sich nur annähern, weil die Konstellationen oder Zeichen, durch imaginäre Linien getrennt werden, die von Astronomen beliebig auf Karten platziert wurden. Schätzungen der verschiedenen Autoritäten, für den Beginn und das Ende eines Tierkreis-Zeitalters, kann leicht um eine Größenordnung von 200 oder 300 Jahren schwanken. Entsprechend den Empfehlungen der Internationalen Astronomischen Union wird das Wassermannzeitalter im Jahr 2700 AD beginnen.

Die Erde macht alle 24 Stunden eine volle Umdrehung. Alle zwölf Zeichen oder Konstellationen folgen einander durch den Himmel. Alle zwei Stunden steigt eine neue über dem östlichen Horizont auf. Und wie die Erde in ihrer Umlaufbahn um die Sonne fortschreitet, scheint die Sonne jeden Monat in einem anderen Zeichen aufzugehen.

Während des Widderzeitalters war der Sonnenaufgang zur Sommersonnenwende, im Zeichen Krebs, zur Herbst-Tag-Nachtgleiche in der Waage, im Steinbock zur Wintersonnenwende. Mehrere Stunden vor Sonnenaufgang am 25. Dezember oder um Mitternacht, stieg das Zeichen der Jungfrau über dem Horizont auf. Dies war die Stunde der Geburt des jungen Gottes.

Das Opferlamm (Aries) war in dieser Stunde im Westen und sank, mit dem Aufgang der Jungfrau im Osten, unter den Horizont. Hoch im westlichen Himmel, im Zeichen des Stiers, stand Orion, der Stern des Horus. Die drei hellen Sterne im Gürtel des Orion waren die drei Weisen oder Könige. Direkt über dem Himmel von Orion ist der Skorpion, der ihm folgt. Im Stier befindet sich das Sternbild Columba, die Taube, das Symbol der Jungfrau Maria und des Heiligen Geistes. Zu Füßen der Jungfrau ist der Hirte Boötes.

Im Zeichen des Stiers gibt es auch eine kleine Gruppe von Sternen genannt Stall (Aurega). Dies ist der gleiche Stall des Augias, den Herkules mythisch als seine sechste Aufgabe säuberte. Und Justin der Märtyrer prahlte stolz damit, dass Christus am selben Tag geboren wurde, als die Sonne ihrer Geburt im Stall des Augias, im Zeichen der Ziege (Steinbock) entgegengeht. Es stimmt auch mit der Tradition überein, dass der Sonnengott in einem Stall oder einer Höhle (Höhlen oder Nischen, in den Felsen geschnitzt, die manchmal auch als Stall genutzt werden) geboren wurde.

Andere Figuren, die man auf Himmelskarten sehen kann, sind Herkules und der Drache, der den Garten der Hesperiden bewacht. Auch zu sehen sind Castor und Pollux, Helden im Mythos von Jasons Abenteuer auf dem Schiff Argo, auf der Suche nach dem Goldenen Vlies, genauso wie Argonaut oder Arche.

Im Zeichen des Skorpions gibt es das kleine Sternbild Aquila, der Adler. Dieser Vogel wurde mit dem griechischen Gott Zeus identifiziert, dem Hindu Vishnu, dem hebräischen Jahwe und war einer der vier Tiere, die in der mystischen Vision Ezechiel's erwähnt wurden. Die anderen Tiere sind Stier (Taurus), Löwe (Leo) und Mensch (Wassermann). Während des Stierzeitalters markierten die vier hellen Sterne Aldebaran, Regulus, Antares und Fomalhaut, in diesen vier Zeichen, also Stier, Löwe, Skorpion und Wassermann, die vier grundlegenden Zeiten des Jahres.

Im Zeitalter des Widders, wurde der Steinbock im Januar durch das Zeichen des Wassermanns gefolgt. Das wichtigste Fest, das nun diese Zeitspanne markiert, ist das Dreikönigsfest, zum Gedenken an die Taufe Christi und den Empfang des Heiligen Geistes. Es ist das Wesen des Symbolismus, dass ähnliche Qualitäten zusammengehen. Wenn wir daher lesen, dass die Taufe Christi durch Johannes den Täufer, am 6. Januar stattfand, tritt dieses Ereignis genau dort auf, wo wir es erwarten, in Aquarius, dem Wassermann.

Der 6. Januar wurde in Ägypten als Tag des Nilos gesehen, wenn man von dem Wasser des Nils sagte, es wäre in seiner reinsten Form. Epiphanius schrieb, dass dies die Jahreszeit war, in der Wasser aus dem Fluss geschöpft und gespeichert wurde, nicht nur in Ägypten, sondern in vielen anderen Ländern. In einigen Orten wurde gesagt, dass Quellen und Flüsse an diesem Tag, angeblich in Wein verwandelt waren. Aus dieser Tradition entwickelte sich ein Mythos, dass Bacchus (Dionysos) in dieser Zeit des Jahres, Wasser in Wein verwandelte;

und, welch ein "Zufall", der so oft in den Schriften zu finden ist, die Verwandlung von Wasser in Wein bei der Hochzeit zu Kanaan, war das erste Wunder Jesu.

Zwei Jahrhunderte nach Epiphanius, **befahl** Chrysostomos, **dass das Wasser** gesegnet wird und **bei dem Fest der Taufe** aus den Flüssen geschöpft wird. In katholischen Gemeinden **segnen** Priester in dieser Jahreszeit immer noch Flüsse und andere Gewässer, **eine Praxis, die** zweifellos aus einem alten, ägyptischen Brauch abgeleitet wurde.

VIII: Sex-Symbolismus

Mythen, die um Sonnengötter und Muttergöttinnen rankten, waren nicht nur astronomische Allegorien, welche die verschiedenen Aspekte der Jahreszeiten, sowie die fruchtbaren und unfruchtbaren Perioden in der Natur porträtierten, sondern auch Ausdruck einer Philosophie, die das gesamte Universum als ein großes, sexuelles System angesehen hat. Aus der Beobachtung, dass die Schöpfung von Leben auf der Erde, von der Vereinigung von Mann und Frau abhängt, war es eine einfache Annahme, die Erde als Muttergöttin zu sehen, deren Schoß durch das Licht und die Wärme der Sonne geschwängert wurde. Die Sonne wurde daher als der große Vater aller Existenz betrachtet.

Alle Sonnen- und Mondkulte waren in der Tat Fruchtbarkeitskulte, deren Hauptgötter Fruchtbarkeitsgötter waren. Der Unterschied zwischen Sonnenverehrung und Sexverehrung war nur marginal.

Griechische Mythologen waren sich des traditionellen Verhältnisses zwischen Himmel (oder der Sonne) und Erde bewusst, als sie Uranos und Gaia oder Zeus und Demeter, als Mann und Frau präsentierten. Der Glaube an diese Beziehung bleibt noch immer in den Köpfen der Hindus bestehen, und jährlich, im Frühling, wenn der Salbaum in voller Blüte ist, feiern die Oräon Menschen von Bengalen die Hochzeit der Erdgöttin Prthivi (bedeutet breit) mit Dyaus, dem Himmelsgott .

In einer Abhandlung über die Landwirtschaft, sagte Columella, ein römischer Schriftsteller: "es ist die Union des Universums mit sich selbst oder mit der Wechselwirkung der beiden Geschlechter, die großen Geheimnisse der Natur, ihre heiligen Orgien, ihre Geheimnisse, die in den Einweihungen mit unzähligen Emblemen dargestellt wurden. Aus diesen werden die ithyphallischen Feste und die Weihe von Phallus und Cteis, oder Geschlechtsorgane von Mann und Frau, in den alten Heiligtümer abgeleitet."

Während Mythen die Natur in narrativer Form allegorisierten, dienten Symbole, in grafischer Weise, einem ähnlichen Zweck. So wurde die Frühlingssonne in Gemälden und Skulpturen, als lustvolles Kind, und die Wintersonne als schwacher, alter Mann mit einem fließenden Bart dargestellt.

Viele der frühesten Sprachen verfügten nicht über ein Neutrum und alles, auf der Erde oder in der Luft, wurde entweder als männlich oder weiblich bezeichnet, entsprechend seiner vorgestellten, positiven oder negativen Eigenschaften. Jede Eigenschaft, jeder Zustand oder Qualität, wie Richtungen, Metalle, Gesten, Farben, Formen, Buchstaben, Zahlen usw., erwarben eine bestimmte Bedeutung in der allumfassenden Regelung. In diesem universellen, dualen System wurden natürliche Eigenschaften etwa wie folgt klassifiziert:

Männlich	Weiblich
Positiv	Negativ
Sonne	Erde (oder Mond)
Leben	Tod
Sommer	Winter
Gut	Böse
Ungerade	Gerade

Feuer	Wasser
Wärme	Kälte
Vertikal	Horizontal
Quadrat	Rund
Winkel	Kurven
Gesehen	Ungesehen, usw.

Durch die Assoziation von Ideen wurden Brunnen, Teiche, Seen, Täler, Grotten, Höhlen, Spalten und Risse in der Erde mit der Matrix verglichen und als Ort der besonderen Verehrung geschätzt. An diesen Orten wurden der Astarte die Embleme der Reife geopfert. Dies scheint der Brauch zu sein, auf den in Jesaja 57:5 hingewiesen wird, wo die Rede von Müttern ist, die "Kinder unter den Spalten der Felsen töten". Die frühen Christen denunzierten solche Orten als *cunno Diaboli* (Teufels Vagina).

Löcher oder Risse in der Erde, aus denen Klänge, Dämpfe oder Gase entweichen, wurden als heilige Orakel geschätzt. Das große, griechische Orakel von Delphi war so ein Ort. Der Name selbst aus *Delphus* abgeleitet, bedeutet Gebärmutter. Wenn es als *Delphis* buchstabiert wird, bedeutet das Wort Delphin. Aphrodite, die Göttin der Liebe ist mit Fruchtbarkeit und Geburt verbunden und als *Delphis*, der Delphin, verbunden mit *Delphus*, der Gebärmutter, oder Geburtsstadt. Aphrodite ist oft sitzend auf einem springenden Delphin repräsentiert.

Runde oder kuppelförmige Felsen oder Befestigungen, Hügel und "Verehrungsstätten" wurden mit den Brüsten der Natur verglichen oder dem Nabel der Erde, der das Neue mit dem Alten verband. Solche Orte waren in alter Zeit die bevorzugten Orte für heilige Altäre und Bauten. Künstliche Hügel und Pyramiden wurden in gleicher Weise geschätzt und ihre Überreste, in verschiedenen Größen und Designs, sind in allen Teilen der Welt zu finden. In Sparta wurden Kuchen, die wie Brüste geformt waren, in Hochzeits-Prozessionen von Frauen getragen, die der Braut folgten und ihr Lob sangen.

Der Berg, auf dem Apollo geboren wurde, wurde Titthonia genannt, was "die Brustwarze" bedeutet. "Wenn runde Türme auf sehr runden Anhöhen positioniert wurden", sagte J. R. Bryant, "wurden sie, von den Ammoniern, Tith genannt. Sie wurden so, wegen ihrer Ähnlichkeit mit den Brüsten einer Frau genannt und wurden besonders Horus und Osiris, den Gottheiten des Lichts gewidmet, daher wurde der Gipfel des Mount Parnass, Tithorea genannt, von Tith-Or". Die symbolische Beziehung zwischen gerundeten Objekten und dem weiblichen Prinzip, war wahrscheinlich die Quelle der alten Sitte, einen Knopf, oder Nabel in der Mitte von Brötchen oder heiligen Kuchen zu platzieren und niedrige, runde Kuppeln auf orientalischen Tempeln zu bauen.

Von *omphe, om-pi*, oder *am-be* war das griechische Wort Omphalos oder Nabel abgeleitet und der Berg, wo Orakel befragt wurden, wurde Har-Al-Ompi oder nur Olympos genannt. Die *ompi* in Delphi hieß Omphi-El oder Orakel der Sonne; während der Mond Olympias bezeichnet wurde. Im Tempel von Amon, in Libyen, wurde ein Emblem des Gottes, als Nabel von immenser Größe beschrieben, auf den Schultern von 80 Männern, in einem Boot getragen.

Die Frau von Shiva, dem Hindugott der Schöpfung, wird Parvati genannt und ihr Ompi, Knopf, oder Nabel ist einer der besonderen "Juwelen", dem ihre Anbeter Verehrung zollen. Als die vollbusige Mutter, "die Dame des Berges" oder "die Bergige", ist sie der große Omphalos der ganzen Schöpfung, ein Begriff, der auch auf Ishtar angewendet wurde.

Die Tempel der Babylonier wurden auf Erdhaufen oder Backstein gebaut, manchmal viele Fuß über der Ebene und "Berg der Welt" oder "Berg der Götter" genannt.

In Palästina, in den Tagen Abrahams, wurden die heiligen Altäre auf Hügeln oder "Verehrungsstätten" gebaut. Während der Regierungszeit von König Salomon war das Land mit Statuen und phallischen Symbolen und Befestigungen oder Verehrungsstätten für Kamos (babylonischer Sonnengott Schamasch) und Moloch, der Gott des Feuers, abgedeckt. Diese Schreine blieben während der Monarchie erhalten, bis Josiah sie abriss [136].

Frühe Chaldäer glaubten, dass ihr "heiliges Haus der Götter" genau in der Mitte des Universums stand. Ägypter visualisieren die Welt in Form einer menschlichen Figur, in der Ägypten das Herz war und Theben das Zentrum. Für Assyrer war das Zentrum Babylon, für Hindus war es der Berg Meru, und für die Griechen war es Delphi.

Bevor die Mohammedaner Mekka zu ihrer heiligen Stadt machten, sahen sie auf Jerusalem als das Zentrum des Universums. Prophet Ezechiel erklärte, dass Jerusalem in der Mitte der Erde liegt. Es ist eine allgemeine Überzeugung unter den Juden, dass der Berg Moria (Tempelberg) in Jerusalem, der Ort des salomonischen Tempels, "Nabel" des Universums ist. St. Jerome akzeptierte dies und es wurde die orthodoxe Position mittelalterlicher Kirchenmänner, die Ezechiel als ihre inspirierte Autorität zitieren. Die runden Hügel des Berges Tabor, die Christen "den Berg der Verklärung" nennen, wird immer noch von mohammedanischen Fellachen, der "Nabel" der großen Mutter Terra genannt.

Der wichtigste Teil der Kirche des Heiligen Grabes in Jerusalem, ist das Kirchenschiff östlich von der Rotunde. Hier ist der Boden, bis auf eine kurze Säule, nicht bedeckt, wahrscheinlich ein altes Symbol, das den Baum des Lebens repräsentiert und den Mittelpunkt der Welt markiert.

Nach einem alten, irischen Glauben, war der Nabel der Welt an der Grenze von Meath, wo fünf Provinzen zusammentreffen und wurde Uis-Neach genannt, wo der Tradition zufolge, das heilige Feuer angezündet wurde. Den Bogen nannten die Druiden Midhe und der Ort wurde von einem großen Stein genannt Cul-na-mireann, das heißt, "Stein der Teile", gekennzeichnet.

Die mittelalterliche Praxis zu Fragen der Geographie biblische Autorität zu suchen, war die Quelle des Glaubens, dass nicht nur das Kreuz auf Golgatha den geographischen Mittelpunkt der Erde markiert, sondern dass an dieser Stelle der Baum stand, der die verbotene Frucht im Garten Eden trug [137]. Dieser Glaube herrschte solange vor, bis Columbus zeigte dass die Welt rund ist. Im modernen Sprachgebrauch ist der "Mittelgang" einer Kirche, ihr Zentrum, Mittelpunkt oder Nabel.

Die heiligen Omphalos, unter den Heiligenbildern im Tempel des Apollo, waren eng mit Python, der heiligen Schlange von Delphi und dem kosmischen Ei verbunden, die in verschiedenen Mythen, als die ursprüngliche Quelle der Schöpfung beschrieben wird.

Die Omphalos wurden allgemein als ein konischer Stein dargestellt. Sie ähneln der Form eines halben Eis, das auf einer niedrigen, viereckigen Basis stand. Manchmal hatte es die Form eines ganzen Eis, lediglich an der Unterseite abgeflacht, damit es auf dem Podest stehen kann. In dieser Form ist es im Aussehen, dem einer Schleife oder einem Griff, oder dem

---

[136] Aber ich habe meinen König eingesetzt auf meinem heiligen Berg Zion. Ps. 2: 6.
Und er hörte mich aus seinem heiligen Berge. Ps.3:4.
[137] *History of the Warfare of Science with Theology*, Andrew D. White, vol. I, p. 98.

ägyptischen Anch-Kreuz sehr ähnlich, das in seinen zahlreichen Formen das weibliche Prinzip symbolisiert.

Manchmal erschienen die Omphalos kahl und zu anderen Zeiten wurden sie mit hängenden Filets drapiert oder mit schraffierten Linien überzogen, dargestellt entweder mit einfachen Bändern oder, in regelmäßigen Abständen aneinander gebunden, damit sie einer Reihe von Eiern ähneln.

In China wird die Erde als Quadrat und der Himmel rund visualisiert. Im Einklang mit dieser Auffassung ist der heilige Tempel des Mondes (mit dem Himmel identifiziert) rund. Diese Beziehung wird auch in der chinesischen "Cash" oder Münze, eine dünne, kreisförmige Scheibe mit einem kleinen, quadratischen Loch in der Mitte, beobachtet. Die Vereinigung von Kreis und Quadrat, Himmel und Erde, Mann und Frau, repräsentierten für die Chinesen die göttliche Quelle aller Dinge. Es waren wohl ähnliche Gründe, die Quadrat und Zirkel, die Instrumente, die für diese Formgestaltung eingesetzt werden, zu Symbolen der Freimaurerei wurden [138]. Der Brauch der römisch-katholischen Priester sich die Köpfe zu rasieren, wurde von ägyptischen Priestern abgeleitet, die sich einen kreisförmigen Fleck auf ihre Köpfe rasierten, um die Scheibe der Sonne zu symbolisieren.

In Ländern, in denen Frauen von Männern im Haushalt separiert sind, werden die Zenanas oder weiblichen Quartiere, als der Schoß des Hauses betrachtet, und bestimmte alte Schriften verweisen auf diese Quartiere in Worten wie, "die zwischen den Schenkeln" des Hauses. Das "Allerheiligste" war der Schoß der alten Tempel.

Überall auf der Welt war der Osten oder der Sonnenaufgangspunkt die Hauptrichtung und deutete Licht, Leben und Geburt an. Der Westen und Südwesten waren das Land der Toten. Tempel, Kathedralen und Kirchen wurden nach dem Sonnenaufgangspunkt an der Frühlings-Tag-Nachtgleiche, der Sommersonnenwende oder dem Sonnenaufgangspunkt, des Feiertags der Heiligen ausgerichtet, dem die Kirche geweiht war. In China jedoch, wurde der Tempel der Sonne in Peking, nach der Sonne zur Zeit der Wintersonnenwende ausgerichtet. Der große Tempel von Ishtar in Babylon wurde an der nordöstlichen Ecke der Stadtmauer gebaut, mit Richtung zur aufgehenden Sonne an der Frühlings-Tag-Nachtgleiche.

Im großen ägyptischen Tempel in Theben (Luxor) gab es eine lange Allee, auf jeder Seite eingefasst mit Statuen widderköpfiger Sphinxen. Die Allee war so ausgerichtet, dass am Tag des 21. Juni, genau in dem Moment, in dem die Sonne ihren weitesten Punkt Richtung Norden erreicht hat, ihre Strahlen durch die lange Allee und durch den schmalen Tempeleingang fielen und für einen kurzen Moment das heilige Bild im Allerheiligsten beleuchtete. Dies symbolisiert das Eindringen des Samens in den Schoß der großen Erdmutter durch die Sonne.

Die Ausrichtung des Tempels von Isis wird von einer Inschrift so beschrieben: "Sie (der Stern der Isis) glänzt in ihrem Tempel am Neujahrstag und sie vermischt ihr Licht mit dem ihres Vaters Ra (der Sonnengott)". Der besondere Stern der Isis war Sothis oder Sirius (der Hund Stern), und es wurde durch Berechnung ermittelt, dass eine Konjunktion von Sothis und der Sonne, 700 vor Chr. stattfand. Dies war der Tag, an dem der große Tierkreis im

---

[138] "Wegen des Kreises und Quadrats, kommen die Sabbate, auf die hier verwiesen ist, unter die Verfügung des Wortes 'halten', verwendet im zweiten Vers der Zehn Gebote (*Deut*. Kap. 5.). (Der Kreis und das Quadrat wurden von Kabbalisten verwendet, um die drei höchsten Sephiroth zu symbolisieren). Das Heiligtum des Herrn ist im Zentrum (seines Palasts) gelegen, und das was am meisten verhindert werden muss, ist die Strafe für das Eindringen in den Platz des Kreises und des Quadrates, auf die Stelle zu treten, wo der Mittelpunkt gelegen ist." *Zohar*, vol. 1, p. 23. Übersetzt von Harry Sperling und Maurice Simon.

Tempel des Osiris in Dendera errichtet wurde und er so, als Denkmal für die Verbindung von Isis und Osiris oder Ra, gebaut wurde [139].

Der jüdische Historiker Josephus schrieb, dass seit den Tagen Salomons der Tempel in Jerusalem nach Osten ausgerichtet war, und an der Frühlings-Tag-Nachtgleiche passierten die Strahlen der Sonne einen offenen Durchgang zum Allerheiligsten, den der Hohepriester nur einmal im Jahr betreten hat [140]. Er war nach Osten offen und zum Westen geschlossen. Es gibt Hinweise darauf, dass der Eintritt des Sonnenlichts, am Morgen der Frühjahrs-Tag-Nachtgleiche, Teil der Feierlichkeiten war.

Viele englische Kirchen sind so ausgerichtet, dass die Sonne durch das Fenster über dem Hochaltar scheint und Kirchgänger zur Sonne schauen. St. Pauls Kathedrale und Westminster Abbey in London, Notre Dame in Paris, Petersdom in Rom, und der Mailänder Dom sind auf die Frühlings-Tag-Nachtgleiche ausgerichtet.

"Im Hinblick auf St. Paul in Rom", sagt Lockyer, "lesen wir, dass die Basilika so genau nach Ost und West ausgerichtet war, dass bei Sonnenaufgang der Frühlings-Tag-Nachtgleiche, die großen Türen der Vorhalle geöffnet wurden und auch die östlichen Türen der Kirche, und als die Sonne aufging, fielen ihre Strahlen durch die Außentüren, dann durch die Innentüren, drangen gerade durch das Kirchenschiff und beleuchteten somit den Hochaltar [141].

Im Osten wurden die Toten immer der aufgehenden Sonne zugewandt, begraben. Diese Praxis war auch in Europa weit verbreitet. Die Ausrichtung der Kirchen in christlichen Ländern begann in den ersten vier Jahrhunderten. Trotz der Proteste im Mittelalter gegen den Brauch, setzte er sich fort; und bis in die neuere Zeit waren alle Kirchen mehr oder weniger so ausgerichtet, vor allem die römischen und englischen Kirchen.

"Bei der Taufe wurden die Katechumenen mit dem Gesicht Richtung Westen platziert, dann wurde ihnen befohlen, Satan, mit Gesten der Abscheu abzuschwören, die Hand entgegenstreckend, oder zusammenschlagend und ihn dreimal anzupusten oder anzuspucken. Die Zeremonie und die Bedeutung ist von Jerome klar dargelegt: 'In den Mysterien (was Taufe bedeutet), verzichten wir zum ersten Mal auf ihn, der im Westen ist und mit unserer Sünde für uns stirbt, so machen wir, uns nach Osten drehend, einen Bund mit der Sonne der Gerechtigkeit und versprechen ihr seine Diener zu sein' [142]."

Orientierung war nie ein Gesetz der kirchlichen Architektur, aber es ist in den frühen Jahrhunderten dominant geworden. Der Autor der Apostolischen Konstitution gibt Anweisungen für den Bau von Kirchen Richtung Osten und auch Vitruvius hat festgestellt, dass die Kirchen nach Osten ausgerichtet werden sollten [143].

Die Ausrichtung der Logen der Freimaurer wird in ähnlicher Weise beobachtet. Der Sitz des Meisters ist auf der Seite, die in Richtung der aufgehenden Sonne liegt, und der Sitz des Hauptaufsehers liegt Richtung Westseite, die dem Mond gewidmet ist.

Unter Babyloniern und anderen Semiten wurde der Norden mit dem Himmel assoziiert, der Oberwelt, die Region in der Anu, oberster Gott des Himmels, den Vorsitz hat. Jüdische

---

[139] *Dawn of Astronomy*, J. Norman Lockyer, 1894, p. 194.
[140] *Ibid*, p. 92.
[141] *Ibid*, p. 96-98.
[142] *Augustin de Serm.*, Dom. in Monte 2, 5 zitiert von Edw. B. Tylor, *Primitive Culture*, vol. 1, p. 428.
[143] *Ibid*. p. 427.

Aufzeichnungen zeigen, dass sie den Norden als Wohnstätte des Herrn betrachteten [144], und die Tieropfer in den Tempeln wurden "auf der Seite des Altars nach Norden gerichtet vor dem Herrn" geopfert (Lev. 1:11).

Es gibt hier einen leichten Widerspruch zu beachten, der wahrscheinlich durch das astrologische System entstanden ist. Während der Norden, der Region von Anu, als die Oberwelt oder als Himmel gilt, ist dies auch der Bereich, der am weitesten vom Süden, der Region, die im Zusammenhang mit der Sonne steht, entfernt liegt. Der Norden ist daher, in gewissem Sinne, mit der Hölle, der Region der Finsternis verbunden.

Bräuche, die Durchführung der Tanzbewegungen im Uhrzeigersinn oder in der Art der Sonne und die Weitergabe von Wein und Spielkarten in die gleiche Richtung, die sich in vielen Ländern durchgesetzt haben, sind wahrscheinlich im primitiven Sonnenkult entstanden. Im Orient war es für Gläubige üblich, während ihres Morgengebets, die Sonne anzusehen, und dies positionierte die linke oder weibliche Körperseite in Richtung Norden. Es war vielleicht wegen dieser Assoziation von Ideen, dass der Eingang und Treffpunkt für Frauen im Norden, oder der dunklen Seite des Tempels war. Ezechiel beschwert sich, dass die jüdischen Frauen sich dort versammelt haben und dort saßen, um den Sonnengott Tammuz zu betrauern [145]. Dort gab es auch "den Platz des Bildes der Eifersucht" [146]; und obwohl die Bibel das Bild zu einem Geheimnis macht, kann es nur wenig Zweifel daran geben, dass es ein phallisches Bild, ein Aschera, ist.

Im mittelalterlichen England waren die Nordtüren der Kirchen für den Durchgang von Selbstmördern, Verbrechern und Verurteilten reserviert, und von dem nördlichen Teil von Friedhöfen wurde geglaubt, sie wären Treffpunkte für böse Geister. In China wird die Seite eines Objekts, auf die die Sonne scheint, als männlich betrachtet, und die sonnenlose oder dunkle Seite, als weiblich. Dementsprechend wird die Nordseite der Berge, Gebäude usw., als Yin oder weiblich bezeichnet.

Es ist ein alter Brauch in den schottischen Highlands, den "Deazil zu machen", das heißt, sonnenläufig, dreimal um eine Person zu gehen, der man viel Glück wünschen will. In entgegengesetzter Richtung, oder "gegen den Uhrzeigersinn" um die Person herumzugehen, bringt Unglück [147]. Im Westen von England heißt es, dass "wenn ein Kranker, zum ersten Mal nach einer Krankheit, hinausgeht und einen Kreis dreht, muss der Kreis mit der Sonne gemacht werden: wenn es entgegengesetzt ist, wird es einen Rückfall geben. In Devonshire wird geglaubt, dass Mitesser geheilt werden, indem man auf Händen und Knien von Ost nach West schleicht, oder dreimal durch einen Brombeerstrauch" [148].

In China, Tibet und Indien haben die Stupas und Schreine Plattformen rundherum, damit Pilger sie umkreisen können. Eine ähnliche Sitte herrscht an der Kaaba in Mekka und der Grabeskirche in Jerusalem.

Fast überall repräsentiert die rechte Hand Männlichkeit und Glück; die linke ist mit Weiblichkeit und Unglück verbunden. Dies wird durch unser Wort "unheimlich" veranschaulicht, das ursprünglich, links-händisch, das Böse, Pech, hieß und mit dem Wort "geschickt", was rechts-händisch oder Glück bedeutet. (Anmerkung des Übersetzers: Hier sind die engli-

---

[144] Zum Himmel will ich emporsteigen, hoch über die Sterne Gottes empor will ich meinen Thron setzen und auf dem Götterberge mich niederlassen im äußersten Norden. *Isa.* 14:13.
[145] *Ezek.* 8:14.
[146] *Ezek.* 8:3,5.
[147] *Romances & Drolls of West England*, Hunt, p. 418.
[148] *English Folklore*, Thistleton Dyer, p. 171.

schen Worte "sinister", böse, unheimlich und "dextrous", geschickt, fingerfertig, gewandt, beschrieben.) Für Araber und Abessinier ist die rechte Hand "die Hand der Ehre", die rechte Seite ist die Seite, auf der Ehrengäste sitzen; die linke Hand "die Hand der Schande", weshalb die linke Hand verwendet wird, um jede Handlung, die als unrein gilt, durchzuführen. Die Juden haben diesen Brauch auch bewahrt. Bei der Durchführung von Zeremonien in jüdischen Tempeln "muss jede Drehung rechts des Weges gemacht werden" (Yoma 15 B). Linkshänder sind davon ausgeschlossen Rabbiner zu werden.

Ähnliche Ideen herrschen in Indien, wo die Anbeter von Shakti in zwei führende Zweige unterteilt sind, die Daksinacharis, oder Anhänger des Rechte-Hand-Rituals und der Vamacharis, oder Anhänger des Linke-Hand-Rituals. Die Vamis übernehmen eine Form des Gottesdienstes der im Gegensatz zu dem steht, was üblich ist und sie beten Durga, die Shakti oder göttliche Energie von Shiva, in all ihren grandiosen Formen an [149].

Es ist üblich für einen Brahmanen so an Personen oder Objekten vorbeizugehen, dass die rechte Hand immer in deren Richtung zeigt. Unter den Vasavadatta ist es üblich, dass der Gläubige, während der Trauung mit der rechten Hand in die Richtung zeigend, um ein Objekt herumgeht. Eine ähnliche Sitte scheint es bei den Römern und Kelten gegeben zu haben. In Übereinstimmung mit einem Gesetz des Manu, muss eine Braut, in der Vasavadatta Zeremonie, dreimal um den häuslichen Herd gehen, oder sie und der Bräutigam können um den zentralen Pol in der Heiratshalle oder ein heiliges Gebäude, Grab, oder ein Opfer gehen [150].

Zu allen Zeiten war die Hand das Symbol der Stärke, Macht, Autorität und kreativen Tätigkeit. Die erhobene Hand kann eine Warnung oder ein Zeichen des Schutzes darstellen. Im Mittelalter wurde in diesem Sinne die Hand Gottes oft in der christlichen Kunst eingesetzt. In Indien ist die erhobene Rechte ein Zeichen von Shiva und wird oft, eingraviert in heiligen Steinen, Dorftoren und heiligen Hainen, gefunden. Ägypter benutzen die Hand oft als Symbol der schöpferischen Kraft der Sonne. Ein Bericht sagt uns, dass eine kolossale, rechte Hand des mächtigen Gottes Anu, auf der Kuppe des Turms von Babel angebracht war. Hindus und frühe Mexikaner drückten die Hand, mit Blut oder Zinnober überzogen, auf die Türpfosten ihrer Tempel, das heißt, auf den Delphus oder die Tür des Lebens.

Eine göttliche Hand, mit dem Daumen und zwei Zeigefingern auf einem kreuzförmigen Heiligenschein ruhend, war ein ägyptisches Symbol der Isis. Der erste Finger, der einzige, der allein stehen kann, ist das Symbol des Schöpfers, des göttlichen Gesetzes und der Weisheit; der Mittelfinger stellt den Heiligen Geist dar.

Eine Seitenansicht der Hand, mit dem Daumen und Zeigefinger zu einem O geformt und die anderen Finger angehoben, ist ein männliches Sexualsymbol. Es kann auch als 1 und 0 oder 10, einer kabbalistischen Zahl für den Schöpfer, gelesen werden.

Eine Hand nach oben und die andere nach unten gerichtet, ist ein Zeichen des Himmels und der Erde, in Indien, Zeichen des Zeugen genannt. Es ist in China und auch in allen anderen Ländern gebräuchlich, in denen Buddha verehrt wird.

Beispiele für Himmel- und Erd-Zeichen wurden in Babylon gefunden; in Griechenland wurden sie auf Gegenständen, verbunden mit den Mysterien von Eleusis, gefunden. Während des 14., 15. und 16. Jahrhunderts wurden dieses Zeichen häufig in Europa verwendet.

---

[149] *Sacred Books of India*, vol. 26, p. 1012.
[150] Ocean of Story, vol. 1, p. 190.

Gekreuzte Hände nach unten bedeuten das Kreuz der Tag- und Nachtgleiche oder Andreaskreuz. In der christlichen Kunst repräsentiert es die Beerdigung und die Auferstehung Christi.

Das Zeichen der Vesica Piscis (Fischblase) wird durch Anheben der beiden ersten Finger und Biegen des dritten und vierten Fingers übereinander, zum Daumen hin, gemacht. Jüdische Priester machen ein ähnliches Zeichen beim Aussprechen des Segens, außer dem Anheben der drei mittleren Finger. Die Bedeutung der mystischen Posen von Händen der jüdischen Rabbiner in Abbildung 33, S. 114, Symbol 7, 8, 9, wird am besten durch einen Vergleich mit den Händen eines auf der gleichen Seite gezeigten Hindutänzers offenbart, und mit verschiedenen Symbolen dieser Matrix.

Hörner werden angezeigt, indem der erste und der kleine Finger aufgerichtet wird, während der zweite und dritte Finger in die Handfläche geschlossen wird, den Daumen gegen den Zeigefinger gesteckt. Wenn der Daumen so gebogen wird, dass er leicht die Mittelfinger berührt, ergibt es ein kombiniertes Zeichen der Vesica und Hörner.

Die Hornzeichen, mit Ursprung in der Mondanbetung, wurde zu einem Zeichen der Göttlichkeit. Hörner des Stieres oder der Kuh, ist eine Typisierung von Ehre, Macht und Königswürde. Sie wurden als Talismane für Glück über Türen angebracht. Ishtar, Kybele, Isis, Diana, und andere Muttergöttinnen die Mond-Eigenschaften besitzen, wurden in der Regel mit einem Halbmond über dem Kopf dargestellt. Die ägyptische Göttin Hathor, die Welt-Kuh, wurde oft mit dem Kopf eines Geiers dargestellt, bekrönt von einem Halbmond oder einem gehörnten Mond und einer Sonnenscheibe. In Italien und anderen Ländern machen abergläubische Menschen heute das Horn-Zeichen, um den bösen Blick abzuwehren. In der griechischen Kunst wurde das Füllhorn oder Horn der Vielfalt mit den Göttern und Göttinnen der Vegetation in Verbindung gebracht.

Alle frühen Mysterienreligionen verwendeten zur Identifizierung von Mitgliedern geheime Zeichen, Gesten und Passwörter. Als die heidnischen Kulte, mehrere Jahrhunderte vor der christlichen Zeitrechnung, zu zerfallen begannen, kam eine Vielzahl kleinerer Sekten hervor, wie die Essener, Therapeuten, Gnostiker usw., die viele der alten geheimen Riten und Praktiken beibehielten. Schon lange bevor die christliche Kirche gegründet wurde, war das allgemeine Muster der religiösen Organisation, durch Tradition, gut etabliert worden. Als die neue Religion Form annahm, übernahm sie viele der Riten sowie die geheimen Handschläge, Zeichen und Passwörter der älteren Kulte. In Rom war ihre Verwendung in den ersten drei Jahrhunderten ihrer Existenz, wegen der Opposition gegen die neue Religion, besonders verbreitet. Ungetaufte Personen durften bei der heiligen Kommunion nicht anwesend sein, und auch jetzt werden gewisse Geheimnisse der Messe nur den Priestern bekanntgemacht. In der griechisch-orthodoxen Kirche wird ein Vorhang über den Altarraum gezogen, so dass die Weihe nicht von denen, außerhalb des Priestertums, beobachtet werden kann.

In frühchristlicher Kirchenkunst wurde großer Wert auf die Haltung und die Anordnung der Hände, Köpfe und Kostüme der Heiligen, Jungfrauen und anderen dargestellten Figuren gelegt, so dass die Statuen oder Bilder in vollem Umfang die dargestellten Personen typisieren. Im Laufe der Zeit wurde die Herstellung von Heiligenbildern und Gemälden zu einer mechanischen Formel reduziert, mit der Folge, dass die frühchristliche Kunst in einen unnatürlichen, einfallslosen Formalismus degenerierte, der nicht überwunden wurde, bis die Kunst von der Renaissance verjüngt wurde.

In jedem Land und zu jeder Zeit sind Griffe und Zeichen mit der Hand und dem Arm, durch Geheimgesellschaften, religiösen Organisationen, Innungen, Prostituierte und Diebe eingesetzt worden, um Informationen zwischen den Mitgliedern und Partnern weiterzugeben. In den orientalischen Ländern wurden pantomimisches Schauspiel und Tanz mit Händen, Armen und Körper in hochkomplexe Systeme entwickelt, die im Westen kaum bekannt sind. Geschichten und Theaterstücke verfügen über Posen und Bewegungen einer so großen Vielfalt, dass ein Buch leicht der Sprache der Hand allein gewidmet werden könnte.

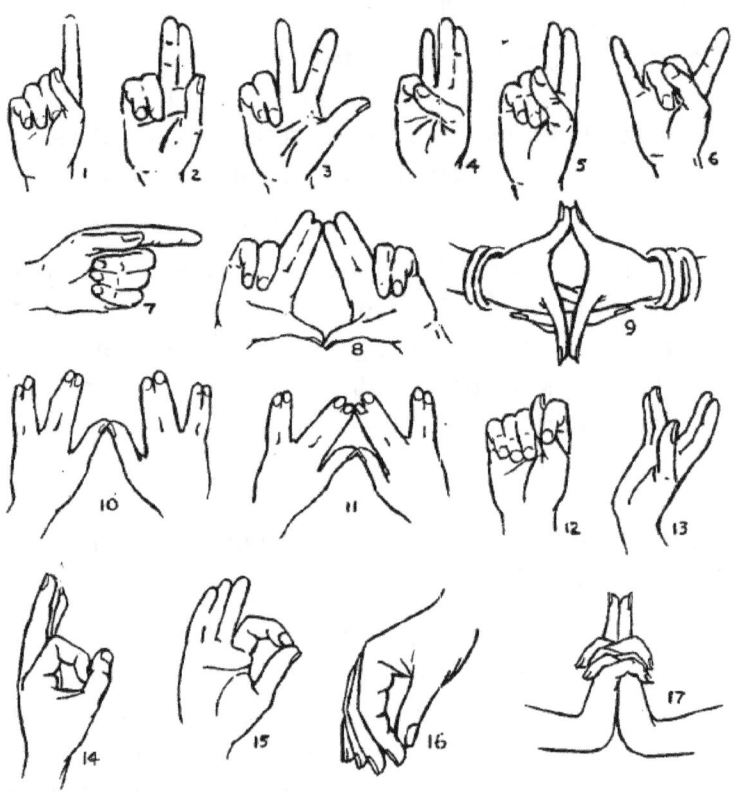

Abbildung 33: Handsymbole

1, ist ein Zeichen des Schöpfers
2, Heilige Dreifaltigkeit
3, Geste der katholischen und der Bischofs-Priester beim Segen geben
4, Segnung (jüdischen)
5, Vesica Piscis
6, Zeichen der Hörner
7, phallische Zeichen
8, 10, 11, mystischen Zeichen jüdischer Rabbiner
9, Hände eines Hindu Tänzers (vergleiche mit Formen auf Abbildung 49, S. 138)
12, Zeichen der Feige
13, Yoni Zeichen
14, identisch mit Nr. 7
15, 16, Yoni Zeichen
17, Vereinigung von Mann und Frau

IX: Sex Symbolismus (weiter)

In der Sprache der Symbolik sollte alles, was in der Schöpfung dem mutmaßlichen Schöpfer glich, sei es Name, Charakter, Funktion oder Form, die Gottheit repräsentieren. Da die Götter immer anthropomorph (in Menschengestalt) dargestellt waren, wurde gefolgert, dass die schöpferischen Kräfte der Götter, gleiche Form und Charakter wie ihre menschlichen Vorbilder hatten.

Die Verschiedenheit in der physikalischen Struktur, die das Männliche und Weibliche bei den Menschen unterschied, wurde eingesetzt, um die männlichen und weiblichen Götter anzuzeigen. In ihrer gröbsten Form bestanden diese Symbole aus der realistischen Darstellungen der generativen Organe: in ihrer raffiniertesten, esoterischen oder abstrakten Form, bestanden sie aus einem bloßen Kreis oder einem Oval für die weibliche und einem aufrechten Schaft oder einer Säule für den Mann. (**Abbildung 34**).

Diese beiden grundlegenden Formen wurden, entweder einzeln oder verbunden verwendet und in einer endlosen Reihe von Variationen dargestellt, die nicht nur männliche und weibliche Eigenschaften, sondern auch die Erzeugung und Produktion von Leben bedeuteten und die Götter, die über diese Funktionen herrschten.

In einfacher Kombination erscheinen Schaft und Kreis als 10. Es kann als Io gelesen werden oder als die Ziffer zehn (10). Symbolisch ist die Ziffer zehn, die Zahl der Perfektion, Vollständigkeit und Göttlichkeit; und für viele Menschen symbolisiert sie die oberste Gottheit. Die Juden wiesen Jahwe den zehnten Buchstaben ihres Alphabets Jod (') und die Zahl zehn zu.

Charakteristiken, die den Göttern zugeschrieben wurden, waren bezeichnend für ihre Persönlichkeit und Funktionen: ihre Titel beinhalteten Anspielungen auf die Sonne als Quelle der kreativen Energie und auf das männliche Emblem. Sie wurden als machtvoll, hoch, aufgerichtet, fest, hell, glücklich, aufrecht, groß, nobel, hart, mächtig und fähig angesehen. Allgemein wurden sie mit Tieren in Zusammenhang gebracht, die ähnliche Charakteristiken besaßen und die für ihre Stärke und Lüsternheit bekannt waren, so wie Widder, Ziege, Stier, Esel, Elefant und Löwe. Große, mächtige Männer ähnelten der vorherrschenden Vorstellung von Gott und wurden "Männer Gottes" und "Gottmenschen" genannt. Starke Tiere wurden mit Ausdrücken wie "Stier Gottes" oder "Bock Gottes" belegt. Weibliche Gottheiten wurden durch Titel bestimmt, die auf den Mond und die Schönheit und die Aufgaben von Frauen anspielten.

Auch der dreiförmige Charakter der generativen, männlichen Organe wurde hergenommen, um eine weitere Verfeinerung in den grundlegenden Symbolen zu erreichen, in dem man drei Dinge so arrangierte, dass man sowohl zwischen, als auch über den anderen zweien stehen konnte. Manchmal wurde eine Stange am Ende eines aufrechtstehenden Schaftes platziert, um somit ein Kreuz wie ein "Tau" oder T zu formen. In ihrer äthiopischen Form ist das Tau (T), der exakte Prototyp des christlichen Kreuzes und einige Autoren behaupten, das Kreuz stamme von dem Tau ab. Die Proselyten von Mithras wurden auf ihrer Stirn mit einem Tau gekennzeichnet und in Eleusis wurden Initiierte mit einem Zeichen markiert, bevor sie in die Mysterien eingeweiht wurden. Gemäß der Vulgata-Übersetzung von Ezechiel 9:3, wurde die antike Form des hebräischen Taw (T) auf die Stirn der Männer von Judäa gestempelt, die den Herrn fürchteten und es war das Zeichen, das in Blut an die Türpfosten der Israeliten in Ägypten gezeichnet wurde (Exodus 12:22).

Zu dem grundlegenden, zwei-faltigen Symbol, welches Generation und Produktion des Lebens repräsentiert, wurde nun eine dritte Form hinzugefügt, die den dreifaltigen Charakter des Mannes anzeigt. Diese Form, kombiniert mit der weiblichen, ergaben nun vier, eine Zahl, welche das Fundament der Natur und die Wurzel aller Dinge symbolisiert.

Dieser dreifaltige Charakter wird umso bedeutsamer, wenn man sie in Verbindung mit der Tatsache betrachtet, dass alle großen, schöpferischen Gottheiten der Antike, Personifikationen der Kraft der Genitaltien waren und immer in Dreiergruppen dargestellt wurden. Dies scheint der Ursprung der Dreifaltigkeit gewesen zu sein, drei Götter in einem, ein Gott ist drei, was in einem späteren Kapitel noch ausführlicher behandelt wird.

Die Hauptgottheiten der assyrischen Dreifaltigkeit waren Ashur, (Assur oder Asher), Anu und Ea. Der Name Asher, die oberste Gottheit, bedeutet in ihren verschiedenen Buchstabierungen "gerade sein", "aufrecht", "der Aufgerichtete", "glücklich", "zufrieden", "in Liebe vereint sein". Ähnliche Worte mit äquivalenter Bedeutung sind esheck, "ein Stein oder Hoden", "er presst oder drückt hinein"; Jasher, "er ist aufrecht"; Jashar, "er ist gerade". Asher, das zentrale, aufrechte Mitglied dieser Dreifaltigkeit, wurde daher mit dem dreiteiligen, sexuellen Symbol identifiziert. Sir Henry Rawlinson sagte es ebenfalls, wie er durch seine langjährigen Studien babylonischer Relikte belegen konnte, der rechte Hoden repräsentiert Anu (Feuer, Hitze, Licht) und der linke repräsentiert Ea (Wasser). Zusammen mit Beltis, die Weiblichkeit repräsentierende Göttin, formten sie das Arba oder Arba-il, die vier großen Götter des Vierecks, die perfekte Erde. Das stand im Einklang mit dem altertümlichen Glauben, im Osten einst weitverbreitet, dass der männliche Nachkomme dem rechten Hoden entspringt und der weibliche dem linken [151].

Die weitverbreitete Nutzung des Kreuzes als ein frühes, sexuelles Symbol rechtfertigt nicht die Schlussfolgerung, dass es keine andere Bedeutung gehabt hat.

Mehr als 300 Variationen dieser Symbole wurden auf der ganzen Welt gefunden, wobei viele auf die Steinzeit zurückgehen und an verschiedenen Orten und zu verschiedenen Zeiten, unterschiedliche Bedeutung gehabt haben.

Neben dem T oder Tau-Kreuz, auch St. Antoniuskreuz genannt, dem ägyptischen, oder das Crux Immissa (T), sind die geläufigsten Formen das griechische Kreuz (+), Crux Commissa genannt, St. Andreas Kreuz (X), genannt Crux Decussata und das lateinische Kreuz (†).

Griechische, St. Andreas- und Tau-Kreuze, in ihrer reinen Form oder in einem Kreis, wie Speichen eines Rades, wurden gelegentlich in Bildern, Gravuren, Töpferei, Textilien und Skulpturen im antiken Griechenland, in Rom, Sizilien, Phönizien, Ägypten, Persien, China, Assyrien, Nord- und Zentralamerika und auf einigen Inseln im Pazifik gefunden.

In Indien ist das Rad ein wichtiges Emblem für einen Triumphwagen gewesen. Man glaubte, dass die Sonne darin ihre tägliche Reise durch den Himmel macht. Eine Scheibe mit

---

[151] In den heiligen Aufzeichnungen der Bramanen erklärt Shiva, dass Brahma durch den rechten Hoden und Vishnu durch den linken gezeugt wurde. Spuren ähnlichen Glaubens wurden auch bei Eingeborenenstämmen der Neuzeit gefunden. Eine Hottentottenfrau verweigert solange die Heirat mit einem Mann, bis er einen seiner Hoden nicht entfernt bekommen hat. Man macht dies, um die Geburt von Zwillingen zu verhindern, was als schlechtes Omen gilt. Einen ähnlichen Brauch gibt es bei den Eingeborenen von Pohnpei auf den Karolineninseln. Die Operation wird üblicherweise durchgeführt wenn die Jungen 7 oder 8 Jahre alt sind.

einem gleichseitigen Kreuz in der Mitte, Chakra genannt, ist eine Waffe, die Vishnu wie einen Diskus schleuderte. Es steht im Bezug zur Lotusblüte, ein Symbol für die solare Matrix. Einige Rad-Kreuze haben vier Speichen und deuten damit möglicherweise die vier Jahreszeiten, oder die vier Himmelsrichtungen an, andere haben 12 Speichen, die die 12 Monate repräsentieren.

Das lateinische Kreuz erscheint in vielen antiken Darstellungen aus Ägypten und auf Siegeln repräsentiert es Ishtar und die phönizische Göttin Astarte. Heidnische Griechen nutzten das Kreuz als Symbol für Bacchus und Apollo. Sie modifizierten es, um die Eigenschaften der lebensspendenden Göttin Aphrodite, Harmonia und Artemis von Ephesus zu repräsentieren. Es wurde üblicherweise von Tempelprostituierten in Indien, als ein Symbol für lebensschenkende Kraft, getragen.

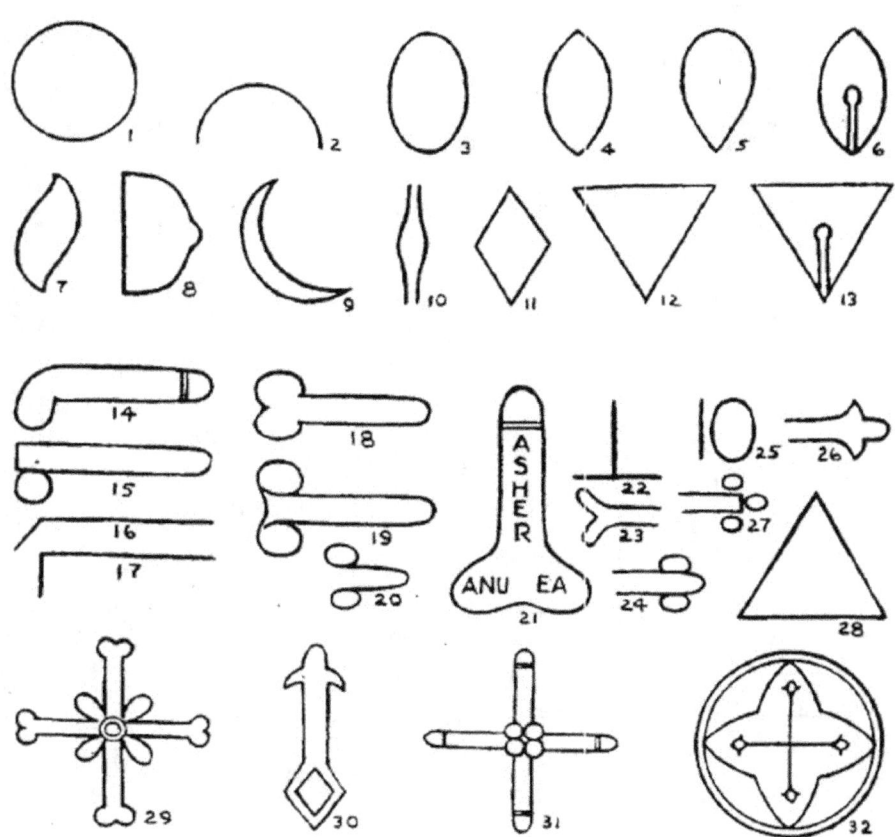

Abbildung 34: Grundlegende männliche und weibliche Symbole

Abbildungen 1-13, Variationen einfacher weiblicher Symbole. Abb. 14-28, Variationen einfacher männlicher Symbole. Abb. 29-32, Kombinationen von männlich-weiblichen Symbolen.

Der Hammer des Thor, des skandinavischen Gottes des Regens, Blitzes und der Fruchtbarkeit, stammt von dem T-Kreuz ab. Bei den Freimaurern wird das T oder Tau in Ritualen des dritten Grades benutzt und die drei Ts, in Form einer Krone bilden das Juwel des Grades der königlichen Arche. (**Abbildung 35, 14**)

Überall dort wo Sonnen- und Fruchtbarkeitsverehrung florierten, hat das Erscheinen des Kreuzes einige zu dem Glauben geführt, dass die sich kreuzenden Linien ursprünglich die Sonnenstrahlen symbolisierten, welche die Erde mit ihrer lebensspendenden Kraft befruchtete. Man nahm auch an, dass es die Sonnenwende repräsentiert, an dem die Sonne den

Äquator überschreitet, der Tag von dem man sagte, sie ist am Kreuz. Diese Theorie wird auch durch die altertümliche Methode der Kreuzigung genährt, bei der man die verurteilte Person, mit gespreizten Armen und Beinen, kreuzförmig an einen Baum band.[152] Dies würde auf eine ähnliche Form hindeuten, wie das Kreuz des Jupiter Ammon. Tatsächlich zeigen einige antike Kreuze eine Sonnenscheibe am Schnittpunkt der Balken, womit sie die Sonne am Kreuz repräsentieren.

Eine weitere Theorie besagt, dass das Kreuz von der altertümlichen Methode abgeleitet war, einen Stock gegen einen anderen zu pressen, ihn schnell zu drehen, bis die Reibungshitze Feuer entfachte. Diese Methode wird immer noch angewandt, um das heilige Feuer in Hindu-Tempeln zu entzünden.

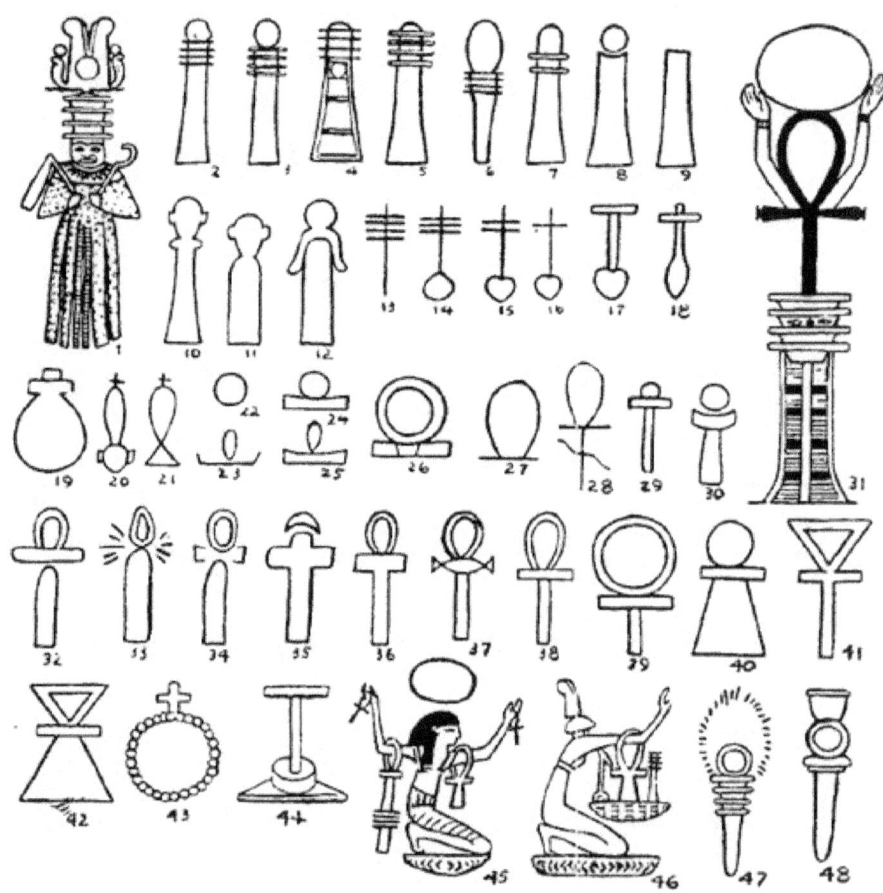

Abbildung 35: Entwicklung des Anch-Kreuzes

Die Entwicklung des Anch-Kreuzes: Abb. 1 ist ein urzeitlicher Gott, genannt Taht. 2-8, Entwicklung des Taht-Symbols. Abb. 19-42 zeigen die Nutzung eines Kreises oder Ovals und deren Verschmelzung mit einer aufrechten Säule um das Anch-Kreuz zu bilden. 31 ist ein besonderes Taht mit dem Gesicht von Osiris zwischen Balken. Über dem Taht sieht man ein Anch-Kreuz mit ausgestreckten Händen, die eine Sonnenscheibe halten. 43, antikes Medaillon, gefunden in Zypern, einem Kreuz mit Rosenkranz ähnlich. 44, T-Kreuz über einem weiblichen Symbol. Ein Zeichen auf der Brust einer Mumie im Universität-College von London. 45-46, Figuren, die Taht- und Anch-Kreuze halten, von ägyptischen Zeichnungen. 47-48, Griechische Leuchter, die ägyptischen Einfluss zeigen.

---

[152] Der Name von Salivahana, einem Avatar oder Retter Indiens, heißt Baum-getragen oder jemand, der den Tod an einem Baum erlitten haben soll.

Die hohe Entwicklung der Bildschrift in Ägypten brachte die größte Vielfalt an Formen und Bedeutung des Kreuzes hervor, die je gefunden wurde. Die Hauptform des Kreuzes, das Anch oder Kreuz des Lebens, bestand aus einem T-Kreuz und einem Oval oder Schlaufe. In kombinierter Form bezeichnen sie ewiges Leben und Unsterblichkeit. Manchmal wird dieses Anch-Kreuz auch Crux Ansata oder Henkelkreuz genannt.

In diesem Fall haben wir die seltene Gelegenheit, von antiken Bildern und Skulpturen, die Entwicklung eines Symbols, von seinen Anfängen bis in das letzte Stadium zu verfolgen. Zuerst ist da ein wenig bekannter Vorläufer von Osiris, genannt Taht, Tat, Dad oder Dud, ein primitiver Gott der Fruchtbarkeit, der Vermehrung und des Lebens, der einen merkwürdigen Kopfschmuck trägt, bestehend aus vier Kreuzstangen, wahrscheinlich die vier Jahreszeiten oder die vier Provinzen Ägyptens verkörpernd. In seinen Händen hält er eine Peitsche, als Symbol für Autorität, und einen Krummstab als Symbol für Magie, Wahrsagung und Lenker des Schicksals.

Die Figuren 2 bis 18, zeigen die Entwicklung des Taht-Abbildes, zunächst zu einem aufrechten Balken oder Pfeiler. Ein ähnlicher Balken mit Kreuzstreben wurde auch als Symbol für den Messstab benutzt, um die Wassertiefe des Nils zu messen und wurde von den Ägyptern mit viel Ehrerbietung betrachtet. Die Abbildung 31 ist eine Besonderheit. Sie zeigt Taht mit dem Gesicht von Osiris und darüber ein Anch-Kreuz mit zwei Armen, die eine Sonnenscheibe halten.

Mit dem Fortschritt der Osiris-Legende und seiner Verehrung als Fruchtbarkeitsgott, scheint dieser aufrechte Balken den Phallus dieser Gottheit, als Symbol seiner lebensschenkenden Kraft, zu repräsentieren, wenn auch Sir Ernest A. W. Budge, ein anerkannter Ägyptologe, vermutet, dass es das *Os Sacrum* oder Kreuzbein von Osiris repräsentiert.

 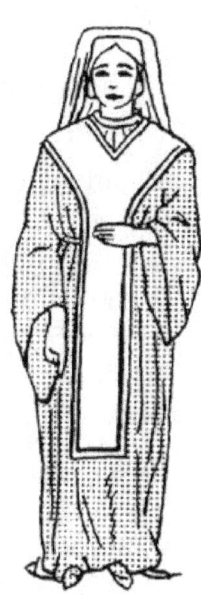

Abbildung 36: Das Anch Kreuz auf religiösen Kostümen

Die Figur links zeigt einen katholischen Priester, der ein Pallium mit einem Anch-Kreuz trägt, aus dem venezianischen Buch MISSALE ROMANUM, 1509. Die weibliche Figur trägt eine moderne Nonnenbekleidung.

Die aufrechten und horizontalen Balken werden wiederholt, in Kombination mit Kreis, Oval oder Schlaufe dargestellt, deren Form in verschiedenen Bedeutungen benutzt wurde, einschließlich Himmel, Sonne, Mond, dem Gott Ra und als Schöpferin, das universale Mutterprinzip beschreibend. Verschiedentlich wird Kreis oder Oval auch durch ein Dreieck ersetzt und manchmal wird die horizontale Linie, als Schriftrolle des Schicksals gezeigt.

Das Anch wurde als ein Symbol des Lebens und der Unsterblichkeit, in den Händen vieler Götter, Könige und verehrten Seelen getragen, die in der Halle des Gerichts dargestellt wurden. Manchmal wurde es jemandem vor die Nase gehalten, dem man den Atem der Unsterblichkeit schenken wollte, oder um einen Toten ins Leben zurückzuholen.

Der Gebrauch des Anch-Emblems verbreitete sich von Ägypten nach Nord Afrika, Sardinien, Phrygien, Palästina, Phönizien und Assyrien. Es wurde auf Reliefs, Grabsteinen, Tongegenständen, Schmuck, Münzen und Siegeln gefunden. Das Britische Museum besitzt eine große Steinfigur von den Osterinseln mit einem Anch, eingraviert in einem Relief. Bevor das lateinische Kreuz ein christliches Symbol wurde, wurde das ägyptische Kreuz oft von Christen benutzt und auch im Priestergewand integriert.

Während der späteren Jahre der christlichen Zeitrechnung, wurde in Ägypten ein anderes Kreuz, als Symbol des Harpokrates oder Chr Ammon (Horus), dem Gott des Lichtes, genutzt. Horus wurde üblicherweise mit einer Locke an der Seite dargestellt, die nach gängiger Meinung, ein Zeichen für seine Jugend war. Diese gewundene Form wurde an dem oberen Balken des Kreuzes angebracht und entwickelte sich letztlich zu einer Schlaufe. Diese Form wurde manchmal auch Henkel- oder Schwertkreuz genannt und tauchte auch in Indien und Mexiko auf.

Ein ähnliches Kreuz griechischen Ursprungs bestand aus dem griechischen Buchstaben P (dem deutschen R), verbunden mit dem X (dem griechischen Buchstaben Chi). Es wurde Chi-Rho [153] Symbol genannt und tauchte auf Griechisch-Baktrischen Münzen im zweiten Jahrhundert vor Chr. und auf Herodischen Münzen im ersten Jahrhundert vor Chr. auf. Aus den Buchstaben X und P (Ch-R) formte sich das Wort Χρης, oder Chres, Herr und dann Chrestos und dann Christus. Kaiser Konstantin brachte dieses Zeichen ☧ 312 nach Chr., während des Krieges mit Maxentius, auf seiner Heeresfahne (Labarum) an, und dieses Emblem wurde bald von den Christen als Monogramm für Christus übernommen.

Ab dem zweiten Jahrhundert begannen die Christen das Kreuzzeichen mit ihren Händen zu machen und Tertullian sagt: "bei jeder Reise und jedem Fortschritt, jedem Hineinkommen oder Herausgehen, beim Schuhe an- oder ausziehen, im Bad, bei Malzeiten, beim Anzünden der Kerzen, beim Zubettgehen, bei jedem Hinsetzen oder bei welcher Gelegenheit auch immer, markieren wir die Stirn mit dem Kreuzzeichen". Analphabetische Mönche nutzten das Kreuz als Unterschrift, was auch heute noch als rechtsverbindlich für diejenigen gilt, die nicht schreiben können.

Das lateinische Kreuz wurde erst im dritten oder vierten Jahrhundert als christliches Symbol eingesetzt. Es wurde, als Kruzifix, von der Figur eines Lammes begleitet, ohne den Körper von Jesus am Kreuz. In Gemälden und Skulpturen wurde das Lamm auf oder vor dem Kreuz dargestellt, oder mit einem angehobenen Bein, als wenn es das Kreuz tragen oder halten würde. In manchen Fällen wurde das Lamm mit einer blutenden Wunde in Seite und Füssen portraitiert. Skulpturen aus dem vierten Jahrhundert zeigen das Lamm wie es Wunder bewirkt, so wie Lazarus von den Toten zu erwecken oder die Vermehrung von Brot und Fisch.

---

[153] Vergleiche die Aussprache von Chi-Rho mit Kairo.

Die Verbindung von Sonne, Kreuz und Lamm entspringt dem altertümlichen Brauch, das Fest der Kreuzigung oder des Übergangs zu feiern, wenn die Sonne bei der Frühjahrs-Tag-Nachtgleiche, den Äquator kreuzt und in das Sternzeichen Widder, das Lamm, eintritt. Lämmer wurden in den Opferriten der Babylonier, Ägypter und Juden benutzt, und das Lamm wurde in den Riten des Bacchus geopfert. Das Tier wurde vor einem Kreuz dargestellt, mit Sonnenstrahlen oder einer Sonnenscheibe um den Kopf herum.

Im frühchristlichen Dogma war es das Blut des Lamms Gottes, das die Sünden der Welt wegnahm. Bis weit nach dem Beginn des Christentums, glaubten viele Leute weiterhin, das die Kreuzigung, statt als eine historisch akzeptierte Tatsache, im alten, heidnischen Sinn gesehen werden sollte, nämlich symbolisch. Während die Kirche lebhaft darin fortfuhr ihre Doktrinen und ihre Autorität zu etablieren, zog sie es vor, die Kreuzigung als Gegenstand weitverbreiteter Kontroversen zu vermeiden und verbot für fast 7 Jahrhunderte die Darstellung von Christus am Kreuz. Keins der Gemälde in den römischen Katakomben zeigt ihn am Kreuz, und im Heiligen Grab wird der Erlöser durch die Figur eines Lammes repräsentiert.

Abbildung 37: Entwicklung des Chi-Rho-Symbols

Fig. 1, Kopf des Horus mit der Locke. 2, das Chi Rho Symbol auf einer Kupfermünze des Herodes. 3-4, Kreuzmonogramme an Türen von Häusern in Returze und Serdjilla. 5-8, Variationen der gekrümmten Form. 9, assyrischer Donnerbolzen, gehalten von Marduk. 10-12, Schwertkreuze mit Griff die den griechischen Buchstaben R formen. 13-17, Beispiele von Chi-Rho Kreuzen.

In dem Konzil, genannt *In Trullo*, abgehalten 692 in Konstantinopel, wurde diese Richtlinie letztlich verworfen und nach dieser Zeit trugen alle Kreuze die Figur von Jesus, wobei das Lamm auch noch gezeigt wurde, üblicherweise am Fuße des Kreuzes. Zunächst wurde Jesus in voller Kleidung, ruhig, mit ausgestreckten Armen vor dem Kreuz stehend präsentiert. Später wurde er auf dem Kreuz platziert und ohne Kleidung dargestellt, blutend und gefoltert durch den Schmerz der Wunden, so wie er heute auf den Kreuzen gezeigt wird.

Während des Mittelalters wurde von den wächsernen Darstellungen der Lammfiguren vor dem Kreuz geglaubt, sie würden wundersame Kräfte besitzen, die vor Hagelstürmen, Stürmen, heftigen Winden, Blitzeinschlägen, Feuerkatastrophen, Zauberei und der Pest schützten, und tausende davon wurden von den Gläubigen gekauft. Während der Regentschaft von Papst Urban wurde dieses Amulett, Agnus Dei genannt, vom Papst persönlich gesegnet und sogar spezielle Regeln und Riten für diese Weihe aufgestellt. Durch eine päpstliche Bulle von 1471 wurde die Herstellung dieses Amuletts unter das Monopol des Papstes gestellt, was ihm einen großen Profit einbrachte. [154]

Das hakenförmige Kreuz oder Swastika, wurde viel universeller genutzt als das Tau. Es wurde manchmal gammadisches Kreuz genannt, weil aus dem vierfachen Buchstaben Gamma (Γ) des griechischen Alphabets besteht, ausstrahlend vom gemeinsamen Zentrum. Von der Bronzezeit bis in die Gegenwart wurde dieses wirbelnde Symbol der Bewegung, auf Münzen, Werkzeugen, Utensilien, Ornamenten, Waffen und Stoffen, überall auf der Welt eingekratzt, gezeichnet und geformt. Als architektonisches Motiv taucht es in Tempeln und Palästen, in Mäanderbändern und in Mosaikmustern, auf Wänden, Giebeln, Türstürzen, Kranzleisten und Böden auf.

Friedrich Max Müller nahm an, dass das Wort Swastika vom Sanskritwort *su* abstammt, was "gut" bedeutet und *asti* "es ist". Wenn die Winkel nach links zeigen, wird es Sauwastika genannt und ist ein weibliches Symbol. Graf Goblet D'Alvielle vermutete, dass die Sauwastika, als weibliches Symbol, ein Unglücksemblem ist. Diese Theorie scheint dadurch widerlegt zu sein, dass auf Objekten in Indien und antiken, mediterranen Städten, dieses Zeichen sowohl rechts- als auch linkswinkelig gezeigt wird, wobei die Beispiele für rechts, stark überwiegen.

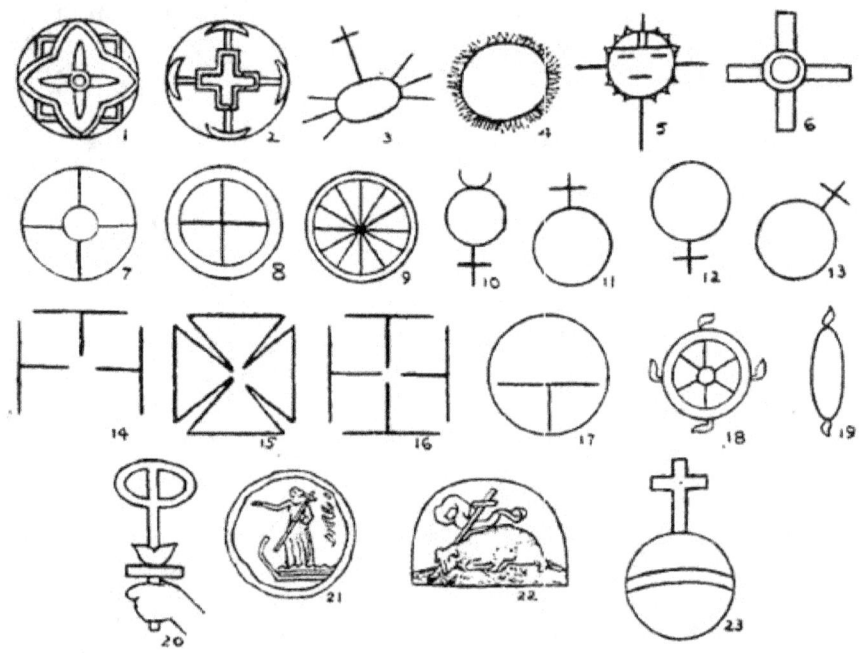

Abbildung 38: Verschiedene Kreuzformen

Abb. 1, Symbol des babylonischen Sonnengottes Schamasch. 2. Hindukreuz mit Pfeilspitzen. 3, Sonnenscheibe aus Troja, mit Strahlen und Kreuz. 4, Sonnenscheibe mit Strahlen. 5, Sonnenkreuz der Dakota-Indianer. 6, Kreuz als Sonnenemblem aus Gallien. 7-9, Räderkreuze. 10-13, Symbole der Planeten Merkur, Erde, Venus und Mars. 14, Tau-Kreuze formen die Juwelenkrone der Freimaurer. 15, Taue in ein Malteserkreuz transformiert. 16, Tau-Kreuze formen die Basis und Achse der großen Pyramide. 17, Tau-Kreuz in einem Kreis. 18-19, Das Chakra von Vishnu (Vorder- und Seitenansicht). 20, Kreuzornament in der Hand von Ishtar. Von einer plastischen Zeichnung auf einem Felsen bei Yazili Kaia in Anatolien. 21, Ashtoreth (Astarte) mit Kreuz am Bug eines Schiffes, von einer sidonischen Münze. 22, christliches Agnus Dei. 23, christliches Symbol für Eigenstaatlichkeit und Macht.

---

[154] *Geschichte des Krieges zwischen Wissenschaft und Theologie*, Andrew D. White, Band 1, S. 343.

Die Swastika repräsentiert Gesundheit und Glück, und Hindus glauben, dass sie die Macht hat das Böse zu vertreiben. Es ist deshalb ein Brandzeichen für Vieh, speziell für den Dorfbullen. Swastikas breiten sich, in weiß oder rot, über die Türen und Stufen von Stadthäusern aus. Sobald das morgendliche Reinigen mit Erde oder Dung erledigt ist, zeichnet die Hausherrin, in Dörfern auf dem Land, das geheiligte Symbol vor ihrem Haus in die Erde, auf das Gartentor, etc.

In China sieht man das Zeichen überall; auf Medizineinbänden, Bonbons, Bauch oder Brust von Idolen, Gliedern von Tieren, auf nackten Wänden und an vielen anderen Stellen. Für die Buddhisten in China, Indien, Tibet, Mongolei, Korea und Japan symbolisiert es die "zehntausend Wahrheiten" des Fohat oder Buddha. Es erscheint auf Bildern und Statuen des Buddha und über den Herzen von Eingeweihten, sowie auf buddhistischen Inschriften, Münzen und Manuskripten. Die vier Glieder der buddhistischen Swastika gehen in den dreigliedrigen Füßen auf. Auf jedem Glied gibt es ein weibliches Symbol. Im Zentrum werden die männlichen und weiblichen Symbole vereint dargestellt. Am Ende eines jeden Gliedes werden Sonne und Mond in Vereinigung gezeigt und in den Zwischenräumen befinden sich vier Wirbel als Zeichen für Feuer, Sonne und die schöpferischen Energien.

Die Swastika ist eines der mystischen Zeichen, die den berühmten Skulpturen, Buddhapada oder Fußabdrücke Buddhas genannt, zugerechnet werden kann. Das *Ramayana*, die Hinduschriften, besagt, dass es eine Swastika am Bug der heiligen Barke von Rama, der siebten Inkarnation von Vishnu, gab. Sie kann auch auf dem Sonnenwagen des Feuergottes Agni gefunden werden. Parsische Juweliere und Bankiers in Indien platzieren dieses Zeichen manchmal auf ihren Safes, als Talisman für gutes Glück oder Gelingen. Im Jainismus ist die Swastika, innerhalb eines Kreises, ein heiliges Symbol der Feuerverehrung für die vier Ebenen der Seelen-Existenz im materiellen Universum.

Die Triqueta ist eine dreibeinige Figur, die eng an die Swastika angelehnt ist. Es ist ein sehr antikes Symbol und erscheint auf offiziellen Siegeln der Regierungen von Sizilien und der Isle of Man. Die Triqueta, auch Fylfot genannt, repräsentiert manchmal einen dreiköpfigen Hahn anstelle eines menschlichen Wesens, aber es ist bedeutend, dass die dreibeinige oder dreifüßige Art immer männlich ist. Das aufrechte, zentrale Glied, repräsentiert die männliche "Waffe", den Phallus. Das Wort "Fuß" ist eine sehr altertümliche, umgangssprachliche Bezeichnung für die Geschlechtsmerkmale des Mannes. Sowohl in Ägypten, als auch im Sanskrit waren Herz, Phallus und der euphemistische Fuß, Embleme gleicher Bedeutung. In der jüdischen Version der Bibel liest man bei Jesaja 7:20 "Haare an den Füßen" und in Könige 2, 18:27 und Könige 1, 40:10 liest man im Original "das Wasser seiner Füße". In allen dieser Fälle ist "Fuß" ein Euphemismus für Genitalien.

Das dreibeinige Kreuz wird in Indien von Bankiers, von Bewohnern Mandras, verschiedener **Punjab-Sekten** und von fast allen Hindus, während ihres ausschweifenden Festes für **Durgs's Gefährten** benutzt. In Japan ist das allgegenwärtige dreibeinige Tomaye eins der geläufigsten Ornamente.

Bei Ausgrabungen in der antiken Stadt Troja, fand Dr. Heinrich Schliemann die Swastika auf einer großen Menge von Töpferwaren und anderen Objekten trojanischer, mykenischer, lykaonischer und thrakischer Abstammung. Es wurde auf Münzen in Gaza, Syrakus, Leukus und Iberien gefunden, sowie auf keltischen Grabesvasen, auf Juwelen in der königlichen Grabkammer von Mykene und in Mosaiken auf dem Boden der königlichen Palastgärten von

Athen.[155] Es erscheint, möglicherweise als Fruchtbarkeitsymbol, auf Ornamenten, auf antiken Figuren der Muttergöttin Nana, Artemis, Hera, Demeter und Astarte.

Andere Beispiele sind an den Wänden von römischen Katakomben, auf Münzen, Keramiken, Tonwaren und Skulpturen aus Griechenland, Lappland, Kreta, Zypern, Rhodos und anderen Inseln im Mittelmeer entdeckt worden. Weitere Beispiele sind in Deutschland, Skandinavien, Mexiko, Yukatan, Peru, Uruguay und auf Tonwaren und Textilien der Pueblo, Dakota und anderen indianischen Stämmen in Nordamerika gefunden worden. Sonderbarerweise scheint dieses Zeichen in Phönizien, Ägypten oder Babylon nicht in allgemeiner Verwendung gewesen zu sein, obwohl Beispiele für das Hakenkreuz in jenen Ländern gefunden worden sind.

R. P. Greg, eine Autorität für das Hakenkreuz, dachte, dass es das Emblem vom obersten arischen Gott, Dyaus oder Zeus war und später von Indra, dem Regengott aus Indien; von Thor oder Donnar unter den frühen Skandinaviern und Teutonen; von Perun oder Perkun unter den Slawen. Dyaus, ursprünglich der "strahlende Himmelsgott", entwickelte sich in der Bedeutung zum Gott, sowohl des Himmel als auch der Luft und zum Aufseher über Regen, Wind und Blitz, wie in Jupiter Tonans und Jupiter Pluvius. Greg hielt es für nicht unwahrscheinlich, dass das Emblem selbst, das zwei kreuzweise platzierten Z, oder zetas ähnelte, der Buchstabe z des frühen griechischen Alphabets gewesen sein könnte.

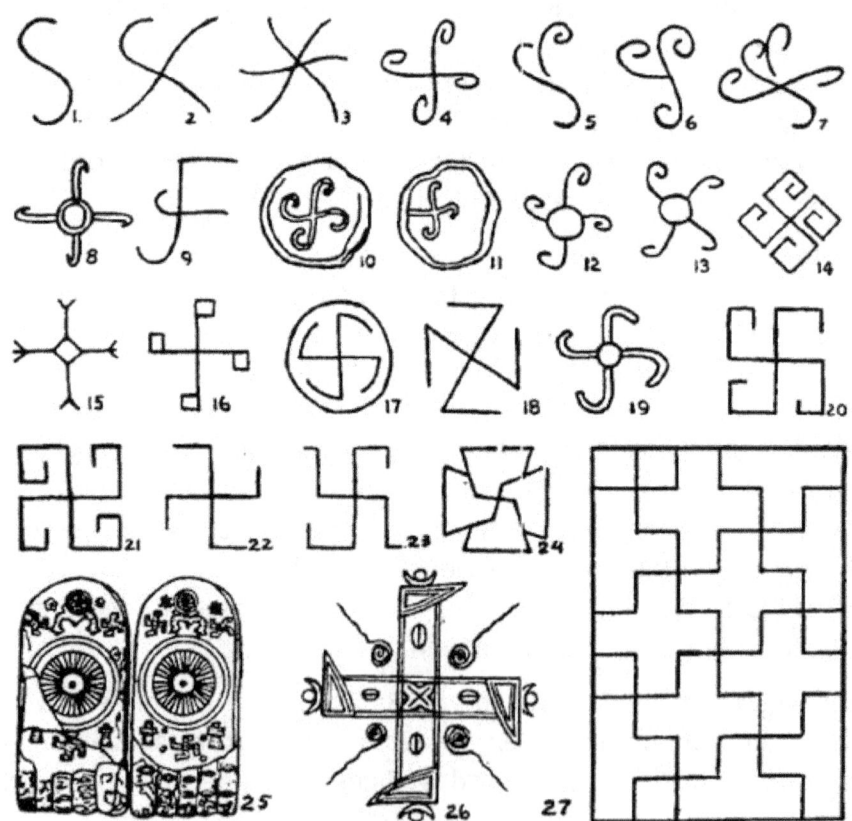

Abbildung 39: Die Swastika

Abb. 1 wird "Sonnenschlange" genannt. 9 ist Thors Hammer. 10-12 stammt von gallischen Münzen. 17 ist ein Symbol amerikanischer Indianer für die vier Winde. 18, der verflochtene griechische Buchstabe Zenta. 24, eine Runen-Swastika aus Schweden. 25, die Buddha-pada oder Fußabdrücke Buddhas mit Swastika. Buddhi-

---

[155] *Ilios, Stadt und Land der Trojaner*, Dr. Heinrich Schliemann, 1880, S. 352. Siehe auch *Troja, Ergebnisse der letzten Forschungen und Entdeckungen am Standort von Homer's Troja*, Dr. Heinrich Schliemann, 1883, S. 122

stische Swastika mit männlich-weiblichen Symbolen. 27, verflechtetes Kreuz und Swastika aus einem chinesischen Design.

Die Illustration in **Abbildung 41** lässt jedoch keinen Zweifel, dass vom Beginn der Geschichte an, das Hakenkreuz ein Symbol des Lebens oder der Fortpflanzung war. Diese Reproduktion wurde von einer seltsamen, kleinen, bleiernen Figur, wahrscheinlich von Artemis gemacht, auf welcher ein rohes Hakenkreuz auf der Vulva erscheint. Sie wurde von Dr. Schliemann in den Ruinen der alten Stadt von Ilion (Troja) gefunden. Das extreme Alter dieses Götzenbildes wird, sowohl von seiner sehr primitiven Arbeitsqualität, als auch von der Tatsache, dass es dreiundzwanzig Fuß unterhalb der Bodenebene einer Ausgrabungsstätte geborgen wurde, belegt.

Abbildung 40: Fylfot und Vajra

Oben: Abb. 1-2 Sizilianisches Fylfot oder Triqueta. 6 ist ein architektonisches Motiv. 7-8 zeigen den Gebrauch von Herz- und Lingam-Motiven bei den Teutonen. Unten: 1-3 und 5 zeigen Variationen des Vajra, einem Dreipunkte-Symbol für Buddha. 4 und 6 zeigen den Dreizack von Shiva.

Abbildung 41: Statuette mit einer Swastika, aus Blei gefertigt. Aus den Ruinen Trojas.

Als altertümliche Mathematiker und Astronomen anfingen, ihre Prinzipien zu beherrschen, wurde angenommen, dass Geometrie eine göttliche Wissenschaft war, die die Formen und Proportionen entfalten würde, die der Große Architekt in der Schöpfung des Universums verwendet hatte. Bestimmten geometrischen Formen wurde eine mystische Wichtigkeit zugeschrieben, die gänzlich außer ihren mathematischen Eigenschaften lag. Folglich wurden viele alte Symbole von geometrischen Formen abgeleitet, unter ihnen der Kreis und das Dreieck und ihre sekundären Formen, Würfel, Kugel und Pyramide oder Kegel, besonders als Schlüssel zu den Geheimnissen der Konstruktion des Universums verehrt. Diese Formen dienten als Basis für viele der heiligsten Symbole der frühen religiösen und geheimen Orden.

Wegen der großen Wichtigkeit der Zahl fünf im mystischen Schema Chinas, wurden die Formen dort von drei bis fünf ausgedehnt, um die Luft und den Äther einzuschließen. Stupas welche diese fünf Grund- oder mystische Formen enthalten, können in buddhistischen Klöstern und an öffentlichen Plätzen in China, Tibet und Japan gefunden werden, wo sie die fünf Quellen bezeichnen, aus denen alle Dinge kommen und zu denen sie zurückkehren [156]. In diesem System orientalischer Bilder, wurde die Erde als die Besetzerin betrachtet, die das Zentrum des Weltalls einnimmt. Sonne, Mond und die anderen Planeten zirkulieren um sie in konzentrischen Kreisen, wie die Segmente einer Zwiebel.

In hinduistischer Symbologie stellt ein Punkt oder • Purm die Gottheit dar, selbstexistent; ein Kreis stellt Brahma und Ewigkeit dar. Ein Dreieck innerhalb eines Kreises ist das Emblem von der Dreifaltigkeit in Einheit: ein Kreis innerhalb eines Dreiecks bedeutet das Gegenteil. Eine Sonnenscheibe innerhalb eines sichelförmigen Monds stellt die "Verbindung der göttlichen Kraft" dar.

Das ägyptische Aakhu-Objekt stellte die Scheibe der Sonne am Horizont dar und symbolisierte Leben nach dem Tod und die Wiederauferstehung. Als Amulett getragen, sollte es dem Träger die Stärke und Kraft von Horus oder Ra geben. (**Abbildung 43**, 5).

Wegen der großen Vielfalt von Formen und Proportionen des Dreiecks, seinem wiederholten Auftreten in natürlichen Formen und Identifikation seiner drei Seiten mit der heiligen Anzahl der Götter, wurde es häufig in Amuletten und Emblemen verwendet. Einige seiner Eigenschaften und Anwendungen werden im Kapitel über die Kabbala berücksichtigt.

Ein gleichseitiges Dreieck, mit der Spitze (Apex) abwärts zeigend, entspricht der Form des behaarten Gebietes, das den *Mons Veneris* schmückt (dem Venushügel) und ist ein Symbol von Wasser und dem weiblichen Prinzip. Wenn der Höhepunkt spitz aufwärts gerichtet ist, stellt es Feuer und das männliche Prinzip dar. Der Buchstabe Dalet des phönizischen Alphabets und der griechische Buchstabe Delta (Δ) sind analoge Formen und bezeichnen die Tür eines Zeltes oder die Mündung eines Stromes.

---

[156] Die Chinesen erkennen 5 Farben, 5 Elemente, 5 Früchte, 5 Richtungen, 5 Geschmäcker, 5 Kardinaltugenden, 5 Noten der Musik, 5 Strafen, 5 Klassiken. Der menschliche Körper hat 5 Bestandteile, und der Rumpf hat 5 Organe. Siehe *Die heiligen fünf von China*, Wm. E. Geil, 1926.

Nach Ansichten in Indien, gibt es 5 wertvolle Juwelen (Rubin, Saphir, Perle, Smaragd, Topas); 5 Schönheiten von Frauen (Haar, Fleisch, Knochen, Haut, Jugend); 5 Bäume des Paradieses, 5 große Opfer, 5 heilige Blumen, 5 Embleme des Königtums; die Menschheit hat 5 Sinne; die Brahmanen beten 5 Erzeugnisse der Kuh an; Shiva hat 5 Aspekte; die Drawidischen Sprachen erkennen 5 Gottesnahrungsmittel an; die assamesische 5 Notwendigkeiten der Anbetung und die Doktrin der Awesta erkennt 5 Unterteilungen der menschlichen Persönlichkeit an.

Es gibt 5 Wörter des bösen Blicks unter Mohammedanern, und die Nummer 5, von den Römern als glücksbringend betrachtet, hat Einzug in ihre Hochzeitszeremonien gehalten. *Ozean der Geschichte*, Band. 2, S. 307n. Siehe auch das Kapitel in diesem Buch "Symbolischen Bedeutung von Zahlen".

In Indien ist das erste Dreieck ein spezielles Emblem von Vishnu, die Frau darstellend und das zweite ein Emblem von Mahadeva oder Shiva, die den Mann darstellt. Wenn sie kombiniert werden, heißen sie die vereinigten Symbole von Vishnu und Shiva, das Sherkun oder der Sechszackige, genannt. Dies ist der bekannte "Davidsstern". Es wird immer noch in allen orientalischen Ländern verwendet und im Freimaurertum ist es ein Symbol für den Grad des königlichen Gewölbes (**Royal Arch Degree**). Der sechszackige Stern ist auch ein Symbol von Feuer-Wasser oder "gebranntem Wasser". Es ist von Tavernen verwendet worden, um ihre Lizenz anzuzeigen, alkoholische Getränke verkaufen zu dürfen.

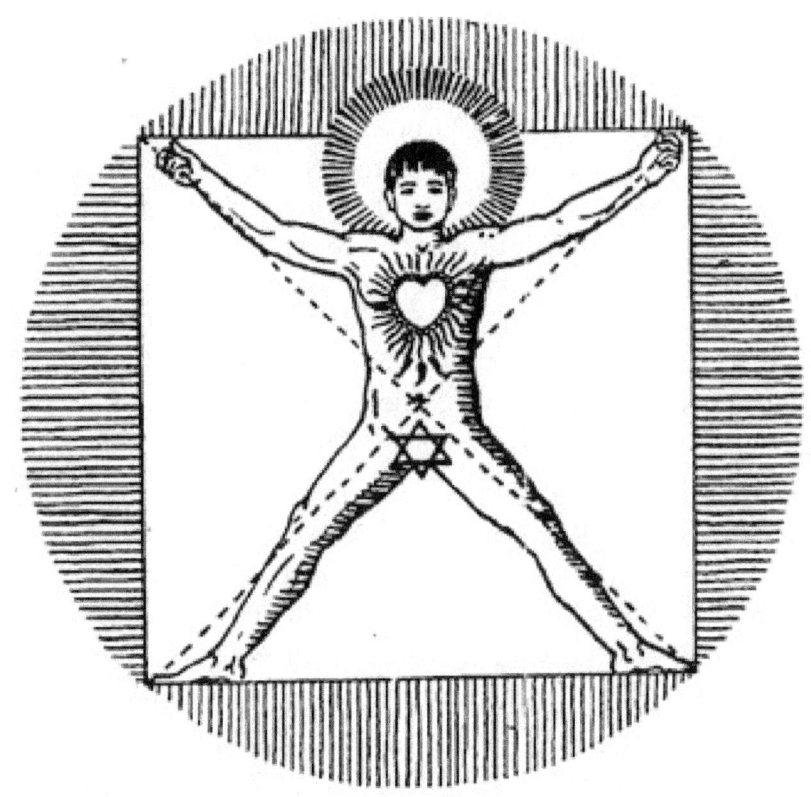

Abbildung 42: Makrokosmischer Mensch

Eine Hindu-Konzeption des Makrokosmischen Mannes mit verschränkten Dreiecken, welche die kreativen männlichen und weiblichen Kräfte darstellen.

Wenn die Spitzen der zwei Dreiecke zusammengefügt werden, wird es zu einem doppelten Dreieck. Es war das Symbol der Götter Horus und Sut; und auch von Nord- und Südägypten. Das doppelte Dreieck mit einer Schlange im Schnittpunkt, ist ein buddhistisches Symbol für Weisheit oder sexuelle Begierde. **Abbildung 43**, 9, zeigt die Verwendung der Dreiecke in einem hinduistischen Emblem, genannt Sri Iantra. Der äußere Kreis stellt die Welt dar; die großen Dreiecke vertreten den Mann und die Frau.

In ihrer Nutzung wird die Zahl auf dem Boden, mit Brahma nach Osten und Lakshmi nach Westen platziert. Die Reliquie eines Heiligen oder eine Abbildung des Buddha, wird innerhalb des Innenkreises gestellt, und der vollständige Schrein ist zur Verehrung bereit.

Wegen seiner Ähnlichkeit mit der Form der Honigwabe, der Schneeflocke und anderer Kristalle sehen viele Mystiker eine ungeheure Bedeutung im sechszackigen Stern. Sie meinen, das ist die Form, aus welcher die Natur ihre heiligen Geheimnisse webt. Als Symbol der kreativen Natur ist die Zahl sechs mit der Muttergöttin und mit den sechs Tagen oder Zeitaltern der Schöpfung identifiziert, die in den Mythologien vieler Nationen vorkommt.

Die hebräischen Buchstaben für Feuer אש (männlich) und für Wasser מים (weiblich) ergeben in ihrer Kombination das Wort אשמים Aeshmim oder Shamayin, was Himmel bedeutet, ein Wort, das die Juden oft als einen Ersatz für das Wort Jahwe benutzen. Der sechszackige Stern der Juden repräsentiert daher Feuer und Wasser, männlich und weiblich und das Symbol für Vishnu und Shiva. Die vier, vom Symbol hervorgebrachten seitlichen Dreiecke, werden manchmal kabbalistisch verwendet, um die vier Konsonanten darzustellen, die das Tetragrammaton JHVH umfassen und sich als "mit Gott" lesen.

Anstatt Jahwes Namen auszusprechen verweisen Juden oft auf ihn als *Der Name*, buchstabiert *ashm*. Hier sind die Buchstaben אשם kabbalistisch äquivalent zu Luft, Feuer und Wasser, die drei elementaren Substanzen, von denen im Altertum angenommen wurde, dass sie das Universum bilden.

Teilt man ein Rechteck im Verhältnis drei zu vier, mit einer diagonalen Linie, gibt es zwei Dreiecke im Anteil von drei, vier und fünf, dem berühmten rechtwinkligen Dreieck des Pythagoras und dem siebenundvierzigsten Problem von Euklid. Für Pythagoras symbolisierte dieses Dreieck die Ehe, die Senkrechte, die den Mann bezeichnete; die Basis, weiblich; und die Hypotenuse, das Kind. Es erschien in konventionellen Darstellungen vom Auge des Horus, was in Ägypten und anderen Stellen als Amulett gegen das böse Auge eingesetzt wurde. Ein gleichseitiges Dreieck wurde auch als Symbol der Gottheit verwendet, wobei die drei Seiten seine dreifache Kraft darstellten. Für die Hindus symbolisiert ein gleichseitiges Dreieck AUM, ein mystischer Ausdruck, der die Summe aller Existenz darstellt.

Ein Auge innerhalb eines Dreiecks ist ein Freimaurersymbol des Großen Architekten und kann auf dem großen Siegel der Vereinigten Staaten, auf dem Dollarschein, gefunden werden. Frühe Christen benutzten ein ähnliches Objekt als Symbol des heiligen Geists, und Juden stellten das allsehende Auge manchmal in einem Kreis mit drei Jods dar, JHV repräsentierend, einem der mystischen Monogramme von Jahwe.

Einheimische Polynesiens malen das mystische Auge, als Schutz vor Unglück, auf den Bug ihrer Boote. Die ägyptische Triade von Osiris, Isis und Horus wurde manchmal von einem Dreieck innerhalb eines Kreises dargestellt. Hinduistische Verehrer von Shakti, dem weiblichen Prinzip, markieren ihre Vasen mit einem rechtwinkligen Dreieck, durchteilt von einer Linie. Anhänger von Isis kennzeichneten die Schiffe, die für ihre Riten notwendig waren, auf dieselbe Art.

In seiner Originalform war das ägyptische Auge oder Udjat, wie in Abb. 42, Fig. 19 gezeigt, als Amulett getragen. Es wurde angenommen, dass das Auge ein sehr starker Zauber gegen Unglück war, und der Träger des Udjat fühlte sich seiner guten Gesundheit, Schutz und allgemeinem Wohls, sicher. Zwillings-Udjate stellte die Augen der Sonne und des Monds dar, eine alte Form der Göttin Hathor. Es wurde auf Särge und Leichenhausartikel gemalt. Im babylonischen Schöpfungsmythos trug der Held Marduk, zwischen seinen Lippen ein Amulett in der Form eines Auges, wenn er sich auf einen Kampf mit Tiamat vorbereitete.

Abzeichen unterschieden die drei Orden ägyptischer Priester, das griechische Theta (Θ), die Sonne bezeichnend, das T symbolisierte ewiges Leben und das gleichseitige Dreieck, Vergnügen.

Das wichtige Merkmal des gefeierten Rings, mit dem König Salomon Meisterleistungen der Zauberei durchführen sollte, war ein fünfzackiger Stern oder ein Pentagramm. Er wurde manchmal das "Siegel Salomons" genannt. Mit der Spitze nach oben war es ein mächtiges

Amulett weißer Zauberei, aber umgekehrt jedoch, war es ein Symbol der Hexerei, schwarzer Magie, und ein Omen für Unglück.

Für Pythagoreer und andere war das Pentagramm ein Symbol des Universums oder der Vollkommenheit. Es wurde auf frühen syrischen Tonwaren gefunden, auf Töpferware aus Ur in Chaldäa. Es wird vermutet, dass es älter als das Hexagon des Stern Davids ist. In Indien ist es sowohl ein Symbol Shiva's als auch der zehn Avatare von Vishnu. Ägypter verwendeten einen fünfzackigen Stern als Hieroglyphe für ihre Götter.

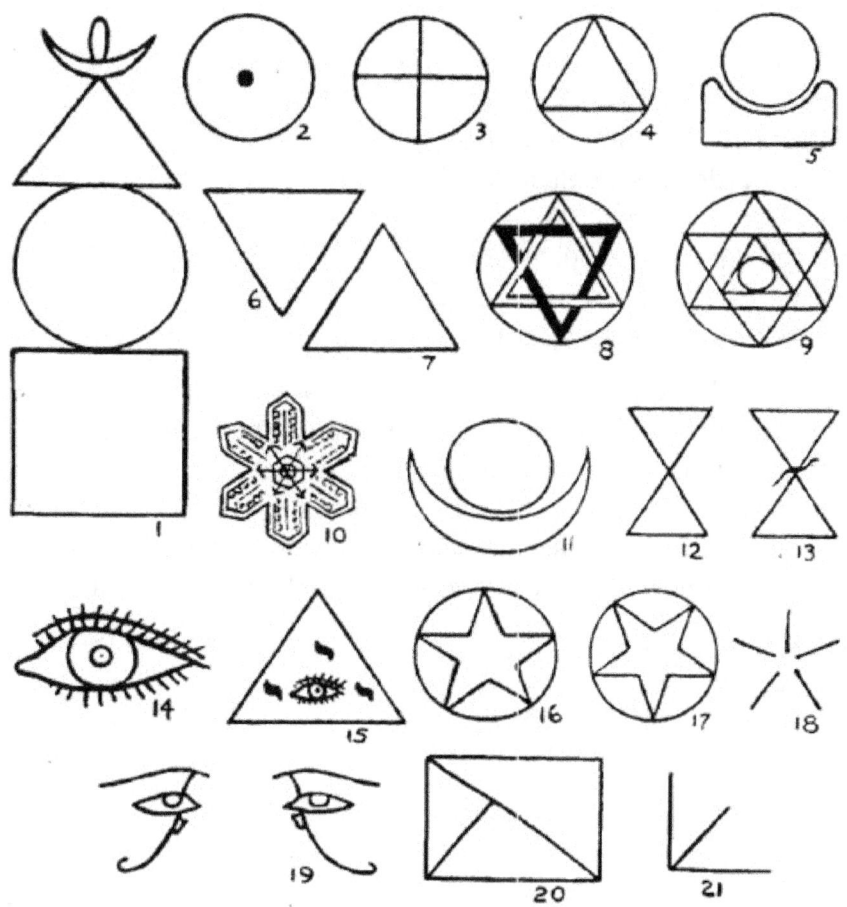

Abbildung 43: Verschiedene Symbole

1. Seitenbetrachtung eines chinesischen Stupas. 2. kann als die von himmlischen Regionen umgebene Erde oder als das kosmische Ei interpretiert werden, das den Samen aller Existenz enthält. 3. Symbol vom Himmel (Kreis) und der Erde (Kreuz). 4. Symbol der Trinität. 5. ägyptisches Aakhu-Objekt, was die Sonnenscheibe am Horizont zwischen Bergen im Osten und Westen darstellt. 6. umgekehrtes Dreieck; ein Symbol von Vishnu, Wasser und dem weiblichen Prinzip. 7. aufrechtes Dreieck; Symbol von Shiva, Feuer und dem männlichen Prinzip. 8. zusammengefügte männliche und weibliche Dreiecke, der bekannte "Stern Davids." 9. der Sri lantra, eine hinduistische Variation von verschränkten Dreiecken. 10. sechsseitige Schneeflocke. 11. Sonne und Mond in Verbindung. 12. doppeltes Dreieck; ein Symbol der ägyptischen Götter Horus und Tut (Licht und Dunkelheit). 13. buddhistisches Symbol der Weisheit und sexueller Begierde. 14. Auge. 15. das allsehende Auge in einem gleichseitigen Dreieck mit drei "Jods". 17. umgekehrter Stern, ein Symbol der Hexerei. 18. sternförmige, ägyptische Hieroglyphe mit der Bedeutung "König". 19. ägyptische Udjat-Augen. 20. drei zu vier Rechteck, geteilt, um zwei rechtwinklige

Dreiecke und den goldenen Schnitt zu formen. 21. geteiltes Dreieck; ein Symbol von Isis und Shakti.

Dieser Stern ist heute so verbreitet, dass es unmöglich scheint, dass man jemals von ihm hätte annehmen können, magische Eigenschaften zu besitzen, aber in einem Alter, als die Leute symbolische Bedeutung in allem suchten, hatte er viele bedeutsame Assoziationen. In der Astrologie vertraten die fünf Punkte die 5 Planeten, Merkur, Venus, Mars, Jupiter und Saturn. Mathematisch formen die fünf Punkte zehn Winkel, je hundertacht Grad und es gibt fünf Linien, die dem äußersten Verhältnis gleich sind. Es enthält zehn Linien, die dem mittleren Verhältnis gleich sind und wenn die Seiten des Mittelteils, dem mittleren Verhältnis hinzugefügt werden, gleichen sie der gegebenen Zeile.

Vier babylonische Monate, mit jeweils 27 Tagen, ergaben 108 Tage. Zehn Mal 108 Tage sind 1080 oder drei Jahre im astrologischen Kalender. In Indien ist 108 die Zahl von Brahma, dem Gott des Lichts. Sie ist von großer magischer Bedeutung. Brahmanen nehmen an, dass die potentielle Länge des menschlichen Lebens aus zwölf Abschnitten von je neun Jahren oder einer Gesamtsumme von 108 Jahren besteht. Die ideale menschliche Figur ist vom Maßstab in 108 Teile geteilt, und die Herstellung von Abbildungen und Statuen ist eine hoch formalisierte Kunst. Die Länge von zwei menschlichen Leben (216 Jahren) ist die Nummer der Metempsychose oder Wiedergeburt. Dies ist sechsmal sechsmal sechs der Mystiker.

Die Rosenkranz- oder Rudraksha-Perlen, die von Brahmanen getragen werden, belaufen sich auf 108 und "durch das Auflegen der Rudraksha-Perlen werden Personen zu Rudras... inkarnieren in Fleisch und Körper... dadurch ergeben sich alle Sünden aus Sehen, Riechen, Hören, sich erinnern, verbotene Dinge tun; unzusammenhängend reden, verbotene Dinge tun, das alles wird, mit den Rudraksha-Perlen auf dem Körper, weggenommen... Die 108 bezeichnet die Anzahl von Wedas und Brahma, die Quelle der Weisheit". [157]

---

[157] *Heilige Bücher der Hindus*, Band 26, bk. 11, eh. 3, P. 1063. Die Nummer 108 hat eine mystische Bedeutung sowohl für Buddhisten als auch für Brahmanen. Bei Gautamas Geburt war die Anzahl der Brahmanen, die dazu aufgefordert wurden sein Schicksal vorherzusagen, 108. Es gibt 108 Schreine von spezieller Heiligkeit in Indien; es gibt 108 Upanischaden; 108 Rupien sind ein fairer Betrag für eine großzügige Tempel- oder eine andere Spende. In Tibet und China ist 108 eine heilige oder mystische Zahl, in Verbindung mit Architektur, Ritual und Literatur. (siehe Yules *Marco Polo*, Band. 2, S. 347, London 1903). Die Anzahl von Perlen, in sowohl tibetischen als auch birmanischen Rosenkränzen, ist normalerweise 108. Diese Zahl erscheint in Dokumenten vor dem Namen der Maharadschas oder hoher Priester der Bhatti-Kaste. *Ozean der Geschichte*, Band. 1, S. 242 und Band. 6, S. 14, 231 und 280.

X. SEX SYMBOLISMUS (FORTSETZUNG)

Mehr als jedes andere Volk haben die Orientalen immer gern in Bildern und Gleichnissen gesprochen. Sie beschreiben eine Sache, während sie auf eine andere verweisen. Bei der Entwicklung ihrer Gewohnheit, im Charakter alles als männlich oder weiblich zu betrachten, wurden Schüsseln, Tassen, Becken, Körbe, Fenster, Bögen, Türen, Glocken, Beutel, Säcke, Kisten, Truhen, Boote und hohle Dinge aller Art, emblematisch für die Gebärmutter, wobei sogar die Handfläche, wegen ihrer Rundung, weiblich ist. Kreise, Ringe, Ovale, Hufeisen und andere Objekte gleichen Charakters symbolisieren die Scham.

Pfähle, Pfosten, Zaunpfähle, Bäume, Pfeiler, Säulen, Obelisken, Türme, Schwerter, Speere, Keulen, Bergspitzen und andere Projektionen, wurden als männlich betrachtet. In Indien wurden verschiedene Arten von Stein, Metall und Bäume, ihren Eigenschaften nach, als männlich oder weiblich klassifiziert. Einige Objekte, wie beispielsweise ein Stößel und Mörser, Schloss und Schlüssel, oder das Eierstab-Design, kombinieren beide, männliche und weibliche Symbole.

Objekte werden auch, ihren Funktionen entsprechend, klassifiziert. Eine Hacke oder Pflug zum Beispiel, ist männlich und wird als "Öffner" bezeichnet, da er die Erde öffnet, damit sie den Samen zum Anpflanzen erhalten kann. Durch ähnliche Überlegungen wird eine Furche oder Spalte als weiblich bezeichnet und das Feld oder die Wiese selbst, ist des gleichen Geschlechts. Das lateinische Wort *Vomer* bedeutete sowohl Pflugschar als auch Phallus.

Die Unterschriften einiger indischer Fürsten enthalten Ideogramme eines Pfluges, um anzuzeigen, dass sie irdische Repräsentanten des Schöpfers sind. Bei Trauungen wird ein Pflug unter einen Baldachin gestellt, als Vorbote der Fruchtbarkeit.

In alten Zeichnungen und Reliefs, wurden männliche Figuren oft von weiblichen Symbolen begleitet, und weiblichen Figuren wurden entweder männliche Symbole als Haarschmuck gegeben, oder solche Objekte wurden in die Nähe der Figuren gelegt, als ob die Szene nicht vollständig wäre, wenn nicht beide Geschlechter vertreten sind [158]. Es war wahrscheinlich aus einem ähnlichen Grund, dass Priester manchmal weibliche Kleidungsstücke trugen und Priesterinnen Männerkleidung. Dieser Brauch hat sich in den katholischen und Episkopalkirchen bis in die Gegenwart fortgesetzt.

Die Zeichnungen auf Abbildung 45 veranschaulichen die Verwendung der männlichen und weiblichen Symbole und wurden ursprünglich von Layard wiedergegeben [159]. Figur 1 ist von einem babylonischen Siegel. Die zentrale Figur stellt eine androgyne Gottheit dar, mit einer aufrechten männlichen Schlange auf der linken und einer weiblichen Schlange auf der rechten Seite. Gegenüber der männlichen gibt es ein rautenförmiges, weibliches Symbol und zu seinen Füßen ist eine Amphore, die Ouranos, oder die Sonne andeutet. Sie befruchtet Terra die Erde, indem sie sich selbst in die Erde ergießt. Über der weiblichen Schlange befindet sich ein Halbmond und gegenüber der Schlange gibt es einen sechsstrahligen Stern, die

---

[158] "In der *Bhavagata Purana* (2. Skanda) wird Mahadeva von Brahma als 'Parabrahman, der Herr von Shiva und Shakti, als die Saat und Gebärmutter des Universums bezeichnet'. Hintergrund ist, dass die Männer und Frauen für immer untrennbar miteinander verbunden sind und zusammen in der kosmischen Evolution gefunden werden." *Elemente der hinduistischen Ikonographie,* vol. 2, Pt. 1, p. 58, J. Gopinatha Rao.

[159] *Recherches sur les Culte, les symboles, les attributs, et les Monumens, Figures de Venus,* Paris, 1837, p. 32 *et seq.* dargestellt in Figur 1.

Sonne repräsentierend. Zu ihren Füßen ist eine Tasse, die offenbar das weibliche Element in der Schöpfung darstellt.

Figur 2 stammt von einem Gemmen-Zylinder aus dem Britischen Museum. Es stellt männliche und weibliche Figuren dar, tanzend vor der mystischen Palme. Gegenüber einer bestimmten Stelle einer Figur, befindet sich ein Diamant oder Oval und auf der anderen Seite eine Fleur de Lys, das Symbol des männlichen Dreiklangs.

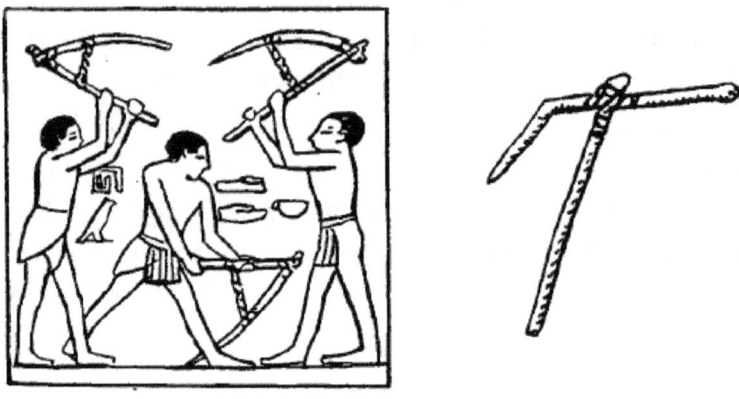

Abbildung 44: Antike Formen eines Pfluges

Links: Ägypter Hacken. Rechts: Der Hala oder Hindu-Pflug zu einer Kriegswaffe umgewandelt.

Abbildung 45: Gebrauch von männlichen und weiblichen Symbolen in antiken Gemmen

Figur 1, androgyne Gottheit mit männlichen und weiblichen Schlangen links und rechts. Gegenüber der männlichen Schlange gibt es ein rautenförmiges, weibliches Symbol und gegenüber dem weiblichen gibt es ein sechseckiges Sonnensymbol. Über dem Kopf ist ein Halbmond. Unterhalb der weiblichen ist eine Tasse und unter der männlichen eine Amphore, was die Befruchtung der Erde von der Sonne repräsentiert.

Figur 2, männliche und weibliche Figuren tanzen vor der mystischen Palme, dem Baum des Lebens. Gegenüber dem männlichen Tier gibt es ein spitzovales oder weibliches Symbol. Gegenüber dem weiblichen gibt es eine Fleur-de-Lys oder männliches Symbol.

Figur 3, Verehrung der männlich-weiblichen Symbole. Oben sind der weibliche Mond und die männliche Sonne. Dem Anbeter gegenüber sind ein spitzovales Dreieck, Cteis und Palme. Von einer Skulptur auf weißem Achat im Calvert Museum in Avignon.

Figur 3 ist von einer Skulptur auf weißem Achat und stellt einen Akt der Anbetung vor dem Symbol des männlichen und paarweise angeordneten, weiblichen Schöpfers dar. Oben finden Sie die Sonne und den Mond. Darunter sind die männliche Palme und die vergitterte Cteis, im Sinn des Sistrums, als Symbol der weiblichen Jungfrau. Als nächstes kommen das männliche Emblem, der Konus und das weibliche Symbol, die Raute.

Abbildung 68, S. 170, Fig. 1 und 2 zeigen Entwürfe von alten assyrischen Tafeln, in denen die weiblichen Symbole in der Nähe der männlichen platziert wurden, und die Haupt-Anbeter halten Taschen, als typische Symbole der Gebärmutter. Für Hindus ist die Bhaga-Vata oder Parvati, die Mutter der Mütter, die "Lady of the Sack" (Dame des Sacks), die Florentiner nannten sie Madonna Del Sacco, aber jetzt heißt sie Dea Immacolata oder einfach St. Bride oder Bridgetta.

Die Wechselbeziehung zwischen dem Männlichen und Weiblichen, in der Ordnung der Schöpfung, ist tief in der chinesischen Philosophie verwurzelt. Wie von Generalmajor James G. Forlong [160] beschrieben, der viele Jahre damit verbrachte, das Thema zu studieren, bilden männliche und weibliche Symbole die Grundlage für das chinesische Ideogramm, was den Menschen andeutet.

Abbildung "A" steht für Ti, genannt "der Säulen-Gott", "höchste Monade", "der Eine", aber es fehlt die Kraft zu schöpfen, da das weibliche Symbol fehlt. "B" ist ein umgekehrtes V und repräsentiert zan, yang, oder den Menschen; mit Phallus oder Knotenstock, begleitet von Shang "himmlischer Punkt", der wie der Mond über dem Wasser schwebt und das weibliche Prinzip repräsentiert. Die kombinierten Schriftzeichen bedeuten Macht, Leben zu schaffen. "C" steht für einen Gottmenschen oder Doppel-Phallus. Es ist das Le oder Ti, kraft dessen Shang Leben erzeugt; aber, weil die weibliche Hälfte fehlt, ist der Gott machtlos zu kreieren. "D" ist die duale Form von Shang-Ti, Sing Le oder Shin Le, der kreative Gott, begleitet von der weiblichen Arche oder Gebärmutter. "E" ist eine akkadische Keilschrift, die den Buchstaben "A", genannt Zikaru, "die männliche Sache", oder "das Schwert" repräsentiert und von den Juden Zakar genannt wird; "Das, was durchbohrt oder durchdringt". Im Assyrischen stellt es As oder Asher, den Phallus dar.

Wenn ein Junge, bei der Naojote Zeremonie der Parsen in Indien, initiiert und mit dem Sudra und Kusti, oder heiligem Hemd und Faden ausgestattet wird, machen die Priester ein langes, vertikales Zeichen, als rote Markierung auf der Stirn des Eingeweihten. Bei einem Mädchen wird eine runde Markierung aufgebracht. Die vertikale Markierung bedeutet das Düngen oder Empfangen der Sonnenstrahlen und die runde Markierung repräsentiert die Chandra, den Mond, der von Surya, der Sonne, befruchtet oder geschwängert wird. Brahmanische Anhänger von Parvati malen drei senkrechte Striche auf die Stirn. Die äußeren Striche sind weiß oder gelb und das Zentrum ist immer rot. Dies stellt die Matrix Bhavani dar.

---

[160] *Rivers of Life (Flüsse des Lebens)*, vol. 2, p. 551 et seq., Maj. Gen. James G. R. Forlong.

Das moderne *Naman* oder Emblem, das Hinduanhänger von Vishnu, als ein Symbol der Schöpferkraft an ihre Stirn malen, ist ein weißes, U-förmiges Zeichen, in dessen Mitte sich ein vertikaler, roter Strich befindet. (Siehe Abbildung 46, Fig. 5 und 6). Ein weiteres Symbol ähnlichen Charakters, und möglicherweise von gleichem Ursprung und Sinn, besteht aus einem V, (v und u waren früher das gleiche) die grob eine Pfeilspitze nach oben oder unten (↑ ↓) bildet. Dies war eine alte Methode der Darstellung der Buchstaben I und V, die ein heiliges Monogramm von JHVH bildeten. Die Buchstaben IU wurden mit *Pitar* (Vater) verbunden, um den Namen des römischen Iu-piter (Jupiter) zu bilden. Breite Pfeilspitzen sind immer noch auf Gegenständen im Besitz von Königen, als Symbole ihrer Souveränität, gestempelt.

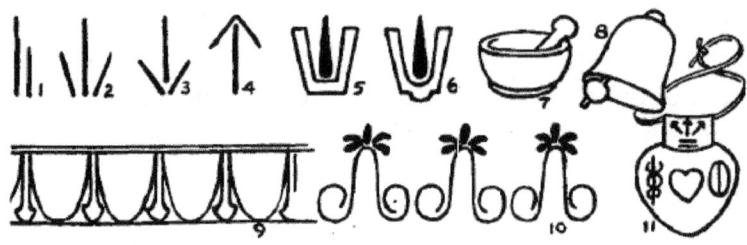

Abbildung 46: Männliche und weibliche Symbole

Fig. 1 bis 6; Hinduistische Kastensymbole. 7, 8, Stößel und Mörser und die Glocke, Symbole des Männlichen und Weiblichen. 9, Eierstab Design, enthält männliche und weibliche Symbole. 10, der Limbus, ein männliches, wiederholtes Zierdesign. 11, die Bulla, ein Zierlendentuch, von Kinder im Orient statt Kleidung getragen.

Der Halbmond war einst ein alltägliches und weit verbreitetes, weibliches Symbol. Bis zum heutigen Tag, werden Amulette in Form einer Mondsichel, für Jungfrauen und Schwangere, als besonders geeignet angesehen. Sie waren bei vielen Menschen in Westasien beliebt, um ihnen die Kraft und den Schutz des zunehmenden Mondes zu geben. Mondamulette wurden auf dem Nacken von Kamelen befestigt, um sie vor dem bösen Blick zu schützen. Ein griechischer Beiname für den Mond war Cynthia aus Cynthus (k und c ist das gleiche: auch u und y) und als Göttin der Fruchtbarkeit, war Cynthus das gleiche wie Kunti, die Frau der Sonne in Indien und Kun oder Kiun (Königin) der Juden [161].

Die beiden obersten Rajah Familien von Hindustan, die Suryabaner und Chandrabaner, werden die Kinder der Sonne und des Mondes genannt. Wenn indische Dichter, die Schönheit der männlichen Kinder beschreiben möchten, dann vergleichen sie sie mit der Schönheit der Sonne, während Mädchen mit dem Mond verglichen werden; womit zu sagen wäre, dass wenn eine Frau "mah rui" oder Mond-gesichtig genannt wird, gilt das als ein großes Kompliment. Ein Mondgesicht ist auch ein Zeichen der Schönheit in der Türkei, Persien, Arabien und Afghanistan.

Die Menschen in vielen frühen Völkern glaubten, dass der Mond die Quelle der Feuchtigkeit war, die das Leben der ganzen Tier- und Pflanzenwelt ermöglicht und es gab eine enge Beziehung zwischen Mond-, Erd- und Wasserverehrung. Nach Plutarch betrachteten Ägypter den Mond als Mutter der ganzen Welt und sie glaubten, dass er männliche und weibliche Charaktere hat. Prophet Ezechiel beschwert sich darüber, dass die Frauen von

---

[161] Von *Kunya*, einer kleinen Quelle; *Kund*, ein Becken, Pool, Krug oder Frühling; Kundi, einer, der einen Wasserkrug trägt, Krug oder Kette zur Befestigung einer Tür; *Khunta*, ein Holz- oder Eisenstift oder Bolzen; und *Kunta*, ein Speer.

Jerusalem, sich durch das Tragen der Saharon, ein Ornament aus Gold oder einem anderen Metall in Form einer Mondsichel gefertigt, als Mondanbeter zeigten.

Im Übergang wird ein Halbmond zu einem Bogen oder zu einer Arche, ein Begriff der mit dem Argha verwandt ist, einem, in Indien als zeremonielles Schiff gebrauchtes, bootförmiges Gefäß. (Abbildung 49, S. 138, Fig. 37 und 38).

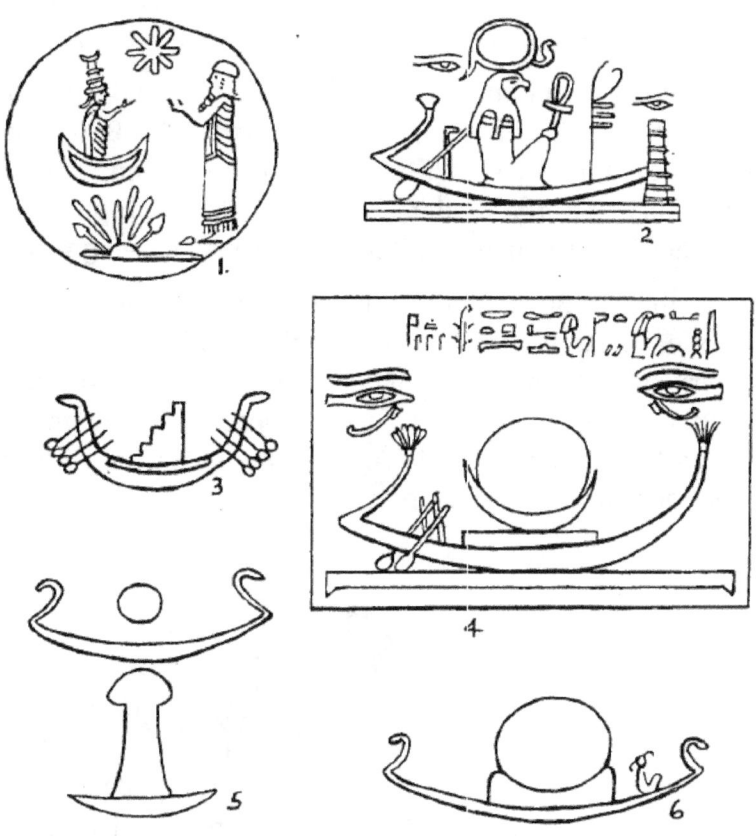

Abbildung 47. Heilige Boote der Sonne und des Mondes

Figur 1, Mond, Gott, der in seinem sichelförmigen Boot steht; ein chaldäisches Konzept. 2, falkenköpfiger Ra in heiligem Boot, von allsehenden Augen geschützt. 3, heilige Barke des ägyptischen Sonnengottes mit Stufen oder Treppen für den Aufstieg in den Himmel. 4, Sonne und Mond in Verbindung auf einem heiligen Boot. 5, Sonnenboot mit Schlangen-Enden. Es ruht auf einer phallischen Säule. 6, Sonnenbarke mit Sonne am Horizont (das Aakhu Symbol.)

Zahlreiche Modifikationen dieser Form sind in den Kastenzeichen eingesetzt, die Brahmanen auf ihre Stirn malen. Für Hindus ist die Argha eine konventionelle Darstellung der Yoni, aber in einem tieferen Sinn repräsentiert sie das universelle, weibliche, schöpferische Prinzip. Das runde Objekt in der Mitte der Zeichnung des Argha (Abbildung 49, S. 138) symbolisiert den Berg Meru [162], dem indischen Äquivalent von Berg Moriah und Berg Ararat, und unter anderem, stellt es den Großen Berg von Vishnu dar, das Symbol seiner Zeugungskraft.

---

[162] "Meru ist der heilige und urzeitliche Lingam und die Erde darunter, ist die geheimnisvolle Yoni, erweitert und offen wie ein Lotus. Die Konvexität in der Mitte ist das *Os Tineoe* oder der Nabel von Vishnu, und sie stellen oft die physiologischen Geheimnisse ihrer Religion durch das Emblem des Lotus dar, wo die ganze Blume, sowohl die Erde, als auch die beiden Prinzipien der Befruchtung andeuten: der Keim ist sowohl Meru als auch der Lingam: die Blütenblätter und Filamente sind die Berge, die Meru umgeben und sind auch eine Art von Yoni: die vier Blätter des Kelchs sind die vier großen Regionen der Himmelsrichtungen und die Blätter der Pflanze sind die verschiedenen Inseln im Meer, rund um Jambu (Jambudvipa, Rosenapfelbaumkontinent), und das Ganze schwimmt auf dem Wasser wie ein Boot. ...Es ist ihre Meinung, ich weiß nicht worauf das basiert, dass zum Zeitpunkt der Flut die beiden Grundsätze der Generation, die mit dem Mast die Form eines Bootes annahm um die Menschheit zu bewahren". Kapitän Francis Wilford in *Asiatic Researches*, the Royal Asiatic Society of Bengal, vol. 8, p. 273.

Die Geschichte, dass Paare aller Lebewesen an Bord der Arche Noah waren, scheint in symbolischer Art die Überzeugung auszudrücken, dass alles Leben auf der Erde, aus dem Schoß der Argha, der universellen Mutter kam.

Symbolisch gesprochen, ist ein Boot eine Wiege, Nest, Zuhause, Hafen, oder Gebärmutter; somit waren die halbmondförmigen, heiligen Boote der Ägypter, ein Sinnbild für diese Matrix. Ein Schiff mit einem Mast symbolisiert die Vereinigung des Männlichen und Weiblichen. Die gleiche Beziehung wird durch das Lingam vermittelt, einem Hindu-Emblem, das aus einer boot-förmigen Symbolisierung der Yoni, mit dem Phallus in der Mitte [163], besteht.

Manchmal steht Mahadeva (Shiva) in der Mitte des Arghas, wie der Mast eines Bootes. In Indien ist das Lingam überall zu finden, in verschiedenen Größen, von Haushaltsornamenten, ein paar Zentimeter hoch, bis zu Monumenten im Freien, mehrere Meter hoch. Ein großes, halbmondförmiges Boot, an jedem Ende gepunktet, Omphalos oder Nabel genannt, wurde bei griechischen Gottesdiensten in Delphi, in Prozessionen getragen.

Im Hebräischen sind die Buchstaben P und B austauschbar, daher sind *Pith* oder *Peth*, Gebärmutter, Tür oder Eingang und *Bith* oder *Beth* Haus bedeutend, Synonyme. Die Arche Noah wurde *The-bith* oder *Tebah* genannt, und *Bith* bedeutet, durch den vorangestellten Artikel *the*, heilig oder geweiht. Das Wort *The-bith* bezeichnet die geweihte Arche oder den Schoß, aus dem alles Leben kam. Für die Ägypter bedeutete die Stadt Theben die Tebah, Gebärmutter, Arche, oder Nabel des Universums.

Abbildung 48: Der jüdische Opferaltar, Schaubrote und Cherubim

Der Tabernakel der Juden wurde Meshken oder Geburtshaus genannt. Das Allerheiligste enthielt die Lade, das heiligste aller Symbole. Es war der Ort des Heils und der Sicherheit, das heilige Gefäß der göttlichen Weisheit und Macht; daher war die Lade die heilige Wohnstätte der Gesetzestafeln, die Moses von Gott gegeben wurden.

Das Buch Exodus nennt die Tafeln das "Zeugnis von Jahwe" und beschreibt den Bau der Arche detailliert, die vor allem für ihre sichere Aufbewahrung gebaut wurde.

---

[163] Die Sintflut Allegorie, wie von den Hindu Puranas beschrieben: "Satyavrata, nach Fertigstellung der Arche, die Flut steigt, er macht sie am Gipfel des Naubandha (auf den Berg Meru, von Nau, einem Schiff und Bandha, festmachen), mit einem Kabel von erstaunlicher Länge fest. Während der Flut schlief Brahma, oder die schöpferische Kraft, am unteren Rand des Abgrunds. Die generativen Kräfte der Natur, Männer und Frauen, wurden auf ihre einfachsten Elemente, Linga und Yoni reduziert und nahmen die Form des Schiffrumpfes an. Es verkörpert deshalb Argha, während Linga der Mast wurde. Auf diese Weise wurden sie, unter dem großen Schutz von Vishnu, über die Tiefe geweht. Als das Wasser sich zurückgezogen hatte, erschien die weibliche Kraft der Natur, unmittelbar im Charakter der Capoteswari oder Taube und sie wurde bald, in der Form eines Capoteswara, mit ihrem Gemahl vereinigt ". Kapitän Francis Wilford in *Asiatic Researches*, der Royal Asiatic Society of Bengal, vol. 6, p. 522.

Die Umstände der Entgegennahme der "Zeugnisse" durch Moses sind sehr geheimnisvoll. Aussagen an anderer Stelle des Exodus zeigen, dass die Juden, bevor Moses die Steintafeln gegeben wurden, etwas besaßen, von dem sie glaubten dass es ein "Zeugnis" sei. In Exodus 16:33, 34 heißt es, dass Moses Aaron gebot, einen Topf von Manna zu nehmen und es vor den Herrn zu legen; "so legte Aaron es vor das Eduth (Zeugnis) damit es verwahrt werde". Dies geschah bevor Moses seine berühmte Konferenz mit dem Herrn hatte; sogar, bevor Moses am Berg Sinai angekommen war.

Der Text zeigt deutlich, dass dieses Zeugnis ein Götzenbild war, das Jahwe repräsentierte und da dieses Zeugnis von den Israeliten *vor* dem Sinai Vorfall verehrt wurde, ist es offensichtlich, dass die Übernahme der Gesetzestafeln, den Sturz einer alten Form der Anbetung und den Beginn einer neuen markiert.

Mohammedaner erkennen auch das Alte Testament als Teil ihrer heiligen Aufzeichnungen an, und das Allerheiligste Objekt in ihrer Ka'aba [164] in Mekka, ist ein steinernes, phallisches Bild. Von Rom bis Japan, besaßen frühe Völker ähnliche Archen, Truhen, Kisten oder Arghas für heilige Objekte, die in der Regel Symbole der männlichen und weiblichen Scham waren. Die Arche der Ägypter enthielt etwas, von dem sie glaubten, dass sie die Symbole des wahren Schöpfers seien, der Phallus, das Ei, und die Schlange. Das erste repräsentiert Osiris als Sonne, das männliche Zeugungsprinzip und aktiver Schöpfer; das zweite, der Bewahrer oder das passive, weibliche Prinzip; und der dritte, der Zerstörer oder Vervielfältiger.

Als die Juden, wie die Beweise zeigen, die Idee einer Bundeslade von den Ägyptern übernahmen, war es ohne Zweifel für einen ähnlichen Zweck bestimmt und enthielt ähnliche Gegenstände. Die Arche selbst war ein weibliches Symbol, deshalb musste das Eduth oder Zeugnis, ein männliches Bild gewesen sein, wahrscheinlich aus unbehauenem Stein, was Jahwe den Vergrößerer, den Generator des Lebens repräsentierte. Wahrscheinlich enthielt die Bundeslade auch eine eherne Schlange, das allgegenwärtige ägyptische Symbol des Lebens und kreativer Energie.

Gemäß einer weiteren jüdischen Tradition gab es nichts Böses, bis Evas Neugier sie zum Baum des Lebens (oder Wissen) führte, und die damit verbundene Öffnung ihres Leibes, brachte alles Böse in der Welt hervor. In der griechischen Mythologie, führte Neugier auch zur Öffnung der Büchse der Pandora, Brust, oder Arche, mit einem ähnlichen Ergebnis, und die versteckte Symbolik ist in beiden Fällen, im Grunde das gleiche.

Die in Abbildung 49, S.138 gezeigten Formen, sind Variationen des Ovals und sollen einige der vielen Möglichkeiten illustrieren, in denen sie zur Symbolisierung der Argha, Arche, Anch, oder der Matrix des universellen Mutter-Prinzips, eingesetzt wurde. In Ägypten wurde auf Tempelwänden, Türen, Säulenhallen usw., Variationen des Ovals, als phallisches Auge gemalt, als Symbol für die immer-jungfräuliche Isis. In verschiedenen Arrangements, ist es als Kastenzeichen, immer noch auf die Stirn von Millionen von Menschen in Indien gemalt. (Abbildung 49, Fig. 26).

Das weibliche Zeugungsorgan wird in Indien, mit dem Sanskrit-Wort Yoni (ausgesprochen yun oder yn) benannt. Die Buchstaben j und y waren einst austauschbar, ebenso die Buchstaben u und o, daher sind Yoni und die hebräischen Worte *Iuni*, Taube (ein weibliches Symbol), Jo-nah, und Jo-annes gleichzusetzen; ebenso die griechischen Titel Io, Iona und

---

[164] Vergleiche Ka'aba mit dem hebräischen Wort Kobah, was Vulva bedeutet. Fursts Hebräisch-Wörterbuch übersetzt Kobah als irgendetwas hohles oder gewölbtes, wie die Ka'aba, was die Lade oder Vulva, Tasse, kob, al-cova oder Nische bedeutet. Das griechische Wort für Kobah bedeutet weibliche Teile.

Ionia; und die lateinischen Namen Ju-no, Jo-ve und Ju-Piter, wurden wahrscheinlich von der gleichen ursprünglichen Wurzel abgeleitet [165].

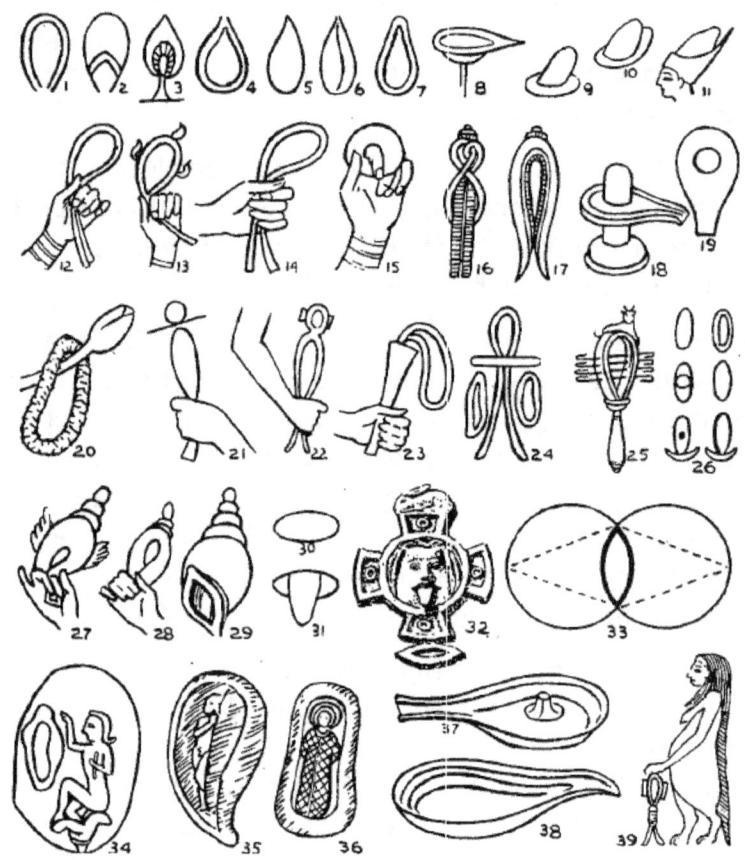

Abbildung 49: Das Schlaufen- oder Yoni-Symbol

Fig. 1 bis 8 sind normale Variationen des Schleifen-Designs. 9, 10, 11, Entwicklung des Hutes von Osiris, aus männlichen und weiblichen Formen. 12, 13, 14, Band in der linken Hand von Shiva. 15, Ring am Finger von Shiva, was Vereinigung von Mann und Frau bedeutet. 16, 17, die "pasa", eine Schmuckschleife aus Bändern, getragen von Shiva als "Binder des Schicksal". 18, 19, Seiten- und Draufsicht des Hindu Lingam, die Kombination aus männlichen und weiblichen Formen. 20, Stoffgirlande, im Frühling von Hindus auf Zweigen gehängt, Knospe und Schleife als Symbol für Vereinigung von Mann und Frau. 21, 22, 23, 24, ägyptische Symbole gedacht, um Schutz, Glück und langes Leben zu gewährleisten. 25. Sistrum. 26, hinduistische Kastenmarken. 27, 28, 29, Muscheln. 30, das Ovale als Symbol des Mundes und der Stimme; auch ein Yoni-Symbol. 31, Mund mit vorspringender Zunge symbolisiert Vereinigung von Mann und Frau. 32, Design auf altem mexikanischem Kalenderstein zeigt Figur mit einer erweiterten Zunge, zeigt auf Yoni Symbol darunter. 33, geometrisches Verfahren zur Bildung einer Vesica Piscis. 34, alte Gemme in Ninive gefunden, die Figur (wahrscheinlich Horus) sitzt auf einem Lotos und betrachtet das weibliche Oval links. 35, Tragzeit von Harpokrates (Horus). 36, Detail von einer italienischen Malerei, 8. Jahrhundert, aus Zypern, die das Jesuskind in der "Tür des Lebens" zeigt. 37, 38, boot-förmige Arghas oder zeremonielle Gefäße. In der Mitte von 37 ist ein kleines, formalisiertes Linga von Mahadeva, mit Phallus von

---

[165] "Die angenommene Aussprache der hebräischen Gottheit ist Jahwe, aber der erste Buchstabe kann als i, ja, ya oder e und der dritte u, v oder o, während der zweite und der vierte das weiche h ist, kann das Wort als Jhuh gelesen werden, ähnlich wie das Ju in Jupiter, als Jehu, der Name eines Königs von Israel, als Yahu was auf assyrischen Inschriften erscheint, wie Jeho in Jehoshaphat; Ehoh, was analog zu Evoe oder Euoe mit Bacchus oder als Jaho verbunden ist, analog zu dem gnostischen Jao. Die griechischen Väter nahmen das Wort als Äquivalent zu Yave, Yaoh, Yeho, iao." *Ancient Pagan and Modern Christian Symbolism* (Alter heidnischer und moderner christlicher Symbolismus), Dr. Thomas Inman, Pref. xii, Fn.

Vishnu und dem Berg Meru identifiziert, der Hindu-Gegenpart von Berg Ararat. 39, ägyptische Gottheit mit einem Objekt, versichert Glück und langes Leben.

Figur 4, in Abbildung 50, ist eine phallische Säule oder Linga, 11. oder 12. Jahrhundert, aus einem Tempel in Ambar Mālgālam, Indien, in die eine Figur geschnitzt ist, dem Gott Shiva, der in einer Yoni mit spitzen Enden steht. In Fig. 5 ist derselbe Gott in ähnlicher Weise auf einem Lingam aus Dasāvatāra Cave, in Ellora vertreten. Im alten Mexiko war diese Form mit den Riten des Retters Quetzalcoatl verbunden.

Das spitze Oval wurde in Europa während der Renaissance als Rahmen für Gemälde und Buntglasfenster verwendet. Eines der aktuellen populären Lexika beschreibt seinen Ursprung in einer Sitte von Künstlern, Heiligenscheine oder Lichtstrahlen, um die Köpfe der Jungfrau Maria, Christus und die Apostel zu zeichnen. Es heißt, der Heiligenschein wurde nach und nach erweitert, bis er die ganze Figur umschlossen hat und der deutsche Künstler Albrecht Dürer entwickelte ein verbessertes Verfahren, indem er zwei überlappende Kreisen malt, wie dargestellt (Abbildung 49, Fig. 33). Die überlappenden Teile werden zur Aureole oder Vesica Piscis (Fisch-Blase), wie es hier genannt wird.

Trotz dieses höflichen Mythos, zeigen die zahlreichen Abbildungen jedoch unmissverständlich, dass das Symbol für die Künstler und Geistlichen der Renaissance die gleiche Bedeutung hatte, wie für die Menschen vor drei- oder viertausend Jahren im gesamten Orient.

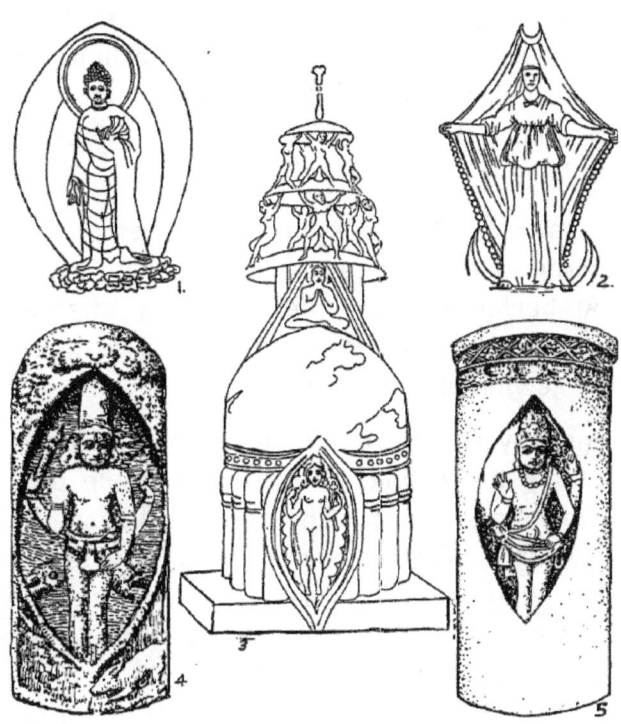

Abbildung 50: Vesica Piscis

Fig. 1, Maityna Bodhisatwa in einer Vesica Piscis in der Form eines Hufeisens. 2, eine Figur aus Bryant's ANTIKE MYTHOLOGIE, wahrscheinlich von einer griechischen Münze übernommen, stellt Selenitus mit dem heiligen Peplum (Schleier) dar. 3, buddhistische Dagoba in der Jumnar Höhle, Bombay. Stützpfeiler, Kuppel und andere Details sind phallische Symbole. Dagoba stammt von Dhatu (Verhältnis) und Garbha (Gebärmutter). 4, Stein Linga (stark abgenutzt) mit Blumenkranz und der Figur von Shiva, der in einer Vesica Piscis steht. 5, Linga aus Dasāvatādra Höhle in Ellora, mit Shiva in einer Vesica Piscis.

Die Jungfrau Maria, insbesondere, wurde in einem Rahmen dieser Form, stehend dargestellt. Figur 2, Abbildung 51, wurde von einem Gegenstand genommen, auf dem der Wortlaut praktisch unlesbar ist, aber es schien eine Medaille von der Art gewesen zu sein, die christliche Pilger zum Schrein der Jungfrau von Amadon getragen und allgemein als "die heilige Mutter und Kind in der Tür des Lebens" beschrieben haben.

Der Fisch ist ein gutbekanntes, religiöses Symbol, heilig, ursprünglich für Ishtar, Isis, Venus, die japanischen Kwan-non, und andere Gottheiten sexueller Natur. Er wurde auch häufig mit der Sonne verbunden. Nach Ansicht einiger Autoren, wurde der Fisch wegen seiner Fruchtbarkeit, zu einem Symbol des Überflusses und auch, weil man sein Maul mit der Öffnung des Uterus in Zusammenhang brachte. Es war ein Symbol der ägyptischen Göttin Hathor und wurde als Amulett getragen, um heimisches Glück, Reichtum und den allgemeinen Wohlstand zu bringen.

Da jedes Detail in alten Gemälden und Skulpturen eine bestimmte Bedeutung hatte, ist es mehr als eine entfernte Möglichkeit, dass die eigentümlichen, fischförmigen Augen, die ägyptische Künstler in ihren Malereien weiblichen Figuren gaben, dem Glauben entstammt, dass Fische, Symbole für die sexuelle Natur waren. Substanz wird diesem Gedanken, durch die Tatsache gegeben, dass in Indien, Parvati, die Mutter der Mütter, manchmal als *minakshî* oder fischäugig beschrieben wird, im Sinne, dass sie *kimakshî* oder liebessuchend schaut.

In Skandinavien war der Fisch ein allgemeines Symbol der Frija, Göttin der Ehe, von dem der Name des sechsten Tags der Woche abstammt. In China sind Holz, Metall und Keramik-Darstellungen von Fischen (in der Regel Karpfen) auf Dächern von Pagoden, als Talismane der Fruchtbarkeit und des Glücks angebracht. Der biblische Josua wird als Sohn Nun's beschrieben, ein Wort, was im Hebräischen Fisch und Frau bedeutet; oder vielmehr die Geschlechtsteile der Frau.

Der Brauch unter semitischen Völkern, am Freitag Fisch zu essen, scheint in fernen Zeiten mit dem Glauben verbunden gewesen zu sein, dass das Essen von Fisch, Lüsternheit und Männlichkeit fördert. Araber, Juden und andere Semiten sehen den Freitag als den Tag der Frau an. Der Tag ist besonders Ishtar, Astarte, Mylitta, Beltis, Venus, Isis und anderen Göttinnen der Fruchtbarkeit gewidmet.

Nach Sir Austin Henry Layard, offerieren die Drusen im Libanon, in ihrer geheimen Vesper, eine wahre Anbetung der weiblichen Geschlechtsteile und zeigen ihre Ergebenheit jeden Freitagabend. Mohammedanische Ehemänner, die an diesem Tag versagen ihren ehelichen Pflichten nachzukommen, verletzten nicht nur den Code des Mohammed; sie riskieren auch eine Störung der heimischen Harmonie. Ein türkischer Kanon verkündete, dass "die Frau nur schlüssigen Anspruch auf Liebkosungen ihres Mannes, von Sonnenuntergang am Donnerstag bis zur selben Stunde am Freitag (Türkisch Sabbat) hat. Wenn der Mann seine Familienpflicht erfüllt, sind seine Unregelmäßigkeiten zu anderen Zeiten nicht von wesentlicher Folge [166]."

Die herkömmlichen Designs, die zwei Fische in einem Kreis zeigen, Große Monade genannt, ist eines der ältesten Symbole der männlichen und weiblichen Prinzipien und wird

---

[166] "Für die Weisen und Gelehrten ist der eheliche Verkehr wöchentlich, von Sabbat zu Sabbat. Die Sabbat-Nacht ist die Nacht, in der die" böse Macht", verdrängt von der "wohltätigen Macht", die Welt durchstreift, begleitet von seinen vielen Scharen und Legionen und in alle Orte blickt, an denen Menschen ihren ehelichen Geschlechtsverkehr durchführen, unbescheiden und durch das Licht einer Kerze, mit dem Ergebnis, dass die Kinder die durch solchen Verkehr geboren werden, Epileptiker sind, besessen von den Geistern dieser "böse Macht", die die nackte Geister der Bösen sind, Dämonen genannt (Ashedim): Diese werden von dem Dämon Lilith verfolgt und getötet. Sobald der Tag geheiligt ist, wird die "böse Macht" geschwächt und zieht sich in den Untergrund zurück, während der Nacht und des Tags des Sabbat ". *Zohar*, p. 60.

überall im Fernen Osten gefunden. In Indien und China, ist es das Yin und Yang. Auf Japanisch werden die Zeichen In und Yo genannt, die sich, wenn man sie umgekehrt und zusammenfügt, Yo-ni lesen. Das Zeichen der Fische oder Piscis im Tierkreis, scheint die gleiche Herkunft und Bedeutung als Große Monade zu haben.

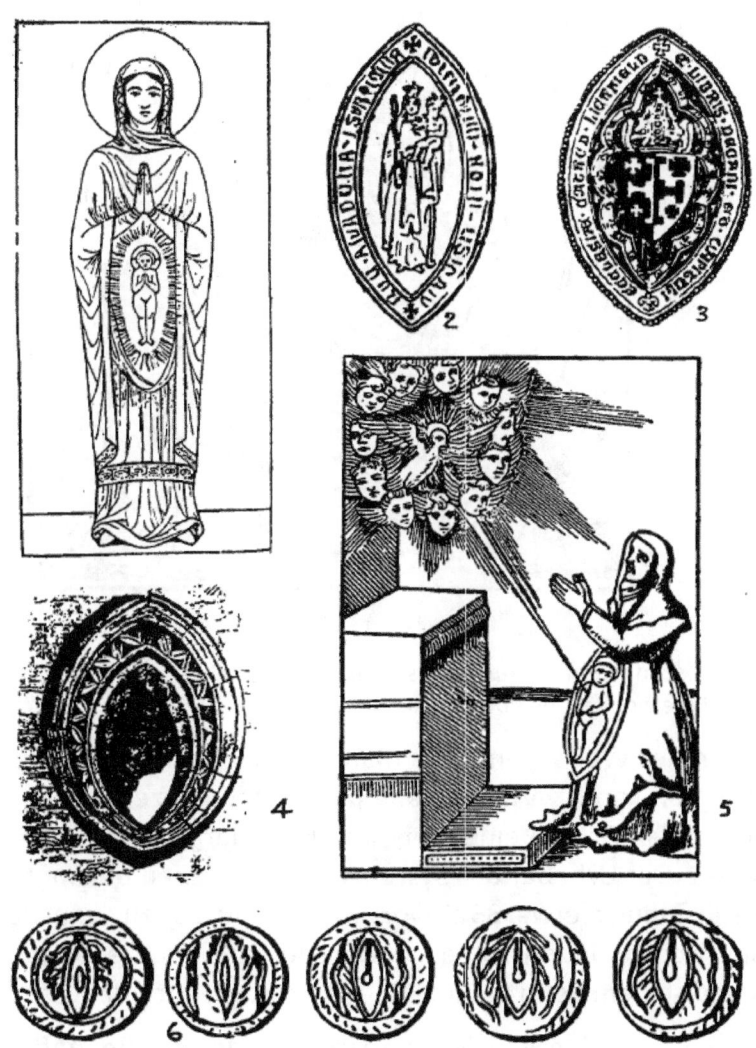

Abbildung 51: Vesica Piscis in christlicher Kunst

Figur. 1, das Jesuskind in einer auffälligen Aureole oder Vesica Piscis. Von einem gemalten Fenster (Französisch) des 16. Jahrhunderts. 2, eine Medaille wahrscheinlich die Jungfrau von Amadon repräsentierend. 3, Siegel der Kathedrale von Litchfield, England. 4, Fenster von Dumblane Abbey, in der Nähe von Stirling, Schottland. 5, das "Überschatten" der Jungfrau Maria durch den Heiligen Geist in Form einer Taube. 6, geschnitzte Medaillons mit der Vesica Piscis, aus einer Kirche in San Fedele, Italien.

Yang, das positive Prinzip und Yin, das negative Prinzip kombinieren sich um das Yih zu formen, was für die Elemente des Seins steht. Wer, der das Yih versteht, vermag es, alle Kombinationen der Existenz auszudrücken.

Yang ist herrartig, himmlisch, männlich, leicht, stark, lebendig, starr; Yin ist weiblich, dunkel, irdisch, mild, geschmeidig, devot, frauartig. Yang ist die große Sonne; Yin ist der große Mond. In chinesischen Schriftzeichen, Chien (Himmel), kombiniert mit K'un (Erde) bedeutet Universum. In Zahlen stellt die Nummer 6 das Yin und 9 das Yang dar.

Abbildung 52: Christus in Vesica Piscis

Aus geschnitztem Elfenbein aus dem 11. Jahrhundert. In den Ecken des Entwurfs sind die vier Bestien von Ezechiel.

In einem System der Weissagung, das man im chinesischen Yi King, *Das klassische Buch der Wandlungen* finden kann, wird das Yang durch eine ganze Linie (____), was Stärke und Einheit bedeutet und das Yin von einer geteilten Linie dargestellt (— —), was Schwäche und Uneinigkeit bedeutet. Der Urheber des Systems ist nicht genau bekannt, aber eine Überlieferung schreibt die Erfindung etwa 3322 vor Christus Fu hsi zu, von dem gesagt wird, der Gründer der chinesischen Nation zu sein, während eine andere Überlieferung ihre Entstehung König Wan und seinem Sohn Kau im 12. Jahrhundert vor Christus zuschreibt.

Aus den 2 primären Linien wurden die Hsiang, oder zeichenhaften Symbole gebildet, somit ═══ ══ ══ ══ ══. Dieselben 2 Linien nacheinander über diese Hsiang platziert, bildeten die acht Trigramme oder Kwa, die dazu dienen, die guten und bösen Änderungen oder Ereignisse zu bestimmen. Dieser Bestimmung entstammte die Verfolgung des großen Geschäfts des Lebens. Die acht Trigramme repräsentieren 4 Yang Objekte oder Qualitäten und 4 Yin-Objekte oder Eigenschaften.

Eine Addition des Hsiang mit den Trigrammen produziert 16 Zahlen zu je 4 Zeilen. Dieser Vorgang wird auf 32 Zahlen von je 5 Zeilen fortgesetzt und jede weitere Progression erzeugt 64 Trigramme, von denen jede eine besondere Bedeutung besitzt. Die Bedeutung der Trigramme wird in einer Reihe von 64 Essays erläutert.

Trigramme enthalten die drei Mächte Himmel, Erde und Mensch, die als ein und dasselbe betrachtet werden. In den gemischten Gruppen repräsentiert die untere Linie den Menschen und die oberen Linien stellen Wasser, Feuer, Wind, Berge und das Meer dar. Drei ganze Striche stellen das Khien, das Große Yang dar und 3 aufgeteilte Striche das Groß Yin.

Andere Trigramme stellen den ersten, zweiten und dritten Sohn dar und die erste, zweite und dritte Tochter, wodurch sich eine Familie von 8 ergibt.

Abbildung 53: Fischgötter und Symbole

Figur 1, Assyrische Priester verehren einen heiligen "Hain", darüber ein Auge mit Flügel und Schwanz, wodurch ein Symbol für die männliche Triade und weibliche Einheit geformt wird. Der Fischgott hält einen Korb, ein weibliches Symbol; die geflügelte Figur hält ein Symbol der männlichen Triade. Hinter ihm ist ein Spitzoval und ein achteckiger Stern, beides weibliche Symbole. 2, zwei Fische bilden eine mystische Yoni, die Shakti von Mahadeva. Über ihnen ist ein rudimentäres Feigenblatt, das die männlichen Trias repräsentiert oder den dreieinigen Vater Shiva oder Asher, mit Anu und Ea vereint. (Eine buddhistische Konzeption vom Journal der Royal Asiatic Society, Bd. 18. S. 392). 3, fischförmiges Auge aus der ägyptischen Malerei. 4, Isis mit Fisch Symbol auf dem Kopf. 5, Oannes oder Bel, durch zwei Fische, Götter flankiert. Dagon, der Fischgott der Philister, ähnelte wahrscheinlich den oben gezeigten Fischgöttern.

Kleinere Trigramme, die aber nur eine ganze Linie enthalten, gehören zu Yang und stellen einen Herrscher und zwei Untergebene dar, was Autorität symbolisiert. Die zweigeteilten Linien gehören zum Yin und bedeuten zwei Herrscher und ein Untergebener, oder Schwäche und Unterlegenheit.

Die acht Trigramme sind oft so angeordnet, dass sie, in Nachahmung des Panzers der heiligen Schildkröte, ein Achteck bilden. Die Version der Trigramme in der Abbildung ist gemäß des Systems von König Wan [167].

Die Chinesen haben auch ein viel einfacheres Symbol, genannt magisches Quadrat, das ebenfalls vom Schildkrötenpanzer abstammt. Die Legende diesbezüglich ist, dass, nachdem Yu, der chinesische Noah, die Flut gezähmt hat, indem er das Wasser dazu brachte, in seine neun Kanäle zurückzukehren, er eine Schildkröte sah, die auf der Oberfläche des Flusses Lo schwamm [168]. Auf seinem Panzer war ein Quadrat, zusammengesetzt aus neun kleineren Quadraten, in denen jeweils eine Reihe von Punkten, eine magische Anordnungen von Zah-

---

[167] *Sacred Books of China*, James Legge, 1882, 4 vols.
[168] *The Sacred Five of China*, Wm. E. Geil, 1926, p. 170.

len gebildet hatten. Dies war die erste Karte der Welt, von den Gottheiten ausgedacht, die Oberfläche der Erde zu teilen und zuzuweisen. Der zentrale Platz, Nummer 5, war der, auf dem der König wohnte und daher Sitz der Macht und Autorität.

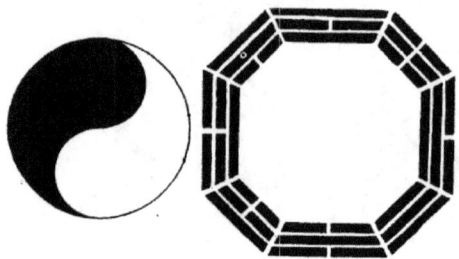

Abbildung 54: Yin, Yang und Yih Symbole

Links: Yin und Yang, orientale Symbole von männlich und weiblich. Der weiße Bereich ist männlich. Rechts: Chinesisches Yih-Symbol.

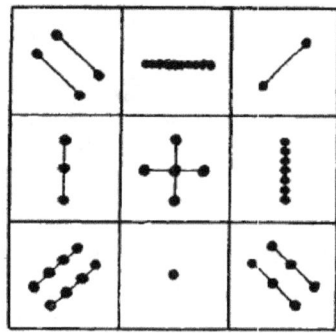

Abbildung 55: Chinesisches Zauberquadrat

Das Muster, das zuerst auf dem Panzer der urzeitlichen Schildkröte erschien, erscheint nun auf modernen Schildkröten, den luxuriösen Passagierschiffen, wo es auf den Decks für Shuffleboard-Spieler aufgemalt ist. Es wird darauf hingewiesen, dass die Zahlen in den Quadraten sich in jeder Richtung zu 15 aufaddieren. In vergangenen Zeiten wurden viele magische Quadrate dieser Art von Orientalen, Gnostiker, Kabbalisten und anderen Mystikern, als Amulette und Talismane verwendet. Die Schlüssel-Zahl hat in jedem Fall eine jeweils besondere, mystische Bedeutung.

XI. SEX SYMBOLISMUS (FORTSETZUNG)

Drachen, Schildkröten, Schlangen, Krokodile und Salamander haben eine paradoxe Position in der Symbologie besetzt und bilden eine Klasse der ältesten und am wenigsten verstandenen Symbole. Da viele Reptilienarten ihre Nester sowohl im Wasser als auch in der Erde bauen, waren sie überall mit dem weiblichen Prinzip und den dunklen Kräften der Natur verbunden. Sie wurden deshalb mit dem Bösen, der Zerstörung und dem Tod sowie Magie, Zauberei und Hexerei identifiziert.

In Spanien und einigen anderen spanisch-sprachigen Ländern, ist die Angst und der Aberglaube diesbezüglich so groß, dass das Wort "Schlange" nie gesprochen wird. Wenn abergläubische Einheimische über dieses Reptil sprechen, zeigen sie es an, indem sie eine sich windende Bewegung mit der Hand machen. Dennoch wurden die Schlangen in alter Zeit als Hüter der Gräber, Heiligtümer, und Haushalte geschätzt und dort gehalten, oder durch ein entsprechendes Symbol repräsentiert. Sie wurden als die Verkörperung der Weisheit angesehen, und Ea, der Wassergott der alten Sumerer, wurde im allgemeinen "Schlangengott" genannt. Sie wurden auch mit heiligen Hainen und Baumverehrung identifiziert. Alte Tafeln und Rollensiegel, in denen fast immer der Baum des Lebens zu sehen ist, zeigen eine Schlange in unmittelbarer Nähe, oder um den Baum gewickelt.

In China sind Drachen ein Symbol der Wolken, Überschwemmungen, Regen und die Götter des Wassers. Wolken sind der Atem des Drachen, und wenn es regnet, wird gesagt, dass der Drache im Himmel ist. Der Drache ist eine der vier heiligen Tiere in China und stellt Königtum, Macht und Souveränität dar [169]. Der Thron, auf dem der Kaiser früher saß, wurde der Thron des Drachen genannt und ein gelber Drache wurde auf seine Robe gestickt.

Es gibt eine alte Tradition unbekannter Herkunft, dass der Salamander in der Lage ist, Feuer zu ertragen. Benvenuto Cellini beschrieb einen Vorfall aus seiner Kindheit, als sein Vater ihn auf einen Salamander im Kamin hinwies und anmerkte, dass er noch nie einen solchen Vorfall gesehen hatte.

Nach Plinius und Aristoteles, widersteht das Tier nicht nur Feuer, sondern löscht es eigentlich aus.

Die Schlange, besonders die Kobra, ist eine der ältesten und weit verbreitetsten ithyphallischen Symbole. Die Fähigkeit dieser orientalen Schlangenart, ihren Umhang aufzublähen, ihren Kopf aufrecht anzuheben und ihn von Seite zu Seite zu schwenken, verband sie mit dem Phallus, als Symbol für Leben, Fortpflanzung und Weisheit. Schildkröten haben etwas ähnliche Eigenschaften, weshalb auch sie mit Leben und Zeugung in Ägypten, Indien, China, und Babylon identifiziert wurden.

Als Symbol der Kontinuität, Rundheit, Unendlichkeit und Unsterblichkeit, wurde die Schlange häufig mit ihrem Schwanz im Maul, das heißt, ohne Anfang und Ende, abgebildet. Man glaubte von ihr, dass sie selbst-erschaffen, selbst-existent und deshalb ein Zwitter sei. Schlangenmotive waren wegen der angeblichen Fähigkeit des Tieres, sein Leben zu verlängern, beliebte Amulette der Fruchtbarkeit und Fortpflanzung. Es wird angenommen, dass die

---

[169] Die heiligen Tiere sind Einhorn, Phönix, Schildkröte, und Drache.

Schlange diesen Ruf, aufgrund der Fähigkeit, ihre alte Haut abzustreifen und sich somit zu regenerieren, bekommen hat. Wahrscheinlich beruht es auf dieser Eigenschaft, dass die Schlange, in einer frühen Periode, mit Medizin, Gesundheit und Heilung verbunden war. Sie wurde sowohl von Hippokrates, Vater der Medizin, als heilig angesehen, als auch von Äskulap, der Heiler und göttliche Arzt, zu dessen Ehren, in griechischen Tempeln, Schlangen von nackten Priesterinnen gehalten und versorgt wurden.

Die Griechen portraitierten Hygeia, Medusa und Apollo mit Schlangen. Schlangen umgeben den Körper von Athene. Demeter hatte in Eleusis die Schlange Kychreus, die wahrscheinlich ein alter Schlangengott war, als ihren Begleiter. Als Göttin der Phigalianer in Arkadien, hatte Demeter Schlangen im Haar oder um ihren Körper herumgeschlungen, und ihr Wagen wurde von Schlangen gezogen.

Priesterinnen des großen Orakel von Delphi wurden Pythonessen oder Schlangenfrauen genannt, und Clemens Alexandrinus schrieb, dass eine Schlange das geweihte Symbol der Bacchischen Orgien war. Schlangen wurden in Apollos Heiligtum in Epirus gehalten und von nackten Priesterinnen gefüttert. Sie würden angeblich aus Pytho abstammen und seien Spielsachen des Gottes. Zeus wurde mit einer Schlange als Zeus Ktesios, dem Gott der Fruchtbarkeit identifiziert, und es war in der Form einer Schlange, in der er Persephone geschändet hat. In einem römischen Mythos wurde Bona Dea in ähnlicher Weise von ihrem Vater Faunus geschändet. In dem Ritual ihr zu Ehren, wurde neben ihrem Bild eine geweihte Schlange platziert.

Die Uräusschlange (Kobra) wurde auf der Stirn oder auf Kronen der ägyptischen Könige platziert und wurde, wann immer es gewünscht war, die lebensspendende Kraft der Sonne zu zeigen, zusammen mit der Sonnenscheibe dargestellt. Verkörperungen der Kobra wurden auf königliche Standarten gemalt und durch die Priester des Ra, in Prozessionen getragen. Die Kobra war auch ein besonderes Emblem von Isis und Nephthys und wurde schließlich mit allen Göttinnen identifiziert.

Die Schlange wurde mit dem flammenden Auge des Gottes identifiziert, somit wurde "Auge" und "Asp" zum Synonym und zwei Augen, oder Schlangen, wurden "Töchter der Sonne" genannt. Schlangen wurden häufig mumifiziert. In späteren Zeiten wurden sie sehr beliebte Motive für Schmuckdesigns, in der Regel waren zwei von ihnen zusammen vertreten; eine mit dem Kopf des Serapis und die andere mit dem Kopf von Isis. Schlange, Krokodil, und Drachen wurden mit Buto und Nekket, den Wächtern des oberen und unteren Ägyptens, verbunden.

Vishnu, das zweites Mitglied der Dreieinigkeit in Indien, wird schlafend auf dem Körper der Ananta, der Welt-Schlange, dargestellt. Nagas oder Schlangengötter, sind ein wichtiges Merkmal des Nayar Stamms. Alte Gemälde zeigen Frauen, die bestimmte phallische Riten obszöner Natur mit dem Schlangengott veranstalten, die eindeutig zeigen, dass die Schlange ein Symbol des Phallus ist. Ein Schlangen-Thron oder Kavu, Wohnsitz der Schlangen, ist eine unverzichtbare Ergänzung einiger Zweige des Stammes.

Auf einer Vase des babylonischen Hohepriesters Gudea, aus dem Jahr 2700 vor Christus gibt es einen Entwurf, der zwei verflochtene Schlangen auf einer Stange darstellt, und es wird angenommen, dass dies die Paarungsposition ist. Dies ist wahrscheinlich der Ursprung des Caduceus, der in frühen Drucken, als zwei Schlangen auf einem T-Kreuz, mit einer Sonnenscheibe gezeigt wird, die auf wiederum einer Mondsichel ruht. Schlangen, T-Kreuz, Kreis, und Mond sind Symbole des Lebens. Der Caduceus ist mit Merkur und Äskulap verbunden und ist ein modernes Symbol der Medizin und Gesundheit.

Die Identifikation der Schlange mit Heilung kann auch in dem Vorfall gesehen werden, bei dem Moses, auch wenn er ein vermeintlicher Hasser von Bildern, Idolen und Magie war, seinen Stab jedoch in eine eherne Schlange verwandelte. Ein Bild von der ehernen Schlange, genannt Nehushtan (II Könige 18:4), wurde im Allerheiligsten gehalten, und Weihrauch wurde davor verbrannt, bis der Tempel während der Regierungszeit von König Hiskia gesäubert wurde, was beweist, dass Schlangen vor dem 7. Jahrhundert vor Christus für die Juden besonders heilig waren.

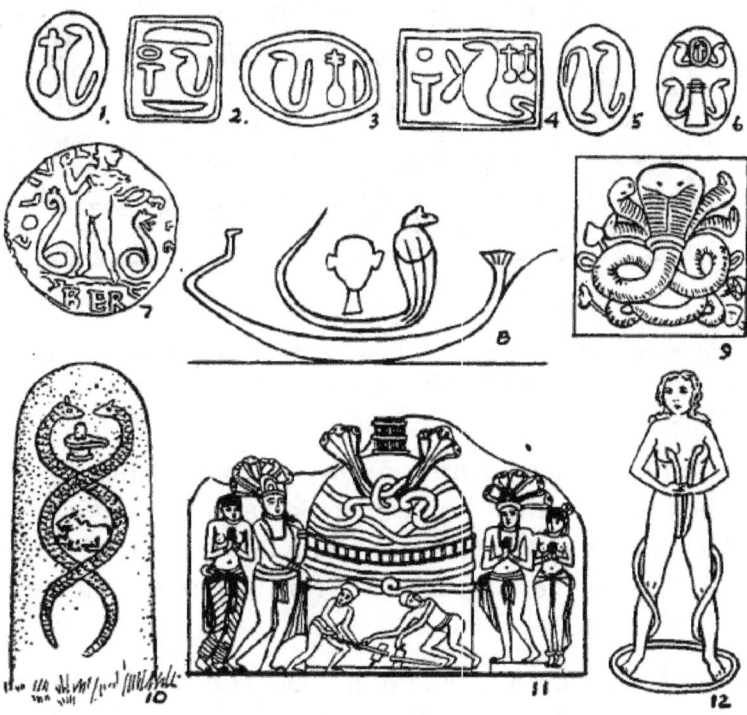

Abbildung 56: Schlangensymbole

Fig. 1 bis 6, Schlangensymbole von ägyptischen Edelsteinen und Siegeln. 7, Eshmun "der Heiler", von einer Münze aus Elagabal. 8, der Kopf des Osiris in seinem heiligen Boot, von einer Schlange bewacht. 9, Ein Naga oder Schlangenaltar (Indien). 10, phallische Säule mit verwundenen Schlangen. Die kleinen Figuren stellen ein Lingam und den heiligen Stier Wanda dar. 11, Nymphen und Priester in Anbetung vor einem Lingam, von Schlangen umgeben. 12, die Frau, der Kreis und die Schlange. Von der Skulptur einer alten gallischen Gottheit auf den Portalen eines Tempels in Montmaritim, Frankreich. (Abgemalt von Thomas Maurice INDIAN ANTIQUITIES).

Jede Nation hatte ihre Legende von einem Garten des Paradieses, einem Baum des Lebens und einer Schlange. In der Genesis Kapitel 1 und 2, wurde diese Legende in der Weise durcheinandergebracht, dass zwei widerstreitende Charaktere der Schöpfung zusammengewürfelt werden. In der ersten, primitiven, naturalistischen Version, wird der Mensch aufgefordert, "zu gedeihen und sich zu vermehren", aber in der zweiten, wird eine ziemlich mühsame Anstrengung unternommen, die Fortpflanzung mit Scham und dem Bösen zu verbinden. Die älteren Teile der Bibel enthalten keine Beweisspuren davon, dass Geschlechtsverkehr zwischen den Geschlechtern verurteilt wurde. Abraham wurde von Jahwe versprochen, dass er Samen, so "zahlreich wie die Sterne am Himmel", haben würde. Propheten und

Gesetzgeber gleichermaßen, repräsentierten Jahwe als den, der reichlich Nachkommen verspricht, große Herden und Rinder, als Segen für diejenigen, die niemanden außer ihn verehren. Für einen Mann oder eine Frau war es ein tragisches Unglück, ohne einen Partner oder ohne Kinder zu sein.

Abbildung 57: Schlangenverehrung

Buddhismus mit Schlangenanbetung vermischt. Gläubige, in Anbetung der Fußabdrücke des Buddha und Schlangengötter. Schlangen erscheinen auch im Kopfschmuck der Priester.

In der *Awesta*, den persischen Schriften, gibt es jedoch zahlreiche Hinweise auf die Mäßigkeit oder "Reinheit des Lebens"; und in der *Bundahesh*, den Schriften der Parsen, wird erzählt, dass Mashya und Mashyoi, der erste Mann und die erste Frau, von Ahriman in Form einer Schlange oder Eidechse verführt und ihre Nachkommen so mit der Erbsünde behaftet wurden.

Ob die Juden die Geschichte von Adam und Eva von den Persern nahmen; ob letzte es von den Juden nahmen, oder ob beide sie aus alten babylonischen Quellen nahmen, ist eine strittige Frage. Aber, da sowohl die persische als auch die babylonische Kosmogonie viel höher entwickelt war als die der Juden, gab es für den ersten sehr wenig vom letzten zu gewinnen. Auf der anderen Seite ist es allgemein bekannt, dass die Juden viele Ideen von ihren Herren bezogen. Umstände deuten eher darauf hin, dass die Geschichte vom Sündenfall Adam und Evas, wahrscheinlich aus persischen Quellen im Exil ausgeliehen und in die heiligen Aufzeichnungen integriert wurden.

Wenn die Verfasser der Bibel die Geschichte adoptiert haben, war es ihnen zweifellos klar, dass Adam und Eva nur Kräfte und Wünsche ausgeübt haben, die ihnen bei der Schöpfung gegeben wurden und von denen der Schöpfer beabsichtigte, dass sie nicht in der Lage wären, ihnen zu widerstehen. Aus diesem Grund würde es nicht als konsequent oder berechtigt erscheinen zu sagen, dass, wenn "Adam Eva erkannte" (sexuell), sie beide bestraft wurden, weil die Handlung selbst sündhaft ist. Deshalb wird im Gegensatz zur aufrichtigen, eindeutigen Weise, in der die jüdischen Aufzeichnungen in der Regel von solchen Vorfällen sprechen, die Übertretung von Adam und Eva in symbolischer Sprache beschrieben, die unterschiedliche Interpretationen zulässt und vermeidet direkt zu sagen, dass sie eine sündige Tat begangen haben.

Die wahre Natur der Straftat wird in Genesis 3:22 offenbart. Es war das Essen der Frucht "in der Mitte des Gartens", die Adam Wissen über seine Fähigkeit Leben zu schaffen gegeben hat, ihn damit "als einen von uns", das heißt, dem Schöpfer gleich machte. Aber das Jahwes Kinder mit Macht, gleich seiner eigenen ausgestattet sind, konnte nicht toleriert werden, deshalb war es notwendig, dass Adam degradiert und sterblich gemacht werden musste, "dass er nicht seine Hand ausstrecke und auch den Baum des Lebens breche und esse und ewiglich lebe". St. Jerome, Clemens Alexander und andere frühe christliche Väter bestätigten, dass Mutter Erde der Garten ist, in dem der Samen gepflanzt wurde, das heißt, Eva und die Schlange sind das sexuelle Verlangen. Der Name der Aphrodite, die zyprische Muttergöttin, hat die gleiche Bedeutung wie das persische Wort Paradesa oder Garten. Das hebräische Wort, GN, Gan oder Garten scheint eng mit dem griechischen Wort Gune verwandt zu sein, was Frau bedeutet, und in einigen alten Sprachen als Metapher für Frau, verwendet wird.

Abbildung 58: Symbolische Schlange, Baum, Pfeiler auf alten Münzen

Der Baum, Säule, Schlange, Muschel und Caduceus auf alten Münzen als Symbole der lebensspendenden Kraft.

Der Name Eva gibt einen weiteren Hinweis auf den Ursprung dieses Mythos. Das Wort Eva (ausgesprochen Hawwa in Hebräisch) ist, wenn gehaucht, das gleiche wie das aramäische Wort Hawwē, was eine Schlange bezeichnet. Das Wort Nagash, geschrieben ng-sh ohne Vokale, bedeutet auch in Hebräisch eine Schlange und wird fast genau wie das Wort n-c-sh ausgesprochen, was Geschlechtsverkehr bedeutet. Die Assoziation der Hawwa, die Frau, mit Ha-wwē, die Schlange (die Ursache ihres "Falls"), ist also ein Wortspiel, eine Praxis, die sehr beliebt bei den orientalischen Mythos-Machern war.

Vergleiche   חוח   Chavach, eine Schlange

               הוה   havah und hauah, zu atmen, auch mit Leidenschaft zu brennen

               חוח   Spalte oder Riss

               הוה   chucha, ein Dorn oder durchbohrendes Objekt

Da ה und ח austauschbar sind, haben wir Havah, Eve oder Eva; die Yoni, der mystischen Mutter.

Phönizier verehrten eine Gottheit namens Hawwat, die mit Schlangenanbetung verbunden war, als Königin und Mutter-Göttin, und es gibt Anzeichen dafür, dass andere frühe semitische Völker die gleiche Figur unter dem Namen Hawwa verehrten.

Babylonier verbanden Ishtar mit Schlangenanbetung. Die Zeichen die verwendet wurden um ihren Namen zu schreiben, scheinen eine Schlange zu repräsentieren, die sich um einen Stab wickelt. Nintud, eine Form von Ishtar, wird wie eine Schlange, mit Schuppen, vom Gürtel bis zu den Fußsohlen gezeigt. Babylonier identifizierten sie mit dem griechischen Serpens oder Hydra, als Göttin der Geburt. Das Zischen der *ts* oder *tch* ist in ägyptischen Hieroglyphen durch das Ideogramm einer Schlange dargestellt.

Nintud-Aruru war eine babylonische Göttin, die mit Marduk in der Schöpfung des ersten Menschen verbunden war. Eine Tafel sagt: "Aruru gestaltet den Samen der Menschheit mit ihm (Marduk)". Jüdische Aufzeichnungen lassen Eva praktisch dasselbe sagen: "Ich habe einen Mann mit Jehova bekommen" (Gen 4:1). All dies weist auf die Wahrscheinlichkeit hin, dass Eva eine Überlebende einer alten semitischen Muttergöttin ist, die unter babylonischem Einfluss, in eine Göttin der Geburt umgewandelt wurde, und die, als erste Mutter, natürlich die Partnerin von Adam wurde, was in einigen orientalischen Sprachen Phallus bedeutet.

Lotus oder Lilie wetteiferten in Ägypten, China, Indien, Japan, und in Griechenland und Rom auch, mit der Schlange, als Symbol der Fruchtbarkeit, Unsterblichkeit und Selbsterschaffung. Sie war vor allem mit den Göttern identifiziert, weil sie sowohl ein männliches als auch weibliches Symbol war, die Knospe männlich und die Blüte weiblich. Der Lotus-Samen hat die ungewöhnliche Eigenschaft sich vollständig mit Wurzeln in der Samenkapsel zu entwickeln. Er wird daher, wie ein kleines Kind, lebend geboren.

Die Kapitelle der Säulen Jachin und Boas, die vor Salomons Tempel standen, wurden mit Lilien und Granatäpfel, beides Symbole der Fruchtbarkeit, dekoriert. (1 Könige 7:19, 20). In Indien sprießt Brahma aus einer Lotusblüte, die sich wiederum aus Vishnus Nabel erhebt. Der Lotus ist auch ein besonderes Symbol des selbst-existenten Buddhas. In Ägypten wurde sie als ein Symbol der Isis, die als "die weiße Jungfrau" beschrieben wurde, verehrt. Im ersten christlichen Jahrhundert, war die Lilie ein Symbol der Unsterblichkeit.

Die Fleur de Lys wurde als frühchristliches Symbol der Dreifaltigkeit verwendet und war, wie die Abbildungen hier bereits gezeigt haben, ursprünglich ein Symbol für die männliche Triade.

Die Mandel (oder luz) und die Aprikose wurden in Ägypten als weibliche Symbole verehrt. Die Feige war ein anderes, altes und weit verbreitetes Sexualsymbol. Die Frucht des Feigenbaums galt als Symbol des jungfräulichen Uterus, im Gegensatz zum Granatapfel, der den *schwangeren Uterus* repräsentierte; das Blatt war ein männliches Symbol, weil seine drei Lappen die männliche Triade suggerierten.

Der Feigenbaum wurde als heilig empfunden, wenn er mit der Palme verschlungen war, und beide sind in den Tempeln des Ostens zusammen angepflanzt worden. Dieser Brauch herrscht noch in Indien vor. Wenn Bäume so umschlungen sind, sagen Hindus, würde das Kalpa entwickelt, weil die Feige ihre weibliche Energie ist und die Umarmung zum Umlauf der Zeit führt.

In Indien und China wird eine kleine Platte aus Gold, geformt wie das Blatt des indischen Feigenbaums, die männlichen Genitalien repräsentierend, bei der Hochzeit, um den Hals einer Frau gebunden. Als katholische Missionare versuchten im 18. Jahrhundert, das Feigenblatt durch das Kreuz zu ersetzen, trafen sie auf so kräftigen Widerstand der Konvertiten, dass sie zu dem Kompromiss gezwungen wurden zu erlauben, dass das Feigenblatt, mit einem darauf eingravierten Kreuz, getragen werden darf.

Fico oder Feige ist in Europa ein sehr alter, vulgärer Slang für die männlichen Organe. Im Falle eines plötzlichen oder vermuteten Verrates oder anderen Gefahren, machen Männer, Frauen und Kinder in Italien und anderen Mittelmeerländern, das Zeichen der Feige, durch Schließen der Faust mit dem Daumen zwischen Zeige- und Mittelfinger. (Abbildung 33 Handzeichen, S. 114). Amulette, mit der dementsprechend geballten Faust, werden aus Gold, Silber, Elfenbein, Koralle, Kristall, oder Halbedelsteinen gefertigt. Die Geste wurde in Südeuropa eine Art Beleidigung, und Italiener bezeichnen es als die Feige "machen" oder "tun". Während der Zeit von Königin Elizabeth hieß es in England, "eine Feige geben" und Schriftsteller jener Zeit nannten es "die spanische Feige". In Amerika wird der Ausdruck "es kümmert mich eine Feige (I don't care a fig)" noch gelegentlich von Personen gebraucht, die wahrscheinlich keine Ahnung von der ursprünglichen Bedeutung haben.

Abbildung 59: Phallische Symbole

Links: Weibliche Anbeter platzieren ein Opfer an Priapus auf einem phallischen Altar. Oben auf der Säule ist der Gott, mit einem Thyrsus mit Tannenzapfen und Luftschlangen. Der Jugendliche rechts, trägt einen Tannenzapfen in der einen Hand und einen Obstkorb, mit der Darstellung eines Phallus, auf dem Kopf. Rund um den Fuß des Altars, sieht man eine eigenartige Schlange mit einem Eselskopf, beides scheinen phallische Symbole zu sein. (Von Maffei's GEMME ANTICHE FIGURATE, Bd. 3, Pl. 40, Rom, 1707).

Rechts: Mann und Frau in Verbindung, das der Fleur-de-Lys haltend. Von einer Gemme unbekannter Herkunft, aber anscheinend babylonisch.

Eine weitere Geste ähnlicher Form und Bedeutung, wird durch das Ausstrecken des Mittelfingers und dem Schließen der anderen Finger gemacht. Die Hand in dieser Form zu zeigen gilt als höchst verächtliche Beleidigung, weil man durch sie andeutet, dass die so adressierte Person, unnatürlichen Lastern verfallen ist. Dennoch wird dieses Zeichen als Schutz gegen magischen Einfluss gesehen und Schmuck mit dieser Geste wird von Leuten als Amulett getragen.

Wie der Lotus, wird die Muschelschale oder *Concha veneris* insbesondere durch die Anhänger von Vishnu, als Emblem der weiblichen Genitalien, verehrt. Muschel und Halbmond wurden einst häufig in Italien getragen, um die Fruchtbarkeit zu gewährleisten, aber innerhalb des letzten Jahrhunderts hat die Kirche von dieser Praxis abgeraten.

Die Muschel hat eine ovale Form, einen konischen oder phallischen Oberbau und wird oft, wie der Hut des Osiris, als geflügelt dargestellt. Die Abbildung 49, S. 138 (Fig. 27) zeigt eine Muschel in der Hand des Schöpfers Gott Shiva. Ein Finger zeigt direkt auf einen Diamanten in seiner Handfläche. Das kleinere Bild zeigt eine Muschel in der Hand der Shakti von Shiva, der Göttin, die über den Mutterleib der Frau als "die Mutter aller Mütter" präsidiert.

Dieses Symbol wird oft auf religiösen Kleidungsstücken und in der Kirchenarchitektur gefunden.

Es wird angenommen, dass der Klang einer Muschelschale Dämonen erschrecken kann. In Indien wird sie immer noch als eine Art Trompete in Kirchen verwendet. Obwohl Gong und Klingel auch verwendet werden, ist die Muschel die Wahl der streng Orthodoxen, und zu bestimmten feierlichen Riten, ist sie unerlässlich. Die griechische Göttin Aphrodite wurde aus dem Meer geboren und in der Kunst wird sie häufig, reitend auf einer Muschel oder Jakobsmuschel dargestellt, ein anderes weibliches Emblem.

Abbildung 60: Taube symbolisiert den Heiligen Geist

Jungfrau Maria mit sechs Tauben, die Attribute des Heiligen Geistes. In der Regel werden sieben Tauben gezeigt, was Angst, Stärke, Frömmigkeit, Weisheit, Wissenschaft, Rat und Intelligenz repräsentiert.

Eines der außergewöhnlichsten Ergebnisse der alten Praxis, Dingen symbolische Bedeutung anzuheften, war die Übernahme eines Vogels als Symbol, sowohl für den Heiligen Geist als auch für die weibliche, schöpferische Kraft. Der Heilige Geist war die aktivierende und treibende Kraft, die die Götter, damit sie anfangen zu kreieren, aus ihrem passiven Zustand geholt hat. Wegen dieser Fähigkeit wurde der Geist als weiblicher Charakter angesehen. Als dieses Konzept in Indien entwickelt wurde dachte man, dass die primären Götter Brahma, Vishnu und Shiva vermutlich von Göttinnen begleitet werden, die ihre kreativen Fähigkeiten anregen und sie angespornt haben, aktiv zu werden. Deshalb wurden ihre weiblichen Gefährtinnen Shaktis genannt, was, "Energie" bedeutet.

Der Heilige Geist wurde jedoch nicht auf den Körper eines Gottes beschränkt, sondern war frei durch die Luft zu schweben, wie ein Vogel, wann und wohin er es immer wünscht. Es beruhte ohne Zweifel auf dieser Ähnlichkeit, dass heidnische Völker in der Regel einen Vogel als Symbol des Heiligen Geistes wählten.

Die ältesten hebräischen Zeichen des Geistes waren ein Paar seltsamer, hybrid, geflügelter Wesen genannt Cherubim. Nach dem Exil wurden sie durch Engel ersetzt, die die Juden den Persern entlehnt haben. Engel werden jetzt in der Regel als Neutrum bezeichnet, aber im Alten Testament werden sie als männlich beschrieben, wobei dies einer der wenigen Fälle ist, in denen der aktive Agent des Schöpfers nicht weiblich dargestellt ist [170].

Wenn die Bibel sagt, dass Noah zum Zeitpunkt, den man als zweite Schöpfung bezeichnen kann, eine Taube aus der Arche schickte, ist es in perfektem Einklang mit der verwendeten Symbolik. Der Geist ist Ruach, buchstabiert RKH, und wenn der Buchstabe A vorangestellt wird, entspricht es Arkh, der Schoß, aus dem alles Leben stammt.

Als Symbol des weiblichen, schöpferischen Prinzips wurde die Taube mit Ishtar, Semiramis, Astarte, Venus, und der Jungfrau Maria identifiziert. Eine schwarze Taube war das Symbol des Orakel von Delphi. Ein Hindu-Mythos besagt, dass Iswara, eine Form von Shiva und seiner Gemahlin Parvati, sich in eine Taube verwandelte und in dieser Form, unmittelbar nach der Flut erschien [171].

Tauben wurden von den Juden verehrt und sie waren die einzigen Vögel, die sie als Opfer für würdig hielten. Mit dem Beginn des Christentums wurde die Taube von der neuen Religion als Symbol des Heiligen Geistes angenommen. In einigen östlichen Sprachen, ist das Wort Taube ein Synonym für Yoni, und einige Autoren stellten sich vor, dass der Klang einer gurrenden Taube, auf Hebräisch, gewisse Ähnlichkeit mit einer lüsternen Einladung hat.

In Ägypten hat ein Falke den Platz der Taube als Symbol der Isis eingenommen, und derselbe Vogel wurde häufig verwendet, um den *ka* oder Heiliger Geist des Osiris darzustellen. Eine alte ägyptische Malerei stellt Osiris dar, wie er Isis schwängert und über ihr in Form eines Falken brütet oder schwebt. Auch wenn der große Gott tot auf seiner Bahre liegt, kann die Anwesenheit seiner Ehegattin seine kreativen Fähigkeiten noch wecken. Hinduistische Skulpturen des Lingam, zeigen ebenfalls häufig einen Vogel, schwebend über oder in der Nähe des Symbols männlicher Schaffenskraft.

Tauben wurden Flatterer oder Brüter genannt. Als die Autoren der Bibel schrieben, dass der Heilige Geist, zum Zeitpunkt der Schöpfung, über dem Antlitz des Wassers schwebte oder brütete (Gen 1:2), scheinen sie ihre Gedanken in Symbolsprache verborgen zu haben, wobei die wirkliche Bedeutung nur von den Eingeweihten verstanden wurden. Isis brütet in Form eines Falken über Osiris, und eine Taube als Sanctus Spiritus, brütet am Tag der Schöpfung über dem Wasser. Das scheinen verschiedene Möglichkeiten zu sein, dasselbe Konzept auszudrücken.

Der Tyet (Tit), oder Isisknoten, ist ein weibliches Symbol, das in Ägypten so allgegenwärtig war, wie die Schlange und das Anch-Kreuz. Es wird manchmal fälschlicherweise als die Schnalle oder Gürtel von Isis bezeichnet. Es war keine Schnalle, sondern eine vereinfachte Darstellung von Vagina oder Uterus und fasst verschiedene Ausprägungen von Isis zusammen. Er wurde im Gürtel der selbst-erschaffenden Götter mitgeführt und sollte dem Träger, lebendig oder tot, die Tugend, Stärke und Macht der Göttin bringen. Wenn er am Tag der Beerdigung, auf den Hals der Toten gelegt wurde, soll der Isisknoten alle versteckten Orte öffnen und die Gunst von Isis und ihrem Sohn, für die Reise der Seele durch die Unterwelt sicherstellen. Tyets waren aus rotem Jaspis, rotem Glas, Holz, Porzellan, Karneol, Achat, roter Sandstein, Gold oder vergoldeten Steinen gefertigt.

---

[170] Gen. 16:7, 8; Jud. 13:6, 16, 21; Sam. 24:16.
[171] Der Name der Hindu Göttin Parvati bedeutet Taube.

Das Sistrum (Abbildung 49, Fig. 25, S. 138) war ein weiteres der vielen Objekte, die mit Isis identifiziert wurden. Es war ein Musikinstrument das, bei Gottesdiensten, in den Tempeln verwendet wurde und es symbolisiert den jungfräulichen Uterus. Die Stangen durch das Fenestrum weisen darauf hin, dass die Tür des Lebens noch nicht geöffnet wurde.

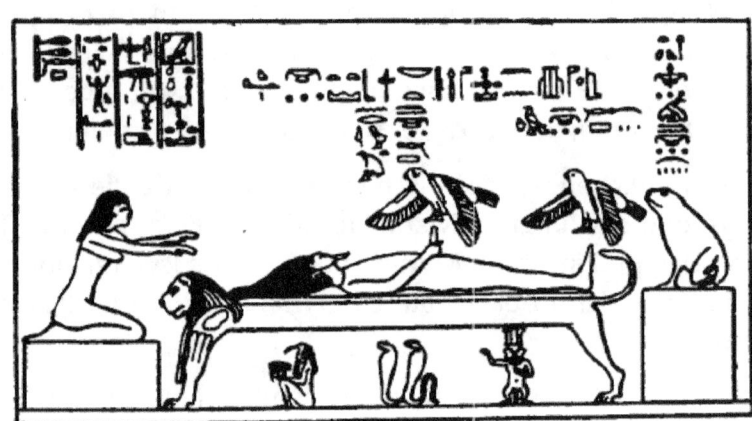

Abbildung 61: Der Tote Osiris schwängert Isis

Der tote Osiris schwängert Isis, die in Form eines Falken über ihm schwebt. Der zweite Falke ist Nephthys, eine Schwester von Isis. An der Spitze der Bahre kniet Hathor. Der Froschköpfige Heget sitzt am Fuß. Aus *OSIRIS & THE EGYPTIAN RESURRECTION* von Sir E. d. T. W. Budge.

Die Steine, auf denen Frauen bei der Geburt hockten, wurden von den Ägyptern Mesechen genannt, was "Leben", "Geburt" oder "Wiege" bedeutet. Das Mesechen wurde durch die Göttin Meskhenet personifiziert, die einen stilisierten, doppelten Uterus auf dem Kopf trug, ein Ideogramm, das die Kuh-Göttin Neith personifiziert.

Meskhenet löste die ursprüngliche, frosch-köpfige Göttin Heg oder Heget ab, eine Patronin der Schwangerschaft, die die Geburt von Königen unterstützte und die manchmal die Position des Anch, als Symbol des Lebens, einnahm. Ihr Froschkopf vertrat das Leben als Embryo, weil der Frosch, durch das Wachsen der Beine nach der Geburt, Kraft aus Schwäche verkörpert; es wurde in Form eines Amuletts für die Genesung bei Krankheit und für Gesundheit und ein langes Leben getragen.

Die ägyptische Hieroglyphe Ra (O) ist eine formalisierte Darstellung eines offenen Mundes. Als Quelle der Stimme oder des Atems, steht sie im Zusammenhang mit dem Heiligen Geist. Weil er eine Form einer Öffnung oder eines Eingangs hat, ist der Mund auch ein weibliches Symbol. Ein offener Mund mit einer hervorstehenden Zunge ist ein Symbol der Schande oder des Erstaunens, aber es hatte einmal die gleiche Bedeutung wie das Hindu Yoni und Lingam. In einigen Teilen des Ostens, stecken Einheimische, als Zeichen der Unterwürfigkeit in sexuellem Sinn, noch die Zunge heraus. Typische Darstellungen der Hindu-Göttin Kali, zeigen sie mit ausgestreckter Zunge auf dem ausgestreckten Körper ihres Mannes stehend. In der Legende wird gesagt, dass ihre Geste die Erregung nach dem Töten eines gefährlichen Riesen ist, aber die hinduistischen Tantras erklären, dass ihr Sieg eher sexueller Natur gewesen sei [172].

---

[172] Gegenenüber wem wollt ihr euch zur Schau stellen: Wem gegenüber macht ihr einen breiten Mund und streckt die Zunge heraus? Seid ihr nicht die Kinder der Übertretung, ein Same der Lüge? *Isa.* 57: 4.

Glocken sind sehr alte Sexualsymbole, die hohle Schale weiblich, der Klöppel oder die Zunge männlich. Orientale Mädchen trugen bis zur Ehe Glöckchen, um Jungfräulichkeit anzudeuten. In biblischen Zeiten trugen jüdische Mädchen Glocken; und über dem Knie, trugen sie eine feine Kette. Die Gewohnheit veranlasste Prophet Jesaja sich darüber zu beschweren, dass freche Mädchen durch die Straßen von Jerusalem laufen, mit klingenden Glöckchen und trippelndem Schritt. (Jes. 3:16).

Dr. Thomas Inman [173] sagt, dass der Brauch durch die Überzeugung entstand, dass heftige Bewegungen des Körpers, durch lebhaftes Gehen oder über Hindernisse klettern, die empfindliche Membran, das Jungfernhäutchen, als Beweis der Jungfräulichkeit brechen würde. Daher wurden Ketten über den Knien getragen, was die Mädchen zwang, sehr kurze Schritte zu machen, damit sie vor der Ehe ihre "Zeichen der Jungfräulichkeit" behalten könnten. Glocken wurden als Schmuck getragen und deren Klirren verkündet, dass die Trägerin auf dem Markt eine Jungfrau war. Im Osten wurden Glocken auch, zum Schutz gegen den bösen Blick, um den Hals von Kamelen gehängt, denn man dachte, dass ihr Klang böse Geister verscheucht.

Moses mag den symbolischen Aspekt von Granatäpfel und Glocken im Sinn gehabt haben als er befahl, dass eine Reihe davon um den Saum von Aarons Robe, in Blau, Purpur und Scharlach gewebt werden soll. Der zwielichtige Granatapfel dient, im Mythos der Göttin Nana, der Mutter von Attis, als Symbol der Fruchtbarkeit, die dadurch schwanger wird, dass sie einen Granatapfel an ihren Busen drückt [174].

Die Glocke war ein Symbol des frühen Christentums und wurde nicht nur als "Ruf Christi", sondern als Zeichen für Christus selbst angesehen. In Europa dachte man im Mittelalter, dass die, durch die Taufe geweihten Glocken, vor Hagel, Gewitter und Blitzschlag schützen und die Dämonen verbannen [175].

Solche Überzeugungen entwickelten sich während der Regierungszeit Karls des Großen, und 968 gab Papst Johannes XIII ihr die kirchliche Sanktion, indem er die Glocke des Lateran in Rom, in seinem eigenen Namen taufte. Bald darauf wurden Kirchenglocken überall geweiht.

Vom Läuten der Kirchenglocken im Bestattungswesen glaubte man, dass sie die Teufel vertreiben, die darauf warteten, die Seele des Verstorbenen zu ergreifen.

In Japan ist der Pfirsich das Symbol der Yoni. Daher wurde in Zeremonien am letzten Tag des Jahres, Pfirsichbaumholz-Dauben eingesetzt, um die Dämonen zu vertreiben. Am phallischen Fest der *Sahe no kami* oder phallische Gottheit, am ersten Vollmond des Jahres, liefen die Jungen herum, um junge Frauen mit Rührlöffeln zu schlagen, wie sie zum Brei kochen verwendet werden. Von dieser Praxis glaubte man, dass sie die Fruchtbarkeit gewährleistet. Ein ähnlicher Brauch hat sich in der Neuzeit, in verschiedenen Teilen Europas durchgesetzt. In der Nähe von Roding, in Rheinland-Pfalz, wird eine Braut mit Weiden oder Birkenzweigen geschlagen, wenn sie durch die Kirchentür zu ihrem Platz der Eheschließung geht.

---

[173] *Ancient Pagan and Modern Christian Symbolism*, Dr. Thomas Inman, New York, 1915, p. 22.
[174] "Dann machten sie Glöckchen aus reinem Gold und setzten die Glöckchen zwischen die Granatäpfel ringsum an den Saum des Oberkleides zwischen die Granatäpfel:" "[erst] ein Glöckchen, dann einen Granatapfel [und wieder] ein Glöckchen und einen Granatapfel, ringsum an den Saum des Oberkleides, um [darin] den Dienst zu verrichten - wie der HERR dem Mose geboten hatte." Exod. 39:25, 26.
[175] Eine Glocke in Basel trägt die Inschrift "Ad fugandos demons". Eine weitere, in Lugano, "der Klang dieser Glocke besiegt Stürme, stößt Dämonen ab und lädt Männer vor". Eine weitere in der Kathedrale von Erfurt erklärt, dass sie "Blitzschlag und bösartige Dämonen abwehren kann". Eine Glocke der Jesuitenkirche in der Universitätsstadt Pont-à-Mousson trug die Worte "sie loben Gott, die Wolken in die Flucht zu schlagen, die Dämonen abzuschrecken und die Menschen zu rufen". *History of the Warfare of Science with Theology*, Andrew D. White, vol. 1, p. 345.

Die Universalität der Symbolsprache, ist gut in der Zeichnung dargestellt, die zu Beginn des 18. Jahrhunderts für Dr. Engelbert Kaemphers *History of Japan* (Geschichte Japans) gemacht wurde, reproduziert in Abbildung 63. Es stellt die chinesische und japanische Fruchtbarkeitsgöttin Kwan-non oder Kwan-yin dar und bedeutet als vollständiger Name, die Yoni der Yonies.

Alte Philosophen beschrieben sie als Tochter von Chong-wang, das heißt, Chong der Phallus, oder König von phallischen Anbetern. Mythen sagen, dass sich diese Yoni Göttin, wie Ishtar, weigerte Eheangebote anzunehmen und als Konsequenz in die Hölle abstieg, die, aufgrund ihrer Anwesenheit, wie ein Paradies zu leuchten begann, zum Entsetzen ihres Herrn, der sie daraufhin zum Leben auf einem Lotus zurückbrachte. Dann übertrug sie Jugend und Gesundheit auf ihren alten Vater, durch Fleisch, das sie von ihren eigenen Armen löste. Seitdem wird sie mit tausend Armen und jedem irdischen Segen gezeigt.

Abbildung 62: Das Meskhenet Symbol

Fig. 1 bis 8, Hieroglyphen und Symbole von Meskhenet. Die Figur von Meskhenet im Zentrum wurde wahrscheinlich aus dem Anch-Kreuz abgeleitet. Fig. 10, 11, 12, zeigen den Kopf einer Göttin, wahrscheinlich Hathor. Die Anordnung der Haare scheint eine bewusste Nachahmung des Meskhenet Symbols zu sein. Assyrische Skulpturen von Ishtar zeigen auch dieselbe Haaranordnung.

Kwan-yin entspricht der Kaiwan der Äthiopier und Ägypter; der Chiun oder Kiun der Hebräer; Kun, Kusi oder Kunti der Hindus; und der Königin (queen), quean, Qwan, coinne oder cwene Europas. Sie ist das große wässrige Prinzip der Himmelskönigin, Dame des Überflusses; die jungfräuliche Göttin der tausend Arme, die unter tausend verschiedenen Namen in der ganzen Welt herrscht.

Dr. Kaempher sagte, dass sie manchmal als Multimammia abgebildet ist und gelegentlich mit einer Masse von Babys dargestellt wird, die aus ihren Fingern, Zehen und in der Tat aus ihrem ganzer Körper zu wachsen scheinen. Zu anderen Zeiten ist sie als eine Schlangenfischgöttin dargestellt, in deren Gestalt sie als Verehrerin des Phallus repräsentiert ist und sich in einem Meer von allen phallischen Dingen bewegt.

Die Göttin sitzt auf einem Lotus-Schrein über dem Ur-Wasser. Auf der Stirn ist der himmlische Punkt oder Shang, der Stern des Lebens. Sie hat Yoni Schmuck im Haar, das in Yoni Schleifen zusammengesteckt ist. Über ihr ist ihr Herr Shang Ti oder Thi'an mit einer Sonnenscheibe, die von zwei Armen seines Ruach oder Heiligem Geist gehalten wird, ohne den nichts ist oder sein kann.

In ihrem Schoß ist das typische Symbol für Mutterleib und Yoni, und unmittelbar darüber ist etwas, was der Baum des Lebens zu sein scheint. Auf dem Hals der Göttin gibt es eine geflügelte Sonne und an den Flügeln sind zwei invertierte Tau-Kreuz-Anhänger aufgehängt. Die Lage der Hände vor der Brust hat eine phallische Bedeutung.

In den Händen der Göttin kann man viele typische Symbole der Eigenschaften oder Merkmale männlicher und weiblicher Prinzipien sehen, unter ihnen Früchte, Blumen, der angehende Zweig, das Chakra oder Sonnenrad, das Buch des Schicksals, ein Tor oder Eingang, ein Bethel, Schwert, Pfeil, Axt, Ruder oder Paddel, Pendel, Weihrauchfass des heiligen Feuers, Bogen des Lebens, der Spiegel der Venus, Isis oder Maya, eine gebärmutter-förmige Vase mit Kreuzkopf und zahlreiche andere Symbole.

Abbildung 63: Japanische Muttergöttin mit Symbolen

XII. SEX SYMBOLISMUS (FORTSETZUNG)

Heiligung und Anbetung von Steinen war eine Manifestation des Animismus oder der Geisterverehrung, die sich mit Baum- und Schlangenanbetung, den Rang als eine der geläufigsten und ältesten Formen des Gottesdienstes teilt. Sie war unter den Semiten besonders weit verbreitet, und der Fels oder Stein (Tsur der Bibel) war der eigentliche, alte Gott der Araber, Juden und Phönizier. Später, als die alten Formen des Gottesdienstes vom Sonnenkult abgelöst wurden, sind viele der alten Glaubenssätze vom Sonnenkult absorbiert worden und heilige Schlangen und Steine wurden mit dem phallischen Aspekt der solaren Götter identifiziert.

In Griechenland wurde häufig ein Stein entlang der Straße, zu Ehren von Hermes oder Merkur gesetzt, und jeder Reisende der vorbei kam, zollte der Gottheit Tribut, indem er dem Haufen einen Stein hinzufügte, oder indem er ihn salbte. Aus diesem Steinhaufen, genannt baety-li (Hebräisch Bethel), entwickelten sich später die behauenen Grenz-Steine oder "Hermes-Steine" der Griechen und Römern. Wegen der Identifikation mit phallischen Symbolen, wurde das Wort Hermes gleichbedeutend mit Phallus. Auch heute noch stoßen Reisende im Osten häufig auf Steinhaufen und Passanten umrunden sie ruhig, um zu vermeiden dass der Geist der dort wohnen soll, gestört wird.

Im ältesten der Bibel-Bücher wird Gott als örtlicher Geist bezeichnet, der manchmal in den Felsen wohnt. Es wird erzählt, dass Josua, als Zeugnis für Gott (Jos. 24:26), einen Stein aufstellte und zwölf Steine in einem Kreis oder Gilgal, wo die Israeliten den Jordan überquerten. (Jos. 4:20).

Als Jakob träumte die Stimme des Herrn gehört zu haben, entschied er, als er sich am Morgen aufmachte, dass die Stimme, die er gehört hatte aus dem Stein kam, den er als Kopfkissen benutzt hatte. Daraufhin salbte er den Stein mit Öl und richtete ihn auf, als Bethel oder Haus Gottes und sprach: "Wahrlich, der Herr ist an diesem Ort, und ich wusste das nicht [176]".

Moses errichtete am Fuße seines Altars, auf dem Berg Sinai, zwölf Steine für die zwölf Stämme Israels[177]. Als Jakob und Laban einen Bund machten setzen sie einen Haufen Steine und eine Säule aus Stein zusammen, als Zeuge des Herrn. (Vergleichen Sie mit Säule, Kreis oder Boot und Mast). Die biblische Phrase "Der Gott Abrahams und der Gott Nahors, der Gott ihrer Väter richte zwischen uns" [178] scheint darauf hinzudeuten, dass Jakob und Laban an verschiedene Götter glaubten. Darum machten sie einen Kompromiss und nutzten den Gott ihrer Väter, auf den sie sich beide einigen konnten.

Auch wenn der primitive Glaube an lokale Götter durch den Glauben an einen höchsten Gott abgelöst wurde, der alte Begriff "Fels" blieb als Titel Gottes im Gebrauch. Als Christus zu

---

[176] *Gen.* 28:22; I *Sam.* 10:8; II *Kings* 4:38; *Jud.* 3:19; *Hos.* 4:15; *Sam.* 7:12.
[177] *Gen.* 31:52.
[178] *Ibid.* 31:46.

Petrus sagte: "Du bist ein Fels", gebrauchte er einen Ausdruck, der schon seit über zweitausend Jahren erhebliche Bedeutung hatte[179].

Konische Steine, die offenbar als Götzenbilder gedient haben, sind am Golgi, in Zypern gefunden worden. Ein weißer, aufrechter, konischer Stein war ein Symbol der Aphrodite in Paphos. Quadratische Steine wurden von den Griechen und Arabern als Symbol der Venus verwendet. Bei Peiga, in Pamphylien war ein konischer Stein das Emblem der Astarte. Die Diana der Epheser wurde von einem Stein repräsentiert. Während des Krieges mit Hannibal, 204 vor Chr., nahmen die Römer einen großen schwarzen Stein aus Pessinus mit nach Rom, weihten ihn Cybele, und verehrten ihn feierlich.

Kemosch von den Moabitern, wurde in Form eines schwarzen konischen Steins verehrt. Für die nabatäischen Araber Syriens, war ein großer Stein ein Symbol des Gottes Dusares und der großen Mutter Alla. Suidas, ein griechischer Schriftsteller sagt, dass Dusares in Form eines schwarzen Steins, vier Fuß hoch, der auf einer Goldbasis stand, verehrt wurde.

Viereckige Steinblöcke scheinen eine Zwischenstufe zwischen rauen, unbehauenen Steinen und realistisch geschnitzten Statuen gebildet zu haben. In Griechenland gab es ein quadratisches Bild des Zeus Teleias. Während der Vorherrschaft der griechischen Religion, bildete eine rechteckige *Cella* den zentralen Teil des griechischen Tempels. Der Tempel wurde manchmal vorne und hinten mit weiteren Kammern verlängert, oder durch einfache oder doppelte Reihen von Säulen umgeben. Das Allerheiligste in Salomons Tempel wurde in der Form eines Würfels aufgebaut.

Die Laren und Penaten, die die Römer als Haus-Fetische gehalten haben, waren kleine Steinbilder männlicher und weiblicher Figuren. Das lateinische Wort Penaten legt nahe, dass die Bilder von phallischer Bedeutung waren.

Vom persischen Gott Mithras wurde geglaubt, er sei aus einem Felsen geboren worden, hätte einen Felsen geheiratet und wäre Vater eines Felsens gewesen. Vor dem Aufstieg des Islam, betrachteten byzantinische Schreiber die Verehrung der Aphrodite als primären Kult von Mekka. Die Statuette der Göttin war ein weißer Stein und das ihres Sohnes war der kleine schwarze Stein, der nun in der heiligen Kaaba der Mohammedaner gezeigt wird.

Der Doppelcharakter der kreativen Kräfte, von denen man dachte, dass sie für das Leben auf der Erde verantwortlich sind, wurde durch Pfeiler, Obelisken, Säulen und ähnliche Formen symbolisiert. Während der Zeit des Hosea, waren Säulen ein wichtiges Merkmal der Religion, und der Prophet dachte, dass Ephods (Säulen) und Teraphim (Bilder) wichtig für eine gute Anbetung waren [180].

Überall im Osten konnten in den Tempeln Säulen gefunden werden, die männliche und weibliche Prinzipien repräsentierten. Sie waren nicht in der Struktur integriert, standen aber vor dem Eingang. Die Spalten bilden ein symbolisches Tor oder die Tür des Lebens. Es gab zwei solche Säulen vor dem Tempel des Herkules in Cádiz. Ein Paar von Säulen stand vor dem Orakel von Dodona, und Säulen flankierten den Zugang zum Eingang der meisten Tempel in Ägypten. Säulen verkörpern Leben, Kraft und Schutz, in der gleichen Weise wie Lingam und Yoni in Indien. Die zwei Säulen, Jachin und Boas, die vor dem Tempel des Salomon standen, hatten männliche und weibliche Namen und zweifellos die gleiche Bedeutung wie solche Symbole anderswo.

---

[179] Der Herr ist mein Fels. II *Sam.* 22:2, 3, 32. Weil ihr Stein ist nicht unser Fels. *Deut.* 32:18. Wo sind ihre Götter, ihr Fels, in dem sie vertrauen. *Deut.* 32:37.
[180] *Hos.* 3:4.

Zusätzlich zu den Säulen an den Tempeleingängen, können einzelne Säulen und Türme, von denen angenommen wird, dass sie phallischen Ursprungs sind, immer noch in vielen Teilen der Welt gefunden werden. In Irland gibt es viele Türme dieser Art. In der Regel waren sie nicht auf den Gipfeln der Hügel platziert, wie man erwartet hätte, wenn sie als Wachtürme bestimmt gewesen wären. Sie waren auch nicht als Festungen nutzbar. Es wird allgemein angenommen, dass sie daher nur phallische Denkmäler waren. Diese Türme variieren in der Höhe von 50 bis 150 Meter und sind an der Basis 12 bis 20 Meter im Durchmesser. Sie sind im Inneren leer, und die meisten von ihnen werden in 3-8 Lofts oder Etagen, durch Unterbrechungs- oder Projektionssteine, unterteilt [181].

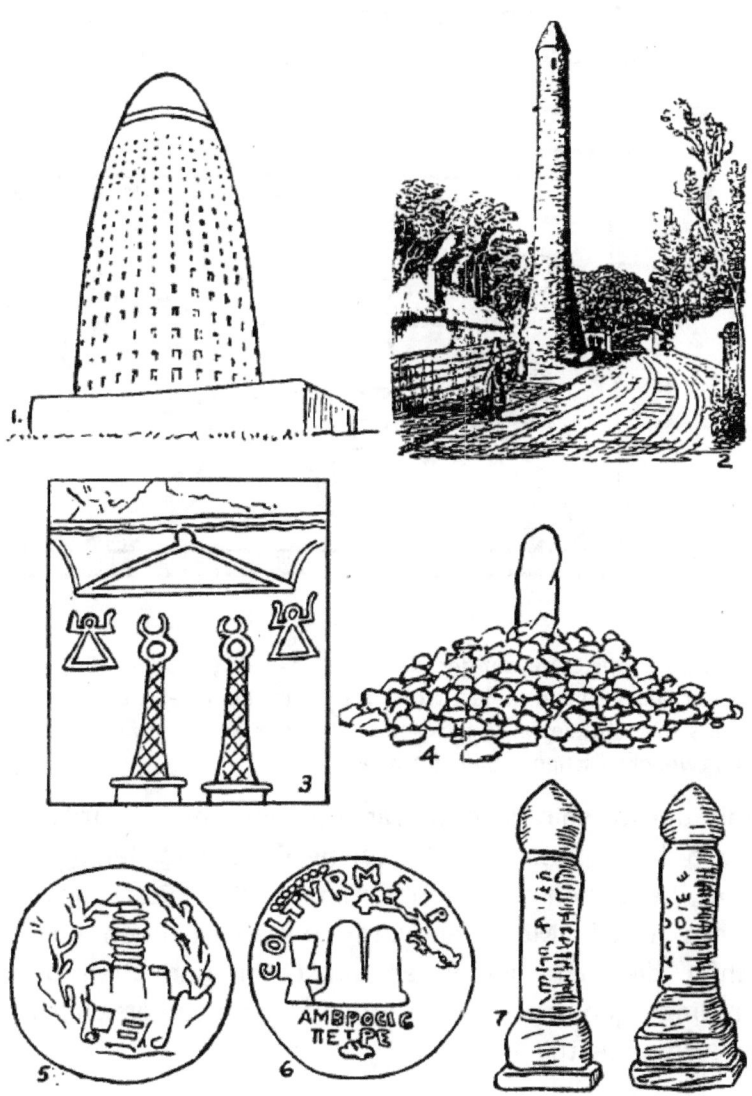

Abbildung 64: Phallische Säulen

Fig. 1, Shiva Leuchtturm, Suwal, Indien. 2, Rundturm in Irland. 3, karthagisches Design in der Regel von einer Münze, zeigt Baal und zwei gehörnte Säulen. 4, "eine Säule aus Stein und ein Steinhaufen", wie Jakob sie für Jahwe errichtet hat. 5, eine alte Münze, die eine Baetyl (Bethel) zeigt. 6, Kolonialmünze von Tyrus mit zwei Säulen, 7, phallische Säulen von Pompeji.

---

[181] *Round Towers of Ireland*, H. O'Brien, pp. 511-515.

Große Steine, die allein oder in einem Abstand vor einer Felsformation standen, schienen die Neugier der Menschen in früheren Zeiten, wie auch heute noch, geweckt zu haben. An vielen Orten wurden sie Treffpunkte, an denen Ratsversammlungen, Feste und religiöse Riten abgehalten wurden. Mit der Zeit wurden Legenden über sie gewoben und sie haben oft eine nahezu heilige Bedeutung bekommen.

Die meisten Steindenkmäler wurden bis zu ihrem endgültigen Standort transportiert und für bestimmte Zwecke errichtet. Die üblichsten Denkmäler waren einzelne, große, aufrechte oder schräge Steinplatten und wurden Menhire (lange Steine) genannt. In vielen Fällen wurden die Menhire durch Ovale oder Kreise von Steinen umgeben, wodurch sie die bekannten Säulen und Kreissymbole des Männlichen und Weiblichen bildeten. Diese werden Dolmen (von Breton *dol*, Tisch und walisische *men*, Stein) genannt. Einige von ihnen haben eigenartige, hinein gekratzte oder geschnitzte, mystische Designs.

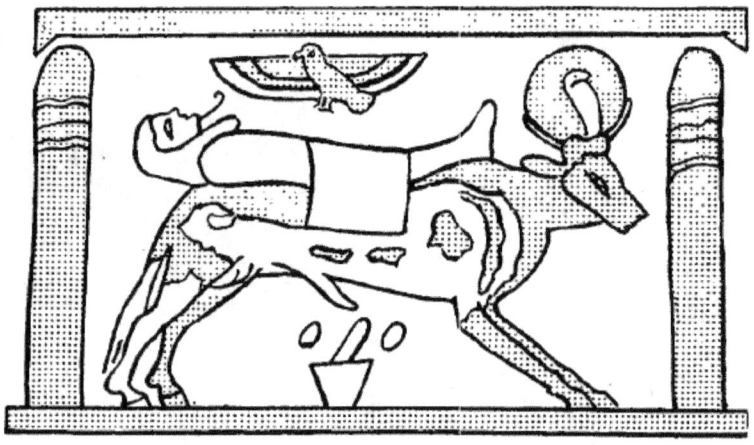

Abbildung 65: Osiris und sein KA, oder Geist

Der Körper des Osiris auf der Rückseite des heiligen Stier Apis getragen. Osiris ist zur Beerdigung einbalsamiert worden und der Eimer enthält seine Eingeweide. Über Osiris schwebt ein Falke, was seinen KA oder Geist repräsentiert. Der Himmel wird von zwei phallischen Säulen getragen.

Die größte Zahl der Menhire sind in Frankreich gefunden worden, wo es zwischen drei und viertausend von ihnen gibt. Rund um solche Denkmäler fanden Zusammenkünfte verschiedener Art statt, bei denen gesungen, getanzt und geküsst wurde. In Frankreich und in den Nachbarländern, wurde Menhiren vom Volksaberglauben phallische Vorzüge zugeschrieben. Mädchen, die sich Ehemänner wünschten und Ehefrauen mit Kinderwunsch, rieben sich gegen die Felsen, um sich der Fruchtbarkeit zu versichern. Ehemänner nahmen manchmal an der Zeremonie teil.

Die berühmtesten Menhire der Welt wurden in der Nähe von Carnac, in der Bretagne gefunden. Sie bestehen aus mehreren Reihen, von denen jede aus vier bis dreizehn Reihen oder Wegen von aufrechten Steinen, "Ausrichtungen" genannt, zusammengesetzt ist. Man nimmt an, dass es ursprünglich eine durchgehende Straße von fast drei Kilometern Länge war. Einzelne Menhire und Dolmen sind auch in Marokko, Algerien, Spanien, Portugal, Großbritannien, Holland, West-Deutschland, Nordamerika, Arabien, Persien, Indien und anderen Teilen Asiens sowie in Australien und Peru gefunden worden.

Heute bezeichnet das Wort Cromlech (Megalith) lediglich einen anlehnenden Stein, aber ursprünglich bedeutete es einen Stein, der entweder ein natürliches oder ein künstliches

Loch oder Öffnung hatte. Es bezeichnet auch eine Gruppe von Steinen, nahe beieinander, eine Fläche umschließend, die ausreichend klein und schmal ist, um sie mit einem oder mehreren Decksteinen zu überdachen, um so eine grobe Kammer zu formen. Diese Kammer war manchmal ganz oder teilweise in einen Erdhügel oder in Steine eingebettet, um nach außen hin die Form eines Grabhügels oder Steinhaufens zu präsentieren. In seltenen Fällen bestanden Cromlechs aus zwei einzelnen, stehenden Steinen, die noch einen dritten stützten, um einen Durchgang oder die Tür des Lebens zu bilden, so dass die Person, die Reinigung suchte, hindurchgehen und regeneriert werden konnte.

Das gälische Wort Klachan oder Clachan bezeichnet entweder eine Kirche, einen Stein oder einen heiligen Ort der Begegnung. Wenn Dörfer und Friedhöfe um die heiligen Steine gebaut waren, wurden sie auch Klachans genannt. Ein irischer Ausdruck für "in die Kirche gehen", bedeutet auch "zum Stein gehen" und im Norden Schottlands wird das Wort Klachan noch für "Haus Gottes" verwendet.

Der Rat von Tours (Frankreich) veranlasste 567 nach Chr., ein Dekret gegen die "Anbetung der aufrechten Steine" und im 5. und 7. Jahrhundert wurden ähnliche Warnungen aus Canterbury ausgestellt.

Auf den Britischen Inseln befinden sich die Ruinen von mehr als zweihundert, aus Steinkreisen gebildeten Monumenten, von denen das bekannteste Stonehenge auf Salisbury Plain ist. Einige Autoritäten glauben, dass es in der Steinzeit errichtet wurde, wahrscheinlich etwa 2000 oder 1800 vor Christus. Stonehenge bestand ursprünglich aus einem äußeren Kreis, hundert Meter im Durchmesser und einem inneren Kreis, zweiunddreißig Meter im Durchmesser, wo es im Inneren eine weitere Reihe von kleineren Steinen, in der Form eines Hufeisens, gab. Darin gab es noch ein zweites, kleineres Hufeisen, in der Nähe des zentralen Bogens, wo dann ein großer Altarstein, ca. fünf Meter hoch, aufragte.

Auf der östlichen Seite des äußeren Kreises bildeten zwei Steine einen Eingang, der zu dem großen Steinaltar führte. Außerhalb des größeren Kreises gab es eine kreisförmige Furche, Graben oder Wall, die absichtlich an der Stelle aufgebrochen war, wo es die Ost-West-Achse des Denkmals durchschnitten hat. An dieser Stelle stand ein großer Stein, Opferstein genannt, aber einige Fachleute haben ihn einen Zeiger oder Lingam genannt.

Es wurde vermutet, dass Stonehenge von den Druiden als Tempel der Sonne gebaut wurde. Der Eingangsstein und Altar war so platziert, dass am 21. Juni die ersten Sonnenstrahlen auf die riesigen Zeiger schienen, dann den Eingang passierten und auf den großen Steinaltar trafen.

Ein weiteres großartiges Denkmal in Avebury besteht aus einem zentralen Kreis, von einem großen Steinkreis umschlossen, angenähert von zwei langen Serpentinenreihen aufrechter Monolithen, die eine Allee von mehr als 800 Metern Länge bildet.

Mehr noch als große idyllische Felsformationen, waren natürliche Hohlräume und Risse in der Erde, für abergläubische Leute schon immer besonders faszinierend und wurden mit einer Mischung aus Angst und Bewunderung betrachtet. Alte Überzeugungen hinsichtlich der Bedeutung von Höhlen, Grotten und Spalten, führte zu dem Brauch, der noch in einigen Teilen der Welt besteht, Kinder (und Erwachsene auch) durch die Öffnungen und Spalten zu reichen, als einen Akt der Reinigung und Wiedergeburt durch den Schoß von Mutter Natur.

Wenn die Herrscher von Travancore, im Süden Indiens, den Thron besteigen, werden sie von der Nayar-Kaste in die Brahmanen-Kaste verwandelt, indem sie durch eine goldene Kuh oder Lotusblume gehen, die dann in das Eigentum des Brahmanen Priesters übergeht [182].

Auf der Insel Bombay soll es einen Stein geben, der eine natürliche Höhle, mit einem oberen und unteren Eingang hat, der von den Gentvas als Mittel zur Reinigung verwendet wird. Es wird dadurch erreicht, sagen sie, dass Sie in die untere Öffnung einsteigen und aus der oberen Öffnung hinaussteigen.

Abbildung 66: Cromlechs, Megalith-Formationen

Fig. 1, St. Michaels Berg, Lands End, Cornwall. 2, Kit's Coty Haus, Aylesford, Schottland. 3, geneigter Menhir in der Bretagne. 4, heiliger Stein, Constantine, Cornwall. 5, heiliger Stein, Lochaber, Schottland.

In Nepal, Indien, werden kleine Lochsteine, ungefähr in der Größe einer Orange, Salagrama genannt und als heilige Steine Vishnus angesehen. Durch einen sehr eigenartigen Zufall werden ähnliche Steine, in der Toskana, Italien, Salagrana genannt. Sie werden in rote Wolle gewickelt und Menschen, die Zauberei praktizieren, tragen sie in ihren Taschen.

In einigen Teilen der Welt gibt es noch alte Einführungszeremonien, in der die eingeführte Person symbolisch wiedergeboren wird. Wenn unter den Berawas von Sarawak, eine Frau ein Kind oder einen Erwachsenen adoptieren will, wird ein Fest arrangiert und die adoptie-

---

[182] Zum Zweck der Regeneration wird angewiesen, ein Bild aus reinem Gold, von der weiblichen Kraft der Natur, entweder in Form einer Gebärmutter oder einer Kuh, zu machen. In diese Statue wird die Person, die es zu regenerieren gilt, eingeschlossen und dann durch die üblichen Kanäle herausgezogen. Weil eine Statue aus purem Gold, in den richtigen Dimensionen zu teuer wäre, ist es ausreichend, ein Bild der heiligen Yoni zu machen, die der Mensch zur Regeneration durchschreitet. "Captain Francis Wilford, *Asiatic Researches*, Royal Asiatic Society of Bengal, Bd. 6, p. 535.

rende Mutter sitzt auf einem erhöhten und überdachten Sitzplatz. Dann kriecht die adoptierte Person, in der Nachahmung der Geburt, von hinten durch ihre Beine. Unter den frühen Juden wurde eine kinderlose Frau zu einer Pflegemutter, indem sie lediglich eine richtige Mutter, während der Geburt des Kindes, auf den Knien sitzen hatte [183].

Im antiken Griechenland wurde jeder Mann, der fälschlicherweise für tot gehalten wurde und für den während seiner Abwesenheit Trauerfeierlichkeiten abgehalten wurden, von der Gesellschaft als tot betrachtet, bis er durch die Form der Wiedergeburt gegangen war. Diodor schrieb, als Zeus seine Frau Hera überredet Herkules zu adoptieren, die Göttin ins Bett ging, den Helden an ihre Brust presste, ihn durch ihren Umhang schob und ihn, in Nachahmung der realen Geburt, zu Boden fallen ließ. Zur Zeit von Diodor wurde von den Barbaren die gleiche Art der Adoption von Kindern praktiziert, ebenso von Bulgaren und bosnischen Türken. Eine Frau wird einen Jungen, den sie zu adoptieren beabsichtigt, durch ihre Kleidung schieben oder rollen. Danach wird er als ihr Sohn betrachtet [184].

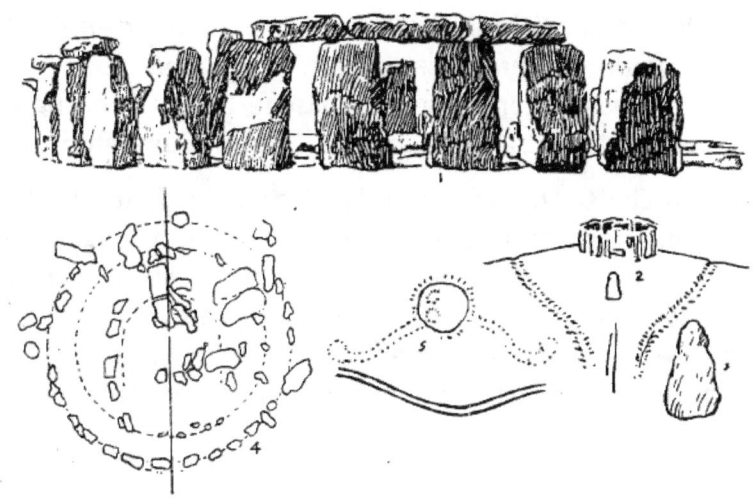

Abbildung 67: Stonehenge

Stonehenge von Osten gesehen. Fig. 2 und 3 sind entfernte Ansichten, auf den Stein-Zeiger und die Wälle. 4 ist ein Grundriss der Ost-West-Achse. 5, Grundriss Avebury.

Im Gang zur unterirdischen Kammer, wo die heiligen Riten der Mithras-Mysterien durchgeführt wurden, war es für die Eingeweihten notwendig, durch einen engen Eingang zu gehen, der in eine Höhle oder unterirdische Kammer führte, als ob er in die Gebärmutter eintritt. Über der Kammer wurde ein Stier geopfert und sein Blut floss über einen Holzrost auf den Eingeweihten. Dies war die Tauribolium Zeremonie, in der Eingeweihte im Blut des Stieres gereinigt und wiedergeboren wurden.

Reinigung, Regeneration und Wiedergeburt waren wichtige Merkmale der Mysterien in Ägypten, wo die Eingeweihten in eine "Wiege der Haut" oder symbolische Gebärmutter gelegt wurden, aus der sie dann, in Simulation des Schwangerschaftsprozesses hervorgingen und dadurch neu geboren und gereinigt waren. Der Ritus war wahrscheinlich die Nachahmung eines Mythos, der behauptet, dass der Sonnengott Ra in Form eines Kalbes, von der Kuh Nut oder Neith, der Muttergöttin des Himmels, geboren wurde. Der Eingeweihte wird so

---

[183] Sie antwortete: Da ist meine Magd Bilha. Geh zu ihr! Sie soll auf meine Knie gebären, dann komme auch ich durch sie zu Kindern. *Gen.* 30: 3.
[184] *Golden Bough*, Abdg. E., Sir James Frazer, pp. 14, 15.

mit dem Sonnengott identifiziert. Sowohl Plutarch als auch Apuleius stellen fest, dass in der Prozession der Isis, auf den Schultern der Priester, ein hölzernes Bild einer Kuh getragen wurde. Es war wahrscheinlich ein Bild von Nut, der heiligen Kuh-Mutter der Götter, aus deren Schoß die Eingeweihten symbolisch wiedergeboren wurden.

Das Mysterium von Osiris und Isis wird, seit Beginn der geschriebenen Geschichte, allgemein als das älteste angesehen. Diejenigen, die in die kleineren Geheimnisse aufgenommen wurden, nannte man Mystae oder verschleiert, während diejenigen, die in die größeren Geheimnisse eingeweiht waren, Epoptai oder Seher genannt wurden [185].

Der alte Ritus von Reinigung, Tod und Auferstehung wird als Initiationsritus in bestimmten religiösen Orden bis in die Neuzeit fortgeführt. Nach Durchlaufen mehrerer vorangehender Grade, werden Novizen und Nonnen, in Weiß gekleidet, vor den Altar in Särge gelegt, während die Messe gesungen wird. Die Novizen werden so zu "Bekennenden".

Aufgrund ihres geheimen Charakters sind uns sehr wenig Informationen zu den Riten der Mysterien zugekommen, die für viele Jahrhunderte vor der christlichen Zeitrechnung, von Einheimischen aus Eleusis, Samothrake, Bilbos und anderen Orten der Ostküste des Mittelmeers praktiziert wurden. Von dem, was aus ihrem Glauben bekannt wurde, ist es jedoch sicher anzunehmen, dass die Riten eine symbolische Dramatisierung der Vorgänge in der Natur enthalten; Empfängnis, Geburt, Wachstum, Tod und Auferstehung.

Die Mysterien von Eleusis, die in dem griechischen Dorf Eleusis stattfanden, waren die wohl durchdachtesten. Sie deckten eine Zeitspanne von acht Tagen ab und wurden in die kleinen und großen Mysterien aufgeteilt, wobei sich der Schlussakt im Tempel der Demeter abspielte. Die jährliche Periode von Pflanzenwachstum und Tod wurde wahrscheinlich durch eine Dramatisierung der Entführung von Persephone durch Pluto und die Bemühungen ihrer Mutter symbolisiert, die dazu führte dass Persephone zur Hälfte eines jeden Jahres wieder auf die Erde kam.

---

[185] In Ägypten wurde, um die Schwangerschaft und die Wiedergeburt zu repräsentieren, entweder eine Statue oder Mumie in das Fell eines Opfertieres, oder einer hölzernen Kuh gesteckt, und ein Priester legte sich in der Nacht von der Beerdigung, als Ersatz für den Toten in dieses Fell. Am nächsten Morgen, wurde von dem Priester erwartet, aus dem Fell, wie aus einem Mutterschoß, herauszukommen. *Kings & Gods of Egypt*, Alex. Moret, p. 186.

XIII. SEX SYMBOLISMUS (FORTSETZUNG)

Die Bestimmung der symbolischen Bedeutung von Bäumen wird durch die Tatsache kompliziert, dass sie zu verschiedenen Epochen und Orten, Züge des Spiritismus und Totemismus sowie Phalluskult gehabt haben. Als Phase der primitiven Geisterverehrung wurden sie in geweihter Erde, in der Nähe von Altären und "Verehrungsstätten", als Vertreter der Gottheit und seiner Wohnstätte platziert. Dies scheint der Glaube Abrahams gewesen zu sein, als er Gott in den Eichen und Tamarisken von Mamre suchte und als er einen Baum in Beerscheba pflanzte "und darauf den Namen des Herrn, des ewigen Gottes rief ". (Genesis 21:33).

Es war ein Ausdruck des Totemismus, die Eichen Jupiter und Zeus zu weihen und der Druiden veranlasste, die Eiche und Eibe heilig zu halten und hohle Eichen zur Bestattung der Toten zu verwenden.

Frühe Spartaner legten die Toten auf Olivenblätter und Palmzweige. Die männliche Palme war eine notwendige Begleitung aller phallischen und solaren Festivitäten und sprang speziell in der Tempeldekoration hervor. Sie wird wiederholt auf alten Münzen und Tafeln gefunden, immer mit sieben Zweigen. In Ägypten war ein Palmzweig, Sinnbild des Taht, der Schreiber der Götter. Die Zweige wurden in religiösen Prozessionen, als Symbole der Selbsterschaffung, Zeit und Ewigkeit getragen, weil sie angeblich bei jedem Mondwechsel einen neuen Palmwedel hinzuzufügen. In der Offenbarung des Johannes scheinen Palmen die gleiche Bedeutung zu besitzen.

Weil sie das ganze Jahr hindurch ihre grüne Farbe behielt, war die Kiefer ein Sinnbild der Unsterblichkeit und wurde oft auf assyrischen Monumenten und etruskischen Urnen repräsentiert. Die Tannenzapfen waren ein Symbol für Venus und Astarte. Während des Thesmophoria-Festes in Griechenland wurden Bilder von Phalli und Schlangen aus Teig gemacht und zusammen mit Tannenzapfen, der Göttin als Embleme der Fruchtbarkeit gewidmet. In Italien können Tannenzapfen immer noch auf Toreinfahrten gesehen werden, wo sie als Embleme der Fruchtbarkeit, Gesundheit und des Glücks betrachtet werden. Im phönizischen Mythos des Sonnengottes Attis, starb der Held unter einer Kiefer und wurde im folgenden Frühjahr wiedergeboren.

Für die Chaldäer, repräsentiert die Zeder nicht nur den Baum des Lebens, sondern auch den "Offenbarer des Orakels von Erde und Himmel". Der Name von Ea, Gott der Weisheit, sollte auf seinen Stamm geschrieben werden und Nin-gish-zida war "Herr vom Baum des Lebens".

Der Lorbeer war die Siegeskrone, der Kranz des Mars und auch von denen, die von ihren Mitmenschen geehrt werden. Er war Apollo geweiht. Der erste Tempel am Orakel von Delphi wurde aus Lorbeer gebaut. Das Kauen von Lorbeerblättern, dachte man, gab einem die Möglichkeit, Prophezeiungen zu machen.

Stechpalmen sind beides, männlich und weiblich. Die stachelige Spezies ist männlich, der stachellose ist weiblich, und es gibt einen alten Aberglauben, wonach, je nachdem welche Art von Palme über die Weihnachtszeit ins Haus kommt, bestimmt wird, ob es der Mann oder die Frau ist, die das kommende Jahr dominiert. Nach einer anderen Überlieferung soll die Jungfrau, die ihren zukünftigen Ehemann sehen möchte, eine Stechpalme auf ihrem Nachthemd, über ihrem Herzen tragen und dann schlafen gehen, mit drei Kübeln Wasser in ihrem Zimmer. Wenn eine weitere Prophezeiung gewünscht wird, müssen Blätter der weiblichen Stechpalme, in der Nacht des Venus-Tages (Freitag), in ein Taschentuch gewickelt werden, worauf man dann bis zum Morgen des Saturn (Samstag), in vollkommener Stille schläft.

Innerhalb des letzten Jahrhunderts herrschte ein Brauch in Europa, Weißdorn- und Ulmenzweige zu schneiden und sie während des Monats Mai zu tragen. Zusammen wurden sie Mai genannt und Leute, die sie in diesem Monat nicht trugen, riskierten gründlich ins Wasser getaucht zu werden. Aufgrund der großen, sozialen Veränderungen, die in der heutigen Zeit stattgefunden haben, sind viele alte Bräuche dieser Art praktisch verschwunden, außer in mehr oder weniger isolierten Gegenden. In den Außenbezirken der britischen Inseln, zum Beispiel, gibt es einen sehr alten Glauben, dass die Vogelbeere oder Eberesche, ein Schutz gegen das Böse ist; und es ist üblich, einen Aschestab, zur Abwehr von bösartigen Einflüssen, über dem Türpfosten aufzuhängen.

Schottische Hirten treiben ihre Herden mit Aschestäben auf die Hügel und an Beltane oder dem Maifeiertag, werden Schafe und Lämmer durch Reifen aus Asche getrieben. Eschen sind immer in der Nähe von heiligen Orten, wie Friedhöfen und Steinkreisen oder Klachans, gepflanzt. Fromme Leute haben die Gewohnheit, an einem bestimmten Tag des Jahres, ein Aschekreuz zu tragen. Ein Fruchtbarkeitsgott, einst in Nordeuropa verehrt, wurde Yggdrasil genannt, was Esche bedeutet.

In Suffolk, England, ist es Brauch, eine jungen Esche der Länge nach zu teilen und ein nacktes Kind, dreimal, mit dem Kopf voran (aber einige sagen, mit den Füßen zuerst) hindurch zu reichen, um Rachitis und Brüche zu heilen. Das Kind wird dann mit dem Sonnenlauf umgedreht, so wie der Spalt in dem Baum ausgerichtet ist. Wenn der Baum heilt, sollte mit dem Kind alles gut gehen.

Der Baum sollte ungefähr 1,5 Meter, so weit wie möglich, von Ost nach West geteilt werden, sobald die Sonne aufgeht und bevor im Frühling die Vegetation einsetzt. In Suffolk wird der Vorgang als "Ziehen" bezeichnet. In Cornwall, hat das Durchreichen durch einen Baumspalt, die gleiche Bedeutung wie das Durchreichen durch eine Felsöffnung oder "Nadel einfädeln", wie es auch genannt wird. In Killarney, wird die Operation als eine Art Düngen oder Befruchten bezeichnet, was den Frauen "in gewisser Weise, eine Vermeidung von Schmerz" bringen soll.

In Oxford wird ein ähnlicher, alter Brauch praktiziert. Man nennt ihn "stöhnender Käse". Dabei wird ein Stück Käse in kreisförmige oder ovale Form geschnitten. Er muss bereitliegen, damit nach der Geburt, das Neugeborene durchgereicht werden kann. Danach wird der Käse, wie eine Hochzeitstorte, geschnitten und Mädchen gegeben, damit sie "ihre angenehmen und ausdrucksvollen Träume anregen".

In Skandinavien war der Haselnussbaum früher dem Thor geweiht und in Böhmen waren Haselstauden Lieblingsplätze um Tempel zu bauen. In Bayern wurden Schlagstöcke und Wünschelruten immer aus Haselnussholz gemacht. Die Böhmen haben angenommen, dass es überall dort, wo Nüsse waren, es auch Wespen gab und die Frauen fruchtbar sind; aber auch, dass wo immer Nüsse gefunden wurden, es vor unehelichen Kindern nur so wimmelte. Sollte eine Schlange einen Haselnusszweig beißen wurde vom Zweig angenommen, dass er sich auf einmal in einen bläulichen Stein verwandelt, und wenn man den ins Wasser wirft, würde es ein Tier von einem Schlangenbiss heilen.

Plinius beobachtet, dass die Römer farbige Fetzen und andere Opfergaben auf heilige Bäume hingen. Reisende im Osten haben den gleichen Brauch in der heutigen Zeit erwähnt. In Indien werden, nach Fergusson [186], Yoni-förmige Fetzen, als Symbol der Vereinigung der männlichen und weiblichen kreativen Kräfte, an blühende Zweige und Äste gehängt. (Siehe Abbildung 49, Seite. 138).

Der Ritus der Baum-Ehe überlebt noch in Indien als ein herkömmliches Symbol des Totemismus. Heilige Bäume werden von Nayar Frauen mit Kinderwunsch umrundet und von Männern, um den bösen Einfluss von Saturn abzuwenden, unter denen sie angeblich während einem Teil ihres Lebens leiden.

Phallische Pfosten können noch in der Nähe von Tempeln und in Dörfern des Orients gefunden werden, geschmückt wie unser Maibaum mit bunten Papierstreifen oder Luftschlangen. Manchmal wird die Abbildung eines Hahns, als Sinnbild für die Sonne und die Fruchtbarkeit, oder eine andere phallische Figur, an der Spitze des Pfahls platziert.

Der Brauch, dass Kinder um einen Maibaum tanzen, wird aus dem alten Brauch des Frühlingstanzes um einen Baum, Baumstamm, oder Pfosten, als Zeichen des jährlichen Wiederauflebens der Zeugungskraft der Natur abgeleitet.

England war früher für den Maibaum bekannt.

Philip Stubbes, ein Puritaner und Schreiber Königin Elisabeths, äußerte sich schriftlich über das allgemeine Absacken der Moral, die die Zeit der Mai-Feierlichkeiten markiert. Der Mai wird darum oft der Monat der Bastarde bezeichnet. Stubbes sagte, dass mit der Ankunft des Mais, sich Männer, Frauen und Kinder aus jeder Gemeinde, Stadt und Dorf versammelten und in die Hügel und Wälder gingen, wo sie die Nacht in angenehmem Zeitvertreib verbrachten. Am Morgen kehrten sie zurück, wobei sie Birkenzweige und den Stamm eines großen, jungen Baums mit sich trugen. Sie malten den Baum in verschiedenen Farben an, schmückten ihn mit Blumen und Fahnen und stellten ihn auf dem Dorfplatz auf. In einigen Fällen wurden kleine Bäume, sicher in Kästen befestigt und an der Oberseite von Pfählen angeordnet.

Im Mai bauten die Gemeindemitglieder von St. Andrews-under-shaft in London, jeden Morgen einen Schaft auf, höher als der Kirchturm und nach der Zeremonie, stellten sie ihn sorgfältig unter das Dach der Kirche, die so gebaut war, als wenn sie ihn schützen sollte. Puritaner nahmen Anstoß an der Sitte und schnitten die Pfähle in Stücke. Im Jahre 1644 verabschiedete das Parlament ein Gesetz zur Bekämpfung des Maibaums.

Die Verehrung der Bäume, als Symbole der männlichen Zeugungskraft, war bei den alten Völkern weit verbreitet; und es war in diesem Sinne, dass Bäume, Baumstämme, Pfosten und Pfähle bei den Juden in Kanaan, als Verehrung der Fruchtbarkeits-Götter, bekannt wurden. Auf alten babylonischen Tafeln und Rollensiegeln werden Bäume als Symbole des Baums des Lebens, oder des euphemistischen Baums, der Leben kreiert, dargestellt. Es ist der gleiche Baum aus der Geschichte von Adam und Eva, als "Baum der Erkenntnis" verkleidet. Für die Menschen des Ostens, weise in ihrer Sprache der Symbolik, ist die Bedeutung vom Baum des Lebens, der im Paradies oder Garten gedeiht, offensichtlich.

---

[186] *Tree and Serpent Worship (Baum- und Schlangenverehrung)*, James Fergusson, 1868.

Konventionelle Darstellungen des Baums des Lebens, in Form von aufrechten Holzsäulen oder Baumstämmen und die Ascherim genannt wurden (in der Bibel mit "Haine" übersetzt), waren spezielle Symbole des syrischen Gottes Baal und hatten oft obszöne Designs auf ihrer Oberfläche eingeschnitzt. Selbst im Tempel von Jerusalem stand ein aufrechter Aschera, das Emblem des Baal-Peor, der Phallus oder Priapus der Juden. (2 Könige 23:6). Das "Bild der Eifersucht", von dem Ezechiel sagte, dass es bei Blick nach Norden, durch das innere Tor des Tempels gesehen werden konnte, war zweifellos ein Aschera. (Hes. 8:3).

Baal entsprach dem assyrischen Gott Asher und wurde entweder als männlich, weiblich oder beides dargestellt; daher ein Androgyne. Obwohl nominell männlich, wird Baal "die Lady" genannt, in Hosea 2:8 und Zephania 1:4. Bei seinen ausschweifenden Riten trugen die Männer Frauenkleider und Frauen trugen Männerkleidung.

Die weibliche Form von Baal hieß Beltis, Astarte oder Ashtoreth. Sie wurde durch eine weibliche Form von Holz-Emblemen, Aschera oder Asharah genannt dargestellt, was Tür des Lebens bedeutet, und glich wahrscheinlich der assyrischen Darstellung in Abbildung 68.

Abbildung 68: Aschera oder Aschara, die Tür des Lebens

Fig. 1, assyrische Skulptur zeigt Adlerkopf-Figuren vor einem Aschera, repräsentiert die weibliche "Tür", mit dem symbolischen Baum des Lebens in der Mitte. Die Figuren halten Tannenzapfen und Körbe als Symbole des Männlich-Weiblichen. Fig. 2, ein König und sein Sohn oder Nachfolger mit begleitenden Geistern vor einem Aschera. Auch hier sind Tannenzapfen und Körbe vorhanden. Beachten Sie die Hand des Königs wie er das Zeichen in Abbildung 33, Fig. 7 (S. 114) macht. Fig. 3 zeigt die geschlossene Faust, den Dolch, den Ball, den Baum des Lebens und die "Tür des Lebens" mit dem Baum.

Das Verhältnis von Säulen und Masten zum Phalluskult wird durch das hebräische Wort phalash [187] oder palash gekennzeichnet, was "brechen oder durchschneiden", "einen Weg zu öffnen" bedeutet; vom lateinischen Wort Palus oder Pfahl, ein universelles Symbol des Phallus, abgeleitet. Pala ist ein Wort für Spaten oder der breite Teil eines Ruders (der Teil, der das Wasser spaltet), beides Symbole des männlichen Generations-Organs. Die Namen Phyllis und Philip bedeuten "Liebe" oder "zu lieben". Diesem Aufbau zufolge, wäre Palästina, Land der Philister, das Land der Anbeter des Phallus.

Ascherim und Haine oder Gärten waren herausragende Merkmale der Zeugungsriten, die rückfällige Israeliten, in ihren "Verehrungsstätten" praktizierten. Die Haine oder Gärten können entweder einzelne Bäume oder Baumgruppen sein, die unter oder in der Nähe von Altären und Bildern von Baal platziert wurden. Ezekiel beschwert sich, dass jüdische Frauen, einen Großteil ihrer Zeit damit verbrachten, "Behänge für die Haine" zu machen (Ezechiel 16:16 und II Könige 23:7.), wo sie sich in Zelten oder Kabinen, in ihrer Verehrung der Fruchtbarkeits-Götter, in ehebrecherischen Praktiken ergaben. Die heiligen Verehrungsstätten, die es seit Abrahams Zeit gab, waren von heidnischen Praktiken verdorben, kopiert von den kanaanäischen Anhängern der Astarte. Spätere Propheten haben deutlich gemacht, dass die Anbetung von Bildern und Göttern der Fruchtbarkeit, im ganzen Land weit verbreitet war. Vielleicht war es nur wegen der blutigen Reform Josiahs, dass die Verehrung von Jahwe überhaupt überlebt hat [188].

---

[187] Vergleiche mit Pallu, dem Sohn von Reuben (Gen. 46:9), was bedeutet, "ein Herausragender", "er spaltet, teilt", "er ist rund und plump".

[188] Sie (Juda) hat mit Steinen und mit Bäumen gehurt. *Jer.* 3:9.

Die zum Holz sagen: Du bist mein Vater und zum Stein: Du hast mich gezeugt. *Jer.* 2:27.

Ein Volk, das mich entrüstet ist immer vor meinem Angesicht, opfert in den Gärten und räuchert auf den Ziegelsteinen, *Isa.* 65:3.

Oben auf den Bergen opfern sie, und auf den Hügeln räuchern sie, unter den Eichen, Linden und Buchen; denn die haben feine Schatten. Darum werden eure Töchter auch zu Huren und eure Bräute zu Ehebrechrinnen. *Hos.* 4.13.

Die sich heiligen und reinigen in den Gärten, einer hier, der andere da, und Schweinefleisch essen, Scheußlichkeiten und Mäuse, sollen weggerafft werden miteinander, spricht der HERR. *Isa.* 66:17.

Und vornan auf allen Straßen bautest du deine Altäre und machtest deine Schönheit zur eitlen Gräuel; du spreiztest deine Beine gegen alle die vorübergingen und triebst große Hurerei. *Hes.* 16.25.

Denn ihr sollt zuschanden werden wegen der Eichen, an denen ihr eure Lust habt, und ihr sollt schamrot werden wegen der Gärten, die ihr erwählt habt. *Isa.* 1.29.

XIV. SEX SYMBOLISMUS (FORTSETZUNG)

Die religiöse Begeisterung durch Anbetung der Kräfte, die das Leben generieren, lässt die Riten und Zeremonien der Naturvölker eine extreme und gewalttätige Form annehmen. Bei den impulsiven, leidenschaftlichen Menschen des Ostens nahm Naturverehrung häufig eine erotische Form an, wobei die religiöse Seite des Rituals durch heilige Prostitution, Phalluskult, Selbstverstümmelung und andere Extreme überschattet wurde.

Das Wachstum des Christentums lag zum Teil am Widerwillen denkender Menschen gegen die Orgien und Obszönitäten der Fruchtbarkeitskulte. In seiner Bewegung, weg von diesen entwürdigenden Praktiken, schlug das Pendel in das andere Extrem und während die alte Religion sich der Verehrung der Fortpflanzungskraft widmete, entwickelt die neue eine tiefgreifende Abneigung gegen Sex. Ihre Mitglieder glaubten, dass die Entstehung des Lebens von Natur aus sündig und Ursache der menschlichen Degradierung sei.

Paulus empfahl seinen Zuhörern wiederholt eine Essenische Verhaltensregel, die, wenn sie allgemein beachtet worden wäre, zur Entvölkerung der Welt geführt hätte. Paul sprach mit Stolz und Freude von seiner Keuschheit und drängte darauf, dass junge Männer und Frauen auf die Ehe verzichten. Männer und Frauen, die bereits verheiratet waren, wurden gebeten, sich der sexuellen Handlungen zu enthalten.

Um den Versuchungen des Lebens auszuweichen, schworen emotional instabile Mitglieder der neuen Religion, der menschlichen Gesellschaft ab und wurden zerlumpte Bettler oder Eremiten, wohnten inmitten von Schmutz und Ungeziefer, in abgelegenen Höhlen, Brunnen und Bergen. In ihrer Verachtung für den menschlichen Körper, gingen einige frühe Führer der Kirche, wie Origenes und Melitto so weit, Zuflucht zu Selbstverstümmelung zu nehmen, eine Praxis, von der die Evangelien sagen, dass sie sogar von Christus sanktioniert wurde [189].

Die bekennende Ehelosigkeit der religiösen Extremisten entsprang einer Voreingenommenheit gegenüber allem Sexuellen. Die Geschichte von Klöstern und des Klosterlebens im Mittelalter zeugt von der Tatsache, dass der menschliche Widerstand häufig unter den physischen und psychischen Belastungen zerbrach, die ein Leben gegen die Natur mit sich brachte. Das Zölibat brach oft unter den Versuchungen zusammen, die es vermeiden wollte.

Auf der anderen Seite gab es unter den Naturanbetern, eine vollständige Abwesenheit sexueller Hemmungen, und ihre meist geehrten Götter waren die, von denen man glaubte, dass sie die Geheimnisse des Lebenszyklus, das Keimen der lebensspendenden Samen, bei Tieren oder Pflanzen, durch Geburt, Wachstum und Tod regeln. Als nächstes zur Heiligkeit der Götter, die alles Leben geschaffen haben, gab es die Instrumente, mit denen sie ihre heiligen Wunder bewirkt haben. Bereits zum Bau der Pyramiden, lange bevor die Beschneidung von den Juden praktiziert wurde, widmeten die Ägypter ihre Geschlechtsorgane, durch den Ritus der Beschneidung, dem Gott der Generation. Für Priester und Soldaten war Be-

---

[189] "Einige Männer sind verschnitten, weil sie ohne Zeugungsfähigkeit geboren werden. Andere sind verschnitten, weil sie als Männer kastriert wurden. Aber Jesus hatte besonders diejenigen im Sinn, 'die sich selbst verschnitten haben um des Reiches der Himmel willen'." Matt. 19:12.

schneidung obligatorisch. In Madagaskar ist es immer noch bei Soldaten und Beamten notwendig.

Beschneidung herrschte unter den frühen Äthiopiern, Phöniziern, Syrer, Idumäer, Moabiter und Ismaeliten vor. In neuerer Zeit wurde es bei den frühen Mexikanern, Südamerikanern, Fidschi, Samoa, Australiern und anderen Naturvölkern bekannt. Bei manchen Völkern, wie den Türken und Malaien, wird der rechtliche und soziale Status eines Mannes durch die Beschneidung bestimmt. Bei einigen afrikanischen Stämmen sind unbeschnittenen Personen die Rechte der Vererbung verweigert und nicht zu Stammesräten zugelassen.

Die Heiligkeit der Geschlechtsorgane in biblischen Zeiten wird von einem Vorfall enthüllt, wo Abraham von seinem Diener verlangte, "beim Herrn, dem Gott des Himmels" zu schwören und seinem Knecht befahl die Hand unter den "Oberschenkel" des Patriarchen zu legen, damit die physische Repräsentation der Zeugungskraft Jahwes, Zeuge des Eids sein möge. (Genesis 24:2,9). Israel gebot seinem Sohn Joseph, in gleicher Weise zu schwören (Gen. 47:29) und als Salomon den Thron bestieg, legten alle Fürsten und Helden "ihre Hand unter Salomon". I Chron. 29:24f).

Die Worte Opfer und Sakrament sind von dem lateinischen Wort sacer, was heilig bedeutet, abgeleitet. Sacer scheint mit dem hebräischen Wort zakar, Phallus, verwandt zu sein. Die Wörter testen, aussagen und Zeugnis (Anmerkung des Übersetzers: im Sinne von attestieren), ist von der alten Praxis abgeleitet, auf die Hoden (Engl. testicles) zu schwören, eine Gewohnheit, die unter den Arabern bis in die Neuzeit herrscht. Im letzten Viertel des 19. Jahrhunderts geschrieben, sagt Dr. Inman, dass jede Frau im Libanon es für ihre Pflicht hielt, einmal im Jahr, mit ihren Lippen das verehrte Organ des Scheichs zu begrüßen [190].

In Indien berühren Verehrer von Shiva, zu Beginn des Gottesdienstes, ehrfürchtig die Hoden des heiligen Stiers Nanda. Bei einem Hindu, oder anderen Leuten des Ostens, könnte es keinen feierlicheren Eid geben, als dabei eine Hand auf den Hoden von Nanda zu legen. Kein Sohn oder Diener könnte ein dauerhafteres Versprechen geben, als mit seiner Hand auf den Hoden.

Die Juden glaubten, dass nur die sexuell Perfekten, dem Herrn der Zeugung und den Mosaischen Gesetzen dienen können. Ein Mann, der "in den Steinen verletzt", entmannt wurde, oder anderweitig sexuell unvollkommen ist, kann nicht als Priester dienen, noch das Haus der Gemeinde betreten [191]. Wenn eine Frau schuldig ist, eine Verletzung der heiligen Organe eines Menschen verursacht zu haben, wurde ihr eine Hand abgeschnitten. (Deut. 25:12). Saul zog den Tod durch den Sturz in sein eigenes Schwert, der Erniedrigung durch die Gefangennahme unbeschnittener Philister vor... (I Sam. 31:4).

Das Ausmaß, des biblischen Gebots über körperliche Perfektion der Priester, heute beobachtet bei der Auswahl der Päpste, ist nur höheren Geistlichen bekannt. Roscoe [192] sagt uns jedoch, dass bevor Rodrigo Borgia als Papst Alexander VI eingesetzt wurde, man ihn im Allerheiligsten des Vatikans untersuchte, obwohl man wusste, dass er bereits Vater mehrerer Kinder war, um sicherzustellen, dass er in jeder Hinsicht ein Mann ist.

Nach ersten, ursprünglichen Konzepten war Jahwe selbst der Stammvater schlechthin. Als sechzehntausend gefangene midianitische Jungfrauen unter den sieghaften Juden verteilt wurden, wurden zweiunddreißig Jungfrauen, dem Herrn als Tribut zugeteilt und für

---

[190] *Ancient Pagan and Modern Christian Symbolism*, Dr. Thomas Inman, Introd., p. xxviii.
[191] *Deut.* 23:1.
[192] *Life and Pontificate of Leo the Tenth*, Wm. Roscoe, 6 vols., 1848, 2nd ed., vol. 1, p. 180.

seinen besonderen Dienst vorbehalten. (Num. 31:40). Lange nachdem die jüdische Religion begann einen ethischen Charakter anzunehmen, lag die Rolle von Jahwe überwiegend darin, ein Gott der Fruchtbarkeit zu sein, von dessen Verehrung man sich erwartete, dass sie die volle Fortpflanzungsfähigkeit von Männern und Frauen gewährleistet.

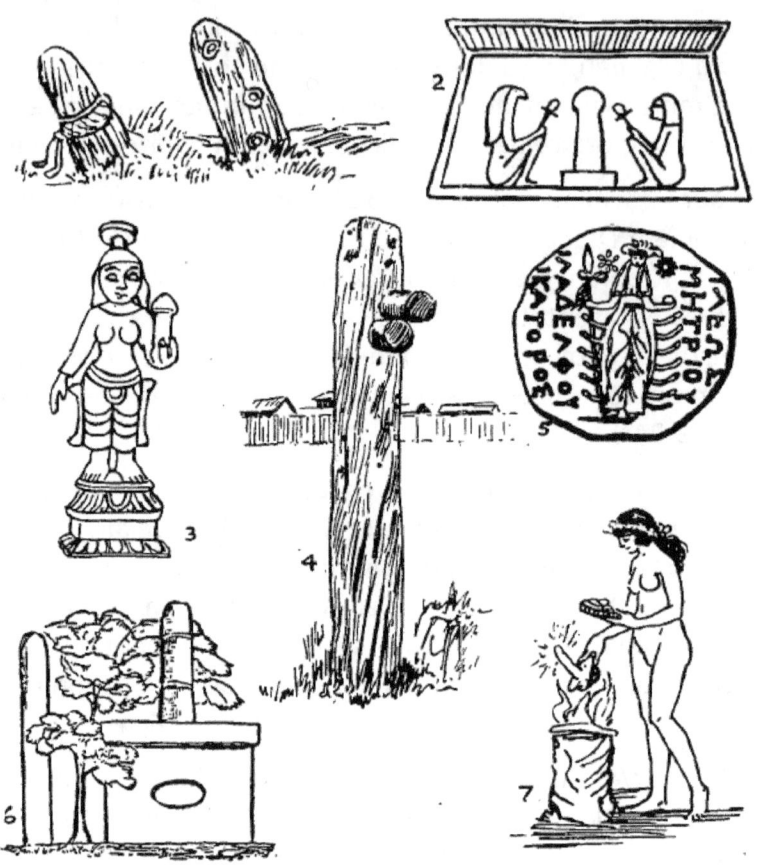

Abbildung 69: Phallische Symbole

Fig. 1, moderne Fidschi Phalli oder Sonnensteine. 2, ägyptische Gottheiten verehren das männliche Emblem. 3, hinduistische Göttin der Fruchtbarkeit hält einen Phallus. 4, neuzeitlicher, phallischer Pfahl errichtet vor einem mongolischen Kloster, zum Verscheuchen weiblicher Dämonen. 5, syrische Medaille, Baal hält einen Stab, von Phalli umgeben. 6, Nymphäum, bei einer Ausgrabung für den Barbarini Palast, Rom, gefunden. Das Denkmal stellt sowohl männliche und weibliche Symbole dar. 7, eine Anbeterin, Opfer für Bacchus.

In der Bibel gibt es wiederholte Verweise auf phallische Idole, Bilder und Verehrungsobjekte, aber sie sind in der Übersetzung so gründlich kaschiert, dass sie dem Durchschnittsleser kein Verstehen über Ansichten und Praktiken vermitteln, auf die sie sich beziehen. Viele der erwähnten Namen von Personen und Orten haben auch eine phallische Bedeutung, die nicht durch Standard Bibel-Konkordanzen offenbart werden.

Jeremias beklagt sich, dass sein Volk Säulen in der Form eines Bosheth aufgestellt hat, übersetzt mit dem Wort "Schande" [193], das wie die Worte "Schenkel" und "Lenden" als Synonym für Phallus verwendet wurde. Für die Juden war das Wort Bosheth in der Umgangssprache so verbreitet, dass sowohl Saul als auch Jonathan, ihren Söhnen den Namen Bos-

---

[193] Deine Blöße soll aufgedeckt werden, ja, deine Schande soll gesehen werden. *Isa*. 47:3. Zieh vorüber, Bewohnerin von Schafir, in schändlicher Entblößung! *Mic*. 1:11. ... und trennen sich zu dieser Schande (phallisches Bild). *Hos*. 9:10. habt ihr der Schande Altäre (Phalli) gesetzt, Altäre, um dem Baal Rauchopfer darzubringen. *Jer*. 11:13. Auch *Exod*. 32:6, 25 und *Num*. 25: 3.

heth gaben [194]. Die Götzenbilder, denen die Israeliten bei Baal-Peor opferten, waren Bosheth, Baal, der Gott der Generation. Der Name Bosheth und Baal war austauschbar. Das Wort Peor bedeutet Öffnung oder Schoß und Baal-Peor war die Verehrung der männlichen und weiblichen Prinzipien. An anderer Stelle sind Wörter wie "gräuliche Sache", "Schmutz" und "Nacktheit" Begriffe, die in der Bibel am häufigsten verwendet werden, wenn man von den Geschlechtsorganen spricht.

Jakob kämpfte mit dem Herrn und nannte die Stätte Penuel (Peniel), weil er Bibelübersetzern zufolge, das Angesicht des Herrn sah. (Genesis 32:31). Dies kann natürlich nicht im wörtlichen Sinne akzeptiert werden, denn es ist undenkbar, dass Jacob tatsächlich physisch mit einem allmächtigen Schöpfer gekämpft hat. "Gesichter" ist ein mystischer Begriff, häufig verwendet, um die verschiedenen Attribute oder Aspekte Gottes zu bezeichnen. Das Gesicht das Jakob sah, war Peni-El. El ist ein Titel für Gott und der erste Teil des Wortes bedarf keiner Erklärung.

Die Götzenbilder, die Rahel von Laban stahl (Gen. 31:24), die Bilder, welche die Daniter von Micah nahmen (Jud. 15:5, 18, 24) und das Götzenbild, das Davids Frau Michal in ihr Bett legte um Sauls Boten zu täuschen (1. Sam. 19:13, 16), scheinen männliche oder weibliche Bilder mit übertriebenen Geschlechtsteilen gewesen zu sein, die den Gott oder die Göttin der Fruchtbarkeit repräsentieren. Maacha wurde, wegen der Herstellung eines Götzenbildes dieser Art in einem Hain (I Könige 15,13), als Königin abgesetzt und man mag sich erinnern, dass Abrahams Vater Terach auch Bilder herstellte.

Die Verehrung des Phallus durch Frauen von Jerusalem wurde streng von Ezechiel 16:17 verurteilt: "Und du nahmst deine prächtigen Geschmeide von meinem Gold und von meinem Silber das ich dir gegeben hatte und machtest dir Abbilder von Männern und hurtest mit ihnen."

Modelle des Phallus wurden um den Hals griechischer Kinder zur Abwehr und zur Missachtung der Hexerei und des bösen Blicks gehängt. Auch in der heutigen Zeit wurden sie häufig in Amuletten von Männern, Frauen und Kindern, in Italien und anderen Mittelmeerländern und von den Einheimischen der Celebes-Inseln, eingesetzt. Die Bedeutung des Phallus in der antiken Mythologie besteht noch in Japan, wo es in der Shinto-Religion, ein Symbol für eine kräftige Tierwelt und der Feind von Krankheit und Tod ist. Wenn Männer, auf der Insel Ambon, auf Sulawesi, sich streiten, entblößt einer von ihnen manchmal seine Geschlechtsteile, als Herausforderung und Trotz seinem Gegner gegenüber [195].

In früheren Zeiten dachte man, dass die reine Bloßstellung des nackten Körpers, die Götter der Fruchtbarkeit in eine glückliche und günstige Geisteshaltung versetzen. König David tanzte nackt vor der Lade des Herrn (II Sam. 6:20) und, als die Israeliten durch Moses lange Abwesenheit auf dem Berg Sinai unruhig wurden, forderten sie Aaron auf, ihnen einen Gott zu machen vor den sie treten könnten. Aaron machte ein Abbild des ägyptischen Stierkalbs Apis, dem das Volk opferte und zufeierte, dann erhoben sie sich nackt, um zu tanzen und zu spielen. (Ex. 32:6, 25). Die Worte, die mit "spielen" übersetzt werden, beziehen sich, in der hebräischen Version auf die Art von Spiel, die den Fall von Adam und Eva verursachten.

Arnobius erzählte einen Mythos, in dem die Göttin Ceres beschrieben wurde, wie sie, auf der Suche nach ihrer Tochter Proserpina, über die Erde wanderte, bis sie voller Kummer

---

[194] Der Name Ish-bosheth, Sohn von Saul und Mephi-bosheth, Sohn von Jonathans, wurden abwechselnd Ish-Baal und Mephi-Baal genannt. Gideon wurde abwechselnd Jerub-bosheth und Jerub-Baal genannt.
[195] G. A. Wilken, *Verspreide Geschriften*. Hague, 1912, 111, 318.

in der Hütte einer athenischen Frau namens Baubo ankam, von der sie ein erfrischendes Getränk namens Cyceon angeboten bekam. Die trostlose Göttin weigerte sich die Zeichen der Gastfreundschaft anzunehmen und Baubo war sehr von der Wende der Ereignisse beunruhigt, bis sie einen merkwürdigen Plan fasste, um die peinliche Situation zu beenden. Sie rasierte die behaarten Fransen von ihren Genitalien, dann setzte sie sich den Blicken der Göttin aus, die herzhaft lachte und sofort ihre Trauer vergaß, und das angebotene Getränk akzeptierte.

Plinius sagt, dass man in seiner Zeit glaubte, dass Stürme einfach dadurch vertrieben werden könnten, dass sich eine Frau entkleidet. Reste dieses alten Aberglaubens überleben noch. Wenn in Marokko Dürren auftreten, sagt man von den Frauen des Tsul Stamms, dass sie sich an einem abgelegenen Ort sammeln und völlig nackt, eine Art von Spiel mit Ball und Schläger spielen, um Regen herbeizurufen.

In Teilen Russlands ziehen Bauernmädchen um Mitternacht einen Pflug als Schutz gegen Cholera um ihr Dorf. In der heutigen Zeit führen die Mädchen den Brauch barfuß aus, mit offenen Haaren und einem Oberteil, als Ausdruck von Bescheidenheit, aber zweifellos wurde in früheren, primitiveren Tagen, das Oberteil nicht getragen.

Wenn Fluten die Ufer und Flüsse im Süden Indiens überschwemmen, stehen Männer nackt am Ufer und schlagen Trommeln, um die Regendämonen zu vertreiben. In einigen Teilen von Java wird angenommen, dass die Reisausbeute größer wird, wenn zu Beginn der Pflanzsaison, der Bauer und seine Frau nackt um das Feld herum laufen und sich dann in einer ehelichen Umarmung vereinen. Wenn der Reis geerntet wird, werden Bündel von Reis so gebunden, dass sie ein Brautpaar darstellen, und die Ernte wird mit Heiratszeremonien durchgeführt.

Seit der Zeit, als Babylonier zu Ehren der Göttin Ishtar, Kuchen gebacken haben, üblicherweise in Form von männlichen oder weiblichen Organen, wurden sie jährlich zu Festen der Götter und Göttinnen der Fruchtbarkeit serviert. In Syrakus wurde am Tag der Thesmophorien und bei Hochzeiten, Kuchen mit Sesam und Honig, die weibliche Scham repräsentierend, in Prozession getragen und den Göttern angeboten. Sie wurden an dem heiligen Tag von Frauen gegessen und waren wahrscheinlich Teil der Zeremonien in den Mysterien von Eleusis. In Jerusalem wurden die Kuchen zu Ehren von Baal und Astarte gebacken, und Jeremias beklagt, dass die "Kinder Holz schneiden und die Väter Feuer entzünden und die Frauen den Teig für ihre Götter kneten". (Jer. 7:18).

Zum Ende des 4. Jahrhunderts gab es in Rom eine Frauenschaft, Collyridianerinnen genannt, die Cybele als *Mater Creatoris*, *Dei Genetrix*, Mutter der Schöpfung, die Mutter Gottes verehrte; und sie hielten es für notwendig, ihren Zorn zu besänftigen und suchten ihre Gunst durch Trankopfer, Opfer und Opfergaben von Kuchen.

Dulaure sagt, dass in seiner Zeit, am Palmsonntag, in der Stadt Saintes in Frankreich, ein Fest namens *La Fête des Pinnes,* abgehalten wurde, an dem Frauen und Kinder in der Prozession Phalli trugen, die aus Brot gemacht waren und Pinne genannt wurden. Diese wurden an den Enden von Palmzweigen, als Symbole der Fruchtbarkeit und Regeneration angebracht. Die Pinnes wurden vom Priester gesegnet und sorgfältig von den Frauen während des Jahres bewahrt [196].

---

[196] *Des Divinites Generatriees*, J. B. Dulaure, Paris, 1825.

In seiner *Remains of the Worship of Priapus (Überreste der Verehrung des Priapus)*, sagt Richard Payne Knight, dass in Saintonge, in der Nähe von La Rochelle, zu Ostern Kuchen in der Form von Phalli gebacken wurden und Teil der Ostergaben waren. Danach wurden sie in Häusern verteilt.

Ein ähnlicher Brauch existierte in St. Jean d'Angely, wo kleine Kuchen in Phallusform gebacken wurden, *fateaux* genannt, und in Prozessionen der Fete-Dieu oder Corpus Christi getragen wurden. Dulaure, der den Brauch beschreibt, sagt, dass kurz vor dem Zeitpunkt seiner Abhandlung (1825), die Praxis durch einen neuen Präfekten des Bezirks unterbunden wurde. In Brives und nahe gelegenen Städten wurden Kuchen in Form männlicher Organe gemacht, während sie in Clermont und anderen Orten, in weiblicher Form waren. In einigen der älteren französischen Kochbücher sind Rezepte, ohne Verschleierung der Namen, zur Herstellung derartiger Kuchen angegeben.

Abbildung 70: Baum des Lebens, Buddhistisches Konzept

Gläubige verehren eine Steinsäule oder Lingam mit geschnitztem Lebensbaum, mit flammenartigen Zweigen; drei männliche Symbole in einem. Auf dem Thron sind die Symbole für Erde und Wasser. Die Fußspuren von Buddha erscheinen auf der Basis des Thrones und seine Vajra erscheint am oberen Rand der Säule. Von einer Hindu-Skulptur aus dem 1. oder 2. Jahrhundert nach Christus.

Neben der Vielzahl von eher abstrakten oder formalisierten Symbolen der Zeugungskraft wurden von Naturanbetern realistische Darstellungen des Phallus, für verschiedene Zwecke und in vielerlei Formen und Größen genutzt, die meisten lebensecht, als Statuen oder Modelle des nackten Mannes oder als Phallus allein, die in der Regel von unnatürlicher Größe waren.

Da die Entstehung des Lebens, in gewissem Sinne, die verheerenden Auswirkungen des Todes überwindet, sind sowohl abstrakte Symbole als auch schriftliche Darstellungen der Geschlechtsorgane, mit Leben, Fruchtbarkeit, Gesundheit und Glück assoziiert worden. Sie waren die heiligen Sakramente, die die Naturanbeter in Tempeln ausstellten. Es wurde geglaubt, dass wenn man sie in Prozessionen herumführt, sie die gleiche Kraft zur Abwehr von Dämonen und unheilvollen Einflüssen haben, wie in katholischen Ländern den heiligen Sakramenten zugesprochen werden, weshalb auch die Hostie um Schreine und in Städten herumgeführt wird. Es werden die feierlichsten Eide auf sie geschworen, denn es ist der "feierliche Eid" auf den Körper oder das Leinentuch des Corpus Domini. Das Altartuch zu berühren ist ein Segen und mit einer Hand auf dem Altar einen Schwur zu leisten ist genauso verbindlich wie bei Abrahams Knecht, der seine Hand unter die Oberschenkel seines Herrn legt, oder als Jakob auf den *Pachad* seines Vaters Jesse schwor.

Phallische Symbole wurden in Spanien, Frankreich, Irland, Skandinavien, Ägypten, Griechenland, Rom, Syrien, Persien und Kleinasien verwendet; bei den Hügelbauern von Nordamerika, in Mexiko, Mittelamerika, Peru, Haiti, auf den Inseln des Pazifiks und in Afrika. Viele der literarischen Referenzen, Gemälde und Skulpturen, die wir rund um das Thema kennengelernt haben, sind so direkt und realistisch, dass sie nicht abgedruckt werden können.

Am jährlichen Fest zu Ehren von Isis und Osiris in Ägypten, wurden von Frauen Prozessionen durchgeführt. Sie trugen Phalli, an denen Seile befestigt waren, damit sie auf und ab bewegt werden konnten [197]. Manchmal waren die Phalli, die in Tempeln und religiösen Festen benutzt wurden, von enormer Größe. In einer Prozession während der Herrschaft von Ptolemäus Philadelphus wurde ein mit Gold überzogener Phallus getragen, knapp 40 Meter lang. Vor dem Tempel der Venus in Hierapolis, standen zwei Phalli, die über 50 Meter hoch waren. Ein Priester kletterte ein Mal im Jahr hinauf und verweilte dort für sieben Tage. An den Wänden der Tempel in Theben sind ägyptische Götter und Könige mit aufrechtem Phallus dargestellt, und die großen Tempel von Karnak sind reich an solchen Figuren.

In Griechenland und Rom wurde der Gott der Fruchtbarkeit unter zahlreichen Titeln verehrt, und sein phallisches Bild war ein wichtiges Merkmal von Liberalia, Maifeiertag, Floralia und anderen Festen, um die Regeneration des Lebens im Frühjahr zu feiern. Als Liber herrschte er über Haustiere, den Anbau von Weinbergen und die Ernte. Er wurde als Phallus symbolisiert. Sein weibliches Gegenstück, Libera wurde mit Ceres und Venus identifiziert und in den Tempeln von Bildern der weiblichen Organe repräsentiert.

Bildnisse des Phallus wurden mit Öl gesalbt, aus den Tempeln geholt, mit Blumen geschmückt und in Wägen durch die Straßen gezogen, gefolgt von einer jubelnden Menge. Während des Frühlingsfestes zu Ehren der Venus nahmen Frauen das Bild des heiligen Phallus aus der Halle des Quirinal und trugen es in einer Prozession zum Tempel der Venus, wo er mit der Göttin in entsprechenden Zeremonien verbunden wurde.

Die Zügellosigkeit erreichte ihren Höhepunkt um den ersten Mai herum, in der Feier der Floralia, wenn das Gesindel von Stadt und Umgebung, durch den Klang der Hörner gerufen, in der Vielfalt perfekter Nacktheit vermischt, ihre Leidenschaft mit obszönen Bewegungen und Worten anregend, bis das Fest in einem wüsten Gelage endete, in der alle Zurückhaltung abgelegt wurde. Der jüngere Cato, bekannt für seine ernste Art, war Zeuge eines dieser

---

[197] Bei diesem Festival, gingen Frauen herum, sangen ihm Loblieder, trugen obszöne Bilder, die sie mittels Schnüren in Bewegung setzten. Der Brauch war wahrscheinlich ein Anreiz, das Wachstum von Pflanzen sicherzustellen. Ein ähnliches Abbild, was mit Erdfrüchten geschmückt war, soll in dem Tempel vor einer Figur der Isis gestanden haben. In den Kammern, die ihm (Osiris) in Philae gewidmet waren, wurde der tote Gott, auf seiner Bahre liegend dargestellt, in einer Haltung, die in deutlichster Weise anzeigt, dass auch im Tod, seine generative Tugend nicht gestorben, sondern nur aufgehängt ist, bereit, seine Quelle des Lebens und der Fruchtbarkeit zu beweisen. Lobeshymnen wurden auf die mächtige Seite seiner Natur gesungen. *Golden Bough*, Abgd. Ed., Sir Jas. Frazer, p. 391.

"In Ägypten trugen sie die Statue [Osiris] in menschlicher Gestalt, die Geschlechtsteile vorstehend und fruchtbar". Auch, "Sie zeigten das Emblem und trugen es herum, die Geschlechtsteile dreiteilig". *Isis und Osiris*, Plutarch.

Festivals, und er verließ die Szene, als die Feiernden wegen seiner Präsenz zögerten, junge Frauen nackt auszuziehen.

Der Phallus war, aufgrund seiner angeblichen Macht der Zauberei und Hexerei, gleichbedeutend mit dem Namen des römischen Gottes Fascinus, auch Mutunus oder Tutunus genannt und später mit Priapus identifiziert. Fascinus wurde von Tempeljungfrauen begleitet, und siegreiche Feldherren zogen seine Symbole auf ihren Triumphzügen durch Rom.

Die Worte faszinieren und Faszination wurden von Fascinum abgeleitet, weil sein Symbol, am Hals von Frauen und Kindern, angeblich magische Kraft geben soll, die nicht nur seinen Träger befähigt andere zu beeinflussen, sondern ihn auch vor magischen, oder anderen Einflüssen von außen, schützten sollte.

Die erste Erwähnung der mittelalterlichen Fascinum-Verehrung taucht in einem kirchlichen Trakt des 8. Jahrhunderts, genannt *Judicia Sacerdotalia Criminibus* auf. Er weist an, dass derjenige, der Beschwörungen des Fascinum oder irgendwelche Beschwörungen, welcher Art auch immer durchführt, außer es ist das Glaubensbekenntnis oder das Vaterunser, drei Fastenzeiten lang bei Wasser und Brot Buße tun soll. Ein Rat in Chalons, Frankreich, verbot im 9. Jahrhundert die Praxis mit fast den gleichen Worten, und der Bischof von Worms wiederholt die Warnung im 12. Jahrhundert. Im Jahr 1247 verfügte die Satzung von Mans eine Strafe für alle, die gegen den Fascinum-Erlass gesündigt haben, und die gleiche Maßnahme wurde in den Statuten der Synode von Tours getroffen und 1396 erneuert; doch setzte sich die Praxis bis weit nach dem Mittelalter fort.

Von allen Namen, unter denen der Gott der Zeugung verehrt wurde, war vielleicht keiner so weitläufig bekannt wie der des Priapus. Unter diesem Namen war er, vor den Tagen von Cleopatra, mit der Göttin Isis in Ägypten verbunden. Erotische Statuen, Keramik, Münzen und Edelsteine, repräsentierten ihn in Griechenland im Überfluss: seine Eigenschaften und Tätigkeiten wurden zu Beginn der christlichen Zeitrechnung auf Edelsteinen der Gnostiker, Basilidianer und Manichäer dargestellt. Von Rom aus, wo er besonders beliebt war, wurde seine Verehrung in die römischen Kolonien in Gallien, Belgien, Deutschland und Großbritannien verbreitet.

Priapus war die wohltätige Gottheit, die Rinderherden wachsen lässt, Obstbäume bewacht und Bienen umsorgt. Er war der Schutzpatron der ehesuchenden Mädchen. Bräute wurden aufgefordert, auf seiner Statue zu sitzen und ihm ihre Jungfräulichkeit zu opfern.

Auf vielen Münzen, Statuen, Keramik und anderen Artikeln aus den Ruinen von Pompeji und Herculaneum, wurden Darstellungen gefunden, auf dem Priapus mit großem Phallus, entweder allein oder in der Mitte von Gruppen, in sexuellen Handlungen porträtiert wurde. Häufig wird er von der Figur eines Phallus allein vertreten; so wurde das Adjektiv "priapeisch" ein allgemeiner Begriff für ein beliebiges Objekt oder beliebige Praxis anzüglicher, obszöner Natur. Während des jährlichen Karnevals in Trani, in Italien, wurde ein priapeisches Bildnis, *il santo membro* genannt, durch die Straßen getragen.

Sein Symbol wurde über Türen oder Türpfosten geschnitzt. Es wurde als Götzenbild oder Amulett in Häusern und Gärten verwendet, vor einer Schmiede, unter Wägen und in antiken Gräbern, überall dort, wo man dachte, dass man die Toten vor bösen Einflüssen schützen muss. Es war auch ein beliebtes Motiv für dekorative Lampen und andere Haushaltsgegenstände und wurde oft an die Außen- oder Innenwände, sowie Türen von Kirchen und anderen öffentlichen Gebäuden, geschnitzt. Abbildungen des Phallus hatten meist Flügel:

manchmal waren sie mit Blumen umgeben und oft an den Beinen von Menschen oder Tieren befestigt.

Anstecker, Broschen und andere Objekte, in Form des männlichen Gliedes, manchmal mit Ringen versehen, um sie als Kette um den Hals zu hängen, wurden als persönlicher Schmuck oder als Amulett getragen, um sich Fruchtbarkeit, Gesundheit und Schutz vor den Feinden zu sichern, oder um den Teufel und andere böse Einflüsse zu vertreiben. Viele dieser Objekte sind in der heutigen Zeit aus Ausgrabungsstätten alter Gebäude geborgen worden, und derartige Ausstellungsstücke können in vielen europäischen Museen und Privatsammlungen gefunden werden. Richard Payne Knight [198] und Thomas Wright [199] haben in wissenschaftlichen Arbeiten über den Phalluskult, in einem Privatdruck viele Zeichnungen dieser Funde reproduziert.

In Frankreich und Belgien wurden ithyphallische Heilige angeboten, um Impotenz oder sexuelle Krankheiten zu heilen. Der bekannteste dieser Heiligen war St. Foutin, der angeblich der erste Bischof von Lyon war. Als Protestanten, während der Reformation, 1585 die Stadt Embrun einnahmen, fanden sie unter den Reliquien der Kathedrale einen Phallus, von dem gesagt wurde, dass er einem berühmten Heiligen gehört habe. Durch die Trankopfer aus Wein, mit denen er von seinen Bittstellern übergossen wurde, war er tiefrot gefärbt. In der Regel fingen sie den Wein in einer Tasse oder einem Glas auf, wenn er von der Reliquie tropfte. Dann ließen Sie den Wein stehen, bis er sauer geworden war. Dieser "heilige Essig" wurde dann von Frauen, als eine wirksame Fruchtbarkeits-Versicherung getrunken. Der berühmte Heilige wurde auch in Porigny, in der Diözese Viviers; in Vendre, in der Bourbonnais; in Auxerre; in Puy-en-Velay, im Kloster von Girouet, in der Nähe von Sampigny; und sonst noch vielerorts, verehrt.

Wachsmodelle beider Geschlechter wurden in St. Foutin bei Varailles in der Provence, im 16. Jahrhundert angeboten. Die Modelle wurden an der Decke der Kapelle aufgehängt und sie waren so zahlreich, dass sie sich bei einem Windstoß bewegten, gegeneinander schlugen und die Gemeinde störte [200].

Bei Bourg Dieu, in der Nähe von Bourges, Belgien, verehrten Einheimische eine phallische Figur namens St. Grelichon oder Guerlichon, die noch aus der Römerzeit stammte. Unfruchtbare Frauen strömten in die Abtei, um die Hilfe des Heiligen zu suchen und eine Novene zu seinen Ehren zu feiern. Der Bittsteller lehnte sich in voller Länge an die Reliquie und kratzte dann Partikel aus dem Phallus des Bildes. Diese Späne, in Wasser gelegt, sollten einen wundersamen Trunk geben.

In Brest wurde der gleiche Heilige unter dem Namen Guignolet verehrt, und eine ähnliche plastische Figur namens Ters erschien über dem Tor der Kirche St. Walburga, in der Rue des Pecheurs in Antwerpen [201].

St. Giles, in der Bretagne; St. Rene, in Anjou; St. Regnaud, in Burgund; und St. Arnaud, in der Nähe von Brest, wurden in ähnlicher Weise verehrt, nur dass im letzteren Fall das Symbol der Fruchtbarkeit mit einer Schürze abgedeckt war, die nur für sterile Frauen angehoben wurde. Seine bloße Ansicht, wenn durch wahren Glauben begleitet, wurden als ausreichend angesehen, um Wunder zu bewirken [202].

---

[198] *Remains of the Worship of Priapus*, Richard Payne Knight, 1786.
[199] *Worship of the Generative Powers During the Middle Ages of Western Europe*, by Thomas Wright, 1865.
[200] *Des Divinites generatrices*, J. A. Dulaure, Paris, 1825, p. 205.
[201] *Des Divinites generatrices*, g. 204f.
[202] *Ibid*, p. 204f.

Bei Isernia, in der Nähe von Neapel, Italien, wurde vom Heiligen Cosmus und Damiano geglaubt, sehr wirksam gegen alle Arten von Krankheiten zu sein. Bei ihrem Fest, am 27. September, wurden ihre Reliquien in einer Prozession getragen und den Feiernden wurde der Phallus von Cosmus gezeigt. Zu diesem Anlass wurde in einer alten Kirche, etwa einen Kilometer von der Stadt entfernt, eine dreitägige Messe gefeiert, die von Menschen aus den umliegenden Dörfern besucht wurde. Während dieser Feier konnten diejenigen, die irgendeine Art von körperlichem Leiden hatten, Wachsbilder von dem betroffenen Teil kaufen. Nach Präsentation eines Bildes und einer Opfergabe in der Vorhalle der Kirche, zeigt der Bittsteller sich dem Priester am Altar und deckt den betroffenen Teil seines Leidens auf. Der Priester salbt dann das Teil mit einem wundersamen "Öl von St. Cosmus", von dem geglaubt wurde, besonders wirksam bei Erkrankungen der Lenden und angrenzender Teile zu sein. Obwohl Wachsbildnisse für verschiedene Körperteile zum Kauf angeboten wurden, gab es die größte Nachfrage nach Phalli, deren Käufer vor allem Frauen waren. Der Bau einer neuen Straße durch die Stadt, im Jahre 1780, brachte der Gemeinschaft einen besseren Kontakt mit der Außenwelt, und die Nachricht von den lokalen Bräuchen erreichte bald die Regierung von Neapel, die sofort verfügte, dass die "große Zehe" des Heiligen nicht mehr gezeigt und der Verkauf von phallischen Bilder abgesetzt werden soll [203].

Phallische Symbole, geschnitzt oder geritzt, wurden auf antiken, römischen Gebäuden in England, an den Türen der Kathedralen von Toulouse, Bordeaux und anderen Städten in Frankreich gefunden und an den Wänden von Alati, in der Nähe von Rom. In Gräbern der Wikinger in Norwegen, wurden große, phallisch geformte Steine gefunden, von denen einige im Museum von Christiania zu sehen sind. In Japan wird der freistehende Phallus oft als Wahrzeichen der Shinto-Religion verwendet.

Auf Trendle Hill, nahe der Ortschaft Cerne Abbas in Dorset, England, gibt es (oder gab es) einen Rasenschnitt, mit einer antiken, nackten Gestalt, hundertachtzig Meter lang, mit deutlichen Geschlechtsteilen. Als Emblem der befruchtenden Kraft war das Bild ein Schutz gegen Unfruchtbarkeit, Krankheit und Tod, und auch Wächter der Obstbäume und Weinberge. Wenn ein unverheiratetes Mädchen in Cerne Abbas schwanger wurde, sagte man von ihr, "sie hat auf dem Riesen gesessen".

Durch eine seltsame Umkehrung der Praxis wurde die Position, die das männliche Symbol für Gebäude in Europa hatte, in Irland, durch eine grobe Frauenfigur gefüllt, die die Aufmerksamkeit auf ihre Matrix lenkt. Skulpturen dieser Art wurden in den Portalen der alten Kirchen und Burgen gefunden, von denen die meisten schon lange abgerissen sind.

Für irische Antiquare waren diese eigenartigen Skulpturen als Sheila-na-Gig bekannt, die angeblich Julian the Giddy bedeuten, aber ihre hervorragenden Positionen in Hauseingängen deutete an, dass sie trotz ihres Trivialnamens, Symbole von großer Bedeutung waren.

---

[203] Auszüge aus einem Brief von Sir William Hamilton, K.B., Minister Seiner Majestät am Hof von Neapel an Sir Joseph Bank, Bart., zu der Zeit Präsident der Royal Society, veröffentlicht in *Überreste der Verehrung des Priapus (Remains of the Worship of Priapus)*, Richard Payne Knight.

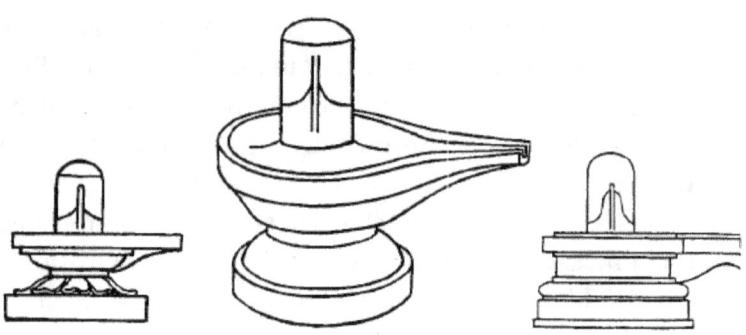

Abbildung 71: Arten des Lingams

Die Basis repräsentiert Brahma, der Schöpfer; die Schüssel, Vishnu, der Erhalter; und die Säule, Shiva, der Vervielfältiger und Zerstörer.

Eine solche Figur wurde über den Eingang der Kathedrale von Cloyne geschnitzt. Ähnliche Figuren gab es auf einer alten Kirche in Roches und auf Ballinahend Castle, beide in Tipperary. Ein Beispiel aus einer alten Kirche, die früher in der Grafschaft Cavan stand, ist jetzt im Museum der Society of Antiquaries, in Dublin präserviert. Im Museum von Dublin gibt es eine weitere, die von White Island, in Lough Erne, County Fermanagh stammt. Eine aus Killoa Castle, Westmoreland, ist in einer Londoner Privatsammlung.

Im Orient wurden kleine phallische Bilder oft am Straßenrand platziert; vor Wohnungen; unter Bäumen in heiligen Hainen; und der Boden auf dem die Embleme standen, wurde als heilig betrachtet. Bei Gebeten zum Gott der Fruchtbarkeit glaubte man, dass sie eher erfüllt werden, wenn man dabei in Kontakt mit dem Bild ist. Es war üblich, dass der Bittsteller die Kleidung lüftete, während er beim Beten auf dem Bild sitzt. Dieser Brauch wird noch immer von Mädchen und Frauen in einigen Teilen der Welt praktiziert um göttliche Hilfe anzurufen.

In Indien ist der Phallus, seit unzähligen Jahrhunderten, unter dem Namen Hindu Linga, ein besonderes Emblem von Shiva, dem Vervielfältiger, bekannt. Einige dieser Linga, gefertigt aus Marmor, Granit oder seltenen Hölzern, sind viele Meter hoch und werden in den Tempeln, mit Blumen und andere Opfergaben geschmückt. Miniaturmodelle aus Gold, Silber, Elfenbein, Glas, Holz, werden in Haaren, an Armen oder Brust, als Amulett oder Talisman getragen. An den Ufern des Ganges findet man viele Linga Tempel, vor allem in der Nähe von Kalkutta.

Mitglieder der Sakteyan Sekte verehren besonderes eine Vulva, die als Symbol und Verkörperung von Parvati, dem weiblichen Pendant von Shiva, der kreativen Gottheit, gilt. Unter dem Namen Lingam, sind die männlichen und weiblichen Symbole, in Vereinigung dargestellt, die am häufigsten verwendeten Bilder in Indien. Überall in Südindien werden sie in Tempeln und Häusern gefunden, in einer großen Vielfalt an Designs. Die Herstellung der verschiedenen Arten von Linga ist eine hochspezialisierte Technik, wobei die Proportionen und Materialien die bei der Ausführung verwendet werden, minutiös von einem alten Kanon, Agama genannt, geregelt wird.

Fast jedes Dorf hat ein öffentliches Lingam, bestehend aus einem ovalen Stein und einem runden, aufrechten Stein, etwa zwei oder drei Meter hoch. Das Denkmal wird am frühen Morgen von Frauen und Mädchen besucht, die es mit Wasser aus dem Ganges besprengen und es mit Blumen schmücken. Sie reiben ihre Körper beim Rezitieren von Gebeten dagegen, um sich der Mutterschaft zu versichern.

In jüngster Zeit wurden phallische Statuen im ostindischen Archipel, Neuguinea, Sumatra und Ceylon gefunden. Sowohl männliche als auch weibliche Figuren hatten übertriebene

Genitalien. Auf der Ost- und Westseite eines Hauses in Dorei, Neuguinea, gab es vor einigen Jahren zwei Paare von rohen Holzstatuen, die einen Mann und eine Frau in ehelichem Akt darstellen. Neben der Tür an der Westseite, gab es ein Bild von einem Kind, auf dem Rücken liegend. Andere Teile des Gebäudes waren auch mit eindrucksvollen Schnitzereien verziert [204].

Auf den Celebes-Inseln wurden Darstellungen von weiblichen Brüsten und Geschlechtsorganen, auf Pfählen der Häuser gefunden, errichtet zu Ehren der gefallenen Krieger. Auf einem Tempel in Langgadopi wurden die Organe beider Geschlechter vereint gezeigt [205].

In Afrika gab es im gegenwärtigen Jahrhundert, Baum-, Schlangen- und Sexverehrung in übelsten Formen. Hier wird der alte Baum des Lebens immer noch mit Öl gesalbt und von dem was davon abträufelt glaubte man, dass es ein sicheres Heilmittel für alle Krankheiten bei Mann oder Frau sei. Fetische in Phallusform werden häufig im afrikanischen Kongo eingesetzt, und in Dahomey, entlang der Sklavenküste, wird eine grobe Gestalt eines Mannes mit übertriebenen Geschlechtsteilen, unter dem Namen Legba oder Egba verehrt. Phallische Statuen kann man vor den Häusern, auf den Straßen und in öffentlichen Räumen sehen [206]. In einem Legba Schrein wurde eine männliche und weibliche Figur des Fruchtbarkeitsgottes Obatala dargestellt und gegenüber die männlichen und weiblichen Organe in Vereinigung [207].

---

[204] G. A. Wilken, Verspreide Gewschriften, Hague, 1912, 111, 213f.
[205] de Zwaan, p. 18, 62 zitiert Adriani & Kruift, *De Bare'e-Sprekende Toadjas*, Hague, 1912.
[206] *Das Weib*, Leipzig, 1891, i, 439. H. H. Ploss citing without reference Bastian; Ellis, *Yaruba-Speaking People*, p. 411f.
[207] *Il Pentamerone, or Tale of Tales*, 2 vols., Rich. F. Burton, 1893.

XV: SEX SYMBOLISMUS

RELIGIÖSE PROSTITUTION

Zusätzlich zu den Gaben und Gebeten, die der antiken Göttin als Opfergaben geschenkt wurden, die der Weiblichkeit den Segen der Fruchtbarkeit verlieh, wurde sie im frühen Babylon, Syrien, Phönizien, Arabien, Ägypten, Griechenland und Rom, mit sexuellen Opfergaben, in Form religiöser Prostitution beschenkt. Eine ähnliche Sitte herrschte in Mittelamerika, Westafrika und anderen Teilen der Welt. Der Brauch war nicht auf geweihte Frauen oder Tempelprostituierte, die der Muttergöttin dienten beschränkt, sondern wurde als feierliche, religiöse Pflicht aller Frauen angesehen.

Sir James Frazer hat den Brauch als eine Form der mitfühlenden Magie beschrieben, praktiziert in dem einst weit verbreiteten Glauben, dass gleiches, gleiches produziert und dass ein gewünschtes Ergebnis einfach durch Nachahmung erreicht werden kann. Mitfühlende Magie wurde von den Zauberern in Indien, Babylon, Ägypten, Griechenland und Rom praktiziert und immer noch von Medizinmännern bei den Naturvölkern angewandt. Sir James beschreibt viele Formen der mitfühlenden Magie und sagt: "Unter den Batak Sumatras, macht eine unfruchtbare Frau, die eine Mutter werden möchte, ein Bild von einem Kind und hält es in ihren Schoß, im Glauben, das dies zur Erfüllung ihres Wunsches führen wird," und "die nordamerikanischen Indianer glaubten, dass, indem sie die Figur einer Person in Sand, Asche oder Ton zeichnen, oder indem man ein Objekt als seinen Körper betrachtet, und ihn dann mit einem scharfen Gegenstand sticht, oder ihm eine andere Verletzung zufügt, die entsprechende Verletzung auf die repräsentierte Person übertragen wird".

"Wenn ein Anishinabe Indianer einem anderen etwas Böses tun will, macht er ein kleines Bild seines Feindes und treibt eine Nadel in Kopf oder Herz oder schießt einen Pfeil hinein. Er glaubt, dass überall dort, wo Nadel oder Pfeil das Bild durchbohrt, sein Feind im selben Augenblick den Schmerz im entsprechenden Körperteil spürt [208]."

Zu jeder Zeit wurde angenommen, dass eine Person verletzt oder zerstört werden könne, indem man ein Bild von ihr verletzt oder zerstört. Wenn ein Babylonier Hexen oder Dämonen zerstören wollte, verbrannte er Wachsbilder von ihnen.

Aus ähnlichen Gründen wurde angenommen, dass wenn man mit einer geweihten Frau, als irdische Vertreterin der Fruchtbarkeitsgöttin verkehrt, es möglich sein müsste, die Geburt von Kindern, die Zunahme von Vieh und Fruchtbarkeit der Felder zu gewährleisten.

Wenn es auch Fälle gegeben haben mag, in denen der Brauch von diesen Überzeugungen abstammt, war religiöse Prostitution wohl öfter ein Opfer der Jungfräulichkeit in der Pubertät; ein Opfer, das man als das Persönlichste und Wichtigste angesehen hat, was eine Frau der Göttin machen könne, um ihr Leben der Mutterschaft zu weihen. Es war ohne Zweifel mit dem weit verbreiteten Brauch verbunden, der Gottheit das erstgeborene Kind, als "erste Frucht des Leibes", zu widmen.

---

[208] *Golden Bough*, Abgd. Ed., Sir James Frazer, p. 13.

In Zypern, Heliopolis, Syrien, Lydia, Armenien, Phönizien, Babylon und anderswo, wurde von jeder Frau verlangt, sich als Opfer für die Göttin, deren Name sich von Stadt zu Stadt unterschied, deren Charakter aber im wesentlichen gleich blieb, eine Zeit lang vor den Tempel zu setzen. In Babylon wurde von jeder Frau verlangt, sich einmal in ihrem Leben, im Tempel von Mylitta, dem ersten Fremden der ihr eine Silbermünze in den Schoß wirft, zu prostituieren und der Göttin den Lohn aus dieser geheiligten Hurerei zu widmen. Rund um den Tempel von Bit-Shaggathu gab es eine Galerie, in der sich die Frauen täglich versammelten. Vorhänge wurden heruntergelassen, wenn ein Besucher seine Auswahl getroffen hatte.

Der Brauch muss als Produkt einer Zeit gesehen werden, in der Frauen überall als seelenloses Mobiliar betrachtet wurden, deren einziger Zweck und Aufgabe die Mutterschaft war; Unfruchtbarkeit galt als das Werk eines bösen Geistes, und Jungfernstand wurde als Ablehnung des Fruchtbarkeitsgottes verurteilt. Das war die Haltung der Tochter Jeftahs. Als ihr gesagt wurde, dass sie geopfert werden soll, bat sie nur um zwei Monate Zeit, um durch das Land zu wandern und zu klagen, nicht wegen der Tatsache dass sie geopfert werden sollte, sondern, dass sie ihrem Tod in jungfräulichem Zustand gegenübertreten würde. (Jud. 11:37, 39). Zumindest zu späterer Zeit in Mizpa und vielleicht an anderer Stelle, scheint die Geschichte mit einer Zeremonie verbunden gewesen zu sein, die ursprünglich aus der Trauer um den Tod der jungfräulichen Göttin bestand. Jeftahs Name bedeutet "(Gott) öffnet den Schoß", ein Titel, der oft Fruchtbarkeitsgöttinnen verliehen wurde.

Da verschiedene Gruppen oder Sekten eine Vorliebe für die Verehrung einer der kreativen Kräfte ausüben, wurden sie als Anbeter der männlichen oder weiblichen Macht bekannt. In Ägypten war die Religion beiden, männlicher und weiblicher Kraft gewidmet. In Indien verehrten Anhänger von Vishnu besonders die weibliche und Shiva-Anhänger die männliche Kraft. Die frühe babylonische Verehrung des Weiblichen ändert sich unter semitischem Einfluss in die Verehrung des Männlichen. Während der Zeit der assyrischen Herrschaft wurden auch der großen Göttin Ishtar, militärische und andere männliche Eigenschaften gegeben.

Der deutlich unterlegene Status der jüdischen Frauen und die Tatsache, dass sie in der nationalen Religion keinen Platz hatten, ließ sie Anhänger des Baal-Astarte und Baal-Peor werden. Ezekiel beschrieb sie noch ausschweifender als Huren. Während Huren Bezahlung für ihre Dienste verlangten, gaben jüdische Frauen sich Männern als Geschenk hin. (Hes. 16:33, 34).

Geschmückt mit vollen, roten Lippen und Augen mit Kajal umrandet; mit klingenden Glöckchen und Flitter, Knöchel und Beinschmuck aus Gold und Silber, Armbänder, Ohrringe und Nasenjuwelen, schlenderten sie umher um sich Männern auf den Straßen anzubieten. Rund um den Ellbogen trugen sie große "Reifen" aufgeblasen wie Kissen; auf dem Kopf trugen unverheiratete Mädchen Kopftücher, die die Zeit der Frauen und den Vollmond anzeigten. (Hes. 13:18, 21).

"Verehrungsstätten" gab es in jeder Straße und Frauen zerrissen sich ihre Kleider, um fröhlich, farbige Vorhänge zu machen, Liegeauflagen für die Sukkot-Benoth oder Zelte, in denen sie dem Gott der Fruchtbarkeit Verehrung zollten (II Könige 23:7 und Ezechiel 16:16).

Die Heilige Schrift unterscheidet nicht zwischen Prostitution als religiösem Ritus oder sozialem Laster, aber es ist offensichtlich, dass die Praxis in beiden Formen, während der gesamten biblischen Periode in Judäa und Israel blühte. Wiederholte Verweise auf Vergewaltigung, Inzest, Verführung, der Erlass von Gesetzen, die verbieten, dass jüdische Frauen und

Männer zu Huren und Sodomiten werden [209], Anordnungen, um die Jungfräulichkeit der Bräute sicherzustellen, die Regulierung der Prostitution, Konkubinat und die Annahme von mehreren Ehefrauen weisen darauf hin, dass die ungezügelte sexuelle Befriedigung ein gesellschaftliches Problem ersten Ranges war.

Die heidnischen Tempel der Königin Isebel hatten allein vierhundert Anhänger und Hosea (4:14f) bestätigt, dass nicht nur viele Frauen Israels Hurerei begehen, sondern dass die Führer der Nation und ihre Priester, ihre Opfer, gemeinsam mit den heiligen Prostituierten darbrachten. Huren und Sodomiten wurden in Häusern neben dem Tempel einquartiert (2 Könige 23:7) und auch die Tempelzone selbst wurde von den Prostituierten eingenommen. Das Buch Samuel (2:22) zeigt, dass die Huren sich am nördlichen Eingang zum Tempel versammelten, wo das Bild der Eifersucht stand: "Eli aber war sehr alt und erfuhr alles, was seine Söhne ganz Israel antaten und wie sie sich zu den Frauen legen, die sich an der Tür des Tabernakels des Herrn" versammelten.

Abbildung 72: Ägyptische Gottheit Qadesch.

Qadesch oder Henit, hält Lotus und Schlangen als Fruchtbarkeitssymbol. Die ägyptische Göttin Qadesch entspricht dem biblischen Kadesch (Prostituierte oder geweihte Frau) und dem babylonischen Kadishtu. Sie ist die einzige ägyptische Göttin, die in voller Vorderansicht gezeigt wird. Von ihrer Position auf dem Löwen wird angenommen, dass es astrologischer Natur ist, Jungfrau über Löwe repräsentierend.

Als Folge ihrer Ausübung der Riten von Baal-Peor mit midianischen Frauen wurde eine große Zahl von Israeliten mit einer unheilbaren Krankheit geschlagen, wahrscheinlich Syphilis. Als Gesundheitsmaßnahme wurden alle in Gefangenschaft befindlichen, midianischen

---

[209] Es soll keine Hure unter den Töchtern Israels sein, noch ein Sodomit unter den Söhnen Israels. *Deut.* 23:17f.

Frauen, von denen man wusste, dass sie "Männer kennen die mit ihnen zusammenliegen" (Num. 31:16, 17) getötet.

Bei der Ausübung der Riten des Baal-Peor mit den Frauen von Moab, starben vierundzwanzigtausend Söhne Israels an Krankheiten (Num. 25:9). Die Männer der Nation wurden gewarnt, dass sie "vom Machwerk Ägyptens und mit den Beulen und mit Grind und Krätze, dass du nicht geheilt werden kannst" (Deut. 28:27) geschlagen werden und dass ihre Eingeweide herausfallen würden. (II Chron. 21:13, 15).

Das erste Buch Mose (38:14, 16) bezeugt, dass religiöse Prostitution den Juden schon sehr früh bekannt war, weil uns gesagt wird, dass Tamar ihren Schwiegervater Judah dadurch getäuscht hat, dass sie sich nach Art der Tempelfrauen verschleiert hat, vor der Tür sitzend, wo Judah sie sah und zu ihr ging. Tamar konnte Judah verführen, weil er dachte, dass sie eine Tempelhure sei, mit der es erlaubt war sich zu verbinden.

Jesaja (6:18) nahm Kenntnis von den Prostituierten, die zu seiner Zeit, mit Bändern geschmückt dasaßen, wie die Tempelprostituierten von Babylon. Noch im ersten Jahrhundert nach Christus schrieb der Autor des *Briefes von Jeremias*: "Auch Frauen, mit Bändern geschmückt, saßen in den Straßen, um Kleie als Rauchopfer darzubringen, und wenn eine von ihnen von einem Passanten beiseite gezogen wurde, liegt sie bei ihm, schmäht ihre Nachbarin, dass sie nicht wie sie selbst, auch für würdig erachtet wurde"[210].

Auf dem Fest der semitischen Muttergöttin Attar, in Hierapolis-Bambysis (Syrien), prostituierten sich Frauen und Mädchen und vermachten ihre Jungfräulichkeit der Prostitution, wahrscheinlich um sowohl temporäre als auch permanente Hierodouloi "heilige Frauen" oder "geschworene Frauen" zu werden.

Am Fest von Bastel, bei Bubastis (Ägypten), wurden die Frauen temporäre Hierodouloi, und Herodot (11, 60) sagt, dass Männer und Frauen in großen Lastkähnen zur Hochzeit fuhren. An jedem Dorf gingen sie an Land, um zu singen und zu tanzen und häufig haben die Frauen ihre Kleider angehoben, um den Dorfbewohnern ihre Reize zu zeigen.

Ein ähnliches Fest wurde bei Mendes durchgeführt, wo Frauen, die wahrscheinlich temporäre Hierodouloi waren, in einer Prozession ein Bild des Gottes trugen, mit stark vergrößertem, generativen Glied, welches so zusammengesetzt war, dass es nickte wenn es umhergezogen wurde.

Strabo schrieb (c. 17, i, 46), dass in Theben "ein sehr schönes Mädchen bedeutender Abstammung, Zeus (Amon) geweiht wurde, Nebenfrau spielte und Geschlechtsverkehr hatte mit wem immer sie wollte, bis sie die natürliche Reinigung ihres Körpers wünschte (das heißt, bis zum Ablauf des Monats). Dann, nach ihrer Reinigung, wurde sie einem Ehemann gegeben".

Vor der Ehe wurden alle Frauen in Zypern durch die Sitte verpflichtet, sich mit Fremden im Tempel der Göttin zu prostituieren und griechische Inschriften zeigen, dass der Brauch bis ins 2. Jahrhundert nach Christus praktiziert wurde.

In Indien hatten die Tempelprostituierten, für Tausende von Jahren, eine bevorzugte Stellung genossen. Jeder wichtige Tempel der Sakteyan-Sekte hatte früher eine Reihe von geweihten Frauen, die damit verbunden waren. Wenn sie sehr jung waren, wurden diese

---

[210] *Book of Baruch, The Apocrypha of the Old Testament*, Edw. Cone Bissell, 1880, v. 43.

Mädchen von den Priestern für ihre Schönheit, Gesundheit und Gnade erwählt und Eltern fühlten sich sehr geehrt, dass ihre Tochter zur Weihe an Gott ausgewählt wurde.

Saktis sind Anbeter der Fortpflanzung und ihre geheimen Riten sind grob physisch. Die Riten zelebrieren die Verehrung der Göttin, von einem nackten Mädchen personifiziert, die angeblich in einem Zustand der Hypnose oder Trance auftritt, unbewusst dessen, was während der Zeremonie passiert. Sie ist eine Yogini oder weiblicher Yogi (wandernder Asket), das heißt, eine Kunti oder Personifikation der Yoni.

Nach dem Erreichen der Pubertät werden die Mädchen in die Geheimnisse und Pflichten ihres Berufs eingeweiht. Danach ist die Ehe verboten und ihre Kinder werden Mündel des Tempels. Britischer Einfluss hat dazu geführt, dass der Brauch in der neueren Zeit zurückgeht, aber er lebt noch fort, vor allem in Südindien.

Innerhalb des letzten halben Jahrhunderts wurde religiöse Prostitution auch an der Goldküste in Westafrika gefunden. Ellis hat erklärt, dass in einigen Gemeinden, die schönsten Mädchen zwischen 10-12 Jahren ausgewählt werden und eine dreijährige Ausbildung zum Erlernen der Gesänge und Tänze für die Götter bekommen. Am Ende dieser Zeit werden sie als religiöse Prostituierte initiiert [211].

---

[211] *The Ewe-speaking people of the Slave Coast of West Africa*, London, 1890, p. 140 et seq. and *The Tshi-speaking people of the Gold Coast of West Africa*, London, 1887, pp. 120-138.

XVI: DIE SYMBOLISCHE BEDEUTUNG VON ZAHLEN

Von der Wissenschaft der Zahlen wurde von den Menschen vieler alter Nationen angenommen, dass sie eine potente Form der Magie ist. Sie wurde als eine Erfindung der Götter verehrt. Ganz abgesehen von ihren numerischen und mathematischen Werten, wurden Zahlen als Symbole geschätzt, die dem Gelehrten die göttliche Ordnung des Universums enthüllt.

Die Identifizierung von Zahlen mit universeller Ordnung, ist mit dem Namen des Pythagoras (6. Jahrhundert vor Chr.) verbunden, der die bestehenden Vorstellungen über die Bedeutung von Zahlen, in ein geordnetes System gebracht und modifiziert hat und das System mit vielen seiner eigenen Theorien erweiterte. Nach Aristoteles hat das pythagoreische System, in seiner ursprünglichen Form, Zahlen nicht nur als vorhersagbare Beziehungen der Dinge betrachtet, sondern ihr eigentliches Wesen oder ihre Substanz begründet. Zahlen, sagt er, schienen den Pythagoreern die ersten Dinge der ganzen Natur zu sein und sie nahmen an, dass die Elemente von Zahlen, die Elemente aller Dinge sein sollten und dass der ganze Himmel eine musikalische Skala und Zahl sein müsste.

Das System beruhte auf einer Assoziation von Ideen oder bestimmten philosophischen Vorstellungen über die Natur des Universums. Zahlen wurden in ungerade und gerade, limitierte und unlimitierte, ein und viele, rechts und links, Ruhe und Bewegung, gerade und gebogen, quadratisch und rund, Licht und Dunkel, Gut und Böse aufgeteilt. Für die Pythagoreer wurde das Gleichgewicht des Universums durch die Beziehung seiner Gegensätze beibehalten. Die Zahlen 1, 3, 5, 7, 9 wurden himmlische Zahlen genannt und 2, 4, 6, 8 und 10 waren irdische Zahlen.

Pythagoras war einer der gelehrtesten und meist gereisten Männer der klassischen, griechischen Zeit. Wohl kein anderer Mensch hat so viel von allem Wissen seiner Zeit verstanden. Nachdem er in die Mysterien von Eleusis initiiert war, ging Pythagoras nach Ägypten, wo er in die Mysterien der Isis initiiert wurde und es wird gesagt, dass ihm von einem ägyptischen Priester namens Huramon (Horus Ammon), die geheime Bedeutung von Zahlen gelehrt wurde [212]. In Phönizien und Syrien lernte er die Mysterien des Adonis. In Palästina soll er einige Zeit mit einer mystischen Sekte in Carmel verbracht haben. In Babylon lernte er die Mysterien der chaldäischen Priester. Von Babylon ging er über Persien nach Hindustan, wo er mehrere Jahre als Schüler der Brahmanen verbrachte.

Obwohl Pythagoras als großer Mathematiker und Philosoph bekannt war, war seine vielleicht größte Entdeckung, die der Abhängigkeit der musikalischen Intervalle in einem bestimmten, mathematischen Verhältnis der Längen der Saiten mit der gleicher Spannung; 2: 1 ergibt die Oktave, 3: 2 die fünfte und 4: 3 die vierte.

Die folgenden Hinweise sollen nicht speziell das Zahlensystem des Pythagoras beschreiben, sondern die allgemeine Methode, mit der die symbolischen Werte von Zahlen bestimmt werden.

---

[212] Huram verkörpert ChR, das ewige Licht und AUM, repräsentiert die Schöpfung, Erhaltung und Zerstörung von Leben oder Kindheit, Männlichkeit und Alter. Ben Aur, den Moses aufgefordert hat, den Tempel zu bauen, bedeutet Sohn des Lichts, oder Sohn Horus. Hiram von Tyrus, den Salomon um Handwerker bat um seinen großen Tempel zu bauen, ist eine andere Besonderheit Hurams.

1. Steht für die Einheit, die Herkunft, die Quelle aller Dinge. Sie wird mit dem Punkt identifiziert und ist somit eine Einheit, die Position und Größe hat. Mit Vernunft (Verstand) identifiziert, weil sie unveränderlich ist.

2. In einer Hinsicht bedeutet zwei männlich und weiblich, Vater und Mutter, die Ursache der Zunahme und Teilung. Sie ist mit Meinung identifiziert, weil sie unbegrenzt und unbestimmt ist. Nach dem Prinzip, dass das Universum aus einem dualen System besteht, in dem alle Existenz aus Gegensatzpaaren besteht, wird diese Zahl als ein weibliches oder negatives Symbol betrachtet. Wie die Zoroastrier diese Idee interpretierten, wurde das Universum zwischen den beiden Geister des Guten und Bösen, als "die Zwillinge, die am Anfang waren", unterteilt. In Indien wird der gleiche Gedanke in der Lehre ausgedrückt, dass alles Dasein in Brahma und Maya aufgelöst ist, Sein und Schein, Realität und Illusion.

3. Ist mit der Schöpfung und der Auferstehung oder Erneuerung identifiziert, das dritte Mitglied der Dreiheit. Die Pantheons fast aller Nationen wurden von drei überlegenen Göttern, oder von Göttern, in Dreieinigkeiten verwandter Gottheiten, präsidiert (wie in Ägypten, Griechenland, Rom, Babylon, Persien, Indien, China, Japan, etc.).

Drei wird mit dem Dreieck identifiziert, mit der die Gottheit überall symbolisiert wurde. Der unaussprechliche Namen der Juden, in einem Dreieck mit den drei Buchstaben, JHV, repräsentiert eine andere Phase seines Wesens oder seiner Manifestation, und der dreiarmige Buchstabe Shin wurde auf Gebetsriemen geschrieben, die von den Israeliten getragen wurden.

Sie ist die Anzahl des Gesamten, weil sie einen Anfang, eine Mitte und ein Ende hat. Sie bedeutet auch die 3 vertikalen Teilungen des Universums: Himmel, Erde und die unterirdischen Gewässer, die im babylonischen System von Anu, Bel und Ea regiert wurden.

Drei ist die Zahl der Erkenntnis, Musik, Geometrie und Astronomie; das Wesen der himmlischen und irdischen Kräfte.

4. Die ursprüngliche Zahl und die Wurzel aller Dinge; die Grundlage für die Natur und die perfekte Zahl. Wie 2 die Linie zeigt, 3 die Oberfläche darstellt, wird 4 mit dem Festen identifiziert. Diese Zahl ist das Merkmal von Kubus und Quadrat, folglich ist es das Zeichen für alle mathematischen Kombinationen. Sie steht im Zusammenhang mit der organischen Welt, wie drei mit der geistigen Welt verwandt ist und sie repräsentiert Organisation und Herrschaft. Wegen ihrer vielen Eigenschaften gaben Pythagoreer der 4 spezielle Werte, über ihre gewöhnliche Bedeutung hinaus.

Vier ist mit Gerechtigkeit assoziiert, weil sie die erste Quadratzahl ist, das Produkt von Gleichen. Sie ist mit der materiellen Welt und ihrer Teilung identifiziert; die vier Ecken und vier Winde der Erde, die vier Flüsse von Eden und die vier Flüsse der alten babylonischen Mythologie. Die geheimnisvollen pythagoreischen Tetraktys oder 4 Reihen von Punkten, aufsteigend von 1 bis 4, war ein Symbol der Stufen der Schöpfung. Das Hinzufügen einer Reihe von Punkten gibt die nächste "dreieckige" Nummer, mit 5 auf einer Seite und so weiter, die zeigen, dass die Summe jeder Reihe aus der Reihe der natürlichen Zahlen, beginnend mit 1, eine Dreieckszahl ist. Die Summe einer beliebigen Anzahl aus der Reihe von ungeraden Zahlen, beginnend mit 1, wird in ähnlicher Weise als ein Quadrat gesehen, das heißt 3 und 5 nacheinander zu 1 hinzugefügt, geben jeweils eine Zahl dieser Art. Im Fall von geraden Zahlen, ergibt die Summe irgendeiner Anzahl beginnend mit 2, ein Rechteck.

Das Tetraktys war wahrscheinlich mit dem Vier-Buchstabenwort für den jüdischen Gottesnamen JHWH assoziiert. Durch Addition von 4 zu den vorhergehenden Zahlen 1+2+3, stellte Pythagoras 10 her, die Vollendung der Dekade und die Zahl der Vollständigkeit. Es war früher die Anordnung der Soldaten in chinesischen Militärtaktiken.

5. Repräsentiert die Ehe, weil es die Vereinigung der ersten maskulinen und ersten femininen Zahl 3 und 2 ist (Eins wird nicht als eine Zahl gesehen). Bei den Griechen war sie ein Symbol für Licht, Gesundheit und Vitalität. Man nennt sie das Gleichgewicht, weil sie die perfekte Zahl in zwei Teile teilt. Andere Zahlen, mit sich selbst multipliziert, produzieren andere Zahlen. Nur 5 und 6, multipliziert mit sich selbst, vertreten und behalten ihre ursprünglichen Zahlen als die der letzten Ziffer ihrer Produkte.

Fünf wird mit festen Traditionen identifiziert; Ordnung und Gesetz, sowohl göttliche als auch irdische. Es ist eine wichtige Zahl bei den Chinesen, für die Brauch und Recht große Bedeutung haben. Die Hindus und Chinesen erkennen 5 als Anzahl der Qualitäten: 5 Tugenden, 5 Grundformen, 5 Sinne, 5 Elemente, 5 Farben, usw. Für die Israeliten war sie die Zahl der militärischen Organisation.

6. Ist die Zahl der Vollendung, typisiert durch die 6 Tage, in denen die Welt geschaffen wurde, symbolisiert durch den jüdischen, 6-zackigen Davidstern und dem Chakra oder Rad von Vishnu. Sowohl im Osten als auch im Westen hielt die Überzeugung lange an, dass die Geschichte der Welt in 6 Zeitalter geteilt würde, wonach die Zerstörung käme und die Erneuerung der Welt auf einer höheren Ebene beginnt.

Für Pythagoras repräsentiert 6 die Perfektion aller Teile, die Form der Formen. Es erscheint manchmal als Symbol der Ehe, weil es aus zwei Dreiecken gebildet ist, ein männliches, ein weibliches. Es wird mit der Zeit, als Maß für die Dauer ermittelt und ist eine Schlüsselnummer in alten Kalendersystemen. Sie repräsentiert die Gesundheit, weil sie die Zahl des Gleichgewichts ist, sowohl kalendarisch als auch symbolisch.

Die Zahl 6 ist mit Arbeit, Mühe und kreativer Energie verbunden, sowohl menschliche als auch göttliche.

7. Eine der meist verehrten und magischsten Zahlen, die *Zahl schlechthin* unter den Völkern des Altertums. Pythagoras nannte sie "das Fahrzeug des Lebens". Sie enthält Leib und Seele, Geist und Materie, da sie das Dreieck und das Quadrat enthält.

In der Bibel ist 7 die Anzahl der heiligen oder göttlichen Tage. Alle großen Feste sind mit 7 Tagen, Wochen oder Jahren verwandt. Im Osten ist 7 mit Schwüren oder Vereinbarungen verbunden. Die göttlichen Geheimnisse und die Aktivitäten des Heiligen Geistes sind sieben an der Zahl. Die meisten Verbindungen von 7 haben eine direkte Beziehung zum Göttlichen und Menschlichen. Es ist daher die Zahl der Religion.

Aufgrund der Überzeugung, dass 7 Monatsbabys in der Regel leben, während die 8 Monatsbabys nicht überleben, nennt Man sie die Zahl des Lebens. Sie wird manchmal eine jungfräuliche Zahl genannt, weil sie die einzige Zahl zwischen 1 und 10 ist, die nicht durch Teilen oder Multiplizieren mit einer anderen hergestellt werden kann. Sie wurde mutter- und vaterlos genannt; und Jungfrau, oder Minerva, weil sie nicht von einer Mutter geboren war, sondern aus der Krone oder der Rückseite des Vaters hervorgebracht wurde, des Verstandes.

Sieben ist eine wichtige lunare Zahl, identifiziert mit Ishtar, Aphrodite, Jungfrau Maria, und anderen heiligen Müttern.

8. Wird mit dem Würfel identifiziert, weil er acht Ecken hat. Sie ist die einzige vollständig gerade Zahl unter 10 (1 x 2 x 4 = 8 = 4 x 2 x 1); das heißt, 8 ist in 2 4en geteilt, jede 4 wird in 2 2en und 2 wird in 2 1en aufgeteilt.

Acht wird mit dem Aufstieg des Menschen zu einem höheren Leben oder seiner Befreiung von den Übeln des gegenwärtigen Lebens identifiziert. Am 8. Tag fand der letzte Akt in dem heiligen Drama statt, das Teil der Mysterien von Eleusis war. Clemens von Alexandria, sagte: "Diejenigen, bei denen kein Falsch ist bleiben nicht im 7ten, dem Ort der Ruhe, sondern werden auf das Erbe der göttlichen Wohltätigkeit, die der 8ten Klasse angehoben". Einige der frühen Kirchenväter dachten, es gäbe sieben Abstufungen im Himmel und dass der höchste Ort mit dem Vater in der achten war.

In den jüdischen Schriften, ist 8 mit Heil, Erlösung und Reinigung verbunden. Es gab 8 Personen die in der Arche Noah gerettet wurden; die Beschneidung fand am 8. Tag statt; 8 Tage brauchten Frauen zur Reinigung. Das Laubhüttenfest fand am 8. Tag statt. Acht ist mit der chinesischen Tradition der Sintflut verbunden und ist eine wichtige Zahl in ihrer Kosmogonie. Man nennt sie die kleine heilige Zahl.

9. Ist das erste Quadrat einer ungeraden Anzahl (3 x 3) und manchmal erscheint sie als Verhältnis eines mystischen 3 mal 3. Sie ist mit Scheitern und Unzulänglichkeiten verbunden, da ihr eine (Zahl) zur perfekten Zahl 10 fehlt. Sie wird als böse Zahl angeschaut, da sie eine umgekehrte 6 ist.

In den Mysterien von Eleusis war es die Zahl der Sphäre, die das Bewusstsein auf dem Weg zur Geburt durchläuft. Es ist die Zahl der regierenden und kontrollierenden Regierung Gottes und, wegen der 9 Monate seines embryonalen Lebens, die Zahl des Menschen. Sie wird auch als die grenzenlose Zahl erachtet, weil es nichts über ihr gibt, außer der unendlichen 10. Sie wird mit dem Ozean und Horizont identifiziert, weil sie grenzenlos ist.

10. Schließt das symbolische Alphabet der Zahlen ab und bezeichnet Vollständigkeit und Endgültigkeit. Pythagoras hielt sie für "die perfekte Zahl". Sie stellt die Gottheit, den Menschen und das Universum dar, weil sie die Summe der 4 Primzahlen enthält, alle mathematischen und musikalischen Proportionen einschließt und das System der Welt definiert.

Die Dekade wird Himmel und Welt genannt, weil sie die erste und die letzte enthält. Sie wurde von Pythagoreern verwendet, um Dinge in Bezug auf Alter, Macht, Glauben und Notwendigkeit zu bezeichnen und galt als zeitlos, denn sie war unermüdlich. Die Pythagoreer unterteilten die Himmelskörper in 10 Ebenen.

Das Iota "Jot" oder Jod ist der 10. Buchstabe des hebräischen Alphabets und wird manchmal als ein Symbol von Jahwe verwendet. Es ist der erste Buchstabe des Namens Jesu, also waren die Zahl und der Buchstabe seine heiligen Symbole. Der symbolische Gebrauch dieses Buchstaben kann in der Apostolischen Konstitution beachtet werden (*Ante-Nicene Lib*, S. 58): "Du hast dich zu der Dekade bekannt und hast an das Iota, den ersten Buchstaben des Namens Jesu, geglaubt". Der Buchstabe X, der für Christus steht, repräsentiert im griechischen Alphabet die Zahl 600, die Zahl der Jahre in der Regentschaft eines jeden Avatar oder Retter in Indien.

Viele der frühen Väter der christlichen Kirche glaubten, dass Zahlen in der Bibel häufig in einem symbolischen oder esoterischen Sinn verwendet wurden. Jerome beobachtete, dass im Alten Testament die Anzahl der Bücher nach der jüdischen Einteilung (5 Bücher des Gesetzes: 8 Bücher der Propheten: 9 Bücher des Hagiographa) genau die 22 Buchstaben des hebräischen Alphabets erreichten. Es gibt 5 Doppelbuchstaben des hebräischen Alphabets und es gibt 5 doppelte Bücher in der Bibel, nämlich 2 Samuels, 2 Könige, 2 Chroniken 2 Esras (die wir als Esra und Nehemiah kennen) und 2 Jeremias (die wir Jeremias und Klagelieder nennen).

Die Tatsache, dass ein Teil des Buches der Sprüche (Kapitel 31: 10,31), die gesamten Klagelieder und Psalmen 25, 34, 37, 111, 112, und 155, Akrosticha sind, begründet auf dem hebräischen Alphabet, führte Jerome dahin anzunehmen, dass ein Geheimnis in den 22 Buchstaben liegt, aus denen alle, mit der Schrift verbunden Wörter, gebildet sind.

Die Juden sahen ihr Alphabet immer als eine göttliche Erfindung an und viel Bedeutung wurde in der Tatsache gesehen, dass es 22 Generationen von Adam bis Jakob gab: in den ersten 6 Tagen der Welt gab es 22 Schöpfungsakte (Buch der Jubiläen 2:2, 22), und die Einhaltung des Sabbats begann am Ende der zweiundzwanzigsten Generation.

XVII: DIE SYMBOLISCHE BEDEUTUNG VON ZAHLEN

Kabbala

Die umfangreichste, mystische und symbolische Verwendung von Zahlen kann im System zur Bibelerklärung, als Kabbala bekannt, gefunden werden. In einem Zweig der Kabbala, genannt Gematria, wird von den numerischen Äquivalenten der Buchstaben behauptet, einen verborgenen Sinn des biblischen Textes zu offenbaren. Zum Beispiel, wenn das zweite Wort der Genesis, zum ersten addiert wird, ist das Ergebnis 1116, was äquivalent zu dem numerischen Wert der Hebräischen Worte "Am Anfang des Jahres wurde es erschaffen" ist. Das wird so interpretiert, dass die Welt am Anfang des Jahres oder im Herbst erschaffen wurde. Auch im ersten und letzten Vers der jüdischen Bibel erscheint der Buchstabe Aleph (A) 6-mal und Kabbalisten interpretieren dies so, dass der Beginn und das Ende der Welt von einem Zeitraum von 6000 Jahren umfasst wird.

Trotz der offensichtlichen Schwäche dieser Interpretationsmethode, war die Kabbala während und nach dem Mittelalter, unter europäischen Gelehrten in großer Mode, und Raymond Lully, Pico della Mirandola, John Reuchlin, Guillaume Postel, Athanasius Kircher, Paul Ricci, Pater Francis Buddaeus, die Rosenkreuzer, Pater John Lightfoot, Baron von Rosenroth und viele andere erklärten, dass sie von den Patriarchen heruntergereicht wurden.

Paracelsus, Kardinal Nicolas Cusanus, Jacob Bohmen, Kardinal Aegidus von Viterbo, Papst Sixtus IV, Theophilus Gale, Ralph Cudworth, Sir Isaac Newton, Spinoza, Schopenhauer, Hegel und Sir Francis Bacon waren Studenten der Kabbala und bezeugten ihre Gültigkeit.

Nachdem sie allein als ein System der religiösen Interpretation betrachtet wurde, war die Gematria ursprünglich nur mit den Hebräischen, Aramäischen und Griechischen Texten der hebräischen Bibel beschäftigt, aber im 17. Jahrhundert wurde es auf lateinische Texte und sogar auf nicht-religiöse Themen angewendet. Der Glaube der Könige, dass sie durch die göttliche Ordnung regieren, ließ die Gematria, wie Astrologie, ein Spielzeug des Königshauses werden. Kabbalistische Diagramme wurden über die Namen, Titel und wichtige Ereignisse im Leben der Könige erstellt, wie die Geburt eines Erben oder der Sieg in einem Feldzug, wobei die Ergebnisse als Beweis interpretiert wurden, dass der König unter göttlicher Führung gehandelt hat.

In jüngerer Zeit haben die Mystiker das kabbalistische System, durch die Kombination mit der pythagoreischen Zahlentheorie, wieder aufleben lassen und sie mit Begriffen, ausgeliehen aus der modernen Wissenschaft, unter dem Namen Numerologie verkleidet. Ihre Anhänger wollen uns glauben lassen, dass alle Zahlen im Rhythmus des Universums vibrieren; dass jeder Buchstabe des Alphabets im Zusammenhang mit einer Zahl steht und jeder Zustand und jede Qualität ihre eigene, eigenartige Vibration hat. Also, durch die magische Kraft der Numerologie, wenn ein Mann ein erfolgreicher Bankier oder ein Mädchen, berühmt wie eine Schauspielerin werden will, muss Sie einen Namen mit einer numerischen Kombination erwerben oder besitzen, die im Einklang mit den richtigen kosmischen Schwingungen pulsiert. Natürlich ist es wichtig, dass man genau weiß, welche Namen im Einklang mit dem betreffenden Beruf oder den Fähigkeiten sind, die man ausüben möchte. Hier werden die Numerologen kommen, denn sie behaupten die Antworten zu kennen.

Während die Gematria einige der Theorien des Pythagoras nutzt, waren die Bedingungen, die zu ihrer Entwicklung führten, bei der Schaffung des Alphabets vorhanden. Als die Verwendung von Buchstaben, Hieroglyphen und Keilschrift in Kleinasien ersetzte, irgendwann zwischen 1500 und 1000 vor Christus, gab es keine getrennten Zeichen für Zahlen, somit kam jedes Zeichen im Alphabet rechtzeitig, um sowohl einen Buchstaben als auch eine Zahl zu vertreten. Dies machte es für Texte möglich, zwei Bedeutungen zu beinhalten, eine offene, wörtliche, alphabetische Bedeutung, die andere eine versteckte, numerische.

Hebräisches Alphabet mit numerischem Äquivalent

Aleph	Beth	Gimel	Daleth	He	Vau	Zayin	Cheth	Teth
1	2	3	4	5	6	7	8	9
א	ב	ג	ד	ה	ו	ז	ח	ט
Jod	Kaph	Lamed	Mem	Nun	Samech	Ayin	Pe	Zade
10	20	30	40	50	60	70	80	90
י	כ ך *	ל	מ ם *	נ ן *	ס	ע	פ ף *	צ ץ *
Koph	Resh	Shin	Tau					
100	200	300	400					
ק	ר	ש	ת					

* Zeigt Abschlussbuchstaben.

Auch andere Umstände begünstigten die Entwicklung eines solchen Systems. Obwohl zu der Zeit vielleicht nicht weniger Sprachen gesprochen wurden als heute, ist es wahrscheinlich, dass die meisten Sprachen ähnlich genug waren, so dass die Menschen eines Stammes oder einer Nation, die Sprache einer anderen ebenso gut oder besser verstehen konnten, als heute die Portugiesen die Spanier oder Chinesen die Japaner verstehen.

Zum Beispiel hat das Wort für Jah oder Yah seine Entsprechung in Ie, Ieu oder Ieue, die ähnlich der Wurzel des griechischen Wortes Iaw, Iao oder Ju-Piter sind. Im Targum (siehe Anhang: Talmud) wird ii, anstelle von IEUE, immer für den Schöpfer verwendet. Über der Tür des griechischen Tempel von Delphi war das gleiche Wort EI (rückwärts geschrieben) zu Ehren des Apollo eingraviert.

Ieue Nissi, eine biblische Bezeichnung für Gott, ist verwandt mit Dios Nyssos oder Dionysius, ein Titel von Bacchus. Die griechischen Buchstaben IHΣ (IHS), das Monogramm von Bacchus, kann auch als Monogramm für Jesus verwendet werden. Es ist weitverbreitet in katholischen Kirchen und Klöstern. Die Katholiken behaupten, es bedeutet Jesus Hominum Salvator oder In Hoc Signo. Durch eine geringfügige Änderung in der Aussprache, wird das hebräische ח zu ה und gibt den Klang des lateinischen oder griechischen E wieder und IHS wird IES, was mit dem griechischen Suffix *us* oder *ous*, zu Jes-ous wird.

Im Hebräischen wird Jesse, der Vater von David ישי ishi geschrieben, was Existenz bedeutet. In Englisch geschrieben liest es sich wie Jes von dem Jesse abgeleitet ist, der wird, beim Hinzufügen der griechischen Endung, zu Jesus. Die weibliche Form ist השא isha, ishshah oder Frau und bedeutet wahrscheinlich das gleiche wie der ägyptische Namen Isi-s.

Grammatik war immer nur teilweise entwickelt; die Schreibweise von Wörtern ist nicht systematisiert worden und jeder Autor entwickelte sein eigenes System der Orthographie. In einigen Fällen wurde von links nach rechts geschrieben, in anderen, wie in Hebräisch und Arabisch, von rechts nach links. Manchmal wurde von rechts nach links geschrieben, dann wieder von links nach rechts, wie ein Bauer ein Feld pflügt. In anderen Fällen, wie im Hebräischen, gab es keine Leerzeichen zwischen den Wörtern, und um das Lesen weniger schwierig zu machen, wenn bestimmte Klänge am Ende der Worte erschienen, wurden sie von anderen Zeichen dargestellt, als für die gleichen Klänge in der Mitte.

Buchstaben einer bestimmten Klasse oder Qualität waren austauschbar, so dass es für ein Wort möglich war, mehrere Schreibweisen, mehr als eine Bedeutung und mehr als einen Zahlenwert zu haben. Zum Beispiel kann der Buchstabe Jod entweder für 1 oder 10, und der Buchstabe Shin für 3 oder 300 stehen.

Die hebräischen Buchstaben waren nicht nur abstrakte Designs, sondern jeder Buchstabe hatte, zusätzlich zu seinem alphabetischen Wert, eine sekundäre Bedeutung. Somit repräsentiert der Buchstabe ו vau, 6, einen Nagel oder Haken oder, in einem anderen Sinne, den Schoß; während der Buchstabe Jod oder Yod י, 10, die Hand und den Phallus darstellte. Der Buchstabe wurde auch Ja oder Ya als Kurzform für Jahwe oder Jahwe ausgesprochen.

Griechisches Alphabet mit zahlenmäßigen Entsprechungen

A α	B β	Γ γ	Δ δ	E ε	F*	Z ζ	H η	Θ θ
1	2	3	4	5	6	7	8	9
I ι	K κ	Λ λ	M μ	N ν	Ξ ξ	O o	Π π	Q*
10	20	30	40	50	60	70	80	90
P ρ	Σ σς	T τ	Y υ	Φ φ	X χ	Ψ ψ	Ω ω	Ϛ ϡ*
100	200	300	400	500	600	700	800	900

*F, Q, Ϛϡ, Nur Ziffern.

Das verbale היה hayah oder Auge, bedeutet *zu sein*, *es wird geschehen*, während חיה bedeutet, *zu leben*, *Leben zu machen*. Die Buchstaben i, j oder y sind in diesen Worten untereinander austauschbar mit dem Buchstaben vau oder w und die Worte können als hvh oder hih ohne Bedeutungswandel gelesen werden. Das erste wird zu *havah* oder *heva* mit einem Zahlenwert von 565 und das zweite wird zu *chavah* oder *ch-ve*, 865. Die zwei Formen sind so ähnlich in der Bedeutung, dass sie austauschbar verwendet werden können. Das erste ist wörtlich Eva, während als Substantiv, das zweite Mutter heißt und ist in der Tat der richtige Name der in der Genesis Eva, *der Mutter allen Seins,* gegeben wurde. Die Gottheit Namens J'havah ist eine Verbindung von י oder Jah und *hevia, evah* oder *hevah*, somit hat das Wort Jah-evah oder Jah-eve die primäre Bedeutung der zweigeschlechtlichen Existenz als Mann-Frau.

Wenden Sie die Methoden der Gematria auf eine Bibelstelle an, deren Bedeutung seltsam zu sein scheint, oder geheimnisvoll, wie Genesis 49:11; "er wäscht im Wein sein Kleid". Der Kabbalist interpretiert diese Passage wie folgt: Das Wort Wein hat einen Zahlenwert von 70 und das Wort sod, was Geheimnis bedeutet, hat den gleichen Wert. Das soll demnach bedeuten, dass Judah in den heiligen Mysterien bekleidet wurde, was Weisheit oder Gesetz bedeutet. Das gesamte Kapitel der Genesis ist offenbar symbolisch und nicht historisch. Die Beschreibung der Söhne Jakobs ist wirklich eine Beschreibung der 12 Zeichen des Tierkreises und in der Tat ist die gesamte Darstellung von Jakobs Leben mit Zwischenfällen gefüllt, die offensichtlich als mythisch oder symbolisch interpretiert werden müssen. Die Formulierung "bis dass der Schilo kommt" (49:10) wird manchmal auch als Bezugnahme auf das Kommen des Messias interpretiert, und es wird darauf hingewiesen, dass der Zahlenwert von Shiloh, 345, hinzugefügt zu: "Ich bin, der ich bin", 543, 888 ergibt, die Zahl von Jesus (IHSOUS-888).

Dieses Beispiel würde jedoch viel erfolgreicher sein, wenn die Worte Messias und Shiloh die gleichen numerischen Werte hätten, aber die Zahl für Messias ist 355 oder 358.

Die hebräische Schreibweise für das Wort Fisch ist נן oder Nun, mit einem Zahlenwert von 565. Nun, die Mutter von Joshua (das heißt Erlöser), ist daher gleich an Zahlenwert und damit identisch mit Eva, die Frau oder hovah, der weibliche Teil Jahwes.

Legen Sie die Ziffern über נויה das hebräische Wort für Taube, John oder Jona und sie lesen 5-50-6-10, was sich zu 71, eine wichtige mystische Zahl addiert. In der Beschreibung der Flut wird dieses Wort fünfmal erwähnt, was 355 (71·5) ergibt, die Anzahl der Tage im Mondjahr. Zehn ist mit Jahwe verbunden; sechs ist die Zahl der Schöpfung und die fünf wird aus 2+3 zusammengesetzt, das sind der erste Mann und die erste Frau. Teilen Sie dreißig nacheinander durch die Zahlen 10-5-6-5 und es ergibt 365-6 oder 365 Tage 6 Stunden, die Länge des Sonnenjahrs.

Das unaussprechliche Tetragrammaton, was die Juden für JHWH oder 10-5-6-5 verwenden, addiert sich zu 26, der heiligen Zahl Jahwes. In dem kabbalistischen Baum des Lebens (siehe Anhang) beläuft sich der Sephiroth, in der zentralen Säule, auf 26, das heißt, 1 + 6 + 9 + 10 = 26. Wenn in Pyramidenform gesetzt, produziert es das heilige Monogramm 72, die große Zahl von Gott.

.	I	= 10	10
. .	HI	= 10 + 5	15
. . .	VHI	= 10 + 5 + 6	21
. . . .	HVHI	= 10 + 5 + 6 + 5	26
			72

Addieren Sie die Zahlen 1 bis einschließlich 12 und die Summe ist 78. Dies stellt die ewige schöpferische Kraft dar, die war, ist und immer sein wird; von den Brahmanen Brahma zugeschrieben, von den Ägyptern Isis, von den Griechen und Römern Zeus und Jupiter und von den Juden Jahwe. Diese Summe ist auch 13-mal 6, die Zahl der Großen Mutter.

Manoah, der Vater von Samson, ein mythischer Sonnenheld, hat einen Zahlenwert von 104, 4-mal 26, die Zahl von Jahwe. Der Name Salomon enthält drei verschiedene Titel der Sonne (Sol-Om-On), die drei Silben repräsentieren wahrscheinlich die Sonne am Morgen, am Mittag und am Abend. Der Name des babylonischen Königs Shalmanesar teilt sich in Shalmanu-Sar, was ein Beiname des Sonnengottes Bel war und gleichbedeutend mit dem hebräischen Namen Salomon ist. Die Juden wandelten Shalmanu-Sar in Sar-Shalom oder Fürst des Friedens.

Das hebräische Wort Shalom oder Salem, ist als die Bezeichnung des Sonnengottes, gleichbedeutend mit "Sal-aam", ein orientalisches Wort der Begrüßung. Jede Silbe des biblischen Namen Om-On-Al oder Emanuel enthält auch einen Titel der Sonne und das Wort ist wahrscheinlich in der gleichen Weise wie der Name Salomon entstanden.

Der erste Satz in der Bibel lautet: "Am Anfang schuf Gott Himmel und Erde". Im Hebräischen liest es sich *B'Rashith* und ist wirklich zwei Wörter in einem, das *B* ein Partizip das *von* bedeutet. Sowohl als Wort als auch als Zahl kann das erste Wort als Weisheit, das erste Sephira der Kabbala, interpretiert werden. Viele Kabbalisten haben behauptet, dass dies die wahre Bedeutung des Wortes ist und haben darauf hingewiesen, dass dies die Interpretation ist, die von dem Targum von Jerusalem benutzt wird. In dieser Auslegung sollte der erste

Satz "Durch Weisheit" und nicht "Am Anfang" erschuf Gott Himmel und Erde gelesen werden.

Im gleichen Kapitel der Genesis wird das Wort, das Übersetzer als Gott oder Jahwe interpretiert haben, אלהים Aleim gelesen, oder wie moderne Juden vorziehen es auszusprechen, Elohim. El ist beides, Herr und ein ursprünglicher Titel der Sonne, von gleicher Bedeutung und Herkunft wie das arabische Wort Al in Al-Iah.

Der Wert der Buchstaben für Jahwe (JHV) im Pythagoras-Dreieck ist 543. Dies ist auch die Zahl von Moses und Al Shaddai (AL ShDI), einer der Titel Gottes. Der Name, mit dem Gott sich selbst in Exodus 3:14 bezeichnet ist, AHIH ASHR AHIH oder "ICH BIN, DER ICH BIN", dessen Wert 543 ist, oder umgekehrt 345. Die Zahlen 345 und 543 können daher in der Bedeutung von JHVH gelesen werden.

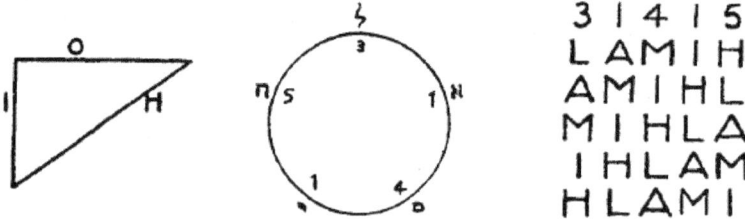

Abbildung 73: Anagramm von Alhim und geometrische Symbole

Links: Ein 3 x 4 x 5 Dreieck als Symbol von Isis, Osiris und Horus.
Mitte: Das Wort Alhim (Aleim) in einem Kreis, produziert den Zahlenwert, 31415.
Rechts: Ein Anagramm des Namen Alhim gibt das gleiche Resultat.

Der Gottes-Name Elohim oder Aleim, hat das radikale El als das streng Männliche mit einem *he* angehängt, was eine weibliche Qualität hinzufügt, El-h. Numerisch hat Al den wichtigen Wert von 31 und die Addition von *he* ergibt den Wert 36. Ferner bildet das Wort Aleim ein Anagramm, in dem die Werte der Buchstaben in der oberen Zeile, wenn sie ohne Ziffern gelesen werden, 31415 ergeben. Dies kann als 3,1415 gelesen werden, die berühmte "Pi" Proportion oder das Verhältnis des Durchmessers eines Kreises zu seinem Umfang und identifiziert das Wort Elohim mit dem Kreis oder weibliche Qualität. (Abbildung 73).

Einer der bedeutendsten aller geometrischen Formen ist das berühmte 3-4-5 Dreieck des Pythagoras, was das Auge des Horus, aur er Hor genannt wurde, was Licht bedeutet und die Sonne typisiert. Die Ägypter nannten die drei Seiten des Dreiecks Isis, Osiris und Horus und die 3 Buchstaben IOH oder JVH, die sie auf das Dreieck angewendet haben, war die geheime Formel, die einen Schlüssel zum Universum enthalten soll. Nach einer ihrer Interpretationen symbolisierte die 3-4-5 Form, die 3 Komponenten aller Existenz, 3, den unendlichen Geist, 4, die unendliche Materie und 5 ist Geist und Materie, manifestiert in materieller Form.

Der Kabbala zufolge, wird jede Manifestation Gottes in drei Hauptphasen unterteilt, die die Grundlagen der 3 Triaden der Sephiroth im kabbalistischen Baum des Lebens bilden. In einer Hinsicht ist Materie in Gase, Flüssigkeiten und Feststoffe aufgeteilt und in einem anderen Sinn ist das Wesen der Existenz, von den 3 Elementen Luft, Feuer und Wasser abgeleitet (von der Erde wird angenommen, dass sie aus dem Wasser gewonnen wurde, wird somit nicht gezählt). Dies wird im ersten Vers der Bibel offenbart, wo das Wort Aeschmim (Himmel) die 3 Mutter-Buchstaben enthält; Aleph, die Luft; Shin, das Feuer und Mem, das Wasser. Auch hier symbolisieren die drei Zweige des Buchstabe Shin die 3 Phasen von Licht oder göttlichem Feuer.

Potenziere die Zahlen 3, 4, und 5, und sie produzieren 9, 16 und 25, die zu 50 aufaddiert werden, die Zahl von Admh oder Adam. Wenn ein 3 x 4 Dreieck durch eine diagonale Linie geteilt wird, wird jeweils die Hälfte ein 3-4-5 Dreieck sein. Teilen Sie die 3 x 4 Form vertikal in drei Teile und ziehen eine Diagonale für eine der Sektionen und ihre Winkel werden etwa $23^{1/2}$ Grad (Siehe Abbildung 75), was der Winkel der Erdachse zur Ekliptik ist und weiter die drei Divisionen der materiellen Welt enthüllt. Addiere 3, 4, und 5, und Sie erhalten 12, die Zahl der Monate im Jahr und die Unterteilungen des Tierkreises.

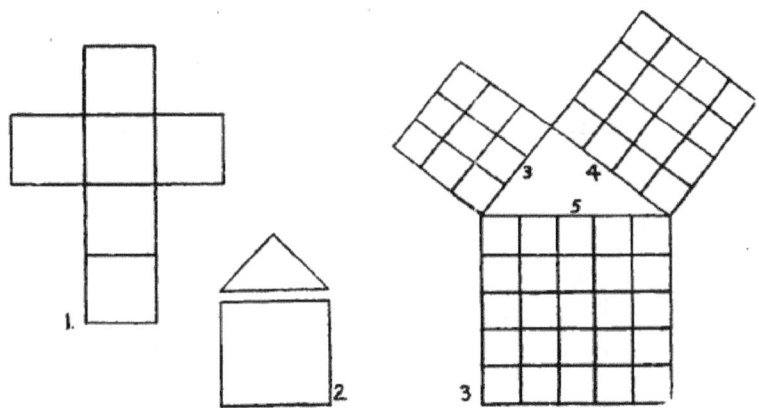

Abbildung 74: Geometrische Symbole für Geist und Materie

Fig. 1, die sechs Seiten eines Würfels entfaltet, um ein Kreuz bilden. Horizontal gelesen ergibt es 3 Quadrate und vertikal sind es 4. Fig. 2, die 3 und 4 als Dreieck und Quadrat, als Symbol für Geist und Materie.

Nach dem Zeichnen der Diagonale eines 3 x 4 Rechtecks, ziehen Sie eine zweite Diagonale von einer Ecke, zum Schnittpunkt der ersten Diagonale und es produziert 3 Dreiecke, die Bereiche bekommen das Verhältnis von 3, 4 und 5. Der Winkel der zweiten Diagonale beträgt 52 Grad, fast genau die gleiche wie die Neigung der Großen Pyramide. Bei der Halbierung der 3 x 4 Form wurde angenommen, dass sie ein Schlüssel zur Lösung des alten Problems der Quadratur des Kreises schafft. Ein Dreieck von 3 x 4 x 3 gibt die Grundlage für den Aufbau eines Quadrats und Kreises von etwa gleicher Fläche und ein 4 x 5 x 4 Dreieck gibt die Verhältnisse für die Schaffung eines Quadrats und Kreises von ungefähr gleichem Umfang. (Abbildung 76 und Abbildung 77).

Für die Kabbalisten wird eine Reihe von signifikanten Beziehungen auch durch die Seiten eines Würfels dargestellt. Der Würfel von 6 entspricht 216 (6 x 6 x 6), was auch die Zahl von DBIR (Debir)ist, das Allerheiligste im Tabernakel und im Tempel. Nach einer alten Tradition, war der Würfel die richtige Form für den Aufenthaltsort des Heiligen Geistes, und einige der alten, steinernen Götzen hatten die Form eines Würfels. Im babylonischen Mythos der Sintflut wurde die Bundeslade in der Form eines Würfels gebaut und in der Offenbarung 21 wird das neue Jerusalem ein Würfel von 12.000 Furlongs (1 Furlong = ca. 200 Meter) sein.

Noch einmal, der Würfel von 6 ist gleich den Würfeln von 3, 4 und 5, das heißt der Würfel von 3 = 27 (3 x 3 x 3); der Würfel von 4 = 64 (4 x 4 x 4) und der Würfel von 5 = 125 (5 x 5 x 5), die sich auf insgesamt 216 addieren.

Wenn die sechs Seiten eines Würfels entfaltet werden, werden sie in Kreuz- oder Tau-Form auftreten. Das mittlere Rechteck verbindet die vertikalen und horizontalen Balken, damit zählt die horizontale als 3 und die vertikale als 4, so dass eine weitere wichtige Verbindung von Geist (3) und Materie (4) gegeben wird.

Die Kabbala scheint ursprünglich nicht mit der Geometrie verbunden gewesen zu sein; aber wie die folgenden Beispiele zeigen, haben moderne Kabbalisten viel Mühe investiert, um zu versuchen, symbolische und kabbalistische Auslegungen der verschiedenen geometrischen Formen zu erfinden.

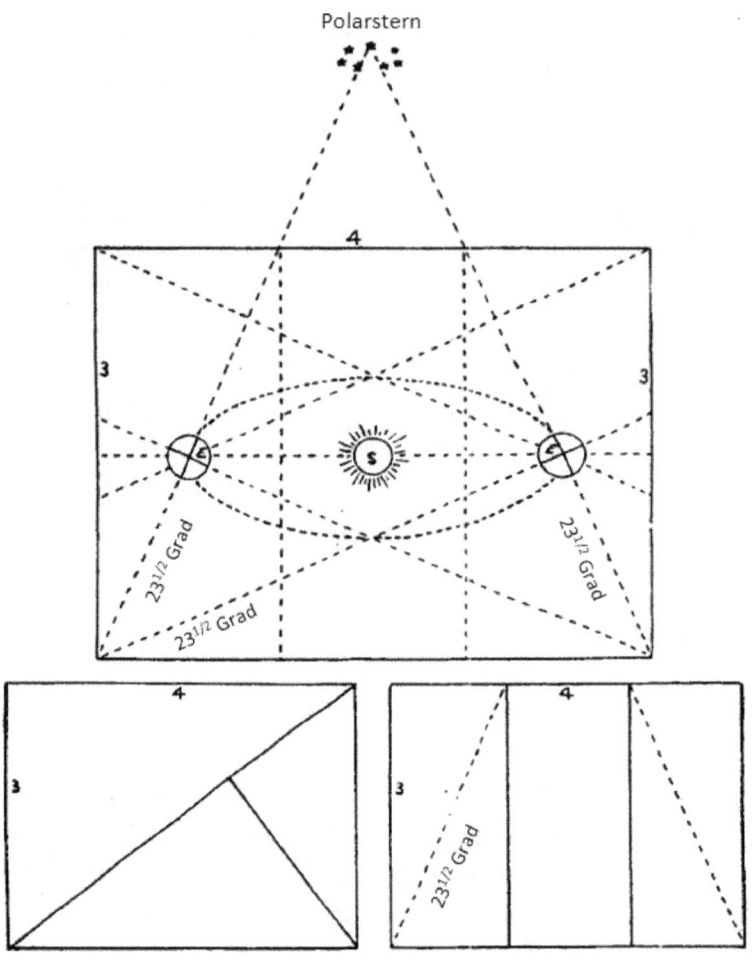

Abbildung 75: Geometrischer Plan des Universums

Das 3 x 4 Rechteck als Grundform, auf der die Welt gebaut ist. Unten links ist das Rechteck diagonal geteilt, um zwei Dreiecke im Verhältnis von 3 x 4 x 5 zu formen. Die zweite Diagonale bildet den Goldenen Schnitt der Griechen.

Das Rechteck rechts unten ist vertikal in drei Abschnitte unterteilt. Die Diagonale der einzelnen Abschnitte hat einen Winkel von $23^{1/2}$ Grad. Die Zeichnung oben zeigt die Erdbahn in einem 3 x 4 Rechteck, mit der Erdachse $23^{1/2}$ Grad in Richtung der Sonne geneigt.

Die Proportionen eines 5 x 8 Rechtecks (5 + 8 + 5 + 8) produzieren die JHWH Nummer, 26. Dieses Rechteck umschließt ein Dreieck, das fast genau die Proportionen der Großen Pyramide und den Neigungswinkel ihrer Seiten ergibt. Eine andere geometrische Form symbolischer Bedeutung ist das Trapez in den Anteilen von 10 + 5 + 6 + 5, was wiederum 26 ergibt. Der Winkel der verjüngten Enden beträgt etwa $23^{1/2}$ Grad, oder der Winkel der Erdachse zur Sonnenbahn.

Ändern Sie die Proportionen des Trapezes auf 10 + 10 + 10 + 6, und die Diagonalen erzeugen den Neigungswinkel der Pyramide; die Dimensionen addieren sich auf 36, die Zahl der Sonne, und die Form ist die Gleiche wie die des Schlusssteins der Freimaurer.

Die Winkel, $23^{1/2}$, $38^{1/2}$, 47, $51^{1/2}$, $66^{1/2}$, 77 und 103 Grad treten wiederholt in den einfachen Divisionen von Rechtecken, in den Proportionen von 3 x 4, 4 x 5, 4 x 7, 4 x 9, 5 x 8 und 7 x 8 auf, sowie in solch natürlichen Formen wie einer Schneeflocke und einem Kristall. Überall auf der Welt können diese natürlichen Formen und Proportionen in Mustern auf Keramik, Siegeln und Münzen, in Skulpturen, Bögen, Fenster, Grundrisse und Ansichten der antiken Tempel und Monumente gefunden werden, als ob ihre Designer in ihnen eine geheimnisvolle Verbundenheit mit der Geometrie des Universums erkannt hätten. Diese Winkel und Proportionen treten in der Symbolik der Freimaurerei auf und mögen vielleicht eine Idee vermitteln, warum die Freimaurer vom Schöpfer, als der große Architekt des Universums, sprechen.

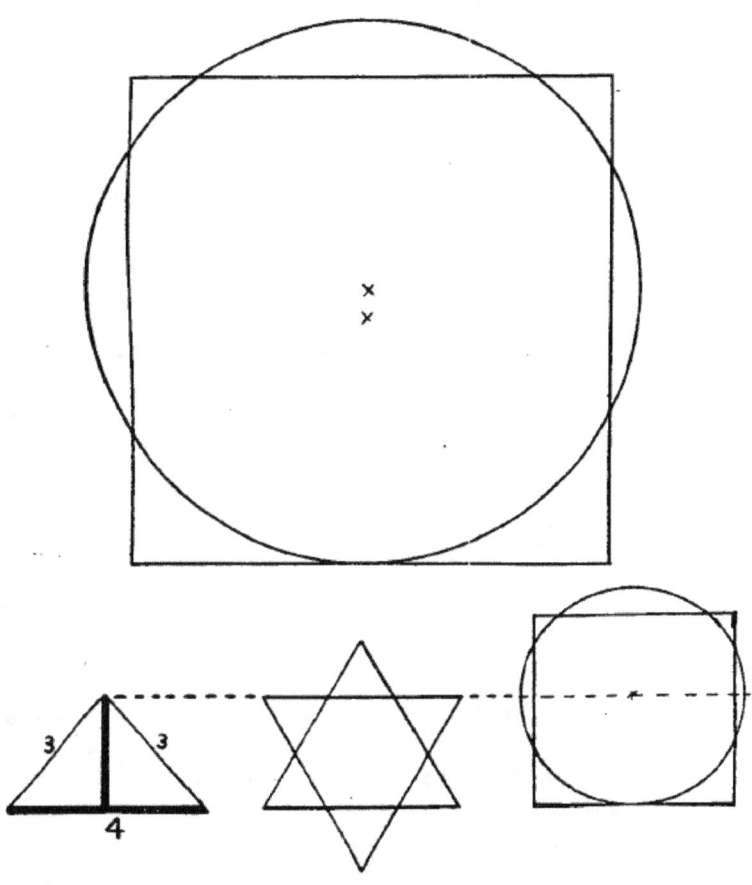

Abbildung 76: Kreis und Quadrat von gleichem Flächeninhalt

Ein Dreieck im Verhältnis von 3 x 4 x 5 als Basis für die Herstellung eines invertierten Tau-Kreuzes, Davidstern und ein Kreis und Quadrat von etwa gleicher Fläche.

Von der Erwähnung des Petrus, 153 Fische gefangen zu haben (Johannes 21:11), wurde oft angenommen, dass sie von geheimer Bedeutung sei, womit diese Zahl unter den Kabbalisten populär ist. Hunderte von kabbalistischen Formeln sind entwickelt worden, diese Zahl aus biblischen Worten und Versen abzuleiten, von denen hier nur einige als Beispiele gegeben sind.

Im Griechischen bedeutet das Wort ΙΧΕΘΥΣ Fische und hat einen Zahlenwert von 1224, oder 8-mal 153. Der Name der Fischer, Simeon Peter (auf Hebräisch, Shimeon Jonah) ergibt die Zahl 153. Die Phrase Beni ha Elohim ("Söhne Gottes") ist gleich 153. Die Zahl für den Ausdruck "Der Samen Jakobs" ist 459, oder 3 mal 153. Die Worte "Haus Israel, mein Volk." (Hesekiel 34:30), ergibt in Griechisch insgesamt 1530 oder 10 mal 153.

Einer der vielen Namen, die Christen im frühen Rom gegeben wurde, war Pisiculi oder kleine Fische, und das Fisch-Symbol, in Form eines einzigen Fisches oder von zwei Fischen wurde, eingekratzt oder gezeichnet, an vielen Stellen der Wände der Katakomben gefunden.

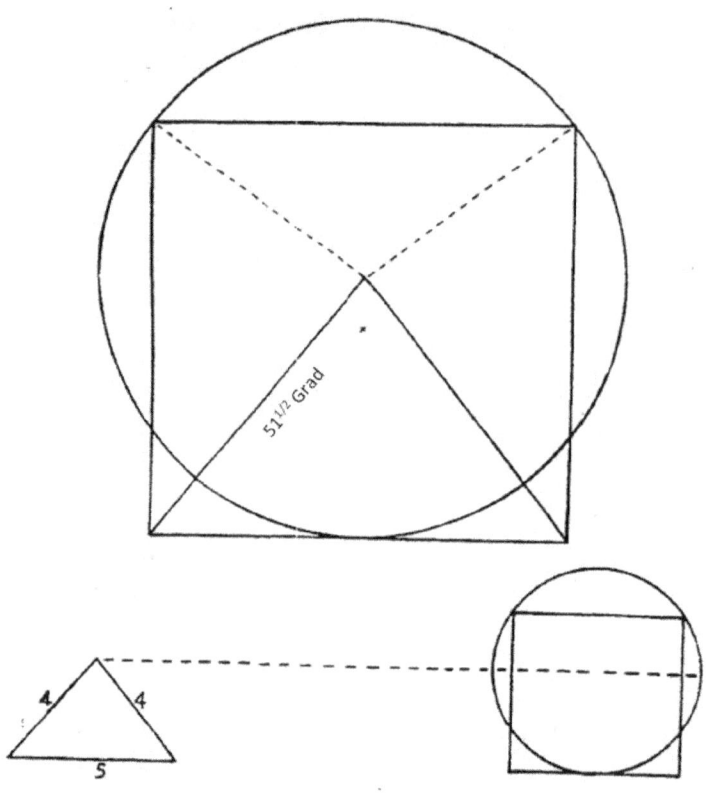

Abbildung 77: Kreis und Quadrat von gleichem Umfang

Ein 4 x 5 x 4 Dreieck als Basis für einen Kreis und Quadrat von ungefähr gleichem Umfang. Linien von der Mitte des Kreises auf die unteren Ecken des Quadrats haben einen Winkel von $51^{1/2}$ Grad, die fast dieselbe ist, wie die Seiten der großen Pyramide. Die gestrichelten Linien in dem großen Quadrat oben, ergeben die Proportion der Klappe auf der Schürze der Freimaurer.

Im achten Buch der *Sibyllinischen Orakel*, das im ersten Jahrhundert vor Christus in Rom auftauchte, bildeten die ersten Worte, Iesòus **Ch**ristòs **Th**eòu **Y**iòs **S**otèr (Jesus Christus Gottes Sohn Erlöser): ein Akrostichon, bei dem die ersten griechischen Buchstaben I Ch Th Y S (Fische) vermutlich als das Kommen Christi prophezeit wurden.

Maria, der griechische Name für die Mutter Christi, hat einen Zahlenwert von 152. Wenn die Ziffern 1, 5, und 2 transponiert werden, bilden sie 888, die Zahl von Christus, wenn senkrecht oder waagerecht aufaddiert.

152 = 8
521 = 8

$\frac{215}{888} = 8$

Eine andere berühmte Zahl ist 666, die sogenannte Zahl des Antichrist oder "die Zahl des Tieres", auf die in der Offenbarung Bezug genommen wird. In Latein hat, "anti-theos esti", was "er ist Anti-Gott" bedeutet, den Wert von 666. Pater Walter Begley hat mehr als 100 Beispiele veröffentlicht, die diese Zahl enthalten, von denen die meisten aus dem Lateinischen stammen [213].

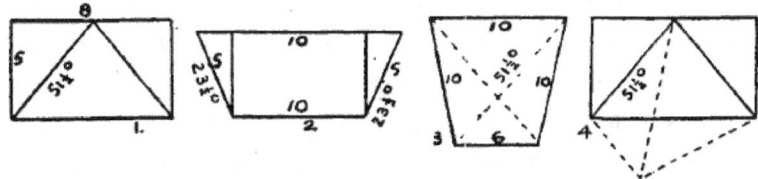

Abbildung 78: Geometrische Basis der großen Pyramide

Figur 1, die große Pyramide eingeschlossen in einem (ca.) 5 x 8 Rechteck. Die Seiten des Rechtecks addieren sich zu 26 auf, die Zahl von JHVH. Figur 2, ergibt die Zahl von JHVH und den Neigungswinkel der Erde um die Sonne. Die Seiten von Figur 3 addieren sich zu 36, der Zahl der Sonne. Die Diagonalen ergeben den Winkel der Seiten der Pyramide. Figur 4 ist ähnlich zu Figur 1.

Die Summe der Zahlen von 1 bis 36 aufaddiert ist auch 666, das Markenzeichen der Sonne. Der hebräische Name für die Sonne ist Schamasch, deren Zahl 640 ergibt. Addieren Sie 26, die Zahl von JHWH, und es gibt 666. Dies ist auch der numerische Wert von Sichem Bar Hamor, der Verführer von Dinah in Gen. 34:2. In einer Interpretation gibt dieser Akt einen Vorgeschmack auf die Verführung Israels durch den Antichrist. Der Zahlenwert von Sichem ist 360 und die des Ben Hamor ist 306, wodurch, wenn aufaddiert, die gleiche Zahl zustande kommt wie in den 2 Wörter Nero Caesar, von dem viele Autoren angenommen haben, dass er "das Biest" ist auf das verwiesen wurde.

Während die Kontroverse zwischen den Lutheranern und der römischen Kirche zur Weißglut kam, bildeten die Lutheraner viele kabbalistische Kombinationen zur Biest-Zahl, die auf die Päpste gerichtet waren, wie die folgende, von Pater Begley wiedergegeben: *ID Bestia Leo* = 666.

Durch die Gematria, addiert sich der Sklave oder konkubinische Nachkomme von Lea und Rahel auch zu 666.

Leah	36		
Silpa	122	Bilhah	42
Gad	7	Dan	54
Asher	501	Naphtali	570
	666		666

In dem Satz "Ich bin das Alpha und das Omega, der Anfang und das Ende", hat der erste Buchstabe des griechischen Alphabets den Wert 1 und der Wert von Omega 800, also insgesamt 801, die Zahl der Erlösung. Der Name Adonay beträgt 65. Wenn mit 26 addiert, die JHWH Zahl, gibt es 91, welches das Äquivalent des Amen 91 ist.

---

[213] *Biblia Cabalistica*, Rev. Walter Begley, London, 1903, p. 119.

Wenn es der Platz erlauben würde, könnten eine große Anzahl von kuriosen und sogar überraschenden, kabbalistischen Kombinationen wiedergegeben werden, aber die gezeigten Beispiele sind ausreichend, um die willkürliche und unwissenschaftliche Natur des Systems zu demonstrieren.

Um zu beweisen, dass die Bibel eine symbolische, esoterische Arbeit göttlichen Ursprungs ist, nehmen die Kabbalisten den Zahlenwert eines Wortes oder Satzes und suchen dann nach einem anderen Wort oder einem Satz mit dem gleichen Wert. Aber, wenn dies geschehen ist, wurden keine Geheimnisse aufgedeckt und jede neue Bedeutung, die aus dem Text abgeleitet werden kann, wird völlig abhängig von solch willkürlichen Schlussfolgerungen, die die Kabbalisten daraus ziehen. Alles was System beweist ist, dass zwei oder mehr Wörter oder Ausdrücke den gleichen Zahlenwert haben können. Es ist jedoch nicht nur möglich, eine Entsprechung für praktisch jedes Wort oder einem Satz in der Bibel zu finden: in einigen Fällen können viele Entsprechungen gefunden werden, darunter auch einige, deren Verbindungen völlig unterschiedlich sind und in jeder erdenklichen Art in keinem Zusammenhang stehen. Zum Beispiel ist das hebräische Wort ro'ah, was das Böse bedeutet, genau gleich wie das Wort Freund geschrieben, und vermutlich würde dies den Kabbalisten signalisieren, das Freunde böse sind. CHYShM, Messias, hat einen Wert von 358 und ShChN, Nachash, was Schlange bedeutet, hat den gleichen Wert.

Die Fähigkeit der Gematria, wie ein Schwert in beide Richtungen zu schneiden, wird unbeabsichtigt vom Zohar demonstriert. Es beschreibt einen Vorfall, bei dem ein bestimmter Ramma bar Chamma gefragt wurde, warum es so ist, dass Satan die Menschen nicht am Tag der Buße anklagen kann und Ramma antwortete, dass die Zahl von Satan (NTShH-ha, Shatan) 364 ist, daher kann er Menschen 364 Tagen im Jahr anklagen, außer an dem Versöhnungstag, dem 365ten Tag. Hätte der Ramma seine Argumentation ein wenig weiter getragen, hätte er gesehen, dass JHWH Adonai, ein Titel Gottes, einen Wert von 91 hat, die, wenn mit 4 multipliziert, den gleichen Wert erhält wie Satan, das heißt, 364. In der Tat kann nach der Kabbala, Gott und Satan noch entschiedener nachgewiesen werden, ein und derselbe zu sein, weil das Wort Gott einen Wert von 364 (GUD = 3 + 6 + 4) hat.

Die Tatsache, dass die Ansprüche der Kabbalisten durch solch einfache Demonstrationen widerlegt werden können, lässt einen staunen, wie Sir Isaac Newton, Bacon, Spinoza und viele andere brillante Wissenschaftler und Gelehrte, Verdienst in dem finden konnten, was so offensichtlich, völlig trügerisch ist. Aber die Geschichte hat gezeigt, dass oft, wenn brillante Männer in Mystizismus plantschen, ihre Kritikfähigkeit betäubt wird und sie nicht mehr objektiv argumentieren. Im Wunsch der Bestätigung ihrer religiösen Überzeugungen, legen sie übermäßige Bedeutung auf alle günstigen Beweise, oder minimieren oder ignorieren alles Gegenteilige, mit dem Ergebnis, dass sie manchmal Unsinn zum Opfer fallen, der als solches, auch dem durchschnittlichen Verstand offensichtlich sein sollte.

Vor dem Verlassen dieses Themas, sollten einige Bemerkungen über wichtige Entwicklungen in der kabbalistischen Forschung gemacht werden, die in den letzten Jahren, durch die Entdeckung der vielen besonderen Beziehungen in den Proportionen der geometrischen Figuren stattgefunden haben. Einige dieser Entwicklungen sind von echtem mathematischen Interesse und wären sie nicht mit der Kabbala in Verbindung gebracht worden, hätten sie wahrscheinlich mehr ernsthafte Aufmerksamkeit erhalten.

Die erste Entdeckung wurde von John A. Parker gemacht, ein New Yorker Mathematiker, der eine perfektere Beziehung zwischen dem Durchmesser und dem Umfang eines Kreises gefunden hat, die Mengenverhältnisse 6561 für den Durchmesser und 20612 für den Umfang. Später wurde bekannt, dass Peter Metius, ein Holländer, im Jahre 1585, ein etwas weniger perfektes Verhältnis von 113 für den Durchmesser und 355 für den Umfang, entdeckte hatte.

Die Tatsache, dass diese 2 Sets von Zahlen äquivalent zu dem Zahlenwert bestimmter Bibelworte waren und der weiteren Annahme, dass die Zahlen zu den architektonischen Proportionen der Pyramide Bezug haben, führte zu einer Theorie, dass diese geometrischen Phänomene nicht zufällig, sondern das Ergebnis der göttlichen Gesetze sind, die der Struktur des Universums innewohnen. Dieses Zusammentreffen, so dachte man, wies schlüssig nach, dass die Bibel und die Systeme aus Buchstaben und Zahlen göttlichen Ursprungs sind, von dem großen Architekten des Universums beabsichtigt, denjenigen, die des Wissens würdig sind, die physikalische Struktur des Menschen und des Universums zu enthüllen .

Die kabbalistischen Referenzen für den Moment mal weggelassen, liegt der Theorie folgende Aussage zu Grunde: Wenn die Länge der Seite eines Quadrates 81 Zoll, Fuß oder eine andere Einheit ist, wird der Bereich 6561 (81 x 81) sein. Diese Summe ist gleich 9 x 9 x 9 x 9 und die Zahl 9 und ihre Vielfachen, sind die Grundlage der Berechnungen. (Kehren Sie 6561 um, und es gibt 1656, die Anzahl der Jahre von der Schöpfung bis zur Sintflut). Ein Kreis mit dem gleichen Durchmesser wird eine Fläche von 5153 haben.

Der pythagoreischen Formel gemäß, entspricht der Umfang eines Kreises seinem 3,1415-fachen Durchmesser, ausgedrückt Pi x Durchm. = Umfang. Daher wird ein Kreis mit einem Durchmesser von 6561 einen Umfang von 20612 (6561 x 3,14159 = 20612) haben. Multipliziert man die Fläche eines Kreises mit 4 wird es das gleiche Produkt ergeben wie die Multiplikation des Durchmessers mit 3,14159.

  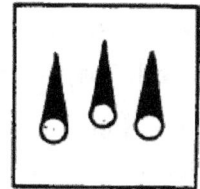

Abbildung 79: Symbole für Jahwe

Die drei Jahwes durch die 3 Seiten eines gleichseitigen Dreieck dargestellt; von 3 Jods und einem Tau Kreuz in einem Kreis und von der 3-Säulen-Krone.

Wenn die Seite des Quadrats gleich	81	=	6561	gleich Fläche
Wenn der Durchmesser eines Kreises ist	81	=	5153	" "
" " " " " "	6561	=	20612	" Umfang
" die Seite eines Quadrats entspricht	5153	=	20612	" "

Wenn der Buchstabe Jod, 10, als der Radius eines Kreises genommen wird, wird der Umfang (ungefähr) gleich dem Umfang eines Quadrats von 16 auf jeder Seite sein. Die 16 ist gleich 5 + 6 + 5, gleichwertig mit Ha-Va-Ha (HVH) Havvah oder Eva.

Wenn die Länge der Seite eines Quadrats 81 ist, wird ihre Diagonale 114,591498 sein, die Zahl ist gleich dem Durchmesser eines Kreises mit einem Umfang von 360. Mit anderen

Worten, die Diagonale des Quadrates von 81 ist eine Proportionale zwischen Werten des Kreis-Umfangs und seinem Durchmesser.

Teilen Sie 114.5914 durch 2 und das Ergebnis ist 57.2957499. Nehmen Sie einen Kreis beliebiger Größe und zeichnen Sie einen Bogen hinein, der gleich dem Radius des Kreises ist. Der Winkel des Bogens ist immer 57.2957499 Grad.

Wiederum wird die Senkrechte von einem gleichseitigen Dreieck, dessen Seiten 81 sind, die gleiche sein, wie die Seite eines gleichschenkligen Dreiecks in einem Kreis mit einem Durchmesser von 81.

Jetzt wollen wir sehen, wie diese mathematischen Beziehungen auf die Kabbala angewendet wurden. Beim Auslassen von Ziffern und Lesen von rechts nach links, sind die Buchstaben des hebräischen Wortes *aish* (Mann) 113: wenn von links nach rechts und mit Ziffern gelesen wird, hat das Wort einen Wert von 311. Dies ist auch der Wert der hebräischen Worte der Frau, (h-aish) 5-1-300-5 (oder wenn umgekehrt, 5-300-1-5), so dass numerisch 311 entweder als Mann oder Frau gelesen werden kann, während 113 der Mann ist. (Wenn die 355 Tage des hebräischen Mondjahr als Kreis betrachtet werden, wird sein Durchmesser 113 sein). Es entsteht der Begriff 113-311, der sich so oder so liest. Aber der Begriff *aish* ist eine Form von Adam (1 + 4 + 40) oder 144, die als 144-441 gelesen werden kann.

Das Weglassen des Artikels *h*, 5, gibt die Zahl von 531-135; Frau als 135 und ihre Umkehrung 531. So gibt es drei Formen, alle verbunden unter dem Namen des Mannes, der Frau und Adam, die gesetzt werden können als

311-113
441-144
531-135.

Adam und Frau vereint, ergeben die Zahlenfolge 531-441, während man die Zahl der Frau, 531 und 135 addiert, sie die berühmte Zahl 666 produziert.

Ein Quadrat, bei dem die Seite 81 ist, ergibt als Würfel die Zahl 531.441 (81 x 81 = 6561 x 81 = 531.441). Der solide Inhalt einer Kugel mit einem Durchmesser von 81 kann wie folgt gefunden werden. Ein Sechstel von 3,14159÷6 (0,5235990448), multipliziert mit dem Würfel von 81 (531441). 531441 x 0,5235990448 macht 278262, die genau die gleiche ist wie 20612 x 135, die Zahl der Frau. (Konvertieren Sie dies zu einer Zeit-Gleichung und es ergibt die genaue Länge des Mondmonats in Tagen, Stunden, Minuten, 27 Tage, 8 Stunden 26 Min 2 Sek).

Wenn also die Fläche in einen Würfel geändert, zu 531441 wird, ist die Masse der Kugel 20612 x 135 oder 278.262, wobei eine fortgesetzte integrale Beziehung gezeigt wird, wo der feste Inhalt der Kugel, der Umfang multipliziert mit 135, die Masse des enthaltenden Kubus, durch die umgekehrte Form der Frau -- Adam oder 531-441 zum Ausdruck gebracht wird.

Dies fortgeführt, wird weiter zeigen, dass es einen festen Zusammenhang zwischen der Fläche eines Kreises, in einem Quadrat, zur Fläche dieses Quadrats und zwischen dem linearen Durchmesser zu einem Kreisumfang gibt, und es wird behauptet, dass diese Harmonie mit vielen anderen (Größe und Form des Garten des Paradieses, die Sintflut, die Bundeslade, der Tempel, das Allerheiligste, etc.), nach der geometrischen Schule der Kabbalisten beweist, dass diese Beziehungen die wahre Natur ist, von Ewigkeit zu Ewigkeit und es die sind, auf denen die Bibel aufgebaut ist.

Es wird ferner behauptet, dass diese mathematischen Phänomene den Ursprung und die Bedeutung der großen Cheops-Pyramide in Ägypten erklären, und ein Kult von Pyramidisten ist entstanden, die in den Abmessungen der Pyramide, Prophezeiungen zu fast jedem großen Ereignis in der Geschichte sehen, alt und neu. Die Hypothesen sind in der Regel auf der Annahme basiert, dass jede Linie und jeder Winkel des großen Denkmals, auf einer tiefen Grundwahrheit oder einem Gesetz basiert. (Natürlich ist auch die Behauptung, dass die Pyramide von den alten Freimaurern konstruiert wurde und sie viele Geheimnisse der Bruderschaft enthält, bekannt.)

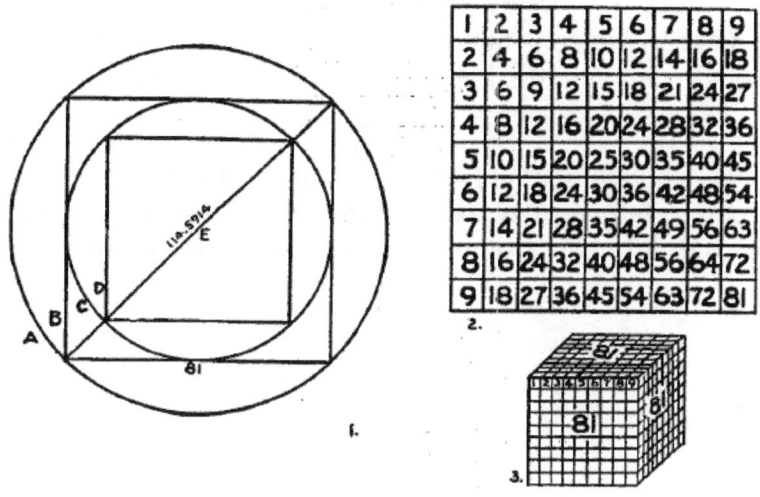

Abbildung 80: Geometrische Figuren

Fig. 1, Seite von Quadrat "B" = 81
Diagonale des Quadrat "E" = 114.5914
Umfang des Kreises "A" = 360
Fläche des Kreises "A" = 5153
Fläche vom Quadrat "B" = 6561
Fig. 2, pythagoreischer Multiplikationstabelle
Fig. 3, Würfel von 81. Die Anzahl der Facetten auf den 3 sichtbaren Seiten sind insgesamt 243

Tiefe und wichtige Bedeutung wurden in jedem Winkel und allen Abmessungen der Dimension der Pyramidenkammern, einschließlich der Anordnung der Verkleidung auf den Wänden und den Steinplatten, die das Dach der Kammern bilden, gelesen. Von der Zoll-Länge einiger Korridore, wurde zum Beispiel behauptet, eine gewisse Anzahl von Jahren in der Geschichte darzustellen: vom Umfang des Grundkörpers oder einer Kammer glaubte man, dass sie mit der exakten Länge des Tages oder des Jahres übereinstimmen. Auch von der Anzahl der Steine in den Basisseiten dachte man, dass sie eine tiefe astrologische und religiöse Bedeutung besitzen.

Seit Napoleon die Pyramide bei seinem Ägyptenfeldzug im Jahr 1799 besuchte, hat eine Menge von Wissenschaftlern, die Länge ihrer Seiten, ihrer Höhe und Neigung der Schrägen und jede Dimension ihrer Innenräume und Durchgänge vermessen. Auch wenn sie mindestens 25 oder 30 Jahrhunderte, bevor die ältesten Teile der Bibel zusammengestellt wurden und sie nirgends darin erwähnt ist, gebaut wurde, wird von ihren Dimensionen angenommen, kabbalistischen Zahlen zu entsprechen und den göttlichen Ursprung der kabbalistischen Geheimnisse in der Bibel zu beweisen.

Einige Enthusiasten haben behauptet, dass die Pyramide einen Schlüssel zur Interpretation der zahlreichen Prophezeiungen des Alten Testaments bietet; das Datum des Exodus der Juden aus Ägypten; die Geburt, den Tod und die Auferstehung Christi; die wichtigsten Ereignisse vor, während und nach dem Ersten Weltkrieg; der Ausbruch des Zweiten Weltkriegs und die Ereignisse, die folgen sollten.

Das Verhältnis des Volumens und der Fläche von Dreieck, Pyramide, Quadrat, Würfel, Kreis und Kugel, wird behauptet, zeigen die Zeiten des Umlaufs der Planeten, die Länge von Tag, Monat und Jahr, ein perfektes System zum Messen von Abstand und Volumen, den Abstand der Erde von der Sonne und anderen astronomischen Tatsachen, die eigentlich, bis viele Jahrhunderte nachdem die Pyramide gebaut wurden, nicht bekannt waren. Darüber hinaus wird von diesen Werten behauptet dass sie, sowohl in den Lehren der Bibel, als auch in den Proportionen und Abmessungen der antiken Tempel und Monumente, gefunden werden.

Die Innen- und Außenabmessungen, mit ihren Proportionen und Beziehungen, werden dafür gehalten, entworfen worden zu sein, um zukünftigen Initiierten einen geheimen Bericht über die mathematischen Beziehungen zwischen den geometrischen Grundformen zu bieten.

XVIII. ASTROLOGIE

Die Astrologie stammt aus Chaldäa (Babylon), wo sie einen höheren Entwicklungsstand erreicht hatte als irgendwo sonst in der alten Welt. Von Chaldäa hat sie sich nach Westen ausgebreitet, nach Syrien und Ägypten, und später, über Griechenland und Rom, nach Westeuropa, wo sie über Jahrhunderte, nachdem die große Zivilisation von Babylon aufgehört hatte zu existieren, weiterhin religiöse und astronomische Spekulationen beeinflusste.

Bis vor etwa hundert Jahren war praktisch all unsere Kenntnis der babylonischen Astrologie aus den *Beobachtungen von Bel*, bestehend aus 70 Bücher oder Teilen, abgeleitet. Nach der Invasion des Ostens durch Alexander dem Großen, wurden diese Bücher von Berossus, einem Priester von Babylon übersetzt. Diese Arbeit ging verloren, aber Auszüge daraus sind in den Werken anderer Schriftsteller erhalten geblieben. Diese frühen Fragmente der Arbeit von Berossus, wurden durch enorm viele Entdeckungen ergänzt, die innerhalb des letzten Jahrhunderts gemacht wurden.

Nachdem man eine Beziehung zwischen den Positionen, Bewegungen und anderen Aspekten von Sonne und Mond, die unterschiedliche Länge der Tage, Wechsel der Jahreszeiten, Zeiten des Wachstums, Bewegung der Gezeiten, festgestellt hatte, glaubten einige Naturvölker, dass alles Leben und Wirken auf Erden von diesen Himmelskörpern, die als Gottheiten personifiziert waren, beeinflusst oder kontrolliert wurden.

Diese Überzeugung führte fast zwangsläufig zur Entwicklung der Astrologie, oder zur Kunst der Voraussage von Ereignissen durch die Positionen und Bewegungen der Sterne. Weil man von den Phasen der Himmelskörper glaubte, dass sie einen Bezug zu den Ereignissen auf der Welt hätten, wurde gefolgert, dass eine Kenntnis dieser Phänomene die Stimmungen, Launen und Handlungen der herrschenden Gottheiten enthüllen und somit die Voraussage von Ereignissen ermöglichen würde.

Babylonische Astrologie basierte auf der Überzeugung, dass die Erde, in kleinem Maßstab, ein Gegenstück des Himmels ist. Von allem, was im Himmel existiert oder eintritt, glaubte man, dass es in den Objekten und Ereignissen auf der Erde dupliziert würde.

Man dachte, jeder Teil des Himmels würde sich auf einen entsprechenden Teil der bewohnbaren Welt beziehen. Ein Teil der Arbeit von Marduk war es im Schöpfungsmythos, den Himmel zu teilen und Sterne und Sternbilder in die verschiedenen Himmelsteile zu setzen, damit sie jede Stadt oder jedes Land der bekannten Welt vertreten. Zeichen in einem bestimmten Teil des Himmels zu sehen, war signifikant für eine bestimmte Stadt oder Nation. Die wichtigsten Faktoren in dem Versuch, die Zukunft vorauszusagen, waren die Sonne, der Mond und 5 untergeordnete Planeten; die Tierzeichen, Meteore, Kometen und meteorologische Bedingungen. Fast alle Tierkreiszeichen müssen in ihrer aktuellen Position, etwa 2800 vor Chr. arrangiert worden sein, und einige der Konstellationen wurde vielleicht schon 5000 vor Chr. ermittelt.

Von den Planeten wurde geglaubt, dass sie Gottheiten oder Tempel sind, in denen die Götter wohnen und von Menschen errichtete Tempel auf der Erde wurden als Kopien ihrer himmlischen Prototypen angesehen. Gebete an die Gottheiten können in ihren irdischen Tempeln abgeschickt werden und Kommunikation aus ihren himmlischen Tempeln könnte von jemandem, der befähigt ist die Zeichen zu deuten, empfangen werden. Schon der Name Babylon (Bab-Ilu, Tor der Götter) bezeichnet den Ort als eine Kopie des himmlischen Modells.

Die wichtigste jährliche Veranstaltung war das 11-tägige Fest am Anfang des Jahres, wenn die Götter in der großen Halle des Schicksals in Babylon zusammenkamen, um den höchsten Gott Marduk, bei der Entscheidung über das Schicksal der Menschen für das kommende Jahr zu unterstützen. Mit Marduk assoziiert waren die Götter Schamasch, Sin, Ishtar, Nabu, Ninurta und Adad, der vor dem Aufstieg von Babel, in verschiedenen Städten der Oberste gewesen war. Dieser Rat der Götter bestimmte das zukünftige Wohl und Wehe der Könige und Staaten. Jeder der Ratsmitglieder vertrat eine Besonderheit und der komplette Rat war lediglich ein Abklatsch von Marduk in seinen verschiedenen Erscheinungsformen. Während dieser Zeit der größten Ehre Babylons, wurde die Astrologie nur für religiöse Zwecke oder vom König für Staatsangelegenheiten eingesetzt. Es gab keinen Gedanken an einer Trennung von Astronomie und Astrologie von Religion, weil sie ein wesentlicher Teil des religiösen Systems waren.

Die Stadt Babylon selbst wurde in sieben konzentrischen Quadraten angelegt, in Anlehnung an die vermeintliche Anordnung der Planeten um die Erde. Nach Herodot war die Mauer um die Stadt 360 Furlongs lang (1 Furlong = ca. 200 Meter), entsprechend der Anzahl der Tage des alten astrologischen Jahres, obwohl nach Ktesias, die Mauer später auf 480 Furlongs verlängert wurde, um mit der von Ninive gleichzuziehen.

Beobachtungen des Himmels wurden von den Spitzen der Zikkurate oder Türme mit Außentreppen gemacht. Bei Borsippa, über den Fluss von Babylon, entdeckte Sir Henry Rawlinson 1845, die Ruinen eines quadratischen, 7 stöckigen Zikkurats von Nabu, 83 Meter im Quadrat und 42 Meter hoch. Sein Alter wird durch die Tatsache enthüllt, dass es im siebten Jahrhundert vor Chr., während der Herrschaft von Nebukadnezar, der es wiederherstellte, in Ruinen lag. Die niedrigste Stufe war schwarz gefärbt, für den Planeten Saturn; die zweite orange, für Jupiter; die 3. rot, für Mars; die 4. Gold, für die Sonne; die fünfte weiß, für Venus; die 6. dunkelblau, für Merkur; und der siebte war silbergetönt, für den Mond.

Einige der chaldäischen Zikkurate bestanden aus 8 Stockwerken, wobei das oberste dem höchsten Gott gewidmet und für seinen Aufenthalt, wenn er die Erde besucht, ausgestattet war. Dort hatte er seinen goldenen Altar, Möbel, Schätze und ein Modell seines heiligen Bootes. Der einzige menschliche Besucher dieses Tempel war nach Herodot, eine Jungfrau, ausgewählt als die irdische Gefährtin der Gottheit, und sie stieg jeden Abend hinauf zum Tempel, um das Kommen des himmlischen Besuchers zu erwarten.

Die Pflicht, die Absichten der Götter zu lesen und Ereignisse vorherzusagen, wurde dem Priestertum zugeordnet, die aus einer bestimmten und wichtigen, erblichen Klasse bestand, die zusammen eine Art Freimaurertum bildeten, wo es bei jedem Mitglied erforderlich war, frei von körperlichem Makel oder Unvollkommenheit zu sein und ein vorgeschriebenes Studium zu verfolgen. Zu ihren Aufgaben gehörte das Rezitieren der Gebete, das Präsentieren von Opfergaben, Musik für die Tempelzeremonien und Prophezeiungen zu machen. Sie waren auch die Astronomen, Teiler von Raum und Zeit, sowie die Architekten und Bauherren der Tempel, die genau auf die Regionen der Erde ausgerichtet sind und, in Anlehnung an die angeblichen Ähnlichkeiten der Tempel im Himmel, konzipiert wurden.

Im Laufe der Zeit wurde der Hof, der den Tempel umgab, zum Finanzzentrum, in dem Priester, wie Anwälte und Banker agierten, Geld zu Wucherzinsen verliehen, als öffentliche

Schreiber fungierten, bei der Erstellung und Beglaubigung von Verträgen und Urkunden halfen und den Tauschhandel und den Verkauf von Waren aller Art arrangierten.

Vorwarnungen solcher Katastrophen wie Überschwemmungen, Hungersnöte, oder militärische Niederlagen, aktivierte die Herrscher, entweder Vorbereitungen zu treffen, um sie zu vermeiden, oder durch Gebete, Gaben und Opfer, den Göttern zu schmeicheln, damit sie ihre Pläne überdenken. Für die Priester war es ein Kopf-oder-Zahl Spiel. Kein Krieg oder andere wichtige Unternehmung wurde eingeleitet, bis der gute Wille der Götter von der Astrologie bestimmt wurde und durch das Offerieren von Geschenken und Gebeten an die Tempelgötter, sichergestellt war. Wenn eine Katastrophe folgte, wurde es jedoch als Beweis akzeptiert, dass die Götter sehr wütend waren und dass es mehr Gebete und größere Geschenke bedarf. Es war daher im Interesse der Priester die Überzeugung zu bewahren, dass alle Phänomene auf der Erde unter der herrschenden Macht der Gottheiten steht, deren Wille und Aktionen, sie, die Priester, enthüllen konnten.

Neben der Astrologie setzte das Priestertum zahlreiche weniger wichtige Methoden der Wahrsagerei ein. Dazu gehörten die Deutung der Träume und die Prognose von Ereignissen, aus den Aktionen und Bewegungen von Vögeln und Tieren, vom Auftreten von Missgeburten bei Menschen und Tieren, von der Konfiguration der Leber eines geopferten Ochsen oder Schafs und aus dem Muster von Öltropfen auf dem Wasser, in einer göttlichen Schüssel. Es war solch eine göttliche Schüssel oder Tasse, mit der Joseph den Pharao von Ägypten erstaunte, und Aussagen der Bibel zeigen, dass Leber-Weissagungen Moses nicht unbekannt war [214].

Ihr ausschließlicher Besitz des gesamten astronomischen Wissens und ihre Position als Fürsprecher bei den Göttern konnte den Priestern zu großem Reichtum und Macht verhelfen, was sogar Könige zu respektieren hatten. Um ihre Macht zu erhalten, bewachten sie eifersüchtig ihr Wissen und reichten es von Generation zu Generation, nur einer kleinen Gruppe von Eingeweihten weiter. Eine Tafel in Assurbanipal's Bibliothek lautet: "Der Weise soll es den Weisen lehren: Die ungelernten werden es nicht sehen."

Der Begriff "Chaldäer" bezeichnet einen Priester, einen Stamm oder einen Propheten. In Griechenland, wo die Astrologie später praktiziert wurde, bezeichnet der Begriff einen Stamm oder Mathematiker und schließlich einen Scharlatan. Unser Wort "Magier" kommt von Magi, was Priester oder Arbeiter in der Magie bedeutet.

In der ersten Zeit war die Astrologie fast völlig empirisch; Astrologen waren noch nicht in der Lage, Himmelserscheinungen akkurat vorherzusagen und die Berechnung der Mondphasen zeigen, dass die Positionen von Sonne und Mond nicht vollständig verstanden wurden.

Die Anwendung der Mathematik in astrologischen Berechnungen begann etwa im achten Jahrhundert vor Christus. Danach kamen die Kenntnisse der Astronomie schnell voran und Aufzeichnungen aus dieser Zeit zeigen Notationen zur Frühjahrs-Tag-Nachtgleiche, Neumond, Finsternisse, Positionen der Planeten und das Aufsteigen der Fixsterne. Die ersten Finsternisse, die in Babylon beobachtet wurden und im Almagest (Hauptwerke der antiken Astronomie) erwähnt werden, liegen bei 721 bis 720 vor Christus.

Im vierten Jahrhundert wurde der Saros- oder 19-Jahres-Zyklus entdeckt und im dritten Jahrhundert, entdeckte Kidinnu, einer der größten babylonischen Astronomen, die Präzessi-

---

[214] *Exod.* 29:13,22 and *Lev.* 3:4,10,15; 7:4.

on der Tag-Nachtgleichen; und Jahr, Tag und Stunde der Sonnenfinsternis wurde vorhergesagt und das genaue Ausmaß der Finsternis wurde ebenso wiedergegeben.

Rund 200 vor Christus konstruierte Kidinnu Tabellen von großer Genauigkeit, so dass die Positionen der Sterne bestimmt werden konnten. In dieser Arbeit verwendet er eine große Sammlung von Beobachtungen, von denen man sagt, dass sie bereits seit Tausenden von Jahren gesammelt wurden. Diese Aufzeichnungen wurden als Nachschlagewerke für das Lesen des menschlichen Schicksals und die Bestimmung günstiger Zeitpunkte für den Beginn neuer Projekte vorgesehen. Um die Bedeutung jeder Himmelserscheinung festzustellen, vor allem in späteren Zeiten, in denen die Archive umfangreicher wurden, war es nur notwendig, die Aufzeichnungen zu konsultieren und zu ergründen, was früher einem ähnlichen Phänomen gefolgt ist. Doch trotz der zahlreichen Aufzeichnungen und den eingesetzten, aufwendigen Verfahren, hielt die Fähigkeit, Ereignisse auf der Erde voraussagen zu können, nicht Schritt mit dem großen Fortschritt, die Bewegungen und Zyklen der Sterne zu ermitteln.

Bei der Geburt wurden umfassende Studien zu Übereinstimmungen zwischen Menschen und Himmelskörpern gemacht, und Berechnungen wurden aus Konfigurationen der Sterne zu diesem Zeitpunkt erstellt. Die Berechnungen basierten in der Regel auf vielen willkürlichen oder ideellen Entsprechungen zwischen den Planeten und dem Leben der Menschen, für die sie gemacht wurden. So wurde die Annäherung von Mars an Skorpion als ein Omen gewertet, dass ein Prinz durch den Stachel eines Skorpions sterben würde.

Wenn ein bestimmtes Ereignis auf der Erde einem bestimmten Phänomen am Himmel folgte, wurde ein ähnliches, irdisches Ereignis erwartet, dass sich zur gleichen Zeit, im folgenden himmlischen Zyklus wiederholt. Dadurch, dass Finsternisse an bestimmten Tagen des Monats stattgefunden haben, oder weil eine Änderung in der Mondphase mehrfach Gutes oder Böses zu verheißen schien, wurden manche Tage als günstig für bestimmte Aktivitäten eingestuft; andere als ungünstig. Das früher als erwartetes Erscheinen des neuen Mondes, wurde als ein ungünstiges Omen angesehen. Es war bezeichnend für den Fall einer Niederlage einerseits und für das Sterben von Vieh andererseits, basierend auf der Theorie, dass alles was vorzeitig auftritt, ein Vorzeichen für ein ungünstiges Ereignis war.

Die Astronomie entpuppte sich schließlich, nachdem sie als reines Anhängsel der Astrologie begann, als Wissenschaft mit ihrem eigenen Recht. Während der Ruhm und das Ansehen der Priester als Astronomen stark anwuchs, durch die Entwicklungen in der Mathematik, die es ermöglichte, Finsternisse, Konjunktionen und die Positionen der Sterne und Planeten mit großer Genauigkeit vorherzusagen, führten die gleichen Entwicklungen schließlich zur Diskreditierung der Astrologie.

Von Anfang an florierte die Astrologie mit der Überzeugung, dass Angelegenheiten auf der Erde in einer willkürlichen Art und Weise stattfanden, abhängig von den Launen der Götter, die dazu überredet werden konnten, von ihren schädlichen Dekreten Abstand zu nehmen. Aber, als es offensichtlich wurde, dass solche Appelle nutzlos geworden waren und dass die Bewegungen der Sonne, des Mondes und der Planeten ganz bestimmten und unerbittlichen Gesetzen folgen, unabhängig von den Appellen der Priester an ihre Götter und dass diese Bewegungen genau vorherbestimmt werden können, gab es keinen Grund mehr, den Gottheiten mit bestechenden Geschenken und Gebeten zu schmeicheln.

Der erste echte Triumph der wissenschaftlichen Astronomie über den Hokuspokus der Astrologie der Priester, trat in 601 vor Chr. auf, als zum ersten Mal in der Geschichte, Thales, ein griechischer Philosoph, erfolgreich eine Sonnenfinsternis vorhergesagt hat. Dies war der

Eröffnungswettbewerb im Krieg zwischen Wissenschaft und "enthülltem" Supranaturalismus. Bald darauf wurde die Astrologie aus einer anderen Richtung unterminiert. Im Jahre 539 v.Chr., eroberte der Perserkönig Cyrus Babylon und verbreitete die zoroastrische Lehre des einen, Höchsten Gottes, der durch ein unendliches Gesetz des Ausgleichs herrscht. Im neuen System gab es keinen Platz mehr für die rachsüchtigen, eifersüchtigen Gottheiten, die durch Willkür regierten.

Während die Leistung der Astrologen in Babylon sank, nahm ihr Ruf im Westen zu. Ungefähr zu dieser Zeit begannen die Griechen in den Osten einzudringen, und der Ruhm der babylonischen Astronomie und Astrologie wurde bald wieder nach Griechenland zurückgebracht, von wo sie sich über ganz Europa verteilte.

Griechische Astrologie wird zunächst in der *Prometheus Vinctus* von Aischylos, 525 bis 465 vor Christus erwähnt, nachdem die Griechen ein erhöhtes Interesse an und Wissen über Himmelserscheinungen zeigten. Weitere Impulse wurden der griechischen Astrologie im vierten Jahrhundert nach der Eroberung des Ostens durch Alexander dem Großen gegeben, auf dessen Aufforderung Berossus die babylonischen, astrologischen Texte übersetzte. Obwohl Astrologie in Griechenland nie die Popularität hatte, wie früher in Babylon, vergrößerten die griechischen Astrologen ihren Anwendungsbereich, bis sie praktisch alle bekannten Wissenschaften unter ihren Einfluss gebracht hatten und ihr im wesentlichen die Form von heute gaben.

Im Gegensatz zum babylonischen System, war die griechische Astrologie von Anfang an mathematisch. Darüber hinaus wurde sie von Laien statt Priestern praktiziert und war mit dem einzelnen befasst, während die babylonischen Astrologen keine individuellen Horoskope erstellten, bis sie, durch verminderte Umstände, verursacht durch den Zerfall der Nation, dazu gezwungen wurden.

In Rom wurde die Astrologie, während der Zeit der Kaiser in hohen Ehren gehalten. Die Spiele des Zirkus waren eine Allegorie, die Sonne, Mond, Planeten und andere Himmelskörper repräsentierten. Die folgende Beschreibung der Spiele ist von Dupuis:

"Die Sonne hatte ihre Pferde, die auf der Rennstrecke oder dem Hippodrom, die Laufbahn der Himmelslichter imitierten. Die Olympischen Felder wurden von einem riesigen Amphitheater oder einer, der Sonne geweihten, Arena repräsentiert. In der Mitte, da stand der Tempel dieses Gottes, der von seinem Bild überragt wurde. Der Osten und Westen, als Grenzen für den Lauf der Sonne, wurde festgelegt, durch Grenzen markiert und auf dem entferntesten Teil des Circus platziert. Die Rennen fanden von Ost nach West statt, bis, aufgrund der sieben Planeten, sieben Runden durchlaufen wurden. Sonne und Mond hatten ihre Wagen genauso wie Jupiter und Venus; die Wagenlenker wurden in der Farbe, analog zu dem Farbton der verschiedenen Elemente gekleidet."

"Der Sonnenwagen wurde von vier Pferden und der Mond von zweien gezogen. Der Tierkreis wurde im Circus von zwölf Toren repräsentiert; es wurden auch die Bewegungen der Zirkumpolarsterne oder der beiden Bären verfolgt."

"Alles war in diesen Festen personifiziert: das Meer, oder Neptun, die Erde oder Ceres, die anderen Planeten und so weiter. Sie wurden von Schauspielern vertreten, die um die Preise kämpften."

"Diese Wettbewerbe wurden eingeführt, sagten sie, um die Harmonie des Universums, des Himmels, der Erde und des Meeres zu illustrieren. Die Einrichtung dieser Spiele wurde von den Römern, Romulus zugeschrieben, und ich glaube, dass sie eine Nachahmung der Rennen des Hippodroms der Akkadier und der Spiele von Elis waren [215]."

In Indien und China, wurde der Glaube an die Astrologie sehr weit verbreitet und sie blüht in diesen Ländern noch mehr als anderswo. Von der Geburt bis zum Tod ist das Leben eines Hindu oder Chinesen von den Positionen der Planeten geführt und auch kleinere Tätigkeiten werden verschoben, es sei denn das Horoskop zeigt die Zeit als günstig an.

Astrologie wurde in Ägypten, während der Perioden der griechischen und römischen Herrschaft, umfangreich praktiziert. Im siebten und achten Jahrhundert wurde sie durch die Araber, die noch immer großen Glauben in sie legen, weiterentwickelt.

Es kam vor allem durch die Mauren in Spanien, dass die Astrologie in Frankreich und anderen europäischen Ländern, im 14. und 15. Jahrhundert zur Mode wurde. Fast jeder Herrscher hatte seine offiziellen Astrologen; und an den Höfen von Italien, Spanien, Frankreich, Deutschland und England war es für die Mitglieder des Gerichts üblich, nicht im Namen Gottes, sondern im Namen der Planeten zu schwören. Kurse in Astrologie wurden an den Universitäten in Krakau, Warschau, Algier und Kairo gegeben. Es wurde bei Frauen von hoher Geburt Mode, einen "Baron" zu engagieren, der ihre Aktivitäten, gemäß den Planetenpositionen, führte.

In den Vereinigten Staaten, wo die Menschen mit Stolz verkünden, dies sei das Alter der Wissenschaft und verächtlich vom Aberglauben sprechen, hat es in den letzten Jahren eine bemerkenswerte Wiederbelebung des Interesses an Astrologie gegeben, und viele Köpfe der großen Industrien, stolz auf ihre Klugheit, sind bei den Vorhersagen der Astrologen leichtgläubig geworden, genauso wie ihre Hausmädchen. Die Veröffentlichung von Büchern, Zeitschriften, Horoskope, Karten und Artikel über Astrologie in Tageszeitungen, hat sich zu einem ziemlich wichtigen Geschäft entwickelt. Weissagen durch einen Tropfen Öl auf das Wasser, wurde durch die angebliche Zigeunerin ersetzt, die Geschicke in Teeblättern oder Kaffeesatz liest. Wenn einige unternehmungslustige Personen anfangen, Vorhersagen aus Schafsleber zu verkünden, werden wir in der Lage sein, die Zukunft genauso vorherzusagen, wie die Babylonier.

Interpretation des Tierkreises

Da die Astrologie auf den relativen Positionen der Sonne, des Mondes, der 5 Planeten (Mars, Merkur, Venus, Jupiter und Saturn) und bestimmte Konstellationen von Fixsternen basiert, war es für die Astrologen unentbehrlich, die Positionen dieser Körper zu allen Zeiten zu bestimmen. Daher wurde der Himmel in 12 Abschnitte aufgeteilt, die jeweils von einer Konstellation von Fixsternen identifiziert wurden, deren Reihenfolge ihres Erscheinens am Himmel, in einer Tabelle, Tierkreiszeichen (Zodiakus) genannt, markiert ist.

Die heutigen Sternkarten zeigen rund 120 Konstellationen, von denen viele von den Astronomen in den letzten Jahrhunderten kartographiert wurden. Die Griechen hatten 48 Sternbilder und die Babylonier noch mehr, aber nur 12 von ihnen sind von astrologischer Bedeutung; daher werden alle anderen hier nicht berücksichtigt.

Die Babylonier, Chinesen, Hindus, Ceylonesen, Ägypter, Araber und Perser hatten in bestimmten Fällen auch Mondkreiszeichen, die ursprünglich 27 Zeichen enthielten, aber später auf 28 erweitert wurden. Diese Divisionen entsprachen dem Verlauf des Mondes; die 27 oder 28 Mondphasen wurden in der Beobachtung der Sterne, rund um den Polarstern ver-

---

[215] *The Origin of All Religious Worship*, Charles Francois Dupuis, New Orleans, 1872, p. 44.

wendet, wenn sie den Meridian überqueren. Zur Zeit, als die Sonne im Sternzeichen Stier war, ermöglichte der Aufgang des Sterns Aldebaran im Stier und der Untergang des Antares im Skorpion am Frühlingspunkt, ein Mittel zur Aufteilung des Himmels in 28 Mondstationen; 14 in der Oberwelt und 14 in der Unterwelt.

Aufgrund der täglichen Rotation der Erde um ihre Achse, wird jeder Teil der Erde alle 24 Stunden zum Himmel gewandt. Natürlich bedeutet dies nicht, dass alle Sternbilder in dieser Zeit, von jedem Teil der Erde aus gesehen werden können, weil in der Tageszeit, die Sterne von der Sonne unsichtbar gemacht werden.

Wenn wir den Himmel jeden Abend zur selben Stunde beobachten, können wir über dem östlichen Horizont, jeden Monat ein neues Tierkreiszeichen sehen. Zur gleichen Stunde, 90 Tage später, ist diese Konstellation um 90 Grad gestiegen, um auf dem Meridian zu erscheinen. Am Ende weiterer 3 Monate wäre es unter dem westlichen Horizont verschwunden und würde erst 6 Monaten später wieder zu sehen sein. Diese Erklärung gilt für alle Sterne in der nördlichen Hemisphäre, mit Ausnahme von denen in der Nähe des Polarsterns, die das ganze Jahr über sichtbar sind. Aufgrund der täglichen Rotation der Erde, scheinen diese Sterne sich alle 24 Stunden um die Pole zu bewegen.

Einige helle Sterne scheinen sich im Widerspruch zu diesem geordneten Prozess zu bewegen. Sie halten ihre relative Position am Himmel nicht in Beziehung zueinander oder zu Fixsternen: einige von ihnen ändern ihre Positionen von Tag zu Tag gravierend; andere bewegen sich langsamer. Dies sind die Planeten, oder "wandernde Sterne".

Die Sternbilder des Tierkreises (Weg der Sonne) liegen in der so genannten "Ekliptik", einem Gürtel am Himmel etwa 16 Grad breit und markieren den Weg der Erde, oder, wie es uns scheint, den Weg der Sonne.

Mit Ausnahme der Waage (Libra) sind alle Tierkreiszeichen nach realen oder imaginären Tieren benannt. Das Verhältnis ist jedoch rein mythologisch oder allegorisch, da nicht eine der Sterngruppen, durch ihre Form das Tier suggeriert, für das es benannt ist.

Obwohl das Tierkreiszeichen den Himmel in 12 gleiche Teile teilt, haben die Sternbilder der verschiedenen Zeichen nicht den gleichen Abstand, noch sind sie von gleicher Größe. Einige sind zusammengedrängt; andere sind sehr stark ausgebreitet. Zum Beispiel, Löwe, Stier, Fische, und Jungfrau besetzen 36 bis 48 Grad am Himmel, während Krebs, Widder und Steinbock 19-23 Grad besetzen. Der Grund für diese Unterschiede liegt darin, dass die Tierkreiszeichen nicht über einen einzelnen Zeitraum entwickelt oder kartiert wurden, sondern wie Kraut und Rüben, über einen Zeitraum von etwa zwei- oder dreitausend Jahren einfach gewachsen sind.

Wenn eine Konstellation mit der Sonne steigt, sagt man, die Sonne ist in diesem Tierkreiszeichen. Die 12 Zeichen entsprechen daher den 12 Konstellationen, die als "Häuser" oder "Herrenhäuser" betrachtet werden, die von der Sonne, auf ihrer 12 monatigen Reise durch das Jahr, besetzt werden. Diese Übereinstimmung ist in dem babylonischen Kalender, in den Namen der 12 Monate, als die Namen der zwölf Zeichen des Tierkreises, deutlich gemacht. In der astrologischen Zeit begann das Jahr mit dem Frühlingspunkt, der etwa am 21. März stattfindet.

Die 12 Zeichen wurden in 2 Teile aufgeteilt, zusammengesetzt aus den 6 günstigen Zeichen und 6 ungünstigen Zeichen. Die ersten 6 waren die, in denen die Sonne die Monate von Wärme, Wachstum und Fruchtbarkeit besetzt. Während des Widderzeitalters waren es

Widder, Stier, Zwillinge, Krebs, Löwe, Jungfrau. Die 6 ungünstigen Zeichen repräsentierten die kalten, nassen Monate, die Dauer von Sterilität und Tod, wenn die Sonne südlich des Äquators oder allegorisch, in der Unterwelt war.

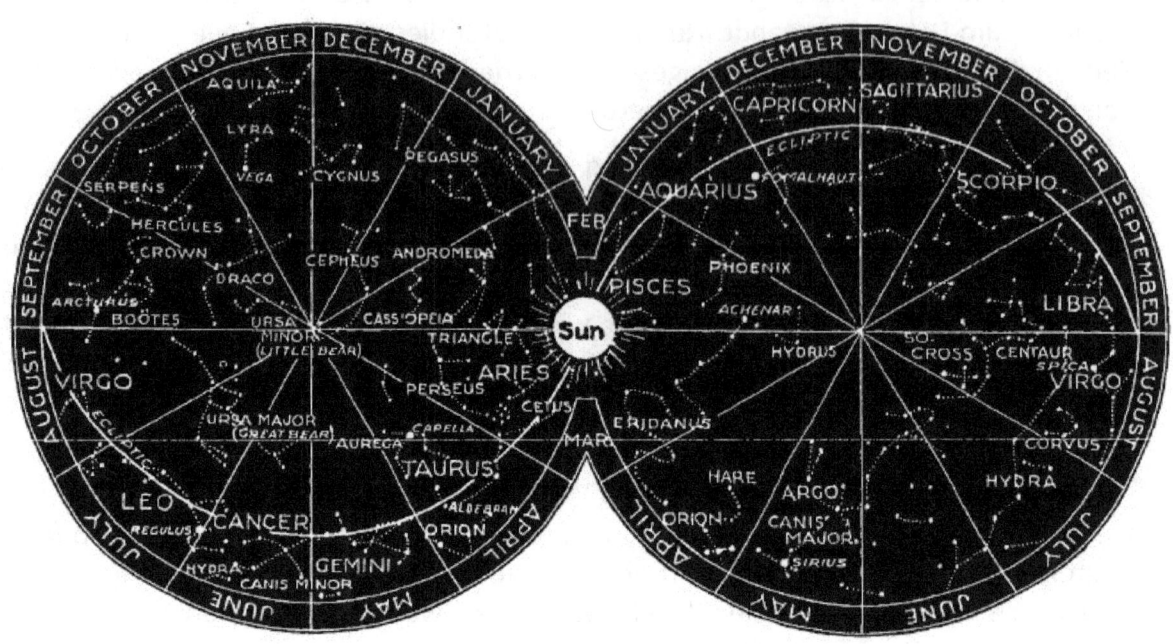

Abbildung 81: Astrologische Himmelskarte

Astrologische Karte, Position der Sternbilder des Tierkreises am 21. März, zum Anfang des Fische-Zeitalters.

Die 12 Zeichen wurden den drei Göttern Anu, Bel und Ea in dieser Reihenfolge zugeordnet:

Anu herrschte über Stier, Zwillinge, Krebs und Löwe.

Bel herrschte über Jungfrau, Waage, Skorpion und Schütze.

Ea herrschte über Steinbock, Wassermann, Fische und Widder.

Die letzten 4 Konstellationen liegen zwischen Schütze und den Plejaden und bilden den Weg von Ea. Sie sind es, die in Job 9:9 die "Kammern des Südens", genannt werden. Entlang dieses Weges von Ea lag, nach babylonischer Symbolik, der Eingang zur Unterwelt; daher wurde auch das Sternbild Schütze "Ka-sil" (Öffnen der Erde) genannt. Wo der Weg von Ea beginnt (zwischen Schütze und Steinbock), schneidet ein anderer Weg, die Ekliptik, die Milchstraße. Sie wird wiederum von der Milchstraße an dem Punkt gekreuzt, wo der Pfad endet, genau zwischen Zwilling und Orion.

Der alten Praxis in dem Versuch folgend, alles mit ihrem Gegenteil zu kombinieren, um Paare zu bilden, die Positiv und Negativ oder männliche und weibliche Qualitäten besitzen, waren die ersten sechs Zeichen des Tierkreises männlich und die 6 ungünstigen Zeichen, weiblich. Das Zeichen der Waage (Waage) ist der trennende Punkt zwischen den positiven und negativen Monaten. In der babylonischen Religion, war die Waage die Zeit eines hohen Festes. Sie markierte den Zeitraum, in dem die Seelen der Toten in der Waage gewogen wurden.

Im System von Ptolemäus, 139-161 vor Chr. wurde derselbe Gedanke in einer etwas anderen Weise geführt. Im letzteren System waren die ungeraden Zeichen männlichen und die alternativen oder geraden Zeichen waren weiblich, "wie der Tag der Nacht folgt und wie der Mann mit der Frau gepaart ist". Astrologie enthält viele solcher Unterschiede in der Interpretation von Zeichen, und es sei daran erinnert, dass die zugewiesene Bedeutung auf jede Himmelserscheinung nicht in wissenschaftlicher Weise festgelegt wurde, sondern das theoretische Produkt von vielen verschiedenen Köpfen war. Die Entwicklung dieser Kunst hat viele Jahrhunderte gebraucht und solche Änderungen und Widersprüche waren natürlich.

Es wurden vier Regionen der Erde unterschieden: Ost, West, Nord und Süd. Der Aufgang des hellen Sterns Aldebaran im Sternbild Stier, am Frühlingspunkt, markiert Osten; Antares, steigt im Herbst auf, markiert den Westen; Regulus, steigt im Sommer auf, markiert den Norden; Fomalhaut, steigt im Winter auf, markiert den Süden.

Die bewohnbare Welt wurde geteilt, um den Unterteilungen des Himmels zu entsprechen. Die Erde wurde in 7 Zonen und manchmal in vier Dreiecke unterteilt. Jede dieser Dreiecke stand, je nach Lage, unter dem Einfluss von 3 Sternkreishäusern. Jedes Dreieck wurde in 2 Teile, einen äußeren und einen inneren unterteilt. Der äußere Teil war in der Nähe der Grenzen der bewohnbaren Welt, während der innere Teil in der Nähe des Schnittpunkts der Diagonalen war, mit Babylon in der Mitte, als "Nabel der Welt".

Manchmal stand der innere Teil des Dreiecks unter dem Einfluss des anderen Dreiecks. Die Häuser wurden vereint, um geometrische Figuren wie Dreiecke, Rechtecke und Sechsecke zu bilden, die ersten und letzten Zahlen als gute Zeichen, während die Rechtecke ungünstig waren.

Im babylonischen System war jedes Haus des Tierkreises einem Planeten zugeordnet, wobei die Zeichen des Krebses auf den Mond bezogen waren, Löwe auf die Sonne, Zwillinge und Jungfrau auf die Venus, Widder und Skorpion auf den Mars und Wassermann auf Saturn. In jedem Fall war der jeweils vorsitzende Planet Herr des Hauses. Darüber hinaus, wurden Sonne, Jupiter und Saturn mit dem Tag assoziiert; der Mond, Mars und Venus mit der Nacht; Merkur wurde mit Tag und Nacht verbunden. Die Sonne, Jupiter und Mars waren männlich; Mond und Venus waren weiblich, und Merkur könnte beiderlei Geschlechts sein.

Die Bedeutung der Planeten verändert sich, wenn ihr Breitengrad sich erhöht oder verringert. Deren Einfluss hing auch von ihrer Position relativ zueinander ab. Darüber hinaus wurde die astrologische Bedeutung des jeweiligen Planeten, durch seine Intensität, Geschwindigkeit, heliakischer Auf- und Untergang und dem Haus des Tierkreises bestimmt, in dem er auf- und unterging, sowie von seiner Position in der Konstellation und von der Nähe zu den anderen Planeten.

Bei den Fixsternen waren die von größter Bedeutung, die die Konstellation der Tierkreiszeichen umfassen, denn in ihnen gingen die Sonne und die Planeten immer auf und unter. Andere Sterne waren jedoch nicht ohne Bedeutung. Die wichtigsten Positionen waren Aufgang, Höchststand, Untergang und die niedrigsten Punkte der verschiedenen Häuser. Der heliakische Aufgang war besonders wichtig, weil er den Astrologen bei der Aufteilung der Zeit, in einheitliche Perioden, half [216].

---

[216] Ein Stern der für ein paar Minuten, kurz nach Sonnenuntergang sichtbar war, kann dann verschwinden und 24 oder 30 Tage später als Morgenstern wieder auftauchen. Sein Verschwinden im Westen wurde als heliakischer Untergang und sein morgendliches Erscheinen im Osten wurde als heliakischer Aufgang bezeichnet.

Die Tierkreiszeichen wurden weiter nach ihrer angenommenen Ähnlichkeit mit den 4 Elementen Erde, Luft, Feuer und Wasser bezeichnet. Stier, Jungfrau und Steinbock waren kalte, schwere und trockne Zeichen; Krebs, Skorpion und Fische waren feucht, weich und kalt; Widder, Löwe und Schütze waren heiß, trocken, heftige Zeichen; Zwillinge, Waage und Wassermann waren hell, feucht und heiß.

Planeten wurden "lu-bat" (verirrten Schafe) oder "Offenbarer" und "Entsorger" genannt. Sieben "Mashu" Sterne nördlich und südlich der Ekliptik hatten "lu" als Vorsilbe, um anzuzeigen, dass sie Hirten sind die die Planeten bewachen, damit sie nicht zu weit nach Norden oder Süden abwandern.

Aufgrund ihrer geringen Umlaufbahnen, erscheinen Merkur und Venus immer in der Nähe der Sonne, sichtbar kurz vor Sonnenaufgang oder kurz nach Sonnenuntergang. Wegen ihrem Auftreten, eng zusammen, wie eine Familie, wurden sie als Vater, Mutter und Sohn bezeichnet. Da Merkur und Venus sowohl als Abend- als auch als Morgenstern erschienen, könnten sie als gute oder schlechte Einflüsse betrachtet werden.

Die drei äußeren Planeten, Mars, Jupiter und Saturn bilden eine weitere Triade und erschienen dem Betrachter als weniger von der Sonne kontrolliert, als Merkur, Venus, oder der Mond. Jupiter, in der Mitte, war freundlich. Die Sonne, als Spender des Lebens und des Lichtes, war ebenfalls gut; daraus folgt, dass Mars und Saturn böse waren. Mars, mit seiner turbulenten, kurzen Umlaufperiode, war der junge Dämon, während der sich langsam drehende Saturn als grauköpfiger Erzeuger des Bösen dargestellt wurde.

Trotz seines bösen Aspekts, wurde Saturn, oder Bel, als der höchste und am weitesten entfernte Planet und als der meist Geehrte angesehen. Es war der oberste Offenbarer. Saturn wurde auch als der Leithammel unter den Planeten betrachtet, weil er sich langsam und stetig zu bewegen schien. Wegen seines Gegensatzes in der Geschwindigkeit zu Merkur, wurden die beiden so verbunden, dass Saturn den Beinamen erhält, der ordnungsgemäß Merkur gehörte. Merkur wurde auch wegen seiner schnellen Bewegung als "Bote" bezeichnet.

Von Jupiter wurde angenommen, dass er ein gutes Omen sei, wenn er andere Planeten verdunkelt. Wenn er am Himmel erschien erwartete seine irdische Stadt, Babylon, vielleicht Wohlstand.

Widder wurde als der Führungsbock angesehen, weil er in der Zeit, als die Priester von Babylon das System erstellten, heliakisch zu Beginn des Jahres aufging.

Man glaubte, dass Schein-Sonnen, die unter bestimmten atmosphärischen Bedingungen sichtbar sind, gemäß ihrer Anzahl anzeigen, wie viele Tage Regen folgen.

Lichthöfe der Sonne waren relativ unwichtig, aber ein Lichthof (Halo) des Mondes zeigte an, dass er die Sterne führt, und die Anzahl der Sterne innerhalb seines Lichtkranzes wurden sorgfältig zur Kenntnis genommen. Es war auch wichtig zu beachten, ob der Ring hell oder dunkel war, ununterbrochen oder unterbrochen und, wenn gebrochen, auf welcher Seite der Bruch erschien.

Wenn ein Planet in ein Tierkreiszeichen eintrat, wurde die Verbindung als Ehe, Ehebruch oder Inzest betrachtet. Wenn er unter dem Horizont verschwand und im Meridian wieder aufging, wurde geglaubt er sei gestorben, wieder auferstanden und in den Himmel gestiegen.

Aufgrund seines schnellen Wechsels in Position und Aussehen, wurde der Mond in der Regel an erster Stelle berücksichtigt und hatte Vorrang vor der Sonne, auch in Texten, die nicht astrologisch waren.

Der Mond wurde mit einer Tafel verglichen, worauf die Götter ihre Dekrete schrieben und somit das Wesen des astrologischen Wissens enthüllten. In den Annalen von König Assurbanipal, wird ein Priester repräsentiert, wie er die Dekrete liest, die auf die Scheibe des Mondes geschrieben waren.

Das Wachsen, Schwinden, und das erste und letzte Erscheinen des Mondes waren sehr wichtig; ebenfalls der 7. Tag des Mondes. Der Priester Gudea gibt den 7. Tag als einen der Ruhe an. Niemand wurde mit einer Peitsche geschlagen; die Mutter hat ihr Kind nicht zu züchtigen; Hausherr, Aufseher, und Arbeiter hörten auf zu arbeiten; die Toten wurden nicht begraben; die Gerichte waren geschlossen; Ärzte haben die Kranken nicht behandelt; es war nicht angebracht, einen Wunsch zu äußern; die "Kaba" spielte keinen Psalm; Klagefrauen sangen keine Klagelieder.

Der 28. Tag des Mondes war ein Tag der Klage, der den Übergang des alten Mondes in die Macht des Drachen markiert. Der Vollmond erscheint in der Regel am 14. Tag, aber Texte erlauben für sein Erscheinen eine Marge von 5 Tagen (vom 12. bis 16. Tag). Eine abnorme Erscheinung war ein böses Zeichen. Positionen der Sterne in Bezug auf den Mond, waren Quellen für Omen. Auf der linken Seite des Mondes wurden sie als ungünstig angesehen.

Finsternisse der Sonne, des Mondes und der Planeten, die während der Mondfinsternis sichtbar sind, waren signifikant. Das Ausmaß der Finsternis war wichtig, aber auch der Teil des Gesichts des Mondes, abgedeckt durch den Schatten und die Richtung, in die der Schatten wieder verschwand. Eine Finsternis wurde als ein Zeichen betrachtet, dass der verdeckte Körper von einem Drachen verschluckt wurde und spezielle Gebete lagen bereit um rezitiert zu werden, während der Schatten das Gesicht des Mondes oder der Sonne überquerte.

Donner war die Stimme von Adad, dem Gott der Stürme, dessen Einfluss entweder gut oder schlecht war, weil etwas Regen für das Wachstum der Pflanzen notwendig ist, aber zu viel davon destruktiv für Leben und Eigentum ist. Die Bedeutung des Donners hing auch davon ab, ob er von Regen begleitet war oder nicht. Wenn man ihn im Monat *Ab* hörte, bedeutete es Gut und Böse. Ein Gewitter im Monat Tisri, war ohne einen Regenbogen ein böses Zeichen. Ein Blitz an einem wolkenlosen Himmel sagte eine Flut vorher.

Meteore und Kometen erscheinen selten, daher wurden ihnen nur wenige Omen zugeschrieben, aber ihr Erscheinen wurde allgemein als schlechtes Vorzeichen interpretiert.

Als die Griechen Astrologie entwickelten, wurden alle bekannten Wissenschaften unter ihren Einfluss gebracht - Botanik, Chemie, Zoologie, Mineralogie, Anatomie und Medizin.

Farben, Metalle, Pflanzen, Drogen und Tiere aller Art wurden in Beziehung zu den Planeten gebracht. Im System von Ptolemäus wurde der Planet Saturn mit Grau, Jupiter mit Weiß, Mars mit Rot, und Venus mit Gelb verbunden; während die Farbe des Merkurs wegen seines veränderbaren Charakters variierte.

Bei den Metallen war die Sonne mit Gold, der Mond mit Silber, Jupiter mit Silbergold, Saturn mit Blei, Venus mit Kupfer verbunden, und Merkur mit Quecksilber, als flüssig oder fest, wegen seines veränderbaren Charakters.

Beim Entwerfen einzelner Horoskope wurden die Zeichen des Tierkreises, Räumen in einem Quadrat zugewiesen, in 12 Teile (Abbildung 82) unterteilt, mit folgenden Werten:

1.	Haus	Widder	-	Leben, Inhaber des Horoskops.
2.	"	Stier (Taurus)	-	Frau oder Mann, Reichtum, auch Armut.
3.	"	Zwilling	-	Brüder.
4.	"	Krebs	-	Eltern, Vorfahren.
5.	"	Löwe	-	Kinder.
6.	"	Jungfrau	-	Gesundheit, Service oder, durch eine andere Interpretation, Schmerz.
7.	"	Waage	-	Ehe.
8.	"	Skorpion	-	Tod.
9.	"	Schütze	-	Religion.
10.	"	Steinbock	-	Würden und Ämter.
11.	"	Wassermann	-	Freundschaft.
12.	"	Fische		Feindschaft.

Räume 8, 9, 10, 11 und 12 in der Horoskop-Karte sind in der oberen Welt, deren Grenzen die ägyptische Hieroglyphe für den Himmel formen (Abbildung 83, Nr. 1 und 4). Die Erde wird durch die gleiche Zahl invertiert dargestellt. (Nr. 3).

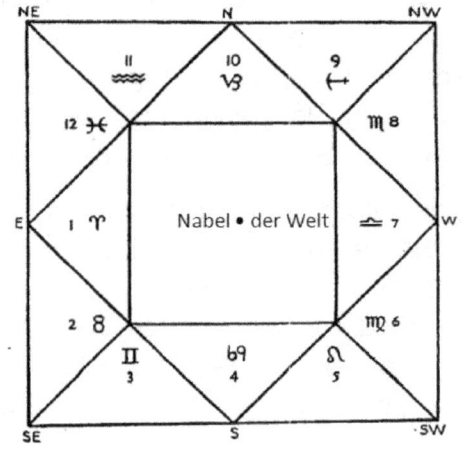

Abbildung 82: Antikes Horoskop

Alte Horoskopzeichnung als Karte der Welt, zeigt die Positionen der Zeichen des Tierkreises.

NE, NW, SO und SW repräsentieren die vier Säulen, auf denen der Himmel steht. Aus diesem Grundwert wurden auch die Symbole der Alchemisten, Feuer, Luft, Erde und Wasser abgeleitet, und die Richtungen Norden, Süden, Osten und Westen.

Jeder der Planeten war mit einem anderen Teil des Körpers verbunden. Verschiedene Schulen der Astrologie hatten widersprüchliche Theorien in Bezug auf die Funktionen der Organe bei Menschen und Tieren. Später wurden die Zeichen des Tierkreises mit den Organen des Körpers verbunden, und die Sternbilder des Tierkreises wurden in der Bestimmung der individuellen Horoskope ebenso wichtig wie die Planeten.

Der Tierkreis wurde als Prototyp des menschlichen Körpers gesehen. Die Unterteilungen des Tierkreises entsprechen den 12 Einteilungen und 36 Unterteilungen des Körpers, die jeweils unter dem Einfluss eines Planeten gesehen wurden. Der 1. war der Kopf; 2. Hals; 3. Schultern und Arme; 4. Herz; 5. Flanken; 6. Blase; 7. Gesäß; 8. Schambein; 9. Oberschenkel; 10. Knie; 11. Beine; 12. Füße. Der Einfluss eines Planeten auf ein Individuum war abhängig, nicht nur von den Planeten, die zum Zeitpunkt seiner Geburt oder Empfängnis aufsteigen, sondern auch von der Beziehung zwischen dem Ort der Geburt und der Position des Planeten und zwischen Teilen des Körpers und bestimmten Zeichen im Tierkreis. Venus herrschte über die Genitalien; Mars hatte den Vorsitz über Galle, Blut und Nieren; Merkurs Domäne war die Leber. In anderen Systemen wurde die Leber von Jupiter oder Venus gesteuert. Viele Krankheiten und Störungen wurden den Einflüssen der Planeten zugeordnet, oder von Zuständen oder Positionen eines Sterns abhängig gemacht.

Feuer △	Norden △
Luft △	Süden ▽
Erde ▽	Osten ▷
Wasser ▽	Westen ◁

Abbildung 83: Astrologische Symbole von Himmel und Erde

Die obere Hälfte des Horoskops, von den Ägyptern als Hieroglyphe für den Himmel oder die obere Welt übernommen. Die Figur auf der rechten Seite zeigt die Verwendung dieses Symbols. Die untere Hälfte des Diagramms wurde als Hieroglyphe für die Erde, oder Unterwelt verwendet.

Nach Manlius, in dem Gedicht *Astronomicals (Astronomien)*, vor 2000 Jahren geschrieben, führt die Sonne den Vorsitz über den Kopf, Mars über den rechten Arm, Venus über dem linken Arm, Jupiter über den Magen, Mars die unten Teile; Merkur herrscht über das rechte Bein und Saturn über das linke.

Albert der Große (1206-1280 AD), ordnete die Herrschaft der Sterne wie folgt an: Saturn über Wissenschaft, Gebäude und Veränderungen im Leben; Jupiter über Ehrungen, Reichtum und Sauberkeit; Mars über den Krieg, Gefängnisse, Hochzeiten, Hass; Merkur über Schulden, Handel, etc.; der Mond über Wunden, Träume, Diebstähle.

In einem System, wurden die Tage der Woche von den verschiedenen Planeten regiert: Sonntag von der Sonne; Montag durch den Mond; Dienstag Mars; Mittwoch Merkur; Donnerstag Jupiter; Freitag Venus; Samstag Saturn. In einem anderen System wurde Sonntag von der Sonne regiert; Montag durch den Mond; Dienstag von Jupiter; Mittwoch von Mars; Donnerstag von Merkur; Freitag von Venus; Samstag von Saturn.

Einteilung der Zeit

Der Tag wurde in 12 Doppelstunden geteilt, jede Stunde repräsentiert die Zeit, die die Sonne täglich in jedem Zeichen des Tierkreises verbringt. Das Nychthemeron (Tag-Nacht-Periode) wurde weiter in 6 Uhren unterteilt; 3 für den Tag, 3 für die Nacht. Der Durchgang der Sonne durch die Tierkreiszeichen, beginnend mit seiner Position am Beginn des Frühlings, schlug die Einteilung der Zeit in Jahren vor. Die Tag-Nachtgleiche im Frühjahr und Herbst und die Sommer- und Wintersonnenwende unterteilte das Jahr weiter in 4 Jahreszeiten.

Das Sonnenjahr wurde fälschlicherweise, auf der Grundlage von 360 Tagen berechnet, und die gesamten kalendarischen, astrologischen und astronomischen Systeme beruhen auf diesen Berechnungen. Der Tierkreis, wurde daher in 360 Teile aufgeteilt oder 1 Grad für jeden Tag des Jahres. Aus dieser Theorie hat sich auch der Brauch entwickelt einen Kreis in 360 Grad zu unterteilen.

Das Sonnenjahr von 360 Tagen wurde weiter in 36 Dekane von je 10 Tagen und 72 Dodekane oder Wochen aufgeteilt, von jeweils 5 Tagen mit einem separaten Stern, der eine 5-Tagesperiode repräsentiert. Manchmal wurde jedes Zeichen weiter in 12 Teile zu je $2^{1/2}$ Grad unterteilt, mit einem Planeten als Vorsitz über jedes kleine Teil. In astrologischen Texten wurde angenommen, dass jeder Monat 30 Tage hatte, obwohl in der Praxis ein Monat 29 oder 30 Tage hat.

Da Sonne und Mond beides wichtige Faktoren im Leben der Menschen sind, wurde es als notwendig erachtet, eine Beziehung zwischen dem Mondjahr von 354 Tagen und dem Sonnenjahr von 360 Tagen zu schaffen; deshalb wurde erklärt, dass ein normales Jahr aus 12 Monaten besteht, jeder unter dem Vorsitz von jeweils einem Gott. Aber ein Sonnenjahr ist mehrere Tage länger als 12 Mondaufgänge, daher war alle 2 oder 3 Jahre ein Schaltmonat erforderlich.

Das 360-Tage-Jahr wurde so fest verankert, dass für Jahrhunderte nachdem die wahre Länge des Jahres bekannt wurde, ein Kalender-Zeitraum von 12 Monaten mit 30 Tagen eingesetzt wurde, mit 5 zusätzlichen Schalttagen, um die Jahreszeiten davon abzuhalten, allmählich rückläufig zu gehen. In Ägypten waren diese 5 zusätzlichen Tage religiöse Feiertage für die Götter Osiris, Horus, Set, Isis und Nephthys. In Babylon wurde alle 6 Jahre ein zusätzlicher Monat, der Rabe genannt, dazugegeben. Dieser Monat wurde so genannt, weil er als zusätzlicher Monat, ein Omen des Unglücks war. Manchmal wurde das 13-Monats-Jahr das weibliche Jahr genannt.

Präzession der Tag-Nachtgleichen (Äquinoktium)

Da die Erde sich um die Sonne dreht, schwankt sie sehr leicht an der eigenen Achse, wie ein sich schnell drehender Kreisel. Wenn man, von Pol zu Pol, eine Linie durch ihre Achse zieht und sie zum Himmel projiziert, würde sie nicht fortwährend in Richtung Nordstern zeigen. Wegen der wackeligen Bewegung der Erde, würde die so projizierte Linie, im Laufe von etwa 25.800 Jahren, einen Kreis am Himmel bilden.

Als Resultat dieser Bewegung, schneidet der Äquator der Erde, die Ekliptik jedes Jahr um 50,25 Grad in westlicher Richtung, von Vorjahresstelle aus gesehen. Diese leichte Exzentrizität der Erde verursachte bei den frühen Astronomen, Astrologen und Kalendermachern, Verwirrung und Ärger ohne Ende; und macht auch für heutige Astronomen eine Berechnung schwierig.

Ein anderer Weg, diese Aktion zu beschreiben, ist zu sagen dass, kurz bevor die Erde einen Umlauf um die Sonne abgeschlossen hat, wird sie, hinsichtlich der Sterne, den Ausgangspunkt ihrer Umlaufbahn erreicht haben. Mit anderen Worten ist das siderische oder Sternenjahr, auf dem unser Kalender basiert, kürzer als das echte Sonnenjahr, definiert durch eine vollständige Umrundung der Sonne durch die Erde. Der Unterschied ist der 1/25.800te Teil eines Jahres oder 20 Minuten, 23 Sekunden.

Langsam fällt der äquinoktiale Punkt zurück, so dass in ca. 3 Jahren eine ganze Stunde verloren ist; in 71 Jahren und 8 oder 9 Monaten, beträgt der Verlust einen ganzen Tag. In

25.800 Jahren ist ein ganzes Jahr verloren. Die Erde umläuft die Sonne also 25.799-mal in 25.800 Jahren.

Für den Astrologen bedeutet das, dass die Sonne nicht Jahr für Jahr, in der exakten Position bezüglich des Tierkreises erscheint, sondern langsam durch den Tierkreis geht. Ihre Durchgangsgeschwindigkeit liegt bei etwa 50" $9^{3/4'''}$ jedes Jahr: 1 Grad in 71+ Jahren: 5 Grad oder Tage in 360 Jahren: 30 Grad, oder ein ganzes Sternzeichen lang, in 2152 oder 2153 Jahren, und in circa 25.800 Jahren wird die Sonne durch die 360 Grad des großen Tierkreis gelaufen sein. Die Astronomen des Altertums berechneten die Länge der Zeit, die die Sonne benötigt, um ein Sternzeichen zu durchlaufen, fälschlicherweise auf 2160 Jahre, oder 25.920 Jahre für alle 12 Zeichen.

Nach Berechnungen des Astronomen Cassini, ging die Sonne, zu Beginn der christlichen Ära, im 5. Grad der Fische auf. Nimmt man 2160 Jahre für den Sonnendurchlauf durch ein Sternzeichen an, würde dies den Eintritt der Sonne in das Sternzeichen des Stiers auf 4680 vor Chr. legen, Widder auf 2520 v.Chr. In den ersten Jahrhunderten des Christentums entschied die Kirche, die Präzession der Tag-Nachtgleichen zu ignorieren; deshalb zeigen die meisten Kalender die Sonne noch im Widder, obwohl sie schon vor vielen Jahrhunderten dieses Zeichen verlassen hat und nun in den Wassermann eintritt.

Das Alter der Astrologie und der gemeinsame Ursprung der alten religiösen Systeme, wird durch die Tatsache gezeigt, dass der Stier (Taurus) mit praktisch jeder alten Religion, entweder als Objekt der Anbetung oder als Opfergabe an die Götter, verbunden ist. Während der Zeit, in der die Frühlingssonne im Stier aufging, wurden die Sonnengötter, in Skulpturen, fast einheitlich mit dem gehörnten Kopf eines Stiers, oder mit dem Stier selbst identifiziert. Nachdem die Sonne in das Zeichen des Widders eintrat, wurden viele der Figuren widderköpfig.

Nach indischer Tradition, kam es zum Zeitpunkt des Wechsels von Stier in den Widder-Zeitraum, zu einem großen Religionskrieg. Als der Widder, aus Gründen, die nur die Priester verstanden, auf die Position gehoben wurde, die zuvor der Stier inne hatte, scheint die Bevölkerung sich in ihrer Loyalität zu teilen, was grausame Bürgerkriege zur Folge hatte.

Da der Teil des Himmels, der von jedem Tierkreiszeichen besetzt war, nicht präzise von den alten Astronomen definiert wurde, könnten Schätzungen des genauen Datums des Übergangs der Sonne in das Stier, Widder oder Fisch-Zeichen, leicht um mehrere Jahrhunderte variieren. Einige Schätzungen zum Beginn des Fischezeitalters, legten ihn auf etwa den Beginn der christlichen Ära. Damals herrschte immer noch die alte Tradition, die Geburt und den Tod der Götter mit den Zeichen des Tierkreises in Verbindung zu bringen; und einige Schreiber hatten Grund zu dem Verdacht, dass es ein Versuch früher christlicher Mystiker war, das Leben Jesu mit der astrologischen Tradition zu harmonisieren.

Der kommende Messias wird im Talmud, Dag genannt, der Fisch, der durch die Fisch-Göttin Atergatis wiedergeboren wurde. Es wurde darauf hingewiesen, dass die Geschichte vom Leben Jesu, von Kindheit an, immer wieder die Aufmerksamkeit auf Zwischenfälle im Zusammenhang mit Fisch und Fischer lenkt, als ob die Ereignisse eine innere, obskure Bedeutung hätten. Während der ersten vier Jahrhunderte wurden Christen Pisiculi oder kleine Fische genannt, und Jesus wurde der Große Fisch genannt. Darstellungen, die Jesus als ein Fisch symbolisieren, erschienen auf religiösen und Haushaltsgegenständen, auch an den Wänden der römischen Katakomben. Im zweiten Jahrhundert forderte Clement die Christen auf, einen Fisch auf ihren Siegeln einzugravieren, um sich von den Heiden zu unterscheiden.

XIX. Zeitalter der Götter

Wären die alten Astrologen im Jahr 1940 wieder auf der Erde gewesen, hätten sie ein himmlisches Schauspiel von größtem Interesse gesehen. Am 18. Februar gab es eine dreifache Konjunktion von Mars, Saturn, und der Mondsichel. Zwei Tage später gab es eine Konjunktion von Venus und Jupiter. Dann, für etwa eine Woche, beginnend mit dem 28. Februar, erschien ein Phänomen, das so selten ist, dass es seit Beginn der astronomischen Aufzeichnungen über Himmelserscheinungen nicht beschrieben wurde.

Eine halbe Stunde nach Sonnenuntergang konnten die 5 Planeten Merkur, Jupiter, Venus, Saturn und Mars im südwestlichen Himmel gesehen werden, und sie bildeten eine fast gerade Linie, aufsteigend in einem Winkel von etwa 30 Grad von der Vertikalen und vom Horizont in Richtung des Zenit ausdehnend, wie eine Himmelsleiter.

Das gleichzeitige Auftreten mehrerer Planeten im gleichen Teil des Himmels ist ein sehr seltener Anblick. Es gibt nur zwei Fälle in der Geschichte, in der alle die in der Antike bekannten Planeten gleichzeitig in derselben Region am Himmel erschienen sind. Die erste ist eine Berechnung von dem Astronomen Bailly, dass eine Verbindung der 5 Planeten genau 5042 Jahre vor dem schönen Schauspiel von 1940 stattgefunden hat. Dies geschah 18. Februar 3102 vor Christus. Dies war, nach Hindu-Tradition, das Datum der Sintflut und der Anfang ihres gegenwärtigen Kali Yuga oder der Großen Periode.

Der zweite Auftritt eines solchen Schauspiels wird in den *Annalen der Bambusbücher* beschrieben, das in der chinesischen Konstellation namens Yin Shih, während der Regierungszeit von Kaiser Tsuan Hsu, 2513 vor Christus, aufgetreten ist.

Im Laufe der Jahrhunderte, in denen alle Ereignisse von der Astrologie interpretiert wurden, setzte sich die Tradition durch, dass jegliches Auftreten eines ungewöhnlichen Phänomens am Himmel, Hinweis auf einen großen Aufruhr unter den Göttern sei und ein Omen für wichtige, kommende Ereignisse war. Die Geburt berühmter Männer wurde durch das Auftreten von "Zeichen und Wunder" am Himmel eingeläutet. Auf der anderen Seite wurden die Todesfälle von großen Männern, von Donner, Blitz, Ausbrüchen der Erde, Kometen, Finsternisse von Sonne oder Mond und vielen anderen Phänomenen markiert. Kurz vor der Zeit, der Geburt Christi zugeordnet, gab es eine Konjunktion des Mondes und der Planeten Jupiter und Saturn, und es gibt eine Legende, dass die Heiligen Drei Könige von einem fremden Stern, zum Geburtshaus des Kindes geführt wurden.

Es scheint ein fast universeller Glaube zu sein, dass die totale Zerstörung der Welt, durch eine Verbindung von Sonne, Mond und allen Planeten gekennzeichnet sein würde. Die Theorie ist, dass am Anfang der Welt, die Sonne, der Mond und die Planeten am Anfangspunkt des Tierkreises in Verbindung standen und auf den gleichen Punkt, am Ende des Zeitalters, zurückkehren würden.

Wie die Theorie von dem babylonischen Priester Berossus verstanden wurde, würde die Zerstörung der Welt durch das Feuer kommen, wenn alle Planeten in direkter Linie mit dem Tierkreiszeichen Krebs (ein Feuerzeichen) stünden. Wenn dieses Ereignis im Zeichen des Steinbocks (ein Wasserzeichen) stattfände, würde die Welt durch Wasser zerstört. (1940, waren die Planeten in der Fischkonstellation gruppiert, auch ein Wasserzeichen.) Der gleiche babylonische Glaube wurde in Ägypten, Persien, Indien, China, Mexiko, und unter den Stämmen von Südamerika gefunden. Man nimmt an, dass die Juden, die Legende, dass die Welt einmal durch Feuer und einmal durch Wasser zerstört wird, aus Babylon bezogen haben. Nach der allegorischen Behandlung der Mythologie trat das Hochwasser im Wasserzeichen des Wassermannes, zum Punkt der Wintersonnenwende auf. Dies würde das Ereignis auf 3100 oder 3200 vor Chr. legen.

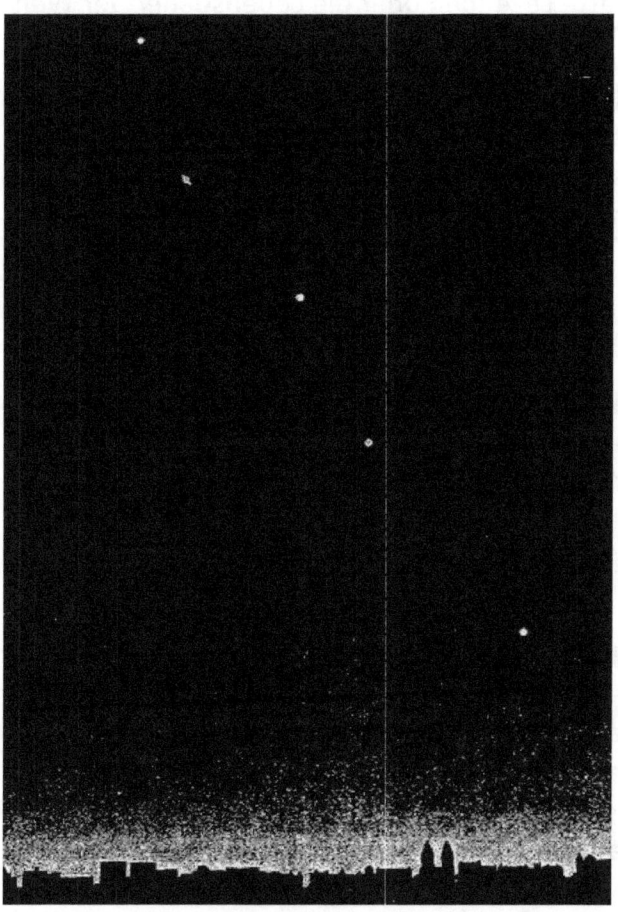

Abbildung 84: Die Planetenleiter

Leiter der Planeten, wie sie kurz nach Sonnenuntergang des 28. Februar 1940 erschienen sind. Nach unten gelesen sind es: Mars, Saturn, Venus, Jupiter und Merkur. Mit freundlicher Genehmigung des American Museum of Natural History.

Wenn, nach den alten Astrologen, die Schatten der Sonne oder des Mondes furchtbare Ereignisse auf der Erde vorhergesagt haben, welche große Katastrophe hätte die singuläre Erscheinung des Jahres 1940 dem mystischen Sterngucker vorausgesagt? Wäre es als ein Omen gesehen worden, dass die Welt durch das Feuer im großen Krieg verzehrt werden könnte, der kurz davor die ganze Erde verschlungen hat? Wäre es ein Vorzeichen des Aufstiegs eines großen Zerstörer-Diktators gewesen?

Es hat sich gezeigt, dass die Astrologie auf dem Glauben basiert, dass so wie alles Leben und alle Aktivitäten auf der Erde, von den Bewegungen, Konjunktionen und anderen Aspekten von Sonne, Mond und Sterne bestimmt wird und wie sich diese Phänomene in regelmäßigen Zyklen oder Zeiträumen wiederholen, so wurde von den Ereignissen auf der Erde auch geglaubt, sich in Zyklen zu wiederholen.

Von den jahreszeitlichen Veränderungen, von Sommer zu Winter, mit ihren sich wiederholenden Zeiträumen von Werden und Vergehen, dachte man ebenfalls, dass sie Parallelen in den himmlischen Tagen, Wochen, Monaten, Jahren und in den Zeitaltern der Götter haben. Es wurde daher angenommen, dass die Kenntnis der Himmelszyklen nicht nur zukünftige Ereignisse auf der Erde verraten würden, sondern ebenfalls Geburt, Tod und Wiedergeburt der Götter und den Anfang und das Ende des Universums selbst. Die Bestimmung dieser Zyklen wurde dann eine Angelegenheit tiefsten Interesses für Astrologen, Priester und Philosophen. Jedes Land hatte Legenden über die Lebensdauer der Welt.

In einigen Fällen wurde der Anfang der Welt als eine Zeit der ursprünglichen Reinheit dargestellt, ein Goldenes Zeitalter, in dem der Mensch in einem Zustand der Perfektion lebte, in der die Welt im Laufe der Zeit immer mehr entartete. Der "Fall" von Adam und Eva ist eine Variation des Goldenen-Zeitalter-Mythos. Andere Theorien gaben ein hoffnungsvolleres Bild. Der Anfang der Welt war als eine Zeit der Dunkelheit, Krankheit und Anarchie präsentiert, mit dem Menschen, ewig nach oben, in Richtung Perfektion kämpfend.

Die Brahmanen in Indien teilten die vermeintliche Dauer der Welt in 4 große Zeitzyklen oder Zeitalter der Götter wie folgt ein:

Krita Yuga	1.728.000	Jahre
Trita Yuga	1.296.000	"
Dvapara Yuga	864.000	"
Kali Yuga	432.000	"
	4.320.000	" = 1 Maha Yuga.

Die Einheit, mit der Yugas berechnet werden, ist 1200 Jahre der Götter, von denen jedes aus 360 Sonnenjahren oder 72 Perioden von je 6.000, also insgesamt 432.000 Jahren besteht. Eintausend Maha Yugas ergeben ein Kalpa oder Groß-Alter, an dessen Ende die Zerstörung und Erneuerung der Welt stattfindet. Ein Kalpa wird ein Tag des Brahma genannt und seine Nacht ist von gleicher Länge. Dreihundertsechzig solcher Tage und Nächte machen ein Jahr des Brahma aus und 100 solcher Jahre ergeben seine Lebenszeit. Diese längste Periode wird als *para* bezeichnet.

Ein Kalpa wird weiter in 14 Manvantaras unterteilt, von denen jedes aus 71+ Maha Yugas besteht. Das Gegenwärtige ist das siebte Manvantara dieses Kalpa, regiert von Manu Vaivasata, der von östlichen Buddhisten als Ausatmen des schöpferischen Prinzips akzeptiert wird, der Zeitraum des kosmischen Lebens, der zwischen zwei *prolayas* liegt: ein Tag Brahma's.

Das erste, das Krita Yuga, war das Goldene Zeitalter, in dem der Mensch 4000 Jahre lebte und als es noch keine Streitigkeiten und Kriege gab. Gesetze wurden befolgt und Tugend regierte. Im Laufe der Zeit wurden die Zeitalter kürzer und der Zustand der Welt wurde immer schlimmer, mit dem Kali oder dem gegenwärtigen Zeitalter, wird der vollständige Niedergang des Menschen und das kommende Ende der Welt repräsentiert. Das Kali Yuga begann am 18. Februar 3102 vor Christus.

Gemäß einer weiteren Berechnung, sollen die vier Zeitalter in Anteilen von 4, 3, 2 und 1 aufgeteilt sein:

Krita Yuga oder Zeitalter von	Gold	24.000 Jahre.
Trita " " " "	Silber	18.000 "
Dvapara " " " "	Messing	12.000 "

Kali	"	"	"	"	Eisen	6000	"

60.000 Jahre.

Jede Periode der Regeneration wird durch das Kommen eines Avatar oder Retters markiert. Die bekanntesten Avatare [217] sind die von Vishnu, die angeblich unzählig sind.

Berossus, einem älteren, babylonischen System folgend, versucht die Geschichte durch die Vorhersage zu harmonisieren:

466 Seroi (3,600) 4 Neroi (600) =	1,680,000	Jahre	der Schöpfung
120 "	432,000	Jahre	der vorsintflutlichen Zeit (10 Perioden).
10 "	36,000	Jahre	der nachsintflutlichen Zeit (von der Flut bis Alexander dem Großen).
3 " 2 Neroi	12,000	Jahre	Jahre zum Ende der Tage,

also insgesamt 2.160.000 Jahre für die Dauer der Welt [218]. Jeder Zyklus besteht somit aus einem *ner* von Seroi: 600 x 3600 = 2.160.000 Jahre. Dieser Zeitraum ist gleich 60 x 36.000 Jahre oder 9 x 240.000. Demgemäß dauert die Schöpfung 7 x 240.000 Jahre oder 7 Tage der kosmischen Zeit. Die 2.160.000 Jahresperiode ist ein Sechstel der wichtigsten babylonischen Zahl 12.960.000, das ist 60 x 60 x 60 x 60. Nach einer anderen Theorie rechnen die Babylonier den Zeitraum als 144 Saros oder 518.400 Jahre.

Die 10 Könige von Babylon, die vor der Sintflut herrschten sind nach Berossus:

Alor	10	Saros	36,000	Jahre
Alasper	3	"	10,800	"
Amelon	13	"	46,800	"
Aminon	12	"	43,200	"
Matalan	18	"	64,800	"
Daon	10	"	36,000	"
Evidorach	18	"	64,800	"
Amphis	10	"	36,000	"
Otiaris	8	"	28,800	"
Xisuthrus	18	"	64,800	"
	120	"	432,000	Jahre.

In der Zeit, die die jüdische Tradition für den Zeitraum von der Schöpfung bis zur Sintflut angibt, kann babylonischer Einfluss gesehen werden. Xisuthrus, der 10. Patriarch, ist der Noah der babylonischen Mythologie, so wie Noah der 10. Patriarch der Bibel ist. Die jüdische Tradition von 1656 Jahre für die 10 Patriarchen, von der Schöpfung bis zur Sintflut, ist gleich 72 Perioden von 23 Jahren, jeder Zeitraum bestehend aus 1200 Wochen oder 8400 Tagen (365,24 x 23 = 8400). Mit anderen Worten, die Babylonier berechneten die Zeit von der

---
[217] Avatar: ein Sanskritwort für "Hinuntersteigen", vor allem in der hinduistischen Mythologie angegeben, zur Inkarnation einer Gottheit, die die Erde zu einem beliebigen Zweck besucht. Die 10 bestbekannten Avatare Vishnus sind: 1 Fisch; 2 Schildkröte; 3 Schwein; 4 halb Mensch, halb Löwe; 5 Zwerg; 6 Rama; 7 Rama; 8 Krishna; 9 Buddha. Der 10. steht noch aus und soll in der Form eines weißen, geflügelten Pferdes (Kaiki) kommen, das die Welt zerstört.

[218] Von der Flut bis zur ersten babylonischen Dynastie, wurden 34.800 oder 33.091 Jahre gerechnet, was einen Zeitraum von 36.000 Jahren von der Flut bis zur Regierungszeit von Alexander dem Großen ergeben würde.

Schöpfung bis zur Sintflut als 72 x 6.000 Jahre, während die Juden sie als 72-mal 1200 Wochen berechnen. Es sollte jedoch angemerkt werden, dass die jüdischen Berechnungen auf der wahren Länge des Jahres, das heißt auf 365,24 Tagen basiert. Diese Zeit war den Juden sicherlich nicht während des sechsten oder siebten Jahrhunderts vor Christus bekannt, als ihre Aufzeichnungen in Schriftform gesetzt worden sind. Wenn es die Grundlage für die Berechnung war, ist es entweder der Beweis, dass der jüdische Zeitraum von 1656 Jahren, eine späte Erfindung der Bibel-Kompilierer ist, oder ein überaus merkwürdiger Zufall. Eine andere jüdische Tradition präsentiert 974 Generationen vor Adam und 26 Generationen von Adam bis Moses, so dass es 1000 Generationen ergibt. (Shab. 88b. Hag. 13b, 14a).

Ein Vergleich der Zeitalter der Götter mit der nachstehenden Tabelle zur Berechnung der Erdzeit, wird zeigen, dass die großen Zeitalter der Götter, enorm erweiterte Gegenstücke zu den Sekunden, Minuten, Stunden, Tage, usw. unserer weltlichen Zeit ist. Das gesamte System bildet eine Reihe von Zyklen innerhalb von Zyklen. Zum Beispiel: 72 Jahre betragen 25.920 Tage und 25.920 Jahre ist die Zeit für den äquinoktialen Zyklus. Dreihundertsechzig Jahre betragen 129.600 Tage oder 4320 Monate, beide Werte mit wichtigen Plätzen in der Berechnung der äquinoktialen Präzession.

BOGENMASS

60	Sekunden	1	Minute
60	Minuten	1	Grad
30	Grad	1	Zeichen
360	Grad		Umfang oder Kreis
	1 Dekade	10 Tage	
	1 Dodekade	5 Tage	
	72 "	360 Tage	

IRDISCHE ZEIT

Tage	Stunden	Minuten	Sekunden
	1	60	3,600
	6	360	21,600
	12	720	43,200
1	24	1,440	86,400
3	72	4,320	259,200
30	720	43,200	2,592,200
50	1,200	72,000	4,320,000
60	1,440	86,400	5,184,000
360	8,640	518,400	31,104,000

JAHRE VON 360 TAGEN

Jahre	Monate	Tage
3	36	1,080
4	48	1,440
5	60	1,800
6	72	2,160
7	84	*2,520
12	144	4,320
18	216	6,480
24	288	8,640
30	360	10,800

36	432	12,960
40	480	14,400
60	720	21,600
70	840	25,200
72	864	25,920
100	1,200	36,000
120	1,440	43,200
144	1,728	51,800
180	2,160	64,800
360	4,320	129,600
600	7,200	216,000
1,200	14,400	432,000
1,800	21,600	648,000
2,160	25,920	777,600
3,600	43,200	1,296,000
6,000	72,000	2,160,000
7,200	86,400	2,592,000
12,000	144,000	4,320,000
21,600	259,200	7,776,000
36,000	432,000	12,960,000
43,200	518,400	15,552,000

* 2520 ist die kleinste Zahl, die durch jede Zahl von 1 bis 9 geteilt werden kann. 25920 ist die Zahl der Jahre in einem Präzessionszyklus. Sie kann durch jede Zahl, außer 7, dividiert werden.

ANZAHL DER TAGE IN 27-TAG MONATS-PERIODEN

2	Monate	---	54	Tage
3	"	---	81	"
4	"	---	104	"
8	"	---	216	"
12	"	---	342	"
16	"	---	432	"
4	Jahre	---	1,296	"
8	"	---	2,592	"
40	"	---	12,960	"
80	"	---	25,920	"

Eine weitere wichtige Version der Zeitalter der Götter ist in dem Indo-persischen System von Zoroaster wiedergegeben und scheint auf der weit verbreiteten Tradition zu beruhen, dass die Welt in 6 Tagen oder Zeitaltern geschaffen wurde. Sie gibt 6000 Jahre für die Erschaffung der Welt an und weitere 6000 für ihre Dauer, nach der die Welt zerstört wird und ein neuer Zyklus beginnt. Die Zeit der Schöpfung besteht aus:

1. 1000 Jahren --- Schöpfung des Himmels
2. 1000 Jahren --- Schöpfung des Wassers
3. 1000 Jahren --- Schöpfung der Erde
4. 1000 Jahren --- Schöpfung der Planeten
5. 1000 Jahren --- Schöpfung der Tiere
6. 1000 Jahren --- Schöpfung des Menschen

Die ersten 3000 Jahre der Schaffensperiode stellte eine spirituelle Zeit dar, in der Kreaturen un-denkend, un-bewegend, nicht greifbar waren. Die zweiten 3000 Jahre waren das

Zeitalter von Gayomart, dem Urmenschen und dem Ur-Ochsen. Die Schaffensperiode begann mit der Sonne im Sternzeichen des Krebses und fuhr durch Löwe und Jungfrau fort.

Die zweiten 6000 Jahre umfasst die Geschichte der menschlichen Rasse, beginnend mit der Schaffung von Mashya und Mashyoi, dem ersten Mann und der ersten Frau, wobei der Zeitraum in zwei kürzere Zeiträume von jeweils 3000 Jahre aufgeteilt wurde. Das Erscheinen von Zarathustra auf der Erde findet 30 Jahre vor dem Ende der ersten 3000 Jahre statt, und er wird gefolgt von 3 Jungfrau-geborenen Rettern, von denen jeder für 1000 Jahre, bis zum Ende der Welt regiert. Diese Periode beginnt mit der Sonne im Zeichen Waage und erstreckt sich durch Skorpion und Schütze. Es stimmt in dieser Hinsicht mit der babylonischen Legende überein, dass das Ende der Welt kommen wird, wenn das Zeichen des Steinbocks erreicht ist.

Wie die vier Zeitalter der Brahmanen, so ist die zoroastrische 12.000 Jahresperiode in die vier Metalle, oder vier Zeitalter von Gold, Silber, Stahl und Eisen unterteilt (siehe Anhang: Zoroastrismus). Nach den ersten 3000 Jahre bricht ein Konflikt zwischen Ahura Mazda, dem Prinzen des Lichts und Ahriman, dem Fürsten der Finsternis aus und der Kampf geht für 9000 Jahre weiter. Während der ersten 3000 Jahre verläuft der Kampf zu Gunsten von Ahura. In den zweiten verläuft er zu gleichen Bedingungen und in den letzten 3000 Jahre ist Ahriman besiegt. Die Zeit vor der Ankunft der 3 Retter ist durch eine Periode der Verschlechterung, durch Elend und Gottlosigkeit markiert, aber die Endzeit wird als Vorschuss auf die glorreiche Vollendung beschrieben.

Im letzten Jahrtausend sterben nur diejenigen, die mit Waffen geschlagen werden oder ein hohes Alter erreichen. Während die 53 Jahre des Jahrtausends noch andauern, wird die Süße und der Verzehr von Milch und Gemüse so perfekt, dass die Menschen aufhören Fleisch zu essen, weil sie kein Verlangen mehr danach haben und sich von Milch und Gemüse ernähren. Wenn noch drei Jahre dieses Zeitraums übrig sind, werden die Leute sogar aufhören Milch zu trinken und sich von Gemüse und Wasser ernähren. Die Milch einer Kuh wird für 1.000 Mann genügen. Am Ende der 12.000 Jahre kommt der Zerfall und die Regeneration der Welt unter dem Retter Saoshyant.

Die Azteken in Mexiko unterteilten die Schöpfung auch in vier Zeitalter. Sie glaubten, dass der gegenwärtigen Ära, vier Zeitalter oder Sonnen vorausgehen; die Sonne der Erde, Sonne des Feuers, der Sonne der Luft und die Sonne des Wassers, wobei jedes Zeitalter durch eine schreckliche Katastrophe beendet wird. Sie schauten mit Grauen auf das Ende des gegenwärtigen Zeitalters. Von Lord Kingsborough (*Mexiko*, Bd. 6) wird berichtet, dass die Eingeborenen panisch wurden, als die Spanier nach Mexiko kamen. Als sie den Kommandanten auf einem Pferd sahen, dachten sie ihrer Tradition gemäß, das Ende der Welt würde durch das Auftauchen eines seltsamen weißen Tiers eingeläutet werden. Diese Tradition scheint bemerkenswert mit der Brahmanen-Überzeugung zusammenzufallen, dass das Ende der Welt durch Kalki, in Form eines weißen Pferdes gebracht wird.

Die Art, wie das persische Dogma der Weltzerstörung und Erneuerung, in die westlichen Nationen eindrang, wurde zu einem Pfeiler des christlichen Glaubens. Es zeigt den weitreichenden Einfluss, der manchmal von Ideen produziert wird, die zum Zeitpunkt ihrer Entstehung eher von untergeordneter oder zumindest nur lokaler Bedeutung gewesen waren.

Es wurde bereits Aufmerksamkeit auf die großen Veränderungen in der jüdischen, religiösen Struktur gelegt, die durch den erzwungenen Kontakt mit Persern und Babyloniern im Exil zustande kam (S. 78). Unter diesen Einflüssen drehten sich nach dem Exil, die jüdischen Gedanken in Richtung Glaube an eine kommende Zerstörung und die Verurteilung der Welt.

Die erste Erwähnung dieses Dogmas wird einer Prophezeiung Jesajas (26:19,21) zugeschrieben, die nach Cheyne, auf etwa 334 vor Christus zurückgeht. Von nun an wurde das kommende Ende der Welt zum beherrschenden Gedanken bei nahezu jedem Propheten und Apokalyptiker nach dem Exil [219].

Daniels vier Metalle und vier Tiere scheinen von der orientalen Konzeption der vier Lebensalter der Götter gestützt zu werden. II Esra 14:11, unterteilt die Zeitdauer der Welt in 12 Teile, von denen zehn bereits überschritten sind [220]. Rabbi Kalina (Sanh. 97a) glaubt, dass die Welt sechs Jahrtausende dauert und im siebten zerstört wird: 2000 Jahre sind eine Zeit des Chaos; 2000 Jahre decken die Herrschaft des Gesetzes ab und 2000 Jahre werden vom Messias regiert.

Die *Himmelfahrt von Moses* bringt das Zeitalter auf 5.000 Jahre. "Ein Tag Gottes ist 1000 Jahre", sagt das Buch der Jubiläen [221]. Im *Apokryphischen Barnabas* wird prophezeit, dass in 6000 Jahren alles zu einem Ende kommen würde: "ein Tag ist wie 1000 Jahre", sagte Barnabas.

Rabbi Akiba's *Alphabet der Buchstaben* sagt das kommende Ende der Welt in 6000 Jahren voraus, mit einer anschließenden Auferstehung.

Das slawische Buch Enoch [222] sagt: "Lasset die Tage der Sitte nach von 7000 sein", während das äthiopische Buch Enoch's [223] einen Tag des Gerichts und der Zerstörung am Ende von zehn Perioden oder "Wochen" gibt, von denen sieben vergangen sind. Der achte wird eine Ära der universellen Gerechtigkeit sein, wenn die Heiligen regieren. Die neunte beginnt mit dem Urteil. Der frühere Himmel und die Hölle würden vergehen und von einem neuen Himmel gefolgt, der von den gerechten Toten, nach der Auferstehung, bevölkert wird. Himmel und Hölle würden umgewandelt und der Berg von Gottes Thron würde im Süden aufgestellt.

Der Glaube, das Ende der Welt käme unmittelbar zu Beginn der christlichen Zeitrechnung, ist natürlich jedem bekannt. Ein Großteil der frühen Erfolge des Christentums begründete sich darauf, dass Christus bald als zweite Gottheit zurückkehren und 1000 Jahre regieren würde [224]. Das Neue Testament stellt Christus oft so dar, dass er seine Anhänger drängt sich für den kommenden Tag des Gerichts vorzubereiten, und die Autoren der Evangelien beziehen sich dabei oft auf das "Ende der Tage", die "letzten Zeiten" und das Ende der Welt.

Irenäus hat angenommen, da das Werk der Schöpfung sechs Tage dauerte, die Welt auch 6000 Jahre dauern würde, gefolgt von 1000 Jahren der Ruhe, wie der Sabbat nach der Schöpfung. St. Augustine hat angenommen, dass fünf Perioden vergangen waren und die Welt würde nun durch die sechste laufen, mit dem kommenden Ende aller Dinge in der siebten. Bede (gest. 735), nahm in seiner *Chronik* die sieben Altersgruppen und sagte voraus, dass die letzte mit dem Jahr 1000 endet und das Ende der Welt kennzeichnen würde.

Rund 800 vor Christus, stellte Hesiod die Sintflut in der zweiten Stufe der Welt und sein eigenes Leben in die fünfte, oder in die Eisenzeit. Juvenal sagte, ungefähr 100 Jahre nach Christus, dass die Eisenzeit im Begriff war, zu dieser Zeit zu enden. In der Zeit des Augustus,

---

[219] "der Tag" *Zec.* 14:9, "der Tag des Jüngsten Gerichts" *Mal.* 4:3, "der große Tag" *Mal.* 4:5, "der Tag der Vergeltung" *Jer.* 46:10, "der Tag der Könige" *Dan.* 12:2, "Gottes Tage sind 1000 Jahre" *Lev.* Rab. 19, *Sanh.* 19, und *Psalm* 90:4.
[220] "Dann sah der Höchste auf seine Zeit... Siehe, sie war zu Ende und seine Äonen waren voll, jetzt wird die Erde erneuert... und das Vertrauen in die Barmherzigkeit und das Urteil des Schöpfers". IV *Esdras* 11.44, 46.
[221] *Book of Jubilees*, Robt. H. Charles, Ch. 23:26, 27.). Apokryphe Barnabas (FN: *Apocryphal Barnabas*, Ch. 13:4, 5.
[222] *Slavonic Book of Enoch*, Morfil & Charles, Ch. 33; 1, 2.
[223] *Ethiopic Book of Enoch*, Robt. H. Charles, Ch. 91, 93.
[224] *II Peter* 3:13; *Rev.* 20:2,7.

schrieb Virgil: "Das letzte Zeitalter der Welt (das 7. Jahrtausend) nähert sich und eine neue Generation wird aus dem Himmel entstehen. Sei du keusch, Lucina, O sei glückverheißend um das kommende Kind, mit dessen Erscheinen die Eisenzeit geschlossen wird".

Die antiken Bücher, als *Sibyllinische Orakel* bekannt, enthaltenen Prophezeiungen, die das Alter der Welt in zehn Generationen teilt, wonach ein Erlöser kommen wird. Die acht Bücher sind nicht im Einklang darüber, wann die zehn Generationen der Welt anfingen; sieben von ihnen legen die erste Generation auf den Beginn der Sintflut und nur eine von ihnen beginnt mit Adam.

In den ersten christlichen Jahrhunderten wurden die Sibyllen stark von der römischen Kirche verehrt, in der Apostolischen Konstitution und von vielen Führern der Kirche zitiert. Michelangelo wurde beauftragt, die 8 Sibyllen für die Nachwelt zu porträtieren. Sein großes Gemälde schmückt noch die Decke der Sixtinischen Kapelle, auch wenn der Fehler der vorhergesagten Ereignisse, sich im Verlauf der Jahrhunderte zu verwirklichen, dazu geführt hat, das Orakel zu diskreditieren. Vor langer Zeit stellte die Kirche alle Verweise auf die Sibyllen ein und viele moderne Katholiken stimmen der Behauptung protestantischer Gelehrter zu, dass sie Fälschungen sind.

Plato sagte, das Orakel von Delphi prophezeie die Geburt eines Sohnes von Apollo, der den Frieden und die Gerechtigkeit auf der Erde wiederherstellt. Die Vorhersage eines kommenden Messias in den Sibyllen, kann aus derselben Prophezeiung abgeleitet worden sein.

Bernard, ein Einsiedler aus Thüringen und viele Prediger des zehnten Jahrhunderts, machten allegorische Interpretationen der Apokalypse, in denen sie das Kommen des Antichristen und das Ende der Welt vorhersagten.

Nach einer alten römischen Tradition, etwa 600 Jahre nach der Gründung der Stadt, wurde die Bevölkerung mit einer großen Angst konfrontiert, dass das *Zeitalter* zu Ende geht. Ein ähnlicher Geisteszustand herrschte in Europa vor, als sich das Jahr 1200 n. Chr. näherte. Eine bevorstehende Verwirklichung der Prophezeiung im Johannesevangelium [225] wurde befürchtet, in der jemand kommen würde, um die Mission Christi zu vervollständigen, und der verzweifelte Wunsch, die Mohammedaner vor dem Kommen des Erlösers aus Jerusalem zu vertreiben, war eines der Motive, das die großen Kreuzzüge der damaligen Zeit inspirierte. Das unmittelbare Kommen des Erlösers wurde im zwölften Jahrhundert von Joachim, Abt von Curacio, Kalabrien, ein berühmter Interpret der Prophezeiung, vorhergesagt. St. Bernard machte ähnliche Vorhersagen.

Die Mohammedaner bestehen darauf, dass die Evangelien ursprünglich den Namen Mohammeds als den kommen Paraklet (Tröster, Beistand) genannt haben, aber sein Name wurde von den Manuskripten gestrichen. Daher ist er zu Recht der 10. oder letzte Erlöser, derjenige der kommen soll, um Frieden und Gerechtigkeit in der Welt wiederherzustellen.

Verschiedene andere Lehrer religiöser Doktrinen wurden von ihren Anhängern ebenfalls als dieser Paraklet akzeptiert. Zum Beispiel wurden Simon Magus, Montanus, Marcion und Manes so angesehen, und christliche Führer verfolgten sie, weil sie die Überzeugung förderten, sie seien der Heilige Geist.

Wenn die Zeitalter der Götter astrologischer Herkunft waren, wie es der Fall sein soll, müsste es möglich sein zu beweisen, dass die Fristen, die für die Regeneration der Welt

---

[225] John 14:16, 18, 26.

angegeben wurden, auf astronomischen Zyklen basieren. Es ist Zeit zu sehen, welche Beweise vorliegen, um diese Schlussfolgerung zu unterstützen.

Die Orientalische Einheit von 1200 Jahren bestand aus einem Tag von 600 Jahren und einer Nacht von gleicher Länge. Ursprünglich waren diese jedoch astrologische Jahre von je 360 Tagen, die 600 Jahre, bestehend aus 216.000 Tagen (360 x 600 oder 60 x 60 x 60). Sie bildeten eine Zeitspanne, die der italienische Astronom Cassini, den vollkommensten astronomischen Zyklus genannt hat.

Wenn die verschiedenen Möglichkeiten der Berechnung der alten Mondjahre, mit diesem solaren Zeitraum verglichen werden, stellt man fest, dass 600 solare Jahre 216.000 Tage, genau oder fast gleich 608, 610 oder 666 Mondjahre sind, je nachdem wie die letzteren berechnet wurden.

600	Sonnen	Jahre	von	360	Tagen	= 216,000	Tage (7200 Mondmonate).
*608	Mond	"	"	355,264	"	= 216,000	"
610	"	"	"	354	"	= 215,940	"
610	"	"	"	354,1	"	= 216,001	"
666	"	"	"	324	"	= 215,784	" (7992 Mon. von 27 Tagen).
666	"	8 Mon.	"	324	"	= 216,000	" (8000 Mon. von 27 Tagen).

* Der siderische Monat 29,530589 Tage ergibt ein tatsächliches Mondjahr von 354,367068 Tagen.

Aus diesen Zahlen ist ersichtlich, dass ein sehr kleiner Fehler bei der Berechnung, den alten Astrologenpriestern einen 608, 610 oder 666-Jahres-Zyklus geben würde. Die 608 Jahre waren den Griechen, Römern und Etruskern bekannt. Sie wurde sowohl von Juvenal und Virgil als auch in den Sibyllinischen Orakeln erwähnt. Die Römer hatten Zyklen von 12 und 120 Jahren, schienen aber keine klare Kenntnis von den 600-Jahre-Zyklen gehabt zu haben.

Wenn ein 365-Tage Sonnenjahr als Grundlage für die Berechnung verwendet wird, sind fast ebenso interessante Ergebnisse zu erhalten, nämlich:

600	Sonnen	Jahre	von 365	Tagen	= 219,000	Tage
608	"	"	von 360	"	= 218,880	Tage
650	Mond	"	von 336	"	= 218,400	Tage (12x28 = 336)
676	"	"	von 324	"	= 219,024	Tage (12x27 = 324)
618,6	"	"	von 354	"	= 219,000	Tage
632	ekliptische	"	von 346,5	"	= 218,988	Tage
633	"	"	von 346	"	= 219,018	Tage

Aber die Umläufe der Planeten geben einen noch bemerkenswerteren Beweis. Wenn wir alle Bruchteile auslassen, wie die Alten es taten, und die Umläufe der Planeten verringern, um die Anzahl der Tage abzurunden, werden nicht nur die Zyklen von Sonne und Mond in Zeiten von 216.000 Tagen, oder 600 Jahren synchronisiert, sondern alle Planeten, die in der Antike bekannt waren, werden zusammen die Zeit in diesem einzigartigen Zyklus markieren.

Planeten	Tatsächliche Tage per Umdrehung	Tage per Umdrehung aufgerundet	Umdrehungen pro Zyklus von 600 Jahren	Gesamtanzahl von Tagen
Merkur	88,969	90	2400	216000
Venus	224,7	225	960	216000
Erde	365,24	360	600	216000
Mars	686,979	686	315	216000
		675	320	216000
Jupiter	4332,5879 (12 Jahre)	4333	50	216000
		4320	50	216000
Saturn	10759,2019 (30 Jahre)	10800	20	216000
Mond	29,53	27	8000	216000
		28	7714	215992
		29	7448	215992
		29,5	7322	215999
		30	7200	216000

Einige dieser planetaren Zyklen waren den Babyloniern bekannt. Wie zu erwarten war, treten die größten Abweichungen von den korrekten Zahlen, mit den Planeten Jupiter und Saturn auf, weil sie ihre Bahnen nur einmal in 12 und 30 Jahren vervollständigen. Die langen Beobachtungszeiträume, die erforderlich sind, um die Länge ihrer Umläufe zu berechnen, produzieren größere Fehler. Die verschiedenen Berechnungen für die Mondperioden, ergeben die bemerkenswertesten Ergebnisse, weil sie, unabhängig von der Länge des verwendeten Monats, genau, oder fast genau, in den erforderlichen Zeitraum einer geraden Anzahl von Zahlen passen.

Man kann leicht erkennen, wenn diese sehr kleine Toleranz für Fehler erlaubt sein mag, dass die alten Astronomen gut hätten erkennen können, dass nachdem der Schöpfer, Sonne, Mond, Erde und anderen Planeten auf den Weg gesandt hatte, sie sich alle nach 600 Jahren am Himmel wiedertreffen und damit das Ende einer Ära und den Beginn einer Neuen markieren.

Nachdem zunächst die Zeiten berechnet wurden, in denen die Sonne und der Mond zusammen die Zeit markieren, war die nächste Aufgabe der Astronomen natürlich, die Perioden einzuschätzen, in denen die Zyklen aller Planeten aufeinander abgestimmt sind, denn, damit ein universeller Zyklus vollständig ist, muss er die Zyklen aller Untergeordneten enthalten. Wenn die kleinen Ereignisse auf der Erde von den Konjunktionen von Sonne und Mond geregelt wurden, müssten die wichtigeren Ereignisse, logischerweise mit den Konjunktionen von mehreren Planeten zusammenhängen. Das Ende der Großen Zeitalter, das die Zerstörung und Erneuerung der Welt bringt, würde in einer Konjunktion kommen, oder nach einer bestimmten Anzahl von Konjunktionen aller Planeten.

Es wird allgemein anerkannt, dass die Berechnung der zum Tierkreis gehörenden Perioden, mit dem Eintritt der Sonne in das Sternzeichen des Stiers begann, etwa 4800 vor Christus. Wird dieses Datum als Startpunkt angenommen und das Auftauchen eines Erlösers alle 600 Jahre berücksichtigt, würde der Beginn des neunten Avatars, oder die Messianische Periode, mit der Zeit von Christi Geburt und der zehnte Zeitraum, durch das Zusammenfallen mit der Geburt von Mohammed, gekennzeichnet werden. Die achte Periode würde im 6. Jahrhundert vor Christus, durch das Erscheinen des Buddha in Indien, Konfuzius in China und Zarathustra in Persien markiert werden, von denen alle von ihren Anhängern als Retter verehrt wurden. In der gleichen Zeit wurde König Cyrus gleichermaßen von den Juden dafür, dass er sie aus der Gefangenschaft befreite, geschätzt.

Die zahlreichen Varianten in den Prophezeiungen der späteren jüdischen Schriftsteller und das Fehlen eines ausgereiften Systems, Zeitalter zu bestimmen, machen jedoch deutlich, dass, obwohl der orientalische Glaube an die Erneuerung der Welt unter den Juden verbreitet war, sie nie eine umfassende Kenntnis der astronomischen Zyklen erworben haben, auf denen die Theorie beruhte. Dies kann durch die Tatsache begründet werden, dass das Dogma eines zukünftigen Tages der Auferstehung und des Gerichts, von den Juden bis nach dem Exil nicht wirklich ernstgenommen wurde. Dies wird weiter durch die Tatsache unterstützt, dass die Gesetze gegen "Teiler der Zeit", das Studium der Astronomie zu einem tabuisierten Thema machte, sodass sie sehr wenig Wissen über diese Wissenschaft erworben hatten. Obwohl sie es zweckmäßig fanden, das ägyptische Sonnenjahr für ihre zivilen Kalender zu übernehmen, bevorzugten es die Juden für eine lange Zeit, ihre Zeit durch die Anzahl der Regierungen ihrer Könige oder Führer oder durch wichtige lokale und nationale Ereignisse zu bestimmen, statt Jahrhunderte, Epochen und astronomische Perioden zu zählen.

Die Spuren der verschiedenen Systeme der Chronologie können, einander kreuzend, im Alten Testament gefunden werden, von denen alle einen späten Ursprung haben, aber keiner davon konsequent angewendet ist. Die sich überlappenden Widersprüche und allgemeine Inkonsistenz in Zeiten und Perioden, sind für eine biblische Chronologie äußerst unzuverlässig.

Der Zeitraum von 4000 Jahren, der von der Bibel als die Zeitspanne zwischen der Schöpfung und Christus eingeräumt wird, hat allem Anschein nach, eher einen symbolischen, als einen historischen Charakter. Einige Autoren haben festgestellt, dass sie gleichbedeutend mit der babylonischen "Welt-Zahl" ist, die 100 Generationen von jeweils 40 Jahren, oder zwei Drittel einer 6.000 Jahre-Periode repräsentiert. Auf die kuriose Parallele zwischen der Zeit, die die babylonischen Annalen und die Bibel für die Zeit der Schöpfung bis zur Sintflut wiedergeben, wurde bereits hingewiesen.

Es wurden Versuche unternommen, die Daten der biblischen Ereignisse, unter Einbeziehung der Ahnentafeln in Genesis, Chroniken, Matthäus und Lukas, genau zu bestimmen; mit spezieller Berücksichtigung bestimmter Zeitperioden in dem Buch Daniel und durch verschiedene andere Mittel. Zum Beispiel: der Autor von Matthäus (1:17) versucht, die Generationen von Abraham bis Christus, wie folgt aufzuzählen: 14 Generationen von Christus bis zum Exil, 14 Generationen vom Exil bis David und 14 Generationen von David zu Abraham. Die Aufzählung ist offensichtlich falsch und scheint ein bewusster, aber unbeholfener Versuch zu sein, Geschichte mit einem bestimmten Plan konform gehen zu lassen. Eine Vermutung ist, dass jede Generation auf $71^{1/3}$ Jahre geschätzt wurde, nach Art der Hindu Manvantara Perioden, was 1000 Jahre für jeweils 14 Generationen oder 4000 Jahre, von Adam bis Christus ergibt.

Bei Daniels kryptischen Bemerkungen in Bezug auf "die 1335 Tage", "2300 Tage" und "eine Zeit und zwei Zeiten und eine halbe Zeit" wurde einst von einigen Autoren angenommen, dass sie eine esoterische Prophezeiung zum Kommen Christi enthalten, aber diese Theorie wurde von modernen Autoren verworfen. Es ist nun bekannt, dass das Buch Daniel, was kommende Ereignisse weit in der Zukunft prophezeite, anstatt ungefähr 600 vor Chr., tatsächlich ca. 165 vor Christus geschrieben wurde und dann symbolisch von Ereignissen in Vergangenheit und Gegenwart spricht.

Einige Kenntnisse der Zyklen werden angezeigt, jedoch in der besonderen Art und Weise, in der die Juden Termine für wichtige Feste fixieren. Die Annahme der Sonnenzeit für den zivilen Kalender und Mondzeit für die religiösen Kalender, machte es wünschenswert, eine Methode der Annäherung beider Systeme zu entwickeln. Wie dies geschah, wird in Levitikus 25:8 erklärt, wo Moses den Israeliten gebot zu beobachten "Und du sollst dir sieben Sabbatjahre zählen, siebenmal sieben Jahre". Das 50te Jahr wurde als Jubiläumsjahr gefeiert, nach dem ein neuer Zyklus beginnt.

Vom Beginn des ersten Jahres bis zum Ende des sechsten Monats des 49. Jahres, sind es 48 Jahre und sechs Monate. Der erste Tag des siebten Monats wurde zum Sabbat und der zehnte Tag zur Buße erklärt. Wenn auf der Grundlage von 365 Tagen im Jahr und 29,5 Tage je Mondperiode gerechnet wurde, gibt es insgesamt 17.700 Tage oder 600 Lunationen. Dieser Zeitraum ist gleich 50 Mondjahre mit jeweils 354 Tagen.

Für die komplette Spanne von 49 Sonnenjahren ist die wahre Berechnung 17.896,7 Tage (365,24 x 49 = 17.896,7). Die wahre Länge eines Mondzyklus ist 29,53 Tage, daher ist die 17.896,7 Tageperiode gleich 606+ Lunationen oder 50 Mondjahre plus 6 Monate 1,7 Tage (606 x 29,53 = 17.895).

XX. DIE HEILIGEN DREI

Es hat sich gezeigt, dass die Bemühungen der Naturvölker, die Herkunft und Funktionsweise des Universums zu erklären, eine Philosophie produzierte, in der man sich die Welt als eine bi-sexuelle Gestaltungskraft vorgestellt hat, personifiziert als Gott oder Götter, mit dem menschlichen Muster von männlich und weiblich. Die männliche Macht, so wurde geglaubt, war die aktive Kraft bei der Erzeugung des Lebens, wobei die weibliche Macht lediglich das passive Fahrzeug war, in dem die tatsächliche Produktion stattfand. Es wurde ferner angenommen, da die männlichen Fortpflanzungsorgane von dreiförmigem Charakter sind, dass jeder Akt der Schöpfung einen dreifachen Aspekt hat. Dieser Glaube scheint die Quelle des Brauchs gewesen zu sein, das Universum in drei große Abteilungen aufzugliedern, regiert von Dreiergruppen von Göttern.

Zusätzlich zu den Triaden von Hauptgottheiten, gab es zahlreiche sekundäre und kleinere Gottheiten, manchmal Triaden bildend und manchmal nicht, mit der Herrschaft über Wind, Sturm, Blitzschlag, Feuer, Blitz, Regen usw., während die lokalen Dämonen oder Geister, in Felsen, in Bäumen, Bergen und Bächen wohnten. Jede Nation, jeder Stamm oder Kult hatte seine eigenen nationalen, lokalen oder Stammesgötter. Es gab auch Hausgötter, denen Familiengruppen besondere Verehrung zollten. In Indien und Babylon, gingen die Götter und kleinere Gottheiten oder Dämonen in die Tausende.

Triaden der Götter [226]

Arabisch	Al-Lat	Al-Uzzah	Manah
Assyrisch	Anu	Asher	Ea
Buddhistisch	Boodhash, der Entwickler	Darmash, der Entwickelte	Sanghash, "Gastgeber entwickelt"
Chaldäisch	Anu	Bel	Ea
Chinesisch	Der Eine	Der Zweite vom Ersten	Dritter, gemacht vom Zweiten
Christlich	Vater	Heiliger Geist	Sohn oder Logos
Ägyptisch	Tum Amon Kneph-Osiris	Shu Muth Pthah-Isis	Tefnut Chans Phre-Horus
Deutsch, nach den Griechen	Perkunos	Pikolos	Pothrimpus
Indisch-Vedisch	Brahma	Vishnu	Shiva
Griechisch	Om oder On Zeus	Dionysius / Bacchus Poseidon	Herakles Pluto
Griechisch-Lateinisch	Zeus-Jupiter	Neptune	Pluto-Hephaistos
Kanaanitisch oder alt	Yachaveh	Ana	Ea

---
[226] From *Rivers of Life*, Maj. Gen. James G. R. Forlong, vol. 1, p. 467. 307

Phönizisch	Baal-Spalisha	Selbst-verdreifachend	Baal or Ba-El
Mexikanisch	Der Gesegnete	Heiliger Geist	Ihr Nachkomme
Orpheus, 14th Jh. vor Chr.	Aither-Gott	Phares, der Geist	Kaos von beiden aber nicht perfekt
Phönizisch	Belus (Sonne)	Urania (Erde)	Adonis (Liebe)
Plato	Der Unendliche	Der Endliche	eine Verbindung der Zwei
Pythagoras 6th Jh. vor Chr.	Monade	Duale	Triade
Samothrakisch	Allmächtiger, Befruchtende	Heiliger Geist, Befruchterin	Kasmilus
Skandinavisch	Odin Har Othin oder Odin	Thor Jafner Vile	Friga Thrido Ve
Syrisch	Monimus	Azoz	Ares, Aries oder Mars

Die drei obersten Gottheiten erschienen in der Regel als Herrscher über die drei ursprünglichen Elemente, aus denen, so glaubte man, das Universum geschaffen sei. In einigen Fällen waren dies Erde, Wasser und Himmel: woanders waren es Sonne, Feuer und Wasser, oder Wasser, Feuer und Himmel. Bevor die ältesten Seiten der Geschichte geschrieben wurden, war die Nummer drei bereits die heilige Zahl der Götter.

Im babylonischen System war der Himmel die Region der Sonne, die Domäne von Anu oder Anna. Die Erde wurde von Enlil und die unterirdischen Gewässer, von denen angenommen wurde, dass sie die Erde umgeben, wurden von Enki geregelt. Diese große Triade kann bis zum Anfang der aufgezeichneten Geschichte zurückverfolgt werden, wobei ihre Namen in einer Inschrift aus der Zeit von König Lugatzaggigi eingraviert sind, einer der frühesten sumerischen Herrscher, dessen Regierungszeit aufgezeichnet ist. In der späteren babylonischen Geschichte, wurden die Mitglieder dieses Dreiklangs als Anu, Bel und Ea bekannt, aber die Hauptakteure in der historischen Periode waren Schamasch (Sonne), Sin (Mond) und Ishtar (Muttergöttin).

Die Brahman-Religion Indiens überdauerte als kontinuierliches System länger, als jede andere Form der Verehrung. Seine lange Ansammlung von Traditionen und Mythen, der Aufstieg neuer Götter und der allmähliche Niedergang anderer, machten das Brahman-Pantheon höchst kompliziert und verwirrend. Beide, Himmel und Erde, sind in drei Teile unterteilt, wobei verschiedene Götter jede Sphäre oder jeden Aspekt regieren, unterstützt von Helfern untergeordneter Götter, Geister, Dämonen, die so zahlreich sind, dass sie den flüchtigen Leser, im Versuch die Verästelung des Systems zu entwirren, zur Verzweiflung bringen. Agni, der Gott des Feuers, erscheint in vielen Formen und Titeln und die, unter denen Vishnu und Shiva erscheinen, sind unzählig. In seinem wichtigsten Aspekt jedoch, hält der Brahmanismus die Dreier-Gruppierung von Göttern bei, und da diese Gruppierung einziger Gegenstand der vorliegenden Untersuchung ist, brauchen wir uns nicht mit anderen Details des Systems auseinanderzusetzen.

In den religiösen Systemen einiger Nationen wurde die Existenz von drei großen Göttern zu Beginn der Schöpfung so erklärt, dass die erste Gottheit die anderen zwei Mitglieder der

Heiligen Dreifaltigkeit geschaffen hat. In anderen Fällen wurden alle drei Mitglieder der Triade aber als unterschiedliche Formen oder Manifestationen desselben Gottes repräsentiert. Diese Idee wird nicht nur in einigen der heidnischen Kulte gefunden. Sie ist auch in der christlichen Lehre von einer Dreifaltigkeit verewigt, in der Einheit: Vater, Sohn und Heiliger Geist, drei Personen in einer, eine Person ist drei.

In Griechenland werden die Bilder von Bacchus, Merkur und Diana oft mit 3 Köpfen oder Körpern porträtiert, die ihren dreifachen Charakter repräsentieren. Lucina, Hüterin der Geburt, Diana, Hüterin der Gesundheit und Hekate, Hüterin des Todes, sind bloß verschiedene Formen der gleichen Göttin. Figuren der Hekate wurden oft an Kreuzungen platziert, um böse Geister abzuhalten, wobei die Göttin mit drei Körpern, Rücken an Rücken positioniert wurden, sodass sie gleichzeitig in drei Richtungen sehen konnten. Jupiter wurde von einem dreifachen Donnerkeil symbolisiert; ein Drei-Säulen-Dreizack war das Symbol Neptuns und Pluto wurde von dem dreiköpfigen Cerberus vertreten.

Als die Priester von Heliopolis, Ägypten, ihre Theogonie formulierten, repräsentierten sie Tum als eine Form des Sonnengottes und als Schöpfer der zwei Götter Shu und Tefnut. Die Japaner porträtieren einige ihrer Götter mit drei Köpfen und die alten Peruaner hatte einen Gott namens Tanga Tanga, den sie drei in einem, oder einer in dreien genannt haben. Plutarch erzählt, dass Ahura Mazda, der oberste Gott der Perser, "dreimal sich selbst multipliziert" hat. Mithras war der Sohn des Ahura, aber er, Ahura, war er selbst. Die chinesischen Taoisten verehrten eine selbsterstellte Dreifaltigkeit mit drei abstrakten Attributen, die Laotse I-He-Wei genannt hat, ein Begriff, der im Ton fast mit dem hebräischen Jahwe identisch ist. Wenn der Titel Adonai vorausging, wird Jahwe YēHōWih ausgesprochen.

Im Hindu-System schuf Brahma, Vishnu und Shiva das zweite und dritte Element der Trimurti oder Trinität. Doch sie sind nicht drei getrennte Wesen, sondern nur drei verschiedene Manifestationen derselben Gottheit.

Vereint mit Brahma (was Gebet bedeutet) ist Vach oder Saraswati, seine himmlische Gemahlin und göttliche Energie. Vishnu und Shiva haben auch Shaktis oder göttliche Energien. Shiva ist mit seiner Gemahlin in einem Körper vereint, in androgyner Gestalt.

Brahma ist zugleich Schöpfer, Erhalter und Zerstörer, der selbst-kreierte, selbst-existente große Vater und die große Mutter, in einer Person. Er ist daher der urzeitliche Androgyne, der in sich, die kombinierten Attribute aller drei vereinigt. In einem anderen Sinn ist Brahma die aufgehende Sonne; Shiva die Sonne am Mittag, und Vishnu die untergehende Sonne.

"In diesen drei Personen,
wird der gleiche Gott gezeigt,
jeder an seiner Stelle, jeder verweilt
in einem Land von Brahma, Vishnu, Shiva
jeder mag auch, Erster, Zweiter,
Dritter unter den Seligen Dreien, sein ".
-MONIER WILLIAMS

Obwohl er theoretisch über die drei Hauptabteilungen von Erde, Wasser und Atmosphäre herrscht, stellt Brahma eher eine abstrakte Intelligenz dar, unpersönlich, passiv, unveränderlich. Als Selbst handlungsunfähig, bekommen seine Gedanken, durch seine göttliche Energie Vach (was Sprache oder Stimme bedeutet) eine Form. Brahma's neutraler Charakter ist keiner, der die Phantasie anregt, folglich schreiben ihm hinduistische Mythen und Schriften eine sehr geringe Rolle zu. Die wichtigsten Figuren in der Trinität sind Vishnu und Shiva, die ursprünglich vielleicht, die aktive, kreative Energie von elementarem Wasser und Feuer vertraten.

Ein Gott offenbarte seine verschiedenen Kräfte in verschiedenen Formen. Jede Form bekam einen individuellen Titel und wurde als eigenständige Einheit betrachtet. Zum Beispiel das Wort Wasser, Eis, Dunst und Dampf sind Bezeichnungen verschiedener Formen, aber sie sind auch eine Ausprägung des gleichen Elements. So wird Agni, der Brahmanische Gott des Feuers, als Surya, Feuer in der Sonne verehrt, Trita, als der Blitz im Himmel, und Agni als Feuer auf der Erde. Jede Ausprägung wird als Feuer angesehen, aber Agni umfasst alle drei Formen, daher heißt er Tryambaka oder Drei-Mütteriger. In einem anderen Sinn ist Agni am Abend Varuna, Mitra am Morgen, Savitr wie er die Luft durchläuft und Indra, wenn er den Himmel in der Mittagszeit erleuchtet.

Abbildung 85: Gott als Drei-in-Einem

Der Heilige in dreifacher Form, bei der Erschaffung des Universums, wie es im Johannes-Evangelium steht. Von einer französischen Miniatur aus dem 16. Jahrhundert. (Von *MSS. von König Heinrich II*, BIBL. ROYALE). An der Unterseite ist der Adler des Evangelisten, in der Mitte sind die sieben Planeten des Tierkreises.

Eine ähnliche Begründung war bei den Babyloniern und Sumerer verbreitet. Für sie ist das formelle, gesprochene Wort, oder der Atem eines großen Gottes, eine echte Gottheit in sich. Wenn sie von Gottes "Wort" sprachen, wurde der Begriff nicht im modernen Sinn, sondern wie der Name einer greifbaren Einheit verwendet.

Das *Inem*, oder Wort für eine Sache, wurde gleichwertig mit der Sache selbst. Der Eid, sogar der eines Priesters, oder eines Zeugen zu einer Einigung, oder einem formal gegebenen Versprechen, oder Drohung, besaß magische und schreckliche Macht. Von *Inem* prägten babylonische Magier den Ausdruck inim-inim-ma, was als eine Beschwörung gesprochen wurde, ihre Heldentaten der Magie begleitend.

> Das Wort, das oben den Himmel erschüttert,
> Das Wort, das unten die Erde erzittern lässt.

Die babylonische Philosophie wird durch Prof. Langdon so beschrieben [227]: "Die Sumero-Babylonier betrachteten Wasser immer als un-kreiertes, erstes Prinzip und Quelle aller kreierten Dinge. Die kreative Form oder das kreative Prinzip residierte im ursprünglich, wässrigen Chaos... wie zu beweisen wäre... weil die wohltätige Aktivität von Gottes Wort und Atem die Vermutung induziert, dass die Sumerer den Begriff *inim* (Wort) für kosmische, kreative Form oder Grund verwendeten. Wir wissen aber auf jeden Fall, dass von dem Begriff *Mummu* gesagt wurde, dass er 'laute Stimme' bedeutet, offenbar weil das Brüllen des Donner- oder Regen-Gottes als Bezeichnung für die innewohnende Weisheit des Wassers angenommen wurde".

"Die Realität einer Sache bestand in seinen 'Formen', das heißt, aus dem göttlichen, geistigen Konzept, das den Menschen durch seinen Namen offenbart wird. Alles Wissen ist die Offenbarung, und die Realität der Dinge war nicht ihre Berührbarkeit, sondern das mentale Konzept, denn die Dinge können solange nicht existieren, bis der Gott dieses geistige Konzept hat. Im Grunde ruht alles, materiell und immateriell, auf der geistigen Aktivität des Wassergottes (Ea), der als Mummu oder kosmische Vernunft personifiziert ist."

Babylonische Geisteranbeter glaubten, die Stimme der Götter im Klang des Donners, Meeresrauschen, und Wasserfällen zu hören, im Rascheln der Blätter, im Knarren der Bäume im Wind, im leisen Geräusch tropfenden Wassers, in tiefen Höhlen und in vielen anderen Naturgeräuschen. Die freundliche Anwesenheit eines Gottgeistes oder Atem eines Gottes, wurde in der Liebkosung einer sanften Brise oder einem Stoß gefühlt, während hohe, turbulente Winde seinen Zorn zeigten.

Nach dem Buch Genesis wanderte Abraham aus der babylonischen Stadt Ur nach Kanaan und gründete die jüdische Nation. Die Sprache und Kultur der Juden reflektierten eine babylonische Herkunft. Spiritismus beweist sich in der gesamten Genesis und es wird gezeigt, dass beide, Abraham und Jakob, seltsame Träume und Visionen gehabt haben; sie haben Bäume gepflanzt und Säulen und Steinhaufen als Wohnstätten für ihre Gottheit eingerichtet.

Die Ausdrücke "Wort des Zorns", "Wort Gottes" und "Geist Gottes" wurden von den Juden als Verkörperungen des göttlichen Wesens, in der gleichen Richtung verwendet, wie die Babylonier sie verwendeten [228]. Dies ist in Genesis 1:1 gezeigt, wo das Wort der Wirkstoff ist, der den Willen des Schöpfers durchführt: "Gott sprach das Wort und die Welten waren gemacht".

Wie die orientale Auffassung des Wortes, als kreatives Mittel der Gottheit, von den westlichen Nationen angenommen wurde, wie der Begriff an Bedeutung zunahm, bis er schließlich als Gottheit personifiziert wurde, ist einer der weniger bekannten Kapitel in der Geschichte der Entstehung des christlichen Dogmas.

Der Wunsch der christlichen Propagandisten, die Behauptung zu stärken, dass die Schriften göttliche Offenbarungen enthalten, war, anders als alle anderen Aufzeichnungen in der

---

[227] Hastings' *Encyclopedia of Religion and Ethics*, vol. 12, p. 751, Article: *Word*, by Stephen H. Langdon.
[228] Er sendet seinen Spruch auf die Erde, sehr schnell läuft sein Wort. *Ps.* 147:15. siehe auch *Ps.* 33:6, 33:9; *Isa* 2:1; *Jer.* 23.29.

Welt, nicht förderlich für die Verfolgung einer Untersuchung, die die wahre Beziehung zwischen christlichem und heidnischem Glauben zeigen würde. Wenn der Bibelleser deshalb sieht, wie "Wort" im Alten Testament verwendet wird, um die schöpferische Kraft Gottes zu bezeichnen und als Synonym für Christus im Evangelium des Johannes gebraucht wird, wird der Begriff in der Regel übergangen, ohne dass der Leser Kenntnis von Herkunft und Bedeutung hat. Aber, wie in dem folgenden kurzen Überblick dargestellt wird, stand dieses eigentümliche Konzept im engen Zusammenhang mit, wenn nicht sogar direkt daraus abgeleitet, den Überzeugungen, die seit vielen Jahrhunderten unter den Hindus, Babylonier, Perser, Ägypter und Juden geherrscht hatten.

Abbildung 86: Der Teufel als Drei-in-Einem

Von einer Französischen Miniatur aus dem 15. Jahrhundert; in BIBL. ROYALE.

In Persien war das Wort die große Waffe des Zarathustra. In Griechenland war Merkur das Wort oder Bote des Zeus. Bei den Römern wurde das Wort von der Göttin Fama vertreten. In Ägypten war es der kreative Vertreter des Gottes Thot. Als Verkörperung der Weisheit und Hüter des Geheimnisses des göttlichen Wortes wurde Horus, der Gott des Lichts, mit einem Finger an die Lippen dargestellt, als Symbol für die Geheimhaltung oder Stille.

Nach Masperos [229] Interpretation ihrer Aufzeichnungen, glaubten die Ägypter, dass das gesprochene Wort der Götter, ein Herausströmen aus dem Mund, sich in eine greifbare Substanz verdickt, ausgestattet mit kreativer Kraft und Energie.

---

[229] Von der schöpferische Kraft des Wortes in Ägypten, sagt Maspero, dass Thot: "rezitierte sie (Worte) mit dieser wahren Intonation, die sie alle mächtig machte und jeder wurde, wie er selbst, Meister des Universums... in der Tat, das wurde vom artikulierten Wort und der Stimme angenommen, dass sie die stärkste der kreativen Kräfte ist, nicht immateriell bleibend und von den Lippen ausgehend, aber verdickend, so zu sagen, in greifbare Substanz, in die Körper hinein, die selbst durch kreatives Leben und Energie belebt wurden; zu Göttern und Göttinnen, die lebten oder die kreierten; selbst Tumu hatte durch eine sehr kurze Phrase die Götter gerufen, die alle Dinge befohlen; denn sein "Kommt her zu mir," mit lauter Stimme gesprochen, am Tag der Schöpfung, erweckte die Sonne in einem Lotus. Thot öffnete die Lippen und die Stimme, die von ihm ausgegangen war, wurde zu einer Entität: Klang hatte sich aus seinem Mund, in Materie und Leben verfestigt, ohne körperliche Anstrengung seinerseits und ohne Beschwörung gesprochen.

... Kreation durch die Stimme ist fast so groß wie die Verfeinerung des Denkens, als Ersatz der Schöpfung durch das Wort, durch die Schöpfung aus Muskelkraft... Zunächst glaubte man, der Schöpfer hätte die Welt mit einem Wort geschaffen, dann, dass er es durch ein Geräusch gemacht hätte; aber die weitere Vorstellung, dass er es durch das Denken geschaffen hat, scheint bei den Theologen nicht angekommen zu sein." *The Dawn of Civilization*, Gaston Camille Chas. Maspero, 1894, pp. 145-147.

Das ägyptische Wort für Geist ist sehr ähnlich zu dem Wort *Rehk*, was Speichel bedeutet. Der ägyptische Glaube, dass der Geist oder Atem des Schöpfers, beim Passieren der Lippen, zu einer bestimmten Entität wird, ist wahrscheinlich der Ursprung der Sitte der Priester, die Fingerspitzen an die Zunge zu legen und kleine Kinder mit Speichel zu salben, um ihre Augen und Ohren für spirituelles Verstehen zu öffnen. Es wurde gesagt, dass Jesus Blindheit durch Berühren der Augen mit Speichel geheilt hat. Menschen auf der ganzen Welt haben auf diese Praxis, als eine Form der Taufe oder spirituelles Erwachen geschaut, vergleichbar mit der biblischen "Handauflegung".

Abbildung 87: Antiker dreiköpfiger Gott, gefunden bei Condat, Frankreich

Mit dem siebten Jahrhundert vor Christus begann der Einfluss der indischen und babylonischen Kultur auf den Westen, und als griechische Philosophen ihre Aufmerksamkeit auf die Natur der Vernunft und die kosmischen Vorgänge lenkten, reflektierten ihre Ergebnisse den Einfluss der orientalischen Philosophie. Das Universum wurde von den Griechen in der Regel als das Produkt einer kosmischen Intelligenz betrachtet, die alle Dinge formt und beherrscht. Ihre Spekulationen wurden in erster Linie der Form, oder Art und Weise gewidmet, in der diese Intelligenz erschienen ist und, ob Vernunft oder göttliche Weisheit dem universalen, kreativen Prozess innewohnte oder eine unabhängige Kraft war.

Thales übernahm die babylonische Vorstellung von Wasser als universelles Element und als Quelle der kosmischen Intelligenz. Im sechsten Jahrhundert, verwarf Heraklit die babylonische Theorie und übernahm Feuer als universelles Element, das er manchmal den "heißen Atem" nannte. Heraklit stellte sich eine unaufhörliche Verwandlung aller Dinge vor, von Feuer oder Hitze, dann wieder zurück zu Feuer. Er fand "das Wort" zu restriktiv um das Operationsprinzip oder die Vernunft dieses kosmischen Gesetzes auszudrücken. Er bestimmte es durch das Wort Logos, was sowohl Offenbarung als auch Vernunft bezeichnet.

Anaxagoras formulierte eine Theorie des höchsten geistigen Prinzips, nicht mit der Welt identifiziert, sondern unabhängig davon, als regulierendes Prinzip des Universums, als Logos, den er sich als die göttliche Intelligenz vorstellte, als einen Vermittler zwischen dem Schöpfer und der Welt.

Die Stoiker nahmen auch eine Theorie eines aktiven Prinzips an, welches die Welt durchdringt und ihre Form bestimmt. Dieses operative Prinzip nannten sie beide Logos und

Schöpfer. Sie sagten dass der Logos, solange er unausgesprochen ist, als Gedanke existiert, er aber zum Wort wird, sobald er gesprochen ist. Wie Heraklit, betrachteten die Stoiker Feuer als Ursubstanz, als materielles Prinzip der göttlichen Macht. Ausgestattet mit inhärenter, produktiver Tätigkeit, ist es der "wegweisende Grund" der Welt, der sich in allen Erscheinungen der Natur manifestiert. Die Welt ist ein Lebewesen, dessen Geist durch alle Dinge geht, obwohl selbst formlos, der Schöpfer von Formen.

Das griechische Denken in Bezug auf die Tätigkeit der kosmischen Intelligenz der Schöpfung, erreichte seine größten intellektuellen und imaginativen Höhen in der Philosophie Platons. Im Timaeus, einem kosmologischen Mythos, weitgehend auf pythagoreische Geometrie und Astronomie, in Kombination mit Prinzipien der Physiologie und Medizin basierend, gab Plato der griechischen Philosophie seine erste Vorstellung eines Schöpfergottes. Er stellte sich die materielle Welt als lebenden Organismus vor, durch Vernunft und Notwendigkeit geschaffen, nach dem Bild eines ewigen Musters in sphärischer Form geschaffen, ohne Anfang und Ende in Bezug auf Zeit, bestehend aus den vier Grundelemente Feuer, Luft, Wasser und Erde, um den höchsten Grad an Einheit zu schaffen.

Die Weltseele, sagte Platon, wurde vom Schöpfer aus den Bestandteilen Existenz, Differenz und Sein gebildet und in den Proportionen einer musikalischen Harmonie zusammengesetzt. Die Seele war in der Mitte des kosmischen Körpers und durchdrang sie komplett, so dass der Körper auch dessen äußere Umgebung formte.

Die Welt wurde von den Kreisen des Äquators und der Sonnenbahn umgürtet, wobei letztere in die sieben kleineren Kreise der Planeten aufgeteilt ist, und die zwei (Äquator und Ekliptik) waren in entgegengesetzter Bewegung animiert, ihre Hauptbewegung ist die am besten geeignete, für Geist und Intelligenz.

Dann wurden die verschiedenen untergeordneten Gottheiten und die höheren oder unsterblichen Teile der menschlichen Seele geformt, die direkt aus den Händen von Gott selbst kommen. Die Bildung des menschlichen Körpers und der unteren oder sterblichen Elemente der menschlichen Seele, wurde durch die Aktivität der geschaffenen Götter (das heißt, die Sterne) in Kraft gesetzt. Diese Theorie der schöpferischen Tätigkeit Gottes, manifestiert in einem "oberen" und "unteren" Bereich, wurde später ein wichtiges Merkmal der jüdischen Kabbala [230].

Zwar gibt es eine enorme Kluft zwischen Platons Vorstellung von der Schöpfung und dem heutigen, wissenschaftlichen Denken zu diesem Thema, seine Kosmologie übte jedoch einen erheblichen Einfluss auf das religiöse und philosophische Denken in seinem eigenen

---

[230] "Gott hat nicht die Seele nach dem Körper geschaffen, auch wenn wir von ihnen in dieser Reihenfolge sprechen... Er hat die Seele in Herkunft und Exzellenz, vor und älter als den Körper gemacht, um sein Herrscher und seine Geliebte zu sein.

"Gott hat die Seele aus den folgenden Elementen und auf diese Weise gemacht: Gott hat die Seele vor dem Körper aus dem Unteilbaren und Unveränderlichen gemacht und auch von dem, was teilbar ist und mit materiellen Körper zu tun hat. Er setzte eine dritte und dazwischenliegende Art von Essenz, die an der Natur des Selben und des Anderen teilnahm, und diese Verbindung platziert er entsprechend in einer Menge zwischen dem Unteilbaren, dem Teilbaren und dem Material.

"Er nahm die drei Elemente des Selben, des Anderen und der Essenz und mischte zu einer Form, komprimiert durch Zusammenzwingen der widerstrebenden und ungeselligen Natur des Anderen in die des Gleichen. Diese gesamte Verbindung teilte er der Länge nach in zwei Teile, die er in der Mitte zusammenfügte und sie in eine kreisrunde Form brachte, mit sich selbst und miteinander verbunden und einander an der Stelle, gegenüber ihres ursprünglichen Treffpunktes, und brachte sie in eine einheitliche Drehung auf der gleichen Achse: eine machte er zum äußeren Kreis und den anderen machte er zum inneren Kreis.

"Nun nannte er die Bewegung des äußeren Kreises die Bewegung des Selben und die Bewegung des inneren Kreises, die Bewegung des Anderen oder Verschiedenen. Die Bewegung des Selben trug er auf der Seite der rechten Hand herum und die Bewegung des Verschiedenen, diagonal nach links, und er gab die Herrschaft über die Bewegung an das Selbe und ebenso für das Einzelne und Ungeteilte: aber die innere Bewegung teilte er in sechs Orte und machte sieben ungleiche Kreise, ihr Inneres im Verhältnis von zwei und drei, von jeden drei und hieß die Bahnen an in entgegengesetzter Richtung zueinander fahren: und diese (Sonne, Merkur, Venus, Mars und Jupiter) sich mit ungleicher Geschwindigkeit über die drei und übereinander zu bewegen, aber in gebührenden Proportionen." *Timaeus* von Plato, pp. 34-36.

und den nachfolgenden Jahrhunderten aus. Selbst heute hat sein Ruf noch Bestand, einer der größten Denker aller Zeiten gewesen zu sein. Seine Theorie kann daher als repräsentativ für die Ergebnisse, die produziert worden sind, akzeptiert werden, wenn Männer auf Intuition und Imagination als Ersatz für die Methoden der Wissenschaft zurückgegriffen haben.

In den ersten Jahren der christlichen Zeitrechnung machte Philon Judaeus, ein hellenisierter Jude, einen Versuch, die heidnischen, pantheistischen Theorien mit jüdischen Vorstellungen von Gott zu versöhnen. Er war Mitglied der alexandrinischen Schule der Philosophie und ein Student der Theorien von Heraklit, Plato, Pythagoras, den Stoikern und anderen griechischen Philosophen. Er war wahrscheinlich auch mit den orientalischen Philosophien, die zu der Zeit in Alexandria gelehrt wurden, vertraut.

Philon verstand den Logos nicht nur im Kosmos immanent zu sein: er gab ihm ein Eigenleben als Vermittler zwischen Gott und der Welt. Seine Theorie war verwirrt, widersprüchlich und manchmal unverständlich, doch seine Bedeutung in der Geschichte des Christentums darf nicht unterschätzt werden, denn es war in erster Linie Philon, von dem die frühen Kirchenväter die Konzepte abgeleitet haben, auf denen ihre Lehre von der Trinität in der Einheit beruhte.

Wie von Philon visualisiert, ist Gott unveränderlich, passiv, ohne Gedanken, ewig, unbegreiflich. Er hat Masse nicht geschaffen, sondern er fand eine passive, urzeitliche Masse, zum Zeitpunkt der Schöpfung, bereits vor. Er kann keine Verbindung mit dem Bösen haben, auch nicht um sie zu bestrafen. Da Masse im Wesentlichen böse ist, kann Gott keine Verbindung zur Schöpfung des Menschen haben, sondern musste das Wort rufen, ihm zu helfen. In der Vorstellung von Gott, als ein abstraktes, passives Wesen, das über einen Mittelsmann fungiert, erinnert Philons Theorie stark an die hinduistische Vorstellung von Brahma. Das Wort oder Logos ist dann das aktive, intelligente Prinzip in der Schöpfung und Gott wird zu einem bloßen Namen reduziert. Manchmal sind die Worte Weisheit und Geist im gleichen Sinn wie Logos verwendet. Später spiegelte sich diese Vorstellung von Gott stark in den Theorien der Gnostiker und Kabbalisten wieder.

Nach Philon, zeugte Gott das Wort durch irgendeinen Hokuspokus, den er nicht deutlich macht. Es war nicht wie Engel oder Wesen geschaffen. Aufgrund dieser besonderen Erzeugung, erklärt Philon das Wort oder Logos, der erstgeborene Sohn Gottes zu sein, der prototypische Mann, in dessen Bild alle anderen Menschen erzeugt wurden. Auch hier ist es die Idee, oder Ideen, der ganze Verstand Gottes, der sich, aus sich heraus, in die Schöpfung ergießt. Er ist sowohl der Hohepriester und Schechina, die Herrlichkeit Gottes als auch die verständliche Welt. Einerseits spricht Philon vom Logos als wäre er ein verschiedenes Wesen von Gott unter der Gestalt eines Sohnes, andererseits scheint der Logos nur eine Manifestation der göttlichen Weisheit zu sein. Als orthodoxer Jude aber, konnte Philon den Glauben nicht akzeptieren, dass irgendetwas Sterbliches, im Gleichnis Gottes gebildet worden sei, oder sogar mit ihm in Vergleich gebracht wird.

Seine Unterscheidung zwischen Gott und seiner rationalen Macht oder Logos, die in Kontakt mit der Welt ist, wurde in späteren Entwicklungen der hellenistischen Spekulationen durch die Neuplatoniker beibehalten, auch im Umfang der Behauptung dreier Götter; zuerst ein höchster Gott; zweitens, Gott oder der Demiurg oder Logos, und drittens, Gott oder die Welt.

Philons Versuch, griechische Weisheit und jüdische Religion zu verschmelzen, war natürlich bei den Juden nicht akzeptabel, aber es wurde von den ersten Christen begeistert empfangen, von denen einige dachten, er wäre ein Christ.

Obwohl die Juden nicht bereit waren, die radikalen Theorien von Philon zu akzeptieren, haben sich ihre eigenen Theorien schon weit in die gleiche Richtung entwickelt. Als ihre Kultur zu einem solchen Punkt fortgeschritten war, dass sie nicht mehr in der Lage waren, an einen anthropomorphen Gott zu glauben, der in den Garten Eden gegangen war und sich ihnen im Kampf gegen ihre Feinde angeschlossen hat, war ihre Vorstellung von ihm weniger scharf definiert. Seine Gestalt verschwamm, geisterhaft und abstrakt. Als dies geschah, rückte er in die Ferne bis man schließlich dachte, dass er sich in einer vagen Region, jenseits der Sterne befindet. Seine Entfernung von der Erde machte es dann für seine Verehrer schwierig zu glauben, dass er ihre Gebete hörte oder dass er ein warmes, schützendes Interesse an ihnen bewahrt hätte.

An diesem Punkt begannen die Juden auf einen Messias oder Vermittler zu hoffen, um die Kluft zwischen Gott und den Menschen zu überbrücken. Vom Messias wurde nicht nur die Fürsprache Gottes im Namen der Menschen erwartet; er sollte auch der aktive Vertreter sein und die Angelegenheiten durchführen, die Gott selbst nicht mehr in der Lage oder bereit war, durchzuführen. Überall dort, wo der König oder Messias im Alten Testament erwähnt wird [231], war er, als gleichbedeutend mit dem Wort oder Logos und der jüdischen Konzeption des Messias angenommen worden, sehr analog zu den Vermittlern der Götter von Indien, Persien, Babylon und Ägypten.

Der Titel Messias scheint aus *Mes* (griechisch *mesos*, Latein *mezzo*), ein alter Wortstamm mit der Bedeutung "vermitteln", "aus der Mitte von" abgeleitet zu werden; daher "geboren von" oder "Sohn". *Meshken*, was Geburtsort bedeutet, kombiniert *mes* (Mitte) und *ken*, ein Nest oder eine Gebärmutter.

Im ägyptischen Gebrauch wurden die Söhne des Ra, Thot und Aah, als Ra-mes oder Rameses, Thutmosis und Aalmies bezeichnet. Mesopotamien bezeichnet "in der Mitte der Flüsse". Von der alten Praxis abgeleitet, einer Person zu befehlen, bei der Vereidigung seine Hand unter die Hüfte seines Befragers zu platzieren, wurde ein Zeuge ein *mesitis* oder "Mittelsmann" genannt. Als die Juden sich auf das Kommen eines Messias freuten, hatte sie den Mess-iah oder Mess-Jah im Sinn, das heißt, einen Mittelsmann, Fürsprecher oder Vermittler für Jahwe.

Nach der babylonischen Zeit, stiegen Spekulationen über Gottes Vermittler enorm, und praktisch jeder jüdische Schriftsteller diskutierte über seine Natur und die Zeit seines Kommens. Das fortgesetzte Scheitern des Messias auf der Erde zu erscheinen, machten die Attribute Gottes, die man von ihm angenommen hatte, zu einem blassen Ersatz und Gott wurde, funktionierend durch seine Agenten oder Emanationen, dargestellt. Die Weisheit, die Schechina oder Glorie und der Geist Gottes, wurden als Mittler zwischen Gott und den Menschen betrachtet. Sogar das Gesetz könnte als eigenständiges, geistiges Wesen angesehen werden, im gleichen Sinne, wie Wort oder Sprache bei Heiden, als ein aktiver, kreativer Mittler ihrer Götter gesehen wurde.

In den Targumim [232] nehmen die Doktrinen des Wortes, der Engel und die Weisheit Gottes, konkrete Form an und treten in jedem Fall als sein Vermittler auf. Passagen der Bibel,

---

[231] siehe Ps. 45:11, Ps. 72:11, Ps. 2:12.
[232] Siehe Anhang: Talmud

die erklären, dass das Wort erschien oder handelte, werden immer wieder durch den Kommentar von Onkelos als das "Wort des Herrn" ist erschienen oder hat gehandelt übersetzt. Gott ist durch seine Vermittler von jedem Kontakt mit Menschen oder von einer aktiven Teilnahme an der Schöpfung abgeschirmt. Weil das Targum von Onkelos in der höchsten Wertschätzung der Juden stand, so können wir sicher sein, dass seine Verwendung von Wörtern von den besten Autoritäten ihrer Zeit zugelassen wurde. Im Targum von Jonathan, wird "Wort" auch in der gleichen Bedeutung verwendet. In der Mischna wird von den zehn Passagen der Genesis (Kap. 1), beginnend mit "unser Herr sagte", als die zehn ma amarot (Worte oder Reden) gesprochen, mit dem die Welt erschaffen wurde [233].

Weisheit, die nach babylonischer Mythologie mit Ea in den Tiefen des Meeres wohnte, wurde in der jüdischen Literatur, die umfassende Intelligenz Gottes, der Helfer des Schöpfers, Erschaffer der Welt. Der Gott Israels, glaubte man, sei Herrscher des Universums, und die Weisheit wurde als kosmische Kraft angesehen. Es war Gottes Meisterarbeit (Prov. 8:30.); das erste seiner Werke (Prov. 8:23) und sein Designer. (Prov. 3:19; Ps. 104:24).

Unter dem Einfluss der griechischen Philosophie, wurde Weisheit eine göttliche Kraft von einem persönlichen Charakter (Weisheit 7:22, 30), so dass Philon sie die Tochter Gottes nennt, "die Mutter des schöpferischen Wortes".

Nach der *Weisheit des Salomon*, eine jüdische Arbeit, im ersten Jahrhundert vor Christus in Alexandria geschrieben, ist Weisheit immanent in Gott, zur göttlichen Essenz gehörend, jedoch in einem quasi-unabhängigen Zustand, Seite an Seite mit ihm. Weisheit, der Logos und der Heilige Geist sind eng als aktive Helfer bei der Erschaffung der Welt identifiziert, unter den göttlichen Ideen solche auswählend, die in der geschaffenen Welt verwirklicht werden sollten. Weisheit ist das kosmische Prinzip, das auf dem Thron der Herrlichkeit neben Gott wohnt und alles weiß und alle Dinge gestaltet (Weisheit 9:1; 4,10), identisch mit der kreativen Welt (9:1) und dem Heiligen Geist (9:17). Das Buch Jesus Sirach, das Buch Enoch, die Aussagen der Zwölf Patriarchen und andere Werke, sprechen zum gleichen Effekt.

Der Begriff Schechina (Wohnung) wird im Talmud und Midrasch anstelle des Wortes (Memra) verwendet. Onkelos übersetzt Elohim als Schechina in Genesis 9:27 und anderswo. Die Begriffe "Präsenz" und "Gesichter" Gottes sind in der gleichen Weise übersetzt [234]. Die Targumim Pseudo-Jonathan und Jerusalem übernehmen ein ähnliches System wie in Psalm 21:8 und 89:47.

Maimonides, ein berühmter jüdischer Theologe des zwölften Jahrhunderts, betrachtete die Schechina Gottes vom gleichen Charakter zu sein wie Memra (Wort) und Logos: für ihn war die Schechina eine getrennte Einheit und ein Licht, geschaffen um ein Mittler zwischen Gott und der Welt zu sein. Nachmanides, ein bedeutender jüdischer Theologe des dreizehn-

---

[233] Es war nicht der Herr, der Abram erschien, aber das Wort des Herrn. Es war das Wort des Herrn, das Adam und Jakob erschien. Das Wort des Herrn machte den Menschen nach seinem Bild. Die Himmel wurden gemacht, nicht durch den Herrn, sondern durch das Wort des Herrn. (*Deut.* 33:37).

Das Jerusalem Targum erklärt, das Wort schuf die Erde. Moses stieg hinauf, um das Wort des Herrn zu erfüllen. (*Ex.* 19: 3). Es war das Wort des Herrn, das zu Moses redete (*Ex.* 3: 2), so Onkelos.

Wo die Nichtjüdische Version sagt: "Ich hörte deine Stimme im Garten", sagt das Targumim "Ich hörte die Stimme des Wortes im Garten".

Vom Geist wird zu Beginn von *Gen.* 2 als Person gesprochen und *Gen.* 6:3; in *Num.* 11:25,26; *Ps.* 33:6; *II Sam.* 13:23. "Und das Wort des Herrn segne dich und das Wort des Herrn sprach zu ihnen: Seid fruchtbar und mehret euch und füllt die Erde". (*Gen* 3: 5,9) und so weiter.

[234] Präsenz: *Gen.* 3:8; 4:16; *Ex.* 33:14; *Lev.* 22:3; *I Chr.* 16:27,33; *II Chr.* 20:9; *Job* 1:12: 2:7; 23:15; *Psa.* 16:11; 17:2; 31:20; 51:11; 68:2,8; 95:2; 97:5; 114:7; 139:7; 140:13; *Isa.* 19:1; 63:9; 64:1,2,3; *Jer.* 4:26; 5:22; 52:3; *Ezek.* 38:20; *Jonah* 1:10; *Nah.* 1:5; *Zeph.* 1:7.

Gesicht: *Gen.* 4:14; 32:30; 33:10; *Ex.* 33:11,20,23; *Lev.* 17:10; 20:3,5; 20:6; 26:17; *Num.* 6:25; 14:14; *Deut.* 5:4; 31:17,18; 34:10; *Jud.* 6:22; *I Rings* 13:6; *I Chr.* 16:11; *Psa.* 27:8; 34:16; 88:14; 105:4; 119:135; *Isa.* 65:3; Jer. 33:5.

ten Jahrhunderts, sieht die Schechina, als die Essenz Gottes an, manifestiert in anderer Form.

Als die Weisheit, der Geist und andere Attribute des Allmächtigen, als getrennte Einheiten betrachtet wurden, konnte der Höhepunkt des evolutionären Prozesses nicht mehr fern sein: die Personifikation der Attribute war der einzige Schritt, der noch fehlte. Paulus bereitete den Weg für diesen Schritt vor, als er lehrte, dass Jesus als Mann geboren und dann Gott wurde. Als der Autor von 1 Johannes, Paulus, mit der Erklärung folgte, dass Gott, Jesus, und das Wort (Geist) ein und dasselbe sind, markiert es die letzte Phase eines Glaubens, der sich unter den Juden seit mehreren Jahrhunderten entwickelt hat.

Paulus Schriften zeigen eine gründliche Kenntnis der alexandrinischen Philosophie, und das Portrait von Jesus, das er in seinen Briefen gibt, ist ein Versuch, Leben in Philons Vorstellung des Logos und des "zweiten Gotts" zu hauchen.

Aus dieser Distanz gesehen, scheint die Botschaft des Paulus viel revolutionärer gewesen zu sein, als es den Menschen seiner Zeit erschien. Die Zeit war eine der intensiven religiösen Spekulation und es gab den weitverbreiteten Glauben, dass sich das Ende eines der großen Zeitalter der Welt näherte. Es wurde erwartet, dass das Kommen des langersehnten Messias oder Avatars, von der Zerstörung und Erneuerung der Welt gefolgt würde.

Sowohl in den jüdischen Schriften als auch in der heidnischen Mythologie gab es zahlreiche Berichte über wundersame Geburten und von Menschen, die im Leben oder nach dem Tod, in den Himmel schwebten. Geistheilung und Wundertaten waren tägliche Ereignisse und niemand zweifelte an der Fähigkeit der heiligen Männer, Tote zu erwecken, Dämonen auszutreiben, Menschen vom Fieber, Epilepsie und anderen Krankheiten zu heilen, den Blinden das Augenlicht wiederzugeben und viele andere Wunder zu bewirken.

Viele religiöse Führer behaupteten, oder es wurde von ihren Anhängern angenommen, sie seien der Messias, und einigen dieser wunderwirkenden Männer wurde es zugeschrieben. Simon Magus [235], Apollonius, Bar Jesus [236], Theudas und ein Jesus Ben Pandira wurden, wegen ihrer Ansprüche, übernatürliche Kräfte zu besitzen, verurteilt und einige von ihnen zum Tode.

Paulus begann, die Kreuzigung und die Auferstehung des Sohnes Gottes, in einer Zeit zu unterrichten, als die Köpfe der Menschen gründlich für außergewöhnliche Veränderungen vorbereitet waren, und eine unruhige Erwartung erfüllte ganz Judäa. Es konnte kaum einen günstigeren Moment für die Verbreitung neuer Lehren geben. Doch Paulus gibt zu, dass die Juden seiner Arbeit gleichgültig oder feindlich gegenüber waren und er so gezwungen wurde, seinen Proselytismus ausschließlich auf Heiden zu beschränken [237].

Mit der Ablehnung der Lehre von Paulus, zwangen die Juden das Christentum, von einer jüdischen zu einer heidnischen Religion zu wechseln, um damit den gesamten Verlauf der Geschichte des Westens zu verändern. Es ist deshalb extrem wichtig, zu wissen was Paulus lehrte, auf welchem Beweis seine Aussage basierte und warum die Juden seine Lehre abgelehnt haben.

---

[235] *Acts* 8:9,10.
[236] *Ibid.* 13:6.
[237] *Ibid.* 18:6.

XXI. DIE HEILIGEN DREI (FORTSETZUNG)

Die Bekehrung des Paulus war nicht das Ergebnis einer langen Untersuchung oder Vermittlung. Es traf ihn plötzlich, wie ein Donnerschlag. In der Apostelgeschichte, ein Buch von dem gesagt wurde dass es von Lukas, einem Begleiter des Paulus geschrieben ist, wird gesagt, dass auf dem Weg nach Damaskus ein intensives, weißes Licht vor Paulus erschienen ist, und er hörte die Stimme von Jesus, der ihm Vorwürfe machte und ihm befahl, dass er in die Stadt gehen soll, wo er weitere Anweisungen erhalten würde [238].

Drei Tage danach blieb er blind und hilflos, und er war in späteren Jahren nicht ganz sicher, ob er Jesus oder eine Erscheinung gesehen hatte [239]. In seinen Briefen spricht Paulus von Visionen, davon in Trance zu sein, körperliche Beschwerden zu haben [240], und sofern er an Epilepsie litt, wie es der Fall zu sein scheint, war seine Vision von Jesus wahrscheinlich eine Halluzination während eines epileptischen Anfalls.

Abgesehen von der bloßen Feststellung, dass Jesus gekreuzigt wurde und auferstanden ist, sagt Paulus sehr wenig, um ihn mehr als ein Phantom oder eine Symbolfigur zu präsentieren. Nirgendwo in seinen Schriften erwähnt Paulus Zeit, Ort oder die Jungfrauengeburt von Jesus, seine persönliche Erscheinung ist nicht beschrieben, seine Reisen, Lehren und Wunder werden nicht erwähnt, auch gibt Paulus keine Details zu den Ereignissen, die unmittelbar vor und nach der Kreuzigung stattgefunden haben. Er hatte bei dem Priester Gamaliel in Jerusalem studiert und er muss zu der Zeit, als Jesus unterrichtet haben soll und Wunder vollbracht hat, in der Stadt gewesen sein; jedoch hatte Paulus keine persönliche Kenntnis von ihm. Obwohl Paulus, nach seiner Bekehrung, mehrere Besuche in Jerusalem machte, um alle verfügbaren Informationen über Jesus zu sammeln, sucht man in seinen Schriften vergeblich nach intimen Details, die ein lebendiges Bild vom Leben des Erlösers geben würden. Sein Versäumnis, die Jungfrauengeburt zu erwähnen, die Wunder, die Bergpredigt und andere Lehren Jesu, ist besonders unerklärlich, weil sie die stärksten Aussagen sind, die er seinen Zuhörern hätte präsentieren können.

Nirgendwo erkennt Paulus an, dass seine Lehren von anderen geteilt oder von den Aposteln abgeleitet werden. Wenn er von Jesus, als dem einzigen gezeugten Sohn Gottes spricht, der gestorben ist, um alle Menschen zu retten, spricht er von ihm, als ob die Begebenheiten seine eigene Offenbarung gewesen wären. "Jesus ist von den Toten auferstanden, nach meinem Evangelium", sagt Paulus (II Tim. 2:8) und wieder erwähnt er, "das Evangelium, das *ich* predige". (Gal. 2:2). Es ist nicht das Evangelium der Apostel, sondern das Evangelium des Paulus.

Seine Vorstellungen von Moral und rechtem Leben, der er viel Aufmerksamkeit in seinen Briefen widmet, sind genau die gleichen Ideen, welche die Essener länger als ein Jahrhundert unterrichtet hatten, und Paulus behauptet nicht einmal, dass sie die Ansicht Jesus repräsentieren. Es gab damals viele kleine Gruppen und Sekten wie die Essener, die gemeinsame Mahlzeiten, wöchentliche Gebetstreffen abhielten und Geheimlehren verfolgten. Paulus

---

[238] *Acts* 9:8,9; 22:11; 26:13.
[239] "Ich weiß von einem Menschen in Christus, daß er vor vierzehn Jahren - ob im Leib, weiß ich nicht, oder außerhalb, weiß ich nicht;" *II Cor.* 12:2.
[240] Visionen, Trance: *Gal.* 2:2; *I Cor.* 12:1,4; *Acts* 16:9, 18:9, 22:17, 23:11, 27:23; *Gal.* 4:13,14; *Acts* 10:10; *II Cor.* 12:7,10.

selbst erwähnt, dass er vor solchen Gruppen aufgetreten ist [241]. Er sagt in seinen Briefen aber nichts, was die Möglichkeit ausschließt, dass der Christus von dem er predigt, von den Lehren einer dieser obskuren Gruppen abgeleitet war.

Als Paulus erklärte (1 Kor. 15:3), dass "Christus, den Schriften nach, für unsere Sünden" starb, konnte er sich nicht auf die jüdischen Schriften beziehen, denn sie enthalten keine solcher Aussagen; er konnte sich nicht auf die christlichen Evangelien bezogen haben, denn sie wurden erst viele Jahre später geschrieben; aber die Essener hatten Schriften sowie Abhandlungen und Evangelien.

Das Geheimnis der Herkunft von Paulus Lehren vertieft sich erheblich, wenn man die Haltung der Juden zu Jesus berücksichtigt. Beurteilt durch die Reaktion der Öffentlichkeit, über ungewöhnliche Ereignisse von heute, scheint es angemessen davon auszugehen, dass, wenn es bekannt gewesen wäre, dass der Erlöser, in einer Krippe in Bethlehem geboren wurde, sich die Neuigkeit wie ein Lauffeuer, in jeden Winkel von Judäa verbreitet hätte: jubelnde Zelebranten hätten sich bald in allen Städten und Dörfern versammelt; die Straßen wären voll gewesen mit ekstatischen Juden, die nach Bethlehem eilen, um in der Präsenz von Gottes Sohn zu stehen und ihm Ehre zu erweisen. Dies war kein gewöhnliches Wunder einer Jungfrauengeburt. Hier waren Menschen Zeuge von dem einzigartigen Schauspiel, dass der Allmächtige Vater des Universums sein anderes Ich auf die Erde schickt.

Wenn der kindliche Retter geschickt wurde, um die Menschen aller Nationen, nicht allein die Juden zu erlösen, wären die Zeichen am Himmel, die sein Kommen ankündigten, bei den Galliern, Griechen, Römer, Ägypter, Inder und Chinesen, in der Tat, bei den Menschen aller Nationen und Stämme und Clans auf der Erde, sichtbar gewesen, so dass auch sie sich über sein Kommen freuen könnten.

Man hätte erwarten können zu lesen, dass von frühester Kindheit an, Jesus verehrt, abgeschirmt, geschützt würde, dass jeder Vorfall in seinem Leben beobachtet und mit unendlicher Sorgfalt erfasst worden wäre. Aber die Geschichte gibt kein solches Bild. In heidnischen Ländern war seine Geburt gänzlich unbekannt. Auch jüdische Aufzeichnungen versäumten seine Geburt zu erwähnen, und die Evangelien stützen die Schlussfolgerung, dass, bis er seinen Dienst, ungefähr im Alter von 29 Jahren aufnahm, er in größter Dunkelheit und offenbar in Armut lebte. Mit Ausnahme einer Passage in Josephus' *Antiquities* (18:3. Sek. 3), die offensichtlich eine Interpolation ist, erwähnen jüdische Historiker jener Zeit nicht einmal den Namen Jesu. Das Scheitern des Philon Judaeus, den zuverlässigsten, zeitgenössischen, jüdischen Schriftsteller, ihn zu erwähnen, ist von besonderer Bedeutung. Als Paulus vor Porcius Festus erschien und ihm nahelegte wie er Christus in einer Vision gesehen hatte, hat Festus nie von Christus gehört, und wahrscheinlich, von Paulus Leiden wissend, dachte, dass er nur Visionen in einer Trance hatte [242].

Das Fehlen jeglicher Verweise auf Jesus von Nazareth (oder Bethlehem) in den jüdischen Aufzeichnungen, wird durch die Bereitschaft akzentuiert, mit der die Rabbiner das Leben eines anderen renommierten Messias, Jehoschua (Jesus) ben Pandira erfassten. Nach dem Talmud, ging Rabbi Joshua b. Perahyah [243] nach Alexandria, Ägypten, um der Verfolgung des

---

[241] Acts 16:13. 19:1,4; 29:7, 18:25.

[242] Acts 26:24.

[243] Josua, der Sohn des Perahyah, war ein Präsident des Hohen Rates, der fünfte, gerechnet von Ezra wie der erste. Er war einer von denen, die das mündliche Gesetz empfangen und ausgesendet haben, so wurde behauptet, direkt vom Berg Sinai.

Perahyah begann etwa 154 vor Christus zu lehren, daraus können wir schließen, dass er spätestens 180-170 vor Christus geboren wurde, und dass es wahrscheinlich nicht später als 100 v.Chr. war, als er mit seinem Schüler nach Ägypten ging, denn es wird gesagt, er ging dort hin, um der Verfolgung zu entgehen. Diese bezieht sich zweifellos auf einen Bürgerkrieg, in dem die Pharisäer gegen König Yannai

jüdischen Königs Yannai zu entkommen, und er nahm einen Schüler namens Jesus mit sich. Es gibt einige Verwirrung in Bezug auf den Familiennamen des Schülers, bestimmte Passagen beziehen sich auf ihn als Jesus ben Pandira, andere als Jesus ben Stada.

Es ist wahrscheinlich, dass, während er in Ägypten war, dieser Pandira oder Stada, Mitglied der Sekte der Therapeuten wurde, die in der Nähe von Alexandria ansässig war, denn es wird gesagt, dass er dort lernte, Wunder durch Magie zu vollbringen, dessen Formel er sich in seine Haut geschnitten hatte. (Shab. 104b). Nach seiner Rückkehr aus Ägypten "übte er Magie aus und täuschte und führte Israel in die Irre" (Bab Sanh 107b; Sota 47a; Yer Hag 77d) und seine Jünger heilten die Kranken "im Namen Jesus Pandira". (Yer Shab 14d Ab. Zarah 27b;. Eccl. R. 1,8).

Nach der babylonischen Gemara (die Mischna der Abhandlung Shabbath) wurde dieser Jehoschua oder Jesus, zu Tode gesteinigt und durch Aufhängen an einem Baum, in der Stadt Lud oder Lydda, am Vorabend des Passah, am Tag vor Pessach, gekreuzigt. Die Toledoth Yeshu, im Mittelalter geschrieben, sagt, dass Jesus nach Perahyah, dem Bruder seiner Mutter benannt war, und dies wird durch Kirkisani gestützt, der 937 AD, die Geschichte der jüdischen Sekten aufschrieb.

Celsus erwähnt die Geschichte (in *Origenes 'Contra Celsum*, 1.c. 1,32) und verleiht ihr Autorität. Nach seiner Version wurde die Mutter Jesus von einem römischen Soldaten namens Panthera verführt. Zwei Jahrhunderte später gibt Epiphanius (*Haeres*, lxxviii, 7) Jakob, einem Vorfahren von Jesus, den Nachnamen Panther und gibt seinen Stammbaum als Jacob, genannt Panther, Maria-Joseph, Kleopas, Jesus an. Johannes von Damaskus (*De Orthod.*, Fide iv, s. 15) gibt den Namen Panther und Barpanther in der Genealogie der Maria an.

Der verstümmelte Zustand der talmudischen Aufzeichnungen macht es unmöglich, die Details mit hinreichender Sicherheit festzustellen, aber sie lassen keine Zweifel daran, dass es einen Jesus ben Pandira oder Stada gab; dass er nach Ägypten gebracht wurde; dass er Magie praktizierte und etwa 100 Jahre vor dem, für die Geburt des biblischen Jesus bestimmten Datums, gekreuzigt wurde.

Das Versagen der Juden, Jesus von Nazareth zu erwähnen, kann nicht wirklich durch die Annahme, dass sie seinen Namen aus ihren Aufzeichnungen löschten, weil sie von seinen Lehren enttäuscht waren und ihn für einen falschen Messias hielten, in Erwägung gezogen werden. Sie waren genauso gegen die Werke von Pandira, wie sie gegen die von Jesus gewesen sind, aber sie ließen es zu, dass der Name Pandira mehrmals im Talmud erwähnt wird. Ferner ist zu berücksichtigen, dass die vermeintliche Enttäuschung der Juden erst kurz vor dem Ende des Lebens Jesu kam, als, wie Historiker behaupten, sein Leben und Werk soweit bekannt war, dass eine Kenntnis darüber nicht unterdrückt werden konnte. Während seiner Kindheit und Jugend hatten die Juden keinen Grund, die Geschichte seiner wunderbaren Geburt zu unterdrücken, weil sie zu dem Zeitpunkt keinen Grund hatten zu vermuten, dass er sie enttäuschen würde.

Nach Einbeziehung der Verfasser der Evangelien, zur Bestätigung des Zeugnisses des Paulus, wird deutlich, dass die Geschichtlichkeit von Jesus nicht durch eine ruhige, kritische

---

revoltierten, ca. 105 v.Chr. Wenn wir von einem Alter des Schülers Jehoschua ben Pandira von 15 Jahren ausgehen, würde das seine Geburt auf etwa 120 v.Chr. legen. Yannai regierte von 106 bis 70 v.Chr. und wurde von seiner Witwe Salome abgelöst, von den Griechen Alexandra genannt. Sie regierte neun Jahre. Überlieferungen, vor allem das erste *"Toledoth Jehoschua"* sagen, die Königin von Yannai und die Mutter des Johannes Hyrkanus, die daher Salome gewesen sein muss, zeigte Gefallen an Jehoshua und seinen Lehren und sie war Zeuge seiner Wunder. Sie versuchte ihn vor seinen religiösen Feinden zu retten, weil er mit ihr verwandt war, dass aber, während ihrer Regierungszeit, hingerichtet wurde.

Würdigung der vorgelegten Beweise hergestellt werden kann, sondern sie muss allein durch den Glauben angenommen werden.

Als sich das Christentum in den Jahrhunderten nach dem Dienst von Paulus verbreitete, wurde eine große Zahl der Evangelien von anonymen Autoren geschrieben, die häufig mit Namen der Apostel unterzeichneten, um ihren Arbeiten die entsprechende Autorität zu geben. Die vier Evangelien, die schließlich von der Kirche als authentisch ausgewählt oder inspiriert wurden, sollen "nach" dem Apostel Matthäus, Markus, Lukas und Johannes sein, was darauf schließen lässt, dass die Ereignisse, die sie beschreiben, den Autoren durch Augenzeugen bekannt waren [244]. Die Evangelien behaupten, viele der Parabeln und Reden Jesu, Wort für Wort, auch die Kommentare und Reaktionen seiner Zuhörer zu zitieren: sie beschreiben, bis ins kleinste Detail, eine große Anzahl von Handlungen und Ereignisse in seinem Leben, von denen einige von minimalem oder sogar trivialem Interesse sind.

Tatsächlich jedoch sind die Evangelien von griechisch sprechenden Ausländern geschrieben worden und das Lesen ihrer Zeugnisse enthüllt eine Unvertrautheit mit der Geschichte und Geographie Palästinas und eine unvollkommene Kenntnis der jüdischen Gesetze und Gebräuche. Während sie den Eindruck erwecken, durch die Beschreibung intimer Details, die leicht erfunden worden sein und nicht widerlegt werden können, eng mit Jesus verbunden gewesen zu sein, scheinen die Autoren die Erwähnung vieler wichtiger Details, die durch historische Aufzeichnungen überprüft werden könnten, zu vermeiden. Sie sind nicht klar über das Jahr, in dem Jesus geboren wurde und das Jahr seiner Kreuzigung: sie geben keine Informationen über seine Jugend und seine frühe Männlichkeit, oder die Länge seines Dienstes: sie wissen nicht, oder zumindest geben sie es nicht an, was aus seinem Vater, Mutter, Brüdern und Schwestern wurde und, im Allgemeinen, zeigen sie nur ein entferntes und skizzenhaftes Wissen seines Lebens auf.

Die Evangelien sollen verfasst worden sein, als die Ereignisse, die sie beschreiben, noch frisch in den Köpfen der Augenzeugen waren, aber die Apostolischen Väter (Clemens von Rom, Ignatius und Polykarp), die in der ersten Hälfte des 2. Jahrhunderts lebten und schrieben, sagten nichts, was darauf hinweist, dass sie überhaupt etwas von den Evangelien gehört hätten.

In der Mitte des 2. Jahrhunderts versuchte Justin der Märtyrer, die Gottheit Jesu zu beweisen, aber als er versuchte, die Behauptungen der heidnischen Kritiker zu widerlegen konnte er nur sagen: "Wenn wir auch sagen, dass das Wort, was die erste Geburt von Gott ist, ohne sexuelle Vereinigung produziert wurde, und er Jesus Christus, unser Lehrer, gekreuzigt, gestorben und auferstanden und in den Himmel aufgefahren ist, schlagen wir nichts anders vor, wie das, was ihr von denjenigen sagt, von denen ihr glaubt, dass sie die Söhne des Jupiter seien [245]."

Bei der Einstufung des christlichen Glaubens an Jesus, auf das gleiche Niveau, wie der heidnische Glaube an Jupiter, gab Justin zu, dass er nicht mehr Beweise für die Geschichtlichkeit Jesu hatte, als die Heiden für ihren obersten Gott. Wäre er mit den Evangelien vertraut gewesen, wäre dies die Zeit für ihn gewesen, sein Argument klar zu machen, indem er auf das Zeugnis der Evangelisten verweist, dass die Geschichte von Jesus ein historisches Ereignis war, während die Geschichte des Jupiters lediglich eine Mythologie ist. Aber Justin hat die Evangelien oder ihre Autoren nicht erwähnt.

---

[244] "wie sie uns die überliefert haben, die von Anfang an Augenzeugen und Diener des Wortes gewesen sind." *Lukas* 1:2.
[245] First Apology, Chapter 21, Ante-Nicene Library, Justin Martyr.

Papias, ein Zeitgenosse von Justin wird zugeschrieben, bestimmte Schriften von Matthäus und Markus erwähnt zu haben, aber es gibt keine Anzeichen dafür, dass auf die erwähnten Arbeiten als die Evangelien verwiesen wurde. Die vier Evangelien wurden auf jeden Fall erstmalig von Irenäus erwähnt, etwa 190 n.Chr., über 150 Jahre nach der angeblichen Kreuzigung.

In Matthäus (23:35) kritisiert Jesus die Juden, dass sie Zacharias, Sohn des Berechjas, ermordeten. Dieses Ereignis im Tempel fand 69 n.Chr. statt, daher lässt der Autor Matthäus, Jesus einen Kommentar über ein Ereignis abgeben, das erst 40 Jahre nach seinem Tod stattfand und zwanzig oder dreißig Jahre nachdem das Matthäus-Evangelium geschrieben gewesen sein soll. Lukas soll ein Begleiter des Paulus gewesen sein. Das Evangelium, das den Namen von Lukas trägt, ist an Theophilus adressiert und die einzige bekannte Person, auf die es sich bezieht, ist Theophilus, Bischof von Antiochien, der gegen Ende des zweiten Jahrhunderts lebte, hundert Jahre nach dem Tod von Paulus.

Die Autoren versuchten, das unvergleichlich größte Ereignis zu erfassen, seit Anbeginn der Welt. Wenn sie glaubten, authentische Geschichte zu schreiben, sollten sie es nicht notwendig haben, die Bedeutung ihrer Geschichte aufzubauschen, indem sie sie mit fantastischen und unglaublichen Zwischenfällen verschönerten. Doch schrieben sie, als ob sie ein Geheimnis-Drama für Propagandazwecke schaffen.

Sie wussten schon, dass die Heiden, die sie konvertieren wollten, Traditionen hatten, die über viele Jahrhunderte weitergegeben worden waren, von wundersamen Geburten, Kreuzigungen und Wiedergeburten unter den Göttern. Die Autoren der Evangelien müssen erkannt haben, dass, wenn man die Ungläubigen gewinnen will, sie überzeugt werden müssten, dass der neue Retter, jedes Wunder der heidnischen Götter dupliziert und durchgeführt hatte und darüber hinaus, selbst noch größere vollbracht hat. Dementsprechend wurde Vorfall für Vorfall erfunden, oder aus der antiken Literatur geborgt, um eine imposante Geschichte vorzulegen. Es ist offensichtlich, dass dies die Methode war, die verfolgt wurde. Das Ergebnis war eine Mischung aus Wundern und moralischen Lehren, die dann sehr populär wurden. In dieser Kombination war praktisch jedes wichtige Ereignis, das mit dem alten, weltweiten Mythos von der Geburt des Sonnengottes und seiner Wiedergeburt verbunden waren, vermischt.

Konservative biblische Autoritäten platzieren das Markusevangelium zwischen 56 und 63 n.Chr. Wenn der Verfasser dieses Evangeliums von der Jungfrauengeburt gewusst hätte, würde er es sicherlich erwähnt haben, aber er sagt nichts darüber, noch hat es der Autor des Johannesevangeliums, das angeblich, zwischen 78 und 97 n.Chr. geschrieben wurde, erwähnt. Die Geschichte erscheint zuerst im Lukasevangelium und, wie von ihm vermittelt, empfängt Maria ihr Kind vor ihrer Ehe mit Joseph, der geglaubt haben soll, das Kind wäre sein eigenes. Das Matthäusevangelium gibt eine etwas andere Version wieder. Nach Matthäus, wusste Joseph, dass das Kind nicht zu ihm gehört. Ihm wurde aber von einer Scheidung von Maria abgeraten. In einem Traum erschien ihm ein Engel, der ihm mitteilte, dass das Kind durch den Heiligen Geist gezeugt wurde.

Lukas Aussage (2:15,17), dass Jesus bei der Geburt von den Hirten besucht wurde, erinnert stark an den Mythos, der besagt, dass der persischen Gott Mithras in einer Höhle geboren und von Hirten angebetet wurde. Matthew ändert die Hirten in Weise (2:8) und fügt den Stern von Bethlehem hinzu. Die anonymen Hirten werden schließlich zu drei Königen, deren Namen nirgendwo sonst in der Geschichte erwähnt werden. Matthäus sagt, dass Maria und Josef mit dem Jesuskind nach Ägypten flohen, um dem Zorn des Königs Herodes zu entkommen aber Lukas weiß nichts davon und sagt, dass, nachdem die 40 Tage der Reinigung vorüber waren, Vater und Mutter, Jesus im Tempel in Jerusalem präsentierten, wo Herodes leicht hätte Hand an ihn legen können.

Das Matthäusevangelium beginnt mit einem Stammbaum von Jesus, um zu beweisen, dass er von David, dem Sohn Jesse abstammt, und damit die alttestamentlichen Prophezeiung Jesajas [246] erfüllt, dass ein Zweig Davids geboren würde, um die Welt zu erlösen. Matthäus Genealogie führt vierzehn Generationen von Abraham bis David auf, vierzehn Generationen von David bis zum Exil, und vierzehn Generationen vom Exil bis Jesus oder zweiundvierzig Generationen zusammen; zweiundvierzig ist eine symbolische Zahl für Schmerz, Not und Regeneration.

Lukas gibt einen ganz anderen Stammbaum Jesu wieder. Er listet zweiundvierzig Generationen von Joseph bis David auf. Nicht ein Name auf Lukas' Liste stimmt mit den entsprechenden Namen von Matthäus überein. Von Jesus zu Abraham gibt Lukas sechsundfünfzig Generationen an und von Jesus über Abraham und Adam zu Gott, insgesamt siebenundsiebzig; alle diese Zahlen sind von hoch mystischer Bedeutung.

Die Evangelien stellen Jesus als das Wesen der Sanftheit und grenzenlosen Liebe dar, Meister der Sanftmütigen und Demütigen, zeigen ihn dann aber so, dass er sich weigert, seine eigene Mutter wiederzuerkennen [247]. Sie zitieren ihn als er erklärt, dass er auf die Erde kam, nicht um den Frieden zu bringen, sondern das Schwert. (Matt. 10:34). Sie lassen ihn in einem Gleichnis sagen: "Doch jene meine Feinde, die nicht wollten, dass ich über sie König würde, bringt her und erschlagt sie vor mir" (Lukas 19:27), und lassen ihn andere maßlose Aussagen machen, die im Gegensatz zum Charakter eines geduldigen Freundes der Menschheit steht, der Vergebung und die Rückkehr vom Bösen ins Gute predigt [248].

Man lässt Jesus prophezeien, dass er durch einen Tröster nachgefolgt wird, auf den die Welt immer noch wartet [249]. Man lässt ihn auch das kommende Ende der Welt vorhersagen, andeutend, dass es innerhalb der Lebenszeit seiner Zuhörer passieren wird. Wie der Sohn Gottes das Ende der Welt so falsch prognostizieren konnte, ist eine Frage, die Theologen für fast 1900 Jahre peinlich berührt hat.

Matthäus, Markus und Lukas scheinen keine klare Vorstellung darüber zu haben, ob Jesus nun Gott oder Mensch ist. In bestimmten Passagen wird er zitiert, dass er und sein Vater eins sind, in anderen, dass sein Vater ihn verlassen hat. Nur im Kopf von Johannes wird der Punkt definitiv entschieden. Im Johannesevangelium wird Jesus von Geburt an die Inkarnation Gottes, in Form eines Menschen. Das Wort, das Philon sich als "zweiten Gott" vorgestellt hatte, wird Fleisch durch die Geburt von Gottes einzig gezeugtem Sohn. "Das Wort war bei Gott, und Gott war das Wort". (Johannes 1:1). Fast die ganze Lehre vom Logos ist in Johan-

---

[246] *Isaiah* 9:6, 11:1, 7:14. Damit diese Prophezeiung eines kommenden Messias nicht missverstanden werden kann, wiederholt Jesaja mindestens zehnmal in den Kapiteln 43 bis 48 die Warnung, dass "... Vor mir wurde kein Gott gebildet, und nach mir wird keiner sein." (43:10). "Ich, ich bin der HERR, und außer mir gibt es keinen Retter." (43:11). "Ich bin der Herr, und sonst keiner mehr" (45: 6). "Ein gerechter Gott und Heiland; da ist keiner außer mir" (45:21,22). "Denn ich bin Gott und sonst keiner mehr: Ich bin Gott und niemand ist wie ich" (46: 9). "Ich bin der Herr, das ist mein Name: und ich will meine Ehre keinem andern geben" (42: 8). "Ich bin es. Ich bin der Erste ich bin auch der Letzte" (48:12).

[247] Frau, was habe ich mit Dir zu schaffen *Johannes* 2:4.

[248] Und der Herr sprach zu dem Knecht: Geh hinaus auf die Wege und Zäune und nötige [*sie*] hereinzukommen, dass mein Haus voll werde; *Lukas* 14:23.

Wenn *jemand* zu mir kommt und hasst nicht seinen Vater und seine Mutter und seine Frau und seine Kinder und seine Brüder und Schwestern, dazu aber auch sein eigenes Leben, so kann er nicht mein Jünger sein; *Lukas* 14:26.

Denkt ihr, dass ich gekommen sei, Frieden auf der Erde zu geben? Nein, sage ich euch, sondern vielmehr Entzweiung. *Lukas* 12:51.

[249] *John* 14:16,26.

nes' Bemühungen enthalten, das Leben Jesu aus der Sicht der philonischen Theorie zu beziehen.

Im Johannesbrief (I Johannes 5:7) erreicht die lange Evolution des Wortes und des Heiligen Geistes ihren Höhepunkt in Johannes' Ankündigung, "es gibt drei Zeugen im Himmel, der Vater, das Wort und der Heilige Geist: und drei sind eins" [250]. Der Glaube an die heilige Dreieinigkeit, die seit vielen Jahrhunderten ein wichtiges Merkmal der orientalischen Religionen gewesen war, war endlich ein Teil der christlichen Lehre geworden. Das Wort, das die alten Religionen in Indien, Babylon, Griechenland und Ägypten, als mystischen Vermittler geschaffen hatten, um die Arbeit ihrer passiven Götter zu erledigen, hat sich nach Johannes, in menschlicher Gestalt manifestiert. Johannes konnte jedoch nicht ganz sicher von der Einheit Jesus mit Gott gewesen sein, denn in seinem Evangelium (14:28) lässt er Jesus sagen: "Ich gehe zum Vater, denn der Vater ist größer als ich."

Die von Johannes erzählten Ereignisse sind unvereinbar mit denen der anderen Evangelien: entweder war seine Arbeit oder die der anderen Schreiber falsch. Der Hauptgrund, warum das Johannes-Evangelium von den frühen Kirchenvätern als inspirierte Arbeit angenommen wurde, war wahrscheinlich, dass er der einzige Evangelist ist, der direkt erklärt, dass Vater und Sohn eins sind. Allein auf der Quelle von Johannes, wurde die Lehre von der Dreifaltigkeit gegründet.

Seine Gestalt als Historiker ist im letzten Vers seines Buches offenbart, wo er sagt: "Es gibt aber auch viele andere Dinge, die Jesus getan hat, und wenn diese alle einzeln niedergeschrieben würden, so würde, scheint mir, selbst die Welt die geschriebenen Bücher nicht fassen". Dennoch spricht dieser Autor von einem Mann, dessen öffentliche Karriere wohl nicht mehr als ein Jahr gedauert hat.

Es ist nun von Bibelgelehrten eingeräumt, dass die letzten zwölf Verse des Markus-Evangeliums, die von der Auferstehung und Himmelfahrt Jesu erzählen, nicht von Markus geschrieben, sondern später von Hand hinzugefügt wurden. Deshalb sagte Markus nichts von der Auferstehung. Matthäus war der erste, der darüber schrieb, dass Christus von den Toten auferstanden ist. Lukas gibt die Geschichte in größeren Details wieder, und später widmete Johannes ihr zwei volle Kapitel. Johannes spricht von Nagellöchern in Händen und Füßen Jesu, aber Lukas (23:39) sagt Jesus wurde gehängt [251].

Matthäus sagt, dass im Moment des Todes Jesu am Kreuz, Dunkelheit die Sonne verdeckt, die Erde sich hob, und aus ihren Gräbern [252] kamen Heilige und gingen durch die Straßen, und doch wurden nirgendwo auf der Erde diese Ereignisse festgestellt, außer in Jerusalem. Auch die Juden, die sie gesehen haben sollten, haben sie nicht aufgezeichnet. Die Evangelisten sind sich auch nicht einig über Einzelheiten der Kreuzigung, das Verschwinden Christi aus dem Grabe, oder in Bezug auf die Zeit und den Ort, wo er, vor der Himmelfahrt, zuletzt auf der Erde gesehen wurde.

Wenn diese vielen Details zusammen betrachtet werden, scheitern sie, durch moderne Standards gemessen, in mehrfacher Hinsicht, sich als authentische Geschichte zu qualifizieren. Erstens: Eine der wichtigsten Anforderungen an die Geschichte ist, dass beschriebene

---

[250] Die überarbeitete Fassung der Bibel lässt *I Johannes* 5:7 als Interpolation weg. Viele moderne Kapazitäten glauben, dass dieser Vers und die letzten zwölf Verse im 28ten Kapitel des *Matthäus* vom gleichen Schriftsteller gefälscht wurden, um die Lehre der Dreieinigkeit zu stärken und Verse ausgleichen 10:5,6 und 15:24, die befehlen dass das Wort Christi niemandem gepredigt werden soll, außer den Juden.

[251] Christus hat uns losgekauft von dem Fluch des Gesetzes, indem er ein Fluch für uns geworden ist - denn es steht geschrieben: Verflucht ist jeder, der an einem Baum hängt! *Gal* 3:13. "an einen Baum gehängt." *Apostel* 5:30; 10:39; 13:29.

[252] *Matthäus* 27:45-53. Siehe auch *Lukas* 23:44,45.

Ereignisse hinreichend wahrscheinlich sein müssen. Beweise, um einen Anspruch zu begründen, sollten im Verhältnis zu seiner Wahrscheinlichkeit oder Unwahrscheinlichkeit stehen. Geschichten von Ereignissen eines außergewöhnlichen oder unwahrscheinlichen Charakters, erfordern außergewöhnliche Überprüfung. Wenn ein moderner Schriftsteller behauptet, dass er einen acht Metersprung eines Athleten gesehen hat, würde seine Aussage einigermaßen glaubwürdig erscheinen, weil es bekannt ist, dass eine solche Leistung im Rahmen der physikalischen Möglichkeit steht. Aber wenn der Schriftsteller behauptet, dass der Athlet 25 Meter gesprungen ist, würden kritische Leser verlangen, dass die Geschichte von Film-Aufnahmen und eidesstattlichen Erklärungen vieler zuverlässiger Zeugen unterstützt würde, da eine solche Leistung außerhalb der menschlichen Erfahrung liegt.

Weder bieten die Evangelien angemessene Beweismittel an, um ihre Ansprüche auf Grund von hinreichender Wahrscheinlichkeit zu begründen, noch ihre zahlreichen Unstimmigkeiten, Widersprüche und Lücken, ihre Bereitschaft Gerüchte und Legenden als Tatsachen zu akzeptieren, die sie aus dritter und vierter Hand gehört hatten; ihre offensichtliche Rolle als Reformer, ihren Wunsch danach religiöse Lehren zu fördern und ihre scheinbare Bereitschaft, selbst Geschichten zu erfinden, um diese Lehren zu fördern, ist der Beweis dafür, dass sie, anstatt objektive Historiker, ausgesprochene Propagandisten waren. In der Tat, wenn es ein anderes Thema als Religion gewesen wäre, ist es äußerst zweifelhaft, ob irgendein nachdenklicher Mensch die Schriften ernst genommen hätte.

Die Evangelisten schildern Gott als den freundlichen Vater im Himmel, der alle seine irdischen Kinder liebt. Es ist daher unvorstellbar, dass er die Erde besucht, ohne dass seine Lehren und seine Anwesenheit allen Nationen und Stämmen der Welt bekannt gemacht wurden. Doch nur eine kleine Minderheit der Menschheit wurde mit einer Kenntnis von Christus und seinen Aktivitäten begünstigt. Ein Gott, der all seine Hingabe den Juden schenkt und anderen Völkern der Welt gegenüber kein Interesse zeigt, wäre unwürdig gewesen angebetet oder respektiert zu werden. Diese Tatsache allein stempelt die Jesusgeschichte als die Kreation von provinziell gesinnten Menschen ab, die nur in Bezug auf ihre eigene kleine Gemeinschaft dachten und nicht erwartet hatten, oder nicht glauben wollten, dass sich ihre Nachrichten in der ganzen Welt verbreiten.

Darüber hinaus, enthüllen die Evangelisten ihren Mangel an Scharfsinn, wenn sie Jesus bei zahlreichen Gelegenheiten, vor seinen Zuhörern sagen lassen, dass das Ende der Welt bevorsteht und ihnen versichert, dass es noch in ihrem eigenen Leben passieren soll. Sie machten in diesem Zusammenhang Aussagen, die in der Zukunft, entweder positiv zu beweisen oder zu widerlegen wären. Durch die Repräsentation von Jesus, wie er versucht, Furcht und Angst in den Köpfen der Unwissenden und Leichtgläubigen zu installieren, mit Prophezeiungen einer weltweiten Katastrophe, die nie kommt, porträtieren sie ihn unwissentlich als falschen Propheten und grausamen Scharlatan. Wenn jedoch davon ausgegangen wird, dass diese Warnungen in den Köpfen der Evangelisten entstanden sind, dass sie nur auf einen weit verbreiteten Aberglauben basieren, dass die Welt bald zu einem Ende kommt und dann ihre eigenen, falschen Prophezeiungen Jesus zuschrieben, um die Menschen in die Annahme der neuen Religion zu schrecken, dann waren sie skrupellose Schriftsteller, die in betrügerischer Absicht geschrieben haben.

Gott wird auf der einen Seite als allmächtig und allwissender Herrscher des Universums repräsentiert und zum anderen als Autor des größten und tragischsten Versagens der Geschichte, weil sein Besuch auf der Erde, der die Menschheit erlösen sollte, kläglich gescheitert ist. Menschen fahren nach der angeblichen Auferstehung fort, selbstsüchtig, lustvoll, und grausam zu sein, wie zuvor auch.

Ein allmächtiger und allwissender Gott hätte die Herzen der Menschen durch einen bloßen Wink mit seiner Hand verwandelt; zumindest hätte er einen einfacheren und praktischeren Weg entwickeln können, um die Menschheit zu retten und einen weitaus erfolgreicheren, als dieses, von den Evangelien beschriebene, lange, schmerzhafte Verfahren. Aber das hätte die Aufgabe zu einfach gemacht. Es sei denn, das Objekt ihrer Verehrung, führt alle Arten von wunderbaren und sogar lächerlichen Kunststücken auf, würden die Menschen dann wissen, dass er der wahre Gott ist? Deshalb waren die Macher der antiken Mythologie immer bemüht, die Ehrfurcht und das Staunen der Menschen, durch die Erfindung von Umwegen und schwierigen Aufgaben für ihre göttlichen Helden, mit Schmerzen, Leid, Verfolgung und übernatürliche Leistung zu begeistern. Solche tragischen und spektakulären Zwischenfälle prägen die religiöse Literatur aller Zeiten und Länder und zeigen die verräterischen Warenzeichen der Mythos-Macher.

Nach Betrachtung der Zeugnisse der Evangelisten und dem Schweigen der Juden über Jesus ist es klar, warum ihr Zeitgenosse Paulus es versäumte, von den Wundern und Lehren von Jesus zu berichten, die angeblich anderen Männern, die viele Jahre nach Paulus Tod schrieben, bekannt waren. Paulus sagte aus dem Grund nichts über diese Dinge, weil er nichts von ihnen wusste. Der Apostel der Heiden wusste nichts von diesen Dingen, weil sie zu seiner Zeit noch nicht erfunden waren.

XXII. DIE HEILIGEN DREI (FORTSETZUNG)

Mit der Verkündung der dreifachen Manifestation Gottes dachten die Autoren der Evangelien offenbar, dass das Verhältnis von Wort und Geist zu der Gottheit, für alle Zeit angeordnet ist und keine Erklärung mehr benötigt. Zumindest erklären sie die Beziehung nicht und vielleicht realisierten sie auch nicht ganz was es war.

Die Gegner der Lehre zeigen jedoch auf, dass sich das Christentum, in seiner Verehrung des Vaters, des Sohnes und des Heiligen Geistes, nicht wesentlich von der heidnischen Verehrung der Götter-Triaden unterschied.

Da es in den ersten Jahrhunderten keine zentrale Organisation gab, um die Grenzen des Glaubens zu definieren, versuchte jede Kirche, den Vorwurf des Tritheismus zu widerlegen und die Dreieinigkeit auf ihre eigene Weise zu erklären. Folglich entwickelten sich bald Unterschiede und Widersprüche in den Theorien der verschiedenen Führer, die die Kirche ständig in Spaltungen und Anklagen der Ketzerei verwickelte. Unter den vielen Fragen die auftauchten waren diese:

- War Christus nur ein Mensch, ausgestattet mit der göttlichen Weisheit und Macht?
- Hat der göttliche Geist in dem Menschen Jesus fortbestanden oder war die Inkarnation bloß eine Figur, unter denen Gott dem Menschen offenbart wurde?
- Könnte Christus, als Sterblicher, aus der gleichen Substanz wie Gott sein, oder war er unterlegen?
- Wenn seine Geburt wider die Natur war, konnte er dann ein richtiger Mensch sein?
- Hat er sowohl göttliche als auch menschliche Natur in einem besessen, oder war er ganz göttlich?
- War er zu Veränderungen in der Lage, das heißt, besaß er die Freiheit des Willens und die Wahl zwischen Gut und Böse, oder war er nicht zur Sünde in der Lage?
- War er mit dem Vater von Anfang an koexistent oder gab es eine Zeit, in der er nicht existierte?

Die orthodoxe Position der Kirche auf solche Fragen entwickelte sich langsam aus haarspaltenden Diskussionen, zahlreichen Vorwürfen der Ketzerei, wo Schuld oder Unschuld eines Angeklagten manchmal vom Schatten der Bedeutung eines einzelnen Wortes entschieden wurde.

Ein Highlight dieser Phase der frühen Kirchengeschichte, waren die Häresien des Sabellius, Presbyter von Libyen, Paul von Samosata, der Prälat von Antioch, und Arius, ein Presbyter aus Baucalis, einem Vorort von Alexandria.

Sabellius wurde verurteilt, weil er erklärte, dass Christus und der Heilige Geist nur Zeichen sind, durch die Gott sich den Menschen offenbart. Paul von Samosata wurde für die Behauptung verurteilt, dass Christus nur ein Mensch ist, in dem der göttliche Logos wohnt. Arius, ein großer, asketischer Mann, der einen scharfen, brillanten Verstand hatte, war der schwierigste Gegner. Er behauptete, dass Christus nicht existierte, bevor er gezeugt wurde. Weil Gott der Vater ist, so muss er vor dem Sohn existiert haben, und weil der Schöpfer über dem steht was er geschaffen hat, ist Gott seinem Sohn überlegen. Als sein Geschöpf könnte

Christus nicht aus der gleichen Substanz wie Gott sein. Als sein Geschöpf, hatte Christus Willensfreiheit und nur durch seine eigene Tugend war er ohne Sünde.

Arius gewann viele Anhänger und die Kontroverse über seine Theorie tobte noch, als sich die Bischöfe schließlich im Jahre 325 in Nicäa zusammenfanden, um den christlichen Glauben zu definieren.

Die Bischöfe wussten, dass die Existenz der Kirche von ihren Entscheidungen abhing. Sie mussten sich eine Formel ausdenken, die die Wunden des 200-jährigen Streits heilen würde; Erhaltung der Dreifaltigkeit, unter Vermeidung des Anscheins von Tritheismus. Keine Gruppe von Menschen setzte sich jemals zusammen, um eine so unlösbare Aufgabe zu lösen. In einer solchen Situation wurden ihre Entscheidungen von politischen Erwägungen und nicht von Fakten und Logik diktiert.

F. J. Foakes-Jackson zitiert den Historiker Sokrates mit den Worten: "Was geschehen ist, war ein Kampf in der Dunkelheit, niemand wusste, ob er Freund oder Feind schlägt". Der Autor fügt dann hinzu: "Die Angst vor der Ketzerei auf der einen Seite und Innovation auf der anderen, ließ sie schwanken; doch es war durch Abstimmungen wie diese, dass die Angelegenheit entschieden werden musste [253]". Es war klar, dass der einzige Weg, Arius aus der Kirche auszuschließen der war, Christus als göttlich zu erklären und doch ganz sterblich; von der gleichen Substanz wie der Vater; existent, nicht nur vom Moment seiner Menschengeburt als Jesus, sondern von Gott von Anfang an erzeugt. Als Sterblicher war Christus zur Sünde fähig, aber als Ergebnis des Logos, die Position der höheren Seele einzunehmen, konnte es in ihm nur eine Natur geben.

Dass diese Formel widersprüchlich und unmöglich war, war von Anfang an klar. Es war erst 50 Jahre her, dass Paul von Samosata, für die Erklärung, dass sowohl das göttliche als auch das sterbliche Wesen in Christus wohnt, verurteilt und von der Kirche ausgeschlossen worden war. Demütigend, wie es für die Kirche war, ihre eigene Entscheidung zu revidieren, aber es musste getan werden. Jede andere Entscheidung wäre äquivalent zu erklären, dass Vater und Sohn nicht ein Gott waren, sondern zwei und das wagten die Delegierten nicht zu tun. Einige der Bischöfe verstanden die tatsächliche Bedeutung des Streitpunktes nicht und genehmigten das Glaubensbekenntnis mit einem Augenzwinkern.

Die Lehre von einem Dreieinigen Gott, der die Welt beherrscht, wurde dem Konzil, von Athanasius, Bischof von Alexandria aufgedrängt, unterstützt durch die Bischöfe der östlichen Kirchen, die sich zweifellos des uralten, heidnischen Glaubens an den Dreier-Charakter der Götter bewusst waren und vielleicht klug genug, um die Vorteile einer solchen Lehre zu realisieren, um Konvertiten aus den heidnischen Kulten zu gewinnen. Auf jeden Fall wurde der Heilige Geist im gesamten Konzil als ein fremdes Thema behandelt. Außer den Glauben an den Heiligen Geist einzufordern, hat der Rat nichts getan, um seine Beziehung zu der Gottheit zu definieren, und es blieb ein nutzloses Anhängsel, keinem anderen Zweck dienend, als die Dreiheit zu komplettieren. Da keine Persönlichkeit da war, die dritte Person der Dreieinigkeit zu vertreten, wurde es in der späteren religiösen Kunst üblich, dieses Mitglied als eine Taube darzustellen, dem mystischen Symbol des Heiligen Geistes.

Schließlich in Konstantinopel, 381 n.Chr. angenommen, sagt das Glaubensbekenntnis:

> "(Wir glauben) ... an den einen Herrn Jesus Christus, den Sohn Gottes, der als Einziggeborener aus dem Vater gezeugt ist, das heißt: aus dem Wesen des

---

[253] *The History of the Christian Church*, F. J. Foakes-Jackson, p. 307.

Vaters, Gott aus Gott, Licht aus Licht, wahrer Gott aus wahrem Gott, gezeugt, nicht geschaffen, eines Wesens mit dem Vater, durch den alles geworden ist, was im Himmel und was auf Erden ist; der für uns Menschen und wegen unseres Heils herabgestiegen und Fleisch geworden ist... inkarniert durch den Heiligen Geist, von der Jungfrau Maria", usw.

Diese Feststellung sollte wiederholt gelesen und von jedem Leser einem forschenden Gedanken unterzogen werden. Keine andere Religion in der Welt, hat jemals eine so erstaunliche Lehre herausgegeben. Aus den Werken der Evangelien-Schreiber, vor allem Johannes, formulierten die Bischöfe in Nicäa die Lehre, dass Jesus nicht nur der Sohn Gottes sei, sondern Gott selbst, zwei Namen, die sich auf verschiedene Erscheinungsformen derselben Person beziehen.

Abgesehen von unwesentlichen Details, bekräftigen das Glaubensbekenntnis und die Evangelien gemeinsam, dass Gott durch die Sündhaftigkeit seiner Kinder auf der Erde betrübt war und beschloss, vom Himmel herabzukommen, um sie zu erlösen. Zu diesem Zweck trat sein Geist in den Schoß Marias und zu angemessener Zeit, war er in menschlicher Form geboren. Nach der Geburt, lebte er, für etwa 30 Jahre, als normale, aber obskure Person. Dann begann er zu lehren und Wunder zu vollbringen, um es schließlich zu schaffen, sich kreuzigen zu lassen. (Die Kreuzigung muss Teil seines Planes für die Erlösung der Welt gewesen sein, denn als allwissend und allmächtig, hätte er es verhindern können, wenn er es gewollt hätte) [254]. Nachdem er für drei Tage tot war, hat er sich aus dem Grab wieder auferstehen lassen und nach unbestimmter Zeit (die Evangelien sind sich in diesem Punkt nicht einig), kehrte er, noch in menschlicher Form zurück, um anschließend seinen Thron im Himmel einzunehmen.

Von den zum Christentum Konvertierten war es erforderlich, diese Überzeugungen als heilige Wahrheiten zu akzeptieren: Personen, die sie nicht akzeptierten, wurden zu ewiger Qual in der Hölle verdammt. Für viele Jahrhunderte mussten Tausende von Männern und Frauen, die nach bestem Gewissen, solche unverständlichen Dogmen nicht billigen konnten, Qualen einer echten Hölle auf Erden, durch Verfolgung, Exil, Folter oder auf dem Scheiterhaufen erleiden.

Kaum, ist das Glaubensbekenntnis von Nicäa angenommen, ist es auch schon Gegenstand heftiger Kritik von arianischen Partisanen. Bevor 381, die Opposition dauerhaft niedergerungen wurde, ist Macedonius, Patriarch von Konstantinopel, für seine Leugnung der Göttlichkeit des Heiligen Geistes verdammt worden und die Theorie der beiden Substanzen in einer Person war von der Kirche verworfen und wieder hergestellt worden.

Auf dem Konzil von Chalcedon, 451, wurde erklärt, dass in der Person Christi zwei komplette Naturen vereint sind, eine göttliche und eine menschliche. Dies wurde 680, von dem dritten Konzil von Konstantinopel durch die Aussage ergänzt, dass jede der Naturen einen Willen enthält, so dass Christus zwei Willen besitzt. Die westliche Kirche nahm die Beschlüsse von Nicäa, Chalcedon, und Konstantinopel an. So wurde die Lehre von der Dreieinigkeit und den beiden Substanzen Christi, als orthodoxes Dogma, den Kirchen des Ostens und des Westens übergeben.

Die Lehre hat nie aufgehört, Ursache für Konflikte zu sein. Bis vor zwei bis drei Jahrhunderten blieb es in der Kirche eine Hauptquelle der Debatte. Meinungen der Kirchenmänner,

---

[254] Niemand nimmt es (das Leben) von mir, sondern ich lege es selbst ab. Ich habe Vollmacht, es niederzulegen, und habe Macht, es wieder anzunehmen. *Johannes* 10:18.

in Bezug auf die Beziehung zwischen den Mitgliedern der Trinität, änderten sich ständig. Obwohl die Kirchen entschieden, dass Gott und Christus eins sind, wurden im zwölften Jahrhundert, gegen den Theologen Abelard von St. Bernard, Anschuldigungen der Ketzerei erhoben, teilweise auf der Grundlage von Abelards Erklärung, dass Christus Gott nicht fürchtet.

Von Anfang an gab es ein kleineres, christliches Element, das den Glauben an eine Dreifaltigkeit, die kein weibliches Element beinhaltet, nicht akzeptieren konnte. Die Ophiten, eine frühe Sekte, löste das Problem, indem sie das heidnische Konzept einer Dreieinigkeit, bestehend aus Vater, Mutter und Sohn übernahm. Hippolyt fand in ihnen ein assyrisches Dogma der Dreieinigkeit der Seele. Die Mandäer, eine weitere christliche Sekte, betrachtete die Ruha (Heiliger Geist) als die Mutter des Messias, ein Blickpunkt, der mit der kabbalistischen Theorie harmoniert, dass der Heilige Geist feminin ist.

Der Einfluss der alten Tradition kann noch in der modernen Tendenz der katholischen Kirche gesehen werden, den Heiligen Geist, durch die stark vergrößerte Rolle der Jungfrau Maria, unterzuordnen oder zu ersetzen. Im letzten Jahrhundert führte Kardinal Newman diese Tendenz mit der Aussage in seinem *Golden Manual* (Antwort V, S. 649) zu seinem logischen Schluss: "Der Gott selbst kreierte sie (Maria) im Heiligen Geist und ließ sie in seine Schöpfung fließen".

Viele Bände sind in erfolglosen Bemühungen geschrieben worden, die Trinität zu rationalisieren und sie plausibel erscheinen zu lassen. In der Hoffnungslosigkeit des Versuchs sie verständlich zu machen, vermeiden die meisten heutigen Kirchenväter die Kontroverse lieber, indem Sie einfach darauf beharren, dass die Zusammensetzung der Dreifaltigkeit ein unbegreifliches Mysterium der göttlichen Offenbarung ist [255].

Bereinigt von seinen mystischen Ansprüchen jedoch, ist die Lehre eine rein menschliche Erfindung, schmerzlich entwickelt, aus 200 Jahren des bitteren und manchmal blutigen Streits. Es ist noch unverständlicher, dass ein Versuch gemacht wurde, Bedeutungen hineinzulegen, die keinen Sinn machen, nicht einmal für die Autoren. Zu Beginn des dritten Jahrhunderts, schrieb Tertullian etwas, was immer noch für vielleicht die offenste und die dümmste Entschuldigung der christlichen Lehre steht, die jemals gemacht worden ist. Er sagte: "Ich verehre es, weil es verachtenswert ist: ich liebe, weil es absurd ist: Ich glaube es, weil es unmöglich ist".

Bis zu diesem Tag würde kein religiöser Kirchenkörper es wagen, die Doktrin zu ändern oder zu verwerfen, und es bleibt ein fortdauerndes Zeichen der menschlichen Bereitschaft, Überzeugungen, die sie weder beweisen noch begreifen können, zu abonnieren.

---

[255] "Auch wenn die christliche Kirche bald auf die Dreieinigkeit als unbegreifliches Geheimnis der Offenbarung schaute, dessen Grund nicht untersucht werden kann, haben ihre Theologen es nicht unterlassen, sowohl in alten als auch in modernen Zeiten, auf die Lehre zu spekulieren." *Enc. of Rel. & Ethics.*, v.12, p.460.

"Wir halten es als ein Geheimnis, nicht von menschlicher Intelligenz messbar, aber notwendig für das Heil des Menschen." Pref. to *Synopsis of the Gospels in Greek* by Dr. A. Wright, p. vi.

"Die Schlussfolgerung liegt auf der Hand, dass, während wir durch die Schrift gelehrt bekommen, an die drei Subjekte in der Gottheit, die als Personen beschrieben werden, zu glauben, sind wir noch nicht in der Lage zu bestimmen, auf welche Weise und in welchem Sinne diese drei, die göttliche Natur so gemeinsam haben, dass es nur einen Gott gibt." McClintock Strong's *Cyclopedia of Biblical, Theological and Ecclesiastical Literature*, vol.10, p.555.

XXIII. Die Dreifaltigkeit Im Judentum

Eine Untersuchung zu dem Konzept einer Dreifaltigkeit in der Einheit, wäre ohne ein paar weitere Worte über ihr Verhältnis zum Judentum, nicht komplett. Bei der Rückverfolgung der Entwicklung "das Wort", hat es sich gezeigt, dass, als der anthropomorphe Gott in die Ferne gerückt ist, die Juden auf das Wort als kreatives Mittel des Allmächtigen schauten. Diese Idee verbreitete sich, bis Weisheit, Verständnis, die Schechina, die "Präsenz" oder "Gesichter", in der Tat jede Macht, jedes Attribut, oder jeder erdenkliche Aspekt Gottes, zu einer Entität wurde, als ob Gott ein viel-armiges Wesen wäre, jeder Arm an der Durchführung eines spezifischen Teils seiner Arbeit beteiligt. Es hat sich jedoch nichts gezeigt was darauf hinweist, dass diese Kräfte als Bildung einer Dreieinigkeit oder Triade konzipiert wurden. Unter Christen und Juden gibt es eine Annahme, dass die Dreieinigkeit typisch christlichen Ursprungs war, ganz unabhängig vom alten, jüdischen Glauben.

Die Tatsache, dass Gott drei wichtige Titel - Jahwe, Elohim und El Shaddai hat; dass Adam und Noah jeweils drei Söhne hatten; dass 3 Engel vor Abraham auf der Ebene von Mamre erschienen; dass Moses, Aaron und Miriam eine Triade gebildet haben; diese werden als bloße Zufälle betrachtet und haben keine Bedeutung.

Aber der Leser hat wohl beobachtet, dass orientale Schriftsteller gerne Analogien ziehen und Geschichten, in Form von Gleichnissen, rezitieren. Die reinen Fakten der Geschichte, wie auch die symbolischen Beziehungen, die daraus gezogen werden konnten, wurden nicht als wichtig angesehen. Beides, Worte und Zahlen wurden, vor allem von frühen Schreibern häufig verwendet, nicht in einem strengen, sachlichen Sinn, sondern in einer Weise, die den beschriebenen Vorgang, den Vorstellungen des Schreibers von seiner symbolischen Konnotation, angepasst hat. Religiöse Rituale, Bräuche und Praktiken waren nicht nur zufällige, spontane Entwicklungen, sondern sorgfältig geplant, um bestimmte Überzeugungen zu symbolisieren, von denen viele nur dem Priestertum bekannt waren.

Ein Beispiel hierfür kann in der Platzierung der Cherubim zur rechten und linken Seite Gottes, auf dem Gnadenthron im Allerheiligsten, gesehen werden. Die Bibel sagt nicht, warum dies gemacht wurde und auch Bibelgelehrte können keine bestimmte Erklärung dafür bieten; aber wenn man sich Gott als den dreifachen Charakter vorstellt, wäre es für die Israeliten nicht unvernünftig, Sitze für die drei Mitglieder der Gottheit zur Verfügung zu haben. Dies scheint die Schlussfolgerung von Philon gewesen zu sein, als er an einer Stelle feststellte, dass obwohl Gott einer ist, dies nicht in Bezug auf Anzahl zu verstehen ist. An anderer Stelle erklärte er, die Cherubim wären Symbole der zwei ewigen Kräfte Gottes. Derselbe Gedanke taucht auch immer wieder in den Targumim auf.

Auch hier wurde allen Juden befohlen, auf ihrer Stirn lederne Gebetsriemen oder ein Stirnband zu tragen, auf dem der dreizackige Buchstabe Shin geschrieben steht und es wurde keine Erklärung gegeben, warum dieser besondere Buchstabe als Emblem von Jahwe angenommen wurde [256].

---

[256] Und du sollst sie als Zeichen auf deine Hand binden, und sie sollen als Stirnband zwischen deinen Augen sein. Und du sollst sie auf die Pfosten deines Hauses und an deine Tore schreiben. *Deut.* 6:8,9 und *Ex.* 13:9,16.

Kleine quadratische Stücke Pergament wurden innerhalb der Gebetsriemen platziert und darauf standen vier Verse aus der Bibel geschrieben, der erste davon ist der vierte vom Deuteronomium, Kapitel 6, in dem der Name des Herrn drei mal wiederholt wird "Höre Israel, unser Herrgott ist ein Gott". Jedem Juden wurde geboten, diesen Vers mindestens zweimal täglich zu wiederholen. Eine ähnliche Wiederholung des heiligen Namens erscheint in der Segnung Israels im 4. Buch Moses 6:24, 25, 26 und in Jesaja 33:22 und 6:3.

Eine ähnliche Vorrichtung wurde auf dem linken Unterarm getragen. In diesem Fall wird das Lederband der Vorrichtung drei Mal um den Mittelfinger gewickelt, als wenn man den Buchstaben Shin formt; dann wurde das Band sieben Mal um den Unterarm gewickelt und mit einem Knoten versehen, der den Buchstaben Yod oder Jod bildet, das Emblem von Jahwe.

Bei der Erteilung des ewigen Segens für die Versammlung, macht der Priester das Zeichen der Dreifaltigkeit, wie es auch Mohammedaner und Brahmanische Priester tun, indem sie den rechten Arm und die drei Mittelfinger ausstrecken. In der Rezitation des Segens, liest der Priester den Vers aus dem 4. Buch Moses 6:24 drei Mal vor, jedes Mal in einer anderen Stimmlage.

Dass dieser Brauch symbolisch für bestimmte jüdische Überzeugungen war, liegt auf der Hand, aber die Bibel wirft kein Licht darauf, was die Überzeugungen hätten sein können. Daher müssen wir die Kabbala und andere esoterische Werke konsultieren, um etwas über sie zu erfahren.

Moderne Kritiker sind in der Regel geneigt, die Kabbala als ein Beispiel für die extravagante Form der jüdischen Spekulationen herabzusetzen, die sie auch ist. Doch muss man zugeben, dass ihre Autoren gelehrte Männer waren, die eine tiefe Kenntnis der jüdischen Geschichte und Tradition hatten, und im Verfassen der Kabbala haben sie nur Konzepte in organisierte Form gebracht, die seit vielen Jahrhunderten bei denen aktuell waren, die vertraut mit den höheren, esoterischen Phasen der jüdischen Mystik waren.

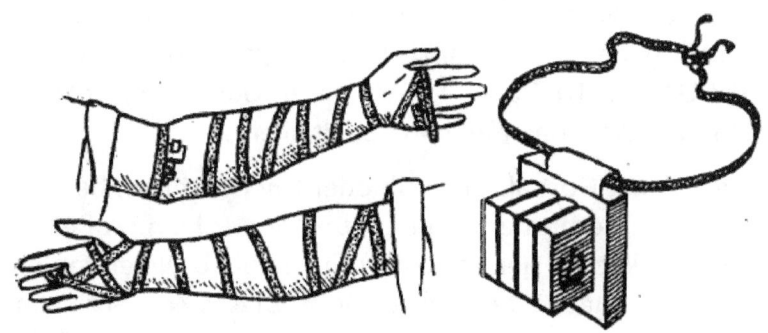

Abbildung 88: Jüdisches Kopf- und Arm-Phylakterium (Gebetsriemen)

Das *Sohar* (Buch der Kabbala) spricht von Gott als das dreifache und erklärt dieses Dogma mit einem Zitat von Rabbi Eliezer ben Jose: "Komm und sieh das Geheimnis in dem Wort Elohim (Aleim)! Da sind drei Grade und jeder Grad unterscheidet sich selbst, doch ungeachtet dessen sind sie alle eins und miteinander zu einem verbunden, sie können nicht voneinander getrennt werden."

Wieder, von R. Jose (Exodus Reihe 75) zitiert, gibt die gleiche Quelle folgende Erklärung für die Wiederholung des Namen des Herrn im Deuteronomium 6:4 und der Veränderung der Stimme beim Lesen, 4. Buch Moses, 6:24: "Sie müssen wissen, dass diese drei, nämlich,

Ieue Aleim Ieue (Jehova Aleim Jehova) ein *Unum* ist und das ist das Geheimnis, das wir in dem Geheimnis der Stimme erfahren: "die Stimme ist ein *Unum* aber es beinhaltet drei Modi, nämlich, das Feuer, die Luft und das Wasser. Und diese drei sind eins im Geheimnis der Stimme und sie sind jedoch ein *Unum*, sodass an diesem Ort, der HERR, unser Herr Jehova, ein *Unum* ist." Nach dieser Sicht liegt die verborgene oder geheime Bedeutung der drei Modi darin, dass Jehova, Herr über die drei großen Einteilungen des Universums, Feuer, Luft und Wasser ist, was, wie wir gesehen haben, genau die Rolle ist, die die großen Götter von Indien, Babylon, Griechenland und Ägypten gespielt haben. An anderer Stelle sagt der Autor, dass die drei Zweige des Buchstaben Shin die himmlischen Väter bezeichnet, die in Deuteronomium 6:4 genannt werden.

Dass solche Meinungen sich nicht auf die Kabbalisten beschränken, kann in einer Arbeit von Rabbi Akiba gesehen werden, einem berühmten Gelehrten des zweiten Jahrhunderts, der als ein Ausbund der Weisheit angesehen wurde. In seinem *Alphabet der Buchstaben* sagt Akiba: "Warum ist der Buchstabe Aleph als ein Buchstabe geschrieben, jedoch als Silben von drei Buchstaben gelesen? Weil es den Heiligen Einen repräsentiert, der eins ist und dessen Name dreiteilig gelesen wird, wie es geschrieben steht: "Höre, Israel, unser Herrgott, ist ein Gott."

Pater Calmet beobachtet, was Raymond Martin, Galatine und einige andere Gelehrte des Mittelalters unternahmen, um zu zeigen, dass die chaldäische Paraphrase des Pentateuchs und die alten Rabbis, ausdrücklich die Trinität und die drei Personen erwähnten. Calmet sagt: "Wir finden in der Tat das Wort Shalishith in ihren Schriften, das Trinität andeutet und Memar (Memra), was das Wort Ruach Kakkadoshah andeutet, was wiederum Heiliger Geist bedeutet. Wir finden auch Gott den Vater, Gott den Sohn und Gott den Heiligen Geist. Und schließlich die Tri-une, Drei-in-Einem und Einem-in-drei und Jehova, um den Vater auszudrücken, das Memara-jah für das Wort des Vaters und Schechina für den Heiligen Geist [257]."

Anastasius Kircher, Gelehrter Jesuit des siebzehnten Jahrhunderts schrieb, dass auf allen hebräischen Handschriften, die er im Vatikan gesehen hatte, die drei Jods in einem Kreis als Symbol für JVH gedruckt wurden [258]. An anderer Stelle gibt er ein Zitat wieder, in dem alle Personen der Trinität benannt sind, also: Pater Deus, Filius Deus, Spiritus Sanctus Deus, Trinus in Unitate et Unus in Trinitate [259]; Gott Vater, Gott Sohn, Gott Heiliger Geist, Dreifaltigkeit in der Einheit und die Einheit in der Dreifaltigkeit.

Die Kabbala bezeichnet Gott als En Soph oder Unendlichkeit, bestehend aus zehn Sephiroth, die als "Gesichter" interpretiert werden, und es wird ein großer Unterschied zwischen den ersten drei und den letzten sieben Sephiroth gemacht. Die ersten drei sind Krone, Weisheit und Verständnis und Ruach oder Heiliger Geist. Dieses Konzept kann nicht nur der Phantasie der Autoren entsprungen sein, weil, wie wir gesehen haben, Weisheit und der Heilige Geist als Agenten des göttlichen Wesens schon in den Zeiten nach dem Exil berücksichtigt wurden, wenn nicht schon früher. Sie sind selbsterstellte Persönlichkeiten oder Existenzweisen, aber sie sind alle eins, und der Name ist einer. Der Name Jehova gilt auch für die drei Sephiroth. Mit anderen Worten, manifestiert sich Gott in den drei Formen: Krone, Weisheit und Heiliger Geist.

---

[257] *An Historical, Critical, Geographical, Chronological & Etymological Dictionary of the Bible*, 3 vols., 1732, by Rev. Father Dom Augustin Calmet, v.3, p.100.

[258] *Oedipus Aegyptiacus*, 1662 by Anastasius Kircher, Tomi 2, p.114.

[259] *Ibid*, Tomi 2, p. 246.

Der Autor des Sohar und der Autor des *Buches von Habbakir* erklärt, dass die zweite Sephira aus der ersten und die dritte aus der zweiten hervorgehen. Dies ist mit der indischen Tradition vergleichbar, die Vishnu aus Brahma und Shiva, aus der Stirn von Vishnu hervorgehen lässt. Kabbalisten bezeichnen den Heiligen Geist als weiblich, und dieser Glaube wird auch von sehr alten Traditionen sanktioniert. St. Jerome beobachtet, dass es bei den Nazarenern so üblich war.

Die letzten sieben Sephiroth werden Middot oder Maßnahmen genannt, das sind Attribute und Zeichen, die in den Werken Gottes sichtbar sind, so wie Angst, Gerechtigkeit, Schönheit usw.

Rabbi Menachem, ein bekannter Kabbalist, erklärte, es war die Schechina, die Adam nach seiner Sünde erschien und Kleidung für ihn machte; sie erschien Abram und Jakob, und dass sie es war, die zu Moses sprach und den Menschen das Gesetz gab.

Ein Kabbalist Rabbi Joseph ben Gekatilia zitierte Jesaja (11:2) mit der Aussage, dass Messias und Weisheit das gleiche war: "Der Geist der Weisheit wird auf ihm ruhen (dem Messias), der Geist der Weisheit und des Verstandes." In Jesaja 48:16 und 59:19, 20, 21 sind ähnliche Interpretationen gegeben.

Ein anderer Kabbalist, Ehat Rabbi Salomon Jarchi, erklärt zur Autorität von Jesaja 11, dass die Cochma (Weisheit) in der Mitte des Messias sein wird, und das Buch Enoch sagt: "Der Messias besteht von Anfang an, er sitzt auf dem Thron Gottes und besitzt Universalherrschaft, alles Urteil ist ihm verpflichtet". Das ist fast genau die Position, die von den Bischöfen, auf dem Konzil von Nicäa, in ihrem Kampf gegen den Arianismus, eingenommen wurde, und es beweist, dass die Theorien der Kabbalisten tief in der jüdischen Tradition verwurzelt waren.

Wenn wir die Ansichten der Kabbalisten verlassen und uns der Bibel zuwenden, um mehr Licht auf die dreifache Natur der Gottheit scheinen zu lassen, bringt es uns gleich zu einem der größten Mysterien des Buches. Zwei der wichtigsten Titel Gottes (Elohim und Adonai) sind Plurale, aber in der Übersetzung der Bibel wurden sie immer wieder in einem singulären Sinn verwendet.

Zur Verteidigung der Interpretation, mit dem die Namen belegt wurden, behaupten Bibelautoritäten, dass die Autoren des Textes möglicherweise einem Brauch folgten, der in den alten Zeiten sehr verbreitet war, den Gottheiten Plurale Titel zu geben, um ihre Majestät und Macht zu signalisieren. Aber im Hinblick auf die große Mühe die Juden unternahmen, um zwischen Jahwe und den heidnischen Göttern zu unterscheiden, erscheint diese Erklärung nicht nur oberflächlich, sondern es legt die Vermutung nahe, dass hier eine Anstrengung unternommen wurde, um etwas zu verbergen. Es wird sich zeigen, dass dieser Verdacht durchaus gerechtfertigt ist.

Genesis 11:7 lautet nun: "Wohlauf, lasst uns hinabgehen und dort ihre Sprache verwirren...", und in Genesis 3:22 sagt Gott zu Adam nicht, "siehe, der Mensch ist wie ich geworden", sondern er sagt "wie wir". Er sagt, *wie einer von uns*. Hier wird die Sprache direkt, einfach und klar; und es kann keine Frage über die beabsichtigte Bedeutung geben. Wäre es im ersten Teil dieser Sätze beabsichtigt worden, die Idee zu vermitteln, dass Gott die Worte in der ersten Person Singular gesprochen hat, wäre der Aufbau des gesamten Satz anders gewesen.

Noch einmal: In Genesis 49:25 wird der Appell an scheinbar zwei verschiedene Götter gemacht: "Beim Gott Deines Vaters (Al), der Dir helfen wird und bei dem Allmächtigen (Shaddi), der dich mit Segnungen segnen wird". In diesem Fall ist das Wort Shaddi mit "der Allmächtige" übersetzt, während in Leviticus 17:7 und Deuteronomium 32:17 *i shdim* (die shaddim) mit "Teufel" übersetzt wird.

Im Deuteronomium 32:17 heißt es: "Sie opferten den Dämonen (Shdim oder Shaddim) nicht Gott (Ale); den Göttern (Aleim) die sie nicht kannten, sondern den neuen, (Aleim), die erst kürzlich kamen..." Hier bedeutet "Ale", Gott, Singular: Aleim bezieht sich auf Götter im Plural und das Wort Shaddim wird mit "Teufel" übersetzt.

Als Aaron von einem goldenen Bild des ägyptischen Stiers Apis spricht, das die Israeliten während der Abwesenheit Moses gemacht hatten, kann es keine Frage sein, dass er das Wort Aleim im Plural verwendet hat: "Das sind deine Götter (Aleim) O Israel, die dich aus dem Land Ägypten geführt haben". (Exodus 32:4).

In Exodus 2:23 geht dem Wort Aleim ein *e* im Sinne von "die" voraus und der Satz sollte lauten, "Ihr Schrei ging an *die Götter*". In Exodus 6:7, 15:3, 40:32, 35:5 und anderswo ist die singuläre Wiedergabe gegeben, aber in Exodus und Deuteronomium 18:11 10:17 und 12:30, 31 wird *e aleim* mit "Götter" übersetzt.

In Genesis 35:7 wird das plurale Aleim mit einem Verb im Plural zusammengefügt und sollte lauten: "Und (Jacob) nannte den Ort El Bethel, *weil die Götter ihm dort erschienen sind*". Joshua 24:19 sollte lauten: "Ihr könnt dem Herrn nicht dienen, denn er ist die Heiligen Götter."

Viele ähnliche Beispiele für falsche Übersetzung tauchen nicht nur im Pentateuch auf, sondern auch in Hiob 35:10; Psalmen 119:1; II Samuel 07:23, Jesaja 49:24, 54:5 und anderswo [260]. Der Begriff *ieue aleim* (Jehova Götter) wird immer falsch als "Herr Gott" übersetzt, und Anstrengungen werden unternommen Herr und Gott, als synonyme Begriffe erscheinen zu lassen. In Passagen, wo Aleim als Name für Jehova benutzt wird, bezeichnet es einen Gott, wenn er aber als Name für heidnische Götter verwendet wird, übersetzt sich der Name als eine Vielzahl von Göttern. Überall dort, wo es die Absicht war einen Gott zu bezeichnen, hätte der Titel Aleim oder Elohim in seiner singulären Form Eloah verwendet werden können, aber das wurde nur selten gemacht.

Hätten die Rabbiner verstanden, dass Aleim als singuläres Wort gelesen wird, hätten sie "Ich sah Götter" (I Samuel 28:13) als Bezugnahme auf eine Person interpretiert, aber sie taten es nicht. Ihre eigenen Talmudisten sind zu dem Schluss gekommen, dass diese Passage zwei Personen genannt hat, nämlich, Moses und Samuel [261].

Ein weiterer Beweis, dass die Rabbiner sich bewusst waren, dass Aleim sich auf Götter, Plural, bezieht, wird an anderer Stelle in den eigenen Aufzeichnungen gegeben. In seinem Kommentar auf die griechische Übersetzung des Pentateuch, die auf Wunsch des Ptolemäus Philadelphus gemacht wurde, sagen die Talmudisten, dass in Teilen des Textes Aleim ins Griechische als Singular übersetzt wurde, weil es im Plural dem Ägyptischen König den Eindruck gegeben hätte, dass die Juden mehr als einen Gott verehren. Hätten sie nicht gewusst, dass Aleim in einem pluralen Sinn gelesen werden sollte, würden sie die Erklärung nicht für nötig halten, warum es in einigen Fällen im Singular gemacht wurde.

---

[260] Siehe *The Judgment of the Ancient Jewish Church Against the Unitarians*, Peter Allfix, Oxford, 1821.
[261] *Midrash Sam. Rabbatha*, cap. 27: Tanchuma fol. 63, col. 2.

Namen oder Titel waren für die Juden, wie für die Babylonier nicht nur Bezeichnungen, sondern enthüllten auch die Dinge selbst. Sie wollten sicherstellen, dass ein Name oder Titel wirklich den Charakter der Person oder Sache andeutet, auf die sie bezogen wird, und eine Veränderung des Charakters oder des Status wurde durch eine Namensänderung begleitet. Dies galt vor allem für wichtige Persönlichkeiten.

Als die Namen Abram, Sarai und Jakob, in Abraham, Sarah und Israel verändert wurden, zeigte dieser Wechsel, eine Veränderung ihres Status oder Charakters. Der Wechsel vom Namen Hebräer, in Israelit, und dann zu Jude, markiert wichtige Veränderungen in den jüdischen, religiösen Vorstellungen. Dementsprechend, als der Allmächtige Moses erschien und bekanntgab, dass er von nun an nur als Jahwe bekannt ist (Exodus 6:3), markiert er das Ende eines alten und den Beginn eines neuen Konzepts.

Schauen Sie selbst, wie der Vorfall in Exodus beschrieben ist. 430 Jahre sollen vergangen sein, bis die Juden in Ägypten angekommen sind, und während dieser Zeit entfernten sie sich von der Verehrung Jahwes und hatten ihn nicht mehr in Erinnerung. Als Jahwe Moses seine Rückkehr verkündet, fragte Moses, wessen Namen er als seine Informationsquelle angeben soll und Jahwe antwortete Moses in der Art eines modernen Vertriebsmanagers, der etwas "Pep" in seine Untergebenen bringen will. "...Sag dem Volk Israel, dass Ahih (ICH BIN) dich gesandt hat [262]." (Ex 3:14)

"Sag Deinem Volk: Ich bin der Gott eurer Väter, Abraham, Isaak und Jakob", sagt Jahwe, "Und ich erschien Abraham, Isaak und Jakob, unter dem Namen des Allmächtigen Gottes, aber mit meinem Namen Jahwe (Jehova) war ich ihnen nicht bekannt". (Exodus 6:3). Sag Deinem Volk, ich bin der Herr, sagt Jahwe, "und ich werde euch als Volk zu mir nehmen, und ich werde euer Gott sein." (Exodus 6:7). Als jemand, der lange abwesend war, sagt er: "Sag Deinem Volk, ich habe euch sicherlich besucht und gesehen, was euch in Ägypten widerfahren ist". (Exodus 3:16). Es wird kein Grund für die Abschaffung der alten Namen Elohim und Al Shaddai gegeben, aber diese und nachfolgende Passagen des Exodus, enthüllen die neue Vorstellung von Gott, als eine ganz andere, als der alte Gott Abrahams, Isaaks und Jakobs, und gipfelt in dem Beginn einer neuen Religion.

Die biblische Chronologie legt die Zeit dieses Ereignisses auf etwa 1500 vor Christus. Nach Prof. Stephen H. Langdon [263] jedoch, wurde in den frühesten, schriftlichen Aufzeichnungen von Samaria, der Name Yaw oder Yah, nicht Jahwe geschrieben, und unter Samariter-Exilanten in Assyrien, ist der Name unveränderlich in dieser Form als Eigenname erschienen. Noch im sechsten oder fünften Jahrhundert vor Christus, schrieb eine jüdische Kolonie in Elephantine, im Süden Ägyptens, Aramäisch und sprach den Namen ihres Hauptgotts Yaw aus. Sie assoziierten ihn mit der kanaanäischen Muttergöttin Astarte oder Anat, wie Astarte-Yaw oder Anat-Yaw. Den Namen Jehova oder Jahwe gab es nicht. Der Name Elohim, in seiner singulären Form, Eloah, ist gleichbedeutend und wird offensichtlich von der südarabischen Gottheit Il oder Ilah oder von der nordarabischen Gottheit Allilah oder Allah, der der oberste Gott der Mohammedaner ist, abgeleitet.

Im oben zitierten Text erscheint Jahwe besorgt, dass sein Name jedem Juden bekannt sein sollte, aber später fand eine geheimnisvolle und sehr wichtige Veränderung statt. Zu

---

[262] Ahi ist ein Titel, den die Ägypter ihrem Gott Horus gaben, und Jahwes Bestimmung von sich selbst, als ICH BIN, oder ICH BIN, DER ICH BIN, ist ein Titel, den die Perser ihrem Gott Ahura Mazda gaben. "Mein Name ist Ahmi, ICH BIN,... Und mein zwanzigster Name ist Ahmi Yad Ahmi Mazdeo, ich bin, der ich bin." *Awesta* xvii, 4, 6. "Der unaussprechliche Namen der Parsen, Soham Asmi übersetzt sich in ICH BIN, DER ICH BIN." *Sacred Books of the Hindus* (*Heilige Bücher der Hindus*), Teil 1, Vol. 1, S. 8 Einleitung.

[263] Myths of all Races, vol. 5, p. 42.

versuchen, seine Natur kennenzulernen oder die Geheimnisse seiner Arbeit zu verstehen, war sündhaft. Selbst sein Eigenname wurde ein tiefes Geheimnis und ihn auszusprechen, war ein großes Sakrileg. Wenn diejenigen, die das heilige Wort kannten, sich auf Jahwe bezogen, nannten sie ihn Adonai, was "Meine Herren" bedeutet. Leviticus 24:16 deutet klar an, dass es strafbar war die heiligen Namen auszusprechen, auch durch Tod, und etwa 130 v.Chr. verweigert ein Abba Saul einem jeden die ewig Segnung, der das heilige Wort mit den tatsächlichen Konsonanten aussprach. Während das Gefühl der Juden, dem alten Jahwe gegenüber, eins von Nähe und Wärme war, wurde es nun von einem Gefühl der Abgeschiedenheit, Unpersönlichkeit und Entbehrung gefolgt.

Die nächste Annäherung an ein Zugeständnis, dass die alten Namen Jahwe, Elohim und Al Shaddai, Titel von verschiedenen Gottheiten, anstatt alternative Titel desselben Gottes waren, ist in der Erklärung des Jesaja (26:13) enthalten: "Herr, unser Gott, über uns haben außer dir andere Herren geherrscht."

Dass es viele Dinge im Zusammenhang mit der Verehrung von Jahwe gab, die dem Volk sorgfältig vorenthalten wurden, ist von jüdischen Traditionen bestätigt. Zusätzlich zu den schriftlichen Gesetzen und Aufzeichnungen, gab es gewisse andere, die für das populäre Verständnis als zu tiefgreifend erachtet wurden. Diese heiligen Gesetze und Aufzeichnungen, so heißt es, wurden von Moses Aaron und der Priesterschaft festgelegt und mündlich von ihnen, nur für die Gebildeten, von Generation zu Generation überliefert.

Eine andere Tradition schreibt dem chaldäischen Priester und Schreiber Esra das Umschreiben der Bücher Moses zu, nachdem die ursprünglichen Bücher von Nebukadnezar's Armee, beim Angriff auf Jerusalem, 586 v.Chr., zerstört wurden. Diese Tradition war mit Sicherheit dem Autor des Vierten Buches von Esra, oder den Esdras bekannt, weil sich in dieser Arbeit Esra beklagt, dass wegen der Zerstörung der heiligen Stadt, "dein Gesetz verbrannt wurde, darum weiß kein Mensch, was davon getan wurde, oder von den Werken, die getan werden sollen". (Kap. 14, V. 21).

Wie das Umschreiben der heiligen Aufzeichnungen in IV Esra beschreibt, erwidert Jahwe Esra's Trauer, indem er ihm eine Tasse voll wunderbarem Wasser gibt, das sein Gedächtnis stärkt und es seinem Herzen ermöglicht, Verständnis und Weisheit auszusprechen. Jahwe befiehlt ihm dann, viele Tafeln und fünf Schriftgelehrte zu beschaffen und den Leuten zu sagen, dass sie sich für 40 Tage zurückziehen sollen. Esra tut dies, und obwohl es fast hundertfünfzig Jahre her ist, dass die Aufzeichnungen zerstört wurden, reproduziert Esra sie auf wundersame Weise vom Diktat seines "Gedächtnisses"; und innerhalb der vorgeschriebenen Zeit, waren vierundneunzig Bücher geschrieben, von denen vierundzwanzig den jüdischen Kanon bilden, die zu veröffentlichen waren. Aber Jahwe befiehlt, dass die restlichen siebzig Bücher geheim gehalten werden, nämlich: "Diese Worte sollst du erklären, sie nicht verstecken... dann wirst du denen, die perfekt sind, ein paar Dinge offen erklären, und einige Dinge sollst du heimlich zu den Weisen sprechen... das Erste, das du geschrieben hast, verbreite öffentlich, dass die Würdigen und Unwürdigen es lesen können, aber behalte die letzten siebzig, dass du sie nur denen sagen darfst, die weise unter den Menschen sind. Denn in ihnen ist die Quelle des Verstehens, der Brunnen der Weisheit und der Strom des Wissens [264] (Kap. 14:6, 26, 45).

---

[264] Die geheimen Dinge gehören dem Herrn, unserem Gott, aber die Dinge, die offenbart sind gehören uns und unseren Kindern, für immer, dass wir alle Worte des Gesetzes tun. *Deut.* 29:29.

Suche nicht die Dinge, die zu wunderbar für Dich sind. Und suche nicht das, was vor Dir verborgen ist... Du hast kein Geschäft mit den geheimen Dingen. Ben Sira.

In Widerlegung von Esra kann darauf hingewiesen werden, dass diese Arbeit Hinweise auf Ereignisse enthält, die nicht vor dem ersten Jahrhundert nach Christus passiert sind. Sein wahrer Autor hätte dann sicherlich nicht der biblische Esra sein können. Es ist offensichtlich, dass Esra nicht mehr als einen kleinen Teil der Schrift neu geschrieben haben konnte, weil sie aus vielen verschiedenen Schreibstilen besteht und in vielen Fällen widersprüchliche Berichte über die gleichen Ereignisse enthält, was nicht der Fall gewesen wäre, wenn das gesamte Werk von den Händen eines Mannes entstanden wäre.

Das 4. Buch Esra zeigt jedoch, dass es auch im ersten Jahrhundert eine Tradition gab, dass die Heilige Schrift zerstört worden war und dass ein Teil darin gewisse Lehren enthielt und vielleicht geheime Riten und Praktiken beschrieb, die die Priester nicht wagten dem gemeinen Volk kundzutun. Die Vernichtung der Aufzeichnungen scheint auch, durch II Chronik 36:18, 19, II Könige, Kap. 25, und Jeremias, Kap. 52, bestätigt zu werden, wo es heißt, dass Nebukadnezar's Armee alle heiligen Schätze und andere Dinge von Wert aus dem Tempel nahm und ihn dann bis auf den Boden niederbrannte. Die Beute wurde nach Babylon gebracht. Es wird nicht gesagt, dass die Aufzeichnungen zu dieser Zeit in Sicherheit gebracht wurden und, soweit bekannt, ist jede Spur von ihnen zerstört worden. Abgesehen von diesen unsicheren Referenzen werden die Existenz und der Verbleib der Schriften, vom Anfang des Exils, bis Esra mit ihnen in Jerusalem auftaucht, nicht erwähnt.

Nehemiah zufolge (Kapitel 8), nahm Esra die Bücher von Babylon mit nach Jerusalem und las sie dort den Menschen vor, 444 v.Chr., und gewann für sie somit populäre Akzeptanz, in genau der gleichen Weise, wie Josiah die Akzeptanz des Buches Deuteronomium, zweihundert Jahre zuvor sichergestellt hatte. Wie Esra in den Besitz der Bücher gelangte, wird nicht offenbart.

Wahrscheinlich wird es niemals möglich sein, definitiv festzustellen, wann und von wem die vorhandene Version des Pentateuch geschrieben wurde, noch wird es möglich sein zu ermitteln, in welchem Umfang es sich von den Originaldaten, die bei der Verbrennung von Jerusalem zerstört wurden, unterscheidet. Keine Inschriften oder Dokumente aus der Zeit vor dem Exil, geschrieben mit den nun gebräuchlichen, eckigen, hebräischen Buchstaben, wurde je entdeckt. Weiterhin erscheinen die Formen des Schreibens, die vor dem Exil angewandt wurden, nicht auf irgendwelchen bekannten Aufzeichnungen aus der Zeit nach dem Exil. In der Tat haben Origenes, Hieronymus und andere Autoritäten, auf jeden Fall die Erfindung der quadratischen Buchstaben, Esra zugeschrieben. Es ist daher klar, dass alle vorhandenen Manuskripte nach dem Exil, in ihre jetzige Form gesetzt wurden.

Die Daten zeigen zweifelsfrei, dass während und nach der Zeit des Exils, ein Stand priesterlicher Schreiber in Babylon engagiert wurde, alle bekannten jüdischen Mythen, Folklore, Geschichte, Psalmen, Sprichwörter, etc. zusammenzustellen. Diese Autoren schlossen, zusätzlich zu diesem Material, viele Überzeugungen und Mythen ein, die sie von den Persern und Babyloniern abgeleitet hatten. Um den nationalen Geist unter den gefangenen Juden wiederzubeleben, gaben sie dem kombinierten Material einen verbesserten Hintergrund, der das jüdische Volk in eine höhere Position setzte und sie, in Kultur und Religion, besser als alle ihre Nachbarn erscheinen ließ.

Die priesterlichen Schreiber löschten wahrscheinlich die gröbsten Teile der Aufzeichnung und führten andere Veränderungen durch, um die Arbeit für die Menschen ihrer Zeit, akzep-

---

Die Gelehrten können in die Bedeutung aller orientalischen Mysterien eindringen, aber die Vulgären können nur das äußere Symbol sehen. Es wird von allen, die Kenntnis der Heiligen Schrift haben, zugestanden, dass alles rätselhaft konzipiert ist. *Brief von Origin an Celsus.*

tabel zu machen. Alte Überzeugungen oder Bräuche, die eine deutliche Ähnlichkeit zu den heidnischen Kulten zeigten, wurden minimiert oder beschönigt, und was auch immer in den Aufzeichnungen an Informationen, in Bezug auf die pluralen Titel und die dreifache Natur Jahwes enthalten war, wurde beseitigt.

Seit dem Fund der alten babylonischen Tafeln im letzten Jahrhundert, welche Mythen der Schöpfung und der Sintflut enthalten, war es sicher, dass die biblischen Berichte über diese Ereignisse aus babylonischen Quellen stammen. Keiner der frühen Patriarchen oder Propheten macht irgendeinen Verweis auf die Geschichte der Schöpfung, den Sündenfall von Adam und Eva, oder die Sintflut. Es ist deshalb ganz unwahrscheinlich, dass diese Geschichten vor dem sechsten oder fünften Jahrhundert vor Christus ihren Weg in die Schriften fanden.

Der Rest des Buches Genesis ist stark von babylonischen Bräuchen und Spiritismus gefärbt und scheint eher symbolische Mythologie statt Geschichte zu sein. Der Name Abram scheint eine Umkehr des Hindunamen Bram-a zu sein. Abram's Frau ist Sarah: Brahma's Frau ist Saraswati. Brahma beging Inzest mit seiner Schwester Vach: Abram präsentierte Sarah als seine Schwester. Milka, die Schwester von Sarah entspricht Milka-tu, ein Beiname von Ishtar. Diese Parallelen sind zu ähnlich, als dass man sie als bloße Zufälle abtun könnte.

Nun, da bekannt ist, dass viele der Gesetze von Moses, von den Gesetzen von Hammurabi übernommen wurden und dass viele wichtige Details zur Geburt, Leben und Taten des vermeintlichen großen Gesetzgebers der Juden, in Mythen über König Sargon von Babylon, und dem griechischen Gott Bacchus gefunden werden, gibt es keinen Zweifel mehr über den mythischen Charakter der Moseslegenden. Obwohl es auch einen jüdischen Führer gegeben haben mag, der den Namen Moses trug, die Berichte seiner Geburt, seiner Wunder in Ägypten, die 40 Jahre der Wanderschaft in der Wüste, und sein Empfang der göttlichen Gebote von Gott auf Berg Sinai, scheinen erfunden worden zu sein, um den Anschein zu erwecken, dass die Überzeugungen und Satzungen, die die Priester an das Volk gaben, nicht ihre eigenen waren, sondern dass sie Moses direkt von Jahwe selbst übergeben wurden.

Nachdem die ersten Editoren solche Revisionen, Ergänzungen und Streichungen, die sie für zweckmäßig erachtet haben, durchgeführt hatten, fuhren spätere Redakteure und Kompilierer damit fort, weiterhin das Gleiche zu tun, bis lange nach der Zeit, als das Pentateuch, ca. 280 v.Chr., ins Griechische übersetzt wurde. So beziehen sich die Bücher Josua, Samuel, Richter, Könige, Chronik und die Bücher der Propheten auf Ereignisse, die erst Jahre, sogar Jahrhunderte nach der Zeit, in der sie eigentlich geschrieben worden sind, stattgefunden haben [265]. Wenn mehrere vorhandene Manuskripte sich auf dasselbe Thema beziehen, weichen sie häufig voneinander ab, vor allem in korrekten Zahlen und Eigennamen.

Nach dem Beginn des Christentums wurde die Aufgabe der "Verbesserung" der Heiligen Schrift von christlichen Redakteuren und Übersetzern übernommen. Unzählige obszöne Worte wurden beseitigt oder falsch übersetzt, so dass in vielen Fällen, die ursprüngliche Bedeutung des Textes völlig verändert war.

Die Bücher des Neuen Testaments sind auch nicht den Händen der Revisionisten entkommen. Eifrige Kirchenmänner setzten Verse und sogar ganze Abschnitte in die neutestamentlichen Schriften, um den Anschein zu erwecken, dass Dogmen, die in den Fälschungen

---

[265] Siehe *The Old Testament in the Jewish Church*, William Robertson Smith.

genannt wurden, von den Evangelisten zugelassen waren [266]. Im sechzehnten Jahrhundert existierten hunderte widersprüchlicher Texte des Neuen Testaments. Bücher, die zu einer Zeit als inspiriert angesehen waren, wurden später als gefälscht erklärt. Sowohl die katholische als auch die evangelische Kirche haben vor kurzem neue Ausgaben der Bibel vorbereitet, in der die Diskrepanzen zwischen den Buchstaben und dem Geist der hebräischen und griechischen Handschriften und den englischen Übersetzungen verstärkt wurden.

ENDE

---

[266] "Victor Tumunensis, ein afrikanischer Bischof, der etwa im sechsten Jahrhundert lebte und der eine Chronik schrieb, die im Jahr 566 endete, sagte: 'Als Messala Konsul in Konstantinopel war (das ist das Jahr 506 n.Chr.), dass, im Auftrag des Kaisers Anastasius, die Heiligen Evangelien, die von ungebildeten Evangelisten geschrieben wurden, zensiert und korrigiert werden sollten'." *Credibility of Gospel History (Die Glaubwürdigkeit der Geschichte des Evangeliums)*, Nathaniel Lardner, Ch. civ, London, 1815. Weitere Änderungen sollen von Lanfranc, Leiter der Mönche von St. Maur, etwa 1050 AD und von Nicholas, Kardinal und Bibliothekar der römischen Kirche, gemacht worden sein. "Lanfranc, ein Benediktinermönch, Erzbischof von Canterbury, fand die Schriften sehr von den Abschreibern verdorben. Er nahm es auf sich, diese, sowie die Schriften der Väter zu korrigieren, übereinstimmend mit dem orthodoxen Glauben *secundum fidem orthodoxam*". Cleland's *Life of Lanfranc* (Das Leben des Lanfranc).

Anhang

I. KABBALA

Der Begriff Kabbala (Hebräisch, Kabbalah), bedeutet "empfangen" oder "traditionelle Kunde" oder manchmal auch "geheime Weisheit". Sie wird auf bestimmte traditionelle Lehren angewendet, ein System der religiösen Philosophie und Theosophie, das seit dem Mittelalter eine wichtige Rolle in der theologischen Literatur gespielt hat.

Die Kabbala, wird von Juden behauptet, ist eine schriftliche Darstellung des mündlichen Gesetzes, das Moses auf dem Berg Sinai enthüllt wurde, die die jüdische Tradition pflegt, und die Aaron und anderen Priestern und großen Propheten anvertraut und schließlich in der Mischna aufgenommen wurde. Die Kabbala wurde angeblich, zusammen mit dem Gesetz und dem Talmud geschickt und beinhaltet einen tieferen oder eingeweihteren Unterrichtsstil, der nur den Weisen offenbart wurde. Andere Traditionen schreiben den Ursprung der Kabbala, Adam, Abraham, Moses oder Esra zu. In verhältnismäßig kurzer Zeit hat sie sich zu einer eigenartigen, mystischen Methode entwickelt, das Alte Testament zu interpretieren.

Dass viele heilige Bücher Geheimwissen beinhalten, das von den Weisen verborgen wurde, wird eindeutig durch IV Esdras 14, 15, 16 angezeigt, in dem Pseudo-Ezra befohlen wird, 24 Bücher des Kanons zu veröffentlichen, so dass Würdige und Unwürdige sie gleichermaßen lesen können, die anderen 70 Bücher jedoch versteckt zu halten, um "sie nur denen mitzuteilen, die weise sind", denn in ihnen ist die Quelle der Weisheit.

Was die philosophische Seite anbelangt, versucht die Kabbala, durch ein System von allegorischen Deutungen, die Heilige Schrift zu rationalisieren und in Einklang mit der allgemeinen Vernunft zu bringen.

Es zeigte sich, dass ein allwissender, vollkommener Schöpfer in all seinen Werken perfekt sein muss; dass die Schöpfung einer unvollkommenen Welt, durch einen perfekten Schöpfer, unvorstellbar war. Es war auch klar, dass Ungleichheiten und Unvollkommenheiten existierten und dass die Hand des Schicksals manchmal zufällig zuzuschlagen schien, als ob Menschen wie Bäume in einem Wald wären, teilweise zu früh abgeschnitten oder verelendet und unterernährt, während andere gedeihen. Einige Menschen erleiden ohne eigenes Verschulden, unverdient Armut, Schmerz, Krankheit und Unterdrückung; einige wurden körperlich oder geistig behindert geboren, während andere, ohne besondere Tugenden und Fähigkeiten, mit Leben, Gesundheit, Komfort, Wohlstand und Freude gesegnet wurden.

Das Ziel der Kabbalisten war es, eine Vorstellung von Gott und seinen Werken zu formulieren, die den Konflikt zwischen theologischen Dogmen und den Realitäten des Lebens wegphilosophieren würden. Wie dies erreicht wurde, stellt mit Ausnahme des Talmud und der heiligen Bücher Indiens, vielleicht das größte Kunststück der Wortakrobatik dar, das jemals gemacht wurde. Die Bedeutungen von Wörtern wurden gefoltert und verdreht um aus Schwarz Weiß zu machen und aus Weiß Schwarz. Aufgrund der kabbalistischen Philosophie, verdient Gott Lob für alles, was gut ist und wird von der Verantwortung für alles, was schlecht ist, freigesprochen. Er tut alles, aber er tut nichts; er ist überall und nirgends; ist alles und nichts.

Gott steht über allem, auch über Sein und Denken, er besitzt weder Willen, Absicht, Begehren, Denken, Sprache oder Handlung, da diese Attribute, die dem Menschen zugesprochen werden, Grenzen haben, während Gott in jeder Hinsicht, weil perfekt, grenzenlos ist. Seine unendliche Natur bedeutet absolute Einheit und Unveränderlichkeit; es gibt nichts ohne ihn. Er wird daher als En-Soph, *ohne Ende, grenzenlos* bezeichnet und er kann weder durch den Intellekt begriffen, noch durch Worte beschrieben werden, denn es gibt nichts, was ihn für uns erfassbar oder sichtbar machen könnte. In dieser Unbegreifbarkeit oder Grenzenlosigkeit ist Gott oder En-Soph, in einem gewissen Sinne, nicht existent, denn, soweit es unsere Gedanken anbelangt, ist das, was unbegreifbar ist, auch nicht existent. Daher kann seine Existenz, ohne sich selbst zu erklären, nie begriffen werden. Er musste deshalb aktiv und kreativ werden, damit seine Existenz spürbar wird.

Aber der Wille zu kreieren bezieht Grenzen ein, und die umschriebene und unvollkommene Natur dieser Welt hat die Möglichkeit der direkten Einflussnahme als eine seiner Handlungen ausgeschlossen, da er weder etwas beabsichtigen, noch irgendetwas produzieren kann, was ihm gleich ist, grenzenlos und vollkommen. Doch das schöne Design und die Ordnung, in der Welt sichtbar, zeigt deutlich, intelligenten und aktiven Willen und kann nicht dem Zufall entsprungen sein, daher muss das En-Soph als Schöpfer der Welt, auf *indirektem Wege,* durch das Medium der zehn "Sephiroth" oder Intelligenzen gesehen werden, die aus dem En-Soph strahlen.

Aus seiner unendlichen Fülle von Licht sandte En-Soph zunächst eine geistige Substanz oder Intelligenz. Diese Intelligenz, die im En-Soph seit Ewigkeit existiert und die durch einen bloßen Akt Realität wurde, enthielt die anderen neun Intelligenzen oder Sephiroth. Großer Nachdruck wird auf die Tatsache gelegt, dass die erste Sephira nicht geschaffen wurde, sondern einfach eine Emanation war. Der Unterschied zwischen Schöpfung und Emanation ist so definiert: in der ersteren erfolgt eine Verminderung der Stärke, während in letzterer die Stärke erhalten bleibt.

Von der ersten Sephira strahlte die zweite aus, von der zweiten die dritte, von der dritten die vierte und so weiter; eine entstammt der anderen, bis zur Zahl zehn. Diese Sephiroth formen untereinander und mit dem En-Soph, eine strenge Einheit und repräsentieren einzeln, verschiedene Aspekte ein und desselben Wesens, wie die Flammen und Funken, die aus dem Feuer kommen und dem Auge als verschiedene Dinge erscheinen, nur verschiedene Erscheinungsformen desselben Feuers sind. Somit, einfach als verschiedene Farben des gleichen Lichts voneinander abweichend, haben alle zehn Emanationen gleichermaßen teil am En-Soph. Diese sind grenzenlos und doch bilden sie die ersten endlichen Dinge, so dass sie beide endlich und unendlich sind. Sie sind unendlich und perfekt wie das En-Soph, wenn es ihnen seinen Einfluss vermittelt und endlich und unvollkommen, wenn diese Fülle entzogen wird. Die endliche Seite der Emanation der Sephiroth ist absolut notwendig, weil das Unfassbare En-Soph dem menschlichen Intellekt hierdurch seine Existenz bekannt macht, der nur das begreifen kann, was einen begrenzten und limitierten Bezug hat. Von ihrer endlichen Seite aus betrachtet, können die Sephiroth sogar als körperlich bezeichnet werden, und dies ermöglicht dem En-Soph, der immanent in ihnen ist, körperliche Form anzunehmen.

Die zehn Sephiroth, von denen jedes einen eigenen Namen hat, sind in drei Gruppen von je drei Sephiroth aufgeteilt, die jeweils in drei Welten operieren, das heißt, die Welt des Geistes, die Welt der Seelen und der Welt der Materie. Die erste ist in der geistigen Welt und besteht aus

Sephira 1 bezeichnet die Krone oder die unergründliche Größe,
" 2 kreative Weisheit,
" 3 begreifbare Intelligenz.

Das Ergebnis der Kombination der beiden Letztgenannten (als "Vater und Mutter"), ist ebenfalls als Wissen repräsentiert, das heißt, als konkrete Gedanken, das Reich des Geistes.

Die zweite Gruppe übt ihre Macht auf die moralische Welt aus und besteht aus:

Sephira 4 genannt unendliche Gnade (auch Größe),
" 5 göttliche Gerechtigkeit oder rechtsprechende Gewalt,
" 6 Schönheit, ist das Bindeglied zwischen 4 und 5.

Die dritte Gruppe übt ihre Macht über die materielle Welt aus und besteht aus:

Sephira 7 genannt Festigkeit,
" 8 genannt Pracht,
" 9 grundlegendes Fundament, und es ist das Bindeglied zwischen den beiden gegenüberliegenden Nummern 7 und 8.

Sephira 10, heißt Königreich und bezeichnet Voraussicht oder die offenbarte Gottheit (Schechina), die in der Mitte des jüdischen Volkes wohnt, mit ihnen geht und sie in ihren Wanderungen und Gefangenschaften schützt.

Um die Beschreibung besser verständlich zu machen, werden die zehn Sephiroth in einem Diagrammm angeordnet, was von Kabbalisten der Urmensch oder Adam Kadmon genannt wird. (Abbildung 89).

Diese Sephiroth schufen, oder Gott schuf durch sie, die untere und sichtbare Welt, von dem alles seinen Prototyp in der oberen Welt hat. "Die Welt ist wie ein riesiger Baum voller Zweige und Blätter, von denen die Wurzel, die geistige Welt des Sephiroth ist, oder es ist wie eine fest verbundene Kette, bei der das letzte Glied, mit der oberen Welt verbunden ist; oder wie ein riesiges Meer, das ständig von einer ewigen Quelle gefüllt wird, aus dem die Bäche heraussprudeln."

Das Sephiroth hält, durch die immanente, göttliche Macht, die Welt die es geschaffen hat aufrecht und übermittelt ihr die göttliche Barmherzigkeit über 22 Kanäle. Diese Übertragung der göttlichen Barmherzigkeit kann durch Gebet, Opfer und religiöse Bräuche beschleunigt werden; und das jüdische Volk wurde, durch die Offenbarung und die 613 Gebote die ihnen gegeben wurden, besonders geweiht, um diese Segnungen für die ganze Welt zu erhalten. Daher das große Geheimnis des jüdischen Rituals; daher die tiefen Geheimnisse, die in jedem Wort und jeder Silbe der Formelsammlung von Gebeten enthalten sind; und daher auch die Feststellung, dass "der fromme das Fundament der Welt bildet."

Nicht nur, dass das En-Soph sich durch die Sephiroth offenbart, es wird auch in Sephira 4 inkarniert, Abraham; 5 Macht in Isaac; 6 Schönheit in Jakob; 7 Festigkeit in Moses; 8 Pracht in Aaron; 9 Fundament in Joseph; 10 Königreich in David. Sie bilden den Triumphwagen des Throns.

Alle menschlichen Seelen sind vor-existent in der Welt der Sephiroth und ausnahmslos dazu bestimmt, den menschlichen Körper zu bewohnen und für eine bestimmte Zeit der Bewährung, ihrem Weg auf der Erde nachzugehen. Wenn die Seele, ungeachtet ihrer Vereinigung mit dem Körper, allen irdischen Fesseln widersteht und rein bleibt, steigt sie nach dem Tod in das geistige Reich und hat einen Anteil in der Welt des Sephiroth. Wenn sie aber im Gegenteil, durch das, was irdisch ist, verunreinigt wird, muss die Seele den Körper immer wieder bewohnen, bis sie durch wiederholte Versuche in der Lage ist, in einem gereinigten Zustand aufzusteigen (von Nachmanides und späteren Kabbalisten auf drei Seelenwanderungen beschränkt).

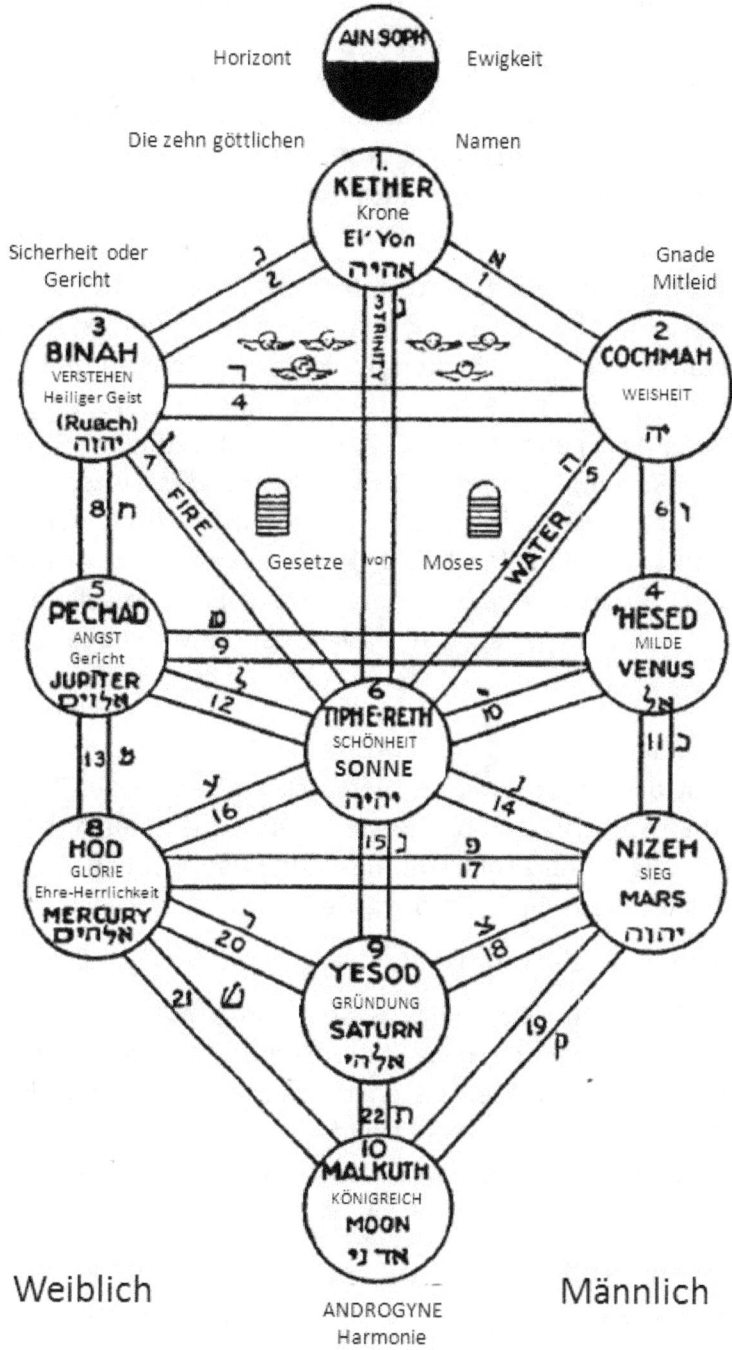

Abbildung 89: Kabbalistische Figur (Sephiroth)

Der Urmensch der Kabbalisten oder Adam Kadmon. Die zehn Sephiroth durch 22 Kanäle verbunden, korrespondierend zu den 22 Buchstaben des hebräischen Alphabets. Sephira der Nummern 1, 2, 3 bilden die Oberwelt, die Welt der Emanation, die sogenannte "Grenzenlosigkeit"; Nr. 4, 5, 6, die Welt der Schöpfung, und 7, 8, 9 die Welt der Gestaltung.

Das scheinbar unverdiente Leid, das die Frommen hier unten manchmal ertragen müssen dient dazu, ihre Seelen zu reinigen. Daher darf Gottes Gerechtigkeit nicht bestritten werden, wenn die Gerechten bedrängt sind und die Niederträchtigen gedeihen. Diese Lehre von der Seelenwanderung wird durch einen Appell in den Geboten der Bibel unterstützt, dass ein Mann die Witwe seines Bruders heiraten soll, wenn dieser ohne Nachkommen starb, womit gewährleistet ist, sagen die Kabbalisten, dass die Seele des Verstorbenen erneut geboren werden könnte, um seinen irdischen Weg zu beenden. Nur sehr wenige Seelen betreten diese Welt, denn viele der alten Seelen, die den Körper schon bewohnt haben, müssen, als Folge ihrer früheren, körperlichen Existenz, wieder in neugeborene Körper eintreten. Dies verzögert die große Erlösung Israels, die nicht stattfinden kann, bis alle vor-existenten Seelen, auf der Erde gewesen sind, weil die Seele des Messias, die wie alle anderen Seelen, ihre Vor-Existenz in der Welt des Geistes der Sephiroth hat, die Letzte ist, *am Ende der Tage,* die geboren wird; eine Doktrin, die durch einen Appell an den Talmud unterstützt wird.

In alten Zeiten gingen geheime philosophische Wissenschaft und Magie Hand in Hand. Das Prinzip der mystischen Interpretation der Schriften ist universell. Wir finden sie in Philon, im Neuen Testament, in den Schriften der Väter, im Talmud und im Sohar; und je mehr sie vom Geist des heiligen Textes abweicht, desto mehr musste letztere, durch die Verzerrung ihrer Bedeutung, dazu gebracht werden, sie zu unterstützen. Für eine solche Operation gibt es 20 bekannte Regeln, außer den Erfordernissen des Einzelfalls und der subjektiven Masse des Sinns. In der Zwischenzeit waren die Juden bereits, durch den willkürlichen Charakter ihres Alphabets, zu allerlei Spitzfindigkeiten gekommen, von denen wir Beispiele in ihren frühesten Schriften isoliert haben, deren Praxis aber vor allem in der Zeit nach dem Sohar etabliert wurde. Daraus stiegen die folgenden Arten kabbalistischer Transformation auf:

1. Gematria:

    Die Kunst der Entdeckung des versteckten Sinns eines Textes mit Hilfe der zahlenmäßigen Entsprechungen des Buchstaben. Es wird auch Gematria genannt, wenn beispielsweise biblische Zahlen, Abmessungen von Gebäuden, in Buchstaben ausgedrückt und Wörter aus ihnen geformt werden.

2. das "Figurative" Kabbala Notarikon:

    Besteht daraus, aus jedem Buchstaben eines Wortes mehrere neue zu gestalten, beispielsweise aus dem ersten Wort der Genesis, (diese können so gestaltet werden). Wir erlernen so die korrekte, wissenschaftliche Natur des Universums, durch die eigentliche Bedeutung des Textes. Wieder besteht es darin, den ersten Buchstaben mehrerer Wörter zu nehmen, um daraus ein neues Wort zu bilden, beispielsweise aus Deut. 13:12.

3. Temura (Permutation):

    Das Anagramm von zwei Arten. Das Einfache ist beispielsweise, eine bloße Umsetzung der Buchstaben eines Wortes, so erfahren wir, dass der Engel in Exodus 13:23 der Engel Michael war. Die genialere Art ist die, bei der nach bestimmten, festgelegten Regeln, jeder Buchstabe des Alphabets die Bedeutung eines anderen trägt; wie Aleph, die von Tau, beide die von Ayin, dann kann der Buchstabe wieder vorwärts und rückwärts gelesen werden (was das Alphabet Athbash darstellt), oder der erste Buchstabe mit dem zwölften vertauscht, der zweite mit dem dreizehnten und umgekehrt (Herstellung des Alphabets genannt Albam), je vielfältiger diese Kleinigkeiten sind, um so einfacher ist es, in jedem gegebenen Fall zu einem Ergebnis zu kommen und desto weniger sind Verstand oder Gedanken erforderlich.

Herkunft

Die einzigen Bücher, von denen man sagen kann, dass sie die Prinzipien der Kabbala verkörpern, sind zwei, die in der zweiten Hälfte des Mittelalters, anerkannte Texte des Systems wurden.

Das ältere von ihnen ist das *Sefer Jetzira*, "das Buch der Schöpfung", eine kurze Abhandlung von obskuren Bedeutungen, die auf der pythagoreischen Idee der kreativen Zahlen und Buchstaben gegründet wird.

Das andere Buch ist das Sohar, "Buch des Lichts", was erstmals 1560 in Cremona und in Mantua gedruckt wurde. Die jüdische Tradition schreibt es Schimon ben Jochai zu, einem galiläischen Rabbi des zweiten Jahrhunderts nach Christus, aber die zeitgenössischen Kommentatoren sind eher dazu geneigt, die Arbeit einem spanischen Juden namens Moses von Leon, im dreizehnten Jahrhundert, zuzuschreiben. Ungeachtet ihrer Herkunft, ist es aus Material, eines viel früheren Zeitpunktes zusammengesetzt und scheint eine Verschmelzung jüdischer, essenischer, gnostischer, platonischer, pythagoreischer, zoroastrischer und babylonischer Ideen zu sein und wurde wahrscheinlich vor dem achten Jahrhundert fertiggestellt. Die Annahme, dass die Kabbala ein Produkt aus dem 13. Jahrhundert ist, berücksichtigt nicht die breite Verwendung von Buchstaben und Zahlen in ihrem symbolischen und esoterischen Sinn, die seit sehr früher Zeit, im gesamten Osten verbreitet ist. Die Verwendung des Tetragramms für JHWH ist ein bekanntes Beispiel. Tatsächlich erwähnt der Talmud eine heimliche Doktrin, die nur einigen sorgfältig ausgewählten Personen mitgeteilt wird, und wendet sogar bestimmte Namen darauf an, die spekulative Kosmologie und Theosophie andeuten. Das *Buch der Jubiläen,* während der Herrschaft von König Johannes Hyrkanos geschrieben, enthält viel kabbalistische Überlieferung und die Mischna (Hag. i, 1), erkennt an, dass die Kosmologie und die Theosophie, esoterische Studien waren und schrieb vor, darauf zu achten, "weder das Kapitel der Schöpfung vor mehr als einem Hörer, noch dass der Himmelskörper einem anderen, als einem Mann von Weisheit und tiefem Verständnis zu erläutern."

Exodus 15:26 ist eine in der Mischna erwähnte Beschwörung und Exodus 14:19, 21 ist von großer magischer Bedeutung. Jeder Vers besteht aus 72 Buchstaben, und einer der geheimnisvollen Namen Gottes besteht aus 72 Buchstaben, und diese drei Verse sind vermutlich der unaussprechliche Name, vermischt, umgesetzt, und manipuliert um 72 Gruppen mit drei-buchstabigen Namen zu formen, einen Buchstaben für jeden der drei Verse. Auch Zahlen 23:22, 23, wenn rückwärts gelesen, bilden ein Palindrom, und Psalm 67 wird in Form eines Amuletts eines siebenarmigen Leuchters, in einer besonderen Art und Weise, mit den ersten und letzten Buchstaben kombiniert geschrieben, um mystische Namen zu bilden.

Die Hauptelemente der Kabbala sind in den apokalyptischen Schriften der Essener-Sekte des zweiten und ersten Jahrhunderts vor Christus enthalten. Nach dem Historiker Josephus waren solche mystischen Schriften im Besitz der Essener, die sie eifersüchtig vor der Enthüllung bewachten. Dies wurde in einer früheren Periode von Philon Judaeus verifiziert, selbst ein Kabbalist, der behauptete, dass die Schriften von hohem Alter waren. Ähnliche Meinungen zu diesen Essenischen Schriften wurden von Rabbi Adolf Jellinek und anderen modernen Gelehrten geäußert.

Das duale System guter und böser Kräfte, das in der Kabbala begründet ist, geht auf die Zoroastrier zurück, und letztlich auf Chaldäa. Die Konzeption eines kabbalistischen Baums, in dem die rechte Seite Licht und Leben darstellt und die linke Seite die Quelle der Dunkelheit und Unreinheit, war den Gnostikern bekannt. Die Theorie des Klippot (Skalierungen der

Unreinheit), prominent in der mittelalterlichen Kabbala, wird in den alten babylonischen Beschwörungen gefunden. K. Kessler, behauptet in seiner Beschreibung der Glaubenssysteme der Mandäer, eine gnostische Sekte in Persien und Mesopotamien, südlich von Bagdad, dass die Kabbala von der alten babylonischen Verehrung Marduk's abgeleitet ist (Artikel: Mandäer, *New Schaff-Herzog Enc. of Rel. Knowledge*, V. 13, S.146). Lenormant (*Chaldean Magic*, pp. 29-43), war der Meinung, dass der Glaube an die magische Kraft der Buchstaben des Tetragramms JHWH und andere Namen der Gottheit, ihren Ursprung in Chaldäa hat.

II. ESSENER UND THERAPEUTEN

Mit dem allmählichen Niedergang und Zerfall der alten, heidnischen Religionen, gegen Ende der vorchristlichen Zeit, wurde das Interesse der Bevölkerung auf neuere Ideen fokussiert, die sich langsam in Griechenland, Kleinasien und Ägypten (vor allem in Alexandria) entwickelten. Die Ausbreitung des griechischen Einflusses auf den Osten, nach den Siegen von Alexander dem Großen, brachte auch eine entsprechende Verbreitung von orientalischen Ideen in den Westen mit sich. Es war eine Zeit der großen religiösen Verwirrung, in der eine neue Volksreligion noch nicht aufgegangen war, um die Stelle der alten, abgenutzten Überzeugungen zu übernehmen, und neue Kulte und Schulen der Philosophie wuchsen wie Pilze aus dem Boden, in denen die Spekulationen von Plato, Pythagoras, und anderen griechischen Philosophen, mit unterschiedlichem Grad orientalischer Mystik, gemischt wurden.

Die Essener, Eklektiker oder Ekklesiasten waren ein Produkt der religiösen Gärung, die in diesem Zeitraum, im gesamten östlichen Mittelmeerraum kochte. Sie waren eine Sekte der jüdischen Asketen, die sich aus einer Gruppe eifriger Gläubiger, Hasidaeaner genannt, entwickelt zu haben schien (hebräisch: Chassidim, was fromm bedeutet). Sie versammelten sich in zahlreichen kleinen Kolonien, an der Küste des Toten Meeres und verstreuten sich, zu Beginn des zweiten Jahrhunderts vor, bis etwa 70 nach Christus, in ganz Kleinasien. Die Gruppe bestand aus ca. 4000 Mitgliedern.

Die Essener praktizierten vollständigen Kommunismus, mit gemeinsamen Eigentumsrechten, lebten in Gemeinschaftsgruppen und nahmen gemeinsame Mahlzeiten zu sich. Sie hatten Kirchen, Klöster, Bischöfe, Pfarrer, Mönche, Ordensbrüder, Diakone, die eng unter einer streng religiösen Regierung organisiert waren. Die Mitgliedschaft erlangte man durch Initiierung, nach einem zweijährigen Noviziat, mit Mitgliedern aus vier Klassen, die Unterscheidungen in Kasten praktizierten, sehr ähnlich wie die Brahmanen-Hindus. Die vier Klassen wurden voneinander getrennt gehalten, und für ein Mitglied einer Klasse, war der Kontakt zu einem Mitglied einer niedrigeren Klasse, eine Verunreinigung.

Sie hatten all die moralischen Tugenden der Zoroastrier. Ihre Lehren schienen aus der gleichen Quelle abgeleitet worden zu sein, aber im Gegensatz zu den älteren Sekten, lebten die Essener innerhalb ihren eigenen Gruppen, praktizierten Zölibat und mieden viele der metaphysischen Theorien der Parsen. Während sie an die ewige Existenz der Seele glaubten, glaubten die Essener aber nicht an die Auferstehung des Leibes.

Die Sekte beachtete den Sabbat und alle wichtigen religiösen Feiertage, trugen nur feines Leinen, stellten sich gegen Sklaverei und Tieropfer, weigerten sich einen Eid abzulegen, wurden aber wegen ihrer unerschütterlichen Integrität, in hohem Ansehen gehalten. Sie verabscheuten die Verwendung von Öl, enthielten sich dem Fleisch, praktizierten Taufe, nahmen tägliche Bäder und verehrten, im gewissen Sinne, die Sonne. Sie waren enthaltsam, bescheiden, demütig, hilfsbereit, widmeten sich der Gabe von Almosen, Heilung, praktizierten Medizin und gaben andere Formen der Hilfe ohne Entschädigung zu verlangen oder Werbung dafür zu machen. Einer ihrer Aktivitäten war, wie sie glaubten, die Austreibung der bösen Geister.

Die Essener schrieben und verteilten Traktate und verehrten bestimmte, alte, esoterische Werke, von denen gesagt wurde, dass sie von ihren apostolischen Gründern abstammten. Das Geheimnis welche Bücher es waren, wollten sie nicht preisgeben, auch nicht unter Folter. Von ihren Schriften glaubte man, sie beinhalten eine verborgene Bedeutung, die sie in Allegorien dargelegt haben. Sie hielten auch die Bücher Moses in extremer Verehrung und jede Geringschätzung wurde als sehr blasphemisch angesehen.

Der Hauptsitz der Therapeuten lag am Mariut-See in Ägypten, in der Nähe von Alexandria. Sie hatten zahlreiche Kolonien in Afrika und ihre Lehren waren denen der Essener so ähnlich, dass die beiden Sekten im Allgemeinen als gleich angesehen wurden. Die Therapeuten waren jedoch eine rein ägyptische Sekte und unterschieden sich von den Essenern darin, dass ihre Mitglieder in getrennten Hütten, oder Zellen lebten, Vegetarier waren, ein weniger aktives und eher meditatives Leben führten und Nonnen oder ältere Jungfrauen in ihre Mitgliedschaft einschlossen. Darüber hinaus waren die Essener und Therapeuten den frühen Christen so ähnlich, dass sie allgemein als gleich angesehen wurden.

Johannes der Täufer entspricht vollständig der Beschreibung eines Esseners, und wenn er kein Mitglied der Sekte war, war er zumindest stark von ihr beeinflusst. Über Markus wird von Eusebius gesagt, dass er nach Ägypten geschickt wurde, um zu lehren und Kirchen zu etablieren und es gibt keinen Grund daran zu zweifeln, dass er, als er dort war, Kontakte mit den Therapeuten hatte und ihre Doktrinen lernte.

St. Paul, ein Pharisäer, der erklärt hatte, mit allen alten Religionen vertraut zu sein, wusste von den Essenern, und in einem kleinen Land wie Palästina ist es zweifelhaft, ob einer der Apostel es hätte vermeiden können, sie zu kennen. Paul bekämpft die Essener erbittert in den drei Briefen an die Kolosser, Epheser, und Timotheus, aber wie sie, übte er Heilung und Exorzismus aus, forderte seine Anhänger auf, keine Eide zu leisten, und er predigte Enthaltsamkeit, Mäßigkeit, Wahrhaftigkeit und andere Tugenden, identisch mit den Lehren der Essener. Wie die Essener und andere frühen Kulte auch, sah Paul auf die Religion als ein Mysterium und weigerte sich, Außenseitern zu erlauben, an bestimmten Teilen des Gottesdienstes teilzunehmen. Darüber hinaus favorisierte er die allegorischen Darstellungen der Schriften genauso wie die Essener, weil "der Buchstabe tötet, der Geist aber macht lebendig". (II Kor. 3:6). "Dies hat einen bildlichen Sinn" (Gal. 4:24).

Andere Stellen in den Episteln legen die Möglichkeit nahe, dass die ersten Christen nicht nur ihre Lehren nach denen der Essener modelliert haben, sondern dass sie auch viele Kirchen der Essener absorbiert haben könnten. Wenn dem so ist, würde das bestimmte Passagen in den Episteln und den Gesetzen erklären, die biblische Gelehrte vor ein Rätsel stellten. Beispielsweise sollen die Episteln und die Apostelgeschichte bereits geraume Zeit vor den vier Evangelien geschrieben worden sein und bevor die Apostel das Martyrium erlitten hatten. Sie sprechen von dem Werk von Paulus, während die Kirche noch in einem frühen Stadium der Entwicklung war und nur aus wenigen, weit verstreuten Gruppen bestand. Die christlichen Kirchen existierten als einzelne Zellen, mit wichtigen Unterschieden in ihren Lehren, bis Irenäus die Aufgabe initiierte, sie in der katholischen Kirche, am Ende des zweiten Jahrhunderts, zusammenzufassen. Doch Paulus bezieht sich auf Zweige der Kirche mit ihren Heiligen, ihren Märtyrern, Bischöfen und Diakonen, als ob sie eine seit langem etablierte Institution wäre. (Apg 15:22, Rom 12:13, 1 Kol. 1:2 und 8:4, Eph 1:15, Col. 2:28.). Matthäus 18:15, 16, 17 spricht von der Autorität der Kirche, um Meinungsverschiedenheiten beizulegen, als ob es eine alte, komplett organisierte und befugte Stelle wäre; und wenn Matthäus 6:3,4 die Almosen fordert und Unterstützung ohne Lob oder Anerkennung, kann der Sprecher nicht von einem Essener unterschieden werden.

Bevor die Arbeit der Apostel abgeschlossen wurde und bevor eines der Evangelien geschrieben wurde, sprach Paulus vom Evangelium, "das ihr gehört habt, das in der ganzen Schöpfung unter dem Himmel gepredigt worden ist" (I Kol 1:23), was anzeigt, dass er Dinge predigte, mit denen seine Zuhörer längst vertraut waren. Wieder spricht er vom Tod und der Auferstehung Christi "nach den Schriften", zu einer Zeit, wahrscheinlich mehr als 50 Jahre, bevor das früheste Evangelium des Neuen Testaments geschrieben wurde. (I Kor. 15:4).

In Epheser 1:15 adressiert er seine Leser, als wären sie Fremde, die erst kürzlich davon gehört haben, aber in der Apostelgeschichte 20:18 wendet er sich an die Führer der Kirche und erklärt: "Ihr wisst, wie ich vom ersten Tag an, da ich nach Asien kam, die ganze Zeit bei euch gewesen bin". Dies läuft parallel zu Lukas' Eingeständnis, dass sein Evangelium Ereignisse abdeckt, die von vielen früheren Schreibern aufgezeichnet wurden. (Lukas 1:1,4).

Apostelgeschichte 12:4 ist sehr außergewöhnlich. Sie bezieht sich darauf, dass Herodes Peter, mit der Absicht ins Gefängnis werfen ließ, ihn nach Ostern, vor die Menschen zu bringen. Es gab kein Osterfest bei den Juden, das Wort Ostern war noch nicht in Verwendung unter den Christen, und Pauls Erwähnung eines Osterfestes, bleibt ein tiefes Geheimnis.

Dass die Doktrinen der Apostel vorher von Therapeuten gelehrt worden waren, wird dem Eifer zugeschrieben, mit der ein bestimmter, gebildeter Jude namens Apollos, der in Alexandria, bevor irgendeiner der Apostel das Evangelium in dieser Stadt gepredigt hatte, gelebt hat, nach Ephesus gegangen ist und in der Synagoge vom Herrn unterrichtet hat, obwohl er nur die Dinge von Johannes dem Täufer kannte. Nachher haben Aquilla und Priscilla, Apollos an die Hand genommen und ihm den Weg des Herrn etwas vollkommener erklärt. (Apg 18: 24-28).

Die vollständige Beschreibung der Therapeuten wird durch Philon Judaeus gegeben, einem semi-christlichen Juden, Mitglied einer Familie von Priestern und Bruder der jüdischen Obrigkeit von Alexandria. Fast alle Philon-Schriften sind verlorengegangen, aber Eusebius, der Kirchenhistoriker des 4. Jahrhunderts, zitiert sie ausführlich und gibt die Meinung Philons wieder, dass die Therapeuten Christen waren. Nicht nur, dass Eusebius diese Meinung von Philon akzeptiert, er erklärt: "Diese Tatsachen scheinen von einem Mann gesagt worden zu sein, der seine Aufmerksamkeit denjenigen geschenkt hat, die die heiligen Schriften erklärt haben. Aber es ist sehr wahrscheinlich, dass die alten Kommentare, von denen er sagt, dass sie sie haben, genau die Evangelien und Schriften der Apostel sind und wahrscheinlich einige schriftliche Arbeiten der alten Propheten, wie sie in dem Brief der Hebräer und vielen anderen Briefen von St. Paul enthalten sind". (Euseb., *Eccl. History*, Bk., Ch. 17, von Pater C. F. Cruse zitiert).

Die meisten modernen Schriftsteller, erkennen den starken Einfluss der Essener und Therapeuten, auf die Form der christlichen Organisation und ihre Lehren und Praktiken an. Sie versagen jedoch darin, eine direkte Verbindung zwischen den verschiedenen Gruppen zu finden und neigen zu der Ansicht, dass sowohl Josephus als auch Philon im Irrtum waren anzunehmen, dass Essener, Therapeuten und Christen alle eine Körperschaft waren. Von

Eusebius wird angenommen, zu sehr von der einzigen Meinung Philons abhängig gewesen zu sein.

Da die Essener und Therapeuten und all ihre Werke, während des jüdischen Krieges im ersten Jahrhundert nach Christus verschwanden, wird das Ausmaß, in dem das Christentum von den früheren Kulten beeinflusst wurde, eine der Unbekannten in ihrer frühen Entwicklung bleiben. Aber das Eusebius nicht allein in der Annahme war, dass die Wurzeln des Christentums weit in die Vergangenheit reichen, kann in den Schriften von zahlreichen anderen Figuren der frühen Kirche gesehen werden, die ähnliche Meinungen geäußert haben [267].

III. MITHRAISMUS

Von den Persern nach Babylon gebracht, begegnet der Kult des Zarathustra dem philosophischen Theologisieren der babylonischen Priester, die Mithras mit dem Sonnengott Schamasch identifizierten. Dem Kult fügten sie Elemente der Astrologie hinzu, die später kamen, um einen großen Anteil im Ritual zu haben. Der Kult wurde dann nach Armenien und Kleinasien getragen, wo er in Kontakt mit anderen, derzeitig populären Mysterienkulten kam, von denen der Oberste, der Kult der Kybele war. Zwischen 250 und 100 v.Chr., nahmen seine Rituale und Doktrinen wahrscheinlich die Form an, die sie danach beibehalten haben.

Der Kult wurde vermutlich von Soldaten, bei der Rückkehr aus Kleinasien und durch den Besuch von Händlern, etwa 70 v.Chr., nach Rom gebracht und wurde unter Roms Sklaven, Beamten und Soldaten weit verbreitet, die ihn wiederum nach Afrika, Europa und sogar nach Schottland trugen. Beliebt bei den gewöhnlichen Leuten, wurde von der neuen Religion behauptet, auch Anhänger unter Senatoren und anderen hohen Beamten zu haben. Nero, Aurelian, und Kaiser Julian waren Anhänger. Diokletian, Galerius und Licinius widmeten Mithras 307 nach Christus einen Tempel.

In der westlichen Form des Kultes, war Mithras nicht mehr der oberste Yazata des Ormuzd, wurde aber Leiter einer unabhängigen Religion. Er war Hüter der Wahrheit, Treue und Gerechtigkeit; Herr des ländlichen Raumes, stark, schlaflos, allwissend; seine stechenden Augen sahen alles, deshalb war er Zeuge von Eiden und gutem Glauben, züchtigte Lügner aber schützte diejenigen, die Treue hielten.

Die Geburt von Mithras und Christus wurde am gleichen Tag gefeiert, wobei beide Geburten geehrt wurden, jeweils in einer Höhle stattgefunden zu haben. Im Christentum und Mithras-Kult war die zentrale Figur ein Mediator, der ein Teil der Dreieinigkeit war: in beiden gab es ein Opfer zum Wohle der Menschheit, und die reinigende Kraft des Blutes des Opfers, war von grundlegender Bedeutung. Christen und Mithraisten sahen den Sonntag als heilig an.

Die Regeneration oder zweite Geburt, war ein Grundprinzip in beiden Glaubensrichtungen. In beiden Religionen war auch das Verständnis des Verhältnisses der Gläubigen untereinander gleich: sie waren Brüder und beide hatten Sakramente, unter anderem Taufe, ein Gemeinschafts-Brot und der Kelch. Beide hatten Geheimnisse, von denen die unteren

---

[267] Sagte Lactantius ein orthodoxer Christ: "Wenn es nicht jemanden gegeben hätte, der die Wahrheit, verstreut zwischen den verschiedenen Sekten der Philosophen und Theologen, zusammengesammelt hätte, um es in ein System zu reduzieren, gäbe es tatsächlich keinen Unterschied zwischen ihm und einem Christen." Anerkennung 10.
Aus einem Brief des Origenes an Celsus: "Dass die christliche Religion nichts anderes enthält, als das, was die Christen mit Heiden gemeinsam haben, nichts was neu oder wirklich groß wäre." Bellamy's Übersetzung, Ch. 4.
St. Augustine erklärt seine Religion "war vorher in der Welt." Anerkennung 12.

Schichten Eingeweihter ausgeschlossen wurden. Asketische Ideale waren beiden gemeinsam. Beide Religionen lehrten die Doktrin der Unsterblichkeit, Himmel und Hölle, die Auferstehung von den Toten, Gericht nach dem Tod, das letzte große Feuer, durch das die Welt verzehrt wird und die endgültige Eroberung des Bösen. "Wir können sagen, wäre das Christentum in seinem Wachstum von einer tödlichen Krankheit gestoppt worden, wäre die Welt mithraisch gewesen... Sie musste, durch die schrecklichen Schläge des christlichen Imperiums, zerstört werden." (*Mark Aurel*, p. 432, London, n.d.).

Die Anbeter formten kleine Mithräen, wie moderne Hütten. Ihre Mitgliedergruppen waren in der Regel nicht größer als 100 und oft als Begräbnisverbände organisiert, um Rechtsstatus zu erhalten. Bruderschaft, Loyalität und Gleichheit wurden betont. Waschungen und Trankopfer gab es häufig. Frauen wurden nicht als Mitglieder aufgenommen.

Es gab sieben Grade der Initiation, in dem der Neophyt die Namen Rabe, Greifvogel, Soldat, Löwe, Perser, Kurier der Sonne und Vater angenommen hat. Bei bestimmten Anlässen legten sie ein Kostüm an, was symbolisch einen Vogel oder ein Tier nachahmt und stellten deren Aktionen nach, wie es Brauch in anderen Mysterien der Zeit war. Diejenigen, die den Grad des Löwen bestanden hatten, wurden "Teilnehmer", weil ihnen das Sakrament von Brot und Wasser, in Gedenken an Mithras Bankett am Ende seiner Arbeit, verabreicht wurde. Diese Teilnahme sollte Unsterblichkeit verleihen.

Der Schutz-Bischof vollzog eine Zeremonie, die Kirche nach dem alten Geheimnis zu vermählen, in dem die Formel rezitiert wurde "Heil dir, neue Gattin, Heil dem neuen Licht." Seine Mitra wurde Krone oder Tiara genannt und sie entsprach dem Kopfschmuck von Mithras. Die Mithras-Priester trugen rote Militärstiefel, die sinnbildlich für den geistlichen Kampf standen, in den sie verwickelt waren. Dies ist wohl mehr als eine zufällige Beziehung zum Brauch der Römisch-Katholischen Kirche, den verstorbenen Päpsten rote Militärstiefel anzuziehen, wenn sie für die Trauerfeier vorbereitet werden.

Die vier Elemente Feuer, Wasser, Erde und Luft wurden vergöttert und verehrt, und Sonne, Mond und die Planeten wurden in hoher Ehrfurcht gehalten. Man glaubte, jeder Tag der Woche werde von einem anderen Planeten kontrolliert, und mit jedem war ein Metall assoziiert, während die Tierkreiszeichen, welche die Schöpfung unter Kontrolle nahmen, die Ergebenheit des Monats markierten. Kronos (unendliche Zeit) wurde als löwenköpfige, menschliche Figur mit vier Flügeln dargestellt, geschlechts- und leidenschaftslos, Beine und Körper in Umarmung einer Schlange (manchmal sechsfach), die ihre Bewegung durch die Sonne in der Ekliptik erhält.

In den vielen Sehenswürdigkeiten von Mithras gibt es zwei Fackelträger, die als Doppel-Inkarnationen von Mithras mit sich selbst zu interpretieren sind. Sie bilden eine Dreifach-Mithra. Eine davon, mit der Fackel nach oben gehalten, symbolisiert die aufsteigende Sonne und das Leben: Mithras selbst, in der Mitte, war die Sonne am Mittag und die Figur des Lebens. Der andere Fackelträger, mit der Fackel nach unten gehalten, war die sinkende Sonne und der Tod.

Mithras wurde so dargestellt, dass er aus einem Felsen geboren wurde. Skulpturen stellten ihn dar, wie er aus einem Felsen kommt, mit Messer und Fackel in der Hand. Es war dann seine Aufgabe, seine unbesiegbare Stärke zu demonstrieren und seine erste Herausforderung galt der Sonne. Er eroberte sie, schmückte sie mit einer strahlenden Krone und machte sie dann zu einem treuen Verbündeten. Seine nächste Aufgabe betraf einen Stier und dies wurde der zentrale Punkt des Mithras-Mythos, die Darstellung, die ein Standard in der Mithras-Kunst wurde.

Der Stier wurde von Mithras gefangen und niedergerungen. Mithras hat ihn in eine Höhle gezogen, aus der er entkam und Mithras wurde befohlen ihn zu verfolgen und zu opfern, was er widerwillig tat. Seinem Körper entsprangen dann allerlei nützliche Kräuter und aus seinem Blut entsprang die Traube, die den Wein der Mysterien hervorbrachte; aus seinem Rückenmark wuchs Weizen, während seine Seele zu Silvanus wurde, Hüter der Herden, der auch in den Mysterien eine führende Persönlichkeit ist. Der Stier war daher eine Quelle des Lebens und nahm deshalb seinen Platz in der Mithras-Zeremonie ein.

Inzwischen war das erste Menschenpaar geschaffen worden und stand unter dem Schutz von Mithras. Dieser Schutz wurde notwendig, weil Ahriman die Menschheit mit Dürre, Überschwemmung, Brand, Seuchen und anderen Katastrophen angriff, die es zu überwinden galt. Der Abschluss von Mithras Aufgaben, war Anlass zu einer Feier und dem letzten Abendmahl, nachdem Mithras sich in den Himmel zurückzog, wo er immer noch die Gläubigen schützt. Aber der Kampf zwischen Ahura Mazda und Ahriman geht, soweit es die Menschheit betrifft, weiter. Das Leben ist ein Krieg, und um ihn zu gewinnen, müssen die Gläubigen immer Mithras Gebote befolgen.

Kurz nachdem Konstantin das Christentum zur Religion des Römischen Staates machte, forderten die Christen die Unterdrückung des Mithras-Kult und es dauerte nicht lange bis niemand es mehr wagte, auf die aufgehende oder untergehende Sonne zu blicken und Bauern und Matrosen hatten Angst, die Sterne zu beobachten. In diesen Zeiten war die Verfolgung der Sekte blutig und Überreste beweisen, dass Priester manchmal getötet und ihre Leichen im Mithräum begraben wurden, um diesen Ort zu entweihen.

IV. TALMUD

Der Talmud ist die Arbeit, die das kanonische und das Zivilrecht der Juden verkörpert. Es besteht aus der Mischna (mündliche Wiederholung), eine systematische Sammlung religiöser Entscheidungen der Entwicklung der Gesetze des Alten Testaments und der Gemara (Ergänzung). Er enthält eine Masse von Meinungen, Kommentaren und Abbildungen, aus rechtlichen und anderen Gründen.

Die Mischna bildet die Grundlage der Gemara und ist in sechs *Sedarim* oder Aufträgen unterteilt, mit einer Reihe von Schriften, *Massektoth* genannt. Weiteres Material in Bezug auf die Mischna ist im Tosephta (Aramäisch, "neben" oder "Anhang") und der Midrasch erhalten. Zusammen mit den Targumim stellen sie die orthodoxe, rabbinische Literatur dar, die das Alte Testament mit dem mittelalterlichen Judentum verbindet.

Midrasch heißt, zu suchen, zu untersuchen, zu erklären, vor allem das Studium bzw. die schriftliche Darstellung der Schriften. Sie versucht, über den bloßen Wortsinn zu gehen, den Geist der Heiligen Schrift zu durchdringen und den Text von allen Seiten her zu untersuchen, um Interpretationen zu formulieren, die nicht ohne weiteres ersichtlich sind. Der Text ist durchsetzt mit Maximen, ethischen Aussagen berühmter Männer, Parabeln, Legenden, biographischen Skizzen biblischer Personen, philosophische Diskussionen, poetische Allegorien, symbolische Interpretationen usw. Gesetzliche Vorschriften bilden die Halacha und freie Interpretationen bilden das Hagadoth. Die ersten sind die Verhaltensregeln, die eingehalten werden müssen; die anderen werden nur als "was (von den Weisen) gesagt wird", betrachtet.

Beginnend als Ergänzung, oder Interpretation des mosaischen Gesetzes, entwickelte sich die Mischna in eine dermaßen umfangreiche Masse von widersprüchlichen Meinungen und haarspalterischen Gesetzen, dass eine zweite Ergänzung notwendig wurde, um die Erste zu erklären. "Diese Aufgabe wurde von der Amora, oder den gemarischen Doktoren erledigt, deren *sehr einzigartigen* Veranschaulichungen, Meinungen und Lehren anschließend die palästinensische und babylonische Gemara formten. Eine Gruppe von Männern der gelehrtesten und sorgfältigsten Müßiggänger, die jemals die Republik der Buchstaben in Misskredit gebracht hat... Mit beispiellosem Eifer haben sie nach Unklarheiten und Zweideutigkeiten gesucht oder sie erfunden, die ständig Vorwände für neue Darstellungen und Illustrationen lieferten, die Kunst Texte zu trüben, die an sich klar sind und die sich als weniger schwierig erwiesen haben, anstatt Passagen zur erläutern deren Wörter oder Sinn wirklich in Dunkelheit gehüllt sind [268]."

Der Talmud füllt mehr als sechzig Bände und stellt die Arbeit von mehreren hundert Rabbinern dar, über einen Zeitraum von etwa fünf Jahrhunderten. Die Arbeit ist in zwei große Rezensionen unterteilt, bestehend aus einem babylonischen Talmud, im östlichen, aramäischen Dialekt und einen palästinensischen Talmud, in westaramäisch geschrieben. Die westliche Version wurde nie so populär wie der östliche und existiert jetzt in einer sehr unvollständigen Form.

Letztendlich waren viele der Rabbiner von der Unermesslichkeit des Produkts ihrer Arbeit beeindruckt und betrachteten die Mischna und Gemara wichtiger als das mosaische Gesetz. "Das 'geschriebene Gesetz'," sagten sie, "ist wie das Wasser, die Mischna ist wie Wein, und die Gemara ist wie Glühwein". Aber moderne Autoritäten neigen dazu, diese Schriften eher kritisch zu nehmen. McClintock und Strong [269], beispielsweise beschreiben den babylonischen Talmud als "in einem Dialekt, weder chaldäisch noch hebräisch verfasst, aber eine barbarische Vermengung beider und anderer Dialekte, durcheinandergebracht unter Missachtung aller Regeln der Zusammensetzung oder Grammatik. Sie bringt ein *zweites* Exemplar einer babylonischen *Sprachverwirrung* hervor... Außerdem muss es, in diesem Überfluss an fantastischen Kleinigkeiten und rabbinischen Träumereien, fast unglaublich anmuten, dass irgendein vernünftiger Mensch, Scharfsinn und Leidenschaft in die Erfindung dieser unverständlichen Kommentare zur Schau stellen könnte, in diesen netten Bedenken und diesen lächerlichen Chimären, die die Rabbiner feierlich in die Welt veröffentlicht haben."

In ihren Bemühungen zur weiteren Definition des mosaischen Gesetzes, die sich mit den Beziehungen zwischen Mann und Frau, der Ausarbeitung von Stellungnahmen in Bezug auf Sexualfunktionen, insbesondere der Frauen, wurde es zu einer Obsession der Talmudisten. Ganze Teile der Mischna und Gemara wurden den sexuellen Besonderheiten der Frauen gewidmet. Ein Großteil des Textes wird so obszön, dass er für englischsprachige Leser als zu schockierend angesehen wird und folglich, werden Zitate daraus, nur in lateinischer Sprache gegeben.

Nichts im menschlichen Leben, schien zu unwichtig für die Betrachtung der Diktatoren (Amora), der Meinungsmacher (Seburaim) und der erhabenen Ärzte (Gaon) gewesen zu sein.

---

[268] *Cyclopedia of Biblical, Theological and Ecclesiastical Literature*, McClintock and Strong, vol.10, p.168.
[269] *Cyclopedia of Biblical, Theological and Ecclesiastical Literature*, McClintock and Strong, vol.10, p.168.

Jede Tatsache oder Idee, auf die sie aufmerksam wurden, wie trivial auch immer, war Gegenstand einer gelehrten Meinung oder Verordnung, in der Fakten, mit Fehlern in fast jedem Ressort der Wissenschaft, Naturkunde, Chronologie, Genealogie, Logik und Moral, vermischt wurden.

Die gelehrten Rabbiner schrieben lange Abhandlungen, in der sie spezifizierten, wann und wo die richtige Zeit und Art war, Segen zu geben, zu beten und den Zehnten zu zahlen; zum Anpflanzen und Ernten von Feldfrüchten; für den Anbau von Obstbäumen, die korrekte Durchführung von sozialen und häuslichen Pflichten usw., einschließlich Details, wann und wie ein Deckel auf einem Kochkessel zu platzieren ist, weben, nähen, kochen, waschen, Krawatten zu knoten und zu entknoten, Kleidung falten und Betten machen, saubere Kissen, Wein zu pressen, Lichtlampen, Krümel vom Tisch zu nehmen, und viele andere Aktivitäten, gleichermaßen trivial.

Es ist unwahrscheinlich, dass der durchschnittliche Jude jemals mehr als einen kleinen Teil der Stellungnahmen und gesetzlichen Vorschriften, die von den gelehrten Doktoren heruntergereicht wurden, gesehen hat, denn um auch nur ein wenig vertraut mit ihnen zu werden, hätte es Jahre des Studiums erfordert. Trotz allem war das Leben der Menschen von unzähligen Vorschriften und Tabus eingezäunt, die ihre Taten und Gedanken, von Geburt bis Tod konditionierten und reglementierten.

Targum

Nach dem Exil wurde es üblich, das Gesetz öffentlich im babylonischen Dialekt zu lesen, mit dem Zusatz einer sinngemäßen Übersetzung (Paraphrase). Die Paraphrase wurde Targum genannt, was übersetzen oder interpretieren bedeutet. Sie wurde entwickelt, um die Bedürfnisse derer zu erfüllen, die das Hebräische des Alten Testaments nicht mehr verstanden. Es gibt drei Targumim des Pentateuch, das Älteste, das in den babylonischen Göttlichkeits-Schulen und später in Palästina hoch geschätzt wurde. Seine Urheberschaft wurde einem Lehrer namens Onkelos zugeschrieben und es wird als Babylonisches Targum oder Targum Onkelos bezeichnet.

Ein Großteil des Jerusalemer Targums besteht aus Fragmenten oder Resten, die nicht mehr zeitgemäß sind und viele Passagen enthalten mehrere Versionen der gleichen Verse, während bestimmte Abschnitte ausgewiesene Ergänzungen sind. Folglich wird es häufig als das Fragmentarische Targum bezeichnet. Viele der Fragmente bestehen aus einzelnen Wörtern oder Teilen von Versen, die miteinander verschmolzen sind. Wahrscheinlich waren sie ursprünglich Kommentare, die von Abschreibern ohne System oder Vollständigkeit, auf die Marge des Onkelos Targum geschrieben wurden.

Ein zweites Jerusalemer Targum, auch als Jonathan oder Pseudo-Jonathan Targum genannt, stammt aus etwa dem siebten Jahrhundert nach Christus. Es versucht das Targum Onkelos zu korrigieren und zu ergänzen. In ihrer Übersetzung aus dem Hebräischen versucht Jonathan Anthropomorphismen zu vermeiden und den vollständigen Sinn durch sehr einfache Metaphern zu erläutern, obwohl die Methode nicht so gründlich ist wie die des Onkelos. Jonathan versucht auch alle Passagen im Alten Testament zu modifizieren oder zu beschönigen, die geringschätzig gegenüber den Vorfahren von Israel zu sein scheinen und alles zu verstärken, was ihnen zu Ansehen gereicht.

Andere Targumim gibt es für die Psalmen, Sprichwörter, und die Bücher der Propheten, Hiob und die Chroniken, aber sie sind fast vollständige Imitationen früherer Arbeiten.

V. ZOROASTRISMUS

Die Geschichtlichkeit des Zoroaster (Zarathustra) wurde lange angezweifelt, aber hervorragende Koryphäen auf diesem Gebiet neigen jetzt zu der Ansicht, dass er eine historische Gestalt war, zwischen 660 und 630 v.Chr. geboren, in Baktrien (Iran) oder in Aserbaidschan, westlich des Kaspischen Meeres.

Die Religion, die Zarathustra formuliert ist weitgehend vom Glauben der Brahmanen abgeleitet, der lange von Indien aus Richtung Westen schlich. Die Lehren des Zarathustra findet man in der Awesta, die in einer der sieben Zweige der indoeuropäischen Sprachfamilie, dem Sanskrit sehr ähnlich, geschrieben wurden. Die Sprache, in der die wichtigsten Übersetzungen und Kommentare ursprünglich geschrieben wurden ist Pahlavi, die Sprache des mittelalterlichen Persien. Das Alphabet ist semitisch und das Vokabular der Dokumente ist Aramäisch und Persisch.

Wie von Zoroaster, Ahura Mazda (Ormuzd in der Kurzform), "der Gott des Lichts", verkündet, ist der Schöpfer allwissend, heilig, wohltätig, im vollen Sinne ewig, Spender der Gesundheit und verantwortlich für Glück, Spender von allem, was rein und gut ist. Er wird von seinem Bruder Ahriman (oder Ahriman), "feindlichen Geist", der Fürst der Finsternis, der Unwissenheit, Tod und allem Bösen in der Welt entgegengewirkt. Im Konflikt zwischen den beiden Brüdern, entwickelt sich der alte, mythische Kampf zwischen Licht und Dunkelheit zu einer ethischen Religion und wird zu einem Kampf zwischen Gut und Böse.

Der Mensch wird als fünffacher Charakter betrachtet: (1) Geist oder Angelologie; (2) Wissenskraft; (3) Gewissen; (4) Seele, vielleicht moralische Entscheidung, und (5) *Fravashi*, was die Nachtod-Persönlichkeit zu sein scheint.

In seinem Schaffen gab Mazda dem Menschen einen freien Willen und hält ihn damit, im Gegensatz zu seinem Status in den älteren Religionen, in dem von jedem Akt angenommen wurde, dass er von einem Gott bestimmt wurde, ganz für seine Taten verantwortlich. Es gibt keine Entschuldigung für Sünde, abgesehen von der Tatsache, dass ein Konvertit von den Folgen der Sünden erleichtert wird, die er vor seiner Bekehrung begangen hat, als er von der Religion noch nichts wusste. Doch der Mensch ist nicht ganz allein in seinen Bemühungen das Gute zu erreichen. Schutzengel helfen ihm bei der Überwindung der Versuchung und beim Ausweichen der Fallen, die von Dämonen gestellt werden. Mit einem echten Glaubensbekenntnis, in Wort und Tat, kann er die Arbeit von Ahriman (Satan) beeinträchtigen und an Mazda einen Anspruch auf Belohnung stellen. Heilige Jungfräulichkeit gilt als unreligiös; Selbstkasteiung wird als sündhaft angesehen und spätere Schriften scheinen gegen christliche Askese gerichtet zu sein. Beschränkungen des Geschlechtsverkehrs liegen, sofern sie existieren, hauptsächlich auf Überlegungen von gesundem Anstand.

Mazda schuf sechs Amschaspand, "unsterbliche Wohltäter", als Diener, um ihn in der Führung der Welt, in seinem Konflikt mit Ahriman zu unterstützen. Dies sind Personifikationen der Tugenden oder der abstrakten Qualitäten, deren Namen die Bedeutung "gute Gedanken", "Beste Gerechtigkeit", "Wunsch Königreich", "Heilige Harmonie", "Gesundheitserhalt" und "Unsterblichkeit" signalisieren. Die ersten drei sind männlich und die zweiten drei weiblich. Um die Amphaspands aufzuheben kreiert Ahriman Devas, Erzteufel oder böse Geister.

Neben den Amschaspand gibt es eine Reihe von anderen Zeichen, denen besondere Ehre zuteilwird. Bemerkenswert sind die Yazatas, Engel, Abstraktionen oder Personifikationen der Naturelemente, Körper oder Qualitäten. Sie sind dem Schutz der Bestandteile in der Welt, wie Tiere, Metalle, Feuer, Erde, Wasser, Vegetation zugeordnet.

Der größte der Yazatas ist der "Dreimal Geborene" Mithras, "das Auge des Mazda", der Kenner der Wahrheit, Zeuge bei Eidleistungen und Verträgen, Richter der Toten, der Gott, der den Armeen Sieg bringt. Er ist der nächste an Bedeutung zu Mazda selbst. Als Mediator und Wohltäter, ist er mit dem Licht und der Wärme der Sonne verbunden und war ursprünglich wahrscheinlich ein Sonnengott.

Weitere Gestalten der Yazatas sind Sraosha, "Überfluss", Rashnu Razista "Genius der Wahrheit", Gosurvan (Gos, Drvaspa), als Kuh oder Stier, die abstrakte Darstellung der Tierwelt; Kavaem Hvareno, "Königreich Majestät" oder "königliche Herrlichkeit"; Ashi Vanguhi "Frömmigkeit, Reichtum, Gesundheit und geistigen Vitalität" und Arstat, "Wahrhaftigkeit". Die Tiere werden besonders berücksichtigt und es ist eine Sünde sie zu töten.

Atar, oder Feuer, das reinste der Elemente, ist unter den Yazatas, der nächste zu Mithra. Er ist der Bote Mazdas, der heiligste Geist. Strenge Vorschriften werden zu seiner Verunreinigung in materieller Form aufgestellt. Feuer gilt als eine Darstellung der göttlichen Essenz der Erde und die Priester sind Feuer-Priester. Es ist die Essenz des Lebens. Sie brennt in den Körpern von Menschen und Tieren, in den Stielen der Pflanzen, in der Luft und dem Paradies selbst, aber, wie bei Agni in Indien, variiert die Vorstellung von materiell zu geistig und von persönlich zu unpersönlich. Wegen des Kults der mit diesem Element assoziiert war, wurden die Zoroastrier fälschlicherweise als "Feueranbeter" bezeichnet.

Von besonderer Bedeutung ist die Lehre vom Saoshyant, in der Regel "Retter" übersetzt, der kommen soll, nachdem er von Jungfrau-geborenen Propheten in der Linie des Zarathustra angekündigt wurde. Er soll den Kampf mit dem Bösen beenden, den Vorsitz über die Auferstehung halten und die Regeneration der Welt herbeiführen.

Nach dem Tod bleibt die Seele für drei Tage, in Schmerz oder Freude, in der Nähe des Körpers. Ihre Erfahrung ist abhängig von den individuellen Aktionen im Verlauf des Lebens. Am vierten Tag, in der Morgendämmerung, nimmt sie ihren Weg in ihre endgültige Heimat, auf ihrem Weg von den reizvollen Erfahrungen bejubelt. Sie wird von einem schönen Mädchen, die Personifikation seiner guten Taten im Leben, empfangen und wird zur Chinvat Brücke geleitet, wo Mithras, Sraosha und Rashnu ihre guten und schlechten Taten mit dem Maß des Gerichts wiegen. Diese Erfahrungen der Seele werfen deutlich die Schatten der christlichen Lehre von einem Tag des Jüngsten Gerichts voraus.

Dann passiert die Seele die Brücke der Engel. Schließlich wird sie von Vohu Monah in Empfang genommen und erscheint dann vor Mazda und den Amphaspanden um ihren ständigen Sitz mit den Gerechten einzunehmen. Aber die böse Seele wird auf eine hässliche Hexe treffen und nach dem Urteil, in die Tiefen der Dunkelheit gezogen. Es gibt jedoch einen Ort namens Hamestagan, die Wohnstätte der Seelen, deren gute und schlechte Taten im Gleichgewicht sind. Diese Seelen und das Böse, das sie begangen haben, bleiben bis zum letzten Tag auf ihren Plätzen, wenn die menschlichen Bewohner der Hölle, nachdem sie gereinigt wurden, sich mit dem Hamestagan verbinden und im neuen Himmel Platz finden. Bekehrung und endgültiges Glück sind deshalb das letztlich erreichte Ziel und die Hölle ist nicht ewige Folter oder Vergeltung.

Am Tag des endgültigen Urteils beendet Saoshyant den letzten Sieg über das Böse und tritt eine Herrschaft von 57 Jahren an. Nach Ablauf dieser Zeit ist der Mensch vergeistigt und braucht von nun an weder Essen noch Trinken. Ein Stern wird vom Himmel fallen und seine

Hitze wird die irdischen Metalle zum Schmelzen bringen. Das so Geschmolzene wird über die Erde laufen, was zu einer Reinigung des Menschen führt und die Erde zu einer berglosen Ebene macht. Dann findet die Auferstehung statt: alle Seelen versammeln sich und die Gottlosen werden drei Tage in der Hölle leiden. Die Seelen werden die geschmolzene Flut passieren, für die Guten eine angenehme und für die Bösen eine äußerst schmerzhafte Erfahrung. Dann wird ein ungeteiltes Reich Mazdas zwischen Himmel und Erde beginnen.

Neben der Trinität von Mazda, Mithras, und Ahriman, enthält die mazdäische Religion ein weiteres Mitglied, das keine wesentliche Funktion in dem Plan hat. Es wurde aber möglicherweise, wegen der orientalischen Sitte, eine jungfräuliche Göttin einzuschließen, dem religiösen Muster angepasst. Sie ist Anahita oder Ardvi Sura Anahita, "der Geist des Wassers", "das hohe, mächtige, makellose Wesen", der himmlische Frühling und Quelle aller irdischen Gewässer, ansässig auf dem Gipfel eines mythischen Berges in der Region der Sterne, dem Wohnsitz vieler heiliger Helden, vor und nach dem Propheten. Um die Erde zu befruchten, nutzt sie ihre Macht wohltätig für das Wohl der Tiere und Menschen. Sie ist der Geist heiratsfähiger Mädchen und Gebärender. Ihr Kult wurde zu einer weitverbreiteten, unabhängigen Mode in Armenien und Kleinasien, wo sie mit der großen Muttergöttin verwechselt wurde. Die Griechen identifizierten sie mit Athene und Aphrodite.

Viel Aufmerksamkeit wurde auch den Sternen gezollt und die "Stern Yazatas" war von großer Bedeutung, wobei es die Fixsterne waren, nicht die Planeten, die als Schöpfungen Ahrimans galten.

Die Zoroastrier, von den Mohammedanern 641 n.Chr. aus Persien vertrieben, siedelten sich schließlich in Bombay an, wo sie als Parsen bekannt waren. Zum gegenwärtigen Zeitpunkt gibt es in Persien vielleicht 8000 Mitglieder dieser Sekte, während sich ihre Zahl in Bombay auf ungefähr 100.000 beläuft. Viele von ihnen sind wohlhabende Kaufleute.

Zu den Merkmalen des Zoroastrismus, die später Teile des christlichen, religiösen Denkens wurden, gehörten die Seele, freier Wille, Himmel und Hölle, Engel und Teufel, Beichte, Taufe, Rosenkränze, Fegefeuer, ein Vermittler, ein Jungfrau-geborener Retter, Katechismen, einen Tag der Auferstehung und das letzte Gericht.

Index

1
1
- Bedeutung 189

10
- Bedeutung 191
- Symbolik 114

108 129

12
- Symbolik 61

14
- Magische Zahl 58
- Symbolik 58

2
2
- Bedeutung 189

3
3
- Bedeutung 189

318
- Symbolik 55

360 84

4
4
- Bedeutung 189

40
- Zahl für Not und Leid 27

5
5
- Bedeutung 190
- China
  - Symbolik 125, 143

6
6
- Bedeutung 190
- Symbolik 126, 140

666 202

7
7 28, 55, 57, *Siehe* Magische Zahlen
- Astrologische Bedeutung ... 28
- Bedeutung 190
- Magische Zahl 28
- Symbolik 58, 60

8
8
- Bedeutung 191

9
9
- Bedeutung 191
- Symbolik 140

A
Aakhu 134
Aaron 136, 261, 265
- Götzenbild 174
Abelard von St. Bernard 260
Abraham 18, 36, 56, 68, 261, 266
- Ur-Kanaan 65
Abraxas 91
Adad 209
Adad-Ea 62
Adam 261
- Erschaffung 92
Adam Kadmon 273, 274
Adam und Eva 147
- Baum der Erkenntnis 168
Adonai 264, 267
Adonis 42, 43, 44, 89
- Mysterien des
  - Pythagoras 188
- Sonnengott 43
- Sonnenheld 94
Adoption
- Symbolik 164
Adraa 97
Agditis
- zweigeschlechtlich 88
Agni 47, 50, 97, 122, 237
Agnus Dei 120
Agrippa 32
Ägypten 100
- Bildschrift 118
- Pfallusverehrung 177
- Sonnenjahr
  - Berechnung 79
- Symbol(e)
  - Anch-Kreuz 152
  - Isisknoten 152
- Tag des Nilos 103
- Tempel
  - Luxor 108
- Tötung der Erstgeborenen ... 98

Ägyptisches Totenbuch	52, 59
Ahi	52
Ahriman	76, 147, 229, 282, 285
Ahura Mazda	50, 76, 77, 229, 238, 285
Androgyne	91
Aischylos	82
Akiba, Rabbi	263
Akkad	34
Akki	21
Al Shaddai	266
Alasper	226
Albert der Große	220
Aleim	91
Elohim Mehrzahl	197
Alexander der Große	19, 95, 208, 277
Jerusalem	87
Allah	197, 266
Wortstamm	91
Allat	40
Beschützerin der Städte	97
jungfräuliche Göttin	97
Allatu	41
Allerheiligen	100
Alor	226
Amadon, Jungfrau von	139
Amelon	226
Amenhotep III	96
Amenhotep III und IV	21
Amenophis II	95
Aminon	226
Amon	84
Amos	68, 72, 73
Amphis	226
Amschaspand	285
Anagramm	275
Ananta	
Welt-Schlange	145
Anat-Yaw	266
Anaxagoras	242
Anch-Kreuz	96, 108
Crux Ansata	118
Entwicklung	117
Verbreitung	119
Andreaskreuz	112, 115
Androgyne	
Brahma	238
Schöpfung	91
Andromeda	54
Anshar	59
Antiochus Epiphanes	100
Anu	17, 35, 37, 38, 59, 99, 109, 142, 215, 237
Handsymbol	111
Teil der Dreifaltigkeit	115
Äon	
Geburt des	98
Apep	*Siehe* Apophis
Aphrodite	39, 42, 43, 47, 88, 116
Delphin	106
Garten	148
Jungfrau	45
Muschel	151
Symbolik	
Stein	159
Apis	
Epaphos	82
Osiris	82, 161
Apokalypse	231
Apollo	55
Geburt	
Titthonia	106
Hippo	84
Kampf gegen Monster	56
Schlangen	145
Sonnenheld	95
Symbol(e)	
Kreuz	116
zweigeschlechtlich	91
Zwittergottheit	88
Apollonius	95
Apollos	279
Apophis	52
Apsu	59, 61
Wasserbecken	61
Apuleius	165
Apuleius, Lucius	46
Aquarius	53
Aquilla	279
Araber	99
Ararat	
Berg	134, 138
Arba	115
Arche	63
Noah	135
Symbolik	152
Archimedes	80
Ardhanarishvara	89
Ardvicura Anahita	29
Argha	134, 135
universelle Mutter	135
Aristarchus	80
Aristoteles	188
Arius	257
Arnobius	174
Artemis	43, 45, 46, 48, 116, 123
zweigeschlechtlich	88
Aruru	36, 61, 149, *Siehe* Nintud
Asche	
-kreuz	167
-stab	167
Aschera, Ascherim	169
Zeugungsriten	170
Asher	142, 169
Teil der Dreifaltigkeit	115
Ashtart-Yaw	

zweigeschlechtlich 92
Ashtoreth .... *Siehe* Astarte
    weibliche Form von Baal 169
Ashur
    Ausgrabungen 60
Äskulap 145
    Caduceus 146
    jungfräuliche Geburt 95
Asshur .... *Siehe* Asher
Assurbanipal 19, 218
    Bibliothek 59
Assyrien 19
Astarte 42, 67, 72, 123, 139
    Symbolik
        Kreuz 116
        Stein 159
        Taube 152
    weibliche Form von Baal 169
Astarte-Yaw 266
Astrea 48
Astrologie 21, 25, 38, 85, 94, 129
    Babylon 79, 208
Astronomie 16, 25, 75, 94, 211
Atergatis 46, 222
Athanasius 258
Athar .... *Siehe* Attar
Athena 97
Athene
    Schlangen 145
Athtar 37
Attar 46, 186
Attis 45, 48, 88, 89
    Sonnenheld 94
    Tod und Auferstehung 98
Atum .... *Siehe* Amon
Atys .... *Siehe* Attis
Auferstehung
    Sonne 98
    Sonnengott 98
Auge
    allsehendes 127, 134
    Symbolik 127
Augias, Stall des 103
Augustus 95
Aurelian 280
Aureole 138
Avatar(e) 226
Awesta 82, 147, 285
Azteken
    Schöpfung 229

B

Baal 67, 72, 170, 173
    androgyn 169
Baal tinne 99
Baal-Astarte 184
Baal-Peor 169, 174, 184

Babylon 16, 20, 34, 36, 59, 69, 84, 99, 100, 107, 108
    Ende 75
    Eroberung Jerusalem 75
    kultureller Einfluss 34
    Tontafeln 34
    Tor der Götter 209
    Wissenschaft 34
    Zeit-System 80
Bacchus 70, 89, 91, 173, 238
    Sonnenheld 95
    Symbol(e)
        Kreuz 116
    Wasser in Wein verwandeln 103
    Zwittergottheit 88
Bacon, Sir Francis 193
Bagdad 34
Balarama 50, 51
Balfour, Dr. Francis 28
Bauernkalender 33
Baum des Lebens 136, 144, 168
    Schlange(n) 146
Baumverehrung 158, 176
    Afrika 182
    Eberesche 167
    Eibe 166
    Eichen 166
    Esche 167
    Haselnuss 167
    Kiefer 166
    Lorbeer 166
    männliche Zeugungskraft 168
    Oliven 166
    Palm(en) 166
        -wedel 166
        -zweige 175
    Stechpalme 167
    Tanne(n)
        -zapfen 166
    Ulme(n) 167
    Vogelbeere 167
    Weißdorn 167
    Zeder 166
Begley, Pater Walter 202
Bel 17, 37, 52, 59, 142, 215, 237
    davor Enlil genannt 36
    Saturn 217
Bel Tammuz
    Tempel 98
Belit-Itani 36
Bellerophon 84
Bellona 47
Bel-Merodach 52
Beltis 115, 139
    weibliche Form von Baal 169
Bengalen 105
Berber 99
Berossus 19, 208, 226

Beschneidung	73, 171
Bhaga-Vata	132
Bhavani	47, 132
Bibel	67
Bogenstern	*Siehe* Großer Hund
Bohmen, Jacob	193
bon fires	99
Bona Dea	145
Boot(e)	
heilige(s)	83, 86, 135, 146, 209
Bosheth	174
Bostra	97
Brahma	47, 89, 125, 129, 151, 225, 238
androgyn	238
Lotusblüte	149
Brahmanen	111
Brahmanismus	
Göttertriaden	237
Bridgetta	132
Britisches Museum	20, 64, 119, 131
Bryant, J. R.	106
Buch	
Daniel	234
der Chroniken	67, 269
der Jubiläen	230
der Könige	67, 72, 74, 269
der Richter	56, 57, 67, 72, 269
der Sprüche	192
Deuteronomium	69, 71
Enoch	264
Exodus	69, 70, 72, 135
Jesaja	74, 90
Job	90
Josua	269
Leviticus	72
Moses	73
Pentateuch	71, 72, 73, 268
Samuel	72, 269
Buddaeus, Pater Francis	193
Buddha	95, 122, 233
Symbol(e)	124
Budge, Sir Ernest A. W.	118
Bundeslade	136
Buto	145

C

Caduceus	145, 148
Caesar	95
Calmet, Pater	263
Calvus	88
Cassini	222
Cato	30, 177
Celsus	250
Cerberus	238
Ceres	45, 47, 89, 174, 177
Chakra	116
Cheops-Pyramide	206

Cherub(im)	152, 261
Cheyne	229
Ching Mon	46
Chi-Rho	*Siehe auch:* Kreuz
Symbol	119
Chnum	
Erschaffer der Welt	84
Chong-wang	155
Chr Amon	119
Christen	
Anbeter des Serapis	91
Christentum	171
Dreifaltigleit	238
Phallusverehrung	176, 179
Symbolik	
Glocke	154
Wurzeln des	280
Christklotz	99
Chrysostomos	104
Clemens Alexander	148
Clemens von Alexandria	191
Clemens von Rom	251
Codex Vaticanus	89
Collyridianerinnen	175
Columella	30, 105
Concha veneris	150
Cromlech	161
Crux	
Commissa	115
Decussata	115
Immissa	115
Crux Ansata	*Siehe* Anch-Kreuz
Cteis	131
Weihe der	105
Cudworth, Ralph	193
Cul-na-mireann	107
Cunno Diaboli	106
Cusanus, Kardinal Nicolas	193
Cybele	45, 175
Symbolik	
Stein	159
Cynthia	133
Cyrus	212
König	77, 84, 234

D

D'Alvielle, Graf Goblet	121
Dag (Fisch)	222
Dagoba	138
Dagon	53, 57, 67
Fischgott	142
Daksinachari	111
Damakina	53
Damascius	88
Damkina	*Siehe* Davinka
Daon	226
Darwin, Charles	27

David, König	67, 174
Davidsstern	126
Davinka	36, 37
Davki	53
Davkina	53
De Wette, William M. L.	69
Dea Immacolata	132
Deborah	68
Delilah	
Samson	57
Delphi	106, 107
Delphus	111
Demeter	46, 47, 123, 165
Schlangen	145
Zeus	
Frau und Mann	105
Deuteronomium	70, *Siehe* Buch...
Deva	77
Devaki	39, 43, 46
Devi	
zweigeschlechtlich	89
Diana	45, 48, 238
Darstellung mit Halbmond	112
Diktianische	47
Symbolik	
Stein	159
zweigeschlechtlich	88
Dilmun	64
Diodor	164
Diokletian	280
Dionysius Erigos	97
Dionysos	*Siehe* Bacchus
Sonnenheld	95
Diwali	32
Donnar	123
Drache(n)	145
Symbolik	144
China	144
Drachenmonat	23, 24
Dreifaltigkeit	
christliche	238
Johannesbrief	254
Judentum	261
Symbol(e)	
Fleur de Lys	149
Symbolik	125
Teufel	241
Ursprung	115
Dreikönigsfest	103
Druiden	31
Drummond, Sir William	57
Duales System	105
Dupuis	212
Dürer, Albrecht	138
Durga	111
Dusares	
sterbender Gott	97
Symbolik	
Stein	159
Dyaus	105, 123

E

Ea	17, 35, 36, 41, 47, 53, 59, 61, 63, 142, 215
Schlangengott	144
Teil der Dreifaltigkeit	115
Wassergott	144
Ea-Oannes	35
Ecclesiastes	49
Eden	34
Edin	34
Edinu	34
Ei	
kosmisches	84, 107
Ekliptik	214
El Shaddai	261
Eleusis	114
Mysterien von	111, 165, 175, 191
Pythagoras	188
Elia	84
Elkesai	92
Eloah	91, 265
Singular von Elohim	91
Elohim	91, 197, 261, 264
Endor	
Hexe von	68
Engel	
männlich	152
Enki	35, 64, 237
Enkidu	61
Schlacht mit Bullen	59
Tod	62
Enlil	35, 37, 64, 237
Flut	63
wird zu Bel	36
Enoch	55
Buch	246, 264
äthiopisches	230
slavisches	230
En-Soph	263, 272, 273
Epaphos	82
Epiphanius	98, 103
Epos der Schöpfung	
Babylon	59
Erbsünde	147
Erde	
Mittelpunkt der	107
Erdgott	
Seb	82
Erech	34, 37
Ereshkigal	40, 41
Eridu	34, 36
Esagila	60
Esekiel	*Siehe* Eschiel
Eshmun	146

Esra 267, 268
Essener 112, 248, 276, 277
Euklid 127
Euphrat 65
Euripides 49
Eurytos 56
Eusebius 93, 278, 279
Eva
   Hawwa 148
   Schlange
      sexuelles Verlangen 148
Evangelien
   erste Erwähnung 252
Evidorach 226
Exodus 68
Ezechiel 83, 107, 110, 133
   Bestien von 141
   Exil in Babylon 75
   priesterliche Gesetze 71
   Tiervision
      Adler 103
      Löwe 103
      Stier 103
      Wassermann 103

F

Falke 152
Fama 241
Fascinum
   -verehrung 178
Fascinus 178
Faunus 145
Feige
   Sexualsymbol 149
Fels
   Mithras
      Geburt 159
   Symbolik
      Gott 158
Fernel, Jean 32
Feux de Joie 99
Fisch(e) 139
   Symbol(e)
      Frija 139
      für die Erde 55
      Sex 139
Fischblase .... *Siehe* Vesica Piscis
Fischgott
   Dagon 53
   Darstellung 142
   Salamannu 54
   Vishnu 53
Fleur de Lys 131, 149, 150
Floralia 177
Foakes-Jackson, F. J. 258
Forlong, James G. 132
Frau
   verschmähte 58
Frazer, Sir James 27, 29, 44, 183
Freimaurer
   Logen
      Ausrichtung 109
   Rituale
      T-Kreuz 116
   Royal Arch Degree 126
   Symbol(e) 121, 127
   Symbolik 200
Freitag
   Tag der Frau 139
Frija
   Göttin der Ehe 139
Frosch
   Symbolik 153
Fruchtbarkeit
   Symbol(e)
      Fisch 139
      Lilie 149
      Lotus 149
Fruchtbarkeitskult(e) 105
Fürst der Finsternis 76, 96, 229
Fylfot 122, 124

G

Gaia 105
Galatine 263
Gale, Theophilus 193
Galen 31
Galerius 280
Gamaliel, Priester 248
Ganesha 97
Gao-Chithra 82
Gayomart
   Ur-Mensch 228
Gebärmutter
   Delphus 106
Gebetsriemen 189, 261
Geburtsstein .... *Siehe* Mesechen
Geisterverehrung 158
Gekatilia, Rabbi Joseph ben 264
Gemara 282
Gematria 193, 275
Genitalien 122
Geometrie 125
Geschlechtsorgane
   Mann, Frau 105
Gesetze .... *Siehe* Hammurabische und Mosaische
   priesterliche 71
Gibraltar
   Straße von 57
Gilgamesch 63
   Epos 38, 39, 61
      Ishtar 58
   Ishtar 99
   Kampf mit Stier 62

König von Erech 61
Giorgio, Francesco 93
Glocke(n)
    Symbolik
        Sex 154
Gnostiker 112
Goldenes Zeitalter 225
Golgatha 107
Götter
    der Antike 115
    Enstehung der 81
    lokale 158
    Triaden 35
    zweigeschlechtlich 87
Gottheit(en)
    phallische 154
    Stimme der 86
Göttin
    der Geburt 149
Götzenbild(er)
    Judentum 174
Grabeskirche 110
Granatapfel
    Sexualsymbol 149, 154
Greg, R. P. 123
Griechenland
    olympisches Fest 100
Großer Hund 60
Gudanna
    Himmelsstier 62
Gudea 145, 218
Guinness, Grattan 27

H

Haare
    als Symbol 58
Hades 100
Hadrian
    Kaiser 91
Hakenkreuz .... 123, *Siehe* Swastika
Hamestagan 286
Hammer des Thor 116
Hammurabi, König 20
Hammurabische
    Dynastie 59
    Gesetze 20, 65
Hand
    Symbol 111
Hannibal 45
Har-Al-Ompi 106
Harley, Pater Timothy 29
Harmonia 116
Harpokrates 119, 137
Hasidaeaner 277
Hathor 36, 96, 127, 139, 153
    Welt-Kuh 112
Hatschepsut
    Königin 95
Hawwa
    Eva 148
Hawwat 148
Hebe 56
Hebräer
    Sonnen- und Mondverehrung 16
Heer des Himmels 72
Hegel 193
Heget 153
Heiligenschein 138
Heiliger Geist 103
    Attribute 151
    Göttertriaden 257
    Judentum 263
    Osiris
        Falke 152
    Symbol(e)
        Taube 103, 152, 258
        Vogel 151
    Weisheit, Logos 246
Heißwecken 48
Hekate 46, 47, 238
Helios 55
    Kampf gegen Monster 56
Henoch .... *Siehe* Enoch
Hephaistos 47, 51
Hera 123
Heraklit 242
Herkules 53
    Ähnlichkeit mit Samson 57
    jungfräuliche Geburt 95
    Kampf gegen Monster 56
    Löwe töten 100
    Säulen 159
    Säulen des 96
    Sonne 56
    Stall des Augias 103
    Tod in Cadiz 57
    zwölf Aufgaben 56
Hermes
    Phallus 158
    -Steine 158
Hermesstab .... *Siehe* Caduceus
Herodes 253
Herodot 84, 87, 209
Heron von Alexandria 80
Hesekiel .... 114, *Siehe* Ezechiel
Hesiod 230
Hesione 53
Hethiter-Tafeln 21
Hiddekel 65
Hierodouloi 37, 45, 186
Hieroglyphen 19
Hieronymus 83
Hilarie 48
Hilkija 69

Himmelskönigin 155
Himmelskühe 55
Himmelsstier
    Gudanna 62
Hindu Linga 181
Hipparchus 80
Hippokrates 145
Hippolyt 260
Hiram von Tyrus 87
Hiskia, König 146
Horace 33
Hörner
    Symbolik 112
Horn-Zeichen 112
Horus 50, 52, 79, 86, 92, 106, 120, 137, 241
    Auge des 127, 197
    Geburt des 96
    Gott des Lichts 96, 119
    Orion
        Stern des 103
    Retter der Welt 96
    Sonnenheld 94
    Symbolik 126
    Yahwe 90
Hosea 68, 72, 74, 159
Hsiang 141
Hulda 68, 71
Hwang Ti 25
Hydra
    Göttin der Geburt 149
Hygeia
    Schlangen 145

I

Iaw .... Siehe Jahwe
Idavratta 45
Ignatius 251
I-He-Wei 238
Ilah 266
Indra 52, 55, 97, 123
Indus 65
Initiationsritus
    Tod und Auferstehung 165
Inman, Dr. Thomas 154
Innini 36, 37
Io
    reine Jungfrau 82
Ioannes .... 53, Siehe Ea
Iole 56
Irenäus 230, 252, 278
Isaak 56, 68
Isebel, Königin 185
Ishtar .. 37, 38, 39, 42, 43, 47, 53, 59, 106, 139, 209, 237
    Abstieg von 39
    Anus junge Kuh 81
    Darstellung mit Halbmond 112

Gilgamesch 62
    Epos 58
Göttin
    der Lust 37
    des Krieges 38
    des Schicksals 38
    in der Unterwelt 41
    Jungfrau 45, 63
    jungfräuliche Mutter 43
    mit Bart 88
    Mondgöttin 38
    Mutter-Prinzip 38
    Symbol(e) 121
        Kreuz 116
    Taube 152
    Tempel von 108
    Vereinigung mit Sonne 99
Ishtar-Tammuz
    Mythos 62
Isis 39, 52, 79, 92, 139
    Darstellung mit Halbmond 112
    Handsymbol 111
    jungfräuliche Mutter 44
    -knoten 152
    Kobra 145
    Königin 47
    -Kult 42
    Lotus 149
    Mysterien der
        Pythgoras 188
    Osiris 165
    Priapus 178
    Stern Sothis, Sirius 108
    Symbol(e)
        Falke 152
        Mond 82
    Tempel 108
    weisse Jungfrau 149
Israel 266
    Götzendienst 69
ithyphallisch(e)
    Feste 105
    Heilige 179
    Symbolik 144

J

Jachin und Boas 149, 159
Jahvah 90
Jahwe 56, 67, 72, 73, 90, 92, 127, 135, 148, 170, 238, 261
    doppelte Persönlichkeit 74
    Gott der Fruchtbarkeit 173
    Moses 72, 266
    Stammes
        gott 67
        vater 172
    Sternbild

Adler	103
Symbole	204

Tempel
- Wiedereinweihung ... 100
- zweigeschlechtlich ... 90

Jakob ... 56, 68
Jarchi, Ehat Rabbi Salomon ... 264
Jason ... 55, 103
Jeftah ... 184
Jehoschua (Jesus) ben Pandira ... 249

Jehova
- Eva ... 149
- Übersetzungsfehler ... 90

Jellinek, Rabbi Adolf ... 276
Jeremias ... 75
Jerome ... 109
Jerusalem ... 74, 107
Jesaja ... 69, 72, 74, 106, 154

Jesus
- Christus ... 100
    - Auferstehung ... 98, 254
        - Symbol ... 112
    - Darstellung am Kreuz ... 120
    - Geburt ... 223
    - Geburtsdatum
        - fixiert auf 25.12 ... 97
        - unbekannt ... 97
    - Monogramm ... 119
    - Rückkehr ... 230
    - Taufe ... 103
    - Ursprung ... 119
- großer Fisch ... 222
- jungfräuliche Geburt ... 46
- Pandira ... 250
- von Nazareth ... 250
- Wasser in Wein verwanden ... 104

Jochai, Schimon ben ... 276

Johannes
- der Täufer ... 100, 103

Johannes der Täufer ... 278

Johannis
- -feuer ... 99, 100
- -tag ... 44, 100

Jonas ... 54, 55
Jose, Rabbi Eliezer ben ... 262
Joseph ... 56, 68
Josephus ... 100, 109, 276
Joshua ... 82
Josiah ... 71, 72, 84, 107
- König ... 69, 70
- Reform von ... 170
- Tod ... 73

Josua ... 139
Jove ... 50
Judah ... 186
Judas Makkabäus ... 78, 100
Juden

Feiertage
- Hanukkah ... 100
- Schlangen ... 146

Julian, Kaiser ... 280
Julklotz ... 99

Jungfrau
- Begriff ... 45
- Sohn einer ... 94
- Sternzeichen ... 94, 96

Juni ... 47
Jupiter ... 88, 133
- Ammon ... 117
- Mutter der Götter ... 88
- Planet ... 17, 79, 129, 233
- Pluvius ... 123
- Tonans ... 123

Justin der Märtyrer ... 103, 251
Juvenal ... 230

K

Kaaba
- Verehrung
    - Stein ... 159

Kabbala ... 125, 193, 271
- Sohar ... 262

Kaempher, Dr. Engelbert ... 155

Kali
- zweigeschlechtlich ... 89

Kalina, Rabbi ... 230
Kalki ... 229
Kamos ... 67, 107
Kanaan ... 21, 36, 67

Kavu
- Wohnsitz der Schlangen ... 145

Keilschrift ... 35

Kemosch
- Symbolik
    - Stein ... 159

Kessler, K. ... 277
Khensu ... 50
Khumbaba ... 61, 63
Kidinnu ... 210
Kilkellia ... 97
Kingsborough, Lord ... 229
Kingu ... 60

Kirche
- des Heiligen Grabes ... 107

Kirchenglocke(n) ... 154
Kircher, Anastasius ... 263
Kircher, Athanasius ... 193
Kirkisani ... 250
Kish ... 34
Kishar ... 59
Kislev ... 100
Kit's Coty Haus ... 163
Kiun ... 133
Klachan ... 162

Klippot 276
Kneph 96
Knight, Richard Payne 176, 179
Kobra 145
    Symbolik 144
Konfuzius 233
Könige
    Drei 96, 103, 223
Konstantin
    Kaiser 119
        Jungfrauengeburt 95
Konzil
    Chalcedon, 451 259
    Konstantinopel, 381 258
    Konstantinopel, 680 259
    Konstantinopel, 692 120
    Nicäa, 325 258
Koré 98
Kreuz
    Chi-Rho 120
    christliches
        Prototyp 114
    Darstellung
        Lamm 119
    des Lebens 118
    -formen 121
    gammadisches 121
    griechisch 119
    lateinisches 116, 119
    mit Sonnenscheibe 117
    Sonne 117
    Swastika 121
    Symbol
        für die Götter 116
        sexuelles 115
    Tau 114
Kreuzigung 117
Krishna 43, 50, 51, 91
    Sonnenheld 95
Krokodil(e) 145
    Symbolik 144
Kronos 52, 56, 281
Ktesias 209
Kuh-Mutter 165
Kun 133
Kunti 133, 187
Kusti 132
Kwa .... Siehe Trigramm
Kwan-non 139, 155
Kybele 45, 48, 88
    Darstellung mit Halbmond 112
    Kult der 280
Kychreus
    Schlangen 145

L

Lady of the Sack 132

Lagash 34
Lahamu 59
Lahmu 59
Lamm
    Darstellung
        Ursprung 120
        Opfer 98, 120
        Oster 98
Langdon, Stephen H. 41, 64, 90, 240, 266
Laomedon
    König 53
Laotse 238
Larsa 34, 36
Layard, Sir Austin Henry 139
Laycock, Dr. 27
Liber 177
Liberalia 177
Licinius 280
Lightfoot, Pater John 193
Lilie
    Fruchtbarkeitssymbol 149
    Symbol(e)
        Unsterblichkeit 149
Linga(m) 135, 138
    Motive 124
    Schlange(n) 146
    Vogel 152
Logos 242, 244
Lotus 150
    Fruchtbarkeitssymbol 149
Lucilius 33
Lucina 238
Luftgott
    Shu 82
Lugatzaggigi, König 237
Lully, Raymond 193
Luxor
    Tempel 96

M

Ma 36
    Wortwurzel 47
Madonna Del Sacco 132
Maera 47
Magie 210
    mitfühlende 183
Mahadeva .... 137, 142, Siehe Shiva, Siehe Shiva
Mahomet 139
Maia .... Siehe Demeter
Maibaum 168
Mailänder Dom 109
Maimonides 28, 93, 246
Makh 36
Makrobius 50
Makrokosmischer Mann 101, 126
Malteserkreuz 121
Mama 36

Mami	64
Manasse, König	70, 72
Mandäer	260, 277
Manes	231
Manlius	220
Männer	
heilige	86
Männliches Prinzip	
Symbolik	130, 132
Manoah	56
Manu	53
Gesetz des	111
Manu Vaivasata	225
Marcion	231
Marduk	36, 52, 57, 60, 82, 127, 149, 209
Sonnengott	59
Stier des Lichts	81
-Tempel	60
Maria	47
Himmelfahrt	48
Jungfrau	39, 47, 139
Geburt	48
Heiliger Geist	140, 151, 260
Taube	103, 140, 152
Verkündigung	99
Mark	278
Mars	
Planet	79, 129
Martin, Raymond	263
Mashya	147, 229
Mashyoi	147, 229
Mataari	50
Matalan	226
Maxentius	119
Maya	47
Medusa	
Schlangen	145
Megalith(en)	161
-Formationen	163
Mekka	107
Kaaba	110
Verehrung	
Aphrodite	159
Menachem, Rabbi	264
Menhir(e)	161
Carnac, Bretagne	161
Menstruation	26, 32
Meri	50
Merkur	89, 238, 241
Caduceus	146
Planet	79, 129
Merodach	*Siehe* Marduk
Meru	45
Berg	107, 134, 138
Mesechen	153
Meshken	135
Meskhenet	153
Symbolik	155
Mesopotamien	34
Messianische Periode	233
Messias	74, 78, 230, 231, 245
Geist der Weisheit	264
Talmud	222
Metius, Peter	204
Meton	25
Micha	69, 72, 74
Michelangelo	231
Midhe	107
Milchstraße	215
Milka-tu	
Beiname von Ishtar	269
Milkom	67
Minerva, Cecropia	47
Mirandola, Pico della	193
Miriam	47, 48, 68, 261
Mischna	246, 271, 282
Mithras	47, 280, 286
-Mysterien	164
Sohn des Ahura	238
Sonnenheld	95
Symbolik	
Felsen	159, 281
Mizauld, Antoine	32
Mizraim	*Siehe* Mizram
Mizram	47
Mohammed	231, 233
Mohammedaner	
Brauch	99
Ehemänner	139
Moloch	67
Gott des Feuers	107
Monade	
grosse	139
Mond	60, 133, 218
abnehmender	52
Amulett	133
assoziiert mit Wasser	38
der große Magier	32
Einfluss	26
Enlils starkes Kalb	81
Fruchtbarkeit	27
Gao-Chithra	82
-gesicht	133
Glaube und Aberglaube	29, 31, 33, 39
Isis	82
Kalender	24
Krankheiten	31
Mohammedaner	99
Olympias	106
Regler der Zeit	23
Regler des Schicksals	25, 26
Tierkreis	24, 213
Vermesser der Zeit	26
Mondgott	

männlich-weiblich 90
Nannar 36
Sin 36
Mondgöttin 46
Mons Veneris 125
Montanus 231
Morgan, J. De 20
Moria, Berg 107, 134
Mosaische
Gesetze 20, 65, 172
Periode 67
Moses 20, 56, 65, 67, 68, 73, 136, 261
Ähnlichkeit zu Bacchus 70
Himmelfahrt 230
Jahwe 266
Schlange 146
Moses von Leon 276
Mount Parnass
Tithorea 106
Müller, Friedrich Max 121
Multimammia 45, 47, 155
Mummu 59, 61, 240
Murmeltier, Schatten 33
Muschel
Aphrodite 151
-schale 150
Mutunus 178
Mylitta 139
Tempel 184
Myrrha .... 47, Siehe Smyrna

N

Nabatäer 97
Nabonides 17
Nabu 209
Nachmanides 246
Naga(s) 145
Altar 146
Nagash 148
Nana .... 45, 123, 154, Siehe Ishtar, Siehe Ningal
Nanda 172
Nannar 17, 36
Naojote Zeremonie 132
Napoleon 19
Nebukadnezar 75, 209, 267
König 21, 73
Nehemiah 77
Nehushtan 146
Neith .... 153, Siehe Nut
Schöpfung 85
Nekket 145
Nephthys 79, 153
Kobra 145
Neptun 53, 238
Nergal 96
Nero 280
Jungfrauengeburt 95

Neumond
Glaube und Aberglaube 32
Huldigung 30
Newman, Kardinal 260
Newton, Sir Isaac 193
Nibbu
Tor von 99
Nil 65
Nimrod 55
Nimrud 35
Nin .... Siehe Ninlil
Ningal 36
Ninharsag 64
Ninive 19
Ninkhursag 36
Ninlil 36
Ninsianni .... Siehe Innini
Nintud .... 36, 149, Siehe Ninharsag
-Aruru 149
Ninurta 209
Nippur 34, 36
Architektur 35
Nissi
Berg 63
Noah 53, 68, 261
Notarikon 275
Notre Dame 109
Nourry, Emile 31, 32
Numerologie 193
Nun 139
Nut 164
Himmelsgöttin 82
Nymphen 146

O

Oannes 54, 142
Obatala 182
Obelisk(en) 159
Ödipus 58
Olympos 106
Ometecutli
mexikanischer Schöpfer 89
Omphalos 56, 106, 107, 135
Onkelos 246, 284
Opferlamm 103
Oph 50
Ophiten 260
Orakel
Delphi 106, 231
schwarze Taube 152
Dodona 159
Sibyllinische 231
Orāon 105
Origenes 171
Orion 215
Bogen des 60
Gürtel des 103

Kampf gegen Monster	56
Ormuzd	280
Ahura Mazda, Kurzform	285
Orpheus	88
Osiris	42, 52, 53, 79, 84, 92, 106, 146
als Apis	82
Apis	161
Isis	165
Sonnenheld	94
Tempel, Dendra	109
tot	
schwängert Isis	153
Vorläufer	118
Osterlamm	28
Ostern	18
Otiaris	226

P

Pandora	
Büchse der	136
Papias	252
Papst	
Alexander VI	172
Gregor	95
Johannes XIII	154
Sixtus IV	193
Urban	120
Paracelsus	32, 193
Paradesa	
Garten	148
Paradies	64
Garten	146
Parker, John A.	203
Parse(n)	132, 287
Parvati	106, 132, 139, 181
Passah	98
Paul von Samosata	257
Paulus	171, 247, 249
Pausanias	47
Pegasus	84
Penaten	159
Peni-El	174
Pentagramm	127
Pentateuch	268
Peplum	138
Persephone	45
Zeus	145
Perseus	54
Persischer Golf	64
Petersdom	109
Petra	97
Pferd	
Sonne	84
weisses	229
Pfirsich	
Symbolik	
Yoni	154

Phaeton	84
Phallus	
Anbeter des	170
Chong	155
Figuren	179
Hermes	158
Judentum	173
-kult	170, 171
Priapus	178
Symbolik	144, 150
Baum	166
Schlangen	145
-verehrung	174, 175
Ägypten	177
Christentum	179
Indien	181
Weihe des	105
Pharao	
Euergetes I	80
Pharisäer	78
Philon Judaeus	92, 244, 249, 276, 279
Piktographie	35
Piscina	
Weihwasserbecken	55
Pisiculi	
Christen	222
Planetenleiter	224
Plato	231, 277
Platon	92, 95, 243
Plinius	30, 33
Plutarch	30, 50, 133, 165, 238
Pluto	45, 238
Polyhistor	88
Polykarp	251
Porcius Festus	249
Porphyr	89
Poseidon	54
Postel, Guillaume	193
Potipheras	68
Prajapati	56
Priapus	89, 150, 169, 176
Gott der Zeugung	178
Phallus	178
Yahwe	90
Priscilla	279
Proclus	47, 88
Prometheus	82, 84
jungfräuliche Geburt	95
Proserpina	43, 89, 174, *Siehe* Persephone
Proserpine	43
infernale	47
Prostitution	
heilige	45, 171
religiöse	183
Prthivi	105
Ptah	
der Öffner	84

Ptolemäus 216, 218
Ptolemäus Philadelphus 177, 265
Purm 125
Pythagoras 27, 95, 127, 188, 191, 277
Python 107

Q

Qadesch 185
Quadrat, magisches 142, 143
Quetzalcoatl 138
    Sonnenheld 95

R

Ra 52
    Mittagssonne 84
    Sonne 86
    Sonnengott 85, 164
Rabbiner 111, 112
    Rat der 78
Rabe 63
Rachel 56
Rad
    Symbolik 115
Rama 122
Rawlinson, Sir Henry 115, 209
Rebekka 56
Reuchlin, John 193
Rhamnusia 47
Rhea 46, 89
Ricci, Paul 193
Rosenkreuzer 193
Rosenroth, Baron von 193
Rosetta-Stein 19
Rotes Meer 60
Ruach
    Heiliger Geist 263
Rudraksha-Perlen 129

S

Sabäer 41
Sabellius 257
Sadduzäer 78
Saharon 134
Sahe no kami 154
Sakteyan 181
Sakti(s) 187
Salagrana 163
Salamander
    Symbolik 144
Salamannu 54
Salbaum 105
Salomon 68, 196
    König 55, 84, 107
    Tempel 87, 159
        Jachin und Boas 149
        Umwandlung von Shalmanu-Sar ... 196
Samaria 69
Samson 56, 58
    Ähnlichkeit mit Herkules 57
    Delilah 57
    Tod von 57
Samuel 56, 67, 68
Sandalphon 92
Sanherib, König 21
Saoshyant 286
    Retter 229
Sarah 56, 266
Saraswati 238
Sardanapalus 19
Sargon, König 20, 21, 25, 79, 95
Sarpanit 37
Satan 77, 109
Saturn 233
    Planet 79, 129
Satyrn 89
Säule(n) 159
    phallisch(e) 161
Sauwastika 121
Sayce, Professor 64
Schaltjahr 80
Schamasch .. 17, 20, 36, 37, 41, 209, 237, 280, *Siehe auch* Kamos
    hebräisch für Sonne 202
    Richter 56
    Sonnengott 79, 107
    Symbol(e) 121
Schechina 244, 245, 246, 261, 264, 273
    Heiliger Geist 263
Schi'ur Kornah 92
Schildkröte(n)
    heilige 142
    Symbolik 144
Schlang(en)
    Symbolik
        Fruchtbarkeit 185
Schlange(n) 63, 70, 136
    -anbetung 148, 158
    Auge Gottes 145
    Erbsünde 147
    -frauen 145
    -götter 144, 145
    Kobra 144
    Python 107
    sexuelles Verlangen 148
    Symbolik 144, 146, 148
        Phallus 145
        Weisheit 144
    -Thron 145
Schliemann, Dr. Heinrich 122
Schopenhauer 193
Schöpfung 60, 64
    des Universums 59
    Epos der 59
    Zeit der 228

zweite	152
Schöpfungsgeschichte	
ägyptische	84
biblische	59, 61
finnische	84
griechische	84
hinduistisch	83
indische	83, 84
kirchlich	83
phoenizische	84
polynesische	84
Schwalbe	63
Scipio Africanus	95
Seb	85
Erdgott	82
Sefer Jetzira	276
Selbstverstümmelung	171
Selene	45
Selenitus	138
Selenus	89
Semiramis	39
Taube	152
Semiten	
Babylon	34, 37
Steinverehrung	158
Sephiroth	263, 272, 273
Serapis	91, 92
Servianus	91
Sexagesimalsystem	
Geburtsstunde	80
Sexualsymbol	
Feige	149
Sexverehrung	105
Shabbatu	28
Shaitan	77
Shakti	111, 142, 150, 238
Gefährtin des Gottes	151
weibliches Prinzip	127
Shalmanu-Sar	
Beiname von Bel	196
Shatan	Siehe Satan
Shichim	50
Shimsohn	Siehe Samson
Shinto-Religion	180
Shiva	106, 111, 124, 135, 142, 150, 151, 181, 237
Symbolik	126
zweigeschlechtlich	89
Shu	91, 238
Luftgott	82
Siduru	63
Version von Ishtar	62
Siegfried	
Kampf gegen Monster	56
Simon Magus	231
Sin	36, 37, 38, 41, 209, 237
Sinai, Berg	20, 136
Sintflut	20, 61, 63, 64, 226, 230
Sippar	34, 35
Sirius	60, 108
Sistrum	153
Skarabäus	16
Skorpion	53, 62
Smith, George	20, 59
Smyrna	42
Sodomiten	72
Sohar	275, 276
Sokrates	95, 258
Sol-Om-On	196
Solomon	Siehe Salomon
Sonne	60
Al, El, Il oder Ilah	91
alter Mann	105
am 22. Dezember	96
am Kreuz	116
Auferstehung	98
Auge	50
Feuerverehrung	99
Geburt	96
jungfräuliche Mutter	94
Stall oder Höhle	94
Gesetzeshüter und -geber	94
Herkules	56
Horus	96
junger Gott	94
Kreuz und Lamm	120
lustvolles Kind	105
Pferd	84
Pflüger des Himmels	81
Retter der Menschheit	94
Stier	85
symbolische Darstellung	84
Tierkreis	56
Jungfrau	48, 94
Krebs	57
Löwe	57
Steinbock	57
unterer	100
Widder	28
Tor der	57
Unterwelt	
Einstieg	100
Vater aller Existenz	105
Sonnen- und Mondverehrung	15, 16
Sonnenaufgang	
christliche Ära	222
Sonnengott	95
Auferstehung	98
Ea	53
geboren in Stall oder Höhle	103
Geburt	252
Haare als Symbol	58
Helios	55
Herkules	53
jungfräuliche Geburt	56

Marduk ... 59
Mythos ... 252
Osiris ... 53, 82
Ra 85, 164
Schamasch ... 79
Surya ... 84
Tammuz ... 39
Tum ... 238
Wiedergeburt ... 252
Sonnenjahr
   Berechnung ... 79
Sonnenkult
   jüdischer ... 84
Sonnenmythos ... 94
Sonnenverehrung ... 105
   Anfänge ... 79
Sonnenwende
   Sommer ... 79, 99
      Widderzeitalter ... 103
   Winter ... 57, 97
      Sternzeichen Jungfrau ... 94
      Widderzeitalter ... 103
Sosigenes ... 80
Sothis ... 53, 108
Sparta ... 106
Spinoza ... 193
Sri Iantra ... 126
St. Arnaud ... 179
St. Augustine ... 230
St. Augustine, de Gubbio ... 93
St. Bride ... 132
St. Christophorus-Medaille ... 33
St. Cosmus ... 180
St. Foutin ... 179
St. Georg
   Kampf gegen Monster ... 56
St. Giles ... 179
St. Grelichon ... 179
St. Jerome ... 107, 148, 264
St. Michael ... 100
St. Michaels Berg ... 163
St. Paul ... 278
St. Pauls Kathedrale ... 109
St. Regnaud ... 179
St. Rene ... 179
St. Swithins Tag ... 33
Stall
   Sternengruppe ... 103
Stein(e)
   Haus Gottes ... 162, 240
   konische ... 159
   Symbolik
      Gott ... 158
      -verehrung ... 158
      Griechenland ... 158
Steinbock
   Tierkreiszeichen ... 57

Stella Maris ... *Siehe* Venus
Sternbild
   Aquila (Adler) ... 103
   Boötes (Hirte) ... 103
   Castor ... 103
   Columba (Taube) ... 103
   Drache ... 103
   Fische
      Formalhaut ... 216
   Herkules ... 103
   Löwe
      Regulus ... 103, 216
   Pollux ... 103
   Skorpion
      Antares ... 103, 214, 216
   Steinbock
      Widderzeitalter ... 103
   Stier
      Aldebaran ... 103, 214, 216
   Wassermann
      Formalhaut ... 103
      Widderzeitalter ... 103
Stier
   heiliger ... 172
   identifiziert mit Schöpfung ... 85
Stonehenge ... 99, 162, 164
Stubbes, Philip ... 168
Sudra ... 132
Suidas
   Symbolik
      Stein ... 159
Sumer ... 18, 34, 61
Sündenfall ... 64
   Adam und Eva ... 65, 147
Surya ... 132
Sut ... 50
   Symbolik ... 126
Swastika ... 121, 122
   Darstellungen ... 123

T

T'hom ... 61
Tabor, Berg ... 107
Tag-Nachtgleiche ... 211
   Frühling ... 98, 120
      Ausrichtung der Kirchen ... 109
   Herbst ... 100
      Widderzeitalter ... 103
   Präzession ... 221
Tagtug ... 64
Taht ... 50, 117
   Schreiber der Götter ... 96
   Vorläufer von Osiris ... 118
Talmud ... 271, 282
Tamar ... 186
Tamerlan ... 95
Tammuz ... 36, 37, 41, 48, 53, 99, 110

geweiht als Hure	88
Sonne	98
Sonnengott	39
Sonnenheld	94
Tanga Tanga	238
Tanit	46
Targum(im)	245, 282, 284
von Jonathan	246
von Onkelos	246
Taube	39, 63, 140
Christentum	152
Jungfrau Maria	103, 151
schwarze	152
Symbolik	
Arche Noah	152
Yoni	152
Tefnut	91, 238
Tell-el-Amarna	
Tafeln	21, 70
Tempelberg	107
Temura	275
Tertullian	119, 260
Tetraktys	189
Teufel	
Ursache des Bösen	77
Thales	79, 211
Themis	89
Therapeuten	112, 250, 278, 279
Thor	123
Thor's Hammer	123
Thot	241
Tiamat	52, 59, 61, 82, 91, 127
Tierkreis	63, 213
Tierkreiszeichen	213, 214, 217
Fische	140, 214
Häuser	214
Jungfrau	48, 63, 102, 214
Widderzeitalter	103
Krebs	103, 214
Löwe	57, 63, 214
Tötung	100
Skorpion	53, 63, 100, 103
Aquila (Adler)	103
Steinbock	57, 63, 97, 214
Widderzeitalter	103
Stier	25, 62, 85, 100, 214
Widderzeitalter	103
-zeitalter	103
Waage	100, 103
Wassermann	53
Wasserzeichen	32
Widder	28, 97, 98, 102, 103, 214
-zeitalter	102, 103
Zwilling	50
Titthonia	106
Tjet	*Siehe* Isisknoten
Totemismus	166
Triade(n)	
Symbol(e)	
männliche	149
von Göttern	236
Trigramm(e)	141, 142
Triqueta	122, *Siehe* Fylfot
Tsuan Hsu, Kaiser	223
Tum	238
Turm von Babel	16, 111
Tutunus	178
Tylor, Edward B.	29
Typhon	52, 79

U

Ubshukkim	60
Udjat	127
Uis-Neach	107
Universum	
kosmisches Ei	84
Schöpfung	59
Unterwelt	40
Tore der	96
Ur 34	
Mondanbetung	36
Uranos	105
Uranus	52
Uräusschlange	145, *Siehe auch* Kobra
Ur-Mann	92
Ushas	
Göttin der Morgenröte	55
Ut-napishtim	62, 63

V

Vach	238
Vagina des Teufels	106
Vamachari	111
Varuna	50
Vasavadatta	111
Venus	42, 47, 67, 88, 139, 177
Göttin	37
Jungfrau	45
Paphianische	47
Planet	15, 17, 37, 79, 129
Symbolik	
Stein	159
Taube	152
Venushügel	125
Verehrungsstätten	184
Vesica Piscis	137, 138, 140, 141
Handsymbol	112
Virgil	230
Vishnu	134, 138, 151, 237
Anata	145
Avatar	226
Chakra	121
Fischavatar	54
Nabel	149

Sternbild
- Adler ... 103
- Symbolik ... 126

Vista ... 89
Viterbo, Kardinal Aegidus von ... 193
Vitruvius ... 30, 109
Vlies, goldenes ... 55, 103
Vritra ... 52

W

Wan, König ... 142
Wanda ... 146
Wasser
- in Wein verwandeln ... 103
- teilen
  - Bacchus ... 70
  - Hydaspes ... 70
  - Moses ... 70

Wasserbecken
- Apsu ... 61
- Piscina ... 55

Wassermann ... *Siehe* Tierkreis
Weibliches Prinzip ... 134
- Symbolik ... 130, 132, 144
- universelles ... 61

Weltuntergang
- weisses Pferd ... 229

Westminster Abbey ... 109
Whuil ... 99
Widderzeitalter
- 2512 bis 360 v. Chr. ... 102
- Sternenkonstellation ... 102

Wolken
- Himmelskühe ... 55

Wort Gottes ... 239
Wotan ... 50
Wright, Thomas ... 179

X

Xisuthrus ... 63, 226
- babylonischer Noah ... 63

Y

Yannai, König ... 250
Yaou
- Kaiser ... 80

Yaw ... 266

Yazata ... 29, 280, 285
Yggdrasil ... 167, *Siehe auch* Esche
Y-Ha-Ho
- Jahwe ... 91

Yih ... 140
- Symbol ... 143

Yin Shih ... 223
Yin und Yang ... 110, 140
- Darstellung ... 141, 143

Yoni ... 134, 135, 142, 187
- Kwan-non ... 155
- Symbol(e) ... 137
  - Pfirsich ... 154
  - Taube ... 152

Yu
- chinesischer Noah ... 142
- Sonnenheld ... 95

Yuga
- Dvapara ... 225
- Kali ... 223, 225
- Krita ... 225
- Maha ... 225
- Trita ... 225

Z

Zarathustra ... 75, 229, 233, 241, 280, 285
Zarpanit ... 37
Zedekia
- König ... 75

Zeit-System
- Babylon ... 80

Zenanas ... 108
Zeus ... 43, 50, 88, 123, 241
- Demeter
  - Mann und Frau ... 105
- Gott der Fruchtbarkeit ... 145
- jungfräuliche Geburt ... 95
- Kampf gegen Monster ... 56
- Ktesios ... 145
- Sternbild
  - Adler ... 103

Zohar ... *Siehe* Sohar
Zölibat ... 171
Zoroaster ... 75, 95, 228
Zoroastrismus ... 77
Zwittergottheit(en) ... 87

www.ingramcontent.com/pod-product-compliance
Lightning Source LLC
Chambersburg PA
CBHW082014220426
43671CB00014B/2582